"十三五"国家重点出版物出版规划项目
面向可持续发展的土建类工程教育丛书
一流本科专业一流本科课程建设系列教材

路基路面工程

第 2 版

主　编　张军辉
副主编　顾　凡　张久鹏
参　编　刘维正　李　强　马　涛　李　辉
　　　　张　锐　张石平　彭俊辉
主　审　郑健龙

机械工业出版社

本书重点阐述路基路面工程的基本概念、基本原理和方法。本书力求融入现行的规范、标准和方法以及最新的科研成果，并将工程应用贯穿于其中，将科学性、前沿性和实用性融为一体。

本书共12章，包括概论、路基设计、路基边坡稳定性分析、路基防护与支挡结构设计、路基施工、交通荷载与路面设计参数、路面基层、沥青路面设计、水泥混凝土路面设计、路面施工、路基路面排水设计、路基路面养护与管理等内容，每章均有本章提要、学习要求、思考与练习。

本书可作为高等院校道路桥梁与渡河工程专业、土木工程专业（道路工程方向）、交通工程专业（道路工程方向）及其他相关专业的本科教材，也可作为研究生、教师和工程技术人员以及相关专业科技工作者的参考书。

本书配有授课PPT、课后题参考答案、视频等资源，免费提供给选用本书的授课教师，需要者请登录机械工业出版社教育服务网（www.cmpedu.com）注册后下载。

图书在版编目（CIP）数据

路基路面工程 / 张军辉主编. —2 版. —北京：机械工业出版社，2023.12

（面向可持续发展的土建类工程教育丛书）

"十三五"国家重点出版物出版规划项目 一流本科专业一流本科课程建设系列教材

ISBN 978-7-111-75109-0

Ⅰ. ①路… Ⅱ. ①张… Ⅲ. ①路基工程-高等学校-教材 ②路面-道路工程-高等学校-教材 Ⅳ. ①U416

中国国家版本馆 CIP 数据核字（2024）第 032384 号

机械工业出版社（北京市百万庄大街22号 邮政编码100037）
策划编辑：李 帅　　责任编辑：李 帅 刘春晖
责任校对：樊钟英　　责任印制：常天培
固安县铭成印刷有限公司印刷
2024年3月第2版第1次印刷
184mm×260mm · 28.25 印张 · 792 千字
标准书号：ISBN 978-7-111-75109-0
定价：85.00 元

电话服务　　　　　　　　网络服务
客服电话：010-88361066　机 工 官 网：www.cmpbook.com
　　　　　010-88379833　机 工 官 博：weibo.com/cmp1952
　　　　　010-68326294　金 书 网：www.golden-book.com
封底无防伪标均为盗版　　机工教育服务网：www.cmpedu.com

前　言

路基路面工程是高等学校土木类、交通工程类相关专业的重要必修课，是一门理论与实践并重、工程性和应用性较强的课程，涉及的主要专业有道路桥梁与渡河工程、土木工程（道路工程方向）、港口航道与海岸工程（道路工程方向）、交通运输（道路工程方向）、交通工程（道路工程方向）、交通设备与控制工程（道路工程方向）等。

党的二十大报告中指出："加快建设制造强国、质量强国、航天强国、交通强国、网络强国、数字中国。"中共中央、国务院印发的《交通强国建设纲要》中指出："强化交通基础设施养护，加强基础设施运行监测检测，提高养护专业化、信息化水平，增强设施耐久性和可靠性。"路基路面工程这门课程可提供相关的知识支撑。为使读者掌握路基路面工程的基本原理与方法，本书力求融入现行的规范、标准和方法以及最新的科研成果，并结合国内五所高校10位编者在实际教学、科研工作中的实践，力争使教材充分体现教学多样化和个性化趋势的统一，充分体现理论教学与实践教学的有机结合。同时，结合配套的课件等信息技术资料，能够充分体现现代化教学技术手段和立体化教学。

全书共12章，由长沙理工大学张军辉、顾凡、李强、张锐、张石平、彭俊辉，长安大学张久鹏，中南大学刘维正，东南大学马涛，同济大学李辉编写。

本书由郑健龙院士主审，由张军辉主编并统稿。

在编写本书过程中，编者参考了相关的标准、规范、教材和论著等，在此向编著者表示衷心的感谢，引用与理解不当之处，敬请谅解。鉴于本书涉及的内容丰富、学科门类多，限于编者的技术和业务水平，书中难免存在不妥之处，恳请各位专家和读者批评指正，以便我们及时修改完善，联系邮箱为zjhseu@163.com。

编　者

目 录

前言
第1章 概论 ················ 1
　1.1 道路工程的发展 ·············· 1
　　1.1.1 道路的历史进程 ············ 1
　　1.1.2 道路工程的科技发展 ········· 3
　　1.1.3 路基路面工程与各学科的
　　　　　关联性 ················· 5
　1.2 路基路面工程的特点及功能要求 ······ 6
　　1.2.1 路基路面工程的特点 ········· 6
　　1.2.2 路基路面工程的功能要求 ······ 7
　1.3 路基路面结构与层位功能 ········· 9
　　1.3.1 路基横断面 ·············· 9
　　1.3.2 路面横断面 ············· 10
　　1.3.3 路拱横坡度 ············· 10
　　1.3.4 路面结构分层及层位功能 ····· 11
　　1.3.5 路面面层类型及适用范围 ····· 13
　　1.3.6 路面的分类 ············· 14
　1.4 路基路面结构的影响因素 ········ 15
　　1.4.1 路基路面稳定性的影响因素 ··· 15
　　1.4.2 路基路面工程的环境影响因素 · 16
　1.5 公路自然区划 ··············· 19
　　1.5.1 一级区划 ··············· 20
　　1.5.2 二级区划 ··············· 21
　　1.5.3 三级区划 ··············· 21
　思考与练习 ···················· 21
第2章 路基设计 ················ 23
　2.1 路基类型与构造及设计内容 ······· 23
　　2.1.1 路基类型与构造 ··········· 23
　　2.1.2 路基设计内容 ············ 26
　2.2 路基横断面设计 ·············· 26
　　2.2.1 路基宽度 ··············· 26
　　2.2.2 路基高度 ··············· 28
　　2.2.3 路基边坡坡度 ············ 28
　2.3 路基土的分类以及工程特性 ······· 31
　　2.3.1 路基土的分类 ············ 31
　　2.3.2 路基土的工程性质 ········· 37
　　2.3.3 路基土CBR和压实标准 ····· 38
　2.4 路基水温状况及干湿类型 ········ 40
　　2.4.1 路基水温状况 ············ 40
　　2.4.2 路基土的基质吸力与饱和度 ··· 41
　　2.4.3 毛细水上升高度 ··········· 43
　　2.4.4 路基湿度状况和平衡湿度预估 · 43
　2.5 路基结构回弹模量 ············ 46
　　2.5.1 路基土动态回弹模量 ······· 46
　　2.5.2 路基结构动态回弹模量的
　　　　　设计取值 ··············· 47
　　2.5.3 路基结构回弹模量的现场测试 · 50
　2.6 路基附属设施 ··············· 52
　　2.6.1 取土坑与弃土堆 ··········· 52
　　2.6.2 护坡道与碎落台 ··········· 54
　　2.6.3 堆料坪与错车道 ··········· 54
　思考与练习 ···················· 54
第3章 路基边坡稳定性分析 ········ 56
　3.1 概述 ····················· 56
　3.2 直线滑动面的边坡稳定性分析 ····· 57
　　3.2.1 试算法 ················· 57
　　3.2.2 解析法 ················· 59
　3.3 折线滑动面的边坡稳定性分析 ····· 61
　　3.3.1 力的传递关系 ············ 61
　　3.3.2 不平衡推力法 ············ 62
　　3.3.3 传递系数法 ············· 63
　3.4 曲线滑动面的边坡稳定性分析 ····· 64
　　3.4.1 条分法的基本理论和假定 ···· 65
　　3.4.2 圆弧滑动面假定的圆心辅助线
　　　　　确定方法 ··············· 67
　　3.4.3 瑞典（Fellenius）圆弧法 ···· 68
　　3.4.4 毕肖普（Bishop）法 ······· 69
　　3.4.5 极限平衡法的综合比较 ····· 71

3.5　软土地基的路堤稳定性分析 …………… 73
　　3.5.1　临界高度的计算 ……………………… 74
　　3.5.2　路堤稳定性分析方法 ………………… 75
　3.6　浸水路堤稳定性分析 …………………… 76
　　3.6.1　渗透动水压力作用 …………………… 77
　　3.6.2　渗透动水压力的计算 ………………… 77
　　3.6.3　浸水路堤稳定性分析 ………………… 78
　3.7　路基边坡抗震稳定性分析 ……………… 82
　　3.7.1　地震与地震作用 ……………………… 82
　　3.7.2　地震作用的计算 ……………………… 83
　　3.7.3　路基边坡抗震稳定系数的计算 ……… 84
　3.8　路基稳定性分析方法的选择与
　　　　参数确定 …………………………………… 85
　　3.8.1　高路堤与陡坡路堤稳定性
　　　　　　分析方法与参数 ………………………… 85
　　3.8.2　路堑边坡稳定性分析方法与
　　　　　　参数 ………………………………………… 87
　　3.8.3　路堤边坡取值 ………………………… 89
　思考与练习 ……………………………………… 89

第4章　路基防护与支挡结构设计 …………… 90
　4.1　路基防护设施 …………………………… 90
　　4.1.1　坡面防护 ……………………………… 90
　　4.1.2　冲刷防护 ……………………………… 94
　4.2　路基支挡结构 …………………………… 98
　　4.2.1　支挡结构的用途 ……………………… 98
　　4.2.2　支挡结构的类型与适用范围 ………… 99
　　4.2.3　挡土墙的类型与适用条件 …………… 102
　4.3　挡土墙的布置与构造 …………………… 103
　　4.3.1　挡土墙的设置场合 …………………… 103
　　4.3.2　挡土墙的布置 ………………………… 103
　　4.3.3　挡土墙的构造 ………………………… 104
　4.4　挡土墙结构的土压力计算 ……………… 109
　　4.4.1　作用在挡土墙上的力系 ……………… 109
　　4.4.2　一般条件下库仑主动土压力的
　　　　　　计算 ………………………………………… 110
　　4.4.3　特殊条件下库仑主动土压力的
　　　　　　计算 ………………………………………… 115
　　4.4.4　被动土压力计算 ……………………… 119
　4.5　挡土墙分类及设计 ……………………… 120
　　4.5.1　挡土墙的荷载分类及组合 …………… 120
　　4.5.2　挡土墙的设计原则 …………………… 121
　　4.5.3　挡土墙设计 …………………………… 122
　　4.5.4　轻型挡土墙 …………………………… 132
　4.6　其他支挡结构 …………………………… 140
　　4.6.1　抗滑桩 ………………………………… 140
　　4.6.2　锚杆（索） …………………………… 142

　思考与练习 ……………………………………… 144

第5章　路基施工 ……………………………… 146
　5.1　概述 ……………………………………… 146
　　5.1.1　路基施工的基本要求及特点 ………… 146
　　5.1.2　路基施工的基本流程和方法 ………… 147
　　5.1.3　路基施工前的准备工作 ……………… 148
　5.2　路基填筑与压实 ………………………… 149
　　5.2.1　填筑方案 ……………………………… 149
　　5.2.2　路基压实 ……………………………… 151
　5.3　路堑开挖 ………………………………… 154
　　5.3.1　土质路堑开挖 ………………………… 154
　　5.3.2　石质路基爆破施工 …………………… 156
　5.4　路基防护与支挡工程施工 ……………… 157
　　5.4.1　植物防护 ……………………………… 157
　　5.4.2　拱形骨架 ……………………………… 158
　　5.4.3　重力式挡土墙 ………………………… 159
　　5.4.4　加筋土挡土墙 ………………………… 160
　　5.4.5　抗滑桩施工 …………………………… 161
　5.5　桥台台背、涵洞涵背和挡土墙墙背
　　　　回填 ………………………………………… 162
　　5.5.1　桥台台背回填 ………………………… 162
　　5.5.2　涵洞涵背回填 ………………………… 163
　　5.5.3　挡土墙墙背回填 ……………………… 164
　5.6　特殊路基施工 …………………………… 165
　　5.6.1　岩溶地区路基 ………………………… 165
　　5.6.2　软土地区路基 ………………………… 166
　　5.6.3　红黏土与高液限土地区路基 ………… 168
　　5.6.4　膨胀土地区路基 ……………………… 169
　　5.6.5　黄土地区路基 ………………………… 172
　　5.6.6　冻土地区路基 ………………………… 174
　　5.6.7　路基拓宽 ……………………………… 175
　5.7　路基施工安全与环境保护 ……………… 176
　　5.7.1　路基施工安全 ………………………… 176
　　5.7.2　路基施工环境保护 …………………… 177
　思考与练习 ……………………………………… 177

第6章　交通荷载与路面设计参数 …………… 178
　6.1　交通荷载对路面的作用 ………………… 178
　　6.1.1　车辆的种类 …………………………… 178
　　6.1.2　车辆的轴型 …………………………… 179
　　6.1.3　静态车辆对道路的作用 ……………… 182
　　6.1.4　运动车辆对道路的作用 ……………… 182
　　6.1.5　车轮轮迹横向分布 …………………… 184
　6.2　标准轴载与轴载换算 …………………… 186
　　6.2.1　交通量 ………………………………… 186
　　6.2.2　标准轴载 ……………………………… 186
　　6.2.3　轴载换算 ……………………………… 187

6.3 路面材料的设计参数 …………… 191
　6.3.1 粒料类材料 …………………… 191
　6.3.2 无机结合料稳定类材料 ……… 193
　6.3.3 沥青结合料类材料 …………… 194
　6.3.4 水泥混凝土材料 ……………… 197
　6.3.5 泊松比 ………………………… 198
思考与练习 …………………………… 198

第7章 路面基层 ………………… 200
7.1 概述 ……………………………… 200
7.2 粒料类基层 ……………………… 201
　7.2.1 碎（砾）石的类型 …………… 201
　7.2.2 碎（砾）石基层的力学特性 … 203
　7.2.3 填隙碎石基层 ………………… 206
　7.2.4 级配碎（砾）石基层 ………… 206
7.3 无机结合料稳定类基层 ………… 207
　7.3.1 无机结合料稳定类材料的物理及力学特性 …………………… 208
　7.3.2 水泥稳定类基层 ……………… 211
　7.3.3 石灰稳定类基层 ……………… 217
　7.3.4 工业废渣稳定基层 …………… 221
7.4 沥青结合料类基层 ……………… 226
　7.4.1 沥青结合料类基层类型 ……… 226
　7.4.2 沥青结合料类基层的力学特性 … 226
　7.4.3 材料组成设计 ………………… 227
7.5 水泥混凝土类基层 ……………… 228
　7.5.1 贫混凝土基层 ………………… 228
　7.5.2 碾压混凝土基层 ……………… 228
7.6 其他类型基层 …………………… 229
　7.6.1 低剂量水泥稳定碎石 ………… 229
　7.6.2 水泥乳化沥青综合稳定碎石基层 …………………………… 230
　7.6.3 再生材料基层 ………………… 230
思考与练习 …………………………… 231

第8章 沥青路面设计 …………… 232
8.1 概述 ……………………………… 232
8.2 沥青路面的分类与特性 ………… 233
　8.2.1 沥青路面的分类 ……………… 233
　8.2.2 沥青混合料的力学强度特性 … 234
　8.2.3 沥青混合料的变形特性 ……… 237
8.3 沥青路面使用性能和气候分区 … 238
　8.3.1 沥青路面的高温稳定性 ……… 238
　8.3.2 沥青路面的低温抗裂性 ……… 242
　8.3.3 沥青路面的水稳定性 ………… 244
　8.3.4 沥青路面的抗疲劳性能 ……… 245
　8.3.5 沥青路面的抗老化性能 ……… 248
　8.3.6 沥青路面使用性能的气候分区 … 250

8.4 沥青路面设计理论与设计指标 … 252
　8.4.1 弹性层状体系理论基本假设与解析方法 …………………… 252
　8.4.2 弹性层状体系求解方法 ……… 252
　8.4.3 弹性层状体系主应力计算 …… 255
　8.4.4 沥青路面破坏状态及设计指标 … 256
8.5 沥青路面结构组合设计 ………… 260
　8.5.1 路面结构组合 ………………… 260
　8.5.2 沥青面层结构类型选择 ……… 263
　8.5.3 基层类型选择 ………………… 265
　8.5.4 功能层选择 …………………… 265
8.6 新建沥青路面结构验算 ………… 266
　8.6.1 新建沥青路面设计指标与标准 … 267
　8.6.2 路面结构验算方法 …………… 270
　8.6.3 路面结构验算流程 …………… 281
8.7 沥青路面改建设计 ……………… 287
　8.7.1 既有路面调查与分析 ………… 287
　8.7.2 改建方案确定 ………………… 287
　8.7.3 改建路面结构验算 …………… 288
思考与练习 …………………………… 290

第9章 水泥混凝土路面设计 …… 292
9.1 概述 ……………………………… 292
9.2 水泥混凝土路面的分类、构造及设计内容 ……………………… 293
　9.2.1 水泥混凝土路面的分类 ……… 293
　9.2.2 水泥混凝土路面的构造 ……… 294
　9.2.3 水泥混凝土路面的设计内容 … 300
9.3 水泥混凝土路面荷载应力分析 … 301
　9.3.1 弹性地基理论简介 …………… 301
　9.3.2 温克勒地基板的荷载应力分析 … 303
　9.3.3 弹性半空间地基板的荷载应力分析 …………………………… 305
　9.3.4 弹性半空间地基双层板混凝土路面荷载应力分析 …………… 306
9.4 水泥混凝土路面的温度应力分析 … 308
　9.4.1 胀缩应力 ……………………… 308
　9.4.2 翘曲应力 ……………………… 309
9.5 水泥混凝土路面的破坏及设计指标与标准 ………………………… 310
　9.5.1 水泥混凝土路面的破坏状态 … 310
　9.5.2 设计指标 ……………………… 311
　9.5.3 设计准则 ……………………… 313
9.6 水泥混凝土路面结构设计的可靠度理论 …………………………… 314
　9.6.1 水泥混凝土路面结构极限状态函数 …………………………… 314

9.6.2 可靠度系数与可靠度指标 ……… 315
9.6.3 水泥混凝土路面结构的目标
　　　可靠度 ………………………… 316
9.6.4 路面结构的可靠性设计步骤 … 316
9.7 水泥混凝土路面结构组合设计 …… 317
9.7.1 水泥混凝土路面板 …………… 317
9.7.2 水泥混凝土路面基层和底基层 … 318
9.7.3 水泥混凝土路面的路基和垫层 … 319
9.7.4 水泥混凝土路面的路肩 ……… 320
9.8 水泥混凝土路面厚度设计 ………… 320
9.8.1 设计计算模型和设计流程 …… 320
9.8.2 弹性地基的综合回弹模量 …… 321
9.8.3 单层板模型的设计方法与实例 … 323
9.8.4 分离式双层板模型设计方法与
　　　实例 …………………………… 328
9.8.5 复合板模型设计方法 ………… 332
9.9 特殊水泥混凝土路面设计 ………… 333
9.9.1 低噪声水泥混凝土路面 ……… 333
9.9.2 高弯拉强度混凝土路面 ……… 334
9.9.3 彩色水泥混凝土路面 ………… 335
9.9.4 碾压混凝土路面 ……………… 336
9.9.5 连续配筋混凝土路面板设计 … 337
思考与练习 ……………………………… 339

第10章　路面施工 ……………………… 340
10.1 路面施工机械 …………………… 340
10.1.1 拌和设备 …………………… 341
10.1.2 摊铺设备 …………………… 346
10.1.3 碾压（捣实）设备 ………… 348
10.1.4 振荡压路机 ………………… 351
10.2 级配碎石层的施工与质量控制 … 351
10.2.1 级配碎石层的施工准备 …… 351
10.2.2 级配碎石层的施工 ………… 352
10.2.3 级配碎石层的质量控制 …… 352
10.3 无机结合料层的施工与质量控制 … 354
10.3.1 无机结合料层的施工准备 … 354
10.3.2 试铺段 ……………………… 355
10.3.3 无机结合料层的施工 ……… 356
10.3.4 无机结合料层的质量控制 … 357
10.4 沥青混凝土路面的施工与质量
　　　控制 ……………………………… 359
10.4.1 沥青混凝土路面的施工准备 … 359
10.4.2 沥青混凝土路面的施工 …… 360
10.4.3 沥青混凝土路面的质量控制 … 366
10.5 水泥混凝土路面的施工与质量
　　　控制 ……………………………… 369
10.5.1 水泥混凝土路面的施工准备 … 369

10.5.2 水泥混凝土路面的施工 …… 370
10.5.3 水泥混凝土路面的质量控制 … 374
10.6 智能压实 ………………………… 376
10.6.1 单钢轮压路机的 Vario Control 自动
　　　 变幅智能压实系统（VC 系统）… 376
10.6.2 双钢轮振动压路机的沥青压实
　　　 专家系统（AM 系统）……… 378
思考与练习 ……………………………… 380

第11章　路基路面排水设计 …………… 381
11.1 概述 ……………………………… 381
11.1.1 自然水对路基路面结构的
　　　 危害 ………………………… 381
11.1.2 路基路面排水的目的与要求 … 382
11.1.3 路基路面排水设计的主要
　　　 内容 ………………………… 383
11.1.4 路基路面排水设计的一般
　　　 原则 ………………………… 383
11.2 路界地表排水 …………………… 384
11.2.1 坡面排水 …………………… 384
11.2.2 路面表面排水 ……………… 392
11.2.3 中央分隔带排水 …………… 394
11.3 路界地下排水 …………………… 397
11.3.1 路界地下排水设计要点 …… 397
11.3.2 地下排水布置原则 ………… 397
11.3.3 地下排水设施与构造 ……… 397
11.4 路面内部排水设计 ……………… 401
11.4.1 路面内部排水 ……………… 401
11.4.2 边缘排水系统 ……………… 403
11.4.3 基层排水系统 ……………… 404
思考与练习 ……………………………… 405

第12章　路基路面养护与管理 ………… 407
12.1 概述 ……………………………… 407
12.2 路基病害类型及技术状况评定 … 408
12.2.1 路基病害类型 ……………… 408
12.2.2 路基技术状况评定 ………… 411
12.3 路面病害类型 …………………… 412
12.3.1 沥青路面主要病害 ………… 412
12.3.2 水泥混凝土路面主要病害 … 415
12.4 路面技术状况评定 ……………… 417
12.4.1 路面技术状况检测与调查 … 417
12.4.2 路面破损状况评价 ………… 418
12.4.3 路面行驶质量评价 ………… 421
12.4.4 路面车辙状况评价 ………… 423
12.4.5 路面抗滑性能评价 ………… 424
12.4.6 路面结构强度评价 ………… 427
12.4.7 路面跳车指数评价 ………… 428

12.4.8 路面磨耗指数评价 …………………… 429
12.4.9 路面状况调查方法、频率及综合评定 ……………………………… 430
12.5 路基路面病害处治措施 ……………… 431
　12.5.1 路基病害处治常见措施 ………… 431
　12.5.2 沥青路面病害处治常见措施 …… 432
　12.5.3 水泥混凝土路面病害处治常见措施 ……………………………… 434
12.6 路面养护管理系统（PMS）概述 …… 436
　12.6.1 路面管理与路面管理系统 ……… 436
　12.6.2 路面管理系统的分级 …………… 436
　12.6.3 路面管理系统的结构与组成 …… 438
　12.6.4 路面管理系统的基本功能 ……… 440
思考与练习 ………………………………… 442

参考文献 ……………………………………… 443

第1章 概 论

【本章提要】
本章主要介绍路基路面工程的发展、工程特点、功能要求、结构层位布置及影响因素、公路自然区划。

【学习要求】
了解路基路面工程取得的成就及路基路面工程与各学科的关联性,掌握路基路面工程的工程特点及功能要求,掌握气候与环境对路基路面结构的影响特点和设计注意事项,以及公路自然区划的概念和不同自然区划的特点。

■ 1.1 道路工程的发展

我国是一个拥有5000多年文明史的国家。在漫长的历史长河中,我国勤劳、智慧的各族人民,在道路、桥梁的修建,车辆制造以及交通管理等方面都取得过辉煌的成就,这是我国古代灿烂文化的一部分。道路交通对于经济繁荣和文化交流,以及维护民族团结和国家统一,做出了巨大贡献。我国古代道路和桥梁建筑,曾处于世界领先地位,并在世界道路交通史上留下了光辉的篇章。

课程设置及重要性介绍

1.1.1 道路的历史进程

公路,在我国历史上习称为"道路",它是一种线形工程构造物。早在公元前2000年,我国已出现可行驶牛车、马车的道路。秦朝时期的这种道路称为"驰道",较长时期称为"驿道",并强调"车同轨、书同文"。公元前2世纪,我国通往中亚、西亚和欧洲的丝绸之路开始发展起来。唐代是我国古代道路发展的鼎盛时期,初步形成了以城市为中心的四通八达的道路网。元明时有"大道"之称。清代道路网系统分为三等,即将由京都通往各省会间的道路称为"官马大路",由各省会通往各地城市的联络支线称为"大路",市区内街道称为"马路"。"官马大路"分东北路、东路、西路和中路四大干线,共长2000多千米。到了清代末期和民国初期,由于汽车和近代筑路法的输入,开始有了"汽车路"的名称。其后随着外文资料的输入,将英语"public road"译为"公路",并将"highway"一词也译为"公路"。国民政府成立后,一般将城市以外的汽车路称为"公路",将市内和市郊的汽车路称为"道路"。在某些情况下,"公路"与"道路"两词互为通用。

道路用于直接承受行驶车辆的作用,包含路基、路面等重要组成部分,通常需根据车辆行驶的需要,选用优质材料建成。如我国古代曾以条石、块石或石板等铺筑道路路面,以提供人畜以及人力、兽力车辆的运行。公元前 3500 年,在欧洲的美索不达米亚(Mesopotamia),继发明车轮后不久,即用石料修筑了第一条有硬质路面的道路。在公元前 312 年修筑的古罗马道路亚壁古道(Via Appia)(图 1-1)目前仍然在使用。大约公元前 3000 年,闪族人(Semites)开始使用沥青胶结贝壳或石料作为行车路面。

图 1-1 古罗马道路的表面

近代出现的公路与古代的土路其功能截然不同。作为近代交通工具的载体,在交通流量和行驶速度日益增长的情况下,对公路的建设要求不断提高,这些都是古代道路无法比拟的。近代公路建筑,随着测量技术、筑路技术、筑路材料和检测技术的发展,其结构不断完善和发展,它包括了由路基、路面、桥梁、涵洞、隧道、渡口、防护、景观及交通工程等构成的公路建设内容。

汽车工业的发展,促进了公路建设的发展。公路运输较铁路、水运、航空、管道等运输方式,有其独特的特点,即直达、迅速、适应性强和服务面广。因此,汽车运输一出现,就在经济、政治、军事、文化和旅游等方面占有重要的地位。为了提高汽车运输的服务质量,公路的通车里程在不断增长,路基路面的建设质量、公路的等级也在不断提高。

1949 年新中国成立以来,我国进入了社会主义建设的伟大时代。由于工农业生产迅速发展,人民生活水平逐步提高,尤其是建立和发展了汽车工业和石油工业,使我国公路交通事业得到了迅速发展。特别是 1978 年以后,国家执行了以经济建设为中心的政策,开始了建设有中国特色社会主义的新时期,公路建设也开创了崭新的局面。

至 2019 年年底,全国公路总里程 501.25 万 km(图 1-2),居世界第二位,公路密度 52.21km/100km²;四级及以上等级公路里程 469.87 万 km,占公路总里程的 93.7%(图 1-3);二级及以上等级公路里程 67.20 万 km,占公路总里程的 13.4%。高速公路里程 14.96 万 km,位居世界第一位,国家高速公路里程 10.86 万 km。"五纵七横"国道主干线基本建成通车,初步形成了连接重要城市及地区的高速公路通道,许多经济发达地区的高速公路干线网络正在形成。

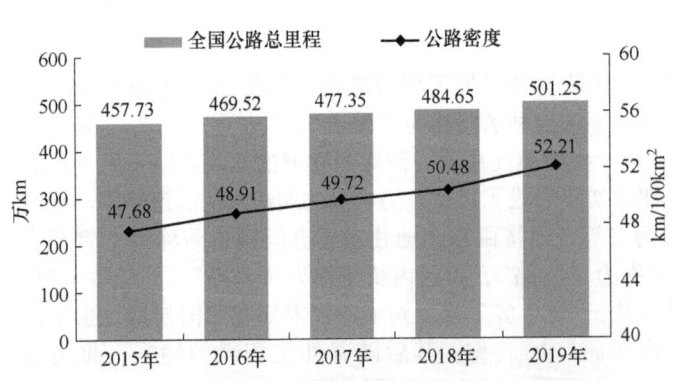

图 1-2 2015—2019 年全国公路总里程及公路密度

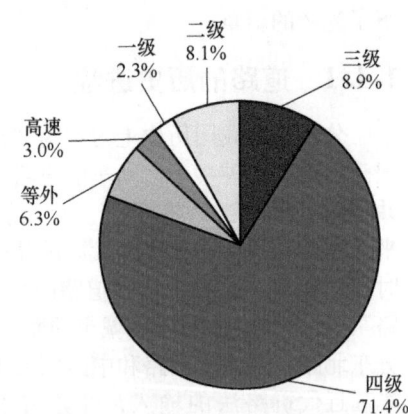

图 1-3 2019 年全国公路里程技术等级构成

由此可见,公路运输已渗入到经济建设和社会生活的各个方面,在国民经济中占有越来越重要的地位。高速公路的建设和使用，为汽车快速、高效、安全、舒适地运行提供了良好条件，标志着我国的公路运输事业和科学技术水平进入了一个崭新的时代。

1.1.2 道路工程的科技发展

进入20世纪后，随着汽车工业和交通运输的发展，现代化公路的路基路面工程逐步形成了新的学科分支，主要研究公路、城市道路和机场跑道路基路面结构、设计原理、设计方法、材料性能要求以及施工、养护、维修和管理技术等。半个多世纪，尤其是改革开放以来，我国广大道路工程科技工作者，从我国实际和建设需要出发，引进国外先进技术，刻苦钻研、反复实践，在路基路面工程建设和科学研究中，取得了许多突破性的系列成果。

1. 道路勘测设计技术

道路勘测设计是道路工程最基础的工作，通过几十年的发展，实现了从传统技术向当代高新技术的跨越。对于传统技术，通过光学水准仪、经纬仪勘测进行外业工作，采用手工绘图、计算器计算进行道路纵横断面设计，理论基础为经典大地控制测量学。随后，计算机辅助设计（路线CAD）在20世纪90年代、GPS航测和CAD集成技术在21世纪初广泛应用于我国道路工程勘测设计，目前广泛采用基于三维工程环境的公路勘察设计技术。

2. 公路自然区划、温度区划与降雨区划

我国幅员辽阔，各地自然条件和道路的工程性质差异很大。为此将自然条件大致相近者划分为区，在同一区划内从事公路规划、设计、施工、管理时，有许多共性因素可以相互参照。我国《公路自然区划标准》（JTJ 003—1986）分三级区划，一级区划是根据地理、地貌、气候、土质等因素将我国划分为七个大区，二级区划以气候和地形为主导因素，三级区划以行政区域作为界限。

3. 土的工程分类

土是填筑公路路基的主要材料，由于天然成因的差异，不同的路基土表现出截然不同的工程特性。我国依据土颗粒组成特征、土的塑性指标（塑限、液限和塑性指数）、土中有机质存在情况，按不同的工程特性将公路用土划分为巨粒土、粗粒土、细粒土和特殊土四大类，并细分为12种土。确认土的类别需应用标准的仪器，按统一的规程进行测试界定。为了在野外勘查中能对不同土类做鉴别，系统地总结了"简易鉴别、分类和描述"的方法与细节。

4. 软土地基稳定技术

在软土地基上修筑路基路面，天然地面的自然平衡状态将发生改变，在很长时间内路基将不断固结而产生路基变形。为此广泛研究了软土的调查与判别方法，提出了许多改变软土地基性质的技术措施，如砂井或塑料板排水固结法、砂层排水加载预压法、真空预压技术、碎石桩复合地基加固技术和无机结合料深层加固法等。在力学分析的研究方面，通过现场跟踪观测与建立预测分析模型，预估与控制软土地基加固后的工后沉降，从而提高路基的稳定性。

5. 岩石路基爆破技术

利用爆破技术开山筑路在我国有悠久的历史。但是在最近几十年中我国在山区筑路工程中有新的发展，创造了系统的大爆破技术，每次装炸药总量多达数十吨，一次爆破可清除岩石数十万立方米。大爆破以现代爆破理论为基础，事先需要进行周密的勘测与调查，经过精心设计的大爆破不仅能降低造价，缩短工期，而且能够使爆破后形成的坡面状况十分接近路基横断面设计要求。同时在山区，对于大粒径填料可以通过高能量压实机械保证路基的强度和稳定性，从而提高大粒径填料的利用率。

6. 路基结构设计

广大道路工程科技工作者通过学习、借鉴和自主创新，攻克了多年冻土、膨胀土、沙漠、岩溶、黄土、盐渍土、山区、高原高海拔、软土等特殊土地区路基修筑关键技术；揭示了膨胀土、黄土、红黏土、粉细砂等不良土质的工程特性，提出了平衡含水率理论，建立了利用不良土质填筑路堤的施工控制技术；深化了路基回弹模量的研究，提出了路基动态回弹模量的试验方法与标准，及路基本体竖向压应变的设计标准。

为了提高高路堤路基的稳定性，研究提出的技术措施包括减轻路堤自重，采用轻质粉煤灰，或采用轻质塑料块修筑路基；修筑轻型路基支挡结构，特别是加筋土挡墙的研究和工程建设在我国取得了许多成果。例如条带加筋、网络加筋、土工织物加筋等均取得良好效果。

7. 沥青路面结构

20 世纪 60 年代初，我国石油资源的大规模开发，揭开了用国产沥青筑路的序幕。早期的沥青路面主要是铺设在现有中级路面上的薄层表面处治层，以改善其行车条件。20 世纪 70 年代末，逐步形成了以贯入式路面为主的沥青路面承重结构。20 世纪 80 年代末，开始兴建高速公路，沥青路面作为一种主要形式，尤其是通过 30 多年的集中攻关，对半刚性基层沥青路面进行了系统的研究，在集中研究和总结的基础上，形成了我国沥青路面的主要结构。通过较长时间的科学研究形成了我国半刚性基层沥青路面设计、施工及管理成套技术，包括：沥青原材料的生产工艺、装备；沥青材料的技术指标与标准、试验设备及方法；沥青混合料的技术指标与标准、混合料设计技术、混合料性能检测设备及方法；沥青路面现代化施工整套设备、施工技术与施工管理等。近年来，我国又进行了柔性基层（包括沥青稳定基层 ATB、级配碎石基层、排水性沥青稳定基层）的设计与使用性能的研究，逐步形成了适合我国特点的沥青路面结构与材料设计方法。

8. 沥青路面设计理论与方法

我国道路科技工作者通过广泛的调查研究和理论探索，形成了符合我国实际的沥青路面设计理论与方法体系，它吸取了世界上各种流派的学术思想，以及各个国家设计方法的优点。在力学理论基础方面，建立了弹性力学多层结构承受多个圆形荷载的分析系统及相应的计算机程序；提出了以弯沉为控制设计指标、弯拉应力为验算指标的设计指标体系，并通过调查或试验得到了相应的标准控制值；形成了符合我国当时交通状况的荷载模式及交通分析方法；提出了相应的设计参数、标准、测试仪器与方法。近年来，在路面功能设计、可靠度设计等方面的研究取得了明显的进展。

9. 无机结合料稳定类材料设计与施工

利用石灰、水泥、工业废料等无机结合料修筑半刚性基层沥青路面始于 20 世纪 60 年代初，五十多年间，对半刚性基层材料的强度发展规律、强度机理、路用性质等进行了广泛的研究。通过对无机结合料稳定类材料的深入研究，提出了无机结合料稳定类材料的组成设计方法及控制指标和标准，同时提出了完整的施工控制技术要求，保证了无机结合料稳定类材料基层的耐久性。无机结合料稳定类材料基层沥青路面是我国公路与城市道路的主要结构形式。

10. 沥青路面材料组成设计

沥青路面材料组成设计是路面施工的关键。对沥青路面材料组成设计也提出了完整的技术指标与标准，通过对沥青的合理优选、集料的严格控制和施工过程的严格把关，提高了沥青路面的使用耐久性。结合我国国情，在我国推广使用 SMA、Superpave 技术，并研究了开级配沥青磨耗层（OGFC）、排水性表面层（porous asphalt pavement）和排水基层技术（ATPB）等在我国的应用技术，进一步提高了沥青路面的使用质量和使用品质。

11. 水泥混凝土路面结构

20 世纪 70 年代中期，交通运输发展加快，部分干线公路、城市道路及厂矿道路为提高承重能力，相继采用水泥混凝土路面结构。随后，针对水泥混凝土路面各方面存在的问题，开展了系统且具有相当规模的科学研究，从而在我国形成了关于水泥混凝土路面结构的整套技术，包括道路水泥的性能、指标、标准以及生产工艺；水泥混凝土路面基层的作用，水泥混凝土路面结构性能与设计方法；接缝构造、工作原理以及接缝设计方法；水泥混凝土路面小规模施工和大规模现代化施工成套装备及施工方法、施工组织管理等。在20世纪80年代中期，东南大学负责在江苏盐城修筑了我国第一条连续配筋水泥混凝土路面；20世纪90年代中期又在江苏镇江修筑了更大规模的连续配筋水泥混凝土路面，2001年南京绕城公路修筑了连续配筋水泥混凝土+沥青混凝土的路面结构，首次进行了长久性沥青路面的尝试，为我国连续配筋水泥混凝土路面的使用奠定了一定的基础。此外，也对钢纤维混凝土路面、碾压混凝土路面、复合结构混凝土路面等新型路面结构开展了系统研究并取得了一批实用性研究成果。

12. 水泥混凝土路面设计理论与方法

20世纪70年代起，我国道路科技工作者对水泥混凝土路面设计进行了较系统且具有相当规模的研究。在力学基础理论方面，运用解析法及有限元法建立了弹性力学层状结构、弹性地基板结构模型，形成了整套分析计算方法与计算机程序；建立了以弹性力学为基础，以混凝土弯拉疲劳应力、温度疲劳应力综合作用的设计体系与方法；研究并建立了地基支承、疲劳效应、动力效应等一整套设计参数的取值与测试方法。通过系统的水泥混凝土路面参数变异性分析、可靠度设计方法研究等，其研究成果为现行的以可靠度为指标的水泥混凝土路面设计方法所采用。

13. 路面使用性能与表面特性

路面的平整度、破损程度、承载能力及抗滑性能是路面使用性能的重要指标。目前，我国已对这些性能对行车的影响，其与路面结构设计、材料、施工的关系，量测手段与量测方法，评价的指标与标准，在车辆反复作用下路面性能的衰减及恢复等开展了广泛的研究，有的研究成果已成功应用于实际工程中，并开展了低噪声沥青路面技术、排水性（抗水漂）沥青表面层技术、开级配沥青磨耗层（OGFC）技术等的研究，提高了沥青路面的表面使用性能以及使用安全性、舒适性。

14. 路面养护管理

将系统工程的理论与方法用于协调路面养护，形成路面管理系统是20世纪80年代后的新动向。多年来，我国在路面性能的非破损快速跟踪检测，路面性能预估模型的建立，路面管理网络系统的建立以及项目级和路网级优化管理决策等方面取得了系列研究成果。路面使用性能的检测技术也有了很大的进步，路面弯沉检测、抗滑性能检测、平整度检测、路面破损检测等也由过去的人工检测向现代化的检测系统发展，有自动弯沉检测车、落锤式弯沉仪（FWD）、路面厚度雷达测试车、路面多功能监测车等，可为路面管理系统提供完整的路面使用状况数据。

1.1.3 路基路面工程与各学科的关联性

根据当前路基路面工程科学技术的发展趋势，对于以下几方面学科的交叉与发展应该特别重视。

1. 材料科学

回顾历史，路基路面工程每一项新技术的出现，首先都是在材料方面有所突破。如路基土壤的改良与稳定路基的技术措施，沥青材料和水泥材料的改性研究，路用塑料等都与材料科学有关。材料微观结构研究、复合材料研究的许多成果也正在被引入路基路面工程，尤其是提高沥青路面耐久性添加剂（如抗剥离剂、聚合物改性材料、高黏度沥青添加剂等）、沥青再生添加剂等。

2. 岩土工程学

路基路面作为地基结构物，依托天然地表的岩石与土壤构筑而成。因此路基路面工程在诸多方面借鉴于岩土工程学的科技成果，如土力学、岩石力学、地质学、土质学、水文地质学等都是路基路面工程学科的重要基础理论。

3. 结构分析理论

路基路面设计由以经验为主的方法演变成以结构分析理论为主的方法是一次飞跃。由于结构的复杂性以及车辆荷载与环境因素变化的复杂性，目前多数国家的设计方法所依据的静力线弹性力学分析理论不能完全满足要求，许多学者仍致力于路基路面结构分析的力学基础研究，如动力荷载与结构动力响应、非线性、黏弹性、黏弹塑性等数学、力学模型的建立以及适用于各种要求、各种边界条件的数学分析方法和数值解方法。今后进一步发展有可能使宏观结构分析与材料的组成、材料的特性以及材料的微观结构与微观力学相融为一体，成为路基路面工程设计的重要基础。

4. 机电工程

现代化道路与机场路基路面工程的固有性能及使用品质越来越多地依赖于施工装备的性能与施工工艺。如振动压路机的吨位、频率与振幅对于各种结构层产生的效果截然不同。许多专用施工设备就是根据结构强度形成理论和工艺要求专门进行设计的。因此有些国家在研究一项路面工程新技术时，将施工工艺与施工装备也列入研究计划做同步开发研究。

5. 自动控制与量测技术

为确保路基路面的工程质量和良好的使用品质，必须在施工过程中严格控制各项指标，如材料用量、加热温度、碾压吨位、碾压质量等，竣工后以及开放运行在使用过程中需要长期跟踪监测。所有这些控制与量测都在逐步采用高新技术以达到较高的精确度。如配料自动控制，平整度自动控制等。在量测技术方面引用高速摄影、激光装置、红外线装置量测各项质量指标及性能指标等。路面响应的检测也由过去的应变片测定向振弦式应变计和光纤应变测量过渡，路面应变测试不仅能测定某点的应变，还能测定应变场、弯沉盆、温度场等，应变检测不仅能测定相对值，还能测定绝对值。

6. 现代管理科学

从现代管理科学的角度来看，路基路面工程在一个区域范围内属于一个大系统，而且从规划、设计、施工、养护、维修、管理全过程来看，延续数十年之久。通过大型的管理系统，对区域范围内路基路面工程各个阶段的信息进行跟踪、采集、存储、处理、定期作评估和预测，必要时提出维修决策，投放资金进行维修养护，使路基路面始终具有良好的使用性能，这是现代化管理的总的概念，有许多国家已在这方面取得实质性的进展，并用于工程实践。这对于节约维修养护投资，提高运输效率具有重要作用。

综上所述，路基路面工程作为一个学科分支，在我国，随着交通运输的发展，其正在以较快的速度逐步接近国外同类学科的前沿。进入21世纪，交通运输不论是在我国，还是在其他发达国家，仍然是一个重要的科技领域。我国道路科技工作者将从我国的实际出发，不断吸取交叉学科的新成就以及世界各国的有用经验，全面推动路基路面工程学科的发展，为我国交通运输现代化做出贡献。

■ 1.2 路基路面工程的特点及功能要求

1.2.1 路基路面工程的特点

路基和路面是构成道路的主要工程结构物。路基是在天然地表面上按照道路的设计路线（位置）和设计横断面（几何尺寸）的要求修筑的带状构造物，是路面的基础，承受由路面传来的行车荷载。路面是用各种材料混合料铺筑在路基上供车辆行驶的层状结构物。路基是路面结构的基础，是公路工程的主要组成部分，坚强而又稳定的路基为路面结构长期承受汽车荷载提供了重要的保证，而路面结构层的存在又保护了路基，使之避免直接经受车辆和大气的破坏作用，长久处于稳定状态。路面损坏往往与路基填料不当、路基排水不畅、压实度不够、强度低等有直接关系。路基和路面相辅相成，实际上是不可分离的整体，应综合考虑它们的工程特点，综合解决两者的强度、稳定性和耐久性等工程技术问题。

路基路面是一项线性工程，有的公路延续数百公里，甚至上千公里。作为道路工程的主要组成部分，路基与路面结构的工程数量十分可观，例如微丘区的三级公路，每公里土石方数量为 $8000 \sim 16000 m^3$，山岭、重丘区的三级公路每公里可达 $20000 \sim 60000 m^3$，对于高速公路，数量更为可观。路面结构在道路造价中所占比例很大，一般都要达到30%左右，有时将超过50%。公路沿线地形起伏、地质、地貌、气候特征多变，再加上沿线城镇经济发达程度与交通繁忙程度不一，使得路基与路面工程建设复杂多变。现代化公路运输，不仅要求道路能全天候通行车辆，而且要求车辆能以一定的速度、安全、舒适而经济地在道路上运行。这就要求路基路面具有良好的使用性能，提供良好的行驶条件和服务水平。

因此工程技术人员必须掌握广博的知识，善于识别各种变化的环境因素，恰当地进行处理，精心设计，精心施工，才能使路基路面能长时期具备良好的使用性能，从而建造出理想的路基路面工程结构。这对节约投资，提高运输效益，也具有十分重要的意义。

1.2.2 路基路面工程的功能要求

基于路基路面工程的特点，为了保证公路与城市道路最大限度地满足车辆运行的要求，提高行车速度，增强安全性和舒适性，降低运输成本和延长道路使用年限，要求路基路面具有下述基本性能：

路基路面工程的功能要求讲解

1. 承载能力

承载能力是指路面结构承受荷载的能力。路面结构应具有足够的强度以抵抗车轮荷载引起的各个部位的各种应力，如压应力、拉应力、剪应力等，使路面各个部位的各种应力在规定的范围内，保证路面结构不发生压碎、拉断、剪切等各种破坏。或者路面结构应能抵抗车轮荷载引起的各个部位的各种应变，如压应变、拉应变、剪应变等，使路面各个部位的各种应变在规定的范围内，即使在车轮荷载作用下也不发生过量的应变或变形，并保证不发生车辙、沉陷或波浪等各种病害。

另外，行驶在路面上的车辆首先通过车轮把荷载传给路面后，又由路面传给路基，在路基结构内部产生应力、应变及位移。如果路基结构整体或某一组成部分的强度或抗变形能力不足以抵抗这些应力、应变及位移，则会相继引起路基、路面结构出现沉陷，进而路面出现断裂，表面出现波浪或车辙等病害，使得路况恶化，服务水平下降。因此要求路基路面结构整体及其各组成部分都具有与行车荷载相适应的承载能力。

2. 稳定性

路基路面结构的稳定性包括路面高温稳定性、低温抗裂性、水稳定性和路基稳定性。

在天然地表面建造的道路结构物改变了自然的平衡，在达到新的平衡状态之前，道路结构物处于一种暂时的不稳定状态。新建的路基路面结构裸露在大气之中，经常受到大气温度、降水与湿度变化的影响，结构物的物理、力学性质将随之发生变化，处于另外一种不稳定状态。路基路面结构能经受这种不稳定状态，而保持工程设计所要求的几何形态及物理力学性质，称为路基路面结构的稳定性。

在地表上开挖或填筑路基，必然会改变原地面地层结构的受力状态。原来处于稳定状态的地层结构，有可能由于填挖筑路而引起不平衡，导致路基失稳。如在软土地层上修筑高路堤，或者在岩质或土质山坡上开挖深路堑时，有可能由于软土层承载能力不足，或者由于坡体失去支承，而出现路堤沉落或坡体坍塌破坏。路线如选在不稳定的地层上，则填筑或开挖路基会引发滑坡或坍塌等病害出现。因此在选线、勘测、设计、施工中应密切注意，并采取必要的工程措施，以确保路基有足够的稳定性。

大气降水使得路基路面结构内部的湿度状态发生变化，低洼地带路基排水不良，长期积水会使得矮路堤软化，失去承载能力。山坡路基，有时因排水不良，会引发滑坡或边坡滑塌。水泥混凝土路面，如果不能及时将水分排出结构层，会发生唧泥现象，冲刷基层，导致结构层提前破坏。沥青混凝土路面中水分的侵蚀，会引起沥青结构层剥落，结构松散。砂石路面，在雨季时，会因雨水冲刷和渗入结构层，而导致强度下降，产生沉陷、松散等病害。因此防水、排水是确保路基路面稳定的重要方面。

大气温度周期性的变化对路面结构的稳定性有重要影响，高温季节沥青路面软化，在车轮荷载作用下产生永久性变形，水泥混凝土结构在高温季节因结构变形产生过大内应力，导致路面压曲破坏。北方冰冻地区，在低温冰冻季节，水泥混凝土路面、沥青路面、半刚性基层由于低温收缩产生大量裂缝，最终失去承载能力。在严重冰冻地区，低温引起路基的不稳定是多方面的，低温会引起路基收缩裂缝，地下水源丰富的地区，低温会引起冻胀，路基上面的路面结构也随之发生断裂。春天融冻季节，在交通繁重的路段，有时会发生翻浆，使路基路面产生严重的破坏。

3. 表面平整度

路面表面平整度是影响行车安全、行车舒适性以及运输效益的重要使用性能。特别是高速公路，对路面平整度的要求更高。不平整的路表面会增大行车阻力，并使车辆产生附加的振动作用。这种振动作用会造成行车颠簸，影响行车的速度和安全、驾驶的平稳和乘客的舒适。同时，振动作用还会对路面施加冲击力，从而加剧路面和汽车机件的损坏和轮胎的磨损，并增大油料的消耗。而且，不平整的路面还会积滞雨水，加速对路面的破坏。因此，为了减少振动冲击力，提高行车速度和增进行车舒适性、安全性，路面应保持一定的平整度。

优良的路面平整度，要依靠优良的施工装备，精细的施工工艺，严格的施工质量控制以及经常和及时的养护来保证。同时，路面的平整度同整个路面结构和路基顶面的强度和抗变形能力有关，同结构层所用材料的强度、抗变形能力以及均匀性有很大关系。强度和抗变形能力差的路基路面结构和面层混合料，经不起车轮荷载的反复作用，极易出现沉陷、车辙和推挤破坏，从而形成不平整的路面表面。

4. 表面抗滑性能

路面表面要求平整，但不宜光滑，汽车在光滑的路面上行驶时，车轮与路面之间缺乏足够的附着力或摩擦力。雨天高速行车，或紧急制动或突然起动，或爬坡、转弯时，车轮也易产生空转或打滑，致使行车速度降低，油料消耗增多，甚至引起严重的交通事故。通常用摩擦系数表征抗滑性能，摩擦系数小，则抗滑能力低，容易引起车辆滑溜，造成交通事故。对于城市道路的交叉口，由于车辆经常需要制动，一般要求具有较高的抗滑性能。对于高速公路，由于高速车辆在雨天容易产生滑溜或水漂，需要路面有较高的纹理深度，减少车辆在制动时出现的水漂现象。

路面的抗滑性能在低速时主要取决于集料表面的微观纹理，高速时主要取决于路面表面的宏观纹理。路面表面的抗滑能力可以通过采用坚硬、耐磨、表面粗糙的粒料组成路面表层材料实现，有时也可以采用一些工艺措施实现，如水泥混凝土路面的刷毛或刻槽等。此外，路面上的积雪、浮冰或污泥等，也会降低路面的抗滑性能，必须及时予以清除。

5. 耐久性

路基路面的耐久性是在车辆荷载的反复作用与大气水、温度周期性重复作用下的性能变化特性。路基路面在车辆荷载的反复作用与大气水温周期性重复作用下，路面使用性能将逐年下降，强度与刚度将逐年衰变，路面材料的各项性能也可能由于老化而衰变，进而引起路面结构的损坏。至于路基的稳定性也可能在长期经受自然因素的侵袭后，逐年削弱。

　　路基路面工程投资昂贵，从规划、设计、施工至建成通车需要较长的时间，这样的大型工程都应有较长的使用年限，一般的道路工程使用年限至少为数十年。承重并经受车辆直接碾压的路面部分要求使用年限20年以上，因此路基路面工程应具有耐久性能。而提高路基路面的耐久性，保持其强度、刚度、几何形态经久不衰，除了精心设计、精心施工、精选材料之外，还要把长年的养护、维修、恢复路用性能的工作放在重要的位置。

1.3　路基路面结构与层位功能

　　根据《公路路基设计规范》（JTG D30—2015），我国在进行路基设计时，路基的内涵是指道路整个横断面，包含路堤或路堑，高于原地面高程的填方路基称为路堤（embankment），低于原地面的挖方路基称为路堑（cutting）。而在路面设计时，路基的内涵是指路面的承载平台，即路面以下的部分，英文为subgrade。

1.3.1　路基横断面

　　在路基顶面铺筑面层结构，路基横断面沿横断面方向由行车道、中间带、硬路肩和土路肩所组成。各部分的宽度与道路等级、设计行车速度等有关。路面以下部分的路基根据材料和使用要求又可分为上路床、下路床、上路堤和下路堤。填方路基结构0~30cm范围称为上路床。交通等级为轻、中及重时，30~80cm称为下路床，80~150cm称为上路堤，150cm以下称为下路堤；当交通等级为特重或极重时，30~120cm称为下路床，120~190cm称为上路堤，190cm以下称为下路堤。图1-4~图1-6所示是典型的路基横断面和几种高速公路的路基横断面。

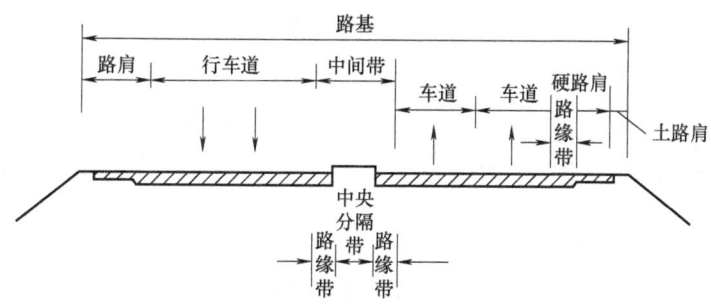

图1-4　路基横断面图

图1-5　路基横断面分布图

路基横断面
分布图解读

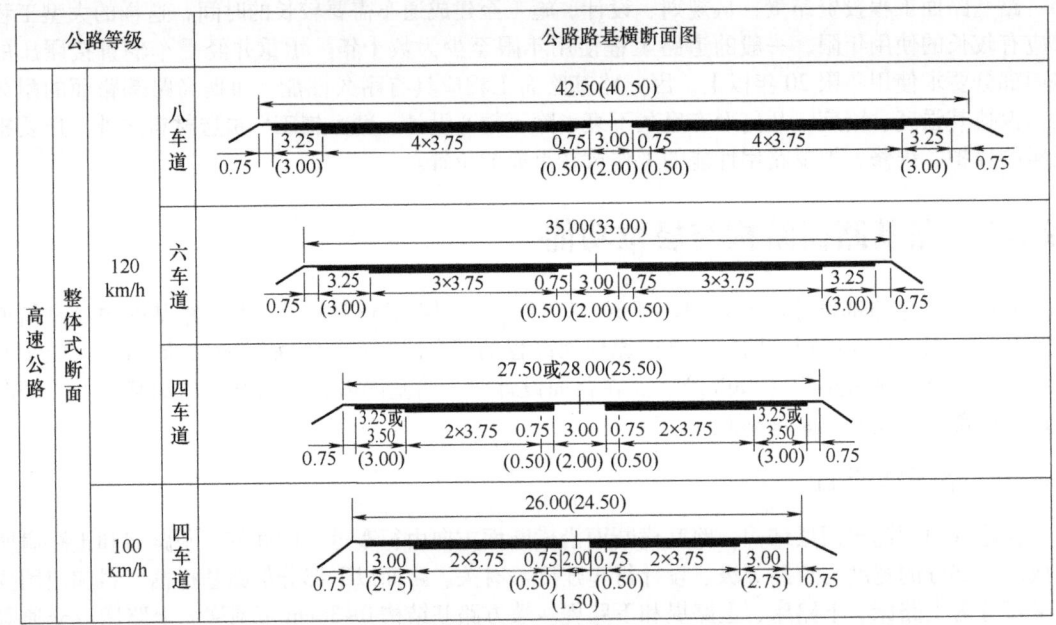

图1-6 几种高速公路的路基横断面（单位：m）

1.3.2 路面横断面

根据不同的道路等级，可选择不同形式的路面横断面，通常分为槽式横断面和全铺式横断面，如图1-7所示。

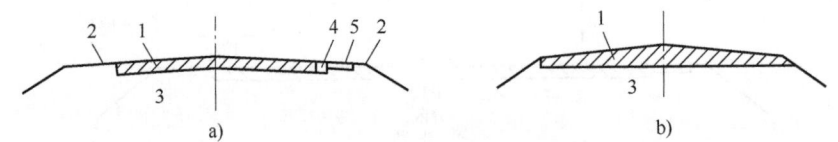

图1-7 路面横断面形式
a) 槽式横断面 b) 全铺式横断面
1—路面 2—路肩 3—路基 4—路缘石 5—加固路肩

1. 槽式横断面

在路基上按路面行车道及硬路肩设计宽度开挖路槽，保留土路肩，形成浅槽，在槽内铺筑路面。也可采用培槽方法，在路基两侧培槽，或半填半挖的方法培槽。这种路面横断面由于路肩部分采用不透水的材料填筑，进入路面结构的水将不易被排出路肩外。槽式横断面形式如图1-7a所示。

2. 全铺式横断面

在路基全部宽度内都铺筑路面。在高等级公路建设中，有时为了将路面结构内部的水分迅速排出，在全宽范围内铺筑基层材料以保证水分由横向排入边沟。有时考虑到道路交通量的迅速增长，为适应扩建的需要，将硬路肩及土路肩的位置全部按行车道标准铺筑面层。在盛产石料的山区或较窄的路基上，全宽铺筑中、低级路面。全铺式横断面形式如图1-7b所示。

1.3.3 路拱横坡度

为了保证路面上的雨水及时排出，减少雨水对路面的浸润和渗透，减弱其对路面结构强度的影响，路面表面应做成直线形或抛物线形的路拱。等级高的路面，平整度和水稳定性较好，透水性也小，通常采用直线形路拱和较小的路拱横坡度。等级低的路面，为了有利于迅速排出路表积水，一般采用抛物线形路拱和较大的路拱坡度。表1-1列出了各种不同类型路面的路拱坡度。

表 1-1　路拱坡度

路面类型	路拱坡度（%）
沥青混凝土、水泥混凝土	1~2
其他沥青路面	1.5~2.5
半整齐石块	2~3
碎、砾石等粒料路面	2.5~3.5
低级路面	3~4

选择路拱坡度，应充分考虑有利于行车平稳和横向排水两方面的要求。在干旱和有积雪、浮冰地区应采用低值，多雨地区采用高值。当道路纵坡较大或路面较宽，或行车速度较高时，或交通量和车辆载重较大时，或常有拖挂汽车行驶时，应采用路拱坡度的低值，反之则应取用高值。

高速公路和一级公路设有中央分隔带，通常采用两种方式布置路拱横断面。若分隔带未设置排水设施，则做成中间高，两侧路面低，由单向横坡向路肩方向排水。若分隔带设置排水设施，则两侧路面分别单独做成中间高两边低的路拱，向中间排水设施和路肩两个方向排水。

路肩横坡度一般较路面横坡度大1%，但是高速公路和一级公路的硬路肩采用与路面行车道相同的结构时，应采用与路面行车道相同的路面横坡度。路拱坡度主要是考虑路面排水的要求，路面越粗糙，要求路拱坡度越大，因此路拱坡度应根据路面类型和当地自然条件选定。路拱坡度过大对行车不利，故路拱坡度应限制在一定范围内，具体按表1-1规定的数值采用。同时路肩横向坡度一般应较路面横向坡度大1%~2%。

1.3.4　路面结构分层及层位功能

行车荷载和自然因素对路基路面的影响，随深度的增加而逐渐变化（图1-8）。计算结果表明，荷载作用下垂直应力随着深度的增加而变小，弯拉应力一般为表面受压和底面受拉，剪切应力先增加后减小。因此，对路面材料的强度、抗变形能力和稳定性的要求也随深度的增加而逐渐变化（图1-8）。为了适应这一特点，路面结构通常分层铺筑，按照使用要求、受力状况、土基支承条件和自然因素影响程度的不同，分成若干层次。通常按照各个层位功能的不同，路面结构一般由面层、基层、底基层和路基等组成（图1-9和图1-10），必要时设置垫层，垫层作为介于土基与基层之间温度和湿度的过渡层。图1-8所示为典型沥青路面结构的受力特点及层位功能要求，根据路面结构的受力特点，图1-9给出了不同层位的功能要求。

1. 面层

面层是直接同行车和大气接触的表面层次，它承受较大的行车荷载的垂直力、水平剪切力和冲击力的作用，同时还受到降水的侵蚀和气温变化的影响。因此，同其他层次相比，面层应具备较高的结构强度抵抗垂直应力作用，较高的抗变形能力抵抗剪切作用，较好的水稳定性抵抗水损害和很好的温度稳定性抵抗车辙，其表面还应有良好的抗滑性和平整度。

修筑面层所用的材料主要有水泥混凝土、沥青混凝土、沥青碎（砾）石混合料、砂砾或碎石掺土或不掺土的混合料以及块料等。

沥青面层分两层、三层或更多的层次铺筑，如高速公路沥青面层总厚度在18~20cm时可分为上、中、下三层铺筑，并根据各分层的要求采用不同的级配类型。

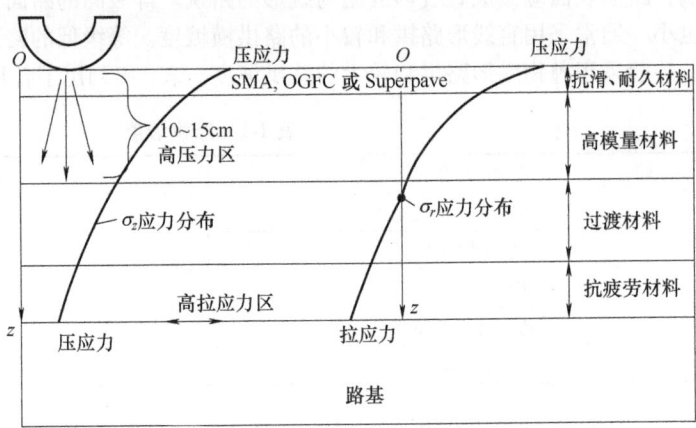

路面结构受力特点及
层位功能要求解读

图 1-8　典型沥青路面结构的受力特点及层位功能要求

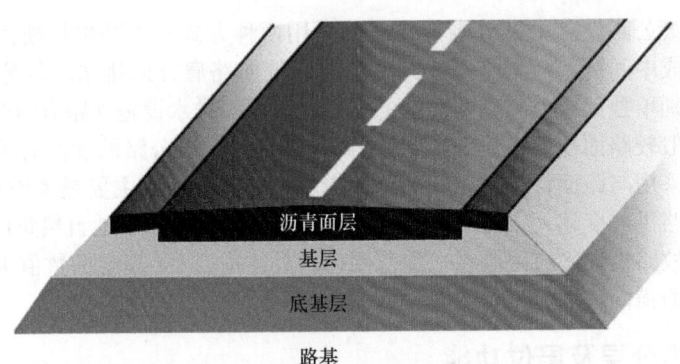

图 1-9　沥青路面结构受力特点及层位功能要求

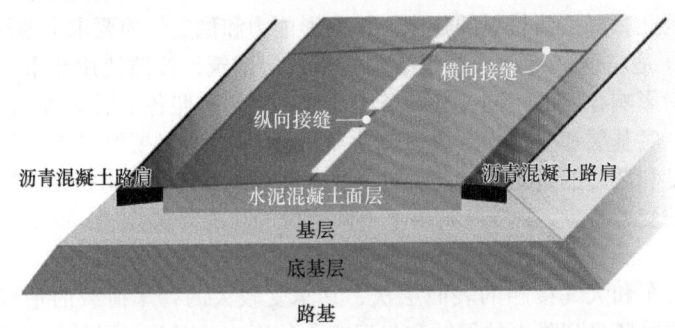

图 1-10　水泥混凝土路面结构和受力特点

水泥混凝土路面分上下两层铺筑，分别采用不同强度的水泥混凝土材料；或采用水泥混凝土路面或连续配筋水泥混凝土上加铺 4~10cm 沥青混凝土这样的复合式结构。但是砂石路面上所铺的 2~3cm 厚的磨耗层或 1cm 厚的保护层，以及厚度不超过 1cm 的简易沥青表面处治，不能作为一个独立的层次，应看作面层的一部分。

2. 基层

基层主要承受由面层传来的车辆荷载（包括垂直力和拉应力），将垂直力扩散到下面的垫层和土基中去，承受拉应力作用并维持良好的耐久性。因此基层应具有一定的强度和刚度，并具有良好的扩散应力的能力。基层遭受大气因素的影响虽然比面层小，但是仍然有可能经受地下水和通过面层渗入雨水的浸湿，所以基层结构应具有足够的水稳定性。基层表面虽不直接供车辆行驶，但仍然要求有较好的平整度，这是保证面层平整性的基本条件。由于基层一般受到拉应力的作用，因此，必须保证基层的疲劳寿命满足设计要求。

修筑基层的材料主要有各种结合料（如石灰、水泥等）稳定土，沥青稳定类及各种结合料（如石灰、水泥等）稳定碎（砾）石、贫水泥混凝土、普通水泥混凝土、天然砂砾、各种碎石或砾石、片石、块石或圆石，各种工业废渣（如煤渣、粉煤灰、矿渣、石灰渣等）和土、砂、石所组成的混合料等。

基层厚度太厚时，为保证工程质量可分为两层、三层或更多的层次铺筑。当采用不同材料修筑基层时，基层的最下层称为底基层，对底基层材料质量的要求可以降低，可使用当地材料修筑。

3. 功能层或垫层

分布位置介于土基与基层之间，通常在水泥路面中称为垫层，在沥青路面中称为功能层。一方面的功能是改善土基的湿度和温度状况，以保证面层和基层的强度、刚度和稳定性不受土基水温状况变化所造成的不良影响。另一方面的功能是加强路面结构层之间的连接，将基层传下的车辆荷载应力加以扩散，以减小土基产生的应力和变形。同时也能阻止路基土挤入基层中，影响基层结构的性能。

修筑垫层的材料，强度要求不一定高，但水稳定性和隔温性能要好。常用的垫层材料分为两类，一类是由松散粒料，如砂、砾石、炉渣等组成的透水性材料层或防冻层；另一类是用水泥或石灰稳定土等修筑的稳定类材料层；还有沥青或乳化沥青的封层、黏层、透层及应力吸收层。

1.3.5 路面面层类型及适用范围

通常按路面面层的使用品质、材料组成类型以及结构强度和稳定性，将路面面层分为沥青混凝土路面、水泥混凝土路面、沥青贯入式路面、沥青碎石路面、沥青表面处治路面和砂（碎）石路面，见表1-2。

表1-2 路面面层类型及适用范围

面层类型	适用范围
沥青混凝土路面	高速公路、一级公路、二级公路、三级公路、四级公路
水泥混凝土路面	高速公路、一级公路、二级公路、三级公路、四级公路
沥青贯入式、沥青碎石、沥青表面处治路面	三级公路、四级公路
砂（碎）石路面	四级公路

1. 沥青混凝土和水泥混凝土路面

沥青混凝土和水泥混凝土路面的特点是路面平整度好，强度高，稳定性好，使用寿命长，能保证高速行车，能适应繁重的交通量。该类路面养护费用少，运输成本低，但初期建设投入大，需要用质量高的材料修筑。

2. 沥青贯入式、沥青碎石、沥青表面处治路面

沥青贯入式、沥青碎石、沥青表面处治路面与等级高的面层相比，强度和刚度较差，使用寿命较短，所适应的交通量较小，其初期建设投资虽较沥青混凝土和水泥混凝土路面小，但需要定期养护，养护费用和运输成本均较高。

3. 砂（碎）石路面

砂（碎）石路面的强度和刚度低，使用期限短，易扬尘，仅适应较小的交通量。砂（碎）石路面的初期建设投资成本虽然较低，但养护工作量大，需要经常维修才能延长使用年限，运输成本高。

1.3.6 路面的分类

路面类型可以从不同角度划分，但是一般都按面层所用的材料区分，如水泥混凝土路面、沥青路面、砂石路面等。但是在工程设计中，主要从路面结构的力学特性的相似性出发，将路面结构划分为柔性路面（沥青混凝土路面）、刚性基层沥青路面（复合式路面）和刚性路面三类。根据基层材料类型及组合的不同又可以将沥青混凝土路面划分为柔性基层沥青路面、半刚性基层沥青路面、刚性基层沥青路面、组合式基层沥青路面。国外一般将水泥混凝土路面和沥青混凝土路面称为有铺装路面，表面处治、沥青碎石、沥青贯入式路面称为简易铺装路面，砂石路面等归入未铺装路面。砂石路面是以砂、石为集料，以土、水、灰为结合料，通过一定的配合比铺筑而成的路面，包括级配砂（砾）石路面、泥结碎石路面、水结碎石路面、填隙碎石路面及其他粒料路面。

1. 柔性基层沥青路面

柔性基层沥青路面的总体结构刚度较小，在车辆荷载作用下产生的弯沉变形较半刚性基层沥青路面大。虽然路面结构某一层的抗弯拉强度较低，但通过合理的结构组合和厚度设计可以保证路面结构整体具有很强的抵抗荷载作用的能力，同时通过各结构层将车辆荷载传递给土基，使土基承受的单位压力在一定的范围内。路基路面结构主要靠抗压强度和抗剪强度承受车辆荷载的作用。柔性基层主要包括各种未经处理的粒料基层和各类沥青层、碎（砾）石层或块石层组成的路面结构。

2. 半刚性基层沥青路面

用水泥、石灰等无机结合料处治的土或碎（砾）石及含有水硬性结合料的工业废渣修筑的基层，在前期具有柔性基层的力学性质，后期的强度和刚度均有较大幅度的增长，但是最终的强度和刚度仍远小于水泥混凝土。由于这种材料的刚性处于柔性基层与刚性基层之间，因此把这种基层和铺筑在它上面的沥青面层统称为半刚性基层沥青路面。

3. 刚性基层沥青路面（复合式路面）

刚性基层沥青路面指用水泥混凝土［包括普通混凝土、钢筋混凝土（RC）、连续配筋混凝土（CRC）、钢纤维混凝土、预应力混凝土、装配式混凝土、碾压混凝土］作为基层，沥青混凝土作为面层的路面结构。水泥混凝土具有强度高、稳定性好等特点，沥青混凝土具有行车舒适、噪声小等特点，这种复合式路面可以避免各自的缺点，具有良好的使用性能和耐久性。普通混凝土、钢筋混凝土（RC）基层沥青路面由于接缝处的反射裂缝，对使用性能有一定的影响。连续配筋混凝土（CRC）基层沥青混凝土路面由于连续的配筋将水泥混凝土的裂缝宽度约束在一定的范围内（一般要求小于1mm），故其有良好的使用性能和耐久性，但必须采取措施保证沥青层与沥青层、沥青层与水泥混凝土层之间有良好的黏结状态。

4. 水泥混凝土路面

水泥混凝土路面主要指用水泥混凝土作为面层［包括普通混凝土、钢筋混凝土（RC）、连续配筋混凝土（CRC）、钢纤维混凝土、预应力混凝土、装配式混凝土、碾压混凝土］的路面结构。水泥混凝土的强度高，与其他筑路材料比较，它的抗弯拉强度高，并且有较高的弹性模量，故呈现出较大的刚性。在车辆荷载作用下，水泥混凝土结构层处于板体工作状态，竖向弯沉较小，路面结构主要靠水泥混凝土板的抗弯拉强度承受车辆荷载。通过板体的扩散分布作用，传递给基础的单位压力较柔性路面小得多。

5. 组合式基层沥青路面

沥青路面的基层含有无机结合料稳定类材料、水泥混凝土材料等刚度较大或相对较大的材料，但是在沥青层与刚度相对较大的材料之间夹有柔性材料。如沥青混凝土层+级配碎石+无机结合料层的路面结构、沥青混凝土层+级配碎石+普通水泥混凝土材料层的路面结构、沥青混凝土层+级配碎石+碾压式水泥混凝土材料层的路面结构等。

1.4 路基路面结构的影响因素

1.4.1 路基路面稳定性的影响因素

路基路面裸露在大气中，其稳定性在很大程度上由当地自然条件所决定。因此，要深入调查公路沿线的自然条件，从总体到局部，从大区域到具体路段的自然情况，分析研究，掌握其规律及对路基路面稳定性的影响，因地制宜地采取有效的工程措施，以确保路基路面具有足够的强度和稳定性。总体而言，路基路面的稳定性与下列因素有关。

1. 地理条件

公路沿线的地形、地貌和海拔不仅影响路线的选定，也影响路基与路面的设计。平原、丘陵、山岭各区地势不同，路基的水温情况也不同。平原区地势平坦，排水困难，地表易积水，地下水位相应较高，因而路基需要保持一定的最小填土高度，路面结构层应选择水稳定性良好的材料，并采取一定的结构排水设施。丘陵区和山岭区，地势起伏较大，路基路面排水设计至关重要，否则会导致稳定性下降，出现破坏现象，影响路基路面的稳定性。

2. 地质条件

沿线的地质条件，如岩石的种类、成因、节理、风化程度和裂隙情况，岩石走向、倾向、倾角、层理和岩层厚度，有无夹层或遇水软化的夹层，以及有无断层或其他不良地质现象（岩溶、冰川、泥石流、地震等）都对路基路面的稳定性有一定的影响。

3. 气候条件

气候条件，如气温、降水、湿度、冰冻深度、日照、蒸发量、风向、风力等都会影响公路沿线地面水和地下水的状况，并且影响路基路面的水温情况。

在一年之中，气候有季节性的变化，因此路基路面的水温情况也随之变化。气候还受地形的影响，例如山顶与山脚，山南坡与山北坡气候有很大的差别。这些因素都会严重影响路基路面的稳定性。

4. 水文和水文地质条件

水文条件，如公路沿线地表水的排泄，河流洪水位，常水位，有无地表积水和积水时期的长短，河岸的淤积情况等，水文地质条件，如地下水位，地下水移动的规律，有无层间水、裂隙水、泉水等，所有这些地面水及地下水都会影响路基路面的稳定性，如果处理不当，常会引起各种病害。

5. 土的类别

土是建筑路基和路面的基本材料，不同的土类具有不同的工程性质，因而将直接影响路基路面的强度与稳定性。

不同的土类含有不同粒径的土颗粒，砂粒成分多的土，强度构成以内摩擦力为主，强度高，受水的影响小，但施工时不易压实。较细的砂，在渗流情况下，容易流动，形成流砂。黏粒成分多的土，强度形成以黏聚力为主，其强度随密实程度的不同，变化较大，并随湿度的增大而降低。粉土类土毛细现象强烈，路基路面的强度和承载力随着毛细水量上升、湿度增大而下降，在负温度坡差作用下，水分通过毛细作用移动并积聚，使局部土层湿度大幅度增加，造成路基冻胀，最后导致路基翻浆、路面结构层断裂等各种破坏。

6. 路基路面上的作用

路面上交通荷载的作用，路基填筑或挖方施工活动对路基路面稳定性均有很大的影响。路基路面稳定性分析时需要考虑交通荷载和路基自重对稳定性的影响，如交通荷载作用产生的荷载应力使路面结构产生车辙和推挤，路基自重作用引起路基沉降，并对边坡稳定性产生影响。

1.4.2 路基路面工程的环境影响因素

前面总体介绍了影响路基路面结构稳定性的各项因素，但在这些因素中，环境影响因素具有特殊性和长期性。因为路基路面结构直接、长期暴露在大气之中，经受着自然环境因素的长期性和周期性影响，尤其温度和湿度对路基路面结构有着重要影响。路基路面结构的温度和湿度状况随周围环境的变化而变化，使得路基路面体系的性质与状态也随之发生变化。

路基土和路面材料的强度与刚度随路面结构内部温度和湿度的变化有时会有大幅度的增减。图 1-11 给出了沥青混凝土的动弹性模量随温度升高而降低的情况，图 1-12 所示为路基回弹模量随湿度增长而急剧下降的情况。

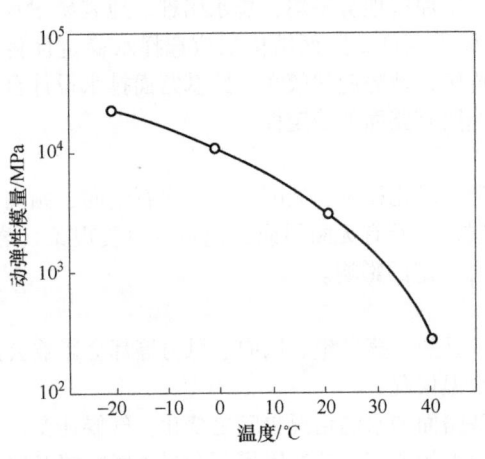

图 1-11　温度对沥青混凝土动弹性模量的影响

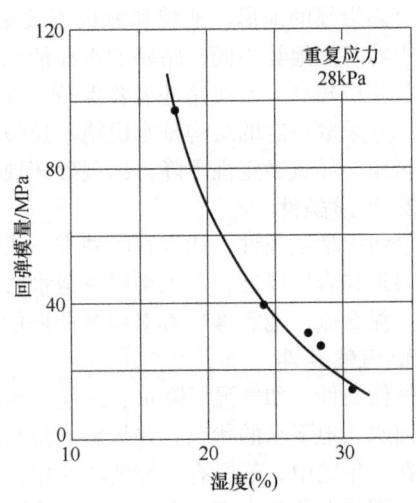

图 1-12　湿度对路基回弹模量的影响

1. 温度因素

大气的温度在一年四季和一昼夜之间发生着周期性的变化，受大气直接影响的路面温度也相应地在一年四季之间和一昼夜之间发生着周期性的变化。图 1-13 和图 1-14 分别显示了夏季晴天，沥青面层内温度的昼夜变化观测结果和沥青路面温度在不同季节沿深度的变化曲线。图 1-15 所示为水泥混凝土面层内温度的日变化观测结果。由图可见，路表面温度变化与气温变化大致是同步的，但是由于部分太阳辐射热被路面所吸收，路表面的温度较气温高，尤其是沥青路面，由于吸热量高，温度增值的幅度超过水泥混凝土路面。面层结构内不同深度处的温度同样随气温的变化呈周期性变化，升降的幅度随深度的增加而减小，其峰值的出现也随深度的增加而越来越滞后。路面深度与温度的变化关系表明，路面最高温度一般出现在夏天的路面深度 4~5cm 的位置，因此，进行温度观测时必须注意在路面深度 4~5cm 的位置埋置传感器。

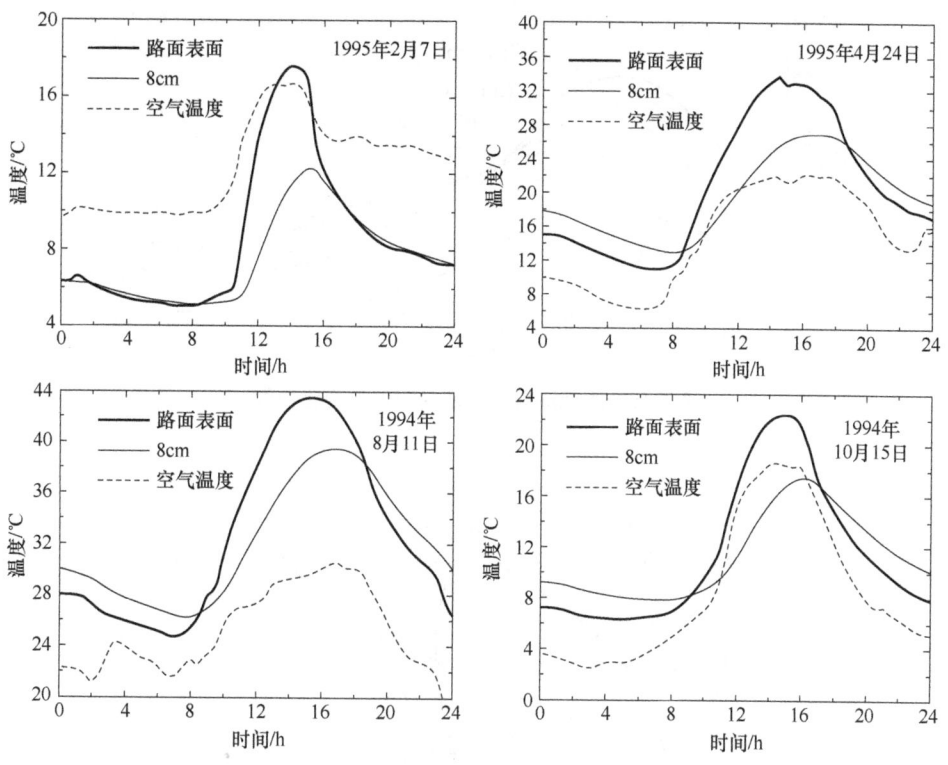

图 1-13　沥青面层温度昼夜变化曲线

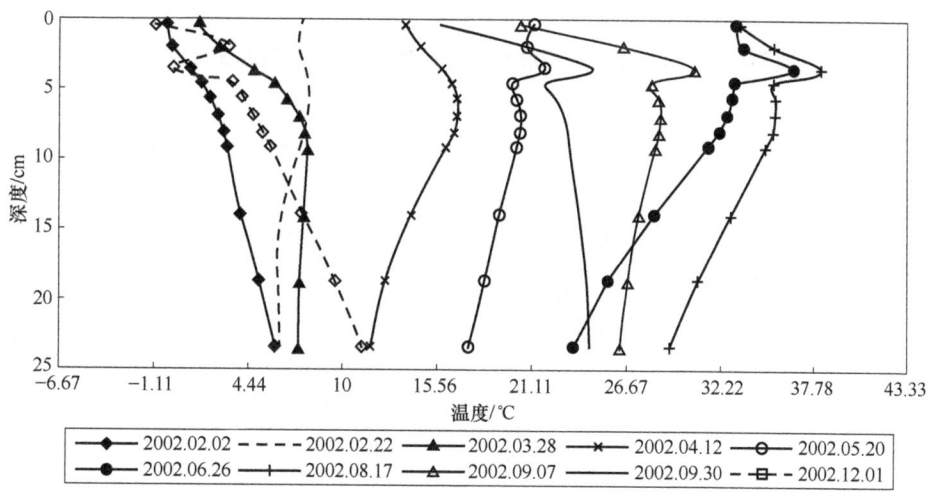

图 1-14　不同季节沥青路面温度与深度变化曲线

路面结构内温度随深度的分布状况，可以从一天内不同时刻的路面温度随深度的分布曲线图中看到，图 1-16 即为水泥混凝土面层的一个实例。由图可见，顶面与底面之间的温差，在一天内经历了由负（顶温低于底温）到正（顶温高于底温），再由正到负的循环变化。如果以单位深度内的平均温度坡差作为温度梯度，则由图 1-17 所示的曲线可以看出，温度梯度的变化与气温的变化大致是同步的，具有周期性特点。

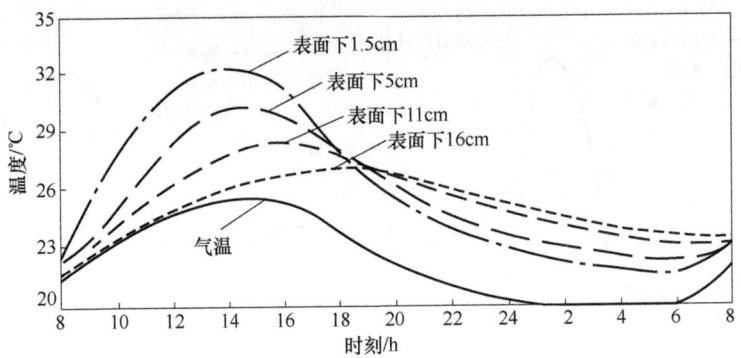

图 1-15 水泥混凝土面层内温度日变化曲线

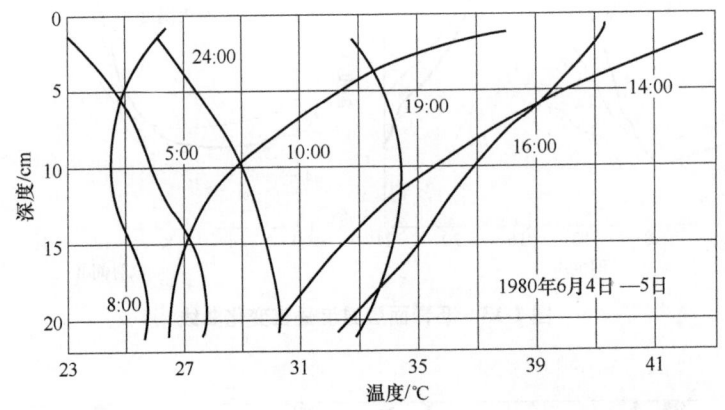

图 1-16 一天内不同时刻沿水泥混凝土面层深度的温度变化曲线

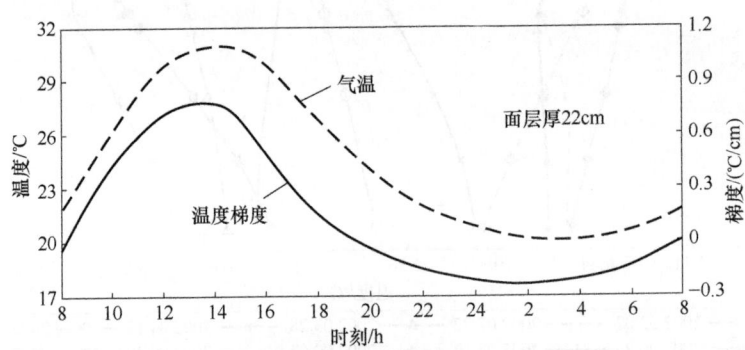

图 1-17 水泥混凝土面层温度梯度与气温的日变化曲线

除了日变化之外,一年四季面层不同深度处的温度还随气温的变化而经历着年变化,图 1-18 所示为沥青面层月平均温度的年变化曲线,可以看出,平均气温最高和最低的 7 月和 1 月,面层的平均气温也相应为最高值和最低值。

影响路面结构内温度状况的因素很多,可分为外部和内部两类。外部因素主要是气象条件,如太阳辐射、气温、风速、降水量和蒸发量等。而其中,太阳辐射和气温是决定路面温度状况的两项最重要的因素。内部因素则是路面各结构层材料的热物理特性参数，如热传导率、热容量和对辐射热的吸收能力等。

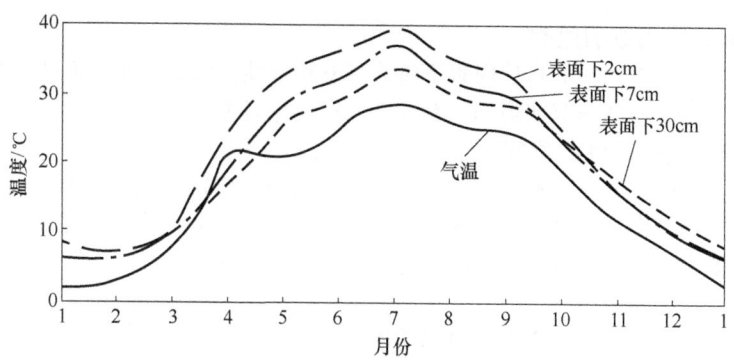

图1-18 沥青面层月平均温度的年变化曲线

2. 湿度因素

大气湿度的变化，通过降水、地面积水和地下水渗入路基路面结构，是自然环境影响的一个重要方面。它除了影响路基土湿度的变化，使路基产生各种不稳定状态之外，对路面结构层也有许多不利的影响。

路基路面结构的强度、刚度及稳定性在很大程度上取决于路基的湿度变化。例如在北方季节性冰冻地区，冰冻开始时，路基水分向冻结线积聚形成冻胀，春暖融冻初期形成翻浆的现象较普遍。而在南方非冰冻区，当雨季来临时，未能及时排除的地面积水和离地面很近的地下水将使路基土浸润而软化。

面层的透水性对路基路面的湿度有很大影响，若采用不透水的面层结构，将减少降水和蒸发的影响。在道路完工两三年内，路面结构与路基上部中心附近的湿度逐渐趋向稳定。对于透水的面层结构，若不做专门处理，则路面结构和上层路基的湿度状况将受到降水和蒸发的影响而产生季节性的变化。

路肩以下路基湿度的季节性变化对路面结构及以下的路基也有影响。通常在路面边缘以内1m左右，湿度开始增大，直至路面边缘与路肩下的湿度相当，路肩如果经过处治，防止雨水渗入，则路面下的土基湿度将趋向于稳定，与路基中心湿度相当。

综上所述，路基土和路面材料随路基路面结构内温度和湿度的升降而发生膨胀和收缩。由于温度和湿度是随环境而变化的，而且沿着结构的深度呈不均匀分布，因此在不同时期和不同深度处，胀缩的变化也是不相同的。如果这种不均匀的胀缩因某种原因受到约束而不能实现，路基和路面结构内便会产生附加应力，即温度应力和湿度应力。

路基土和路面材料的几何性质和物理性质随温度与湿度产生的变化，将使路基路面结构设计复杂化。如不能充分估计这种因自然环境因素变化产生的后果，则路基路面结构在车轮荷载和自然因素共同作用下，将提前出现损坏，缩短路面的使用年限。因此，在分析和设计路基路面结构时，除了充分考虑车轮荷载可能引起的各种损伤之外，还应考虑自然因素的影响。

1.5 公路自然区划

我国地域辽阔，又是一个多山国家。从北向南处于寒带、温带和热带。从青藏高原到东部沿海高程相差4000m以上，因此自然因素变化极为复杂。不同地区自然条件的差异同公路建设有密切关系。为了区分不同地理区域自然条件对公路工程影响的差异性，并在路基、路面的设计、施工和养护中采取适当的技术措施和采用合适的设计参数,以保证路基、路面的强度和稳定性,经过长期研究,制定了《公路自然区划标准》(JTJ 003—1986)。公路自然区划的划分主要根据以下三个原则制定:

1. 道路工程特征相似的原则

即在同一区划内,在同样的自然因素下筑路具有相似性。例如,北方不利季节主要是春融时期,有翻浆病害,南方不利季节在雨季,有冲刷、水毁等病害。

2. 地表气候区划差异性的原则

即地表气候是地带性差异与非地带性差异的综合结果。通常,地表气候随着当地纬度而变,如北半球,北方寒冷,南方温暖,这称为地带性差异。除此之外,还与高程的变化有关,即沿垂直方向的变化,如青藏高原,由于海拔高,与纬度相同的其他地区相比,气候更加寒冷,即称为非地带性差异。

3. 自然气候因素既有综合又有主导作用的原则

即自然气候的变化是各种因素综合作用的结果,但其中又有某种因素起着主导作用。例如道路冻害是水和热综合作用的结果,但是在南方,只有水而没有寒冷气候的影响,不会有冻害,说明温度起主导作用。西北干旱区与东北潮湿区,同样都有负温度,但前者冻害轻于后者,说明水起主导作用。

我国公路自然区划,采用三级分区。一级区划主要按大范围的气候、地理和地貌等条件的差异,将全国划分为冻土、湿润、干湿过渡、湿热、潮暖、干旱和高寒 7 个大区。二级区划是在一级区划基础上以潮湿系数为主进行划分。三级区划是在二级区内划分更低一级的区域或类型单元。

1.5.1 一级区划

一级区划以全国性的纬向地带性和构造区域性为依据,根据对公路工程具有控制作用的地理、气候因素来拟定。对纬向性的,特别是东部地区的界线,采用了气候指标;对非纬向性的,特别是西部地区的界线,则较多地强调构造和地貌因素;中部个别地区则采用土质作为指标。

1) 以全年均温-2℃等值线作为多年冻土和季节性冻土的分界线。

2) 以一月份均温 0℃等值线,作为季节性冻土和全年不冻的分界线。

3) 按我国自然地形的特点,以 1000m 和 3000m 等高线为界划分三级阶梯。三级阶梯的存在,通过地形的高度和阻隔,使气候具有不同的特色,成为划分一级区的主要标志。

4) 秦岭淮河以南不冻区,因雨型、雨量、不利季节与不利月份的差异,划分为东西两大片。

5) 根据黄土对筑路的特殊性及其处于过渡的地区位置,同其他区域分开。

这样,根据气候、地理、地貌等综合性指标相互交错与叠合,将全国划分为 7 个一级区,即

① Ⅰ 区——北部多年冻土区。该区北部为连续分布多年冻土,南部为岛状分布多年冻土。对于泥沼地多年冻土层,最重要的道路设计原则是保温,不可轻易挖去覆盖层,使路堤下保持冻结状态,若受大气热量影响融化,后患无穷。对于非多年冻土层的处理方法则不同,须将泥炭层全部或局部挖去,排干水分,然后填筑路堤。该区主要是林区道路,路面结构为中级路面。林区山地道路,因表土湿度大,地面径流大,最易翻浆,应采取换土、稳定土、砂垫层等处理方法。

② Ⅱ 区——东部温润季冻区。该区路面结构突出的问题是防止翻浆和冻胀。翻浆的轻重程度取决于路基的潮湿状态,可根据不同的路基潮湿状态采取措施。该区缺乏砂石材料,采用稳定土基层已取得一定的经验。

③ Ⅲ 区——黄土高原干湿过渡区。该区特点是黄土对水分的敏感性高,干燥的土基强度高、稳定性好,但遇水后强度急剧下降。因而在河谷盆地的潮湿路段以及灌区耕地,土基稳定性差,

强度低，必须认真处理。

④ Ⅳ区——东南湿热区。该区雨量充沛集中，雨型季节性强，台风暴雨多，水毁、冲刷、滑坡是道路的主要病害，路面结构应结合排水系统进行设计。该区水稻田多，土基湿软，强度低，必须认真处理。由于气温高、热季长，要注意黑色面层材料的热稳定性和防透水性。

⑤ Ⅴ区——西南潮暖区。该区山多，筑路材料丰富，应充分利用当地材料筑路，对于水文不良路段，必须采取措施，稳定路基。

⑥ Ⅵ区——西北干旱区。该区大部分地下水位很低，虽然冻深多在100~150cm以上，但一般道路冻害较轻。个别地区，如河套灌区、内蒙古草原洼地，地下水位高，翻浆严重。丘陵区1.5m以上的深路堑冬季积雪厚，雪水渗入路面造成危害，所以沥青面层材料应具有良好的防透水性，路肩也应做防水处理。由于气候干燥，砂石路面经常出现松散、搓板和波浪现象。

⑦ Ⅶ区——青藏高寒区。该区局部路段有多年冻土，须按保温原则设计，由于地处高原，气候寒冷，昼夜气温相差很大，日照时间长，沥青老化很快，又因为年平均气温相对偏低，路面易遭受冬季雪水渗入而破坏。

1.5.2 二级区划

在一级区划的基础上，以潮湿系数 K 为主要标志，综合考虑其他气候、地貌、土质、地下水和自然病害等多种因素，将全国划分为33个二级区和19个副区（亚区）。

潮湿系数 K 值按其大小分为6个等级，见表1-3。

表1-3 潮湿系数与分区等级

分区等级	潮湿系数 K
过湿区	$K>2.00$
中湿区	$1.50<K\leqslant 2.00$
润湿区	$1.00<K\leqslant 1.50$
润干区	$0.50<K\leqslant 1.00$
中干区	$0.25<K\leqslant 0.50$
过干区	$K<0.25$

潮湿系数 K 值为年降水量 R 与年蒸发量 Z 之比，即

$$K=\frac{R}{Z} \tag{1-1}$$

1.5.3 三级区划

三级区划是二级区划的进一步划分。其划分方法分为两种，一种是按照地貌、水文和土质类型将二级区进一步划分为若干类型单位；另一种是以水热、地理和地貌等为标志将二级区进一步划分为更低等级区域的区域划分。三级区划目前未列入全国区划图内，由各省、市和自治区结合当地自然条件自行划分。

各级区划的范围不同，在公路工程上的应用也各有侧重。一级区划主要为全国性的公路总体规划和设计服务；二级区划主要为各地的公路路基路面设计、施工、养护提供较全面的地理、气候依据和有关计算参数，如土基和路面材料的回弹模量、路基临界高度、土基压实标准等。

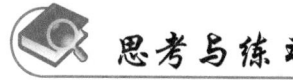

1. 我国道路工程科技的进展怎样？

2. 路基路面的工程特点主要包括哪几个方面？
3. 路基路面的性能要求包括哪几个方面？
4. 路面结构为什么要分层设计？水泥混凝土路面和沥青混凝土路面如何分层设计？
5. 柔性基层（沥青结合料类基层、粒料类基层）沥青路面、刚性基层沥青路面、无机结合料稳定类材料基层沥青路面各有何特点？如何选择路面结构类型？
6. 路面结构稳定性的影响因素有哪些？为什么路面结构十分重视温度的影响？
7. 我国公路自然区划的原则是什么？各自然区划的道路设计应注重的特点有何差别？

第 2 章 路基设计

【本章提要】
本章主要介绍路基类型与构造及设计内容、路基横断面设计、路基土的分类以及工程特性、路基水温状况及干湿类型、路基结构回弹模量以及路基附属设施等。

【学习要求】
掌握路基类型与构造以及设计内容、路基横断面设计、路基填料选择、路基湿度状况及干湿类型确定、路基结构回弹模量确定。了解路基附属设施在路基中的应用。

■ 2.1 路基类型与构造及设计内容

路基是按照路线位置和一定技术要求修筑的带状构造物,是路面的基础,承受由路面传来的行车荷载,行车荷载的影响深度一般在路基顶面以下 0.8m 或 1.2m 范围以内。坚固的路基,不仅是路面强度与稳定性的重要保证,而且能为延长路面使用寿命创造有利条件。

为了确保路基的强度与稳定性,使路基在外界因素作用下,不致产生不允许的变形,在路基的整体结构中还必须包括各项附属设施,如弃土堆、取土坑、护坡道、碎落台、堆料坪及错车道等。

2.1.1 路基类型与构造

通常根据公路路线设计确定的路基高程与天然地面高程是不同的,路基设计高程低于天然地面高程时,需进行开挖;路基设计高程高于天然地面高程时,需进行填筑。由于填挖情况的不同,路基横断面的典型形式有路堤、路堑和填挖结合三种类型。

1. 路堤

路堤全部用岩土填筑而成。图 2-1 所示为路堤的几种常见横断面形式。按路堤的填土高度不同,一般路堤又可分为低路堤和高路堤。填土高度小于 1.5m 的路堤,属于低路堤;填土高度大于 18m(土质)或 20m(岩质)的路堤,属于高路堤。随路堤所处的地质与水文条件和加固类型的不同,还有浸水路堤、护脚路堤及挖沟填筑路堤等形式,非以上特殊情况的路段是普通路堤。

低路堤常在平坦地区取土困难时选用。平坦地区地势低,水文条件较差,易受地面水和地下水的影响,设计时应注意满足最小填土高度的要求,力求不低于规定的临界高度,使路基处于干燥或中湿状态。路基两侧均应设边沟。低路堤的高度通常接近或小于路基工作区的深度，除填方路堤本身要求满足规定的施工要求外，天然地面也应按规定进行压实，达到规定的压实度，必要时进行换土或加固处理，以保证路基路面的强度和稳定性。

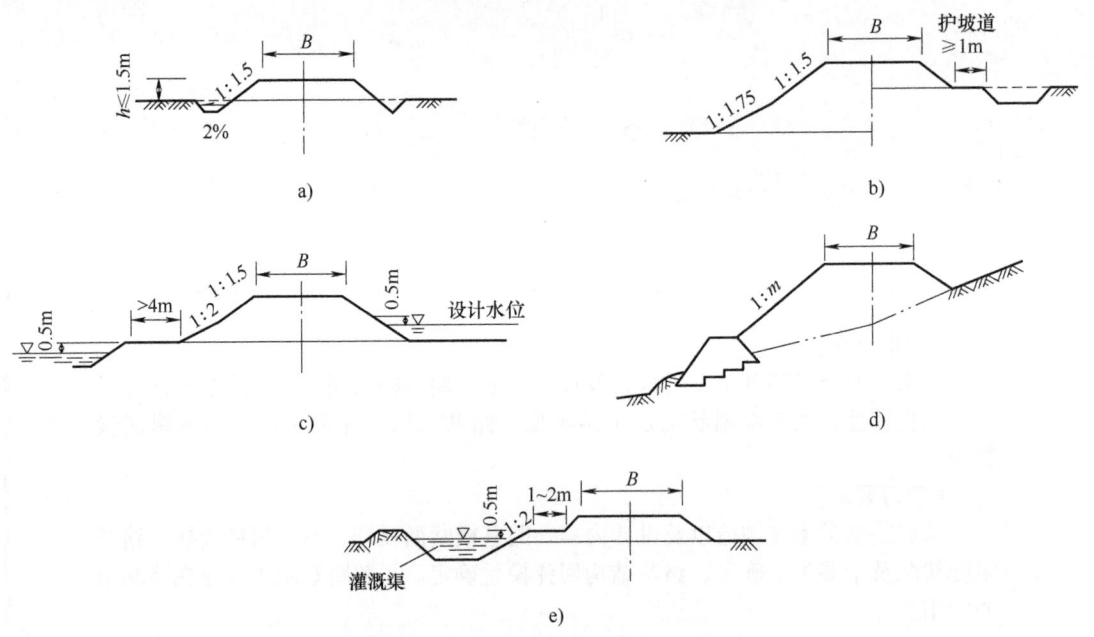

图 2-1 路堤的几种常见横断面形式
a）低路堤 b）普通路堤 c）浸水路堤 d）护脚路堤 e）挖沟填筑路堤

填方高度不大（$h=2\sim3m$）时，填方数量较少，全部或部分填方可以在路基两侧设置取土坑，使之与排水沟渠结合。为保护填方坡脚不受流水侵害，保证边坡稳定性，可在坡脚与沟渠之间预留1~2m甚至大于4m宽度的护坡道。地面横坡较陡时，为防止填方路堤沿山坡向下滑动，应将天然地面挖成台阶或设置砌石护脚。

高路堤的填方数量大，占地多，为使路基稳定和横断面经济合理，需针对其稳定性进行个别设计。高路堤和浸水路堤的边坡，可采用上陡下缓的折线形式或台阶形式，如在边坡中部设置护坡道。为防止水流侵蚀和冲刷坡面，高路堤和浸水路堤的边坡须采取适当的坡面防护和加固措施，如铺草皮、砌石等。

2. 路堑

路堑全部在天然地面上开挖而成。图 2-2 所示为路堑的几种常见横断面形式，有全挖路基、台口式路基及半山洞路基。挖方边坡可视高度和岩土层情况设计成直线或折线。挖方边坡的坡脚处应设置边沟，以汇集和排出路基范围内的地表径流。路堑的上方应视情况设置截水沟，以拦截和排出流向路基的地表径流。挖方弃土可堆放在路堑的下方。边坡坡面易风化时，在坡脚处设置 0.5~1.0m 的碎落台，同时可对坡面采取防护措施。

陡峻山坡上的半路堑，路中线宜向内侧移动，尽量采用台口式路基（图 2-2b），避免路基外侧的少量填方。遇有整体性的坚硬岩层，为节省石方工程，可采用半山洞路基（图 2-2c）。

挖方路基的土层地下水文状况不良时，可能导致路面的破坏，所以对路堑以下的天然地基要压实至规定的压实程度，必要时还应超挖，重新分层填筑、换土或进行加固处理，加铺隔离层，设置必要的排水设施。

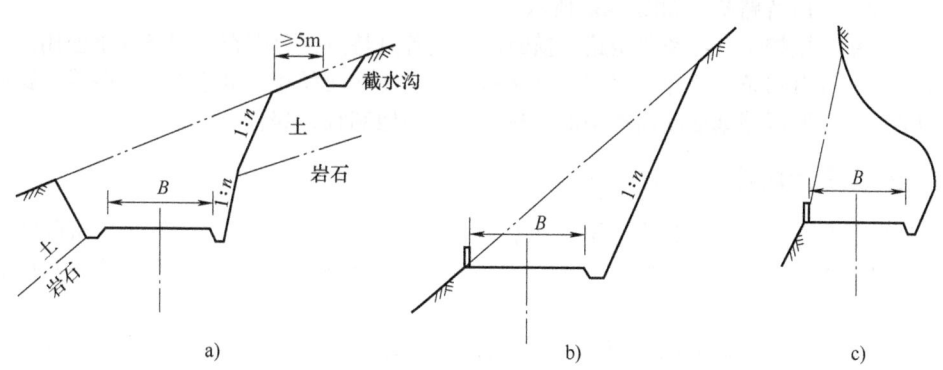

图 2-2 路堑的几种常见横断面形式
a) 全挖路基 b) 台口式路基 c) 半山洞路基

3. 填挖结合

当天然地面横坡大,且路基较宽,需要一侧开挖而另一侧填筑时,采用填挖结合路基。在丘陵或山区公路上,填挖结合是路基横断面的主要形式。图 2-3 所示为填挖结合路基的几种常见横断面形式。位于山坡上的路基,通常取路中心的高程接近原地面高程,以减少土石方数量,并使得土石方数量横向平衡,形成填挖结合路基。若处理得当,路基稳定可靠,可减少土方调运量,是比较经济的断面形式。

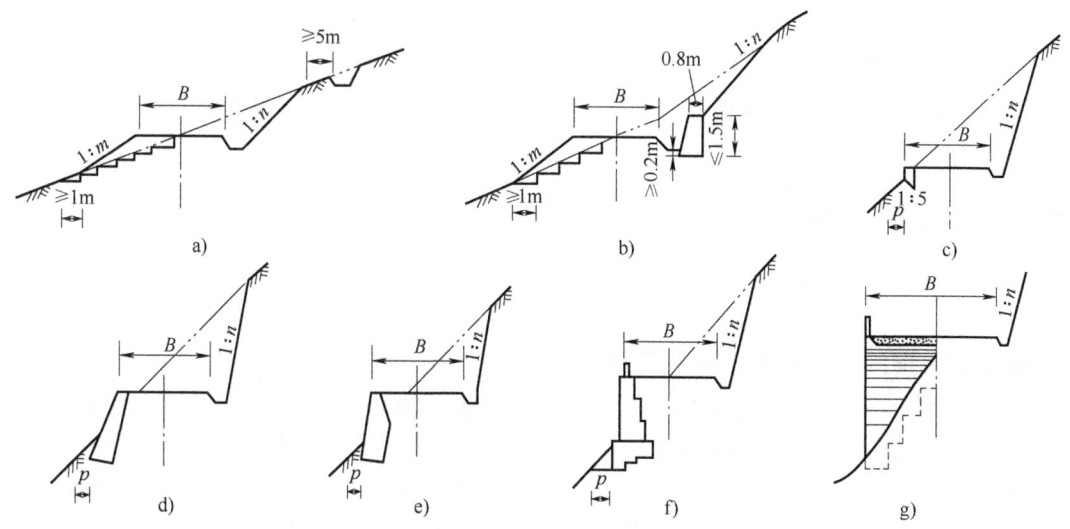

图 2-3 填挖结合路基的几种常见横断面形式
a) 一般填挖路基 b) 矮挡土墙路基 c) 护肩路基 d) 砌石护坡路基
e) 砌石护墙路基 f) 挡土墙支撑路基 g) 半山桥路基

填挖结合路基兼有路堤和路堑两者的特点,上述对路堤和路堑的要求均应满足。填方部分的局部路段,如遇原地面的短缺口,可采用砌石护肩。如果填方量较大,也可就近利用废石方,砌筑护坡或护墙,砌石护坡和护墙相当于简易式挡土墙,承受一定的侧向压力。有时填方部分需要设置路肩(或路堤)式挡土墙,确保路基稳定,进一步压缩用地宽度。砌石护肩、护坡与护墙以及挡土墙等路基,参阅图 2-3c~f。如果填方部分悬空,而纵向又有适当的基岩时,则可以沿路基纵向建成半山桥路基，如图 2-3g 所示。

路堤、路堑、填挖结合三类典型路基横断面形式各具特点，分别在一定条件下使用。由于地形、地质、水文等自然条件差异性很大，且路基位置、横断面尺寸，也应服从于路线、路面及沿线结构物的要求，所以路基横断面类型的选择，必须因地制宜，综合设计。

2.1.2 路基设计内容

由于路基高程与原地面高程有差异，且各路段岩土性质也有所变化，因此各路段的路基横断面形状差别很大。路基设计应根据当地自然条件和工程地质条件，选择适当的路基横断面形式和边坡坡度。

一般路基通常指在良好的地质与水文等条件下，填方高度和挖方深度小于规范规定高度和深度的路基。通常认为一般路基可以结合当地的地形、地质情况，直接选用典型断面图或设计规定，不必进行个别论证和验算。

对于超过规范规定的高填、深挖路基，以及地质和水文等条件特殊的路基，为确保路基具有足够的强度与稳定性，需要进行个别设计和验算。

路基设计包括以下内容：
1) 选择路基断面形式，确定路基宽度、高度和边坡坡度。
2) 选择路堤填料与压实标准。
3) 确定路基干湿状况和结构回弹模量。
4) 路基排水系统布置和排水结构设计。
5) 路基边坡稳定性分析。
6) 路基防护与加固设计。
7) 附属设施设计。

由于篇幅所限，路基边坡稳定性分析、路基防护与加固设计、路基排水设计可参考其他章节。

2.2 路基横断面设计

路基横断面设计包括路基宽度、高度和边坡坡度的确定。

2.2.1 路基宽度

路基宽度
示例讲解

高速公路、一级公路的路基标准横断面分为整体式和分离式两类。整体式路基的标准横断面应由车道、中间带（中央分隔带、左侧路缘带）、路肩（右侧硬路肩、土路肩）等部分组成。分离式路基的标准横断面应由车道、路肩（右侧硬路肩、左侧硬路肩、土路肩）等部分组成。对高速公路和一级公路而言，整体式路基和分离式路基均是常规的、一般性的断面形式，应根据项目建设条件、用地等因素，因地制宜选用。对于双向十车道及以上车道数的高速公路，宜采用内、外幅分离的路基横断面形式。对于二级公路、三级公路、四级公路，由于其主要采用双车道，并且部分路段允许借用对向车道进行超车，因此二级公路、三级公路、四级公路的路基横断面形式原则应采用整体式断面。

公路路基宽度为车道宽度与路肩宽度之和。当设有中间带、加（减）速车道、爬坡车道、紧急停车带、错车道、超车道、侧分隔带、非机动车道（或慢车道）和人行道等时，应包括上述部分的宽度。非机动车、行车密集公路和城市出入口的公路，可根据需要设置侧分隔带、非机动车道和人行道；一级公路在慢行车辆较多时，可利用右侧硬路肩（宽度不足时应加宽）设置慢车道，并应在车道与慢车道之间设置隔离设施；二级公路在慢行车辆较多时，可根据需要采用加宽硬路肩的方式设置慢车道，并应增加必要的交通安全设施，加强交通组织管理。各级公路路基宽度按《公路路线设计规范》（JTG D20—2017）的规定进行设计，图 2-4 所示为整体式路基宽度。

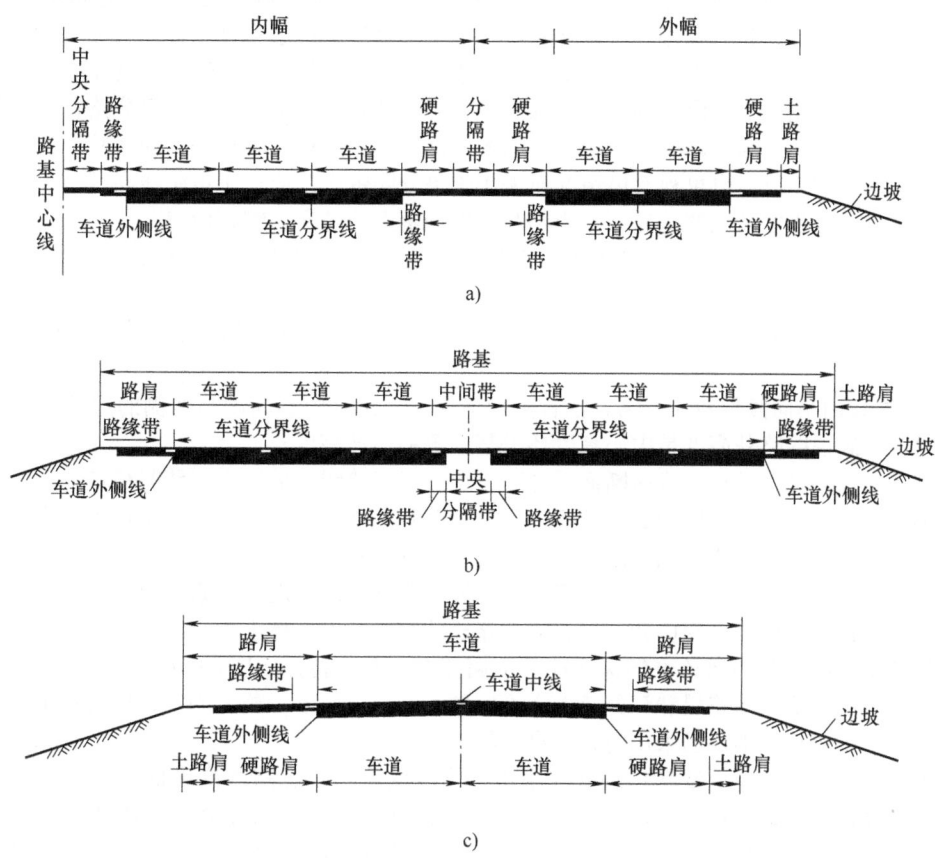

图 2-4 整体式路基宽度
a）双向十车道及以上车道数的高速公路 b）高速公路、一级公路
c）二级公路、三级公路、四级公路

公路路基横断面中各组成部分宽度应根据公路技术等级、交通量与交通组成、横断面各部分的功能综合确定。高速公路和一级公路各路段车道数应根据设计交通量、设计通行能力确定，且不应小于四车道，当需要增加时，基本路段的车道数应按双数两侧对称增加。车道宽度视设计速度而定：设计速度为 120km/h、100km/h、80km/h 时采用 3.75m；设计速度为 60km/h、40km/h 时采用 3.5m；设计速度为 30km/h、20km/h 并且为双车道时分别采用 3.25m、3.00m，若为单车道则均采用 3.50m。对于技术等级高的公路及城镇近郊的一般公路，路肩宽度尽可能增大，一般取 1.50~3.00m，并铺筑硬质路肩，以保证路面行车不受干扰。

此外，路基占用土地也是公路通过农田或用地受限地区确定路基宽度时需重点考虑的问题。公路用地应遵循保护、开发土地资源，合理利用土地，切实保护耕地，促进社会经济可持续发展的原则，合理拟定公路建设规模、技术指标、设计施工方案，确定公路用地范围。高速公路局部路段可选用高架道路，以桥代路。山坡路基应尽量使填挖平衡，扩大和改善林业用地，保护林区绿地，防止水土流失，维护生态平衡，减少高填深挖，利用植物防护，绿化与美化路基。

2.2.2 路基高度

路基高度指的是路堤的填筑高度和路堑的开挖深度，是路基设计高程与原地面高程之差。由于原地面沿横断面方向往往有倾斜，因此在路基宽度范围内，两侧的高差一般有差别。路基中心高度是指路基中心线处设计高程与原地面高程之差，而路基两侧边坡的高度是指填方坡脚或挖方坡顶与路基边缘的相对高差。所以路基高度有中心高度与边坡高度之分。

我国《公路路线设计规范》（JTG D20—2017）中规定："新建公路的路基设计高程，高速公路和一级公路宜采用中央分隔带的外侧边缘高程；二级公路、三级公路、四级公路宜采用路基边缘高程，在设置超高、加宽路段为设超高、加宽前该处边缘高程；改建公路的路基设计高程，宜按新建公路的规定执行，也可视具体情况而采用中央分隔带中线或行车道中线高程。"

对路基设计高程定义上的差异会造成路基高度理解上的歧义，综合而言：

1）对于设置超高、加宽的路基断面，其路基高度不应考虑这些因素的影响，以设置超高、加宽前的断面为准。

2）在剔除路拱横坡影响后，如果原地面在横断面上水平，则路基的中心高度与两侧的边坡高度相等。

3）在原地面单向倾斜较大、需开挖台阶的情况下，路基中心高度与两侧的边坡高度各不相同，此时应明确说明路基高度是中心高度还是某一侧的边坡高度。

路基的填挖高度，是在路线纵断面设计时，综合考虑路线纵坡要求、路基稳定性和工程经济等因素确定的。从路基的强度和稳定性要求出发，路基上部土层应避免毛细水过大的影响，处于相对干燥的状态。而填方路基填料的土质不同时，受各因素的影响程度不同。因此，应根据设计洪水位、中湿状态路基临界高度、路基工作区深度、路基冻结深度等因素综合确定路堤的最小填土高度，并与路线纵坡设计相协调，保证填方路段的路基高度主体上大于最小填土高度。

路堤填土的高低和路堑挖方的深浅按《公路路基设计规范》（JTG D30—2015）的规定，使用常规的边坡高度值。高路堤和深路堑的土石方数最大，占地多，施工困难，边坡稳定性差，行车不利，应尽量避免，不得已采用时，应进行特殊设计。

为保证路基稳定，应尽量满足路基最小填土高度的要求，若路基高度低于按地下水位及毛细水上升高度计算的最小填土高度，可视为广义上的低路堤。低路堤通常整体处于行车荷载应力作用区范围内，同时经受着地面和地下水不利水温状况影响。有时为了增强路基路面的综合强度与稳定性，需要综合考虑加强路面结构或增设地下排水设施。

沿河及可能受水浸淹的路基，其高度应根据技术标准所规定的设计洪水频率（表2-1），求得设计水位，再增加壅水高、波浪侵袭高和0.5m的安全高度。沿水库上游岸边的路段，按设计高程推算的路基最低侧边缘高程应考虑水库水位升高后地下水位壅升，以及水库淤积后壅水曲线抬高及浪高的影响，寒冷地区还应考虑冰塞壅水对水位增高的影响。所以沿河浸水路堤的高度，应高出上述各值之和，以保证不致淹没路基，并据此进行路基的防护与加固。对于城市周边地区的路基洪水频率，在确定时应结合城市防洪标准，并考虑城市救灾通道功能，一级城市排洪、泄洪等需求综合论证确定。

表2-1 公路路基设计洪水频率

公路等级	高速公路	一级公路	二级公路	三级公路	四级公路
设计洪水频率	1/100	1/100	1/50	1/25	视具体情况确定

注：区域内唯一通道的公路路基设计洪水频率可采用高一个等级公路的标准。

2.2.3 路基边坡坡度

路基边坡坡度对路基稳定十分重要，确定路基边坡坡度是路基设计的重要任务。公路路基的边坡坡度用边坡高度 H 与边坡宽度 b 的比值表示，并按 $1:n$（路堑）或 $1:m$（路堤）的形式表示，如图 2-5 所示。

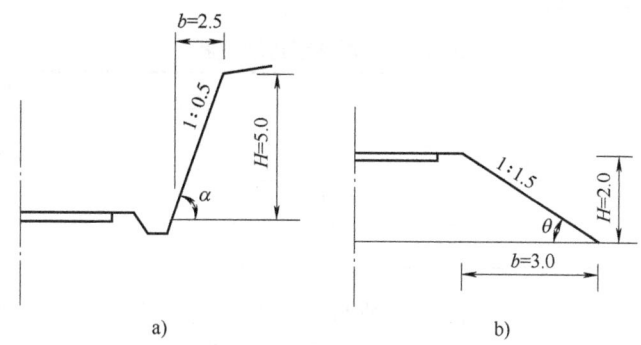

图 2-5　路基边坡坡度示意图（单位：m）
a）路堑　b）路堤

路基边坡坡度的大小，取决于边坡的土质、地质构造（路堑）及水文条件等自然因素和边坡高度。在陡坡或填挖较大的路段，边坡坡度不仅影响到土石方工程量和施工的难易，而且是路基整体稳定性的关键。因此，确定边坡坡度对路基的稳定性和工程的经济合理性至关重要。一般路基的边坡坡度可根据多年工程实践经验和设计规范推荐的数值确定。

1. 路堤边坡

路堤边坡形式和坡度应根据填料的物理力学性质、边坡高度和工程地质条件确定，按表 2-2 所列的坡度选用。

表 2-2　路堤边坡坡度

填料类型	边坡坡度	
	上部高度（$H\leqslant 8\mathrm{m}$）	下部高度（$H\leqslant 12\mathrm{m}$）
细粒土	1:1.5	1:1.75
粗粒土	1:1.5	1:1.75
巨粒土	1:1.3	1:1.5

注：1. 当地质条件良好，边坡高度不大于 20m 时，其边坡坡度不宜陡于表 2-2 规定值。
2. 对边坡高度大于 20m 的路堤，边坡形式宜采用阶梯形，边坡坡度应按照《公路路基设计规范》（JTG D30—2015）的有关规定由稳定性分析计算确定，并应进行工点设计。
3. 浸水路堤在设计水位以下的边坡坡度不宜陡于 1:1.75。
4. 稳定的斜坡上，地面横坡缓于 1:5 时，清除地表草皮、腐殖土后，可直接填筑路堤；地面横坡为 1:5~1:2.5 时，原地面应挖台阶，台阶宽度不应小于 2m；地面横坡陡于 1:2.5 路段的陡坡路堤，必须验算路堤整体沿基底及基底下软弱层滑动的稳定性。

2. 路堑边坡

设计路堑边坡时，首先应从地貌和地质构造上判断其整体稳定性。在遇到工程地质或水文地质条件不良的地层时，应尽量使路线避绕；而对于稳定的地层，则应考虑开挖后，是否会由于减少支撑、坡面风化加剧而引起失稳。

影响路堑边坡稳定的因素较为复杂，除了路堑深度和坡体土石的性质之外，地质构造特征、岩石的风化和破碎程度、土层的成因类型、地面水和地下水的影响、坡面的朝向以及当地的气候条件等都会影响路堑边坡的稳定性，在边坡设计时必须综合考虑。

土质路堑边坡形式及坡度应根据工程地质与水文地质条件、边坡高度、排水防护措施、施工方法等，并结合自然稳定边坡、人工边坡的调查及力学分析综合确定。边坡高度不大于20m时，边坡坡度不宜陡于表2-3规定值。

表 2-3 土质路堑边坡坡度

土 的 类 型		边坡坡度
黏土、粉质黏土、塑性指数大于3的粉土		1:1
中密以上的中砂、粗砂、砾砂		1:1.5
卵石土、碎石土、圆砾土、角砾土	胶结和密实	1:0.75
	中密	1:1

岩质路堑边坡形式及坡度应根据工程地质与水文地质条件、边坡高度、排水防护措施、施工方法等，结合自然稳定边坡和人工边坡的调查综合确定。必要时可采用稳定分析方法予以验算。边坡高度不大于30m时，无外倾软弱结构面的边坡需先按表2-4确定岩体类型，边坡坡度可按表2-5确定。

表 2-4 岩质边坡的岩体分类

边坡岩体类型	判定条件			
	岩体完整程度	结构面结合程度	结构面产状	直立边坡自稳能力
I类	完整	结构面结合良好或一般	外倾结构面或外倾不同结构面的组合线倾角大于75°或小于35°	30m高边坡长期稳定，偶有掉块
II类	完整	结构面结合良好或一般	外倾结构面或外倾不同结构面的组合线倾角为35°~75°	15m高的边坡稳定，15~30m高的边坡欠稳定
		结构面结合差	外倾结构面或外倾不同结构面的组合线倾角大于75°或小于35°	
	较完整	结构面结合良好或一般或差	外倾结构面或外倾不同结构面的组合线倾角小于35°，有内倾结构面	边坡出现局部塌落
III类	完整	结构面结合差	外倾结构面或外倾不同结构面的组合线倾角为35°~75°	8m高的边坡稳定，15m高的边坡欠稳定
	较完整	结构面结合良好或一般	外倾结构面或外倾不同结构面的组合线倾角为35°~75°	
		结构面结合差	外倾结构面或外倾不同结构面的组合线倾角大于75°或小于35°	
	较完整（碎裂镶嵌）	结构面结合良好或一般	结构面无明显规律	
IV类	较完整	结构面结合差或很差	外倾结构面以层面为主，倾角多为35°~75°	8m高的边坡不稳定
	不完整（散体、碎裂）	结构面结合很差	—	

注：1. 边坡岩体分类中未含由外倾软弱结构面控制的边坡和倾倒崩塌型破坏的边坡。
2. I类岩体为软岩、较软岩时，应降为II类岩体。
3. 当地下水发育时，II、III类岩体可视具体情况降低一档。
4. 强风化岩和极软岩可划分为IV类岩体。
5. 表中外倾结构面是指倾向与坡向的夹角小于30°的结构面。

表 2-5　岩质路堑边坡坡度

边坡岩体类型	风化程度	边坡坡度 H<15m	边坡坡度 15m≤H≤30m
Ⅰ类	未风化、微风化	1:0.1~1:0.3	1:0.1~1:0.3
Ⅰ类	弱风化	1:0.1~1:0.3	1:0.3~1:0.5
Ⅱ类	未风化、微风化	1:0.1~1:0.3	1:0.3~1:0.5
Ⅱ类	弱风化	1:0.3~1:0.5	1:0.5~1:0.75
Ⅲ类	未风化、微风化	1:0.3~1:0.5	—
Ⅲ类	弱风化	1:0.5~1:0.75	—
Ⅳ类	弱风化	1:0.5~1:1	—
Ⅳ类	强风化	1:0.75~1:1	—

注：1. 有可靠的资料和经验时，可不受本表限制。
　　2. Ⅳ类强风化包括各类风化程度的极软岩。

由于地表岩层和自然条件以及路基构造要求与形式变化极大，岩石路堑适宜的边坡坡度难以确定，表 2-5 所列数值为一般条件下的经验数值，运用时应结合当地的工程地质和水文条件，参考各地现有自然稳定的山坡和人工成型稳定的山坡，加以对比选用。必要时应进行个别设计和稳定性验算，还必须采用排水、护坡与加固等技术措施。

2.3　路基土的分类以及工程特性

2.3.1　路基土的分类

1. 一般规定

土的工程分类（简称"分类"）适用于公路工程用土的鉴别、定名和描述，以便对土的性状作定性评价。对于我国公路，应以土的下列特征并参照最新版公路土工试验规程所示试验方法作为土分类的依据：

1）土颗粒组成特征，参照《公路土工试验规程》（JTG 3430—2020）中 T 0115—1993 所示筛分法确定各粒组含量。

2）土的塑性指标：液限 w_L、塑限 w_P、塑性指数 I_P，参照《公路土工试验规程》中 T 0118—2007 所示液限和塑限联合测定法确定液限和塑限。

3）土中有机质存在情况，参照《公路土工试验规程》（JTG 3430—2020）中 3.4.8 所示判别有机质存在情况。

土的颗粒根据粒组范围划分粒组，如图 2-6 所示。

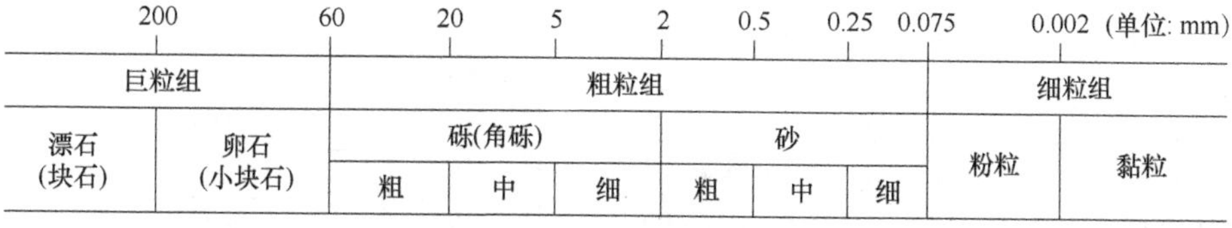

200	60	20		5	2	0.5	0.25	0.075		0.002 (单位: mm)
巨粒组		粗粒组							细粒组	
漂石(块石)	卵石(小块石)	砾(角砾)			砂				粉粒	黏粒
		粗	中	细	粗	中	细			

图 2-6　粒组划分

我国依据不同粒组范围将路基土分为巨粒土、粗粒土、细粒土和特殊土四类，四类不同粒组的土可进一步细分为12种土，如图2-7所示。

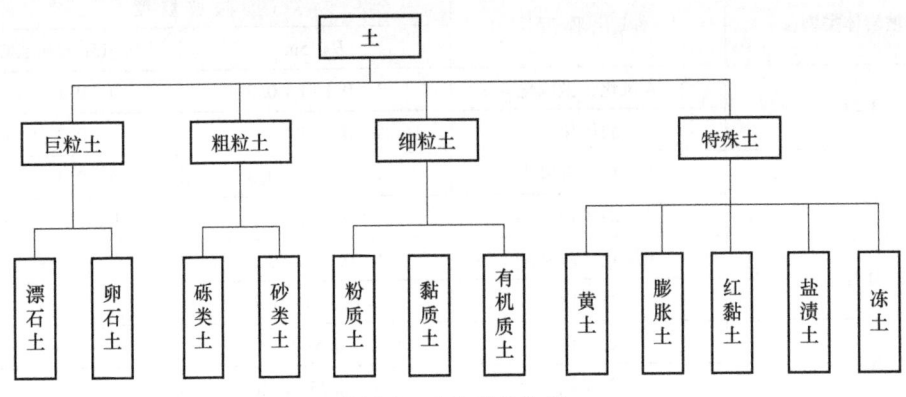

图2-7 土分类总体系

土颗粒级配曲线的坡度与形状分别采用不均匀系数 C_u 和曲率系数 C_c 表示。不均匀系数 C_u 和曲率系数 C_c 定义为

$$C_u = \frac{d_{60}}{d_{10}} \tag{2-1}$$

$$C_c = \frac{d_{30}^2}{d_{60}d_{10}} \tag{2-2}$$

式中 d_{10}、d_{30}、d_{60}——土的特征粒径（mm），在土的粒径分布曲线上，小于该粒径的土粒质量分别为总土质量的10%、30%、60%。

土类名称可由一个基本代号表示。当由两个基本代号构成时，第一个代号表示土的主成分，第二个代号表示副成分（土的液限或土的级配）。当由三个基本代号构成时，第一个代号表示土的主成分，第二个代号表示液限的高低（或级配的好坏），第三个代号表示土中所含次要成分。

公用用土分类的基本代号见表2-6。

表2-6 公路用土分类的基本代号

名称	代号	名称	代号	名称	代号
漂石	B	级配良好砂	SW	含砾低液限黏土	CLG
块石	B_a	级配不良砂	SP	含砂高液限黏土	CHS
卵石	Cb	粉土质砂	SM	含砂低液限黏土	CLS
小块石	Cb_a	黏土质砂	SC	有机质高液限黏土	CHO
漂石夹土	BSl	高液限粉土	MH	有机质低液限黏土	CLO
卵石夹土	CbSl	低液限粉土	ML	有机质高液限粉土	MHO
漂石质土	SlB	含砾高液限粉土	MHG	有机质低液限粉土	MLO
卵石质土	SlCb	含砾低液限粉土	MLG	黄土（低液限黏土）	CLY
级配良好砾	GW	含砂高液限粉土	MHS	膨胀土（高液限黏土）	CHE
级配不良砾	GP	含砂低液限粉土	MLS	红土（高液限粉土）	MHR
细粒质砾	GF	高液限黏土	CH	红黏土	R
粉土质砾	GM	低液限黏土	CL	盐渍土	St
黏土质砾	GC	含砾高液限黏土	CHG	冻土	Ft

2. 巨粒土

巨粒土应按图2-8定名，分类原则如下：

1）巨粒组质量多于总质量75%的土称为漂（卵）石。
2）巨粒组质量为总质量50%~75%（含75%）的土称为漂（卵）石夹土。
3）巨粒组质量为总质量15%~50%（含50%）的土称为漂（卵）石质土。
4）巨粒组质量少于或等于总质量15%的土，可扣除巨粒，按粗粒土或细粒土的相应规定分类定名。

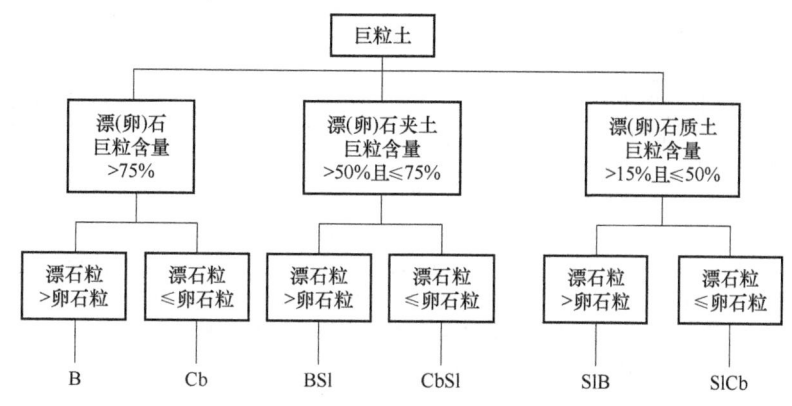

图 2-8　巨粒土分类体系

注：1. 巨粒土分类体系中的漂石换成块石，B 换成 B_a，即构成相应的块石分类体系。
　　2. 巨粒土分类体系中的卵石换成小块石，Cb 换成 Cb_a，即构成相应的小块石分类体系。

3. 粗粒土

巨粒组土粒质量少于或等于总质量15%，且巨粒组土粒与粗粒组土粒质量之和多于总土质量50%的土称为粗粒土。

粗粒土中砾粒组质量多于砂粒组质量的土称为砾类土，砾类土应根据其中细粒含量和类别以及粗粒组的级配进行分类，分类体系如图 2-9 所示。

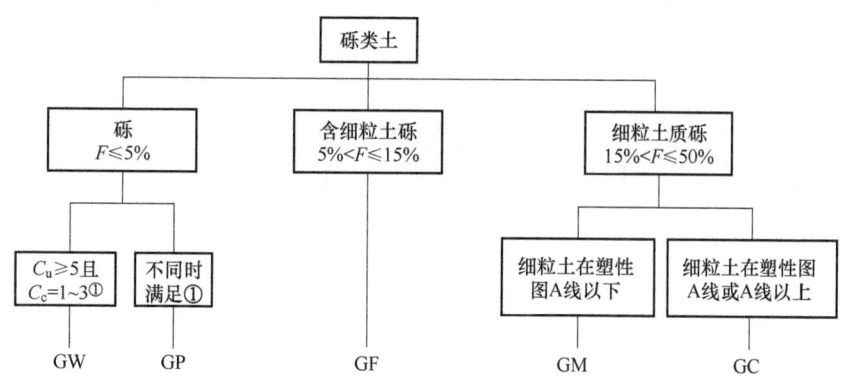

图 2-9　砾类土分类体系

注：砾类土分类体系中的砾石换成角砾，G 换成 G_a，即构成相应的角砾土分类体系。
① 指 $C_u \geq 5$ 且 $C_c = 1\sim3$。

粗粒土中砾粒组质量少于或等于砂粒组质量的土称为砂类土，砂类土应根据其中细粒含量和类别以及粗粒组的级配进行分类，分类体系如图 2-10 所示。

4. 细粒土

细粒组土粒质量多于或等于总质量50%的土称为细粒土，分类体系如图 2-11 所示。

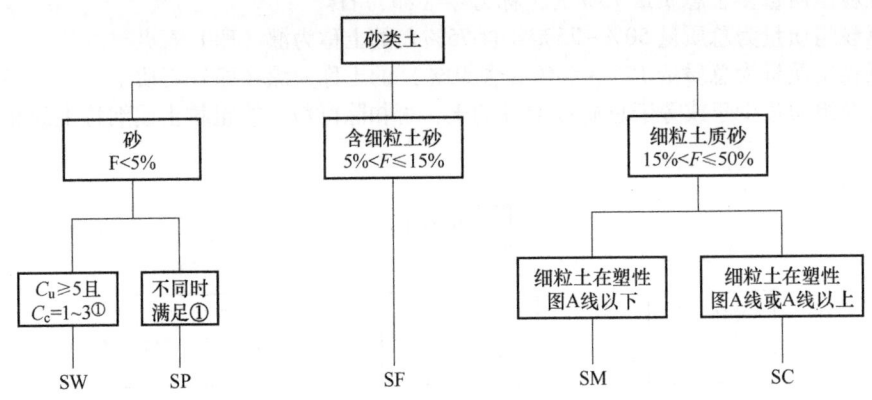

图 2-10 砂类土分类体系

粗砂—粒径大于 0.5mm 颗粒多于总质量 50%　中砂—粒径大于 0.25mm 颗粒多于总质量 50%　细砂—粒径大于 0.075mm 颗粒多于总质量 75%

注：需要时，砂可进一步细分为粗砂、中砂和细砂。

① 指 $C_u \geqslant 5$ 且 $C_c = 1$~3。

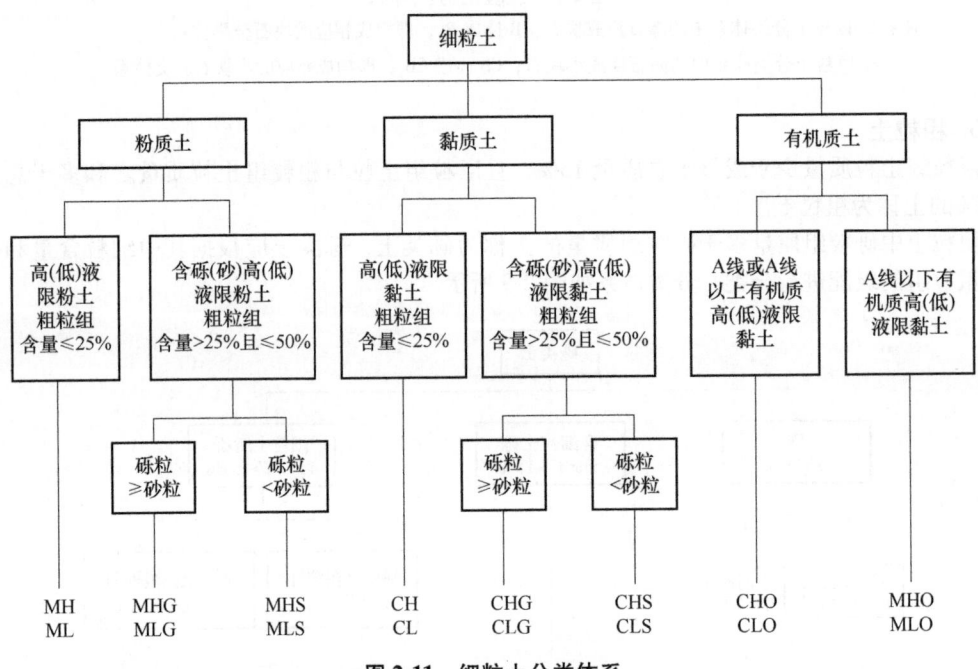

图 2-11 细粒土分类体系

细粒土应按下列规定划分：

1）细粒土中粗粒组质量少于或等于总质量 25% 的土称为粉质土或黏质土。

2）细粒土中粗粒组质量为总质量 25%~50%（含 50%）的土称为含粗粒的粉质土或含粗粒的黏质土。

3）试样中有机质含量多于或等于总质量的 5%，且少于总质量的 10% 的土称为有机质土。试样中有机质含量多于或等于 10% 的土称为有机土。

细粒土按图 2-12 所示塑性图分类，且以液限 $w_L = 50\%$ 作为高、低液限的区分标准。

细粒土按其在塑性图中的位置确定土名称:

1)当细粒土位于塑性图 A 线或 A 线以上时,按下列规定定名:

在 B 线或 B 线以右,称为高液限黏土,记为 CH。

在 B 线以左,$I_P=7$ 线以上,称为低液限黏土,记为 CL。

2)当细粒土位于 A 线以下时,按下列规定定名:

在 B 线或 B 线以右,称为高液限粉土,记为 MH。

在 B 线以左,$I_P=4$ 线以下,称为低液限黏土,记为 ML。

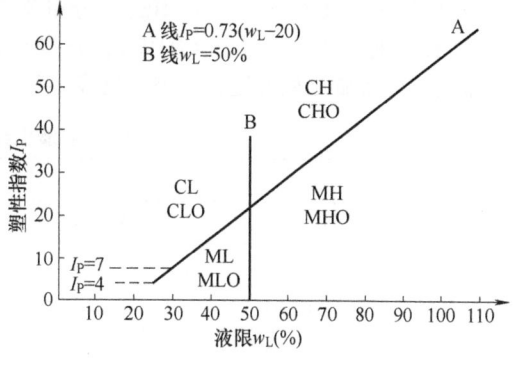

图 2-12 细粒土塑性图

3)黏土至粉土过渡区(CL~ML)的土可以按相邻土层的类别考虑细分。

土中有机质包括未完全分解的动植物残骸和完全分解的无定形物质。后者多呈黑色、青黑色或暗色,有臭味,有弹性和海绵感,可以借助目测、手摸及嗅感判别。当不能判别时,可将试样放在 105~110℃ 的烘箱中烘烤,若烘烤 24h 后试样的液限小于烘烤前的 3/4,则该试样为有机质土;当需要测定有机质含量时,按《公路土工试验规程》(JTG 3430—2020)中有机质含量试验 T 0151—1993 进行。

有机质土根据图 2-12 按下列规定定名:

1)位于塑性图 A 线或 A 线以上时:

在 B 线或 B 线以右,称为有机质高液限黏土,记为 CHO。

在 B 线以左,$I_P=7$ 线以上,称为有机质低液限黏土,记为 CLO。

2)位于塑性图 A 线以下:

在 B 线或 B 线以右,称为有机质高液限粉土,记为 MHO。

在 B 线以左,$I_P=4$ 线以下,称为有机质低液限粉土,记为 MLO。

3)黏土至粉土过渡区(CL~ML)的土可以按相邻土层的类别考虑细分。

5. 特殊土

特殊土包括黄土、膨胀土、红黏土、盐渍土和冻土。

黄土、膨胀土和红黏土按图 2-13 定名。

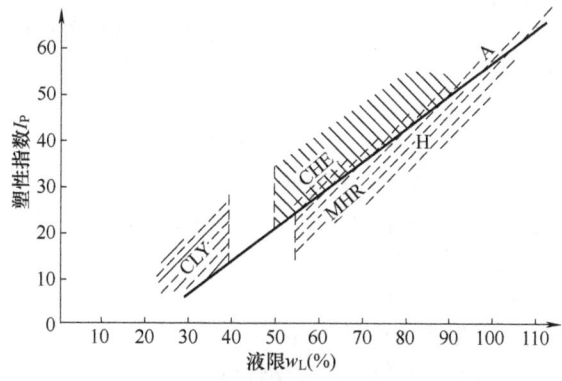

图 2-13 特殊土塑性图

1) 黄土：低液限黏土（CLY），分布范围：大部分在 A 线以上，$w_L<40\%$。
2) 膨胀土：高液限黏土（CHE），分布范围：大部分在 A 线以上，$w_L>50\%$。
3) 红黏土：高液限粉土（MHR），分布范围：大部分在 A 线以下，$w_L>55\%$。

盐渍土按盐渍化程度进行分类，见表 2-7。

表 2-7 盐渍土按盐渍化程度分类

名称	Cl^-/SO_4^{2-} 比值			
	>2.0（氯盐渍土）	1.0~2.0（亚氯盐渍土）	0.3~1.0（亚硫酸盐渍土）	<0.3（硫酸盐渍土）
	平均总盐量（%）			
弱盐渍土	0.3~1.5	0.3~1.0	0.3~0.8	0.3~0.5
中盐渍土	1.5~5.0	1.0~4.0	0.8~2.0	0.5~1.5
强盐渍土	5.0~8.0	4.0~7.0	2.0~5.0	1.5~4.0
过盐渍土	>8.0	>7.0	>5.0	>4.0

根据冻土冻结状态持续时间的长短，我国冻土可分为多年冻土、隔年冻土和季节冻土三种类型，见表 2-8。

表 2-8 冻土按冻结状态持续时间分类

类 型	持续时间 T/年	地面温度/℃	冻融特征
多年冻土	$T\geq 2$	年平均地面温度≤0	季节融化
隔年冻土	$2>T\geq 1$	最低月平均地面温度≤0	季节冻结
季节冻土	$T<1$	最低月平均地面温度≤0	季节冻结

6. 路基土的简易鉴别、分类和描述

(1) 简易鉴别　土的简易鉴别方法是指用目测法代替筛分法确定土粒组成及其特征的方法；用干强度、手捻、韧性和摇振反应等定性方法代替用液限仪测定细粒土塑性的方法。

确定土粒组含量时，可将研散的风干试样摊成一薄层，凭目测估计土中巨、粗、细粒组所占的比例。再按上述有关规定确定其为巨粒土、粗粒土还是细粒土。

1) 干强度试验：将一小块土捏成土团，风干后用手指捏碎、掰断及捻碎，根据用力大小区分为：

① 很难或用力才能捏碎或掰断者为干强度高。
② 稍用力即可捏碎或掰断者为干强度中等。
③ 易于捏碎和捻成粉末者为干强度低。

2) 手捻试验：将稍湿或硬塑的小土块在手中揉捏，然后用拇指和食指将土捻成片状，根据手感和土片光滑度可分为：

① 手感滑腻，无砂，捻面光滑者为塑性高。
② 稍有滑腻感，有砂粒，捻面稍有光泽者为塑性中等。
③ 稍有黏性，砂感强，捻面粗糙者为塑性低。

3) 搓条试验：将含水率略大于塑限的湿土块在手中揉捏均匀，再在手掌上搓成土条，根据土条不断裂而能达到的最小直径可区分为：

① 能搓成小于 1mm 土条者为塑性高。
② 能搓成 1~3mm 土条而不断者为塑性中等。
③ 能搓成直径大于 3mm 的土条即断裂者为塑性低。

4) 韧性试验：将含水率略大于塑限的土块在手中揉捏均匀，然后在手掌中搓成直径为 3mm

的土条，再揉成土团，根据再次搓条的可能性可区分为：

① 能揉成土团，再成条，捏而不碎者为韧性高。

② 可再成团，捏而不易碎者为韧性中等。

③ 勉强或不能揉成团，稍捏或不捏即碎者为韧性低。

5) 摇振反应试验：将软塑至流动的小土块，捏成土球，放在手掌上反复摇晃，并以另一手掌击此手掌，土中自由水渗出，球面呈现光泽；用两手指捏土球，放松后水又被吸入，光泽消失。根据上述渗水和吸水反应快慢可区分为：

① 立即渗水和吸水者为反应快。

② 渗水和吸水中等者为反应中等。

③ 渗水吸水慢及不渗不吸者为无反应。

(2) 分类　巨粒土和粗粒土可根据目测结果，按前述2、3有关规定进行分类定名。细粒土可综合考虑干强度试验、手捻试验、搓条试验、韧性试验及摇振反应试验的结果，按表2-9进行分类定名。

表2-9　细粒土简易分类

半固态时的干强度	硬塑至可塑态时的手捻感和光滑度	土在可塑态时		软塑至流塑态时的摇振反应	土类代号
		可搓成最小直径/mm	韧性		
低~中	灰黑色，粉粒为主，稍黏，捻面粗糙	3	低	快~中	MLO
中	砂粒稍多，有黏性，捻面较粗糙，无光泽	2~3	低~中	快~中	ML
中~高	有砂粒，稍有滑腻感，捻面稍有光泽，灰黑色者为CLO	1~2	中	无~很慢	CL CLO
中	粉粒较多，有滑腻感，捻面较光滑	1~2	中	无~慢	MH
中~高	灰黑色，无砂，滑腻感强，捻面光滑	<1	中~高	无~慢	MHO
高~很高	无砂感，滑腻感强，捻面有光泽，灰黑色者为CLO	<1	高	无	CH CHO

(3) 描述　在现场采样和试验开启试样时，应按下列内容描述土的状态。

1) 巨粒土和粗粒土：通俗名称及当地名称；土粒最大粒径；漂石粒、卵石粒、砾粒、砂粒组的含量；土颗粒形状（圆、次圆、棱角或次棱角）；土颗粒的矿物成分；土的颜色和有机质；细粒土（黏土或粉土）；土的代号和名称。

2) 细粒土：通俗名称及当地名称；土颗粒最大粒径；漂石粒、卵石粒、砾粒、砂粒组的含量；潮湿时土的颜色及有机质；土的湿度（干、湿、很湿或饱和）；土的状态（流动、软塑、可塑或硬塑）；土的塑性（高、中或低）；土的代号和名称。

根据土的不同用途分别描述下列名称：

1) 当用作填料时，不同土类的分布层次及范围。

2) 当用作地基时，土的分布层次及范围、结构性和密度。

2.3.2　路基土的工程性质

各类土具有不同的工程性质，在选择路基填筑材料以及修筑稳定土路面结构层时，应根据不同的土类分别采取不同的工程技术措施。

1) 巨粒土包括漂石（块石）和卵石（块石），有很高的强度和稳定性，是填筑路基良好的材料，也可用于砌筑边坡。

2) 级配良好的砾石混合料，密实程度好，强度和稳定性均能满足要求。除了填筑路基之外，可以用于铺筑中级路面，经适当处理后可以铺筑高级路面的基层、底基层。

3) 砂土黏结性小，易于松散，压实困难，但无塑性，透水性强，毛细上升高度小，具有较大的内摩擦系数，强度和水稳定性均好，经充分压实的砂土路基，压缩变形小，稳定性好。为了加强压实和提高稳定性，可以采用振动法压实，并可掺加少量黏土，以改善级配组成。

4) 砂性土含有一定数量的粗颗粒，又含有一定数量的细颗粒，级配适宜，强度、稳定性等都能满足要求，是理想的路基填筑材料。如细粒土质砂土，其粒径组成接近最佳级配，遇水不黏结、不膨胀，雨天不泥泞，晴天不扬尘，便于施工。

5) 粉性土含有较多的粉土颗粒，干时虽有黏性，但易于破碎，浸水时容易成为流动状态。粉性土毛细作用强烈，毛细上升高度大（可达 1.5m）。在季节性冰冻地区容易造成冻胀、翻浆等病害。粉性土属于不良的公路用土，如必须用粉性土填筑路基，则应采取技术措施改良土质并加强排水、采取隔离水等措施。

6) 黏性土中细颗粒含量多，土的内摩擦系数小而黏聚力大，透水性小而吸水能力强，毛细现象显著，有较大的可塑性。黏性土干燥时较坚硬，施工时不易破碎。浸湿后能长期保持水分，不易挥发，因而承载力小。对于黏性土，如在适当含水率时加以充分压实和设置良好的排水设施，筑成的路基也能获得稳定。

7) 重黏土工程性质与黏性土相似，但其含黏土矿物成分不同时，性质有很大差别。黏土矿物主要包括蒙脱土、伊里土、高岭土。蒙脱土主要分布在东北地区，其塑性大，吸湿后膨胀强烈，干燥时收缩大，透水性极低，压缩性大，抗剪强度低。高岭土分布在南方地区，其塑性较低，有较高的抗剪强度和透水性，吸水和膨胀量较小。伊里土分布在华中和华北地区，其性质介于上述两者之间。重黏土不透水，黏聚力特强，塑性很大，干燥时很坚硬，施工时难以挖掘与破碎。

总之，土作为路基建筑材料，砂性土最优；黏性土次之；粉性土属不良材料，最容易引起路基病害；重黏土，特别是蒙脱土也是不良的路基土。

对于黄土、膨胀土、红黏土、盐渍土和冻土等特殊土类，用以填筑路基时必须采取相应技术措施以确保路基建造质量。限于篇幅，具体措施可参见《公路路基设计规范》（JTG D30—2015）。

2.3.3 路基土 CBR 和压实标准

1. 路基工作区

路基承受其自重和汽车轮重这两种荷载。路基土在车轮荷载作用下所引起的垂直应力 σ_z 可以用近似式（2-3）计算。计算时假定车轮荷载为圆形均布垂直荷载，路基为弹性均质半空间体（图 2-14），则

$$\sigma_z = \frac{p}{1+2.5\left(\dfrac{Z}{D}\right)^2} \quad (2\text{-}3)$$

式中　p——车轮荷载的均布单位压力（kPa）；

　　　Z——圆形均布荷载中心下应力作用点的深度（m）；

　　　D——圆形均布荷载作用面积的直径（m）。

路基路面本身自重在路基内深度为 Z 处所引起的垂直压应力 σ_B 按下式计算：

$$\sigma_B = \sum_{i=1}^{n-1}(\gamma_i h_i) + \gamma Z \quad (2\text{-}4)$$

式中 γ_i、h_i——沥青路面第 i 结构层的重度（kN/m³）和厚度（m）；

γ——土的重度（kN/m³）；

Z——应力作用点深度（m）。

虽然路面结构材料的重度比路基土的重度略大，但是结构层的厚度相对于路基深度而言，这个差别可以忽略，仍可视作均质土体。路基内任一点处的垂直应力包括由车轮荷载引起的 σ_z 和由路基自重引起的 σ_B 两者的共同作用，如图 2-14 所示。

汽车荷载通过路面传递到路基的垂直应力与路基土自重引起的垂直应力之比为 1/10~1/5 的范围称为路基工作区，此工作区的路基部分称为路基工作区深度 Z_a。在工作区范围内的路基，对于支撑路面结构和车轮荷载影响较大，在工作区范围以外的路基，影响逐渐减少。

路基工作区深度 Z_a 可以按下式计算：

$$Z_a = \sqrt[3]{\frac{KnP}{\gamma}} \tag{2-5}$$

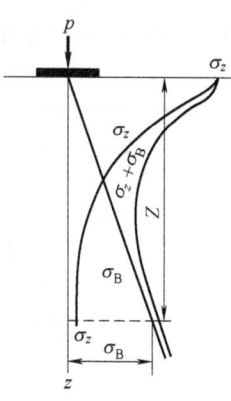

图 2-14 路基中应力分布

式中 Z_a——路基工作区深度（m）；

K——系数，取 $K=0.5$；

n——系数，$n=5$ 和 10；

P——一侧轮重荷载（kN）；

γ——土的重度（kN/m³）。

由于路基路面不是均质体，路面的刚度和重度较路基土大，路基工作区的实际深度随路面刚度和厚度的增加而减少，因此，需要将路面折算为与路基同一性质的整体，得到沥青路面的当量厚度 h_e。

$$h_e = \sum_{i=1}^{n-1} \left(h_i \sqrt[b]{\frac{E_i}{E_0}} \right) \tag{2-6}$$

式中 h_i、E_i——沥青路面第 i 结构层的厚度（cm）和模量（MPa）；

b——无机结合料类基层沥青路面取 3.65，粒料类基层沥青路面和组合式基层沥青路面取 3.85；

E_0——路基顶面的综合模量（MPa）。

由式（2-5）可见，路基工作区随车轮荷载的加大而加深。当工作区深度大于路基填土高度时（图 2-15），行车荷载的作用不仅施加于路堤，而且施加于天然地基的上部土层，因此，天然地基上部土层和路堤应同时满足工作区的要求，均应充分压实。

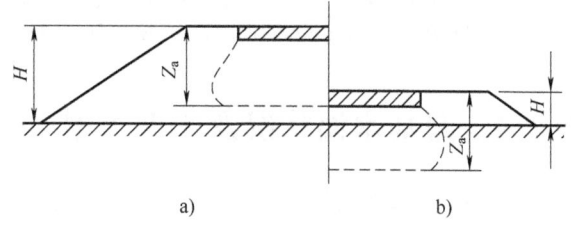

2. 路基土的强度要求和压实标准

为反映路基自重和行车荷载的作用，综合考虑不同道路等级、荷载等级下的路基工作区深度，《公路路基设计规范》(JTG D30—2015) 规定，路面结构层以下 0.8m 或 1.20m 范围内的路基部分，分为上路床及下路床两层。上路床厚 0.3m；下路床厚在轻、中等及重交通公路为 0.5m，特重、极重交通公路为 0.9m。路床以下 0.7m 厚度范围的填方部分称为上路堤，上路堤以下的填方部分称为下路堤。

图 2-15 工作区深度和路基高度

a）路堤高度大于 Z_a b）路堤高度小于 Z_a

不同路基区域，受力不同，填料和路基压实标准不同。《公路路基设计规范》（JTG D30—2015）对路基土作为填料的最小承载比 CBR 提出了最低值要求，见表 2-10。

表 2-10 公路路基填料的 CBR 值要求

路基部位		路面底面以下深度/m	最小承载比 CBR（%）		
			高速公路、一级公路	二级公路	三、四级公路
上路床		0~0.3	8	6	5
下路床	轻、中等及重交通	0.3~0.8	5	4	3
	特重、极重交通	0.3~1.2	5	4	—
上路堤	轻、中等及重交通	0.8~1.5	4	3	3
	特重、极重交通	1.2~1.9	4	3	—
下路堤	轻、中等及重交通	1.5 以下	3	2	2
	特重、极重交通	1.9 以下			

注：1. 该表 CBR 试验条件应符合《公路土工试验规程》（JTG 3430—2020）的规定。
2. 年平均降雨量小于 400mm 的地区，路基排水良好的非浸水路基，通过试验论证可采用平衡湿度状态的含水率作为 CBR 试验条件，并应结合当地气候条件和汽车荷载等级，确定路基填料 CBR 控制标准。

路基应分层铺筑、碾压密实，压实度应符合表 2-11 中的要求。

表 2-11 路基压实度要求

路基部位		路面底面以下深度/m	路床压实度（%）		
			高速公路、一级公路	二级公路	三、四级公路
上路床		0~0.3	≥96	≥95	≥94
下路床	轻、中等及重交通	0.3~0.8	≥96	≥95	≥94
	特重、极重交通	0.3~1.2	≥96	≥95	—
上路堤	轻、中等及重交通	0.8~1.5	≥94	≥94	≥93
	特重、极重交通	1.2~1.9	≥94	≥94	—
下路堤	轻、中等及重交通	1.5 以下	≥93	≥92	≥90
	特重、极重交通	1.9 以下			

注：1. 表列压实度是按《公路土工试验规程》重型击实试验所得最大干密度求得的压实度。
2. 当三、四级公路铺筑沥青混凝土和水泥混凝土路面时，应采用二级公路的规定值。
3. 路堤采用粉煤灰、工业废渣等特殊填料，或处于特殊干旱或特殊潮湿地区时，在保证路基强度和回弹模量要求的前提下，通过试验论证，压实度标准可降低 1~2 个百分点。

2.4 路基水温状况及干湿类型

路基路面裸露在大气中，其稳定性在很大程度上由当地自然条件所决定。因此，应深入调查公路沿线的自然条件，从总体到局部，从大区域到具体路段的自然情况，分析研究并掌握其规律及对路基路面稳定性的影响，因地制宜地采取有效的工程措施，以确保路基路面具有足够的强度和稳定性。

2.4.1 路基水温状况

1. 路基湿度来源

路基的强度与稳定性在很大程度上与路基的湿度以及大气温度引起的路基的水温状况有密切的关系。路基在使用过程中，受到各种外界因素的影响，使湿度发生变化。路基湿度的来源可分为以下几方面：
1）大气降水：大气降水通过路面、路肩边坡和边沟渗入路基。
2）地面水：边沟的流水、地表径流水因排水不良，形成积水，渗入路基。
3）地下水：路基下面一定范围内的地下水渗入路基。
4）毛细水：路基下的地下水，通过毛细管作用，上升到路基。
5）水蒸气凝结水：在土的空隙中流动的水蒸气，遇冷凝结成水。
6）薄膜移动水：在土的结构中水以薄膜的形式从含水率较高处向较低处流动，或由温度较高处向冻结中心周围流动。

上述各种导致路基湿度变化的水源，其影响程度随当地自然条件和气候特点以及所采取的工程措施等而不同。

2. 温湿度对路基的影响

路基湿度除了水的来源之外，另一个重要因素是受当地大气温度的影响。由于湿度与温度变化对路基产生的共同影响称为路基的水温状况。沿路基深度出现较大的温度梯度时，水分在温差的影响下以液态或气态由热处向冷处移动，并积聚在该处。这种现象特别是在季节性冰冻地区尤为严重。

我国华北、东北和西北地区为季节性冰冻地区。这些地区的路基在冬季冻结的过程中会在负温度坡降的影响下，出现湿度积聚现象。气温下降到0℃以下，路面和路基结构内的温度也随之由上而下地逐渐降到零下。在负温度区内，自由水、毛细水和弱结合水随温度降低而相继冻结，于是土粒周围的水膜减薄，剩余了许多自由表面能，增加了土的吸湿能力，促使水分由高温处向上移动，以补充低温处失去的部分。由试验得知，在温度下降到-3℃以下时，土中未冻结的水分在负温差的影响下实际上已不可能向温度更低处移动，因此，负温度区的水分移动一般发生在-3~0℃等温线之间。在正温度区内，因0℃等温线附近土中自由水和毛细水的冻结，形成了与深层次土层之间的温度坡差，从而促使下面的水分向0℃等温线附近移动。而这部分上移的水分便又成了负温度区水分移动的补给来源。这就造成了上层路基湿度的大量积聚。

积聚的水冻结后体积增大，使路基隆起而造成面层开裂，即冻胀现象。春暖化冻时，路面和路基结构由上而下逐渐解冻。而积聚在路基上层的水分先融解，水分难以迅速排除，造成路基上层的湿度增加，路面结构的承载能力便大大降低。若是在交通繁重的地区，经重车反复作用，路基路面结构会产生较大的变形，严重时，路基土以泥浆的形式从胀裂的路面缝隙中冒出，形成翻浆。冻胀和翻浆的出现，使路面遭受严重损坏。

当然并不是在季节性冰冻地区所有的道路都会产生冻胀与翻浆，对于渗透性较高的砂性土以及渗透性很低的黏性土，水分都不容易积聚，因此不易发生冻胀与翻浆，而相反，对于粉性土和极细砂则由于毛细水活动力强，极易发生冻胀与翻浆。周边的水文条件和气候条件也是重要原因。地面排水不良，地下水位高，路基湿度大，水源充足。冬季温和与寒冬反复交替，路基冻结缓慢，这些都是产生冻胀与翻浆重要的自然条件。

2.4.2 路基土的基质吸力与饱和度

采用平均稠度指标w_c作为路基湿度评价指标，虽然综合了土的塑性特性，包含了液限（w_L）与塑限（w_P），也能反映土的软硬程度，但是对于塑性指数为零或接近零的土组，土的平均稠度不能全面反映路基土的工作状态。

若土粒的相对密度G_s和土密度ρ_d已经确定，根据重力含水率w、饱和度S和体积含水率θ_w之间的相互关系，只要测定w、S和θ_w变量中的任何一个，就可得出另外两个。如果吸湿过程或干燥过程中土样体积没有变化或者变化较小，则采用其中任何一个变量表征土体湿度状况已经足够。但是大多数情况下，土体体积随着湿度变化而变化，这样即使重力含水率不变，体积含水率和饱和度都会变化,因而表征湿度时,需要考虑包括土体孔隙率和重力含水率两个因素,而饱和度和体积含水率均包含了含水率和密度两个参数,故可以选择饱和度和体积含水率中的一个表征土体湿度状况。

基质吸力(h_m)定义为压力势与重力势差值,即 $h_m=u_a-u_w$;总吸力(ψ)定为基质吸力与渗透吸力之和,$\psi=h_m+h_s$(u_w为重力势;u_a为压力势;h_m为基质吸力;h_s为渗透吸力);在工程实践中,因湿度改变引起的渗透吸力对工程性质影响很小,这种情况下渗透吸力忽略不计$h_s=0$。总吸力可由基质吸力表达$h_m=\psi=u_a-u_w$。一般情况下孔隙气压力等于大气压力,此时$u_a=0$,而总势能可简化为等于负孔隙水压力u_w,即基质吸力$h_m=\psi=-u_w$。

路面竣工后路基在整个使用期内处于非饱和状态,其湿度状况主要由基质吸力所决定,根据非饱和土土力学理论,非饱和状态土的含水率与基质吸力的关系就是土-水特性曲线,只要知道路基土基质吸力,就可以由土-水特性曲线预估路基湿度状况(饱和度)(图2-16)。

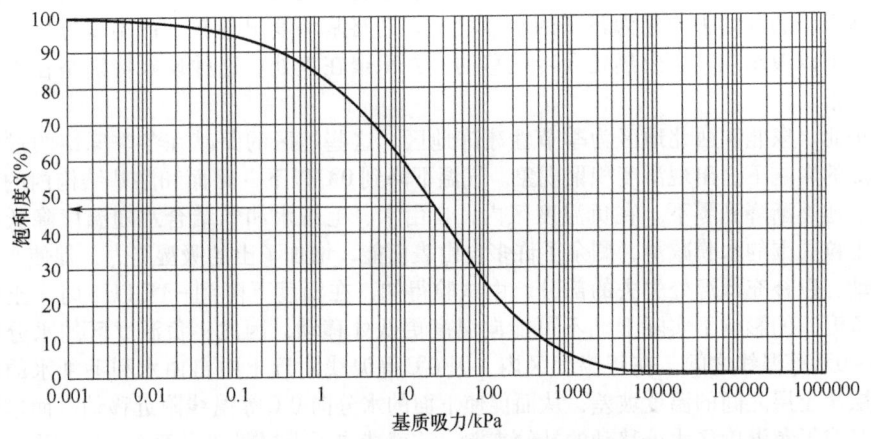

图2-16 土-水特性曲线预估饱和度

基质吸力主要受地下水、土组类型、气候等因素影响。表征气候因素的参数有降雨量、蒸发量、降雨天数、相对湿度、年均温度、日照时间及湿度指标 TMI(thnornthwaite moisture index)等;土组表征参数主要有P_{200}和塑性指数(PI)。

《公路路基设计规范》(JTG D30—2015)采用湿度指标 TMI 描述基质吸力。湿度指标值包括各月降雨量及降雨天数、蒸发量、温度、典型土组参数、纬度等因素,而且包含地理位性因素,从而能量化一个地区干旱或者潮湿的程度。年度湿度指标TMI_y由下式计算:

$$TMI_y=\frac{100R_y-60DF_y}{PE_y} \tag{2-7}$$

式中 R_y——年度净流量(cm);

DF_y——年度缺水量(cm);

PE_y——年度蒸发蒸腾总量(cm)。

路基土质吸力预估模型,见式(2-8)。

$$\begin{cases} h_m=y\gamma_w & \text{地下水位控制的基质吸力预估模型} \\ h_m=\alpha[e^{\beta/(TMI+\gamma)}+\delta] & \text{气候因素控制的基质吸力预估模型} \end{cases} \tag{2-8}$$

式中 y——计算点与地下水之间的距离(m);

γ_w——水的重度(kN/m³);

TMI——湿度指标;

α、β、γ 和 δ——回归参数（表2-12），与 $wPI=P_{200}PI$ 有关。

表 2-12　路基土基质吸力 TMI-wPI 预估模型回归参数

wPI	α	β	γ	δ
0	0.300	419.07	133.45	15.0
0.5	0.300	521.50	137.30	16.0
5	0.300	663.50	142.50	17.5
10	0.300	801.00	147.60	25.0
20	0.300	975.00	152.50	32.0
50	0.300	1171.20	157.50	27.8

利用预估的路基土质吸力，结合土-水特性曲线，就可以预估路基土饱和度。

2.4.3　毛细水上升高度

毛细水上升的最大高度与毛细管的直径成反比，不同类型的土由于其颗粒组成的差异，形成的毛细孔径也有较大差别，因而毛细水上升的最大高度与土的类型有密切联系。

毛细水在不同土质条件下的上升高度可采用海森公式[式（2-9）]进行估算。

$$h_0 = \frac{C}{ed_{10}} \tag{2-9}$$

式中　h_0——毛细水上升高度（m）；

C——系数（m^2），与土粒形状及表面洁净情况有关，一般取 $1\times10^{-5} \sim 11\times10^{-3} m^2$；

e——土的孔隙比；

d_{10}——土的有效粒径（mm）。

由于影响毛细水上升高度的因素复杂，用于计算的土质物理参数往往不准确，由经验公式计算得到的毛细水上升高度与现场实测结果有时相差较大。按粒径不同，分别给出了砾石、砂和粉土的毛细水上升高度推荐值，见表2-13。

表 2-13　不同土质毛细水上升高度

土组名称	颗粒粒径 d_{10}/mm	孔隙比 e	毛细水 上升高度/cm	毛细水 饱和毛细水头/cm
粗砾	0.82	0.27	5.4	6
砂砾	0.20	0.45	28.4	20
细砾	0.30	0.29	19.5	20
粉砾	0.06	0.45	106.0	68
粗砂	0.11	0.27	82	60
中砂	0.03	0.36	165.5	112
细砂	0.02	0.48~0.66	239.6	120
粉土	0.006	0.93~0.95	359.2	180

2.4.4　路基湿度状况和平衡湿度预估

1. 路基湿度状况

路基平衡湿度是指公路建成通车后，路基在地下水、降雨、蒸发、冻结和融化等因素作用下，湿度达到相对稳定的平衡状态，此时的湿度称为路基平衡湿度。道路在建成通车后，往往其所处的环境在不断地变化。当受地下水位升降、降雨等因素的影响时，路基内产生新的水分迁移和湿度的重分布,所以路基湿度是一个变化的值。而在设计一条道路时某些指标的取值是固定湿度下的定值,不是很合理。所以设计规范采用平衡湿度下的值作为设计值比较合理。

路基平衡湿度(用饱和度表示)状况可依据路基的湿度来源分为潮湿、中湿、干燥三类。路基设计时依据路基工作区深度(Z_a)、路床顶面至地下水位的相对高度(h)、地下水位高度(h_w)、毛细水上升高度(h_0)及路基填土高度(h_t)的关系确定湿度状况类型,示意图如图2-17所示。

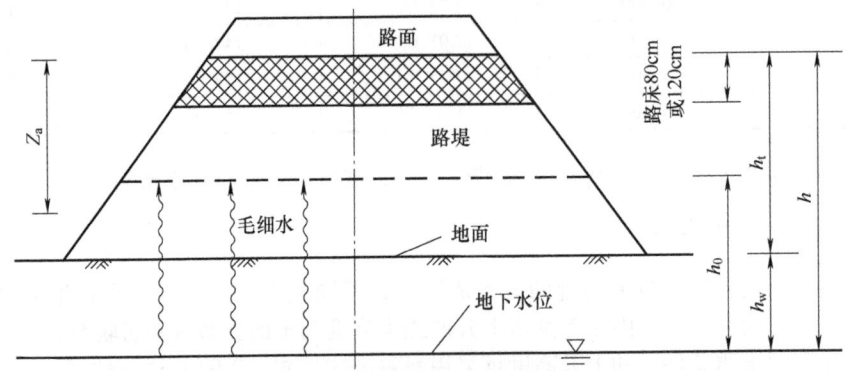

图2-17 路基湿度划分示意图

潮湿类路基的湿度由地下水控制,即地下水或地表长期积水的水位高,路基工作区均处于地下水毛细润湿影响范围内,路基平衡湿度由地下水或地表长期积水的水位升降所控制。干燥类路基的湿度由气候因素控制,即地下水位很低,路基工作区处于地下水毛细润湿面之上,路基平衡湿度完全由气候因素所控制。中湿类路基的湿度兼受地下水和气候因素影响,即地下水位较高,路基工作区被地下水毛细润湿面分为上、下两部分,下部受毛细水润湿的影响,上部则受气候因素影响。

潮湿类路基的平衡湿度可根据路基土组类别及地下水位高度,按表2-14确定距地下水位不同高度处的饱和度。

表2-14 各路基土组距地下水位不同高度处的饱和度 (%)

土 组	计算点距地下水位或地表长期积水水位的距离/m						
	0.3	1.0	1.5	2.0	2.5	3.0	4.0
粉土质砾(GM)	69~84	55~69	50~65	49~62	45~59	43~57	—
黏土质砾(GC)	79~96	64~83	60~79	56~75	54~73	52~71	—
砂(S)	80~95	50~70	—	—	—	—	—
粉土质砂(SM)	79~93	64~77	60~72	56~68	54~66	52~64	—
黏土质砂(SC)	90~99	77~87	72~83	68~80	66~78	64~76	—
低液限粉土(ML)	94~100	80~90	76~86	73~83	71~81	69~80	—
低液限黏土(CL)	93~100	80~93	76~90	73~88	70~86	68~85	66~83
高液限粉土(MH)	100	90~95	86~92	83~90	81~89	80~87	—
高液限黏土(CH)	100	93~97	90~93	88~91	86~90	85~89	83~87

注:1. 对于砂(含级配好的砂SW、级配差的砂SP),D_{60}大时,平衡湿度取低值,D_{60}小时,平衡湿度取高值。
2. 对于其他含细粒的土组,通过0.075mm筛的颗粒含量大和塑性指数高时,取低值,反之,取高值。

干燥类路基的平衡湿度可根据路基所在自然区划的湿度指标TMI和路基土组类别确定,即先根据不同自然区划由表2-15查取相应的TMI值,再按路基所在地区的TMI值和路基土组类别,根据表 2-16 插值得到该地区的路基饱和度。

表 2-15 不同自然区划的 TMI 值范围

区划	亚区	TMI 范围	区划	亚区	TMI 范围
I	I₁	−8.1~−5.0	IV	IV₆	27.0~64.7
	I₂	−9.7~0.5		IV₆ₐ	41.2~97.4
II	II₁ 黑龙江	−8.1~−0.1		IV₇	16.0~69.3
	II₁ 辽宁、吉林	8.7~35.1		IV₇ᵦ	−23.0~−5.4
	II₁ₐ	−10.8~−3.6	V	V₁	−25.1~6.9
	II₂	−12.1~−7.2		V₂	0.9~30.1
	II₂ₐ	−10.6~−1.2		V₂ₐ	39.6~43.7
	II₃	−26.9~−9.3		V₃	12.0~88.3
	II₄	−22.6~−10.7		V₃ₐ	−7.6~47.2
	II₄ₐ	−15.5~17.3		V₄	−2.6~50.9
	II₄ᵦ	−7.9~9.9		V₅	39.8~100.6
	II₅	−15.6~−1.7		V₅ₐ	24.4~39.2
	II₅ₐ	−15.6~−1.0	VI	VI₁	−46.3~−15.3
III	III₁	−25.7~−21.2		VI₁ₐ	−47.2~−40.5
	III₁ₐ	−29.1~−12.6		VI₂	−59.2~−39.5
	III₂	−17.5~−9.7		VI₃	−41.6
	III₂ₐ	−19.6		VI₄	−57.2~−19.3
	III₃	−26.1~−19.1		VI₄ₐ	−37.1~−34.5
	III₄	−24.1~−10.8		VI₄ᵦ	−37.2~−2.6
IV	IV₁	21.8~25.1	VII	VII₁	−56.3~−3.1
	IV₁ₐ	23.2		VII₂	−58.1~−49.4
	IV₂	−6.0~34.8		VII₃	−22.5~82.8
	IV₃	34.3~40.4		VII₄	−5.7~−5.1
	IV₄	32.0~67.9		VII₅	−20.3~91.4
	IV₅	45.2~89.3		VII₆ₐ	−25.8~−10.6

表 2-16 各路基土组在不同 TMI 值时的饱和度 （%）

土组	TMI					
	−50	−30	−10	10	30	50
砂（S）	20~50	25~55	27~60	30~65	32~67	35~70
粉土质砂（SM）	45~48	62~68	73~80	80~86	84~89	87~90
黏土质砂（SC）						
低液限粉土（ML）	41~46	59~64	75~77	84~86	91~92	92~93
低液限黏土（CL）	39~41	57~64	75~76	86	91	92~94
高液限粉土（MH）	41~42	61~62	76~79	85~88	90~92	92~95
高液限黏土（CH）	39~51	58~69	85~74	86~92	91~95	94~97

中湿类路基的平衡湿度可参照图2-18，先分路基工作区上部和下部分别确定其平衡湿度，再以厚度加权平均计算路基的平衡湿度。地下水毛细润湿面以上的路基工作区称为路基工作区上部，按路基土组类别和TMI值确定其平衡湿度；地下水毛细润湿面以下的路基工作区称为路基工作区下部，按路基土组类别和距地下水位的距离确定毛细润湿面最上部及毛细润湿面最下部各自平衡湿度的平均值，作为路基工作区下部的平衡湿度。

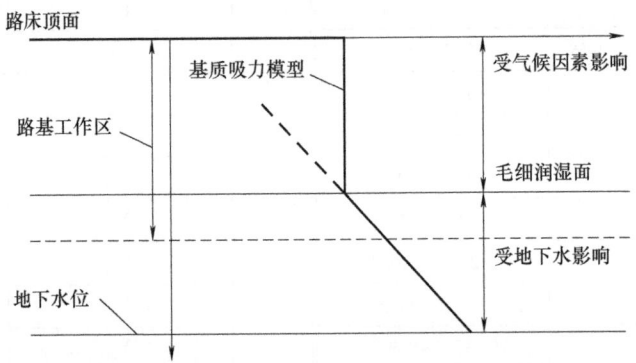

图 2-18 中湿类路基的平衡湿度状况

2. 路基填土高度要求

路堤高度应满足下列要求：满足公路等级所对应的路基设计洪水频率及其设计洪水位；不含路面厚度的路基高度不宜小于中湿状态路基临界高度；不含路面厚度的路基高度不宜小于路基工作区深度；季节性冰冻地区，不含路面厚度的路基高度不宜小于道路冻结深度。

路堤合理高度宜按下式计算：

$$H_{op} = \max\{(h_{sw}-h_0)+h_w+h_{bw}+\Delta h, h_1+h_p, Z_a+h_p, h_f+h_p\} \tag{2-10}$$

式中 H_{op} ——路堤合理高度（m）；
h_{sw} ——设计洪水位（m）；
h_0 ——地面高程（m）；
h_w ——波浪侵袭高度（m）；
h_{bw} ——壅水高度（m）；
Δh ——安全高度（m）；
h_1 ——中湿状态路基临界高度（m）；
h_p ——路面厚度（m）；
Z_a ——路基工作区深度（m）；
h_f ——季节冻土地区路基冻深（m）。

■ 2.5 路基结构回弹模量

路基动态回弹模量表征路基在受力时的应力-应变关系，是路基的刚度指标，同时也是路基路面设计中的重要参数。合理的路基刚度设计参数取值对于确保路基路面的耐久性至关重要。

2.5.1 路基土动态回弹模量

路面结构在车辆重复荷载作用下所产生的变形可分为两部分：一部分为可恢复的回弹变形；另一部分为不可恢复的塑性变形。路基土回弹模量是荷载应力与回弹应变的比值，而路基土动态回弹模量是施加于试件的重复应力峰值与试件相应方向回弹应变峰值之比。由于重复应力峰值与回弹应变峰值并不同步，因此动态回弹模量是个近似意义上的概念。

通常采用标准试验确定路基土动态回弹模量。试验时，现场取土应采用薄壁试管取样。对于最大粒径大于 19mm 的路基土与粒料，应筛除大于 26.5mm 的颗粒，采用振动或冲击压实成型，试件尺寸应符合直径 150mm±2mm、高 300mm±2mm 的要求。对于最大粒径不超过 9.5mm，且 0.075mm 筛通过百分率小于 10% 的路基土，应采用振动压实成型；最大粒径不超过 9.5mm，且 0.075mm 筛通过百分率不小于 10% 的路基土，应采用冲击或静压压实成型，试件尺寸都应符合直径 100mm±2mm、高 200mm±2mm 的要求。室内压实成型试件含水率应符合目标含水率值±0.5%，压实密度应符合目标压实密度值±1.0%，并在试件上套装橡皮膜，确保密封不透气。

首先，对试件施加 30.0kPa 预载围压，并对试件施加至少 1000 次、最大轴向应力为 66.0kPa 的半正矢脉冲荷载，要求试件总的垂直永久应变小于 5%。然后，调整围压和半正矢脉冲荷载至目标设定值，以 10Hz 的频率重复加载 100 次，加载应力-应变曲线如图 2-19 所示。试验采集最后 5 个波形的荷载及变形曲线，记录并计算试验施加荷载、试件轴向可恢复变形、动态回弹模量。加载过程中，若试件总的垂直永久应变超过 5%，应停止试验并记录结果。

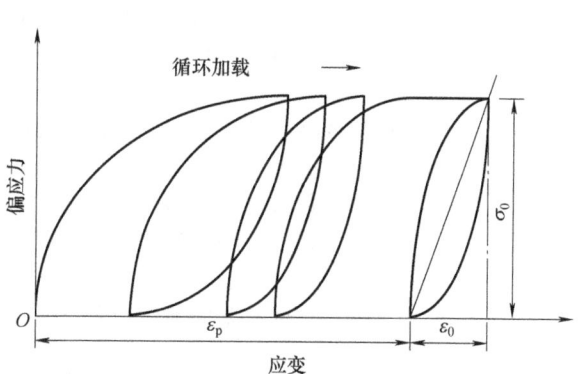

图 2-19 动态回弹模量试验应力-应变曲线

1) 应力幅值按下式计算确定：

$$\sigma_0 = \frac{P_i}{A} \tag{2-11}$$

式中 σ_0——轴向应力幅值（MPa）；

P_i——最后 5 次加载循环中轴向试验荷载平均幅值（N）；

A——试件径向横截面面积（可取试件上下端面面积均值）（mm²）。

2) 应变幅值按下式计算确定：

$$\varepsilon_0 = \frac{\Delta_i}{l_0} \tag{2-12}$$

式中 ε_0——可恢复轴向应变幅值（mm/mm）；

Δ_i——最后 5 次加载循环中可恢复轴向变形平均幅值（mm）；

l_0——位移传感器的量测间距（mm）。

3) 动态回弹模量按下式计算：

$$M_R = \frac{\sigma_0}{\varepsilon_0} \tag{2-13}$$

式中 M_R——路基土或粒料的动态回弹模量（MPa）。

2.5.2 路基结构动态回弹模量的设计取值

由于路基土在受力时呈现出非线性的应力-应变关系，在不同的应力、湿度等状态下，表现出不同回弹模量值，因此路基内存在一个非均匀分布的回弹模量场。但在进行路基路面结构设计时，需要反映路基结构总体刚度的参数，即路基结构回弹模量。考虑到行车荷载对路基的动作用,《公路路基设计规范》(JTG D30—2015) 规定采用路基结构动态回弹模量作为路基的设计参数。在进行路基结构动态回弹模量确定时,先确定标准状态下的路基土动态回弹模量 M_R,然后按如下方法确定路基结构回弹模量 E_0。

新建公路路基结构回弹模量设计值 E_0 可由标准状态下的路基土动态回弹模量 M_R 按式(2-14)通过湿度调整系数和模量折减系数确定,并应满足式(2-15)的要求。

$$E_0 = K_s K_\eta M_R \quad (2-14)$$

$$E_0 \geqslant [E_0] \quad (2-15)$$

式中 E_0——路基结构回弹模量设计值(MPa);

K_s——路基动态回弹模量湿度调整系数,为平衡湿度(含水率)状态下的动态回弹模量与标准状态下的动态回弹模量之比,潮湿类和干燥类路基分别按表2-19和表2-20确定,中湿类路基的动态回弹模量调整系数,可先分别确定路基工作上部和下部湿度调整系数,再以路基工作区上部厚度和下部厚度加权计算得到路基工作区总的湿度调整系数值;

K_η——干湿循环或冻融循环条件下路基土模量折减系数,通过试验确定。初步设计时,非冰冻地区可根据土质类型、失水率确定,季节性冰冻区可根据冻结温度、含水率确定,折减系数可取 0.7~0.95;

M_R——标准状态(最佳含水率、最大干密度)下路基土动态回弹模量值(MPa),按表2-17和表2-18确定;

$[E_0]$——路面结构设计的路基回弹模量要求值(MPa)。

表2-17 标准状态下路基土动态回弹模量参考值

土 组	取值范围/MPa	土 组	取值范围/MPa
砾(G)	110~135	粉土质砂(SM)	65~95
含细颗土砾(GF)	100~130	黏土质砂(SC)	60~90
粉土质砾(GM)	100~125	低液限粉土(ML)	50~90
黏土质砾(GC)	95~120	低液限黏土(CL)	50~85
砂(S)	95~125	高液限粉土(MH)	30~70
含细颗土砂(SF)	80~115	高液限黏土(CH)	20~50

注:1. 对于砾和砂,D_{60}(通过率为60%时的颗粒粒径)大时,模量取高值,D_{60}小时,模量取低值。
2. 对于其他含细粒的土组,小于0.075mm颗粒含量大和塑性指数高时,模量取低值,反之,模量取高值。
3. 同等条件下,轻、中等及重交通荷载时路基土动态回弹模量取较小值,特重、极重交通条件下取较大值。

表2-18 标准状态下粒料动态回弹模量参考值

粒料类型	取值范围/MPa	粒料类型	取值范围/MPa
级配碎石	180~400	级配砾石	150~300
未筛分碎石	180~220	天然砂砾	100~140

表2-19 潮湿类路基的动态回弹模量湿度调整系数 K_s

土质类型	砂	细粒土砂	粉质土	黏质土
路基工作区顶面	0.8~0.9	0.5~0.6	0.5~0.7	0.6~1.0
路基工作区底面	0.5~0.6	0.4~0.5	0.4~0.6	0.5~0.9

注:1. 对于砾和砂,D_{60}大时,调整系数取高值,D_{60}小时,调整系数取低值。
2. 对其他含细粒的土组,小于0.075mm颗粒含量大和塑性指数高时,调整系数取低值,反之,调整系数取高值。

表 2-20 干燥类路基的动态回弹模量湿度调整系数 K_s

土 组	TMI					
	-50	-30	-10	10	30	50
砂（S）	1.30~1.84	1.14~1.80	1.02~1.77	0.93~1.73	0.86~1.69	0.80~1.64
粉土质砂（SM）	1.59~1.65	1.10~1.26	0.83~0.97	0.73~0.83	0.70~0.76	0.70~0.76
黏土质砂（SC）						
低液限粉土（ML）	1.35~1.55	1.01~1.23	0.76~0.96	0.58~0.77	0.51~0.65	0.42~0.62
低液限黏土（CL）	1.22~1.71	0.73~1.52	0.57~1.24	0.51~1.02	0.49~0.88	0.48~0.81

路基的动态回弹模量湿度调整系数 K_s 也可根据下式确定：

$$\lg K_s = \frac{\lg M_R}{\lg M_{Ropt}} = a + \frac{b-a}{1+\exp\left[\ln\left(-\frac{b}{a}\right) + K_m(w-w_{opt})\right]} \quad (2\text{-}16)$$

式中　a、b、K_m——回归系数，$a = -0.6563$，$b = 0.2548$，$K_m = 6.4604$；

　　　M_R、M_{Ropt}——对应于含水率 w 的模量（MPa）和最佳含水率 w_{opt} 的模量（MPa）。

标准状态下路基动态回弹模量值应综合考虑公路等级和设计阶段，根据路床深度范围内路基土（或粒料）的动态回弹模量，按下列方法确定：

1）路基土及粒料的动态回弹模量应根据路基结构应力水平，采用重复加载动三轴试验方法，通过试验获得。

2）当受试验条件限制时，可按土组类别或粒料类型由表 2-17 和表 2-18 查取动态回弹模量参考值。

3）初步设计阶段，也可参照式（2-17）、式（2-18）由路基土或粒料的 CBR（%）值估算标准状态下路基土或粒料的动态回弹模量值。

$$M_R = 17.6 CBR^{0.64} \quad (2 < CBR \leq 12) \quad (2\text{-}17)$$

$$M_R = 22.1 CBR^{0.55} \quad (12 < CBR < 80) \quad (2\text{-}18)$$

前期试验研究，分析应力状况、物理状况及性质和组成等相关因素对动态回弹模量值的影响，建立可反映土和粒料非线性性状的动态回弹模量本构模型。因此，在测试路基土的含水率 w、干密度 ρ_d、塑性指数 I_P、细粒含量 $P_{0.075}$ 等物理性质指标的基础上，利用三参数本构模型式（2-19），可确定标准状态下路基土动态回弹模量值。

$$M_R = k_1 p_a \left(\frac{\theta}{p_a}\right)^{k_2} \left(\frac{\tau_{oct}}{p_a}+1\right)^{k_3} \quad (2\text{-}19)$$

式中　p_a——大气压强绝对值，通常取 100kPa；

　　　θ——体应力（第一应力不变量）（kPa），为三个主应力之和，即 $\theta = \sigma_1 + \sigma_2 + \sigma_3$，$\sigma_2$ 为中间主应力；

　　　τ_{oct}——八面体剪应力（kPa），$\tau_{oct} = \sqrt{(\sigma_1-\sigma_2)^2+(\sigma_2-\sigma_3)^2+(\sigma_3-\sigma_1)^2}/3$；

　　　k_1、k_2、k_3——模型参数；对于细粒土路基，可由路基土的含水率 w（%）、干密度 ρ_d（g/cm³）、塑性指数 I_P（%）、细粒含量 $P_{0.075}$（%）等物性指标，按式（2-20）经验预估三参数。

$$\begin{cases} k_1 = -0.0960w + 0.3929\rho_d + 0.0142I_P + 0.0109P_{0.075} + 1.0100 \\ k_2 = -0.0005w - 0.0069I_P - 0.0026P_{0.075} + 0.6984 \\ k_3 = -0.2180w - 3.0253\rho_d - 0.0323I_P + 7.1474 \end{cases} \quad (2\text{-}20)$$

根据研究成果,不同交通荷载等级的路基内当量应力水平变化幅度较小。确定标准状态下路基动态回弹模量时,当量应力水平可按体应力 θ 为 70kPa 和八面体剪应力 τ_{oct} 为 13kPa 取用。

路基结构回弹模量设计值 E_0 应符合下列规定:路基在平衡湿度状态下,路基结构回弹模量不应低于《公路沥青路面设计规范》(JTG D50—2017)和《公路水泥混凝土路面设计规范》(JTG D40—2011)的有关规定(表 2-21)。沥青路面路床顶面竖向压应变的计算值应满足沥青路面永久变形的控制要求;水泥混凝土路面路床顶面竖向压应变可不做控制。

表 2-21 路基结构回弹模量要求(不小于) (单位:MPa)

交通荷载等级	极重	特重	重	中等	轻
沥青混凝土路面	70	60	50	40	
水泥混凝土路面	80			60	40

2.5.3 路基结构回弹模量的现场测试

1. 路基结构静态回弹模量测试方法

路基结构静态回弹模量测试常采用圆形承载板加载卸载法,承载板可分为柔性与刚性两种。用柔性承载板测定路基结构模量时,路基与承载板之间的接触压力为常量,如图 2-20a 所示,即

$$p(r) = \frac{P}{\pi r^2} \tag{2-21}$$

式中 $p(r)$——接触压力(MPa);
P——总压力(MN);
r——计算点离承载板中心的距离(m)。

承载板的挠度 $l(r)$ 与坐标 r 有关,在承载板中心处 ($r=0$),有

$$l_{r=0} = \frac{2pa(1-\mu_0^2)}{E_0} \tag{2-22}$$

在柔性承载板边缘处 ($r=a$),其挠度可以按下式计算:

$$l_{r=a} = \frac{4pa(1-\mu_0^2)}{\pi E_0} \tag{2-23}$$

因此,当测得承载板中心或边缘处的挠度之后,假如土的泊松比 μ 为已知值,即可通过式(2-22)或式(2-23)反算得到路基结构模量 E 值。

用刚性承载板测定路基结构模量时,承载板下路基顶面的挠度为等值,不随坐标 r 而变化。但是板底接触压力则随 r 值而变化,呈鞍形分布,如图 2-20b 所示。其挠度 l 值和接触压力 $p(r)$ 值可分别按式(2-24)与式(2-25)计算。

$$l = \frac{2pa(1-\mu_0^2)}{E_0} \frac{\pi}{4} \tag{2-24}$$

$$p(r) = \frac{1}{2} \frac{pa}{\sqrt{a^2-r^2}} \tag{2-25}$$

式中 l——承载板挠度(m);
p——单位压力(MPa);
a——承载板半径(m);
E_0、μ_0——路基的回弹模量(MPa)和泊松比。

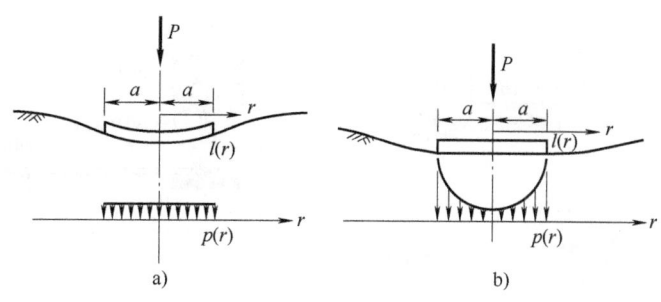

图 2-20　路基在圆形承载板下的压力与挠度分布曲线
a) 柔性承载板　b) 刚性承载板

测得刚性承载板的挠度之后，即可按式（2-24）反算路基结构模量值 E。

在实际测定中，刚性承载板用得较多，因为它的挠度较易量测，压力较易控制。承载板直径通常采用标准车辆轮印当量圆直径。

测定时每一级荷载经过加载和卸载，稳定 1min，测得回弹弯沉之后，再加下一级荷载，如此施加 n 级荷载后，即可点绘出荷载-回弹弯沉曲线。在多数情况下，试验曲线呈非线性。在确定模量时，可以根据路基实际受的压力范围或可能产生的弯沉范围在曲线上取值。路面设计中，仅计入小于 1mm 的弯沉（$l_i \leq 1$mm）和对应的压力，按 1mm 线性归纳法确定路基结构模量[式（2-26）]。

$$E_0 = \frac{\pi a}{2}(1-\mu_0^2)\frac{\sum p_i}{\sum l_i} \tag{2-26}$$

式中　p_i、l_i（$l_i \leq 1$mm）——各级荷载的单位压力（MPa）和对应的实际回弹弯沉（m）；

其他符号意义同前。

处理数据时，以单位压力 p_i 为横坐标（向右），回弹变形 l_i 为纵坐标（向下），绘制 p_i 与 l_i 的关系曲线（图 2-21）。如果曲线开始段出现上凹现象，需要进行修正。修正时，一般情况下将第一点和第二点连成直线，并延长此直线与纵坐标相交，此交点即为新原点。同时，由于汽车后轴对路基回弹变形有影响，需要计算各级荷载作用下的影响量。原点修正后得各级荷载下的回弹变形加上相应的影响量，就是该级荷载下的实际回弹弯沉。

2. 路基结构动态回弹模量测试方法

路基结构动态回弹模量主要采用落锤式弯沉仪（FWD）和便携式落锤弯沉仪（PFWD）进行测量，根据测量得到的应力-应变关系，反算得到路基结构模量，因反算过程较为复杂，且多需要数值计算配合完成，故此节仅对测试设备进行介绍。

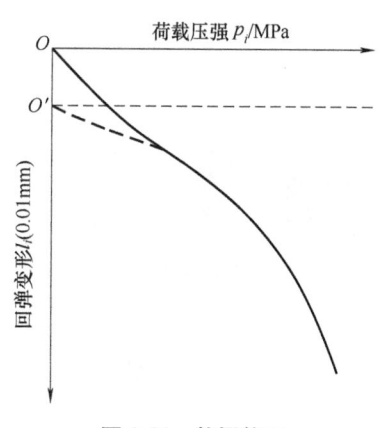

图 2-21　数据修正

落锤式弯沉仪是国内外公路领域检验路基路面刚度的主要设备，主要由弯沉车、落锤系统、传感系统、控制系统和数据处理系统组成，如图 2-22 所示。FWD 通过液压机启动落锤装置，将落锤提升到与所加荷载相对应的高度，并让落锤自由落下形成脉冲荷载，作用在垫于下面的承载板上，并通过承载板传递到路面，路表随即会产生瞬时变形，通过离荷载中心点不同距离的多个（一般 5~9 个）精度较高的传感器检测测点形变，可精确实测荷载作用下的动态弯沉及弯沉盆，其工作简图如图 2-23 所示。

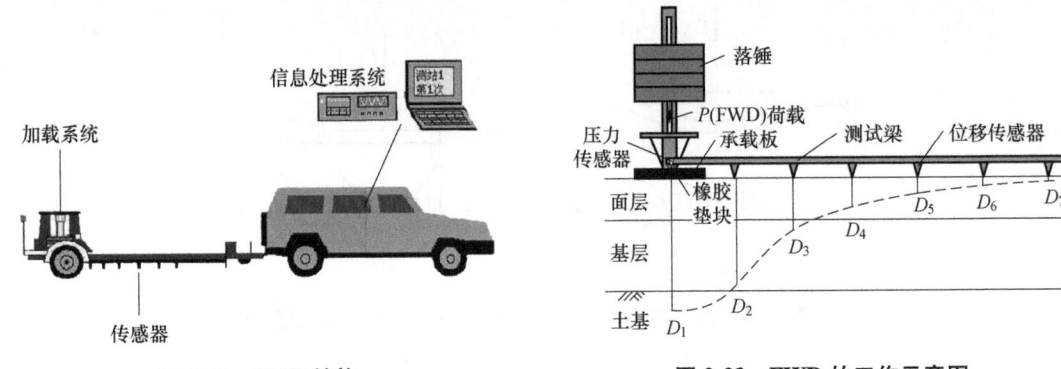

图 2-22　FWD 结构　　　　　　　图 2-23　FWD 的工作示意图

由于 FWD 造价高，不易携带，便衍生出了便携式落锤弯沉仪 PFWD（此处 P 表示 Portable），其测试原理同 FWD 类似。PFWD 主要由加载系统、数据采集系统和数据传输系统组成，如图 2-24 所示。加载系统由落锤、滑杆、橡胶垫块等组成；数据采集系统由荷载传感器、位移传感器和数据采集装置等组成；数据传输系统由计算机、有线和无线数据传输装置及数据处理系统组成。荷载时程曲线由压力传感器记录，中心位移传感器和径向传感器记录路基表面的竖向位移，由计算机存储和处理数据，从而得到动态弯沉盆数据，其工作简图如图 2-25 所示。

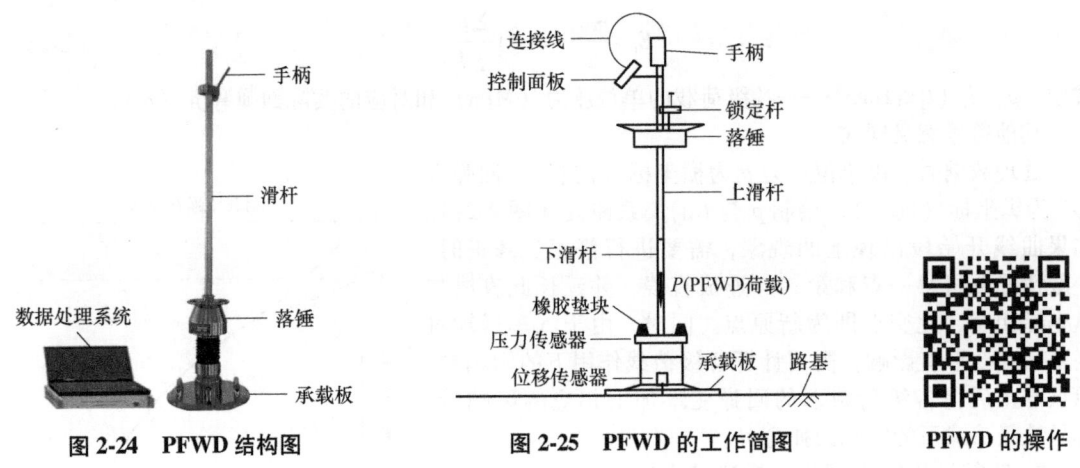

图 2-24　PFWD 结构图　　　图 2-25　PFWD 的工作简图　　　PFWD 的操作

2.6　路基附属设施

设置一定的路基附属设施是确保路基的强度、稳定性和行车安全的有效措施。路基工程附属设施有取土坑、弃土堆、护坡道、碎落台、堆料坪及错车道等。这些设施是路基的组成部分，也是路基设计的内容之一。

2.6.1　取土坑与弃土堆

路基土石方的挖填平衡，是公路路线设计的基本原则，但往往难以做到完全平衡。土石方数量经过合理调配后，仍然会有部分借方和弃方，路基土石方的借弃，首先要合理选择地点，即确定取土坑或弃土堆的位置。选点时要兼顾土质、数量、用地及运输条件等因素，还必须结合沿线区域规划、因地制宜、综合考虑，维护自然平衡，防止水土流失，做到借之有利、弃之无害。借弃所形成的坑或堆，要求尽量结合当地地形，充分加以利用，并注意外形规整，弃堆稳固。对高等级公路或位于城郊附近的干线公路，尤应注意。

平坦地区，如果用土量较少，可以沿路两侧设置取土坑，与路基排水和农田灌溉相结合。路旁取土坑大致如图 2-26 所示，深度约 1.0m 或稍大一些，宽度依用土数量和用地允许而定。为防止坑内积水危害路基，当堤顶与坑底高差不足 2.0m 时，在路基坡脚与坑之间需设宽度不小于 1.0m 的护坡平台，坑底设纵横排水坡及相应设施。

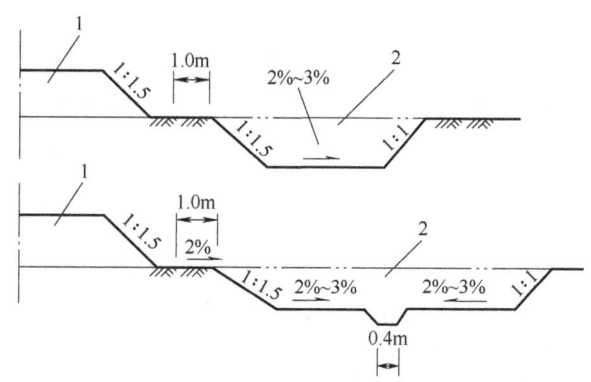

图 2-26　路旁取土坑示意图
1—路堤　2—取土坑

河水淹没地段的桥头引道近旁，一般不设取土坑，如设取土坑要距河流中水位边界 10m 以外，并与导流结构物位置相适应。此类取土坑要求水流畅通，不得长期积水危及路基或构造物的稳定。

路基开挖的弃方，应尽量加以利用，如用以加宽路基或加固路堤，填补坑洞或路旁洼地，也可兼顾农田水利或基建等所需，做到变废为用，弃而不乱。

弃方一般选择路旁低洼地，就近弃堆。原地面倾斜坡度小于 1∶5 时，路旁两侧均可设弃土堆，地面较陡时，宜设在路基下方。沿河路基爆破后的废石方，往往难以远运，条件许可时可以部分占用河道，但要注意河道压缩后，不致壅水危及上游路基及附近农田等。

图 2-27 所示为路旁弃土堆，要求堆弃整平，顶面具有适当横坡，并设平台、三角土块及排水沟，宽度 d 与地面土质有关，最少 3.0m，最大可按路堑深度加 5.0m，即 $d \geq H+5.0\text{m}$。积砂或积雪地段的弃土堆，宜有利于防砂防雪，可设在迎面一侧，并具有足够距离。

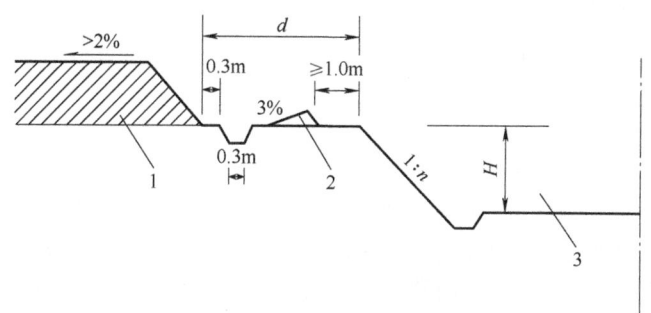

图 2-27　路旁弃土堆示意图
1—弃土堆　2—平台与三角土块　3—路堑

2.6.2 护坡道与碎落台

护坡道（图2-28）是保护路基边坡稳定性的措施之一，其主要目的是加宽边坡横距，减缓边坡平均坡度。护坡越宽，越有利于边坡稳定，但最小宽度宜大于1.0m，对沿河桥头引道的护坡道宽度应大于等于4.0m。宽度越大，则工程数量也随之增加，因此在设计中，要兼顾边坡稳定性与经济合理性。通常，护坡道宽度d视边坡高度h而定，$h \geq 3.0$m时，$d = 1.0$m；$h = 3 \sim 6$m时，$d = 2$m；$h = 6 \sim 12$m时，$d = 2 \sim 4$m。

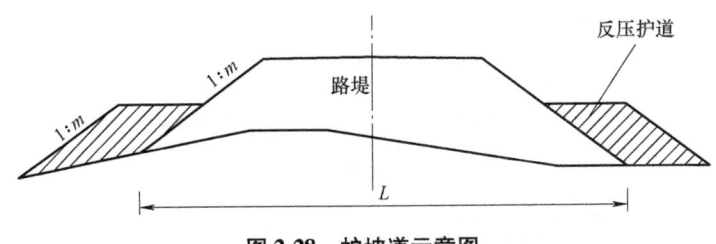

图2-28 护坡道示意图

护坡道一般设在挖方坡脚处，边坡较高时也可设在边坡上方及挖方边坡的变坡处。浸水路基的护坡道，可设在浸水线以上的边坡上。

碎落台通常是在路堑边坡坡脚与边沟外侧边缘之间或边坡上。与护坡道不同的是，碎落台主要是减少边坡的水土流失，防止碎落物落入边沟。其宽度一般为1.0~1.5m，如兼有护坡作用，可适当放宽。此外，碎落台上的堆积物应定期清理。

2.6.3 堆料坪与错车道

路面养护用矿质材料，可就近选择路旁合适地点堆置备用，在用地许可条件下，为保证行车安全，可在路堤边缘设置堆料坪，也可在路肩外缘设堆料坪，其面积可结合地形与材料数量而定，例如每隔50~100m设一个堆料坪，长5~8m，宽2m左右。高级路面或采用机械化养路的路段，可以不设，或另设集中备用料场，以维护公路外形的视觉平顺和景观优美。

错车道是四级公路采用4.5m单车道路基时，为错车而在适当距离设置的加宽车道。其位置应设置在有利地点，并使驾驶员能够看到相邻两错车道驶来的车辆。设置错车道路段的路基宽度不小于6.5m，有效长度不小于20m。此外，为便于错车车辆的驶入，在错车道两段应设置不小于10m的过渡段。错车道是单车道路基的一个组成部分，应与路基同时设计与施工。

思考与练习

1. 什么是一般路基？什么是特殊路基？什么是高填深挖路基？什么是矮路堤？
2. 路基设计内容是什么？
3. 如何确定路基高度、宽度和边坡坡度？
4. 我国公路用土如何进行类型划分？土的粒组如何区分？
5. 不同路基土有何工程特点？如何根据因地取材的原则选择路基填料？
6. 有一土路修建在IV_4区，中等交通，黏性土（CH），地下水位距离原地面1.8m。请问当路基高度分别为2.5m、2.0m、1.5m时路基的湿度状态分别是什么？同时确定上路床面和下路床底面的路基平衡湿度。
7. 有一土路修筑在V_1区，轻交通，粉质土（MH），地下水位距离原地面1.8m，路基土重度按18kN/m³考虑。请问当路基高度分别为4.0m、2.5m、1.0m时路基的湿度状态分别是什么？

同时确定路基平衡湿度。(荷载采用 BZZ-100 的后轴重为 100kN，轮胎压力按 0.7074MPa，轮印直径为 30cm；毛细水上升高度 $h_0 = 3.0$m)

8. 已知某道路路面结构为 4cm AC-13+ 6cm AC-20 +8cm AC-25 +38cm 水泥稳定碎石+20cm 二灰土，交通荷载等级为极重交通。路基高度为 3.0m，地下水位距离原地面 2.0m。公路修筑在 IV_3 区，路基填土为低液限黏土（CL），试预估路床的平衡湿度状态，并确定路床的饱和度。(低液限黏土的毛细水上升高度为 3.67m)

9. 什么是路基土动态回弹模量和路基结构动态回弹模量？请说明路基土动态回弹模量和路基结构动态回弹模量的测试要求。

10. 如何确定新建公路路基结构动态回弹模量设计值？

第3章 路基边坡稳定性分析

【本章提要】
本章主要介绍不同滑动面的路基边坡稳定性分析方法、软土地基的路堤稳定性分析方法、浸水路堤的稳定性分析方法、路基边坡抗震稳定性分析方法以及路基稳定性分析方法的选择与参数确定。

【学习要求】
掌握路基稳定性分析的几种方法:直线滑动面、折线形滑动面的不平衡推力法和传递系数法,圆弧滑动面的瑞典法和简化的 Bishop 法;了解软土地基稳定性分析、浸水路堤稳定性分析及路基抗震稳定性分析的方法。

■ 3.1 概述

路基边坡的稳定性涉及岩土性质与结构、边坡高度与坡度、工程质量与经济等多种因素。一般情况下,对于边坡不高的路基,如不超过 8.0m 的土质边坡、不超过 12.0m 的岩质边坡,可按一般路基设计,采用规定的坡度值,不做稳定性分析计算。对地质与水文条件复杂、高填深挖或有特殊使用要求的路基,应进行边坡稳定性分析计算,据此选定合理的边坡坡度及相应的工程技术措施。

土质边坡稳定性分析的各种方法,按失稳土体的滑动面特征,大体可归纳为直线、折线和曲线三大类,而且均以土的抗剪强度为理论基础,按力的极限平衡原理建立相应的计算式。

岩石路堑边坡的稳定性,很大程度上取决于岩石产状与结构,边坡失稳岩体的滑动面主要是地质构造上的软弱面。边坡稳定性分析应首先进行定性分析,确定失稳岩体的范围和软弱面(滑动面),然后进行定量力学计算。

路基边坡稳定性的分析计算方法,还可以分成工程地质法(比拟法)、力学分析法和图解法。工程地质法属于实践经验的对比,力学分析法是数解方法,对于某些比较复杂的数解方法,也可运用图解加以简化。任何一种方法,都带有某种针对性和局限性,为了便于工程上实际运用,设定某些假定条件,将主要因素加以简化,次要因素忽略不计,因此广义上现有的各种方法均属于近似解。合理地选定岩土计算参数,如黏聚力、内摩擦角及单位体积重力等,比选择何种计算方法更为重要,所以在路基设计前,要加强地质勘察与试验测试工作。

路堤稳定性分析,包括路堤堤身的稳定性、路堤和地基的整体稳定性、路堤沿斜坡地基或软弱层带滑动的稳定性等内容,而路堑稳定性分析主要针对路堑边坡。虽然在填挖方式上有区别,但两者在稳定性分析的基本原理上基本相同,有所区别的是失稳危险滑动面的预期、选用的计算指标、容许的安全系数大小等方面。本节将先对各种不同形状滑动面的分析原理进行介绍,然后结合现行规范中的计算要求，从实际操作角度给出具体方法的选用规则、参数确定及安全系数控制标准。

路基边坡稳定力学计算的基本方法是分析失稳滑动体沿滑动面上的下滑力 T 与抗滑力 R，按静力平衡原理，取两者的比值为稳定系数 K，即

$$K = \frac{R}{T} \tag{3-1}$$

$K=1$ 时，表示下滑力与抗滑力相等，边坡处于极限平衡状态；$K<1$ 时，边坡不稳定；$K>1$ 时，边坡稳定。考虑到一些不可预见因素的影响，为安全可靠起见，工程上一般规定采用 $K \geq 1.15 \sim 1.45$ 作为路基边坡稳定性分析的界限值。

行车荷载是边坡稳定性分析的主要作用力之一，计算时将行车荷载换算成相当于路基岩土层的厚度，计入滑动体的重力中。换算时可按荷载的最不利布置条件，取单位长度路段，如图 3-1 所示，计算式如下：

$$h_0 = \frac{NQ}{BL\gamma} \tag{3-2}$$

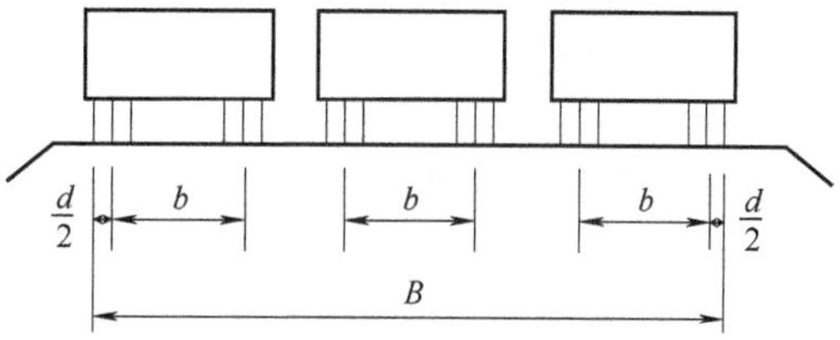

图 3-1 计算荷载换算示意图

式中 h_0——行车荷载换算高度（m）；

N——并列车辆数，双车道 $N=2$，单车道 $N=1$；

Q——一辆车的重力（kN）（标准车辆荷载为 550kN）；

L——前后轮最大轴距（m），按《公路工程技术标准》（JTG B01—2014）规定对于标准车辆荷载为 12.8m；

γ——路基填料的重度（kN/m³）；

B——荷载横向分布宽度（m），计算式如下：

$$B = Nb + (N-1)m + d \tag{3-3}$$

式中 b——后轮轮距（m），取 1.8m；

m——相邻两辆车后轮的中心间距（m），取 1.3m；

d——轮胎着地宽度（m），取 0.6m。

行车荷载对较高路基边坡的稳定性影响较小，换算高度可以近似分布于路基全宽上，以简化滑动体的重力计算。采用近似方法（如图解或表解等）计算时，也可以不计算行车荷载。

■ 3.2 直线滑动面的边坡稳定性分析

砂类土路基边坡渗水性强、黏性差，边坡稳定主要靠其内摩擦力，失稳土体的滑动面近似直线形态，当黏聚力为零时，滑动面为直线。原地面为近似直线的陡坡路堤，如果接触面的摩擦力不足，整个路堤也可能沿原地面呈直线形态下滑。所以，直线滑动面稳定性分析方法主要适用于黏聚力较小的砂类土路堤的堤身稳定性分析和路堤有可能沿斜坡地基表面或已知软弱层带滑动情况下的稳定性分析。前一种情况下，需要确定最危险的滑动面位置（过坡角点的一簇直线之一）。后一种情况下，危险滑动面的位置已经确定（沿地基表面或软弱层带）。一般通过假设几个典型滑裂面，计算最小稳定系数。此外，也可通过直线滑动面法最危险滑动面直接解法解出路基边坡最小稳定性系数。

3.2.1 试算法

如图 3-2 所示，假定 AD 为直线滑动面，并通过坡脚点 A，土质均匀，取单位长度路段，不

计沿路线纵向滑移时土基的作用力,则可简化成平面问题求解。需要指出的是,滑动面的位置在开始分析时难以直接确定,根据滑动面确定方式的不同,演化出"试算法"和"解析法"。

由图 3-2,按静力平衡可得:

$$K = \frac{R}{T} = \frac{Nf + cL}{T} = \frac{W\cos\omega\tan\varphi + cL}{W\sin\omega} \tag{3-4}$$

式中 T——滑动面的切向应力(kN);
   N——滑动面的法向应力(kN);
   f——摩擦系数,$f = \tan\varphi$;
   c——滑动面的黏聚力(kPa);
   L——滑动面 AD 的长度(m);
   W——滑体的重力(kN);
   φ——内摩擦角(°);
   ω——滑动面的倾角(°)。

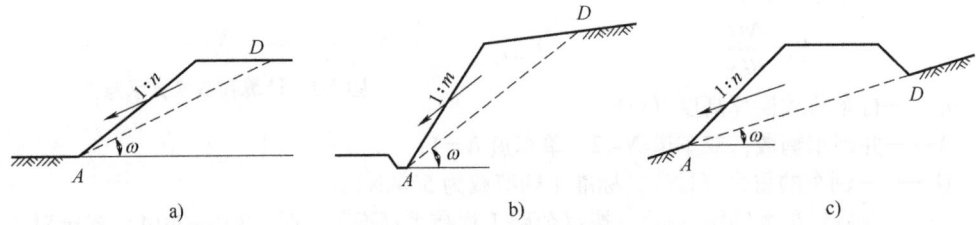

图 3-2 直线滑动面示意图
a) 高路堤 b) 深路堑 c) 陡坡路堤

滑动面位置不同,K 值也随之而变,边坡稳定与否的判断依据,应是稳定系数的最小值 $K_{\min}$,相应的最危险滑动面的倾角为 ω_0。式(3-4)表明,K 值是 ω 的函数,为此可选择 4~5 个滑动面,计算并绘制 K 与 ω 的关系曲线,即可确定 K 及其相应的 ω,从而确定 $K_{\min}$ 及其相应的 ω_0,如图 3-3、图 3-4 所示。当 $K_{\min}$ 符合规定时,路基边坡稳定,否则路基断面需另行设计与验算,直到符合要求为止。

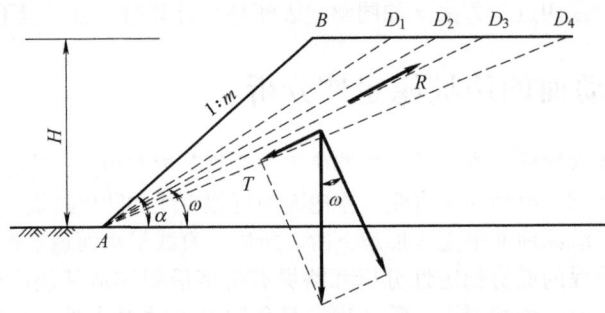

图 3-3 直线滑动面上的力系示意图

对于砂类土,可取 $c=0$,式(3-4)可简化为

$$K = \frac{\tan\varphi}{\tan\omega} \tag{3-5}$$

若取稳定系数 $K = 1.25$,则 $\tan\omega = 0.8\tan\varphi$。不难看出,用松散性填料修建的路堤,其边坡角的正切值,不宜大于填料摩擦系数的 0.8 倍。

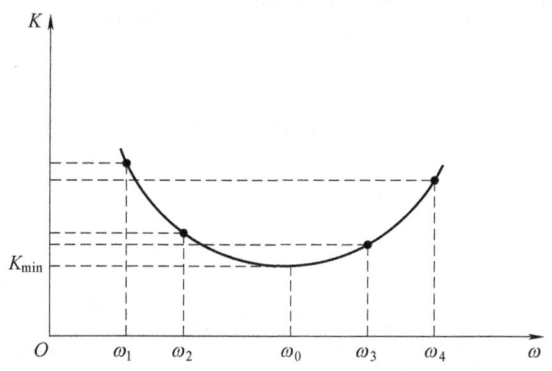

图 3-4 K 值与 ω 的关系曲线示意图

例如，当填料的内摩擦角 $\varphi = 40°$ 时，$\tan\omega = 0.8 \times \tan40° = 0.6713$，得 $\omega = 33°52'$。如果采用 $1:1.5$ 的路基边坡，相应于边坡角 $\alpha = 33°41'$。由于 $\alpha < \omega$，该边坡稳定。由此类推，如果 $\varphi < 40°$，路基边坡应相应放缓。

3.2.2 解析法

利用 $K = f(\omega)$ 的函数关系，对式（3-4）求导数，可得边坡稳定系数最小值的表达式，用以代替试算法，计算过程可以大为简化。

以深路堑边坡为例，不计行车荷载，计算示意图如图 3-5 所示，分析如下：

令滑动面 $AD = L$，式（3-4）可改写为

$$K = f\cot\omega + \frac{cL}{W\sin\omega} \tag{3-6}$$

由图 3-5 可知，单位长度路基边坡滑动体 $\triangle ABD$ 的重力 W 的表达式为

$$W = \frac{1}{2}\gamma L \frac{H}{\sin\alpha}\sin(\alpha-\omega) \tag{3-7}$$

由此可得

$$K = f\cot\omega + \frac{2c}{\gamma H}\frac{\sin\alpha}{\sin(\alpha-\omega)\sin\omega} \tag{3-8}$$

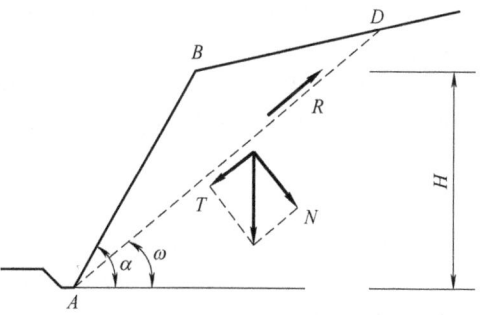

图 3-5 直线滑动面的计算示意图

令 $\frac{2c}{\gamma H} = a$，而 $f = \tan\varphi$，当进行边坡稳定性计算时，a、f 及 α 均为已知值。

为便于求导数，式（3-8）最末项改成：

$$\frac{\sin\alpha}{\sin(\alpha-\omega)\sin\omega} = \frac{\sin[(\alpha-\omega)+\omega]}{\sin(\alpha-\omega)\sin\omega} = \cot\omega + \cot(\alpha-\omega) \tag{3-9}$$

据此，式（3-8）可简化为下式：

$$K = (f+a)\cot\omega + a\cot(\alpha-\omega) \tag{3-10}$$

欲求 $K_{\min}$ 值，对式（3-10）求导数，取 $dK/d\omega = 0$，则最危险滑动面倾角 ω_0 的表达式如下：

$$\frac{dK}{d\omega} = -(f+a)\frac{1}{\sin^2\omega} + a\frac{1}{\sin^2(\alpha-\omega)} = 0 \tag{3-11}$$

因为

$$\frac{\sin^2(\alpha-\omega)}{\sin^2\omega}=\left(\frac{\sin\alpha\cos\omega-\sin\omega\cos\alpha}{\sin\omega}\right)^2=(\sin\alpha\cot\omega-\cos\alpha)^2=\frac{a}{f+a} \quad (3-12)$$

所以

$$\cot\omega_0=\cot\alpha+\sqrt{\frac{a}{f+a}}\csc\alpha \quad (3-13)$$

ω_0 的界限为 $\frac{\alpha}{2}\leqslant\omega_0<\alpha$。

将式（3-10）中 $\cot(\alpha-\omega)$ 展开，并以 ω_0 代替 ω，得：

$$\cot(\alpha-\omega)=\frac{\cot\omega_0\cot\alpha+1}{\cot\omega_0-\cot\alpha}=\frac{\cot\alpha\left(\cot\alpha+\sqrt{\frac{a}{f+a}}\csc\alpha\right)}{\left(\cot\alpha+\sqrt{\frac{a}{f+a}}\csc\alpha\right)-\cot\alpha}=\cot\alpha+\frac{\csc\alpha}{\sqrt{\frac{a}{f+a}}} \quad (3-14)$$

将式（3-13）与式（3-14）代入式（3-10），最后得：

$$K_{\min}=(2a+f)\cot\alpha+2\sqrt{a(f+a)}\csc\alpha \quad (3-15)$$

式（3-15）可绘成图，使计算更为简化，可用来求路基边坡角 α 的 $K_{\min}$ 值，也可在其他条件固定时，反求稳定的坡角 α（确定边坡）或计算路基的限制高度 H。

[例 3-1] 某挖方边坡，已知 $\varphi=25°$，$c=14.7\text{kPa}$，$\gamma=17.64\text{kN/m}^3$，$H=6.0\text{m}$。现拟采用 1∶0.5 的边坡，试验算其稳定性。

解：将 $\cot\alpha=0.5$，$\alpha=63°26'$，$\csc\alpha=1.118$，$f=\tan25°=0.4663$，$a=\frac{2c}{\gamma H}=0.2778$，代入式（3-15）得：

$$K_{\min}=(2\times0.2778+0.4663)\times\cot63°26'+2\times\sqrt{0.2778\times(0.4663+0.2778)}\times1.118=1.53$$

$K_{\min}<1.20$，因此该路基边坡稳定。

[例 3-2] 上例已知数据不变，考虑到稳定系数偏高，试求允许的边坡坡度。

解：令 $K_{\min}=1.25$，并将各已知值代入式（3-15）得：

$$1.25=1.02\cot\alpha+0.9\frac{1}{\sin\alpha}$$

公式两边同乘 $\sin\alpha$，以 $\cos\alpha=\sqrt{1-\sin^2\alpha}$ 代入整理：

$$2.6\sin^2\alpha-2.25\sin\alpha-0.23=0$$

解方程，可得：

$$\sin\alpha=0.958,\ \alpha\approx73°,\ \cot\alpha\approx0.3$$

所以边坡可以改为陡坡，坡度采用 1∶0.3。

[例 3-3] 例 3-1 数据不变，求允许的路基最大高度。

解：由式（3-15）得：

$$1.25=(2a+0.4663)\times0.5+2\times\sqrt{[a(a+0.4663)]}\times1.118$$

解出 $a=0.20$。

$$H_{\max}\leqslant\frac{2c}{\gamma a}=8.33\text{m}$$

因此，允许路基最大高度为 8.33m。

式（3-15）中，如果 $c=0$，可得：

$$K_{\min}=\frac{\tan\varphi}{\tan\alpha}$$

结果与式（3-5）一致（取 $c=0$）。

3.3 折线滑动面的边坡稳定性分析

自然界所有的滑面形式都可以归结为折线滑动面滑坡模型,如图 3-6a 所示;直线滑坡可以看作是所有条块底部滑面倾角均一致的特殊折线滑坡,如图 3-6b 所示;相类似地,只要将滑坡体沿圆弧滑面划分为足够细小的滑块,圆弧滑动面也可当作倾角连续变化的滑面,故圆弧滑坡如图 3-6c 所示,是多折线、倾角连续变化的折线滑坡形式。对此类滑坡稳定性的准确分析,能够更好地为现场边坡稳定性分析和治理提供有力的技术支持。

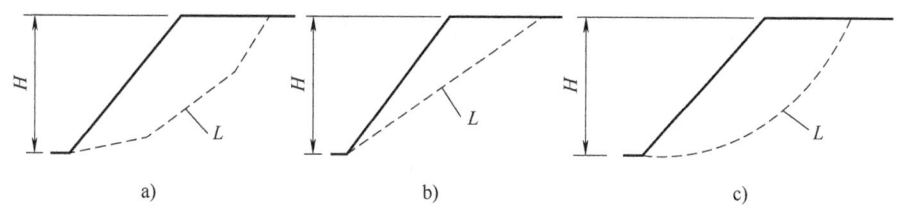

图 3-6 不同滑动面示意图
a) 折线滑动面 b) 直线滑动面 c) 曲线滑动面

折线滑动是边坡一种基本的滑移失稳形式,多出现于堆积层边坡、不同性质的硬岩或者软、硬岩交互边坡,其滑面分布形态更接近于工程实际滑坡形态。目前针对折线滑面滑坡稳定性的分析方法有不平衡推力法、传递系数法,其中不平衡推力法是我国工程技术人员创造的一种简单实用的边坡、滑坡稳定性分析方法。

3.3.1 力的传递关系

按已知的折线形危险滑动面的坡度分界情况,把路基划分成多个土条,图 3-7 中划分了 1、2、3、4 共 4 个土条。其中土条 2 的受力情况如图 3-7b 所示。

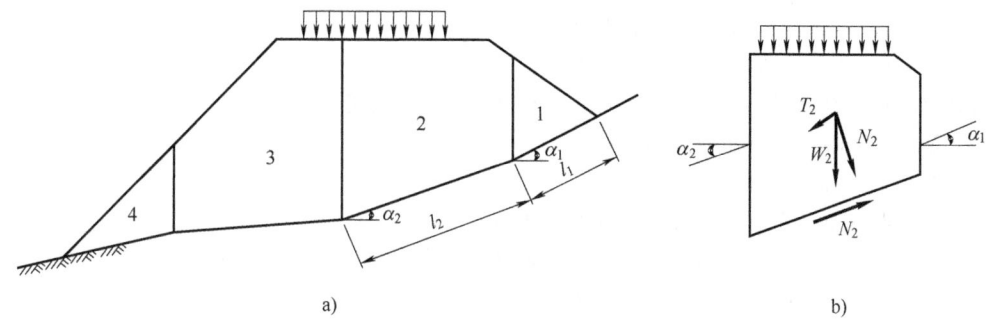

图 3-7 折线滑动面示意图
a) 路基条分示意图 b) 单个条分受力分析

不平衡推力法和传递系数法是一种平面分析方法,其计算过程中有如下假定:
1) 危险滑动面的位置、形状已知,是由一组倾角已知的线段构成的一条折线。
2) 沿折线折点将滑动土体划分的各个土条具有竖直边界,编号顺序由高到低。
3) 当前 $i-1$ 个土条的总体抗滑力不足时,第 i 土条与 $i-1$ 土条的竖直边界上受到 $i-1$ 土条传递来的剩余下滑力 T_{i-1},作用方向与水平线夹角为 α_{i-1},倾斜向下,如果前 $i-1$ 个土条的总体抗滑力足够,则 $T_{i-1}=0$。

基于以上假定，对第 i 土条，沿其底部滑动面（与水平方向夹角为 α_i）建立力的平衡方程，计算 T_i，计算示意图如图 3-8 所示。图中 C 为土条重心，O 为坐标轴原点，W_{Qi} 为土条受到的重力与荷载力的竖向合力。

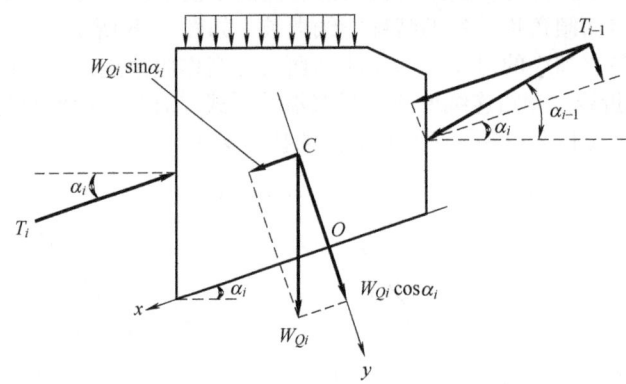

图 3-8　第 i 土条静力平衡计算示意图

按图 3-8 建立 x、y 两个轴向力的平衡关系式：

$$\begin{cases} \sum X = 0 \Rightarrow -T_i + W_{Qi}\sin\alpha_i + T_{i-1}\cos(\alpha_{i-1}-\alpha_i) - R_i = 0 \\ \sum Y = 0 \Rightarrow W_{Qi}\cos\alpha_i + T_{i-1}\sin(\alpha_{i-1}-\alpha_i) - N_i = 0 \end{cases} \quad (3-16)$$

式中　W_{Qi}——土条的重力与外加竖向荷载之和；
　　　R_i——土条 i 的底部滑动面上的抗滑力（平行于 x 轴）；
　　　N_i——土条 i 的底部滑动面上的支持力（平行于 y 轴）。

R_i、N_i 没有在图 3-8 中标出。两者存在以下关系：

$$R_i = c_i l_i + f N_i = c_i l_i + N_i \tan\varphi_i \quad (3-17)$$

式中　c_i——第 i 土条底部滑动面上土体的黏聚力（kPa）；
　　　l_i——第 i 土条底部滑动面上土体的长度（m）；
　　　φ_i——第 i 土条底部滑动面上土体的内摩擦角（°）。

将式（3-16）代入式（3-17），可以得出 N_i 和 T_i 的表达式：

$$N_i = W_{Qi}\cos\alpha_i + T_{i-1}\sin(\alpha_{i-1}-\alpha_i)$$

$$\begin{aligned}T_i &= W_{Qi}\sin\alpha_i + T_{i-1}\cos(\alpha_{i-1}-\alpha_i) - R_i \\ &= W_{Qi}\sin\alpha_i + T_{i-1}\cos(\alpha_{i-1}-\alpha_i) - c_i l_i - N_i \tan\varphi_i \\ &= W_{Qi}\sin\alpha_i + T_{i-1}\cos(\alpha_{i-1}-\alpha_i) - c_i l_i - [W_{Qi}\cos\alpha_i + T_{i-1}\sin(\alpha_{i-1}-\alpha_i)]\tan\varphi_i \\ &= W_{Qi}\sin\alpha_i - c_i l_i - W_{Qi}\cos\alpha_i\tan\varphi_i + T_{i-1}\cos(\alpha_{i-1}-\alpha_i) - T_{i-1}\sin(\alpha_{i-1}-\alpha_i)\tan\varphi_i \\ &= W_{Qi}\sin\alpha_i - (c_i l_i + W_{Qi}\cos\alpha_i\tan\varphi_i) + T_{i-1}[\cos(\alpha_{i-1}-\alpha_i) - \sin(\alpha_{i-1}-\alpha_i)\tan\varphi_i]\end{aligned}$$

令 $\psi_{i-1} = \cos(\alpha_{i-1}-\alpha_i) - \sin(\alpha_{i-1}-\alpha_i)\tan\varphi_i$，则上式可简化为

$$T_i = W_{Qi}\sin\alpha_i - (c_i l_i + W_{Qi}\cos\alpha_i\tan\varphi_i) + T_{i-1}\psi_{i-1} \quad (3-18)$$

3.3.2　不平衡推力法

不平衡推力法是针对折线形滑面滑坡提出的刚体极限分析方法，同条分法一样把滑体视为整体滑动，将整个的滑体沿滑动面划分为若干个独立的土条计算单元，并假定条间力的作用方向平行于上一条块的滑动面方向，其合力的作用点位于相邻两个条块分界面的中点。然后根据平行于底滑面和垂直于底滑面两个方向的合力等于零以及最前缘一块的剩余下滑力为零进行求

解，滑动面的破坏服从 Mohr-Coulomb 准则。整个滑动面满足静力平衡条件，但是不满足力矩平衡条件。依据静力平衡原理，即平行于底滑面和垂直于底滑面两个方向的合力等于零以及最前缘一块的剩余推力为零，剩余下滑力向下方条块逐个传递，直到边坡坡脚处最后一个条块上的剩余下滑力为零时，此时对应的 K 即为边坡安全系数。

运用该方法分析边坡安全性问题时，为避免过大误差，要求做到条分合理或对某些滑面做局部调整，以确保每一条块下滑面夹角小于 $10°$。

考虑到安全系数 K，将式（3-18）所有的抗滑力项除以该系数折减，则得到以下公式：

$$T_i = W_{Qi}\sin\alpha_i - \frac{1}{K}(c_i l_i + W_{Qi}\cos\alpha_i \tan\varphi_i) + T_{i-1}\psi_{i-1} \quad (3\text{-}19)$$

其中，$\psi_{i-1} = \cos(\alpha_{i-1} - \alpha_i) - \frac{1}{K}\sin(\alpha_{i-1} - \alpha_i)\tan\varphi_i$。

式（3-19）即不平衡推力法分析的基本公式。

3.3.3 传递系数法

如果考虑传递系数 K，将下滑力 $W_{Qi}\sin\alpha_i$ 放大 K 倍，则可得：

$$T_i = KW_{Qi}\sin\alpha_i + T_{i-1}\psi_{i-1} - (c_i l_i + W_{Qi}\cos\alpha_i \tan\varphi_i) \quad (3\text{-}20)$$

其中，$\psi_{i-1} = \cos(\alpha_{i-1} - \alpha_i) - \sin(\alpha_{i-1} - \alpha_i)\tan\varphi_i$。

式（3-20）即传递系数法分析的基本公式。

[例 3-4] 已知断面参数如图 3-9 所示。

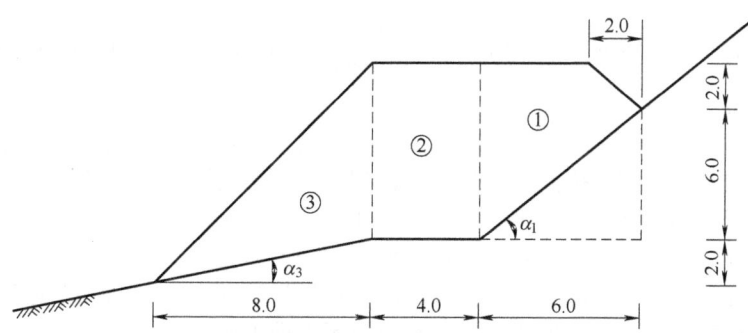

图 3-9 折线滑动面算例断面（单位：m）

折线倾角为：$\alpha_1 = 45° = 0.7854\text{rad}$，$\alpha_2 = 0° = 0\text{rad}$，$\alpha_3 = 14°02' = 0.2464\text{rad}$。滑动面上土的黏聚力、内摩擦角不变，都是 $c = 10\text{kPa}$，$\varphi = 15° = 0.2618\text{rad}$，土体重度 $\lambda = 18\text{kN/m}^2$，安全系数 K 取 1.25。用不平衡推力法判断折线陡斜坡地基上路基的稳定性。

解：取单位厚度作为计算对象。

（1）先计算土条①产生的剩余滑动力 T_1

土条①的截面面积 $= (4.0\text{m} + 6.0\text{m}) \times 2.0\text{m}/2 + 6.0\text{m} \times 6.0\text{m}/2 = 28\text{m}^2$

土条①的重力 $W_{Q1} = 18\text{kN/m}^3 \times 28\text{m}^2 = 504\text{kN/m}$

$$T_1 = W_{Q1}\sin\alpha_1 - \frac{1}{K}(c_1 l_1 + W_{Q1}\cos\alpha_1 \tan\varphi_1)$$

$$= 504\text{kN/m} \times \sin 0.7854 - \frac{1}{1.25} \times (10\text{kPa} \times 6.0\text{m} \times \sqrt{2} + 504\text{kN/m} \times \cos 0.7854 \times \tan 0.2618)$$

$$= 212\text{kN/m}$$

(2) 再计算土条②产生的剩余滑动力 T_2

土条②的截面面积 $= 4.0\text{m} \times 8.0\text{m} = 32\text{m}^2$

土条②的重力 $W_{Q2} = 18\text{kN/m}^3 \times 32\text{m}^2 = 576\text{kN/m}$

$$\psi_1 = \cos(\alpha_1 - \alpha_2) - \frac{1}{K}\sin(\alpha_1 - \alpha_2)\tan\varphi_2$$

$$= \cos(0.7854-0) - \frac{1}{1.25} \times \sin(0.7584-0) \times \tan 0.2618$$

$$= 0.707 - 0.8 \times 0.707 \times 0.2618 = 0.559$$

$$T_2 = W_{Q2}\sin\alpha_2 - \frac{1}{K}(c_2 l_2 + W_{Q2}\cos\alpha_2\tan\varphi_2) + T_1\psi_1$$

$$= 576\text{kN/m} \times \sin 0 - \frac{1}{1.25} \times (10\text{kPa} \times 4.0\text{m} + 576\text{kN/m} \times \cos 0 \times \tan 0.2618) + 212\text{kN/m} \times 0.559$$

$$= -38\text{kN/m}$$

因为该值小于 0，因此可认为土条②将不会传递滑动力至土条③。

(3) 最后考察土条③的剩余滑动力 T_3 的正负

土条③的截面面积 $= 8.0\text{m} \times 8.0\text{m}/2 = 32\text{m}^2$

土条③的重力 $W_{Q3} = 18\text{kN/m}^3 \times 32\text{m}^2 = 576\text{kN/m}$

因为 $T_2 < 0$，因此无须计算 ψ_2，直接计算 T_3。

$$T_3 = W_{Q3}\sin\alpha_3 - \frac{1}{K}(c_3 l_3 + W_{Q3}\cos\alpha_3\tan\varphi_3)$$

$$= 576\text{kN/m} \times \sin 0.2464 - \frac{1}{1.25} \times \left(10\text{kPa} \times \frac{8.0\text{m}}{\cos 0.2464} + 576\text{kN/m} \times \cos 0.2464 \times \tan 0.2618\right)$$

$$= -45\text{kN/m}$$

$T_3 < 0$ 表示不会产生未平衡的推力，按 1.25 的安全系数考虑，该折线滑动面路基是安全的。

通过以上算例可知，不平衡推力法在划分土条后，其计算针对每一土条分别进行，将上一土条计算出的剩余滑动力施加在下一土条上，如果计算出的剩余滑动力小于零，则认为前面的所有土条已能自平衡，取剩余滑动力为零，进行下一土条的分析。

该分析方法也可以用于求出实际安全系数 K，也可以用试算法，步骤与上述例题的相同，以上计算表明 $K > 1.25$，增大该值直到 $T_3 = 0$，对应的 K 值即为所求。

3.4 曲线滑动面的边坡稳定性分析

一般来说土均具有一定的黏结力，因此边坡滑动面多数呈现曲面，通常假定为圆弧滑动面。这也说明了直线及折线滑动面在实际的工程运用中局限性较大，主要由于：

1）土的工程性质的复杂性，其最危险的滑动面的位置和形状是无法预知的。

2）滑动土体的形状较为复杂，且可能由多种土质构成，其物理力学指标存在差异，是非均质、不规则的分析对象，在滑动面上的情况也类似。

3）路基土不是刚体，而是一个弹塑性体，按刚体力学方法求解，具有局限性。

4）即使在同一土质构成的体积内，因含水率、压实度、固结程度、扰动等因素影响，其物理力学参数也不是处处相同的。理想情况下，分析某一给定边坡的稳定性的核心是一个"搜索"过程：首先，建立边坡土体参数的分布场；然后，列举所有可能的滑动面形位；再计算每一个滑动面的安全性指标（如安全系数）；最后，比较得到最危险的滑动面及其对应的安全性指标。上述难点使得这一"搜索"实现起来非常困难，为解决稳定性分析实际问题，针对以上难点，人们采用了多种假定以简化问题。

(1) 圆弧滑动面假定及其圆心的辅助线法　通过总结以往工程中边坡失稳的实例发现，其滑动面虽是曲线形状，但与标准的圆弧的差异不大，特别是土质较单一、均匀时。为此，提出了圆弧滑动面假定，最经典的方法就是瑞典圆弧法和毕肖普（Bishop）法等。同时提出 $4.5H$ 法、$36°$ 线法等圆心辅助线法，该假定使得滑动面的搜索过程得以大大简化。

(2) 条分法简化　滑动土体形状及构成复杂时，求解难度大，而通过将其划分为多个土条离散化，每一土条的性质相对简单，通过计算有限土条间及各土条在滑动面上的力和力矩，建立平衡关系，能够简化计算过程。

(3) 刚体假定　将滑动土体或条分后的土体看作刚体，力与力矩平衡关系建立在刚体基础上，不考虑土的弹塑性，引入极限平衡的思路来分析，从而避免了考虑滑动土体内部复杂的受力状态。

(4) 确定性分析方法　土的参数在空间上分布的不均匀问题使得边坡分析成为一个不确定性问题，理论上应该采用基于概率或可靠度的不确定性分析方法。为简化起见，工程上常用的还是确定性分析方法。而前者则是目前的研究热点之一。

圆弧滑动面的边坡稳定计算方法很多，如条分法（瑞典法）及其简化的表解和图解方法，此外还有应力圆法和 φ 圆法等。理想的圆弧滑动面并不完全符合实际情况，为此也有运用复合曲线的计算方法，如对数曲线、对数螺旋线及组合曲线等。由于计算繁杂，多数应用有限单元法和电子计算机完成分析计算工作。

本节主要介绍基于条分法的边坡稳定性分析基本理论和假定、圆弧滑动面假定的圆心辅助线确定方法，以及以条分和刚体假定为主要模型、以确定性的极限平衡理论为分析方法的瑞典圆弧法、Bishop 法、简化 Janbu 法等。后者是我国路基设计规范中应用的主要方法之一。

3.4.1　条分法的基本理论和假定

边坡稳定分析的方法比较多，但总的说来可分为两大类，即以极限平衡理论为基础的条分法和以弹塑性理论为基础的数值计算方法。条分法以极限平衡理论为基础，由瑞典人彼得森（K. E. Petterson）在 1916 年提出，20 世纪 30—40 年代经过费伦纽斯（W. Fellenius）和泰勒（D. W. Taylor）等人的不断改进，直至 1954 年简布（N. Janbu）提出了普遍条分法的基本原理，1955 年毕肖普明确了土坡稳定安全系数，使该方法在目前的工程界成为普遍采用的方法。

条分法实际上是一种刚体极限平衡分析法。其基本思路是：假定边坡的岩土体破坏是由于边坡内产生了滑动面，部分坡体沿滑动面而滑动造成的。滑动面上的坡体服从破坏条件，假设滑动面已知，通过考虑滑动面形成的隔离体的静力平衡，确定沿滑动面发生滑动时的破坏荷载，或者说判断滑动面上的滑体的稳定状态或稳定程度。该滑动面是人为确定的，其形状可以是平面、圆弧面、对数螺旋面或其他不规则曲面。隔离体的静力平衡可以是滑动面上力的平衡或力矩的平衡。隔离体可以是一个整体，也可由若干人为分隔的竖向土条组成。由于滑动面是人为假定的，通过系统地求出一系列滑动面发生滑动时的破坏荷载，其中最小的破坏荷载要求的极限荷载与之相应的滑动面就是可能存在的最危险滑动面。

条分法的基本假定如下：把滑动土体竖向分为 n 个土条，在其中任取 1 条记为 i，在该土条上作用的已知力有土条本身重力 W_i、水平作用力 Q_i（如地震产生的水平惯性力等），如图 3-10 所示。土条上的力矢多边形如图 3-11 所示。当滑面形状确定后，土条的有关几何尺寸也可确定，如底部坡角 α_i、底弧长 l_i、滑面上的土体强度 c'、$\tan\varphi'_i$ 也已确定。要使整个土体达到力的平衡，其未知力还有每一土条底部的有效法向反力 N'_i，共 n 个；两相邻土条分界面上的法向条间力 E_i，共 $n-1$ 个，切向条间力 X_i，共 $n-1$ 个；两相邻土条间力 X_i 及 E_i 合力作用点位置 Z_i，共 $n-1$ 个；

每一土条底部切力 T_i 及法向力 N_i 的合力作用点位置 a_i，共 n 个。另外，滑体的安全系数 K，1 个。

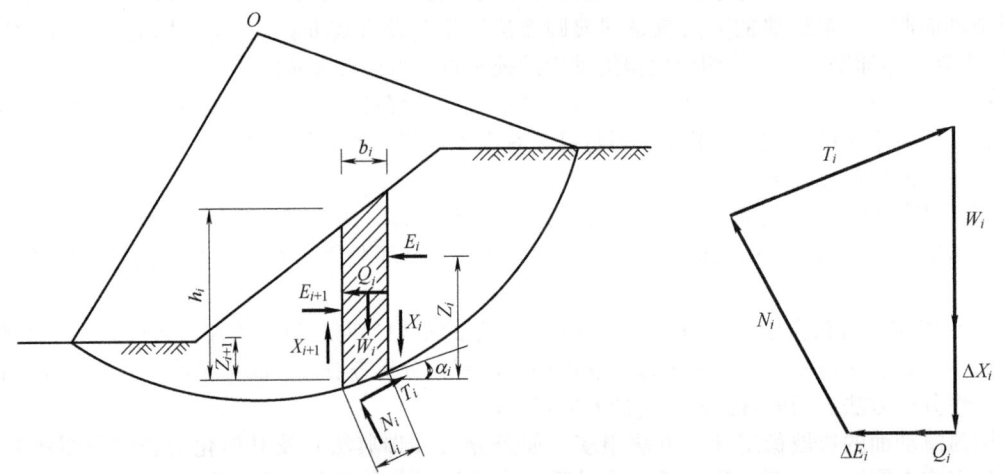

图 3-10　作用于土条的力　　　　　图 3-11　土条上的力矢多边形

综合上述分析，得到共计 $5n-2$ 个未知量，能得到的只有各土条水平向及垂直向力的平衡以及土条的力矩平衡共计 $3n$ 个方程。因此，边坡的稳定分析实际上是一个求解高次超静定问题。如果土条比较薄（b_i 较小），T_i 与 N_i 的合力作用点可近似认为在土条底部的中点，a_i 变为已知，未知量变为 $4n-2$ 个。与已有的方程数相比，还有 $n-2$ 个未知量无法求出，要使问题有唯一解就必须建立新的条件方程。解决的途径有两个：一个是利用变形协调条件，引进土体的应力-应变关系；另一个是做出各种简化假定以减少未知量或增加方程数。前者会使问题变得异常复杂，工程界基本上不采用；后者采用不同的假定和简化，而导出不同的方法。

假定 $n-1$ 个 X_i 值，更简单地假定所有 $X_i=0$，这就是常用的简化毕肖普（Bishop）方法。

假定 X_i 与 E_i 的交角或条间力合力的方向，而有斯宾塞（E. Spencer）法，摩根斯坦-普赖斯法（N. R. Morgenstern, V. E. Price）、沙尔玛法（S. K. Sarma）以及不平衡推力传递法。

假定条间力合力的作用点位置，而有简布（N. Janbu）提出的普遍条分法。

考虑土条间力的作用，可以使稳定安全系数得到提高，但有两点必须注意：一是在土条分界面上不能违反土体破坏准则，即切向条间力得出的平均剪应力应小于分界面土体的平均抗剪强度；二是不允许土条间出现拉应力，如果这两点不能满足，就必须修改原来的假定，或采用别的计算办法。

为减少未知量所做的各种假设，在满足合理性要求的条件下，求出的安全系数差别都不大。因此，从工程实用角度看，在计算方法中无论采用何种假定，并不影响最后求得的稳定安全系数值。进行边坡稳定分析的目的，就是要找出所有既满足静力平衡条件，同时又满足合理性要求的安全系数解集。从工程实用角度看，就是找寻安全系数解集中最小的安全系数，这相当于这个解集的一个点，这个点就是边坡稳定安全系数。

需要说明的是，采用极限平衡法分析边坡稳定，由于没有考虑土体土身的应力-应变关系和实际工作状态，所求出土条之间的内力或土条底部的反力均不能代表边坡在实际工作条件下真正的内力和反力，更不能求出变形，只是利用这种通过人为假定的虚拟状态来求出安全系数而已。由于在求解中做了许多假定，不同的假定求出的结果是不相同的，但由于极限平衡法长期在工程中应用，各行业应用不同的方法，都积累了大量的经验，工程界就用这种虚拟状态来近似模拟实际工作状态，再加上工程经验从而做出工程设计判断。

3.4.2 圆弧滑动面假定的圆心辅助线确定方法

在进行边坡稳定性分析之前,应首先确定圆心的位置。常用的方法有 4.5H 法和 36°线法。

1. 4.5H 法

图 3-12 所示为圆弧滑动面的计算图,首先确定圆心 O 和半径 OA。一般情况下,圆心的位置是在圆心辅助线 EF 的延长线上移动,E 点和 F 点的位置可用 4.5H 法确定。

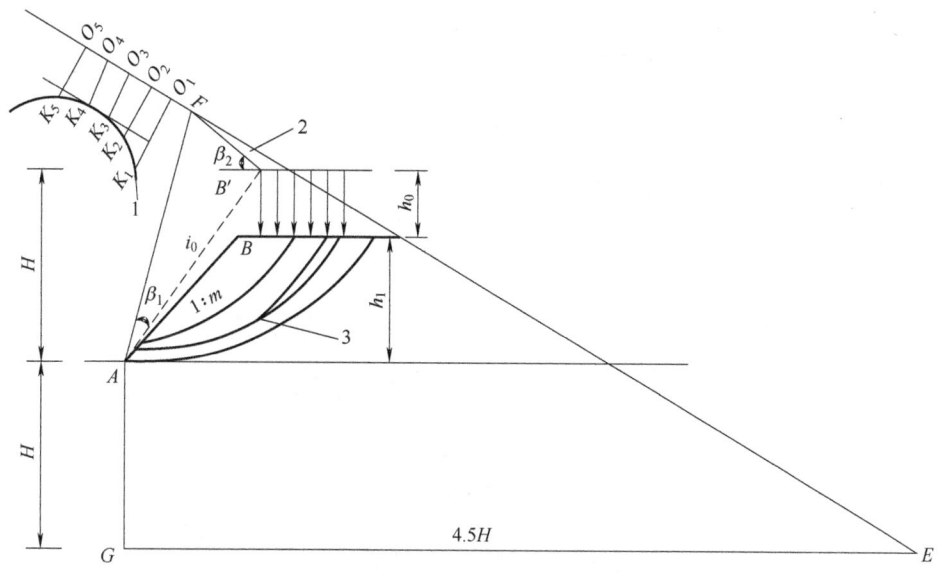

图 3-12 4.5H 法确定圆心位置
1—K 值曲线　2—圆心辅助线　3—最危险滑动面

图 3-12 中边坡计算高度 $H=h_1+h_0$,由 A 点向下作垂直线,取深度为 H 确定 G 点,由 G 点作水平线,取距离为 $4.5H$ 确定 E 点,即 $4.5H$ 法。F 点位置由角度 β_1 和 β_2 的边线相交而定,其中 β_1 以 AB' 平均边坡线为准,β_2 以 B' 点的水平线为准,如果不计荷载,则 $h_0=0$,B' 由 B 代替。β_1 和 β_2 取决于路基的边坡坡度,见表 3-1。

表 3-1 辅助线的作图角值

坡度 1：m（比例表示）	坡度 α（角度表示）	β_1	β_2
1：0.50	63°26′05″	29°46′14″	40°38′24″
1：0.75	53°07′48″	28°47′03″	38°47′27″
1：1.00	45°00′00″	27°59′56″	37°12′08″
1：1.25	38°39′35″	27°22′24″	36°10′40″
1：1.50	33°41′24″	26°52′19″	35°37′54″
1：1.75	29°44′41″	26°27′59″	35°24′22″
1：2.00	26°03′54″	26°08′05″	35°22′26″
1：2.25	23°57′44″	25°51′35″	35°27′10″
1：2.50	21°48′05″	25°37′46″	35°35′32″
1：3.00	18°26′05″	25°16′00″	35°56′36″
1：4.00	14°02′10″	24°47′10″	36°38′52″
1：5.00	11°08′35″	24°29′06″	37°13′13″

大量计算证明,如果路基边坡为单斜线,坡顶为水平,当 $\varphi=0$ 时,最危险滑动面的圆心就在 F 点上。当 $\varphi>0$,圆心在辅助线上向左上方向移动,φ 值越大,OF 间距越大,通常取 4~5 个点为圆心,分别求 K 值,并绘制 K 值曲线,据以解得 K_{min} 值及相应的圆心 O_0。

2. 36°线法

圆心辅助线也可用 36°线法绘制,如图 3-13 所示。36°线法比较简便,但计算结果误差较大,可在试算中使用。

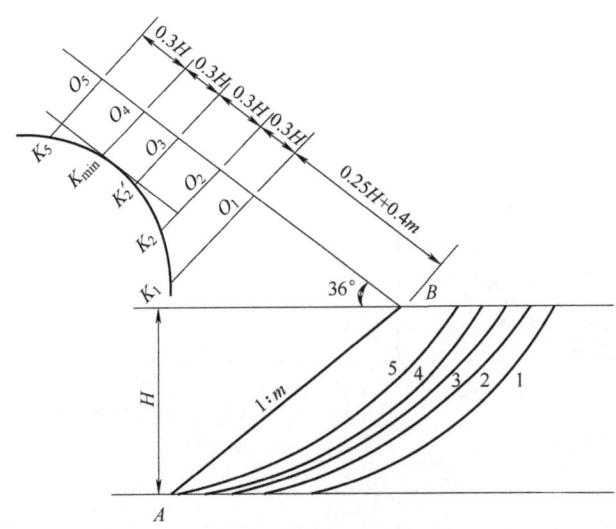

图 3-13 36°线法确定圆心位置

3.4.3 瑞典(Fellenius)圆弧法

1. 基本假定

1927 年,瑞典人 Fellenius 提出对均质边坡圆弧形滑面的分析方法,即瑞典圆弧法,其核心是假定条块间没有相互作用力。其基本假定为:

1)假定土坡稳定属于平面应变问题,即可取某一横剖面为代表进行分析计算。

2)假定滑裂面为圆柱面,即在横剖面上滑裂面为圆弧;弧面上的滑动土体视为刚体,即计算中不考虑滑动土体内部的相互作用力(E_i、X_i 不考虑)。

3)定义安全系数为滑裂面上所能提供的抗滑力矩之和与外荷载及滑动土体在滑裂面上所产生的滑动力矩和之比;所有力矩都以圆心 O 为矩心。

4)采用条分法进行计算。

2. 计算式

由于条间无作用力,静力简图如图 3-14 所示,首先建立土条垂直于滑动面的静力平衡方程:

$$N_i = W_i \cos\alpha_i \tag{3-21}$$

然后,通过整体对圆心的力矩平衡确定安全系数:

$$\sum_{i=1}^{n}(-T_i + W_i\sin\alpha_i)R = 0 \tag{3-22}$$

式中,$T_i = \dfrac{c_i l_i + N_i \tan\varphi_i}{K}$。

将 T_i 和式(3-21)代入式(3-22)可得边坡稳定的安全系数:

$$K = \frac{\sum_{i=1}^{n}[c_i l_i + W_i \cos\alpha_i \tan\varphi_i]}{\sum_{i=1}^{n} W_i \sin\alpha_i} \quad (3-23)$$

瑞典条分法是所有条分法的雏形，其假定滑裂面为圆弧面，忽略土条间的相互作用力，将土条底部法向应力简单地看作土条重力在法线方向的投影。因此该法向力通过滑裂面的圆心，对圆心取矩时为零，从而使计算工作大大简化。

3. 稳定分析

设计计算时，滑裂面是任意给定的，即前述的虚拟工作状态。因此，需要对各种可能的滑裂面均进行计算，从中找出安全系数最小的滑裂面，即认为是存在潜在滑动最危险的（或最有可能的）滑裂面。这种计算工

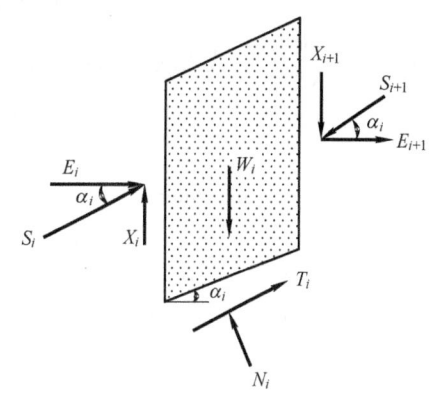

图 3-14　瑞典条分法静力简图

作量是相当大的，特别是当边坡外形和土层分布都比较复杂时，寻找最危险滑裂面位置相当困难。以前，在计算手段有限的情况下，许多学者在寻找最危险滑裂面位置方面做了很大努力，通过各种途径探索最危险滑弧位置的规律，制作图表、曲线，或将某类边坡归类分别总结出滑弧圆心的初始位置，以减少试算工作量并尽可能找到最危险滑裂面。在今天，由于计算机的普遍采用，这些问题已经变得并不那么重要了。可充分利用计算机及编制相应的程序，使这种计算变得异常简单，即使对复杂边坡和复杂土层情况，以前担心的多个 K 极小值区的问题现在也比较容易解决了。

用计算机编程计算边坡稳定时，先在坡顶上方根据边坡特点或工程经验，设定一个各种可能产生的圆弧滑裂面的圆心范围，画成正交网格，网格长可根据精度要求而定，网格交点即为可能的圆弧滑裂面的圆心。对每个网结点，分别取不同的半径进行计算，得到该圆心点的最危险滑裂面（K 最小对应的滑裂面）。比较全部网结点（不同的圆心位置）的 K 值，最小的 K 值对应的圆心和圆弧即为所求的边坡最危险滑裂面。为了计算更精确，可将该圆心为原点，再细分小区域网络，按前述方法进行计算，类似可找出该小区域网络中最小的 K。

3.4.4　毕肖普（Bishop）法

1. 基本假定

1955 年，毕肖普（Bishop）在瑞典条分法的基础上提出了该简化方法。这一方法仍然保留了滑裂面的形状为圆弧形和通过力矩平衡条件求解这些特点，但是在确定土条底部法向力时，考虑了条间力的作用，静力简图如图 3-15 所示。其基本假定为：

1）假定滑动面为圆弧滑裂面，将滑动土体分为 n 条竖向土条，并假定每个土条为不变形的刚体。

2）侧向力与水平向的夹角 $\beta=0$，即土条两侧作用力均为水平。

3）忽略成对条间力 E_i 产生的力矩。

2. 计算式

首先，通过对每个土条建立竖直方向静力平衡方程：

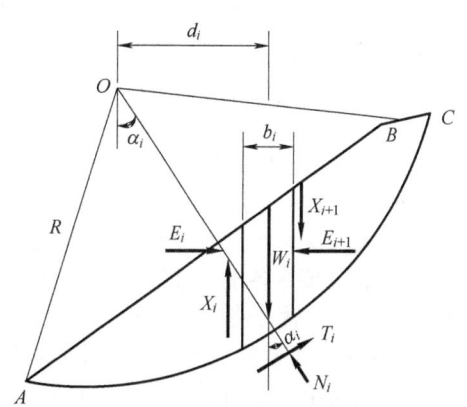

图 3-15　毕肖普法静力简图

$$W_i + \Delta X_i - N_i\cos\alpha_i - T_i\sin\alpha_i = 0 \quad (3\text{-}24)$$

因 $T_i = \dfrac{c_i l_i + N_i \tan\varphi_i}{K}$，代入式（3-24）可确定 N_i 的表达式：

$$N_i = \dfrac{1}{m_{\alpha_i}}\left(W_i + \Delta X_i - \dfrac{c_i l_i}{K}\sin\alpha_i\right) \quad (3\text{-}25)$$

式中，$m_{\alpha_i} = \cos\alpha_i + \dfrac{\sin\alpha_i \tan\varphi_i}{K}$。

然后，通过整体对圆心的力矩平衡确定安全系数，由于相邻土条之间侧壁作用力的力矩相互抵消，而土条滑面上的有效法向力 N_i 的作用通过圆心，得到平衡方程式：

$$\sum_{i=1}^{n} W_i d_i - \sum_{i=1}^{n} T_i R = 0 \quad (3\text{-}26)$$

将 T_i 和式（3-25）代入式（3-26），$d_i = R\sin\alpha_i$，可得计算边坡安全稳定系数公式：

$$K = \dfrac{\sum_{i=1}^{n}\dfrac{1}{m_{\alpha_i}}[c_i l_i \cos\alpha_i + (W_i + \Delta X_i)\tan\varphi_i]}{\sum_{i=1}^{n} W_i \sin\alpha_i} \quad (3\text{-}27)$$

3. 计算方法

式（3-27）就是毕肖普法的边坡稳定一般计算公式。式中 $\Delta X_i = X_{i+1} - X_i$，仍然是未知量。如果不进行其他的简化假定，式（3-27）仍然不能求解。毕肖普进一步假定 $\Delta X_i = 0$，实际上也就是认为条块间只有水平作用力 E_i 而不存在切向力 X_i。于是，式（3-27）进一步简化为

$$K = \dfrac{\sum_{i=1}^{n}\dfrac{1}{m_{\alpha_i}}(c_i l_i \cos\alpha_i + W_i \tan\varphi_i)}{\sum_{i=1}^{n} W_i \sin\alpha_i} \quad (3\text{-}28)$$

称为简化 Bishop 公式。式中，右侧也含有安全系数 K（m_{α_i} 中含有 K），不能直接解出 K 值，需要采用迭代法计算。首先，先假定 $K=1$，代入式（3-27）的右侧，计算出一个新的 K 值；如果算出的 K 不等于 1，则用此 K 值再代入式（3-27）的右侧，计算出一个新的 K 值；如此反复迭代，直至前后两次的 K 值非常接近。通常迭代 3～4 次，就可以得到满足精度要求的解，而且迭代通常能够收敛。

简化 Bishop 法假定所有的 $X_i = 0$，减少了 $n-1$ 个未知量，又利用每一个土条竖直方向力的平衡及整个滑动土体的力矩平衡，避开了计算 E 及其作用点的位置，求出安全系数 K。但是它仍不能满足所有的平衡条件，还不是一个严格的方法，由此产生的误差为 2%～7%。

4. 注意问题

毕肖普法迭代计算时要注意两点：

1）毕肖普法适用于任意形状的滑裂面，尽管推导是从圆弧面开始的。土条的滑面倾角 α_i 有正负之分，当滑面倾向与滑动方向一致时，α_i 为正；当滑面倾向与滑动方向相反时，α_i 为负。由 m_{α_i} 可知，当 α_i 为负时，有可能使其计算式分母趋近于零，从而使 m_{α_i} 趋近于无穷大，即 N_i 趋近于无穷大，这显然是不合理的。此时，就不能用毕肖普法。这是因为毕肖普法在计算中略去了 X_i 的影响，又要令各土条维持极限平衡，前后并不完全一致，根据某些学者的意见，当任一土条的 $m_{\alpha_i} > 5$ 时，就会使求出的 K 值产生较大误差，此时应考虑 X_i 的影响或采用别的计算方法。

2）由于毕肖普法计入了土条间作用力的影响，多数情况下求得的 K 值较瑞典法大，一般来说，瑞典法简单，但偏于安全；毕肖普法较接近实际，求得的 K 值较高，但可节省工程造价。两种方法的设计计算国内外都积累了大量经验，在设计准则及安全系数的确定上两者是有差别

的，设计时应注意计算方法和相应的设计准则的一致。

3.4.5 极限平衡法的综合比较

根据对滑动土条间力和滑裂面形状假定以及对平衡条件选取的不同，提出了多种不同的简化分析方法，如瑞典圆弧法、简化 Bishop 法、简化 Janbu 法、罗厄法、Spencer 法、Sarma 法、Morgenstern-Price 法等，见表 3-2。

表 3-2 各种条分法的简化假定比较

方法名称	滑动面形状假设	条间力假定	平衡条件选取
瑞典圆弧法	圆弧	条间力和土条底面平行	土条底面法线方向静力平衡和整体对圆心力矩平衡
简化 Bishop 法	圆弧	条间力方向水平（条间力倾角 $\alpha=0$）	垂直方向静力平衡和整体对圆心力矩平衡
简化 Janbu 法	任意形状	条间力方向水平（$\alpha=0$）	水平和垂直静力平衡
罗厄法	任意形状	α 等于该土条底面倾角和顶面倾角的平均值	水平和垂直静力平衡
Spencer 法	任意形状	α 为某一常数	水平和垂直静力平衡及整体土条底中点的力矩平衡
Sarma 法	任意形状	条间力为分布函数	水平和垂直静力平衡及整体土条底中点的力矩平衡
Morgenstern-Price 法	任意形状	条间力为分布函数	水平和垂直静力平衡及整体土条底中点的力矩平衡

从滑动面形状而言，直线滑动面的试算法和解析法适用于滑动面为直线的边坡稳定性分析；瑞典圆弧法和简化 Bishop 法均为圆弧滑动面的条分法的一种；当计算路堤沿斜坡地基或软弱层带滑动的稳定性时，可采用不平衡推力法。

瑞典圆弧法忽略了条块间力的影响，只满足滑动土体整体的力矩平衡条件而不满足条块的静力平衡条件，且通常使用的是总应力强度指标，是一种总应力分析方法。此法应用的时间很长，积累了丰富的工程经验，一般得到的安全系数偏低 10%~20%，且这种误差将随着滑弧圆心角和孔隙水压力的增大而增大，严重时可使算出安全系数较其他严格方法小一半，但该方法误差偏于安全，故目前仍然是工程上常用的方法。

与瑞典圆弧法相比，简化 Bishop 法在不考虑条块间切向力的前提下，满足力多边形闭合条件，就是说，隐含着条块间有水平力的作用，虽然在公式中水平作用力并未出现。所以它的特点是：

1）满足整体力矩平衡。
2）满足各条块间力的多边形闭合条件，但不满足条块的力矩平衡条件。
3）假设条块间作用力只有法向力没有切向力。
4）满足极限平衡条件。由于考虑了条块间的作用力，得到的安全系数较瑞典圆弧法高一些。很多的工程计算表明，简化 Bishop 法与严格的极限平衡分析法，即满足全部静力平衡条件的方法相比，结果甚为接近。由于计算不是很复杂，精度较高，所以是目前工程中很常用的一种方法。

不平衡推力法在滑面光滑且条分很小时，计算出来的稳定系数大致与简化 Bishop 法相当，而当滑面不光滑、条块下滑面夹角很大时，算得的稳定系数偏大，与严格条分法的误差很大且偏于危险，这种情况下，显然不能应用。为了修正这一误差，必须保证每条块下滑面夹角小于 10°，这样就能算出合理的结果。

[**例 3-5**] 简单黏性土坡，高 25m，坡比 1∶2，碾压土的重度 $\gamma = 20\text{kN/m}^3$，内摩擦角 $\varphi = 26.60°$（相当于 $\tan\varphi = 0.5$），黏结力 $c = 10\text{kN/m}^2$，滑动圆心 O 点如图 3-16 所示，试分别用瑞典圆弧法和简化 Bishop 法求该滑动圆弧的安全系数，并对结果进行比较。

解：为使例题计算简单，将滑动土体只分成 6 个条块，分别计算各条块的重力、滑动面长度、滑动面中心与过圆心铅垂线的圆心角，然后按瑞典圆弧法和简化 Bishop 法进行稳定分析计算。

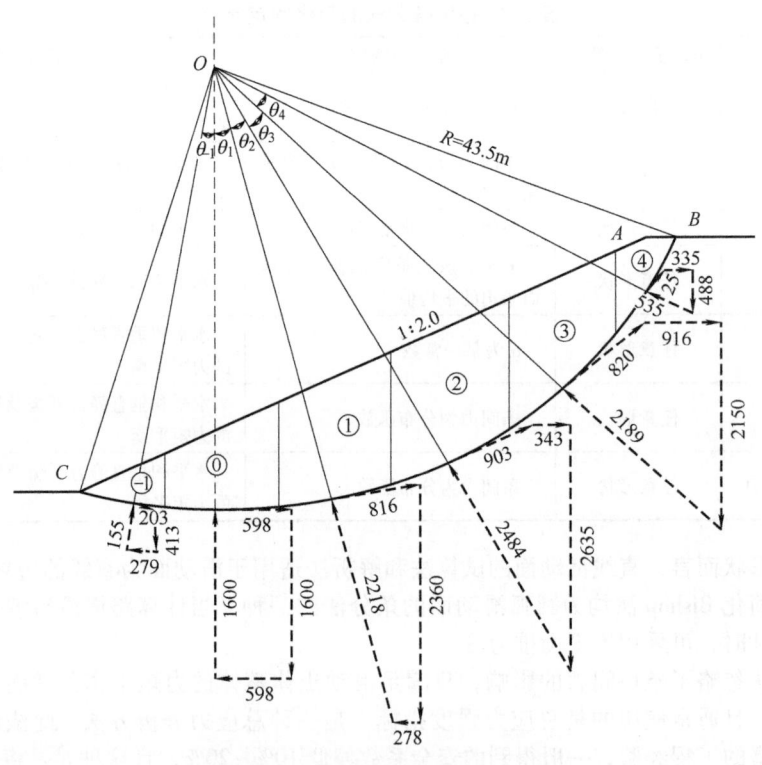

图 3-16 例 3-5 示意图（单位：kN）

（1）瑞典圆弧法　瑞典圆弧法分项计算见表 3-3。

$$\sum W_i \sin\theta_i = 3588\text{kN}$$

$$\sum W_i \cos\theta_i \tan\varphi_i = 4223\text{kN}$$

$$\sum c_i b_i = 530\text{kN}$$

安全系数：$K = \dfrac{\sum(W_i \cos\theta_i \tan\varphi_i + c_i b_i)}{\sum W_i \sin\theta_i} = \dfrac{4223\text{kN} + 530\text{kN}}{3588\text{kN}} = 1.32$。

（2）简化 Bishop 法　根据瑞典圆弧法计算结果 $K = 1.32$，简化 Bishop 法安全系数稍高于瑞典圆弧法。设 $K_1 = 1.55$，按简化 Bishop 法列表分项计算见表 3-4。

$$\sum \dfrac{c_i b_i + W_i \tan\varphi_i}{m_{\theta_i}} = 5416\text{kN}$$

安全系数：$K_2 = \dfrac{\sum \dfrac{1}{m_{\theta_i}}(c_i b_i + W_i \tan\varphi_i)}{\sum W_i \sin\theta_i} = \dfrac{5416\text{kN}}{3588\text{kN}} = 1.51$。

表 3-3 瑞典圆弧法分项计算

条块	$\theta_i/(°)$	W_i/kN	$\sin\theta_i$	$\cos\theta_i$	$W_i\sin\theta_i$/kN	$W_i\cos\theta_i$/kN	$W_i\cos\theta_i\tan\varphi_i$/kN	b_i/m	c_ib_i/kN
-1	-9.93	413	-0.172	0.985	-71	407	203	8.0	80
0	0	1600	0	1.0	0	1600	800	10.0	100
1	13.29	2360	0.230	0.973	543	2296	1148	10.0	100
2	27.37	2635	0.460	0.888	1212	2340	1170	10.0	100
3	43.60	2150	0.690	0.724	1484	1557	778	10.0	100
4	59.55	488	0.862	0.507	421	247	124	5.0	50

表 3-4 简化 Bishop 法列表分项计算

条块	$\cos\theta_i$	$\sin\theta_i$	$\sin\theta_i\tan\varphi_i$	$\dfrac{\sin\theta_i\tan\varphi_i}{K}$	m_{θ_i}	$W_i\sin\theta_i$/kN	c_ib_i/kN	$W_i\tan\varphi_i$/kN	$\dfrac{c_ib_i+W_i\tan\varphi_i}{m_{\theta_i}}$/kN
-1	0.985	-0.172	-0.086	-0.055	0.93	-71	80	207	308
0	1.0	0	0	0	1.00	0	100	800	900
1	0.973	0.230	0.115	0.074	1.047	543	100	1180	1223
2	0.888	0.460	0.230	0.148	1.036	1212	100	1318	1369
3	0.724	0.690	0.345	0.223	0.947	1484	100	1075	1241
4	0.507	0.862	0.431	0.278	0.785	421	50	244	375

简化 Bishop 法安全系数公式中的滑动力 $\sum W_i\sin\theta_i$ 与瑞典圆弧法相同。$K_1-K_2=0.04$，按 $K_2=1.51$ 进行第二次迭代计算，结果见表 3-5。

表 3-5 简化 Bishop 法第二次迭代分项计算

条块	$\cos\theta_i$	$\sin\theta_i$	$\sin\theta_i\tan\varphi_i$	$\dfrac{\sin\theta_i\tan\varphi_i}{K}$	m_{θ_i}	$W_i\sin\theta_i$/kN	c_ib_i/kN	$W_i\tan\varphi_i$/kN	$\dfrac{c_ib_i+W_i\tan\varphi_i}{m_{\theta_i}}$/kN
-1	0.985	-0.172	-0.086	-0.057	0.928	-71	80	207	309
0	1.00	0.0	0	0	1.00	0	100	800	900
1	0.973	0.230	0.115	0.076	1.045	543	100	1180	1220
2	0.888	0.460	0.230	0.152	1.040	1212	100	1318	1363
3	0.724	0.690	0.345	0.228	0.952	1484	100	1075	1234
4	0.507	0.862	0.431	0.285	0.792	421	50	244	371

$$\sum \dfrac{c_ib_i+W_i\tan\varphi_i}{m_{\theta_i}}=5398\text{kN}$$

安全系数：$K_3=\dfrac{\sum\dfrac{1}{m_{\theta_i}}(c_ib_i+W_i\tan\varphi_i)}{\sum W_i\sin\theta_i}=\dfrac{5398\text{kN}}{3588\text{kN}}=1.504$

$K_2-K_3=0.006$，十分接近，可以认为 $K=1.51$。

计算结果表明，简化 Bishop 法安全系数较瑞典圆弧法高，约大 0.15，与一般结论相同。

3.5 软土地基的路堤稳定性分析

软土是由天然含水率大、压缩性高、承载能力低的淤泥沉积物及少量腐殖质所组成的土，主要有淤泥、淤泥质土及泥炭土。软土地基按沉积环境分为以下四类：河海沉积、湖泊沉积、江滩沉积和沼泽沉积。在工程中，对软土地基主要是依据软土类型，根据天然含水率及天然孔隙比等主要特征并结合其他分类指标进行分类，通常可分为软黏土类、淤泥土类、淤泥类、泥浆质类及泥炭类五类。软土地基自身含水率大、孔隙比小、抗剪强度低，在外界荷载作用及自身荷载作用下，容易超出自身的强度要求而出现剪切破坏，发生侧向滑动或较大沉降，从而导致路基破坏。

3.5.1 临界高度的计算

在天然的软土地基上，基底不做特殊加固处理，用快速施工方法（即不控制填筑速率）修筑路堤所能填筑的最大高度，称为极限高度。当路堤的设计高度超过此极限高度时，路堤或地基必须采取加固或处理措施，以保证路堤的安全填筑和正常使用。

极限高度的大小取决于地基的特性（软土的性质和成层情况，硬壳层的厚度和性质）及填料的性质，可按稳定性分析的结果确定。在施工条件允许时，也可在工地进行填筑试验确定，这是解决路堤极限高度的最可靠方法。一般软土地区路堤的极限高度通常为 3~5m。

软土地基的临界高度 H_c，是指天然地基状态下，不采取任何加固措施，所容许的路基最大填土高度。由于极限高度仅为设计施工时的参考数据，通常都近似假设内摩擦角 $\varphi=0$，按下列公式进行估算。

1. 均值薄层软土地基

此时圆弧滑动面与软土层底面相切，则

$$H_c = \frac{c}{\gamma} N_w \tag{3-29}$$

式中　H_c——容许填土的临界高度 (m)；
　　　c——软土的快剪黏结力 (kPa)；
　　　γ——填土的重度 (kN/m³)；
　　　N_w——稳定因数，其值与路堤坡角 θ 及深度因数 λ 值有关，可查图 3-17 而定。查图时路堤高度 H 为待定值，需用试算法假定 H，计算 $\lambda = \frac{d+H}{H}$，再以此查图。

[例 3-6]　已知某软土层厚 $d=2.0\text{m}$，路堤坡角 $\theta=33°41'$（1：1.5），$c=3.00\text{kPa}$，$\gamma=17.00\text{kN/m}^3$。试求容许填土高度。

解：假定 $H=1.0\text{m}$，则 $\lambda=3.0$，查图 3-17 可知，$N_w=5.75$。
由式 (3-29) 得：

$$H_c = 5.75 \times \frac{3.00\text{kPa}}{17.00\text{kN/m}^3} = 1.01\text{m}$$

结论：由于计算值与假定值相差仅 1%，H_c 定为 1.00m，如果假定值计算结果相差较大，应重新假定，直至满足要求为止。

2. 均值厚层软土地基

由于 d 值很大，λ 值无穷大，数值接近，由图 3-17 可知，取 $N_w=5.52$，故

$$H_c = 5.52 \frac{c}{\gamma} \tag{3-30}$$

鉴于填土的重度，一般为 17.5~19.5kN/m³，所以实际工程中可近似取 $H_c=0.3c$。

对于非均值软土地基的填土临界高度，设计因数较多，实际计算时可直接根据稳定性分析结果所定。

3. 非均质软土地基的路堤极限高度

非均质软土地基土层比较复杂，各层的性质不同，其路堤极限高度需要用圆弧法计算确定。地基强度指标采用快剪法测定。在施工条件允许时，也可根据工地填筑试验确定。

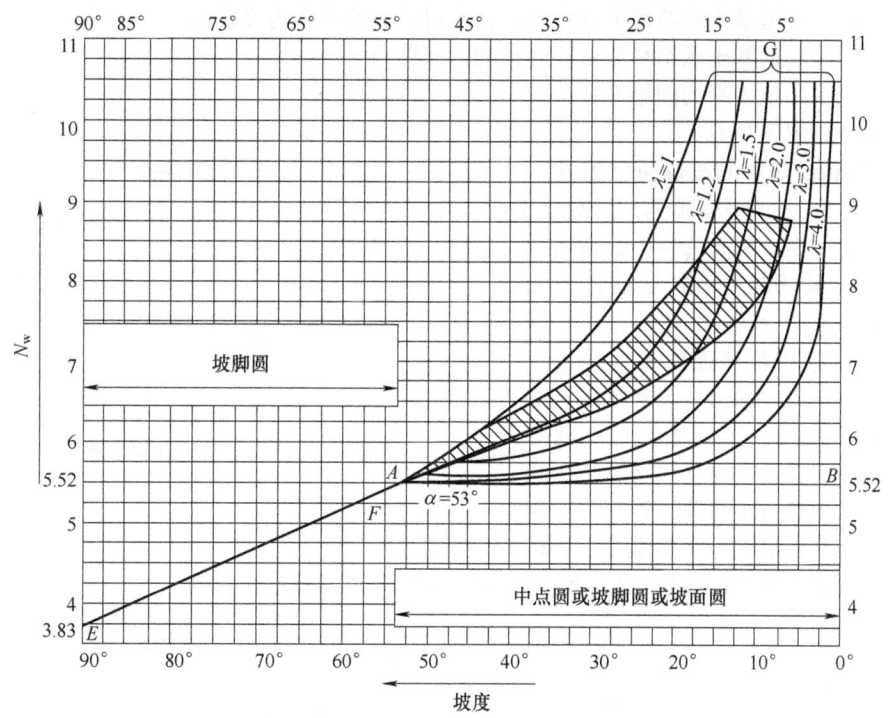

图 3-17 α 与 N_w 及 λ 关系图（$\varphi=0$）

4. 有硬壳层的软土地基的路堤极限高度

覆盖在软土层上强度稍高的表层土称为硬壳层。当硬壳层厚度大于 1.5m 时，可考虑其应力扩散、提高承载力、减少地基沉降的效应。此时，路堤极限高度可按下式估算：

$$H_c = \frac{c}{\gamma}N_w + 0.5H_k \tag{3-31}$$

式中　H_k——硬壳层厚度（m）。

3.5.2 路堤稳定性分析方法

我国软土分布面积较广，在进行软土地区路基设计时，必须重视路基稳定性分析，并在施工中和施工后进行变形观测，以控制施工期软土地基稳定性及工后沉降等指标。软土地基一般高程较低，路基形式以路堤为主，当路堤高度大于 5m 时，就要进行稳定性分析。

软土地基的路堤滑动成圆弧滑面，其稳定分析方法一般采用 Fellenius 法中的固结有效应力法、改进总强度法，有条件时也可采用准简化 Bishop 法。

1. Fellenius 法中的固结有效应力法

Fellenius 法中的固结有效应力法考虑了软基路堤施工的实际情况，即路堤荷载并非瞬间填到设计高度，而是按照一定的施工速率逐渐填筑。当遇到在强度很差的地基上需要修筑高路堤的情况时，可以按照这一计算模式对采取分期加载的方法逐渐使地基强度固结提高后的安全系数进行验算，以保证路堤填筑过程中的稳定满足要求。

采用 Fellenius 法中的固结有效应力法验算时，稳定安全系数计算式为

$$F = \frac{\sum\limits_{A}^{B}(c_{qi}L_i + W_{\mathrm{I}i}\cos\alpha_i\tan\varphi_{qi} + W_{\mathrm{II}i}\cos\alpha_i U_i\tan\varphi_{\mathrm{cq}i}) + \sum\limits_{B}^{C}(c_{qi}L_i + W_{\mathrm{II}i}\cos\alpha_i\tan\varphi_{qi})}{\sum\limits_{A}^{B}(W_{\mathrm{I}} + W_{\mathrm{II}})_i\sin\alpha_i + \sum\limits_{B}^{C}W_{\mathrm{II}i}\sin\alpha_i} \tag{3-32}$$

式中 c_{qi}、φ_{qi}——地基土或路堤填料快剪试验测得的内聚力和内摩擦角;

φ_{cqi}——地基土固结快剪试验测得的内摩擦角;

U_i——地基平均固结度;

其余符号如图 3-18 所示。

2. Fellenius 法中的改进总强度法

Fellenius 法中的改进总强度法是以 $\varphi = 0$ 法为基础发展来的,基于 $\varphi = 0$ 法利用原位测试资料[采用静力触探试验的贯入阻力(单桥探头)或锥尖阻力(双桥探头)换算的十字板抗剪强度或直接由十字板试验得到的抗剪强度],借用固结有效应力法计算地基强度随固结增加的思想,采用强度增长系数计算固结过程中强度的增量。采用该方法与静力触探试验相结合,为软基路堤稳定验算提供了一种高效可靠的途径。

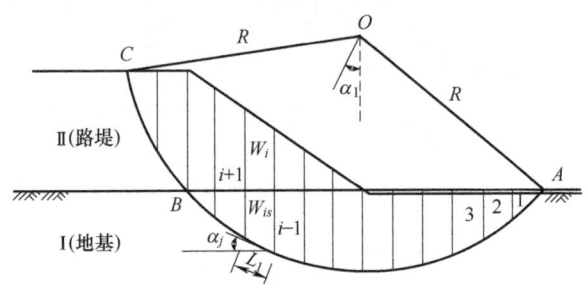

图 3-18 安全系数计算示意图

采用 Fellenius 法中的改进总强度法验算时,稳定安全系数计算式为

$$F = \frac{\sum_A^B (S_{ui} + W_{\mathrm{II}i}\cos\alpha_i U_i m_i)L_i + \sum_B^C (c_{qi}L_i + W_{\mathrm{II}i}\cos\alpha_i \tan\varphi_{qi})}{\sum_A^B (W_{\mathrm{I}} + W_{\mathrm{II}})_i \sin\alpha_i + \sum_B^C W_{\mathrm{II}i}\sin\alpha_i} \tag{3-33}$$

式中 S_{ui}——由静力触探试验的贯入阻力(单桥探头)或锥尖阻力(双桥探头)换算的十字板抗剪强度或直接由十字板试验得到的抗剪强度;

m_i——地基土层强度增长系数,按表 3-6 取值;

其余符号意义同前。

表 3-6 地基土层强度增长系数

土名	描述	地基土层强度增长系数 m_i
泥炭	在潮湿和缺氧条件下,由未充分分解的喜水植物遗体堆积而形成的泥沼覆盖层;呈纤维状,深褐色至黑色;有机质含量超过 50%;含水率 50%~2000%,孔隙比一般大于 5	0.35
腐殖质土	喜水植物遗体大部分完全分解后形成的有臭味、呈黑泥状的细粒土;有机质含量超过 50%	0.20
有机质土	在多水环境下由不同分解的植物所组成的细粒土,其中混有矿物颗粒;有机质含量超过 25%	0.25
黏质土	塑性指数(76g 锥)大于 17 的土	0.30
粉质土	塑性指数(76g 锥)大于 10,但小于或等于 17 的土	0.25

■ 3.6 浸水路堤稳定性分析

受季节性或者长期浸水的沿河路堤、河滩路堤等均称为浸水路堤。浸水路堤除承受普通路堤所承受的自重及行车荷载外,还承受水浮力及渗透动水压力的作用。在浸水路堤的设计中,一般按设计洪水位及考虑壅水和浪高等因素,选定路堤高程。浸水部分采用较缓边坡(1:2 或更缓),必要时设置护坡道,流速较大时予以防护加固,或设置导流结构物。为使设置更加合理,浸水路堤的边坡需进行稳定性计算。

3.6.1 渗透动水压力作用

当水位上升时,水从边坡的一侧或两侧渗入路堤内;当水位降落时,水又从堤身内向外渗出。由于在土体内渗水速度比水位升降速度慢,因此,当堤外水位升高时,堤内水位的比降曲线(浸润曲线)呈凹形;当堤外水位下降时,堤内水位比降曲线呈凸形,如图3-19所示。

当路堤一侧或两侧水位发生变化时,水的渗透速度与土的性质和时间有关。因此,当水位开始上升时,土体内的渗透浸润曲线比边坡外面水位低,经过一定时间后,才达到与外面水位齐平。如填土有毛细管作用,则土体内的浸润曲线可继续上升至一定高度。在砂性土中,这一高度为0.15m左右;在黏性土中,则达到1.5m

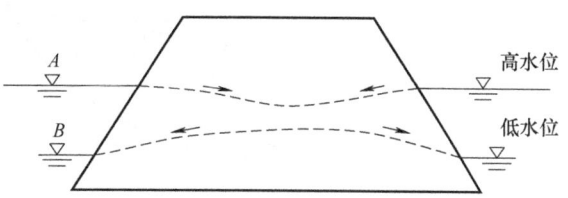

图3-19 双侧浸水路堤路堤内浸润曲线

或更高。水位上升时,土体除承受竖向的向上浮力外,还承受渗透动水压力的作用,其作用方向指向土体内部。

当水位骤然下降时(图3-20),土体内部的水流出边坡需要较长的时间,由于水位的差异,其渗透动水压力的方向指向土体外面。这就加剧破坏路堤边坡的稳定性,并可能产生边坡凸起和滑坡现象。此外,渗透水流还能带走路堤细小的土粒,而引起路堤的变形。

在高水位时,如路堤两侧边坡上水位不一致,就会产生横穿路堤的渗透,即时水位相差较小,应予以考虑(图3-21)。

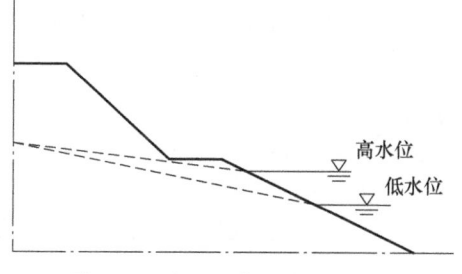

图3-20 水位降落时的浸润曲线

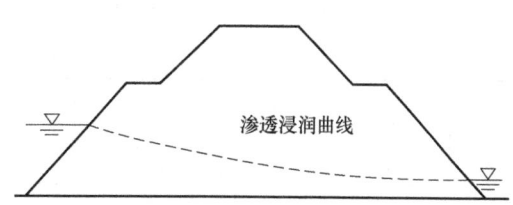

图3-21 水位不一致时的浸润曲线

透水性强的砂性土路堤,动水压力较小;黏性土路堤经人工压实后,透水性差,动水压力也不大。介于两者之间的土质路堤,如亚砂土或亚黏土等,浸水时路堤边坡稳定性较差。雨水膨胀及易溶或严重风化的岩土,浸水路堤边坡的稳定性更差。

3.6.2 渗透动水压力的计算

凡用黏性土填筑浸水路堤(除渗透极小的纯黏土外),均会产生方向指向边坡的动水压力,剧烈地破坏路堤边坡的稳定性。因此,在进行浸水路堤的稳定性分析时,应先确定其渗透动水压力。如图3-22所示,渗透动水压力可按下式计算:

$$D_0 = I\Omega_B \gamma_0 \tag{3-34}$$

式中 D_0 ——作用于浸润曲线以下土体中心的渗透动水压力(kN/m);
   I ——渗透水力坡降(取用浸润曲线的平均坡降);
   Ω_B ——浸润曲线与滑动弧之间的面积(m²);
   γ_0 ——水的重度(kN/m³)。

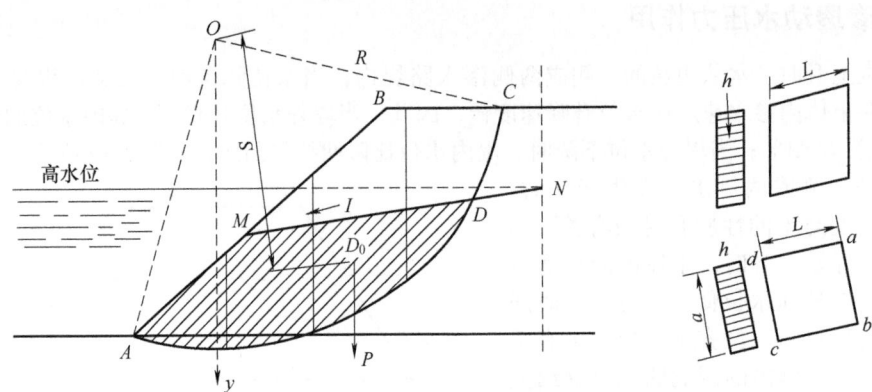

图 3-22 动水压力计算设计图

式 (3-34) 推导如下：按前述分段法将滑塌土体分块，如图 3-22 所示，图中 $abcd$ 表示渗流所经的一小块。假定土具有均匀同向性，ad 及 bc 为流线，相邻断面 ab 与 dc 之间（即由 a 至 d 与由 b 至 c）的水头落差（或水头损失）同为 h，故 ab 与 dc 的相互关系是位差面。设土块边长为 a 及 L，垂直图面方向的厚度为 $l(l=1\mathrm{m})$，则水由 ab 流至 bc 所损失的压力 D 为 $D=al\gamma_0 h=alL\gamma_0\dfrac{h}{L}=I\Omega_B\gamma_0$。

浸水路堤填料不同，其渗流的平均水力坡降 I 会有较大差异，详见表 3-7。从表中可以看出，采用透水性较强的填料，如砂砾、片石，I 值较小，动水压力可不予考虑。因此，只选用一般黏性土（如低液限黏土、粉质中液限黏土、中液限黏土）时，才考虑浸水后土体内产生的动水压力，绘出最不利水位变化时的土体内浸润曲线，求解动水压力。

表 3-7 平均水力坡降 I 参考值

土类	粗砂	中砂	细砂	粉砂	低液限黏土	中液限黏土	高液限黏土	很高液限黏土
I	0.003~0.006	0.006~0.015	0.015~0.020	0.015~0.05	0.02~0.05	0.05~0.10	0.10~0.15	0.15~0.20

3.6.3 浸水路堤稳定性分析

浸水路堤的稳定性，应按照路堤处于最不利的情况下进行稳定性分析。其破坏一般发生在最高洪水位骤然降落的时候。边坡稳定性分析原理和方法与普通路堤边坡的圆弧法基本相同。通常也假定滑动面为圆弧，最危险的滑动面通过坡脚，圆心位置的确定与条分法相似。浸水路堤稳定性计算的方法有多种，应用最普遍的方法为：假想摩擦角法、悬浮法和条分法。

1. 假想摩擦角法

此法的基本特点是：适当改变路堤填料的内摩擦角，利用非浸水时常用方法，进行浸水时路堤的稳定性计算。

由库仑定律可得，滑动土体的总强度为

$$S = Q\tan\varphi + cL \tag{3-35}$$

路堤浸水时，路基土的抗剪强度有所下降，表示为 S_B，其中部分原因是浮力作用下重力减轻，Q 下降成 Q_B，假想相当于 φ 减小为 φ_B。此时如果其他条件不变，浸水后的路基总强度有两种数值相等的表示方法，即

$$S = Q_B\tan\varphi + cL = Q\tan\varphi_B + cL \tag{3-36}$$

得：

$$\tan\varphi_B = \frac{Q_B}{Q}\tan\varphi \tag{3-37}$$

同一滑动体浸水前后的重力之比，实际上就相当于干与湿的重度之比，所以

$$\tan\varphi_B = \frac{\gamma_B}{\gamma}\tan\varphi \tag{3-38}$$

以 φ_B 代替 φ 值，带入有关圆弧滑动面的稳定性计算式，即可求得稳定系数。此法适用于全浸水路堤，是一种简易的方法，可供粗略估算参考。

2. 悬浮法

此法的基本特点是：假想用水的浮力作用，间接抵消动水压力对边坡的影响，即在计算抗滑力矩中，用降低后的内摩擦角 φ' 反映浮力的影响（抗滑力矩相应减小），而在计算滑动力矩中，不考虑浮力作用，滑动力矩没有减小，用以抵偿动水压力的不利影响。悬浮法计算简图如图 3-23 所示。

图中未浸水时的作用力为

$$Q = \gamma F = \gamma(F_1 + F_2) \tag{3-39}$$

$$N = Q\cos\alpha_0, \quad T = Q\sin\alpha_0, \quad \alpha_0 = \arcsin\frac{a}{R} \tag{3-40}$$

式中，F_1 和 F_2 表示面积；γ 表示土体重度；N 表示土体重力在滑动面法向的分解力；a、R 等含义如图 3-23 所示。

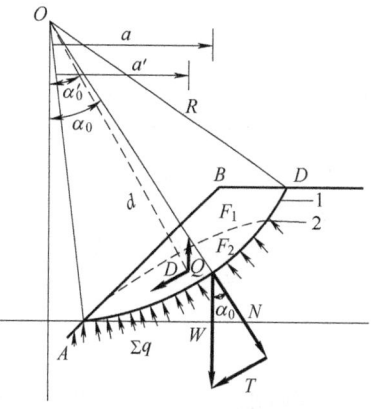

图 3-23　悬浮法计算简图
1—滑动面　2—降水曲线

路堤浸水后的附加作用力：

浮力：$\sum q = W = F_2 \gamma_w$

水重的法向力：$N' = W\cos\alpha_0'$，$\alpha_0' = \arcsin\dfrac{a'}{R}$

浸水后抗滑力矩 M_y 由两者组成：

浸水前：$M_{y1} = (Q\cos\alpha_0 \tan\varphi + cL)R$

浸水后附加：$M_{y2} = -(W\cos\alpha_0 \tan\varphi + c'L)R$

水的浮力作用向上，M_{y2} 取负值，近似取 φ、c、α_0 不变，所以：

$$M_y = M_{y1} + M_{y2} + [(W-Q)\cos\alpha_0 \tan\varphi + cL]R \tag{3-41}$$

对于滑动力矩 M_0：

浸水前：$M_{01} = (F_1 + F_2)\gamma a$

浸水后附加浮力作用和动水压力作用，前者为负值：

$$M_{02} = Dd - F_2 \gamma_w a \tag{3-42}$$

为简化计算，本法取 $M_{02} = 0$，即假想相互补偿，则

$$K = \frac{M_y}{M_{01}} = \frac{[(W-Q)\cos\alpha_0 \tan\varphi + cL]R}{(F_1+F_2)\gamma a} \tag{3-43}$$

式中　Q——浮力；

W——滑动面以上路基自重。

因为式中 M_{01} 即 $Q\cos\alpha_0 R$，所以式（3-43）需在 M_y 的 Q 中扣除水重 W。此法也较为粗略，适用于方案比较时估算参考。

3. 条分法

该法的基本原理和计算步骤与非浸水时的条分法相同，但土条分成浸水与干燥两部分，并

直接计入浸水后的浮力和动水压力作用。这样显然比上述两法更符合实际条件，当需要比较精确计算时，可采用此法。

图 3-24 所示为滑动体的某一部分浸水土条，其重力 Q_i 由上干和下湿两者组成。

$$Q_i = F_{i1}\gamma_{干} + F_{i2}\gamma_w \tag{3-44}$$

全浸水时，$F_{i1}=0$，未浸水时，$F_{i2}=0$，$\gamma_{干}$ 与 γ_w 分别为填土的干、湿重度。

法向力 $N_i = Q_i\cos\alpha_i$（近似取 $\alpha_i = \alpha_i'$）

摩擦力 $N_i f_x$

黏结力 $c_x l_i$

其中 f_x 与 c_x 表示有浸水与非浸水之分，而且未浸水时取 f_2 与 c_2 为零，全浸水时取 f_1 与 c_1 为零，部分浸水时 $f_1 > f_2$ 及 $c_1 > c_2$，l_i 为土条的滑动圆弧长，不论浸水与否，近似取同一数值。

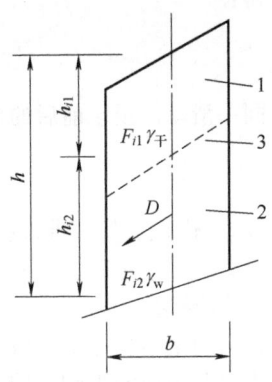

图 3-24 浸水土条示意图
1—未浸水部分 2—浸水部分
3—降水线

切向力 $T_i = Q_i\sin\alpha_i$（有正、负之分）

动水压力 $D = F_c\gamma_0 I$

其中 γ_0 为水的相对密度，I 为浸润线的水力坡降，F_c 为动水压力的力臂。

已知填土的渗透系数 K_w（m/s）时

$$I = \frac{1}{3000\sqrt{K_w}} \tag{3-45}$$

采用圆弧法进行浸水路堤边坡稳定性分析时，其稳定性系数 K 可按式（3-46）计算：

浸水路堤的边坡稳定系数：

$$K = \frac{(\sum N_i f_x + \sum c_x l_i)R}{\sum T_i R + \sum D_i d_i} = \frac{\sum N_i f_x + \sum c_x l_i}{\sum T_i + D(d/R)} \tag{3-46}$$

由于渗透动水压力一般较小，为简化计算，分母中的 $D(d/R)$ 可用 D 代替，即

$$K = \frac{\sum N_i f_x + \sum c_x l_i}{\sum T_i + D} \tag{3-47}$$

式中 K——稳定性系数，一般取 1.25~1.50；

$\sum N_i f_x$——浸润线以上部分及以下部分沿滑动面的摩擦力之和，$f_x = \tan\varphi_x$；

$\sum c_x l_i$——沿滑动面的黏聚力之和；

l_i——沿滑动面的弧长；

$\sum T_i$——浸润线以上部分及以下部分沿滑动面的下滑力之和；

D_i——分段渗透动水压力；

D——渗透动水压力；

d_i——分段渗透动水压力作用线距圆心的垂直距离；

d——渗透动水压力作用线距圆心的垂直距离。

水位线以下的浸水重度 γ_B 可按下式（考虑了水的浮力）计算：

$$\gamma_B = (\Delta - \Delta_0)(1-\eta)\gamma_0 = \frac{(\Delta - \Delta_0)\gamma_0}{1+e} \tag{3-48}$$

式中 Δ——土的相对密度，即固体土颗粒重度与水重度之比，$\Delta = \gamma_s/\gamma_0$；

Δ_0——水的相对密度，$\Delta_0 = 1$；

η——土的孔隙率；

e——土的孔隙比，$\eta = \dfrac{e}{1+e}$；

γ_0——土的重度，$\gamma_0 = 10\text{kN/m}^3$。

在进行边坡稳定性分析时，对于用黏土填筑的路堤，因其几乎不透水，所以堤外水位涨落对土体内部影响较小，可以认为不产生动水压力，其边坡稳定性分析方法与一般路堤边坡稳定性分析方法相同。

如果由于浸水路堤堤外河水猛涨，路堤左右两侧水位发生差异，若路堤用透水性较强的土填筑，可能会发生横穿路堤的渗透，但其作用力一般较小；若路堤采用不透水材料填筑，则不会发生横穿渗透现象，故也可不计算。但若路堤用普通土填筑，浸水后土体内产生动水压力，则需先绘出图体内的浸润曲线，然后根据前述方法进行计算。

如果是混合断面，其边坡稳定性计算方法仍同前述，仍可采用各土层的物理力学数据用圆弧法进行边坡稳定性分析。

[**例 3-7**] 某浸水路堤 $H_1 = 13.0\text{m}$，堤顶宽 $b = 10.0\text{m}$，设计最大水深为 7.0m，拟定横断面如图 3-25 所示。试验得知：土的重度 $\gamma = 25.48\text{kN/m}^2$，干重度 $\gamma_\mp = 18.13\text{kN/m}^3$ 时，孔隙率 $\eta = 31\%$，$\varphi_1 = 26°$，$\varphi_2 = 22°$，$c_1 = 14.7\text{kPa}$，$c_2 = 7.84\text{kPa}$，换算土柱高 $h_0 = 1.0\text{m}$。试计算其边坡稳定性。

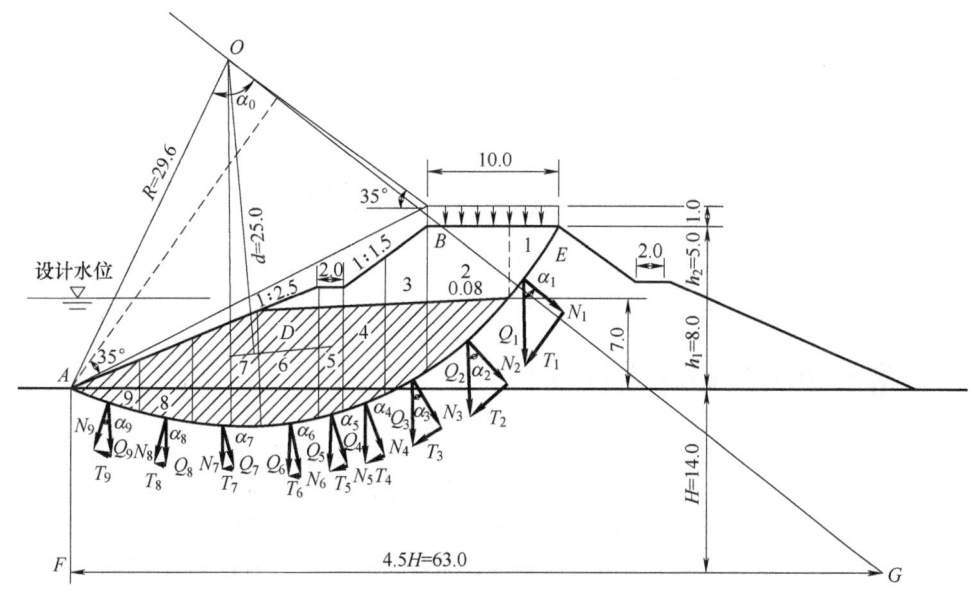

图 3-25 浸水路堤稳定性计算示意图（单位：m）

解： 按条分法求解的步骤如下：

1) 按 1∶50 比例作图，用 $4.5H$ 法作圆心辅助线，定圆心 O（本例仅计算一个滑动面）划分 9 个土条；量得：$R = 29.6\text{m}$，$d = 25.0\text{m}$，干土条 $l_i = 7.3\text{m}$，取 $l = 0.08\text{m}$。

2) 分别量取各土条重心与竖轴的间距 a_i（右正左负），计算 a；量面积 F_i（干与湿分开），分别计算重力 Q_i；其中湿重度

$$\gamma_w = (\gamma - \gamma_0)(1-\eta) = (25.48\text{kN/m}^3 - 9.80\text{kN/m}^3) \times (1 - 0.31) = 10.82\text{kN/m}^3$$

3) 量滑动圆弧两端点对竖轴的间距，计算圆心角 α_0 和全弧长 L，浸水圆弧长 $l_2 = L - l_1 = 38.7\text{m}$。

4) 分别计算各土条圆弧面上的法向力 N_i 与切向力 T_i（区分正负）；

以上所有计算结果列于表 3-8 中。

表 3-8　条分法浸水路基稳定性验算

土条号	x/m	α	$\sin\alpha$	$\cos\alpha$	F_i/m^2		Q_i/kN		Q_1+Q_2 /kN	$N_i=Q_i\cos\alpha_i/kN$		$T_i=Q_i\sin\alpha_i/kN$		L/m
					F_1	F_2	Q_1	Q_2		N_1	N_2	T_1	T_2	
1	24.1	54°53′	0.8142	0.5807	20.0	—	362.2	—	362.2	210.3	—	295.2	—	7.3
2	19.3	40°41′	0.6520	0.7583	48.0	15.0	870.2	162.3	1032.5	—	782.9	—	673.2	
3	14.5	29°20′	0.4899	0.8718	20.4	22.6	369.9	244.5	614.4	—	535.6	—	301.0	
4	10.8	21°24′	0.3648	0.9311	10.5	25.1	190.4	271.6	462.0	—	430.0	—	168.6	
5	8.0	15°40′	0.2703	0.9628	4.0	26.4	72.5	285.6	358.1	—	344.8	—	96.8	38.7
6	5.5	10°42′	0.1858	0.9826	6.5	42.7	117.8	462.0	579.8	—	569.8	—	107.7	
7	-0.5	0°58′	0.0169	0.9999	0.3	39.7	5.4	429.6	435.0	—	435.0	—	7.4	
8	-4.5	8°44′	0.1520	0.9884	—	27.5	—	297.6	297.6	—	294.1	—	45.2	
9	-8.7	17°05′	0.2938	0.9559	—	10.0	—	108.2	108.2	—	103.4	—	31.8	
合计					109.7	209.0	—	—	—	210.3	3495.6	295.2	1431.7	46.0

5）计算动水压力 $D=I\gamma_0\sum F_2=0.08m\times209.0m^2\times9.8kN/m^3=163.9kN$

$$f_1=\tan\varphi_1=0.4877\quad f_2\tan\varphi_2=0.4040$$

6）由式（3-46）可得

$$K=\frac{210.3kN\times0.4877+3495.6kN\times0.4040+14.7kN\times7.3+7.48kN\times38.7}{295.2kN+1431.7kN+163.9kN\times\left(\frac{25.0}{29.6}\right)}=1.02$$

结论：本例第一个圆心的 K 值，不符合稳定要求，应重新设计后再计算，直到同一个图示经 3~5 个以上圆心试算后，取 K_{min} 判别稳定性。

■ 3.7　路基边坡抗震稳定性分析

地震诱发的边坡滑塌以及产生的次生灾害往往会对人民生命安全和经济造成难以估量的严重损失。如何评价边坡的稳定性问题，特别是在地震荷载作用下边坡的稳定性日趋重要。在地震作用下，影响路基边坡稳定性的因素较多且复杂，一般都具有不确定性和变异性。因此，有必要对地震作用的大小以及地震作用下边坡的稳定性评价等进行分析，为路基工程建设的决策、设计和施工提供技术支持，这具有重要的理论意义和工程实际价值。

3.7.1　地震与地震作用

地震易导致地面塌陷、边坡失稳滑移、泥石流等地质灾害。地震作用为作用在结构上的地震动，包括水平地震作用和竖向地震作用等，应根据场地设计地震动峰值加速度和地震动反应谱特征周期确定。

通过大量的地震灾害调研发现：地震是导致路基边坡失稳破坏的主要影响因素之一，因此当工程路线经过规模较大、性质复杂的滑坡、崩塌、岩溶等不良地质地段时，应采用排、挡及改善软弱层带的工程性质等措施进行综合治理，减轻地震诱发的地质灾害对路基的危害。同时应根据公路等级、场区设计基本地震动峰值加速度、地形地质条件，合理选择路基填料，确定路基高度和断面形式，并采取必要的防护措施，保证路基安全。

根据《公路工程抗震规范》（JTG B02—2013）中的规定，应根据路基工程所在地区的地震动峰值加速度对路基进行抗震稳定性验算，需要进行验算的范围见表 3-9。

表 3-9　路基抗震稳定性验算的范围

项　目			基本地震动峰值加速度			
			高速公路、一级公路、二级公路			三级公路、四级公路
			0.10g（0.15g）	0.20g（0.30g）	≥0.40g	≥0.40g
岩石、非液化土及非软土地基上的路堤	非浸水	用岩块及细粒土（粉性土、有机质土除外）填筑	不验算	$H>20m$ 验算	$H>15m$ 验算	$H>20m$ 验算
		用粗粒土（极细砂、细砂除外）填筑	不验算	$H>12m$ 验算	$H>6m$ 验算	$H>12m$ 验算
	浸水	用渗水性土填筑	不验算	$H_w>3m$ 验算	$H_w>2m$ 验算	水库地区 $H_w>3m$ 验算
	地面横坡度大于 1∶3 的路基		不验算	验算	验算	验算
路堑	黏性土、黄土、碎石类土		一般不验算	$H>20m$ 验算	$H>15m$ 验算	$H>20m$ 验算

注：H 为路基高度（m）；H_w 为路基浸水常水位的深度（m）。

工程所在地区的峰值加速度应根据《中国地震动参数区划图》（GB 18306—2015）规定的地震烈度进行取值，且地震基本烈度和水平向 A_h、竖向 A_v 设计基本地震动峰值加速度的对应关系，见表 3-10。

表 3-10　地震基本烈度和设计基本地震动峰值加速度的对应关系

地震基本烈度	6	7		8		9
水平向 A_h	≥0.05g	0.10g	0.15g	0.20g	0.30g	≥0.40g
竖向 A_v	0	0		0.10g	0.17g	0.25g

公路路基可采用静力法进行抗震稳定性验算。设计基本地震动峰值加速度大于或等于 0.20g 地区的高速公路、一级公路，挖土高度超过 20m，填方路堤高度超过 15m，且处于滑坡地段的路基，宜对抗震稳定性进行专门研究。当路堤高度大于 20m 且位于设计基本地震动峰值加速度大于或等于 0.20g 地区时，路基抗震稳定性验算应考虑垂直路线走向的水平地震作用和竖向地震作用，其他情况只考虑垂直路线走向的水平地震作用。

采用静力法对路基进行抗震稳定性验算时，高速公路和一级、二级公路路基边坡高度大于 20m 的，路基边坡抗震稳定系数不应小于 1.15；路基边坡高度小于或等于 20m 的，路基边坡抗震稳定系数不应小于 1.1；三级、四级公路的路基边坡抗震稳定系数不应小于 1.05。

3.7.2　地震作用的计算

路基的地震作用应与结构重力、土重力组合，对于水库地区浸水路基以及滨河地区高速公路和一级公路浸水路基还应计入常水位的水压力和浮力。静力法是地震稳定性分析方法之一，其将地震作用简化为水平方向和竖直方向的恒定加速度作用，此加速度产生作用于不稳定体质心的惯性力，被广泛应用于地震稳定性分析。

作用于各土体条块重心处的地震作用应按下式计算：

水平地震作用　　　　　　　　　$E_{hsi} = C_i C_z A_h \psi_j G_{si}/g$ 　　　　　　　　　(3-49)

竖向地震作用　　　　　　　　　$E_{vsi} = C_i C_z A_v G_{si}/g$ 　　　　　　　　　(3-50)

式中　E_{hsi}——作用于路基计算土体重心处的水平地震作用（kN）；

　　　E_{vsi}——作用于路基计算土体重心处的竖向地震作用（kN）；

C_i——抗震重要性修正系数，按表 3-11 取值；
C_z——综合影响系数，取 0.25；
A_h——路基所处地区的水平向设计基本地震动峰值加速度；
G_{si}——路基计算第 i 条土体重力（kN）；
A_v——路基所处地区的竖向设计基本地震动峰值加速度，根据表 3-10 确定，作用方向取不利于稳定的方向；计算时向上取负，向下取正；
ψ_j——水平地震作用沿路堤边坡高度增大系数，按式（3-51）取值。

$$\psi_j = \begin{cases} 1.0 & (H \leqslant 20\text{m}) \\ 1.0 + \dfrac{0.6}{H-20}(h_i-20) & (H>20\text{m}) \end{cases} \quad (3-51)$$

式中 h_i——路基计算第 i 土条顶部相对坡脚的高度（m）；
H——路基边坡高度（m）。

表 3-11 路基抗震重要性修正系数 C_i

公 路 等 级	构筑物重要程度	抗震重要性修正系数
高速公路、一级公路	抗震重点工程	1.7
	一般工程	1.3
二级公路	抗震重点工程	1.3
	一般工程	1.0
三级公路	抗震重点工程	1.0
	一般工程	0.8
四级公路	抗震重点工程	0.8

注：抗震重点工程指隧道和破坏后抢修困难的路基、挡土墙工程。

3.7.3 路基边坡抗震稳定系数的计算

路基抗震稳定计算时，为确定不利滑动面，可假定若干滑动圆心，对相应圆弧滑动面逐一进行计算，从而求出相应的 K_c 并进行比较，找到最小的稳定系数。

土质路基抗震稳定系数 K_c 应根据图 3-26，按式（3-52）计算，也可采用其他可靠方法计算。

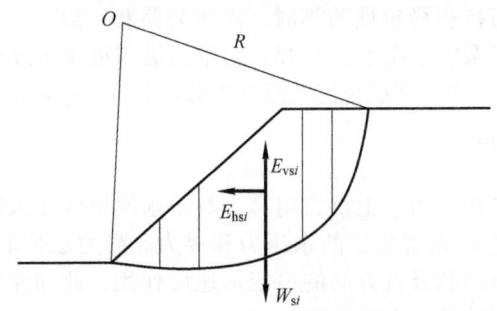

图 3-26 圆弧滑动法计算示意图

$$K_c = \frac{\sum_{i=1}^{n}\{cB\sec\theta + [(G_{si}+E_{vsi})\cos\theta - E_{hsi}\sin\theta]\tan\varphi\}}{\sum_{i=1}^{n}[(G_{si}+E_{vsi})\sin\theta + M_h/r]} \quad (3-52)$$

式中 K_e——抗震稳定系数；
　　c——土石填料在地震作用下的黏聚力（kN）；
　　B——滑动体条块宽度（m）；
　　θ——条块底面中点切线与水平线的夹角（°）；
　　φ——土石填料在地震作用下的摩擦角（°）；
　　M_h——F_h对圆心的力矩（kN·m），其中，F_h为作用在条块重心处的水平向地震惯性力代表值（kN/m），作用方向取不利于稳定的方向；
　　r——圆弧半径（m）。

■ 3.8　路基稳定性分析方法的选择与参数确定

在进行边坡稳定性分析时，需要根据路基的不同情况选用不同的分析方法，且每种方法应用中还有其参数取值问题，这些因素都会影响最终计算出的安全系数大小，因此需明确各种方法及其参数的适用条件。本节主要基于我国《公路路基设计规范》（JTG D30—2015）中的要求，介绍不同情况下我国现行路基稳定性分析方法的选择及参数的适用条件。

3.8.1　高路堤与陡坡路堤稳定性分析方法与参数

高路堤与陡坡路堤稳定性分析包括路堤的堤身稳定性、路堤和地基的整体稳定性、路堤沿斜坡地基或软弱层带滑动的稳定性等内容。

1. 高路堤稳定性分析方法

路堤的堤身稳定性、路堤和地基的整体稳定性，宜采用简化 Bishop 法进行分析计算。该方法也是我国《公路路基设计规范》（JTG D30—2015）推荐采用的方法。

采用简化 Bishop 法进行分析计算，稳定安全系数 K 按式（3-53）计算，计算示意图如图 3-27 所示。

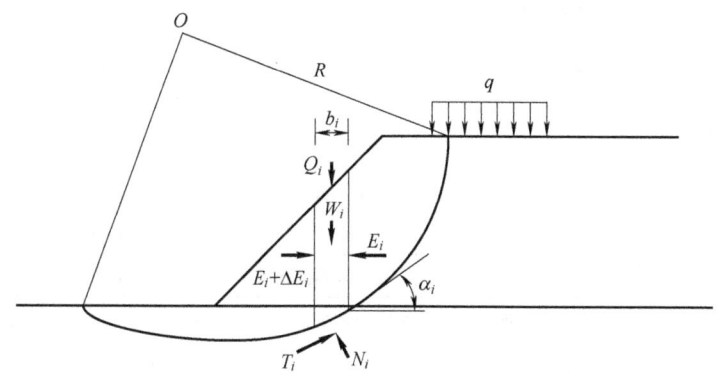

图 3-27　简化 Bishop 法计算示意图

$$K = \frac{\sum \left[c_i b_i + (W_i + Q_i) \tan\varphi_i \right] / m_{\alpha_i}}{\sum (W_i + Q_i) \sin\alpha_i} \tag{3-53}$$

式中　c_i、φ_i——第 i 土条滑弧所在土层的黏聚力（kPa）和内摩擦角（°），依据滑弧所在位置，取相应土层的黏聚力和内摩擦角；
　　b_i——第 i 土条宽度（m）；
　　W_i——第 i 土条重力（kN）；

Q_i——第 i 土条垂直方向外力（kN）；
α_i——第 i 土条底滑面的倾角（°）；
m_{α_i}——系数，由下式计算：

$$m_{\alpha_i} = \cos\alpha_i + \frac{\sin\alpha_i \tan\varphi_i}{K} \tag{3-54}$$

其余符号意义同前。

2. 路基沿斜坡地基或沿软弱层带滑动的稳定性分析

路基沿斜坡地基或沿软弱层带滑动的稳定性分析可采用不平衡推力法进行分析计算。

1）算斜坡推力时，应考虑的荷载有滑体重力、斜坡体上建筑物产生的附加荷载、地下水产生的荷载（包括静水压力和动水压力）、动荷载（如汽车荷载）等永久荷载，以及地震水平作用力、作用在滑体上的施工临时荷载。下滑力可采用式（3-18）计算。当滑坡体最后一个条块的下滑力小于或等于 0 时，滑坡稳定；大于 0 时，滑坡不稳定。此 T_i 值可作为设计支挡工程结构所承受的推力。

2）当边坡覆土层与基岩之间有软弱层，覆土层可能会出现滑动面失稳，滑坡地段的路基边坡稳定性分析采用传递系数法式（3-20）。当滑坡体最后一个条块的剩余下滑力小于或等于 0 时，滑坡稳定；当大于 0 时，滑坡不稳定。

路堤进行稳定性分析时应考虑的三种情况为：
① 正常工况：路基投入运营后经常性或持续时间长的工况。
② 非正常工况Ⅰ：路基处于暴雨或连续降雨状态下的工况。
③ 非正常工况Ⅱ：路基遭遇地震等荷载作用的工况。

路堤稳定性计算分析得到的稳定安全系数，不得小于表 3-12 所列值。对于非正常工况Ⅱ，路基稳定性分析方法及稳定性安全系数应符合《公路工程抗震规范》（JTG B02—2013）的规定。

表 3-12 高路堤与陡坡路堤稳定安全系数

分析内容	地基强度指标	分析工况	稳定安全系数	
			二级及以上公路	三、四级公路
路堤的堤身稳定性、路堤和地基的整体稳定性	采用直剪的固结快剪或三轴固结不排水剪指标	正常工况	1.45	1.35
		非正常工况Ⅰ	1.35	1.25
	采用快剪指标	正常工况	1.35	1.30
		非正常工况Ⅰ	1.25	1.15
路堤沿斜坡地基或软弱层带滑动的稳定性	—	正常工况	1.30	1.25
		非正常工况Ⅰ	1.20	1.15

注：区域内唯一通道的三、四级公路重要路段，高路堤与陡坡路堤稳定安全系数可采用二级公路的标准。

软土地基路堤的稳定验算可采用瑞典圆弧滑动法中的有效固结应力法或改进总强度法，有条件时也可采用简化 Bishop 法或 Janbu 普遍条分法。验算时应按施工期和营运期的荷载分别计算稳定安全系数。施工期的荷载只考虑路堤自重，营运期的荷载应包括路堤自重、路面的增重及行车荷载。软土地基上路堤稳定安全系数应符合表 3-13 的要求。当计算的稳定安全系数小于表 3-13 规定值时，应针对稳定性进行地基处理设计。

《公路路基设计规范》（JTG D30—2015）规定，一般路堤、高路堤、陡坡路堤等边坡稳定性分析的强度参数应根据填料来源、场地情况及分析工况的需要，选择有代表性的土样进行室内试验，并结合现场情况确定。试验方法应符合下列要求：

① 路基填土的强度参数黏聚力 c 和内摩擦角 φ 值，可采用直剪快剪或三轴不排水剪试验获

得。不同工况下试样制备要求见表3-14。当路基填料为粗粒土或填石料时,应采用大型三轴试验仪或大型直剪试验仪进行试验。

表 3-13 软土地基上路堤稳定安全系数容许值

指标	固结应力法		改进总强度法		简化 Bishop 法、Janbu 法
	不考虑固结	考虑固结	不考虑固结	考虑固结	
直接快剪指标	1.1	1.2	—	—	—
静力触探十字板剪指标	—	—	1.2	1.3	—
三轴有效剪切指标					1.4

注:当需要考虑地震力时,表列稳定安全系数减少0.1。

表 3-14 路堤填土强度参数试验试样制备要求

分析工况	试样要求	适用范围
正常工况	采用填筑含水率和填筑密度;当难以获得填筑含水率和填筑密度时,或进行初步稳定分析时,密度采用要求达到的密度,含水率采用击实曲线上要求密度对应的较大含水率	用于新建路堤
	取路基原状土	用于已建路堤
非正常工况Ⅰ	同正常工况试样要求,但要预先饱和	用于降雨入渗影响范围内的填土
非正常工况Ⅱ	同正常工况试样要求	

② 地基土的强度参数 c、φ 值,宜采用直剪固结快剪或三轴固结不排水剪试验获得。

③ 分析高路堤沿斜坡地基或软弱层带滑动的稳定性时,应结合场地条件,选择控制性层面的土层试验获得强度 c、φ 值。可采用直剪快剪或三轴不固结不排水剪试验。当存在地下水影响时,应采用饱水试件进行试验。

3.8.2 路堑边坡稳定性分析方法与参数

路堑边坡岩体抗剪强度指标宜根据现场原位试验确定。试验应符合我国《工程岩体试验方法标准》(GB/T 50266—2013)的规定,当无条件进行试验时,可采用《工程岩体分级标准》(GB/T 50218—2014)及结构面抗剪强度指标标准值(表3-15)和反算分析等方法综合确定。岩体结构面的结合程度可按表3-16确定。边坡岩体性能指标标准值可按地区经验确定,对于重要边坡应通过试验确定。岩体内摩擦角可由岩块内摩擦角标准值按岩体裂隙发育程度乘以表3-17所列折减系数确定。土体力学参数宜采用原位剪切试验、原状土室内剪切试验及反算分析等方法综合确定。土质边坡按水土合算原则计算时,地下水位以下的土宜采用三轴试验土的自重固结不排水抗剪强度指标;按水土分算原则计算时,地下水位以下的土宜采用土的有效抗剪强度指标。

路堑边坡稳定性评价宜综合采用工程地质类比法、图解分析法、极限平衡法和数值分析法进行。边坡稳定性计算应考虑边坡可能的破坏形式,可按下列方法确定:

1)土质边坡和规模较大的碎裂结构岩质边坡宜采用简化 Bishop 法计算。
2)对可能产生直线形破坏的边坡宜采用平面滑动面解析法进行计算。
3)对可能产生折线形破坏的边坡宜采用折线滑动法进行计算。

表 3-15 结构面抗剪强度指标标准值

结构面类型		结构面结合程度	内摩擦角 $\varphi/(°)$	黏聚力 c/MPa
硬性结构面	1	结合好	>35	>0.13
	2	结合一般	35~27	0.13~0.09
	3	结合差	27~18	0.09~0.05
软弱结构面	4	结合很差	18~12	0.05~0.02
	5	结合极差（泥化层）	根据地区经验确定	

注：1. 表中数值已考虑结构面的时间效应。
2. 极软岩、软岩取表中低值。
3. 岩体结构面连通性差时，取表中的高值。
4. 岩体结构面浸水时取表中的低值。

表 3-16 岩体结构面的结合程度

结合程度	结合面特征
结合好	张开度小于 1mm，胶结良好，无充填；张开度 1~3mm，硅质或铁质胶结
结合一般	张开度 1~3mm，钙质胶结；张开度大于 3mm，表面粗糙，钙质胶结
结合差	张开度 1~3mm，表面平直，无胶结；张开度大于 3mm，岩屑充填或岩屑夹泥质充填
结合很差、结合极差（泥化层）	表面平直光滑，无胶结；泥质充填或泥夹岩屑充填，充填物厚度大于起伏差；分布连续的泥化夹层；未胶结的或强风化的小型断层破碎带

表 3-17 边坡岩体内摩擦角折减系数

边坡岩体特性	内摩擦角的折减系数	边坡岩体特性	内摩擦角的折减系数
裂隙不发育	0.90~0.95	裂隙发育	0.80~0.85
裂隙较发育	0.85~0.90	碎裂结构	0.75~0.80

4）对结构复杂的岩质边坡，可配合采用赤平投影法和实体比例投影法分析及楔形滑动面法进行计算。

5）当边坡破坏机制复杂时，宜结合数值分析方法进行。

针对岩质边坡稳定性计算，在发育 3 组以上结构面，且不存在优势外倾结构面组的条件下，可以认为边坡岩体为各向同性介质，在斜坡规模相对较大时，其破坏通常按近似圆弧滑面发生，宜采用简化 Bishop 法计算。此外，对边坡规模较小、结构面组合关系较复杂的块体滑动破坏，采用赤平投影法及实体比例投影法较为方便。路堑边坡稳定性分析时采用同路堤边坡稳定性分析一样的三种工况。

边坡工程稳定性验算时，其稳定安全系数不应小于表 3-18 规定的稳定安全系数的要求，否则应对边坡进行处理。

表 3-18 路堑边坡稳定安全系数

分析工况	路堑边坡稳定安全系数	
	高速公路、一级公路	二级及二级以下公路
正常工况	1.20~1.30	1.15~1.25
非正常工况 I	1.10~1.20	1.05~1.15

注：1. 路堑边坡地质条件复杂或破坏后危害严重时，稳定安全系数取大值；地质条件简单或破坏后危害较轻时，稳定安全系数可取小值。
2. 路堑边坡破坏后的影响区域内有重要建筑物（桥梁隧道、高压输电塔、油气管道等）、村庄和学校时，稳定安全系数取大值。
3. 施工边坡的临时稳定安全系数不应小于 1.05。

边坡稳定安全系数因所采用的计算方法不同，计算结果存在一定差别，通常简化 Bishop 法计算结果较平面滑动法和折线滑动法偏低。因此在依据计算的稳定安全系数评价边坡稳定性状态时，评价标准应根据所采用的计算方法按表 3-18 取值。地质条件特殊的边坡，是指边坡高度较大或地质条件十分复杂的边坡，其稳定安全系数标准可按表 3-18 的标准适当提高。

高速公路、一级公路挖方高边坡及不良地质、特殊岩土地段的挖方边坡设计应采用施工监测、信息化动态设计方法应提出对施工方案的特殊要求和监测要求，应掌握施工现场的地质情况、施工情况和变形、应力监测的反馈信息，及时对原设计进行校核、修改和补充。监测内容包括：对边坡的不稳定范围移动方向、移动速度及地下室、爆破震动等取得定量数据，供设计分析；对锚固系统、挡土墙等加固措施的受力、变形等进行量测，验证其是否达到预期的作用，如未达到，应采取补救措施。具体监测内容可参考规范选定，监测周期应根据公路等级、支挡结构特点、地质条件确定，对于高速公路重点高边坡，监测周期应为边坡开挖至公路建成运营后不少于 1 年。

3.8.3　路堤边坡取值

路堤边坡取值应根据现场情况，结合边坡高度、水文条件和基底工程地质条件等因素综合分析后参照《公路路基设计规范》（JTG D30—2015）确定，主要是依据经验法，尤其是一般高路堤，安全系数多采用 1.25，路堤出现整体失稳的情况相对较少。因此，在认为目前 1.25 安全系数基本合理的前提下，对含有不同边坡坡度的路堤边坡可采用综合坡度，也可采用坡脚与坡顶的连续坡度作为综合坡度，如图 3-28 所示。

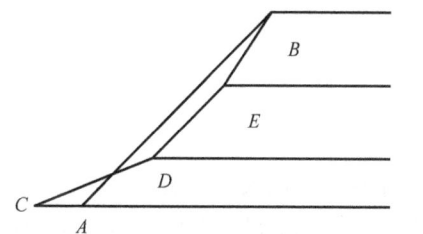
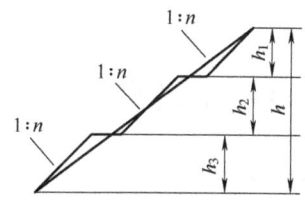

图 3-28　综合坡度取值

思考与练习

1. 滑动面的形状与边坡土质有何关系？不是直线、折线和圆弧状的滑动面采用什么方法分析其稳定性？

2. 不平衡推力法和传递系数法的区别是什么？

3. 请用瑞典条分法对例 3-7 进行不考虑浸水但考虑地震力的稳定性分析计算（地震烈度、公路等级、构筑物重要程度自定）。

4. 请用简化 Bishop 法对例 3-7 进行考虑浸水并考虑地震力的稳定性分析计算（地震烈度、公路等级、构筑物重要程度自定）。

第 4 章　路基防护与支挡结构设计

【本章提要】
　　本章主要介绍坡面防护的主要方式；支挡结构的类型和适用条件、布置和构造；各种边界条件下的土压力计算，挡土墙稳定性验算和设计；轻型挡土墙设计及其他形式支挡结构。
【学习要求】
　　了解坡面防护的主要形式和作用；掌握典型挡土墙的类型、适用条件、布置和构造；掌握各种边界条件下的土压力计算、挡土墙稳定性验算和断面设计；了解轻型挡土墙和其他形式支挡结构的构造。

■ 4.1　路基防护设施

　　由岩土筑成的路基直接暴露于大气之中，长期受自然因素的影响，在水温变化作用下，岩土的物理、力学性质将发生变化——浸水后湿度增大，土的强度降低；岩性差的岩体，受水温变化影响，加剧风化；路基表面在温差作用下经受胀缩循环，在湿差作用下经受干湿循环，导致强度衰减和剥蚀；地表水流冲刷，地下水浸入，岩土表层失稳，易加剧路基的水毁病害；沿河路堤在水流冲击、淘刷和侵蚀作用下，易遭破坏。

　　为确保路基的强度与稳定性，除了需要合理的路基设计外，路基的防护与加固也是不可缺少的工程技术措施。路基的防护与加固主要有边坡坡面防护和冲刷防护等。

4.1.1　坡面防护

　　坡面防护主要是保护路基边坡表面免受雨水冲刷，减缓温差及湿度变化的影响，防止和延缓软弱岩土表面的风化、碎裂、剥蚀演变进程，从而保护路基边坡的整体稳定性，并在一定程度上兼顾路基美化和协调自然环境。坡面防护设施，虽不承受外力作用，但也必须保证坡面整体稳定牢固。简易防护的边坡高度与坡度不宜过大，土质边坡坡度一般不陡于1∶1～1∶1.5，地面水的径流速度一般不超过2.0m/s且无集中汇流。当雨水集中或汇水面积较大时，应与排水设施相配合，如在挖方边坡顶部设截水沟，高填方的路肩边缘设拦水埂等。

　　常用的坡面防护措施有植物防护（植草、铺草皮、植树等）和工程防护（抹面、喷浆、勾缝、砌石护面等）。前者可视为有"生命"（成活）防护，后者属于无机物防护。有"生命"防护以土质边坡为主，无机物防护以石质边坡为主。在某种程度上有"生命"防护在稳定边坡和改善路容方面，优于无机物防护。

《公路路基设计规范》（JTG D30—2015）规定，对受自然因素作用易产生破坏的边坡坡面，应根据气候条件、岩土性质、边坡高度、边坡坡度、水文地质条件、施工条件、环境保护、水土保持要求等因素，按照表4-1经技术经济比较后选择适宜的防护措施。

表4-1 坡面防护工程类型及适用条件

防护类型	亚类	适用条件
植物防护	植草或喷播植草	可用于坡度不陡于1:1的土质边坡防护。当边坡较高时植草可与土工网、土工网垫结合防护
	铺草皮	可用于坡度不陡于1:1的土质边坡或全风化、强风化的岩石边坡防护
	种植灌木	可用于坡度不陡于1:0.75的土质、软质岩石和全风化岩石边坡防护
	喷混植生	可用于坡度不陡于1:0.75的砂性土、碎石土、粗粒土、巨粒土及风化岩石边坡防护，边坡高度不宜大于10m
骨架植物防护	—	可用于坡度不陡于1:0.75的土质和全风化、强风化的岩石边坡防护
工程防护	喷护	可用于坡度不陡于1:0.5的易风化但未遭强风化的岩石边坡防护，高速公路、一级公路和环境景观要求高的公路不宜采用
	挂网喷护	可用于坡度不陡于1:0.5的易风化、破碎的岩石边坡防护，高速公路、一级公路和环境景观要求高的公路不宜采用
	干砌片石护坡	可用于坡度不陡于1:1.25的土质边坡或岩石边坡防护
	浆砌片石护坡	可用于坡度不陡于1:1的易风化的岩石和土质边坡防护
	护面墙	可用于坡度不陡于1:0.5的土质和易风化剥落的岩石边坡防护

1. 植物防护

植物防护可美化路容，协调环境，调节边坡土的湿度与温度，起到固结和稳定边坡的作用。对于坡高不大、边坡比较平缓的土质坡面而言，是一种简易有效的防护设施，其方法包括植草、铺草皮、种植灌木和喷混植生。当植物防护的坡面有可能产生冲刷时，可采用骨架植物防护。骨架植物防护一般用于坡度不陡于1:0.75的土质和全风化、强风化的岩石边坡防护，可采用拱形、人字形、方格形浆砌片石或水泥混凝土骨架，也可采用多边形水泥混凝土空心块，骨架内植草或喷播植草。多雨地区的骨架宜增设拦水带和排水槽。风化岩石挖方边坡，可在骨架中增设锚杆。

植草适用边坡坡度不陡于1:1、土质适宜种草、不浸水或短期浸水但地面径流速度不超过0.6m/s的边坡。草的品种要适应当地自然条件，最好是根系发达，中茎低矮，多年生长，几种草籽混种。种植的最小土层厚度不应小于0.15m。当边坡较高时，植草可与土工网、土工网垫结合防护。

拉伸网草皮是指在土工网或土工网垫等土工合成材料上铺设3～5cm厚的种植土层，经过撒种、养护后形成的人工草皮。固定草种布（也称为植生带）是指在土工织物纺织时将草种固定于土工织物中，然后在现场铺筑以促使草皮生长的一种土工合成材料草皮制品。网格固定撒种是指先将土工网固定于需防护的边坡上，然后撒播草种形成草皮的一种边坡防护方法。

当坡面冲刷比较严重，边坡较陡，径流速度大于0.6m/s，容许最大速度为1.8m/s时，应根据具体条件（坡度与流速等），分别采用平铺（平行于坡面）、水平叠铺、垂直叠铺或与坡面成一半坡角处倾斜叠铺草皮，还可采用片石铺砌成方格或拱式边框，方格或框内再铺草皮，如图4-1所示。

铺草皮需预先备料，草皮可就近培育，切成整齐块状，然后移铺在坡面上。铺时应自下而上，并用竹木小桩将草皮钉在坡面上，使之稳固。草皮根部土应随草切割，坡面要预先整平，必要时还应加铺种植土，草皮应随挖随铺，注意相互贴紧。

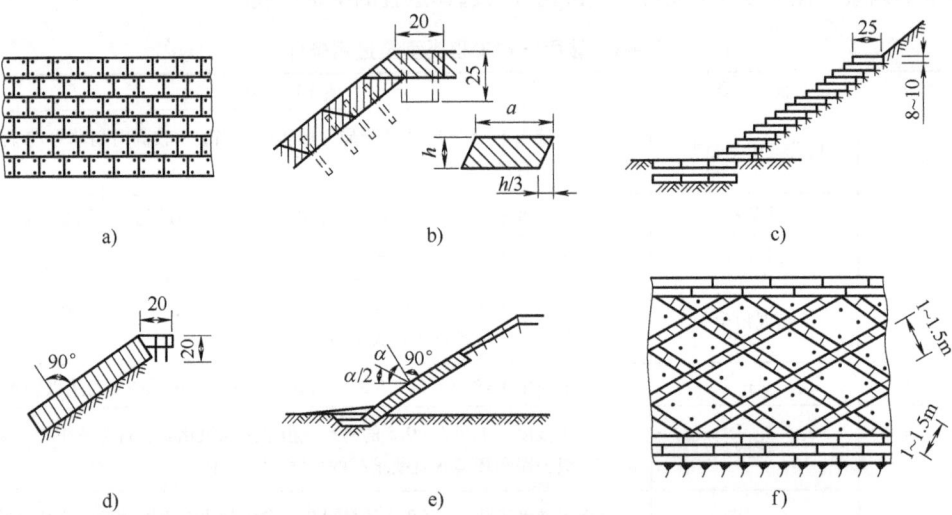

图 4-1 草皮防护示意图（除已注明尺寸单位外，其余尺寸单位为 cm）

a）平铺平面　b）平铺剖面　c）水平叠铺　d）垂直叠铺　e）倾斜叠铺　f）网格式

注：图中 h 为草皮厚度，5~8cm；a 为草皮边长，20~25cm。

植树主要用在堤岸边的河滩上，用来降低流速，促使泥沙淤积，防止水直接冲刷路堤。多排林堤岸，若与水流方向斜交，还可起到挑水、改变水流方向的作用。在沙漠与雪害地区，防护林带还可起阻沙防雪作用。树木的品种与种植位置及宽度，应根据防护要求、流水速度等因素，结合当地经验确定。城市或风景区的植物防护，应与有关部门协调配合。

2. 工程防护

当不宜使用植物防护或考虑就地取材时，采用砂石、水泥、石灰等矿质材料进行坡面防护是常用的防护形式，主要包括砂浆抹面、勾缝或喷涂以及砌石护坡或护面墙等形式，它们各自适合于一定条件。

抹面防护适于石质挖方坡面，岩石表面易风化但比较完整尚未剥落，如页岩、泥砂岩、千枚岩的新坡面。对此应及时予以封面，以预防风化成害。常用的抹面材料有石灰浆等，其中石灰为胶结料，要求精选。混合料（如加纸筋或竹筋）可提高强度，防止开裂；掺加适量制盐副产品卤水，因含有氯化钙与氯化镁，可使抹面加速硬化和预防开裂。抹面厚度视材料与坡面状况而定，一般为 2~10cm。操作前，应清理坡面风化层、浮土与松动碎块，填坑补洞，洒水润湿。抹面后，应拍浆、抹平和养护。

喷护和挂网喷护的水泥用量较大，重点工程可选用的喷护材料有砂浆或水泥混凝土，喷浆防护厚度不宜小于 50mm，喷射混凝土防护厚度不宜小于 80mm。锚杆挂网喷浆或喷射混凝土的喷护厚度不小于 0.10m，且不应大于 0.25m，钢筋保护层厚度不应小于 20mm。喷护坡面应设置泄水孔和伸缩缝，应结合碎落台和边坡平台种植攀缘植物。

比较坚硬的岩石坡面，为防止水渗入缝隙成害，视缝隙深浅与大小分别予以灌浆、勾缝或嵌补等。

上述防护方法可以局部处治，综合使用，并与放缓边坡等方法加以比较，力求实用和经济。如果在坡面防护时着色或修饰，还有助于改善路容。

路基坡面为防止地面水流或河水冲刷，可以使用干砌片石护面。图 4-2 所示为浸水路堤单层或双层护面示意图。重要路段或暴雨集中地区的土质高边坡,以及桥涵附近坡面与岩坡、地面排水沟渠等,也可使用干砌片石加固。片石护面,要求坡面稳固,先垫以砂层,然后自下而上平整地铺砌片石。片石应逐块嵌紧且错缝,护面厚度一般不小于25cm,干砌要勾缝。必要时改用浆砌片石护坡,厚度不宜小于25cm,护面顶部封闭,以防渗水,并应设置伸缩缝和泄水孔。

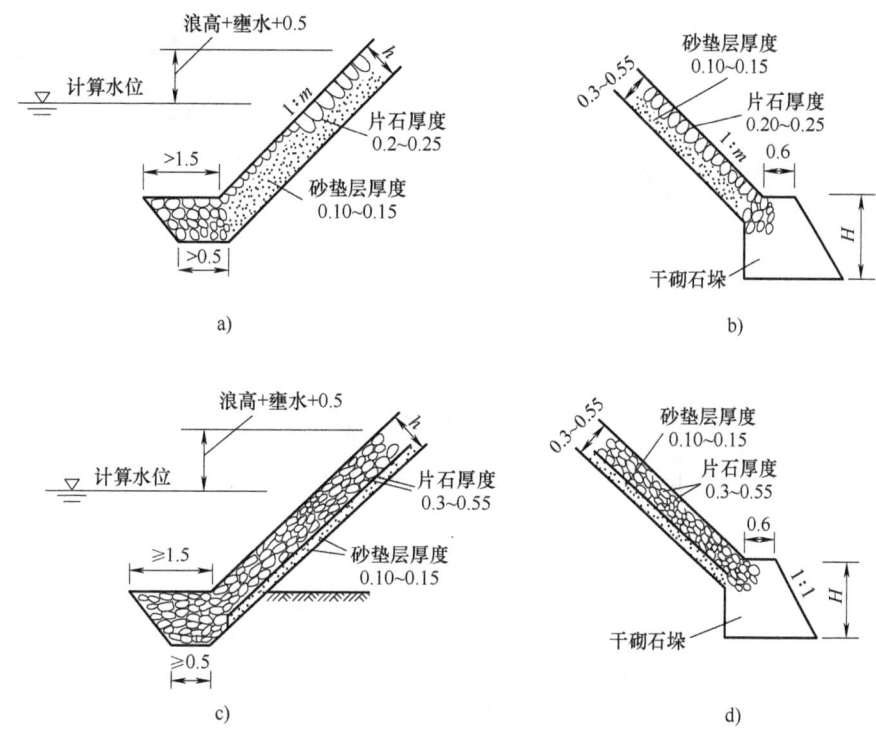

图 4-2 片石护面示意图(尺寸单位:m)

a)、b) 单层 c)、d) 双层

注:图中 H 为干砌石垛高度,0.2~0.3m;h 为护面厚度,不宜小于0.25m。

护面墙是浆砌片石的坡面覆盖层,用于封闭各种软质岩层和较破碎的挖方边坡;要求墙面紧贴坡面,表面砌平,厚度可不一。护面墙石料应符合规格。护面墙除自重外,不承受其他荷载,也不承受墙背土压力,其构造与布置如图4-3所示。其墙高与厚度及路堑边坡的关系,参见表4-2。

表 4-2 护面墙厚度

护面墙高度 H/m	路堑边坡	护面墙厚度/m	
		顶宽 b	底宽 d
$H \leq 2$	1:0.5	0.40	0.40
$H \leq 6$	陡于1:0.5	0.40	0.40+0.10H
$6 < H \leq 10$	1:0.5~1:0.75	0.40	0.40+0.05H
$10 < H < 15$	1:0.75~1:1	0.60	0.60+0.05H

护面墙高度一般不超过10m,并应设置伸缩缝和泄水孔;若超过10m,可以分级砌筑,每一级高度为6~10m,中间设平台,墙背可设耳墙,纵向每10m设置一条伸缩缝,墙身应预留泄水

孔，基础要求稳固，顶部应封闭，护面墙前趾应低于边沟铺砌的底面。墙基软硬不均匀，可设拱跨过软弱地基。坡面常有各种不同地质现象，开挖后形成凹陷，应以砌石圬工填塞平整，称为支补墙。

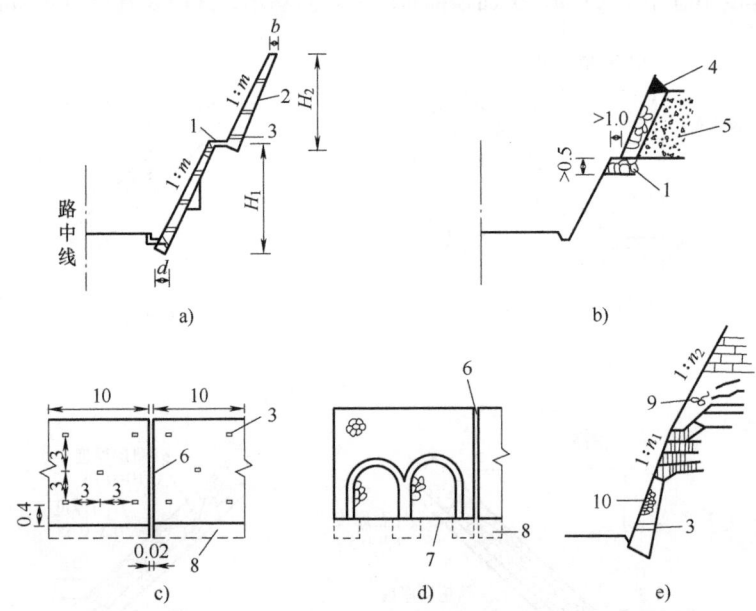

图 4-3 护面墙构造与布置示意图（单位：m）
a）双层式 b）单层式 c）墙面 d）拱式 e）混合式
1—平台 2—耳墙 3—泄水孔 4—封顶 5—松散夹层 6—伸缩缝
7—软地基 8—基础 9—支补墙 10—护面墙

4.1.2 冲刷防护

冲刷防护主要是对沿河滨海路堤、河滩路堤及水泽区路堤，也包括桥头引道，以及路基边坡堤岸等的防护。此类堤岸常年或季节性浸水，受流水冲刷、拍击和淘洗，造成路基湿润、坡脚淘空，或水位骤降时路基内细粒填料流失，致使路基失稳，边坡崩坍。所以堤岸的冲刷防护与加固，主要针对水流的破坏作用而设，起防治水害和加固堤岸的双重功效。

冲刷防护可分为直接防护和间接防护两类。直接防护主要包括植树、铺石、抛石与石笼等。间接防护主要包括丁坝、顺坝、防洪堤、拦水坝等导流构造物以及改移河道。

《公路路基设计规范》（JTG D30—2015）规定沿河路基受水流冲刷时，应根据河流特性、水流性质、河道地貌、地质等因素，结合路基位置，按表4-3经技术经济比较后，选用适宜的防护工程类型或采取改移河道等措施。

表 4-3 冲刷防护工程类型及适用条件

防护类型	适用条件
植物防护	可用于容许流速为 1.2~1.8m/s、水流方向与公路路线近似平行、不受洪水主流冲刷的季节性水流冲刷地段防护。经常浸水或长期浸水的路堤边坡，不宜采用
砌石或混凝土护坡	可用于容许流速为 2~8m/s 的路堤边坡防护
土工织物软体沉排、土工膜袋	可用于容许流速为 2~3m/s 的沿河路基冲刷防护

(续)

防护类型		适用条件
石笼防护		可用于容许流速为 4~5m/s 的沿河路堤坡脚或河岸防护
浸水挡墙		可用于容许流速为 5~8m/s 的峡谷急流和水流冲刷严重的河段
护坦防护		可用于沿河路基挡土墙或护坡的局部冲刷深度过大、深基础施工不便的路段
抛石防护		可用于经常浸水且水深较大的路基边坡或坡脚以及挡土墙、护坡的基础防护
排桩防护		可用于局部冲刷深度过大的河湾或宽浅性河流的防护
导流	丁坝	可用于宽浅性河段,保护河岸或路基不受水流直接冲蚀而产生破坏
	顺坝	可用于河床断面较窄、基础地质条件较差的河岸或沿河路基防护,以调整流水曲度和改善流态

1. 直接防护措施

为了防止水流直接危害沿河、滨海路堤以及有关海、河堤坝护岸的堤岸边坡和坡脚,必须采取一定的防冲刷措施。

堤岸防护直接措施包括植物防护、砌石防护或抛石与石笼防护,以及必要时设置的支挡结构物(驳岸等)。其中植物防护与砌石防护同坡面防护所述基本类同,但堤岸的冲刷主要是因为洪水急流,水位变迁不定,水流速度较大,相应的防护要求更高。在盛产石料的地区,当水流速度达到 3.0m/s 或更高,植物防护与砌石防护无效时,可采用抛石防护。当水流速度达到或超过 5.0m/s 时,则改用石笼防护,也可用竹笼防护,必要时也可以采用土工织物软体沉排护坡。

(1) 抛石防护 抛石防护,类似在坡脚处设置护脚,也称为抛石垛,如图 4-4 所示。抛石不受气候条件限制,路基沉实以前均可施工,季节性浸水或长期浸水均可用。抛石垛的边坡坡度,不应陡于抛石浸水后的天然休止角,边坡坡度中 m_1 一般为 1.5~2.0,m_2 一般为 1.25~3.0;石料粒径视水深与流速而定,一般为 15~50cm。

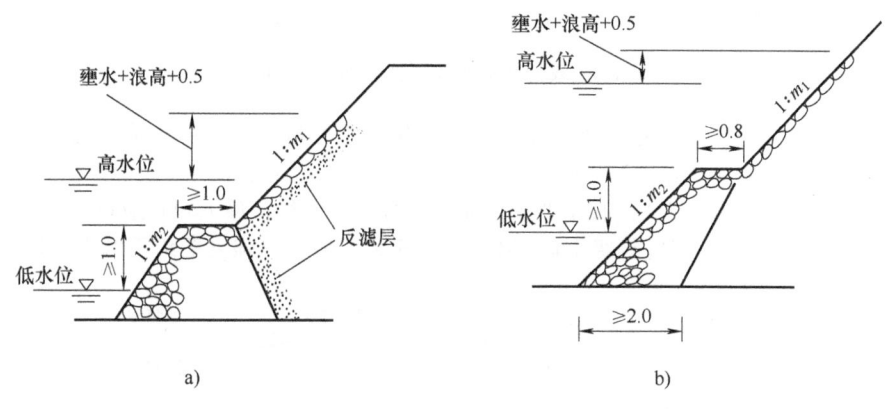

图 4-4 抛石防护示意图(单位:m)
a) 新堤石垛 b) 旧堤石

(2) 石笼防护 石笼用钢丝编织成框架,内填石料,设在坡脚处,以防急流和大风浪破坏堤岸,也可用来加固河床,防止淘刷。钢丝框架可以是箱形或圆柱形,如图 4-5a、b 所示。笼内填石的粒径,最小不小于 4.0cm,一般为 5~20cm,外层应用棱角凸出的大石料,内层可用较小石块填充。石笼在坡脚处排列,用于防止冲刷淘底时,应平铺并与坡脚线垂直,而且堤岸一端固定,另一端不必固定,淘刷后可以向下沉落贴于底面;用于防止堤岸边坡冲刷时,则全码平铺成梯形,如图 4-5c、d 所示。单个石笼的大小,以不被相应速度的水流冲动为宜,铺设时须用碎(砾)石垫层铺平,底层各角可用铁棒固定于基底。

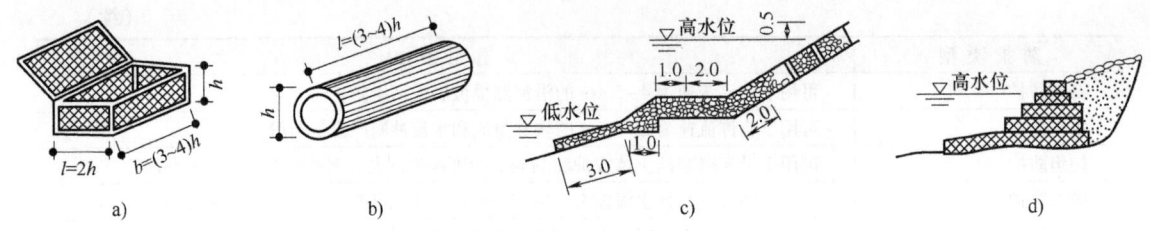

图 4-5 石笼防护示意图（单位：m）
a) 箱形　b) 圆柱形　c) 梯形 1　d) 梯形 2

（3）土工织物软体沉排　土工织物软体沉排是一种在土工织物上以块石或预制混凝土块体为压重的护坡结构。土工织物软体沉排一般适用于水下工程及预计可能发生冲刷的河床和岸坡土面上，主要有单片垫和双片垫两种结构形式。

单片垫是利用土工织物拼接成大面积的排体；双片垫是将两块单片垫重叠后按一定距离和形式将两片垫连接在一起而构成管状或格状空间，其中再填充透水性砂石料（如砂卵石等），以起到防冲与反滤的作用，双片垫的结构形式如图 4-6 所示。

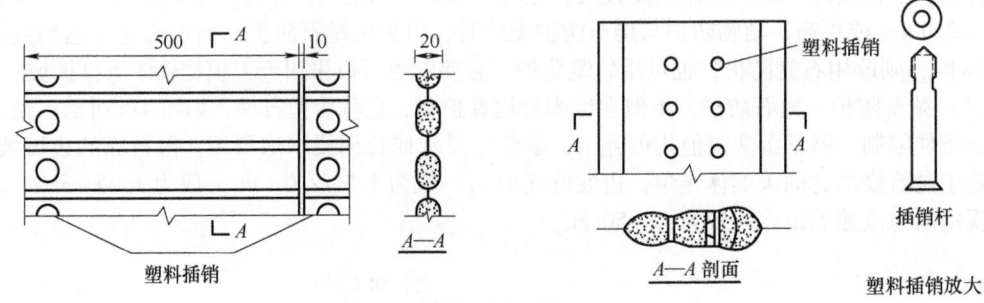

图 4-6 双片垫的结构形式（单位：cm）

（4）土工膜袋　土工膜袋是一种双层织物袋，袋中充填流动性混凝土或水泥砂浆或小粒径石料混凝土，凝固后形成高强度和高刚度的硬结板块。其主要的应用场合及铺设形式如图 4-7 所示。土工膜袋材料应满足表 4-4 的技术要求。充填混凝土时，集料最大粒径应符合表 4-5 的要求，其坍落度不宜小于 20mm，强度等级不低于 C10；充填砂浆时，其强度等级不低于 M2.5。

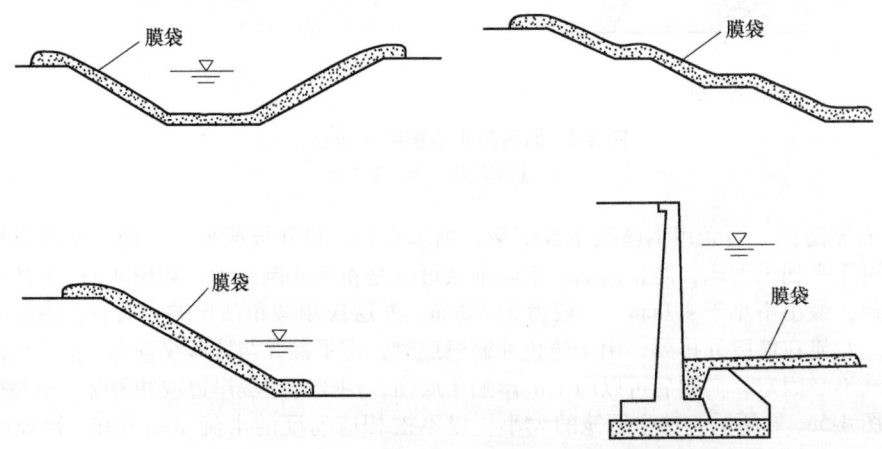

图 4-7 土工膜袋主要的应用场合及铺设形式

表 4-4 土工膜袋材料技术要求

指标内容	指标要求
顶破强度/N	≥1500
渗透系数/($\times 10^{-6}$cm/s)	0.86~10
等效孔径/mm	0.07~0.15
延伸率（%）	≤15

表 4-5 混凝土集料的最大粒径要求

土工膜袋厚度/mm	集料最大粒径/mm
150~250	≤20
≥250	≤40

采用土工膜袋护坡的坡度不得陡于1∶1。如在水下施工，水流速度不宜大于1.5m/s。膜袋选型应根据工程要求和当地土质、地形、水文、经济与施工条件等确定。应根据流水量选定膜袋滤水点分布数量。当选用无滤水点膜袋时，应增设渗水滤管。膜袋应采用尼龙绳缝制。

2. 间接防护措施

间接防护主要是指设置导治结构物，也包括必要的河道改移。设置导治结构物可改变水流方向，消除和减缓水流对堤岸的直接破坏，同时可解除水流对局部堤岸的损害，起到安全保护作用。导治结构物是桥涵和路基的重要附属工程，由于涉及水流方向，影响范围较大，工程费用较高，务必慎重选用。用于防护堤岸的改河工程，一般限于小型工程，如裁弯取直、挖滩改道、清除孤石等，可在小河的局部段落上进行。

导治结构物主要是设坝，按其与河道的相对位置，一般可分为丁坝、顺坝或格坝。图4-8所示为桥梁附近设置导治结构物的总体布置示例之一。导治结构物的布置，应综合考虑河道宽窄、水流方向、地质条件、防护要求、材料来源、施工条件和工程经济等因素，全面治理，避免河床过多压缩，或因水位提高和水流改向，从而危害河对岸或附近地段的农田水利、地面建筑及堤岸等。

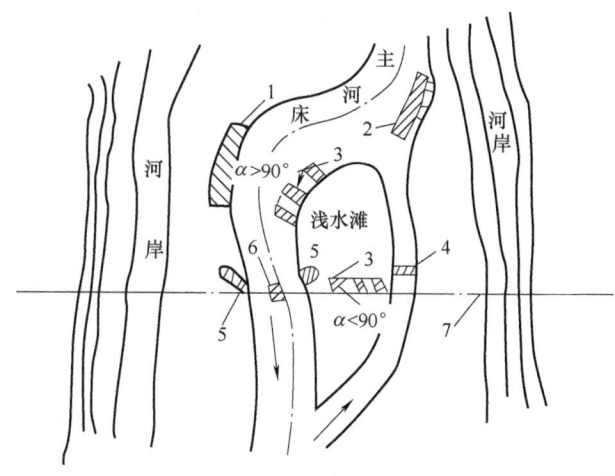

图 4-8 导治结构物综合布置示例
1—顺坝 2—格坝 3—丁坝 4—拦水坝 5—导流坝 6—桥墩 7—路中线

顺坝大致与堤岸平行，其主要作用为导流、束水、调整流水曲度、改善流态。格坝在平面上呈网格状，设于顺坝与堤岸之间，防止高水位时水流溢入，冲刷坝内岸坡和坡脚，并促进格间的淤积；丁坝大致与堤岸垂直或斜交，将水流挑离堤岸，束河归槽，改善流态。顺坝也称为导流坝，丁坝也称为挑水坝。

导治结构物的布置是工程成败的关键。布置恰当能收到预期效果，布置不当反而恶化水流，造成水毁。关键在于合理设计导治线，使之符合预定的河轴线和河岸线要求，也取决于导治水位选择，确保不致出现不利的冲刷情况。导治线与导治水位，应根据水流和河岸、河床地形、地质情况、水流对上下游堤岸的影响等因素，通过综合分析和设计计算而定。

顺坝与丁坝均用石块修建成梯形横断面，坝体分为坝头、坝身和坝根三个组成部分，横断面尺寸根据构造要求、施工条件和使用需要而定，并应进行稳定性计算。

公路工程中的改河，其主要目的是将直接冲刷路基的水流引向旁处；路基占用河槽后，需要拓宽河道；挖滩改河，清除孤石，改移河道，以保护路基；裁弯取直，有利于布置路线或桥涵。这些措施如经过论证可行，确有必要且效益高时，方可通过设计计算，最后实施。

4.2 路基支挡结构

为了满足公路线形和路基稳定性的要求，在地形起伏较大的丘陵及山岭地区修建公路将会用到大量的支挡结构。支挡结构的整体稳定性和局部稳定性分析与设计是支挡结构形式优选和设计的关键。它不仅与断面结构设计有关，还与填料类型、排水方式、地基条件等有关。本节主要介绍路基支挡结构的用途和类型。

4.2.1 支挡结构的用途

为保证边坡稳定与安全，需对边坡采取支挡、加固与防护措施，即形成支挡结构。支挡结构包括挡土墙、抗滑桩、预应力锚索等支撑和锚固结构。目前，支挡结构不仅被广泛应用于公路、铁路、城市建设，同时还被应用于水坝建设、河床整治、港口工程、水土保持、山地规划、山体滑坡及泥石流防治等领域，如图4-9所示。随着人们对环境景观等方面要求的日益提高，支挡结构除发挥其保持土体结构稳定的基本功能外，在景观美化等方面的应用也日渐广泛。

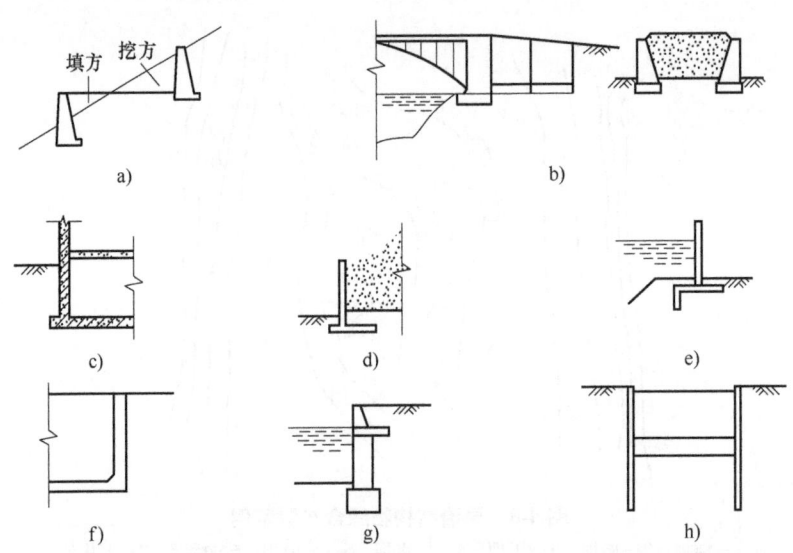

图4-9 支挡结构的常用场合

a）傍山公路或铁路　b）桥台及引道两侧挡土墙　c）建筑物地下室外墙　d）储藏粒状材料的挡土墙　e）壅水墙　f）船闸闸墙　g）方块重力式码头　h）基坑开挖支护挡土墙

在路基工程中，支挡结构可用于稳定路基和路堑边坡，减少土石方工程量和占地面积，防止水流冲刷路基，并经常用于整治塌方、滑坡等路基病害。支挡结构的采用一定要根据工程需要而设，在遇到下列路基情况时可考虑修建：

1）陡坡路堑边坡薄层开挖、路堤边坡薄层填方地段，或为加强路堤本体稳定地段。
2）为避免大量挖方、降低高边坡或加强边坡稳定性的路堑地段。
3）不良地质条件下，为加固地基、边坡、山体、危岩或拦挡落石地段。
4）水流冲刷影响路堤稳定的沿河、滨海路堤地段。
5）为节约用地、少占农田或为保护重要的既有建筑物地段。
6）其他特殊情况的需要，如环境景观等方面的要求等。

4.2.2 支挡结构的类型与适用范围

支挡结构的类型有很多，在路基工程中，一般可按设置位置、结构材料和结构形式与作用机理划分。

按支挡结构的设置位置不同，分为路堑挡土墙、路堤挡土墙、路肩挡土墙和山坡挡土墙等，见表 4-6。

表 4-6 路基支挡结构的设置位置与功能

名　称	示　意　图	设置位置与功能
路堑挡土墙	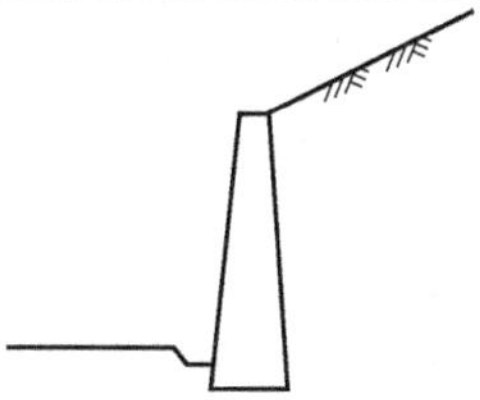	（1）在山坡陡峻处，用以减少挖方数量，降低边坡高度，避免山坡因开挖而失去稳定 （2）在地质不良地段，用以支挡可能滑塌的山坡坡体
路堤挡土墙	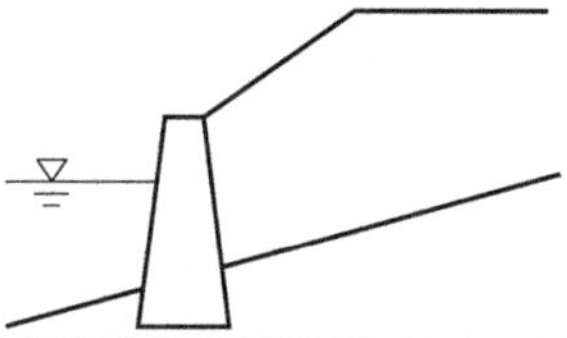	（1）在陡山坡上填筑路堤时，用以支挡路堤，防止下滑 （2）收缩坡脚，避免与其他建筑物相互干扰，减少填方量 （3）保证沿河路堤不受水流冲刷
路肩挡土墙	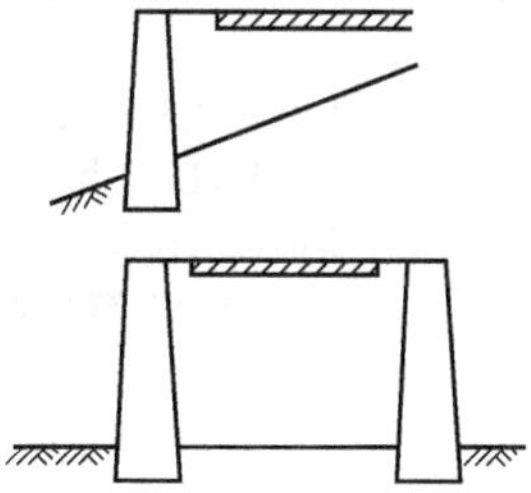	（1）支挡陡坡路堤，防止下滑 （2）抬高公路路基高程 （3）收缩坡脚，减少占地，减少填方量
山坡挡土墙	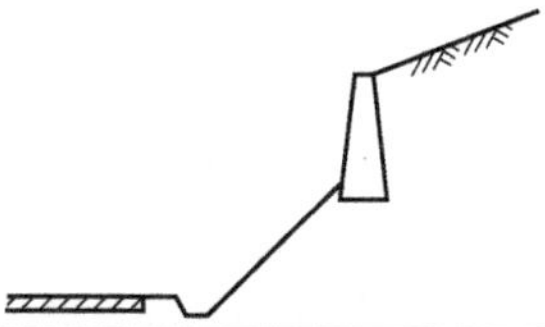	支挡山坡覆盖层或滑坡，防止下滑
桥头挡土墙	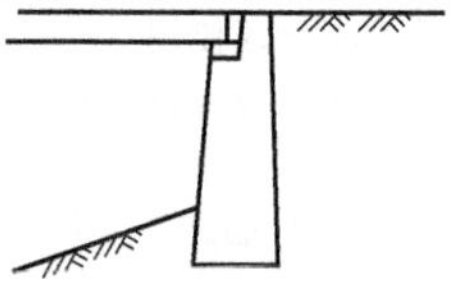	支承桥梁上部建筑及保证桥头填土稳定

按支挡结构的结构材料不同,分为砌石挡土墙、混凝土挡土墙、钢筋混凝土挡土墙、砖砌挡土墙、木质挡土墙和钢板墙等。

按支挡结构结构形式与作用机理,可分为重力式挡土墙、悬臂式挡土墙、扶壁式挡土墙、锚杆式挡土墙、抗滑桩、土钉墙、预应力锚杆等。各类支挡结构的特点及其适用条件,见表4-7。

表 4-7 各类支挡结构的特点及适用条件

名 称	结构示意图	特点及适用条件
重力式挡土墙		(1) 依靠墙身自重承受土侧压力。一般用浆砌片石砌筑或混凝土(片石混凝土)浇筑 (2) 形式简单、取材容易、施工简便 (3) 适用于一般地区、浸水地区、地震地区的边坡支挡工程,当地基承载力较低或地质条件较复杂时应适当控制墙高
衡重式挡土墙		(1) 利用衡重台上的填土重力及墙体自重共同抵抗土压力以增加墙身的稳定性 (2) 由于墙胸坡陡、下墙背仰斜,在陡坡地区可降低墙高,减少基坑开挖面积 (3) 主要用于地面横坡较陡的路肩墙和路堤墙,也可用于拦挡落石的路堑墙
混凝土半重力式挡土墙		(1) 在墙背设少量钢筋,并将墙趾展宽(保证基底必要的宽度),以减薄墙身,节省圬工 (2) 一般适用于低墙
悬臂式挡土墙		(1) 采用钢筋混凝土材料,由立壁、墙趾板、墙踵板三部分组成,墙的断面尺寸较小。墙较高时立壁下部的弯矩较大 (2) 适用于石料缺乏地区及挡土墙高度不大于7m的情况
扶壁式挡土墙		(1) 当悬臂式挡土墙的立壁较高时,沿墙长方向每隔一定距离加一道扶壁,把墙面板和墙踵板连接起来,以减小立壁下部的弯矩 (2) 扶壁式挡土墙宜在石料缺乏、地基承载力较低的地段使用。装配式的扶壁式挡土墙不宜在不良地质地段或设计地震动峰值加速度为 $0.2g$(原八度)及以上地区采用 (3) 墙高不宜大于 10m

(续)

名 称	结构示意图	特点及适用条件
锚杆式挡土墙		（1）由钢筋混凝土肋柱、挡板和锚杆组成，靠锚杆拉力维持稳定，肋柱、挡板可预制 （2）适用于一般地区岩质或土质边坡加固工程 （3）可采用单级或多级，在多级墙的上、下级之间应设平台，每级墙高不宜大于8m，总高度宜控制在18m以内
拱式挡土墙		（1）由拱板、立柱组成，必要时可设锚杆拉住立柱。拱板可预制 （2）常用于路肩墙
锚定板式挡土墙		（1）由钢筋混凝土墙面板和锚杆及锚定板共同组成，靠固定在稳定区的锚定板提供的抗拔力维持墙体的稳定 （2）适用于一般地区墙高不大于10m的路肩墙或路堤墙，设计时可采用单级或双级；在双级墙的上、下级之间应设平台
桩板式挡土墙		（1）由桩柱和挡板组成。利用深埋的桩柱前土层的被动土压力平衡墙后主动土压力 （2）可用于一般地区、浸水地区和地震区的路堑和路堤支挡，也可用于滑坡等特殊路基的支挡工程 （3）桩的自由臂长度不宜大于15m，桩间距宜为5~8m；当桩的地面以上长度较大或桩侧土压力较大时，可在桩上部加设锚索（杆）组成预应力锚索（杆）桩
垛式挡土墙		（1）用钢筋混凝土预制杆件，纵横交错装配成框架，内填土石，以抵挡土压力 （2）适用于缺乏石料地区的路肩墙或路堤墙

（续）

名　称	结构示意图	特点及适用条件
加筋土挡土墙	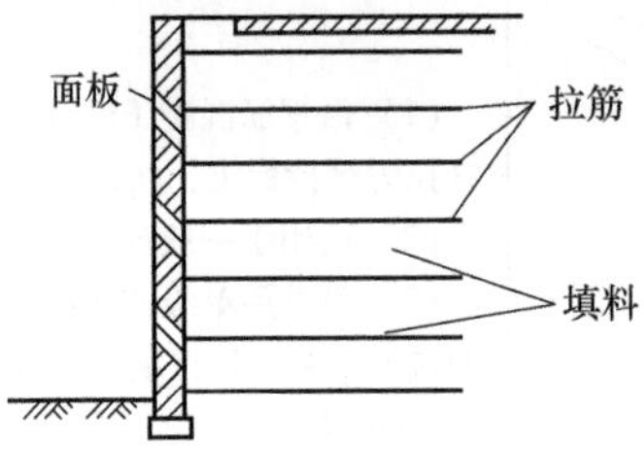	（1）由面板、拉筋和填料三部分组成，依靠拉筋与填料之间的摩擦力抵抗侧向土压力，面板可预制 （2）柔性结构，对地基承载力的要求不高，能适应地基轻微的变形；适用于缺乏石料地区及在较软弱地基上修筑路肩墙与路堤墙
竖向预应力锚杆式挡土墙	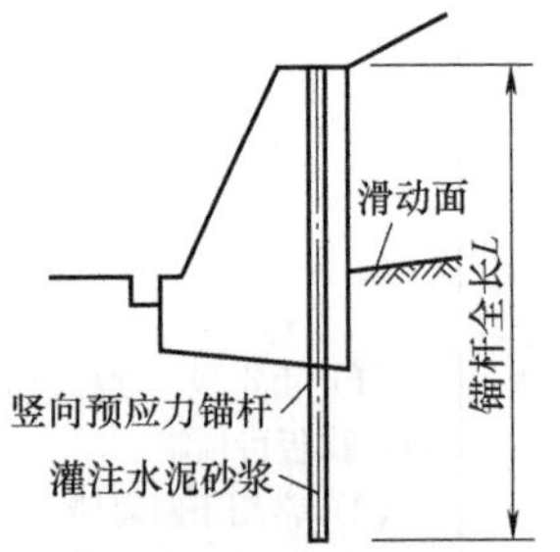	（1）锚杆竖向锚固在地基中，并砌筑于墙身内，最后张拉锚杆，利用锚杆的弹性回缩对墙身施加预应力来提高挡土墙的稳定性 （2）适用于岩质地基，多用于抗滑挡土墙
土钉墙	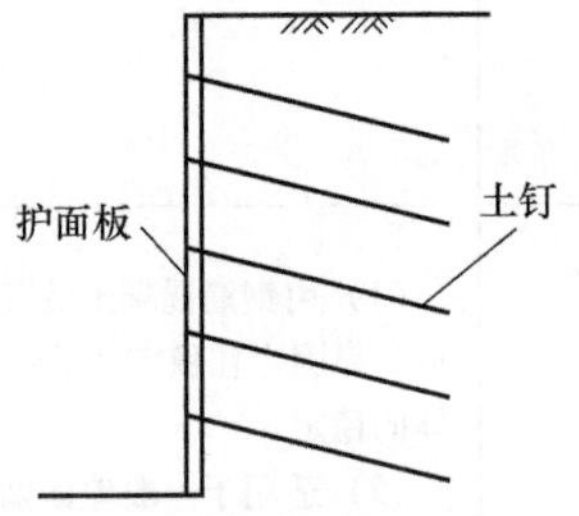	（1）一般由土钉及墙面系（钢筋网和喷射混凝土构成的面层）组成，靠土钉拉力维持边坡的稳定 （2）可用于一般地区及破碎软弱岩质边坡加固工程；在腐蚀性地层、膨胀土地段及地下水较发育或边坡土质松散时，不宜采用土钉墙 （3）土质边坡土钉墙总高度不应大于10m，岩质边坡土钉墙总高度不应大于18m，单级土钉墙高度宜控制在10m以内

路基工程中，各类支挡结构的建造费用较高，故路基设计时，应与其他可能的工程方案进行经济比较，择优选定。支挡结构的类型应根据与所支挡土体的稳定平衡条件，考虑荷载的大小和方向、地形、地质状况、冲刷深度、基础的埋置深度、基底的承载力设计值和不均匀沉降、可能的地震作用、与其他构造物的衔接、墙面的外观美感、施工难易、造价高低、环境特点等因素综合比较确定。

4.2.3 挡土墙的类型与适用条件

挡土墙是最常用的路基支挡结构。《公路路基设计规范》（JTG D30—2015）规定应根据路基横断面、地形、地质条件和地基承载能力，合理确定挡土墙位置、起讫点、长度和高度，并按表4-8进行技术经济比较后，选择适宜的挡土墙类型。

表4-8 挡土墙类型及适用条件

挡土墙类型	适用条件
重力式挡土墙	适用于一般地区、浸水地段和高烈度区的路堤和路堑等支挡工程。墙高不宜超过12m，干砌挡土墙的高度不宜超过6m
半重力式挡土墙	适用于不宜采用重力式挡土墙的地下水位较高或较软弱的地基上。墙高不宜超过8m
石笼式挡土墙	可用于地下水较多的土质、风化破碎岩石路段

(续)

挡土墙类型	适用条件
悬臂式挡土墙	宜在石料缺乏、地基承载力较低的填方路段采用。墙高不宜超过5m
扶壁式挡土墙	宜在石料缺乏、地基承载力较低的填方路段采用。墙高不宜超过15m
锚杆式挡土墙	宜用于墙高较大的岩质路堑。可用作抗滑挡土墙。可采用肋柱式或板壁式单级墙或多级墙。每级墙高不宜大于8m,多级墙的上、下级墙体之间应设置宽度不小于2m的平台
锚定板式挡土墙	宜使用在缺少石料地区的路肩式或路堤式挡土墙,但不应建筑于滑坡、坍塌、软土及膨胀土地区。可采用肋柱式或板壁式,墙高不宜超过10m。肋柱式锚定板式挡土墙可采用单级墙或双级墙,每级墙高不宜大于6m,上、下级墙体之间应设置宽度不小于2m的平台。上下两级墙的肋柱宜交错布置
加筋土挡土墙	可分为有面板加筋土挡土墙和无面板土工格栅加筋土挡土墙。有面板加筋土挡土墙可用于一般地区的路肩式挡土墙、路堤式挡土墙,无面板土工格栅加筋土挡土墙可用于一般地区的路堤式挡土墙,但均不应修建在滑坡、水流冲刷、崩塌等不良地质地段;高速公路、一级公路墙高不宜大于12m,二级及二级以下公路不宜大于20m;当采用多级墙时,每级墙高不宜大于10m,上、下级墙体之间应设置宽度不小于2m的平台
桩板式挡土墙	用于表土及强风化层较薄的均质岩石地基,挡土墙高度可较大,也可用于地震区的路堑或路堤支挡或滑坡等特殊地段的治理

■ 4.3 挡土墙的布置与构造

4.3.1 挡土墙的设置场合

路基在遇到下列情况时可考虑修建挡土墙:
1)路基位于陡坡地段或岩石风化的路堑边缘地段。
2)为避免大量挖方及降低边坡高度的路堑地段。
3)可能产生坍方、滑坡的不良地质路段。
4)水流冲刷严重或长期受水浸泡的沿河路基地段。
5)为节约用地、减少拆迁或少占农田的地段。
6)为保护重要建筑物、生态环境或其他特殊需要的地段。

4.3.2 挡土墙的布置

挡土墙的布置是挡土墙设计的一个重要内容,通常在路基横断面图和墙趾纵断面图上进行。布置前,应现场核对路基横断面图,不满足要求时应补测,并测绘墙趾处的纵断面图,收集墙趾处的地质和水文等资料。挡土墙的布置包括位置的选定、纵向布置、横向布置以及平面布置等。

1. 挡土墙位置的选定

路堑挡土墙大多数设在边沟旁,山坡挡土墙应考虑设在基础可靠处。墙的高度应保证设墙后墙顶以上边坡的稳定。

路肩挡土墙因能充分收缩坡脚,可大量减少填方和占地。当路肩墙与路堤墙的墙高或截面圬工数量相近、基础情况相似时,应优先选用路肩墙,按路基宽布置挡土墙位置。若路堤墙的高度或与圬工数量比路肩墙显著降低,而且基础可靠时,宜选用路堤墙。必要时应做技术经济比较以确定挡土墙的位置。

沿河路堤设置挡土墙时,应结合河流的水文、地质情况以及河道工程布置,注意设墙后仍保持水流顺畅,不致挤压河道而引起局部冲刷。

2. 挡土墙纵向布置

挡土墙纵向布置在墙趾纵断面图上进行，布置后绘成挡土墙正面图，如图 4-10 所示。布置的内容如下所述：

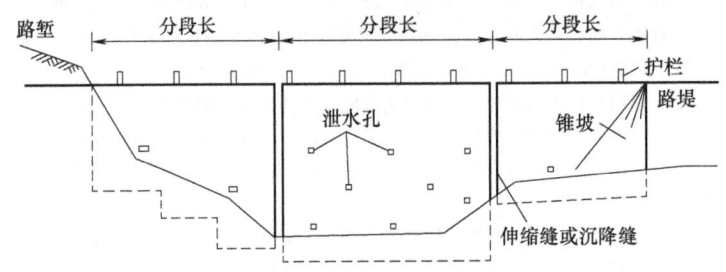

图 4-10 挡土墙正面图

1）确定挡土墙的起讫点和墙长，选择挡土墙与路基或其他结构物的衔接方式。

路肩挡土墙端部可嵌入石质路堑中，或采用锥坡与路堤衔接。与桥台连接时，为了防止墙后回填土从桥台尾端与挡土墙连接处的空隙中溜出，需在台尾与挡土墙之间设置隔墙及接头墙。路堑挡土墙在隧道洞口应结合隧道洞门、翼墙的设置做到平顺衔接。与路堑边坡衔接时，一般将墙高逐渐降低至 2m 以下，使边坡坡脚不致伸入边沟内，有时也可与横向端墙连接。

2）按地基、地形及墙身断面变化情况进行分段，确定伸缩缝与沉降缝的位置。

3）布置各段挡土墙的基础。墙趾地面有纵坡时，挡土墙的基底宜做成不大于 5% 的纵坡。但地基为岩石时，为减少开挖，可沿纵向做成台阶。台阶尺寸视纵坡大小而定，但其高宽比不宜大于 1:2。对于加筋土挡土墙，基底则不宜设置纵坡。

4）布置泄水孔的位置，包括数量、间隔和尺寸等。

在布置图上应注明各特征断面的桩号，以及墙顶、基础顶面、基底、冲刷线、冰冻线、常水位线或设计洪水位的高程等。

3. 挡土墙横向布置

挡土墙横向布置宜选择在墙高最大处、墙身断面或基础形式有变异处，以及其他必须有桩号的横断面图上进行。根据墙型、墙高及地基与填料的物理力学指标等设计资料，确定墙身断面、基础形式和埋置深度，布置排水设施等，并绘制挡土墙横断面图。

4. 挡土墙平面布置

对于个别复杂的挡土墙，如高、长的沿河挡土墙和曲线挡土墙，应进行平面布置，绘制平面图，标明挡土墙与路线的平面位置及附近地貌与地物等情况，特别是与挡土墙有干扰的建筑物的情况。沿河挡土墙还应绘出河道及水流方向、其他防护与加固工程等。

在以上设计图上，可标写简要说明，说明选用挡土墙方案的理由、选用挡土墙结构类型和设计参数的依据、对材料和施工的要求、注意事项以及主要工程数量等。

4.3.3 挡土墙的构造

挡土墙的构造必须满足强度和稳定性的要求，同时考虑就地取材、结构合理、断面经济、施工养护方便与安全。常用的重力式挡土墙一般是由墙身、基础、排水设施、沉降缝与伸缩缝等部分组成。

1. 墙身

挡土墙靠近回填土的一面称为墙背，暴露在外侧的一面称为墙面或墙胸，墙的顶面称为墙顶，墙的底面称为基底。挡土墙的底部，称为基础或基脚，根据需要可与墙身分开建造，也可整体建造成墙身的一部分。基底的外侧前缘部分称为墙趾，基底的内侧后缘部分称为墙踵，如图 4-11 所示。

(1) 墙背　重力式挡土墙的墙背，可做成仰斜、垂直、俯斜、凸形折线和衡重式等形式（图 4-12）。由图 4-12 可清楚地看出：墙背向填土一侧倾斜称为仰斜，如图 4-12a 所示；墙背竖向时称为垂直，如图 4-12b 所示；墙背向外侧倾斜称为俯斜，如图 4-12c 所示；墙背只有单一坡度，称为直线形墙背；若多于一个坡度，如图 4-12d、e 所示，则称为折线形墙背，其中图 4-12d 为凸折式墙背，图 4-12e 带有衡重台，则称为衡重式墙背。

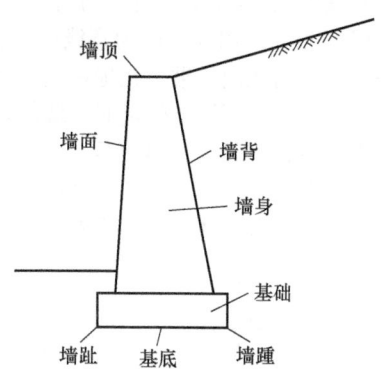

图 4-11　挡土墙组成示意图

仰斜墙背所受的土压力较小，用于路堑墙时，墙背与开挖面边坡较贴合，因而开挖量和回填量均较小，但墙后填土不易压实，不便施工。当墙趾处地面横坡较陡时，采用仰斜墙背将使墙身增高（图 4-13），断面增大，所以仰斜墙背适用于路堑墙及墙趾处地面平坦的路肩墙或路堤墙。对于仰斜式挡土墙，墙背越缓，所受土压力越小，但施工越困难，故仰斜式墙背不宜过缓，一般常控制 $\alpha<14°$（即墙背的斜度为 1∶0.25）。

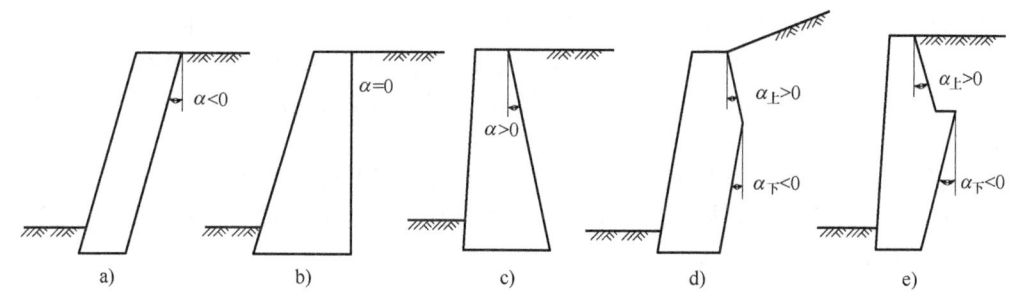

图 4-12　重力式挡土墙的墙背形式
a) 仰斜　b) 垂直　c) 俯斜　d) 凸形折线　e) 衡重式

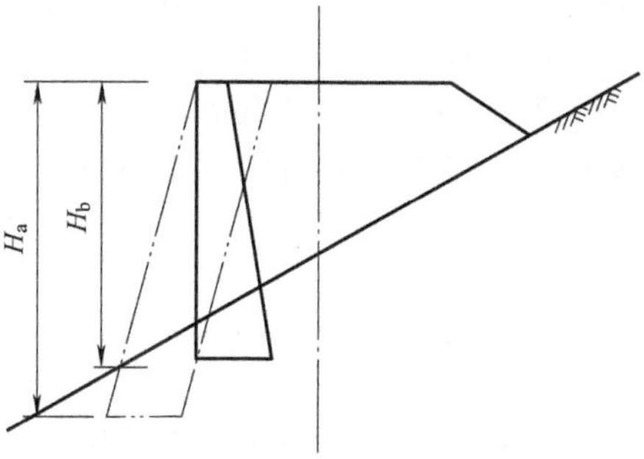

俯斜墙背所受的土压力较大，因此墙身断面比仰斜式要大。但当地面横坡较陡时，俯斜式挡土墙可采用陡直的墙面，从而减小墙高。俯斜墙背的坡度减缓固然对施工有利，但所受土压力也随之增加，致使断面增大，因此墙背坡度不宜过缓，通常控制 $\alpha<21°48'$（即墙背的斜度为 1∶0.4）。

垂直墙背的特点，介于仰斜和俯斜墙背之间。

凸形折线式墙背由仰斜墙背演变而来，上部俯斜、下部仰斜，以减小上部断面尺寸，多用于路堑墙，也可用于路肩墙。

图 4-13　地面横坡对墙高的影响

衡重式墙背可视为在凸形折线式的上下墙之间设衡重台，并采用陡直的墙面。衡重式墙背适用于山区地形陡峻处的路肩墙和路堤墙，也可用于路堑墙。上墙俯斜墙背的坡度为 1∶0.25~1∶0.45，下墙仰斜墙背在1:0.25左右，上下墙的墙高比一般采用2:3。

(2) 墙面　墙面一般为直线型，其坡度应与墙背坡度相协调，如图4-14所示。同时，还应考虑墙趾处的地面横坡，在地面横向倾斜时，墙面坡度会影响挡土墙的高度，横向坡度越大影响越大。因此，地面横坡较陡时，墙面坡度一般为1:0.05~1:0.20，矮墙时也可采用直立；地面横坡平缓时，墙面可适当放缓，但一般不缓于1:0.35。仰斜式挡土墙墙面一般与墙背坡度一致或缓于墙背坡度；凸形折线式和衡重式挡土墙墙面坡度多采用1:0.05，所以在地面横坡较大的山区，采用凸形折线式或衡重式挡土墙较经济。

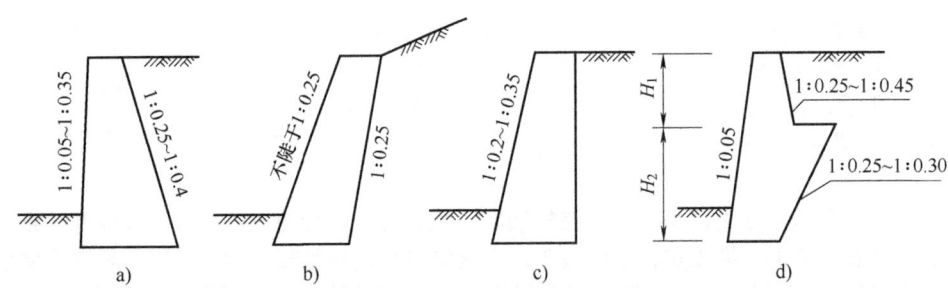

图4-14　挡土墙墙面坡度

(3) 墙顶　对于砌石挡土墙墙顶最小宽度，浆砌的不小于50cm，干砌的不小于60cm。浆砌路肩墙墙顶一般宜采用粗石料或低强度等级混凝土做成帽石，帽石厚约为40cm。如不做帽石，对路堤墙和路堑墙，墙顶应以大块石砌筑，并用砂浆勾缝，或用M5砂浆抹平顶面，砂浆厚2cm。干砌挡土墙墙顶50cm高度内，应用M2.5砂浆砌筑，以增加墙身稳定性。干砌挡土墙的高度一般不宜大于6m。

(4) 护栏　当挡土墙高度较大时，为增加驾乘人员心理上的安全感，保证行车安全，墙顶应设置护栏。护栏所采用的材料，护栏高度、宽度，应符合有关规范规定。护栏距路面边缘的距离，应满足路肩最小宽度的要求。

2. 基础

地基不良和基础处理不当，往往会引起挡土墙的破坏，因此必须重视挡土墙的基础设计，事先应对挡土墙地基的地质条件做详细调查，必要时须先做挖探或钻探，然后再确定基础类型与埋置深度。

(1) 基础类型　挡土墙通常采用浅基础，只有在特殊情况下，才使用桩基。绝大多数挡土墙都直接修筑在天然地基上，当地基承载力不足、地形平坦而墙身较高时，为了减小基底压应力和增加抗倾覆稳定性，常常采用扩大基础（图4-15a），将墙趾或墙踵部分加宽成台阶，或两侧同时加宽，以加大承压面积。加宽宽度视基底应力需要减少的程度和加宽后的合力偏心距的大小而定，一般不小于20cm。台阶高度按加宽部分的抗剪、抗弯拉和基础材料的刚性角的要求确定（刚性角：浆砌片石35°，混凝土45°）。

当地基压应力超过地基承载力过多时，需要的加宽值较大，为避免加宽部分的台阶过高，可采用钢筋混凝土底板（图4-15b），其厚度由剪力和主拉应力控制。

地基为软弱土层（如淤泥、软黏土等）时，可采用砂砾、碎石、矿渣或灰土等材料予以换填，以扩散基底压应力，使之均匀地传递到下卧软弱土层中，如图4-15c所示。一般换填深度h_2与基础埋置深度h_1的总和不宜超过5m，对淤泥和泥炭等应更浅些。

当挡土墙修筑在陡坡上，而地基又为完整、稳固、对基础不产生侧压力的坚硬岩石时，可设置台阶基础（图4-15d），以减少基坑开挖和节省圬工。台高一般约1m，台宽视地形和地质情况而定，不宜小于0.2m，高宽比可以采用3：2或2：1。最下一个台阶的底宽应满足偏心距的有关规定，不宜小于1.5m。

如地基有短段缺口（如深沟等）或挖基困难（如需水下施工等），可采用拱形基础（图4-15e），以砌石拱圈跨过，再在其上砌筑墙身，但应注意土压力不宜过大，以免横向推力导致拱圈开裂。设计时，对拱圈应予以验算。

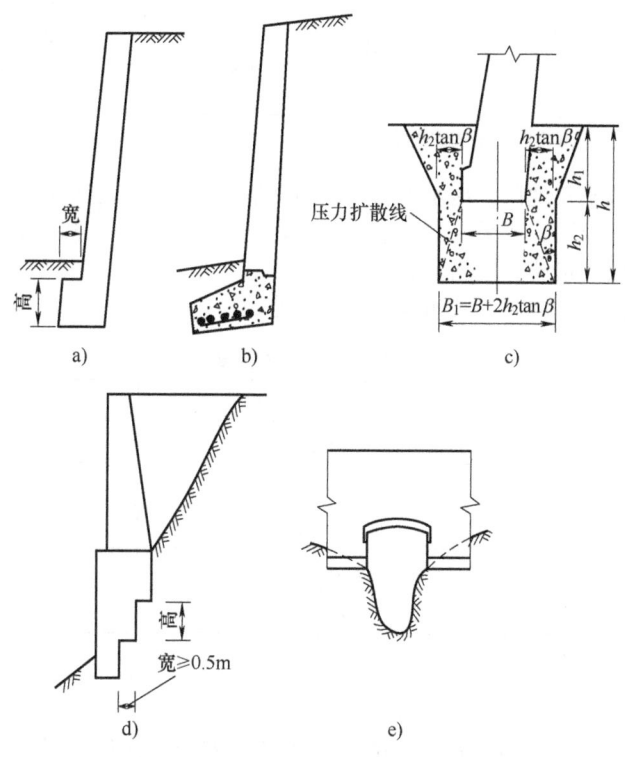

图 4-15 重力式挡土墙的基础类型

a) 墙趾或墙踵部分加宽 b) 钢筋混凝土底板 c) 换填地基 d) 台阶基础 e) 拱形基础

（2）基础埋置深度 基础埋置深度取决于地质条件、水文情况、冻结深度、承载力的要求以及邻近建筑物的基础影响等。为保证挡土墙的稳定，埋置深度应满足下列要求：

1) 当冻结深度小于或等于1m时，基底应在冻结线以下不小于0.25m，并符合基础最小埋置深度不小于1m的要求。

2) 当冻结深度超过1m时，基底最小埋置深度应不小于1.25m，还应将基底至冻结线以下0.25m深度范围内的地基土换填为弱冻胀材料。

3) 受水流冲刷时，应按路基设计洪水频率计算冲刷深度，基底应置于局部冲刷线以下不小于1m。

4) 路堑式挡土墙基础顶面应低于路堑边坡底面，且不小于0.5m。

5) 在风化层不厚的硬质岩石地基上，基底一般应置于基岩表面以下0.15~0.6m；在软质岩石地基上，基底最小埋置深度不小于1m。

对于岩石地基，应清除表面风化层。当风化层较厚难以全部清除时，可根据地基的风化程度及其容许承载力将基底埋入风化层中。建筑在斜坡地面上的挡土墙基础前趾埋入地面的深度和距地表的水平距离应不小于表4-9的规定。

表 4-9 斜坡地面基础埋置条件

岩层种类	最小埋入深度 h/m	距地表水平距离 L/m	图 示
一般硬质岩石	0.6	1.5	
软质岩石	1.0	2.0	
土层	≥1.0	2.5	

注：α_0 为基底倾斜角，为基底面与水平线的夹角。

当挡土墙位于地质不良地段，地基土内可能出现滑动面时，应进行地基抗滑稳定性验算，将基础底面埋置在滑动面以下，或采用其他措施，以防止挡土墙滑动。挡土墙采用倾斜基底，是提高抗滑稳定性行之有效的措施，但当基底斜坡较大时，将增加墙身与基底土体一起滑动的可能，而且将影响地基承载能力，因此，其倾斜度应得到控制，见表 4-10。

表 4-10 基底倾斜度

地层类型		基底倾斜度（$\tan\alpha_0$）
一般地基	岩质	≤0.3
	土质	≤0.2
浸水地基	$\mu<0.5$	0.0
	$0.5\leq\mu<0.6$	≤0.1
	$\mu\geq0.6$	≤0.2

注：μ 为基底与地基间的摩擦系数。

3. 排水设施

挡土墙的排水处理是否得当，直接影响到挡土墙的安全和使用效果。挡土墙应设置排水措施，作用在于疏干墙后土体和防止地表水下渗后积水，以免墙后积水致使墙身承受额外的静水压力；减小季节性冰冻地区填料的冻胀压力；消除黏土填料浸水后的膨胀压力。

挡土墙的防排水措施通常由地面防排水和墙身排水两部分组成。地面防排水主要是防止地表水渗入墙后土体或地基。地面防排水措施有：

1) 设置地面排水沟，截引地表水。
2) 夯实回填土顶面和地表松土，防止雨水和地表水下渗，必要时可设铺砌层。
3) 路堑挡土墙墙趾前的边沟应予以铺砌加固，以防边沟水渗入基础。

墙身排水主要是为了迅速排出墙后积水。通常在非干砌的挡土墙墙身的适当高度处设置一排或数排泄水孔，如图 4-16 所示。泄水孔尺寸可视泄水量大小分别采用 5cm×10cm、10cm×10cm、15cm×20cm 的方孔，或直径为 5~10cm 的圆孔。对于重力式、悬臂式、扶壁式等整体式墙身的挡土墙，应沿墙高和墙长设置泄水孔，泄水孔应具有向墙外倾斜的坡度，其间距一般为 2.0~3.0m；浸水挡土墙泄水孔间距为 1.0~1.5m，上下交错设置。折线墙背可能积水处，也应设置泄水孔。干砌挡土墙可不设泄水孔。最下排泄水孔的底部应高出地面 0.3m，若为浸水挡土墙，应设于常水位以上 0.3m 处。泄水孔的进水侧应设反滤层，厚度不应小于 0.3m。在最下排泄水孔的底部，应设置隔水层。当墙背填料为非渗水性土时，应在最底排泄水孔至墙顶以下 0.5m 高度内，填筑不小于 0.3m 厚的砂、砾石竖向反滤层，反滤层的顶部以 0.3~0.5m 厚的不渗水材料做封闭，如图 4-16c 所示。

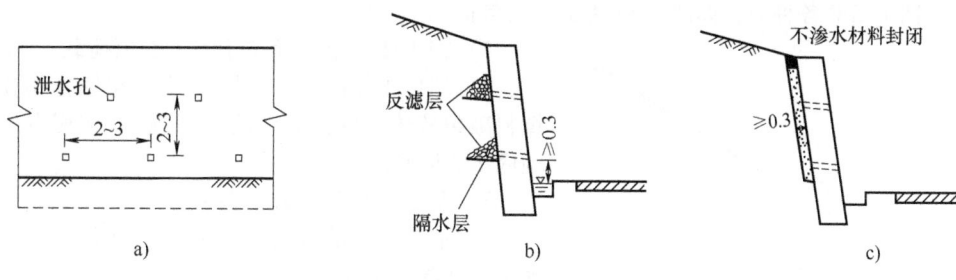

图 4-16 挡土墙的排水设施示意图（单位：m）

当泄水量大时，可在排水层底部加设纵向渗沟，配合排水层把水排至墙外。需要在挡土墙上开孔设置涵洞时，应对挡土墙墙身及基础进行补强和防水处理，并采取有效措施，防止涵洞渗漏及保证填料排水顺畅。

一般情况下，墙身可不设防水层，但在严寒地区或附近环境水有侵蚀性时，应做防水处理。通常，对砌石挡土墙先抹一层水泥砂浆，再涂以热沥青；对混凝土挡土墙则直接涂以热沥青。

4. 沉降缝与伸缩缝

各类挡土墙应根据构造特点，设置容纳构件收缩、膨胀及适应不均匀沉降的变形缝，变形缝包括沉降缝和伸缩缝。

为避免因地基不均匀沉陷而引起墙身开裂，根据地基地质、水文条件的变化和墙高、墙身断面的变化情况需设置沉降缝。在平曲线地段，挡土墙可按折线形布置，并在转折处以沉降缝断开。为防止圬工砌体因收缩硬化和温度变化而产生裂缝，应设置伸缩缝，与其他建筑连接处也需设置伸缩缝。一般将沉降缝和伸缩缝合并设置，沿路线方向每隔 10~15m 设置一道，岩质地基不宜超过 20m。加筋土挡土墙分段长度（沉降伸缩缝间距）可适当加大，但也不应大于 25m。缝宽 2~3cm，自墙顶贯通至基底，对于高速公路、一级公路，或在渗水量大、填料易于流失和冻害严重地区，缝内宜采用沥青麻筋或沥青木板等具有弹性的材料堵塞，对于二级及二级以下公路也可采用胶泥，沿内、外、顶三侧填塞，填塞深度不宜小于 15cm。当挡土墙位于冻害不严重的地区，且墙后为岩质路堑或填石路堤时，也可不填塞，即设置空缝。干砌挡土墙可不设沉降缝与伸缩缝。

为防止墙身表面出现微小的开裂，钢筋混凝土挡土墙表面还应设置垂直的 V 形槽（图 4-17），间距不应大于 10m。沉降伸缩缝可做成企口式，如图 4-18 所示。当墙高较低，地基坚固时，可在前后墙面设置槽口缝，如图 4-19 所示。特别应注意 V 形槽和槽口缝在钢筋构造上的区别，即设槽处钢筋不截断，而在设缝处水平钢筋应截断。

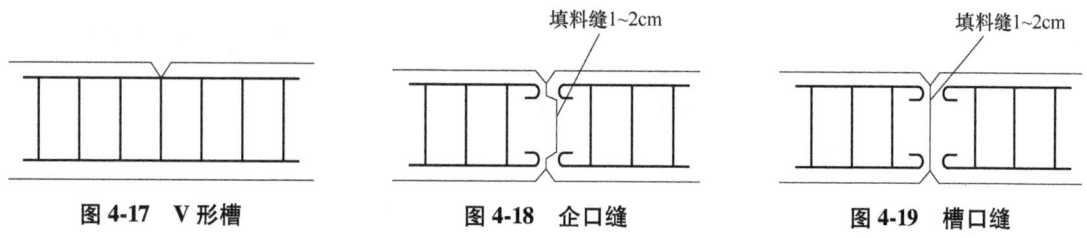

图 4-17 V 形槽　　　图 4-18 企口缝　　　图 4-19 槽口缝

4.4 挡土墙结构的土压力计算

4.4.1 作用在挡土墙上的力系

作用在挡土墙上的力系，按力的作用性质分为主要力系、附加力和特殊力。主要力系是指经

常作用于挡土墙的各种力,如图 4-20 所示,它包括:

1) 挡土墙自重 G 及位于墙上的恒荷载。
2) 墙后土体的主动土压力 E_a(包括作用在墙后填料破裂棱体上的荷载,简称超载),作用点位于距墙底 1/3 墙高的位置。
3) 基底的法向反力 N 及摩擦力 T。
4) 墙前土体的被动土压力 E_p,作用点位于距墙底 1/3 埋深的位置。

对浸水挡土墙而言,在主要力系中尚应包括常水位时的静水压力和浮力。

附加力是季节性作用于挡土墙的各种力,例如洪水时的静水压力和浮力、动水压力、波浪冲击力、冻胀压力以及冰压力等。

特殊力是偶然出现的力,例如地震力、施工荷载、水流漂浮物的撞击力等。

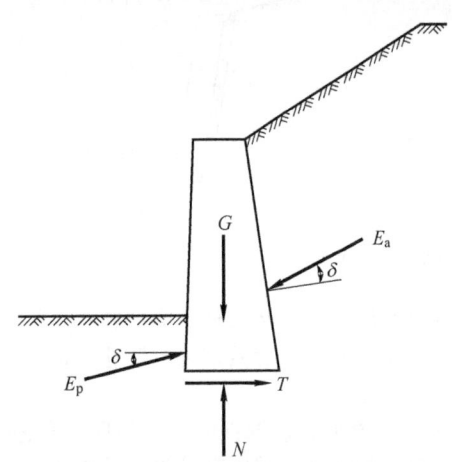

图 4-20 作用在挡土墙上的主要力系

在一般地区,挡土墙设计仅考虑主要力系,在浸水地区应考虑附加力,而在地震区应考虑地震对挡土墙的影响。各种力的取舍,应根据挡土墙所处的具体工作环境,按最不利的组合作为设计依据。

4.4.2 一般条件下库仑主动土压力的计算

土压力是挡土墙的主要设计荷载。挡土墙的位移情况不同,可以形成不同性质的土压力,如图 4-21 所示。当挡土墙向外移动时(移动或倾覆),土压力随之减少,直到墙后土体沿破裂面下滑而处于极限平衡状态,此时作用于墙背的土压力称为主动土压力;当墙向土体挤压移动时,土压力随之增大,土体被推移向上滑动而处于极限平衡状态,此时土体对墙的抗力称为被动土压力;墙处于原来位置不动,土压力介于两者之间,称为静止土压力。采用哪种性质的土压力作为挡土墙设计荷载,要根据挡土墙可能的位移分析而定。

路基挡土墙一般都可能有向外的位移或倾覆,因此,应按墙背土体达到主动极限平衡状态进行设计,且设计时取一定的安全系数,以保证墙背土体的稳定。对于墙趾前土体的被动土压力 E_p,在挡土墙基础一般埋深的情况下,考虑各种自然力和人畜活动的作用,一般均不计,以偏于安全。

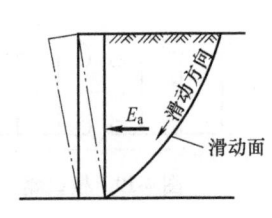 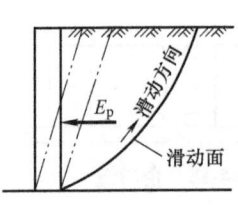 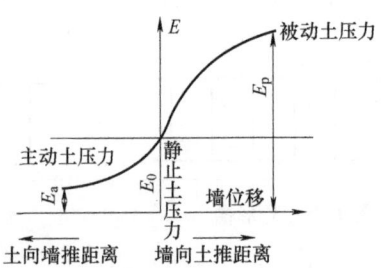

图 4-21 三种不同性质的土压力

主动土压力计算的理论和方法,在"土力学"课程中已有专门论述,这里仅结合路基挡土墙的设计,介绍库仑土压力计算方法的具体应用。

路基挡土墙因路基形式和荷载分布的不同,土压力有多种计算图式。以路堤挡土墙为例,按破裂面交于路基面的位置不同，可分为 5 种计算图式：破裂面交于内边坡，破裂面交于荷载的内侧、中部和外侧，以及破裂面交于外边坡，分述如下。

1. 破裂面交于内边坡（图 4-22）

图 4-22 适用于路堤式或路堑式挡土墙。图中 AB 为挡土墙墙背，BC 为破裂面，BC 与铅垂线的夹角 θ 为破裂角，ABC 为破裂棱体。棱体上作用着三个力，即破裂棱体自重 G、主动土压力 E_a 和破裂面上的反力 R。E_a 的方向与墙背法线成 δ 角，且偏于阻止棱体下滑的方向；R 的方向与破裂面法线成 φ 角，且偏于阻止棱体下滑的方向。

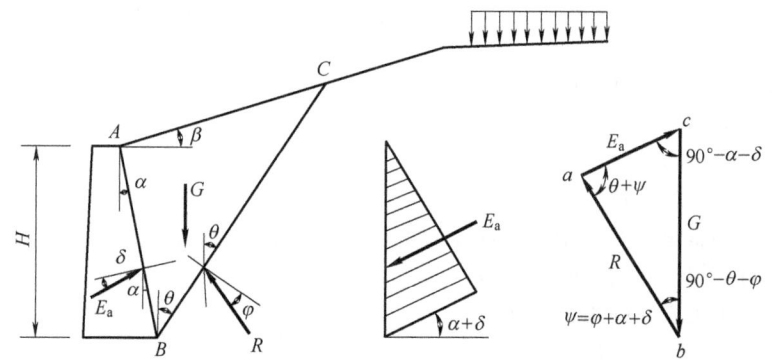

图 4-22　破裂面交于内边坡

取挡土墙延伸长度为 1m 计算，依据正弦定理，由作用于棱体上的平衡力三角形 abc 可得：

$$E_a = \frac{\sin(90°-\theta-\varphi)}{\sin(\theta+\psi)}G = \frac{\cos(\theta+\varphi)}{\sin(\theta+\psi)}G \tag{4-1}$$

式中，$\psi = \varphi + \alpha + \delta$。因 $G = \dfrac{\gamma AB \cdot BC \sin(\alpha+\theta)}{2}$，而 $AB = H\sec\alpha$，$BC = \dfrac{\sin(90°-\alpha+\beta)}{\sin(90°-\theta-\beta)}AB = H\sec\alpha\dfrac{\cos(\alpha-\beta)}{\cos(\theta+\beta)}$，故

$$G = \frac{1}{2}\gamma H^2 \sec^2\alpha \frac{\cos(\alpha-\beta)\sin(\theta+\alpha)}{\cos(\theta+\beta)} \tag{4-2}$$

将式（4-2）代入式（4-1），得：

$$E_a = \frac{1}{2}\gamma H^2 \sec^2\alpha \frac{\cos(\alpha-\beta)\sin(\theta+\alpha)}{\cos(\theta+\beta)}\frac{\cos(\theta+\varphi)}{\sin(\theta+\psi)} \tag{4-3}$$

令 $A = \dfrac{1}{2}H^2 \sec^2\alpha \cos(\alpha-\beta)$，则

$$E_a = \gamma A \frac{\sin(\theta+\alpha)\cos(\theta+\varphi)}{\cos(\theta+\beta)\sin(\theta+\psi)} \tag{4-4}$$

当参数 γ、φ、δ、α、β 固定时，E_a 随破裂面的位置而变化，即 E_a 是破裂角 θ 的函数。为求主动土压力 E_a，首先要求对应于主动土压力时的破裂角 θ。取 $dE_a/d\theta = 0$，得：

$$\gamma A\left[\frac{\cos(\theta+\varphi)}{\sin(\theta+\psi)}\frac{\cos(\theta+\beta)\cos(\theta+\alpha)+\sin(\theta+\beta)\sin(\theta+\alpha)}{\cos^2(\theta+\beta)} - \right.$$
$$\left.\frac{\sin(\theta+\alpha)}{\cos(\theta+\beta)}\frac{\sin(\theta+\psi)\sin(\theta+\varphi)+\cos(\theta+\psi)\cos(\theta+\varphi)}{\sin^2(\theta+\psi)}\right] = 0$$

整理化简后得：

$$P\tan^2\theta + Q\tan\theta + R = 0$$

$$\tan\theta = \frac{-Q \pm \sqrt{Q^2 - 4PR}}{2P} \tag{4-5}$$

式中，$P = \cos\alpha\sin\beta\cos(\psi-\varphi) - \sin\varphi\cos\psi\cos(\alpha-\beta)$；$Q = \cos(\alpha-\beta)\cos(\psi+\varphi) - \cos(\psi-\varphi)\cos(\alpha+\beta)$；$R = \cos\varphi\sin\psi\cos(\alpha-\beta) - \sin\alpha\cos(\psi-\varphi)\cos\beta$。

将式（4-5）求得的 θ 值代入式（4-4），即可求得主动土压力 E_a 值。主动土压力 E_a 也可用下式表示：

$$E_a = \frac{1}{2}\gamma H^2 K_a = \frac{1}{2}\gamma H^2 \frac{\cos^2(\varphi-\alpha)}{\cos^2\alpha\cos(\alpha+\delta)\left[1 + \sqrt{\frac{\sin(\varphi+\delta)\sin(\varphi-\beta)}{\cos(\alpha+\delta)\cos(\alpha-\beta)}}\right]^2} \tag{4-6}$$

式中　γ——墙后填土的重度（kN/m^3）；
　　　H——挡土墙高度（m）；
　　　K_a——主动土压力系数；
　　　φ——填土的内摩擦角（°）；
　　　α——墙背倾斜角（°），俯斜墙背 α 为正，仰斜墙背 α 为负；
　　　δ——墙背与填土间的摩擦角（°）；
　　　β——墙后填土表面的倾斜角（°）。

土压力的水平和垂直分力为

$$\begin{aligned} E_x &= E_a\cos(\alpha+\delta) \\ E_y &= E_a\sin(\alpha+\delta) \end{aligned} \tag{4-7}$$

2. 破裂面交于路基顶面（图 4-23）

破裂面交于路基顶面不同位置主要涉及路基顶面交通荷载等效土柱作用与破裂棱体的断面面积的计算关系。

（1）破裂面交于荷载中部（图 4-23a）　由于破裂面交于荷载中部时路基顶面交通荷载等效土柱作用是一个变量，因此重点是破裂棱体的断面面积的计算。

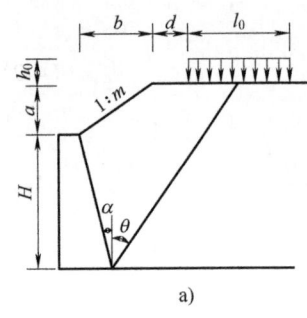 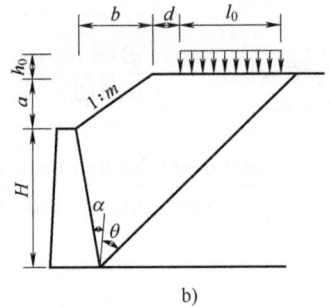 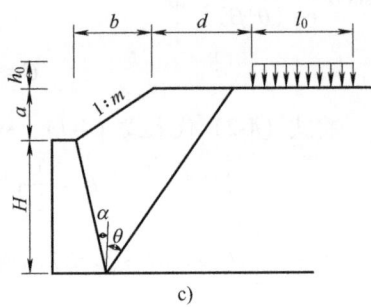

　　　　　　a)　　　　　　　　　　　　b)　　　　　　　　　　　　c)

图 4-23　破裂面交于路基顶面
a）交于荷载中部　b）交于荷载外侧　c）交于荷载内侧

破裂棱体的断面面积 S 为

$$\begin{aligned} S &= \frac{1}{2}(a+H)^2(\tan\theta+\tan\alpha) - \frac{1}{2}(b+a\tan\alpha)a + [(a+H)\tan\theta + H\tan\alpha - b - d]h_0 \\ &= \frac{1}{2}(a+H+2h_0)(a+H)\tan\theta - \frac{1}{2}ab - (b+d)h_0 + \frac{1}{2}H(H+2a+2h_0)\tan\alpha \end{aligned} \tag{4-8}$$

令 $A_0 = \frac{1}{2}(a+H+2h_0)(a+H)$，$B_0 = \frac{1}{2}ab + (b+d)h_0 - \frac{1}{2}H(H+2a+2h_0)\tan\alpha$，则 $S = A_0\tan\theta - B_0$。

因此，破裂棱体的重力为

$$G = \gamma(A_0\tan\theta - B_0)$$

将 G 代入式（4-1）得：

$$E_a = \gamma(A_0\tan\theta - B_0)\frac{\cos(\theta+\varphi)}{\sin(\theta+\psi)} \tag{4-9}$$

令 $\dfrac{\mathrm{d}E_a}{\mathrm{d}\theta} = 0$，即

$$\gamma\left[(A_0\tan\theta - B_0)\frac{-\sin(\theta+\psi)\sin(\theta+\varphi)-\cos(\theta+\psi)\cos(\theta+\varphi)}{\sin^2(\theta+\psi)} + \frac{A_0\cos(\theta+\varphi)}{\sin(\theta+\psi)\cos^2\theta}\right] = 0$$

经整理化简得：$\tan^2\theta + 2\tan\psi\tan\theta - \cot\varphi\tan\psi - \dfrac{B_0}{A_0}(\cot\varphi + \tan\psi) = 0$，故

$$\tan\theta = -\tan\psi \pm \sqrt{(\cot\varphi+\tan\psi)\left(\frac{B_0}{A_0}+\tan\psi\right)} \tag{4-10}$$

将式（4-10）求得的 θ 值代入式（4-9），即可求得主动土压力 E_a。

必须指出，式（4-9）和式（4-10）具有普遍意义。因为无论破裂面交于荷载中部，还是荷载的内侧或外侧，破裂棱体的断面面积 S 都可以归纳为一个表达式，即 $S = A_0\tan\theta - B_0$。式中，A_0 和 B_0 为边界条件系数。将不同边界条件下的 A_0 和 B_0 值代入式（4-10）和式（4-9）中，即可求得与之相应的破裂角和主动土压力。

（2）破裂面交于荷载外侧（图 4-23b）　破裂面交于荷载外侧时路基顶面交通荷载等效土柱作用是一个常量，破裂棱体的断面面积的计算公式为

$$\begin{cases} S = \dfrac{1}{2}(a+H)^2(\tan\theta+\tan\alpha) - \dfrac{1}{2}(b+a\tan\alpha)a + l_0 h_0 \\ = \dfrac{1}{2}(a+H)^2\tan\theta + \dfrac{1}{2}H(H+2a)\tan\alpha - \dfrac{1}{2}ab + l_0 h_0 \\ A_0 = \dfrac{1}{2}(a+H)^2 \\ B_0 = \dfrac{1}{2}ab - l_0 h_0 - \dfrac{1}{2}H(H+2a)\tan\alpha \end{cases} \tag{4-11}$$

则 $S = A_0\tan\theta - B_0$。

（3）破裂面交于荷载内侧（图 4-23c）　破裂面交于荷载内侧时不用考虑路基顶面交通荷载等效土柱作用。在式（4-8）或式（4-11）中，令 $h_0 = 0$，则

$$\begin{cases} S = A_0\tan\theta - B_0 \\ A_0 = \dfrac{1}{2}(a+H)^2 \\ B_0 = \dfrac{1}{2}ab - \dfrac{1}{2}H(H+2a)\tan\alpha \end{cases} \tag{4-12}$$

3. 破裂面交于外边坡（图 4-24）

破裂面交于外边坡时主要是破坏棱体的面积的计算方法需要重点考虑。根据图 4-24 中破坏棱体的相对关系可知：

$$AB = b + L + (H+a)\cot\beta_1 - H\tan\alpha$$

$$BC = AB\frac{\sin(90°-\theta)}{\sin(90°+\theta-\beta_1)} = AB\frac{\cos\theta}{\cos(\theta-\beta_1)}$$

$$CD = BC\sin\beta_1 = AB\frac{\cos\theta\sin\beta_1}{\cos(\theta-\beta_1)}$$

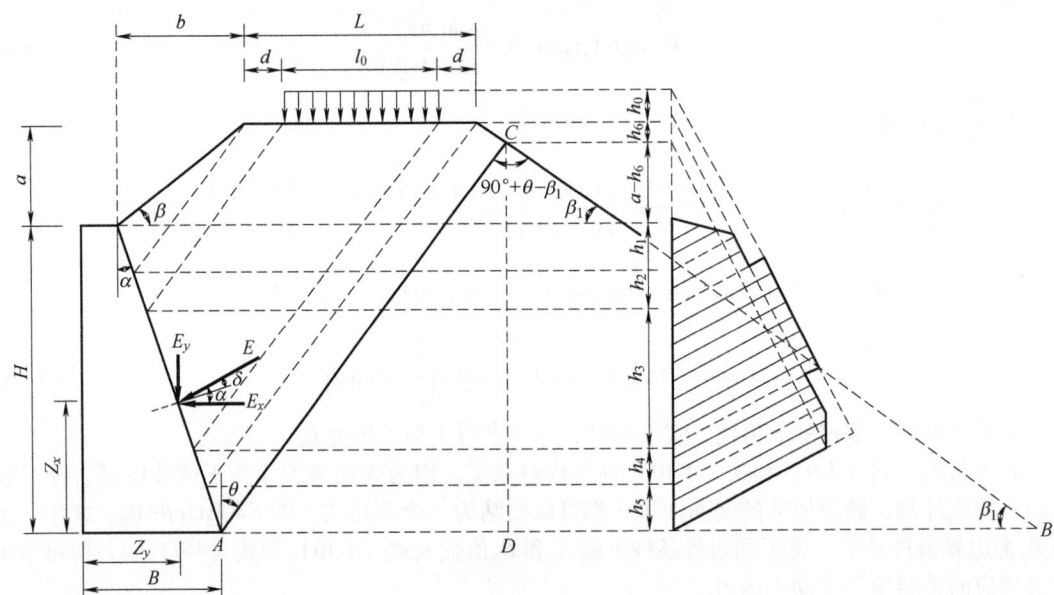

图 4-24 破裂面交于外边坡

△ABC 的面积为

$$S_{\triangle ABC} = \frac{1}{2}AB \cdot CD = \frac{1}{2}[b+L+(H+a)\cot\beta_1 - H\tan\alpha]^2\frac{\cos\theta\sin\beta_1}{\cos(\theta-\beta_1)}$$

因此,破坏棱体的面积 S 为

$$S = (H+a)(b+L) + \frac{1}{2}(a+H)^2\cot\beta_1 - \frac{1}{2}ab - \frac{1}{2}H^2\tan\alpha + l_0h_0 -$$

$$\frac{1}{2}[b+L+(H+a)\cot\beta_1 - H\tan\alpha]^2\frac{\cos\theta\sin\beta_1}{\cos(\theta-\beta_1)}$$

$$= -\frac{1}{2}[b+L+(H+a)\cot\beta_1 - H\tan\alpha]^2\frac{\cos\theta\sin\beta_1}{\cos(\theta-\beta_1)} +$$

$$\frac{1}{2}\{(H+a)[2(b+L)+(H+a)\cot\beta_1] - ab - H^2\tan\alpha\} + l_0h_0$$

令 $A_0 = -\frac{1}{2}[b+L+(H+a)\cot\beta_1 - H\tan\alpha]^2\sin\beta_1$

$$B_0 = \frac{1}{2}\{(H+a)[2(b+L)+(H+a)\cot\beta_1] - ab - H^2\tan\alpha\} + l_0h_0$$

则

$$S = A_0\frac{\cos\theta}{\cos(\theta-\beta_1)} + B_0$$

$$G = \gamma S = \gamma\left[A_0\frac{\cos\theta}{\cos(\theta-\beta_1)} + B_0\right]$$

$$E_a = \gamma\left[A_0\frac{\cos\theta}{\cos(\theta-\beta_1)} + B_0\right]\frac{\cos(\theta+\varphi)}{\sin(\theta+\psi)} \tag{4-13}$$

令 $\dfrac{dE_a}{d\theta}=0$，则

$$\gamma\left[\left(A_0\dfrac{\cos\theta}{\cos(\theta-\beta_1)}+B_0\right)\dfrac{-\sin(\theta+\psi)\sin(\theta+\varphi)-\cos(\theta+\psi)\cos(\theta+\varphi)}{\sin^2(\theta+\psi)}+\right.$$

$$\left.A_0\dfrac{\cos(\theta+\varphi)}{\cos(\theta+\psi)}\dfrac{-\cos(\theta-\beta_1)\sin\theta+\sin(\theta-\beta_1)\cos\theta}{\cos^2(\theta-\beta_1)}\right]=0$$

经整理化简得：

$$P\tan^2\theta+Q\tan\theta+R=0$$

$$\tan\theta=\dfrac{-Q\pm\sqrt{Q^2-4PR}}{2P} \tag{4-14}$$

式中，$P=-A_0\sin\beta_1\sin\varphi\cos\psi+B_0\cos(\psi-\varphi)\sin^2\beta_1$；$Q=2A_0\sin\beta_1\cos\varphi\cos\psi+B_0\cos(\psi-\varphi)\sin^2\beta_1$；$R=\cos\beta_1\cos(\psi-\varphi)(A_0+B_0\cos\beta_1)+A_0\sin^2\beta_1\cos\varphi\sin\psi$。

以上是路堤挡土墙俯斜墙背的几种计算图式，荷载布置在行车道上。这些公式也可以应用于其他类型的挡土墙：①当为路肩墙时，式中 $a=b=0$。②对于俯斜墙背，α 取正值；垂直墙背，α 为零；仰斜墙背，α 取负值。③当荷载沿路肩边缘布置时，取 $d=0$。

计算挡土墙压力 E_a，首先要确定产生最大土压力的破裂面，求出破裂角 θ。但是这一点事先并不知道，必须进行试算。试算时，通常先假定破裂面位置通过荷载中心，按此图式及相应的计算公式算出 θ 角，与原假定的破裂面位置做比较，看是否相符。如与假定不符，应根据计算的 θ 角重新假定破裂面，重复以上计算，直至相符为止，最后根据此破裂角计算主动土压力。

4.4.3 特殊条件下库仑主动土压力的计算

1. 黏性土的土压力

当墙后填料为黏性土时，黏聚力的存在对土压力值有很大的影响，因此，在计算土压力时，应考虑黏聚力。

（1）等效内摩擦角法 由于库仑理论仅限于计算土质砂的土压力，故最简单的办法就是增大内摩擦角的计算数值，把黏聚力的影响考虑在内摩擦角这一参数内，然后按土质砂的公式计算其主动土压力。这就是所谓的等效内摩擦角法。

通常把黏质土的内摩擦角值增大 $5°\sim 10°$，作为等效内摩擦角 φ_D；或直接取等效内摩擦角值为 $30°\sim 35°$，地下水位以下为 $25°\sim 30°$。

按经验确定等效内摩擦角中，仅与一定的墙高 H 相适应，按 φ_D 设计挡土墙，对低于 H 的挡土墙偏于保守，而对高于 H 的挡土墙则偏于危险，如图 4-29 所示。为了消除这一不利因素，等效内摩擦角 φ_D 可以按换算前后土体抗剪强度相等的原则或土压力相等的原则进行计算。

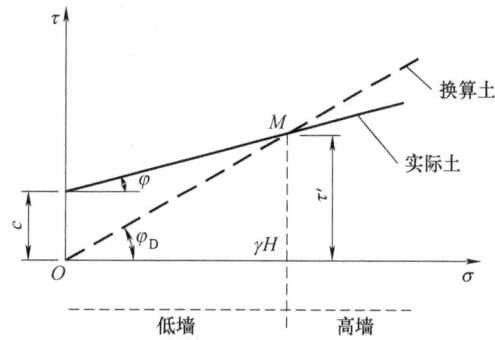

图 4-25 按土体抗剪强度相等的原则计算 φ_D

按土体抗剪强度相等的原则计算 φ_D（图 4-25）时：

$$\tan\varphi_D=\tan\varphi+\dfrac{c}{\gamma H} \tag{4-15}$$

按土压力相等的原理计算 φ_D（图 4-26）时：

$$\tan\left(45°-\frac{\varphi_D}{2}\right)=\tan\left(45°-\frac{\varphi}{2}\right)-\frac{2c}{\gamma H} \tag{4-16}$$

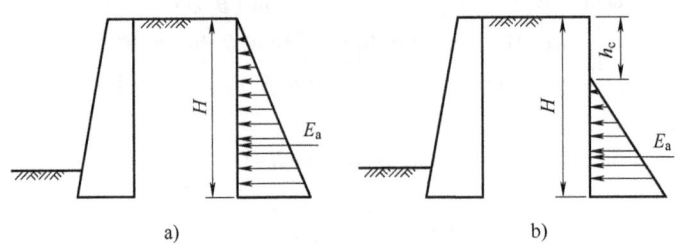

图 4-26 按土压力相等原理计算 φ_D

事实上，影响土体等效内摩擦角的因素很多，按土体抗剪强度相等或土压力相等的原理计算 φ_D，虽然考虑了土体的黏聚力 c 和墙高 H 的影响，但未能考虑挡土墙的边界条件（如填土表面倾角 β 和墙背倾角 α 等）对 φ_D 的影响。因此，要选取能真实反映黏质土抗剪强度的 φ_D 是比较困难的。最好按实际的 c、φ 值计算黏质土的主动土压力，即按力多边形法计算黏质土的主动土压力。

（2）力多边形法　力多边形法仍以库仑理论为依据，其计算图式如图 4-27 所示，其中，图 4-27b 为作用于破裂棱体 ABDEFMNA 上的各力所构成的力多边形。图中，C 为破裂面上的黏聚力，$C=\overline{BD}\cdot c$；h_c 为考虑黏聚力后，填土表面所产生的裂缝深度，$h_c=\dfrac{2c}{\gamma}\tan\left(45°+\dfrac{\varphi}{2}\right)$。

用力多边形计算黏质土土压力时，仍然是先列出主动土压力 E_a 与试算破裂角 θ 间的函数关系 $E_a=f(\theta)$，然后取 $\dfrac{\partial E_a}{\partial \theta}=0$，即可求得破裂角 θ，并进而计算主动土压力 E_a。

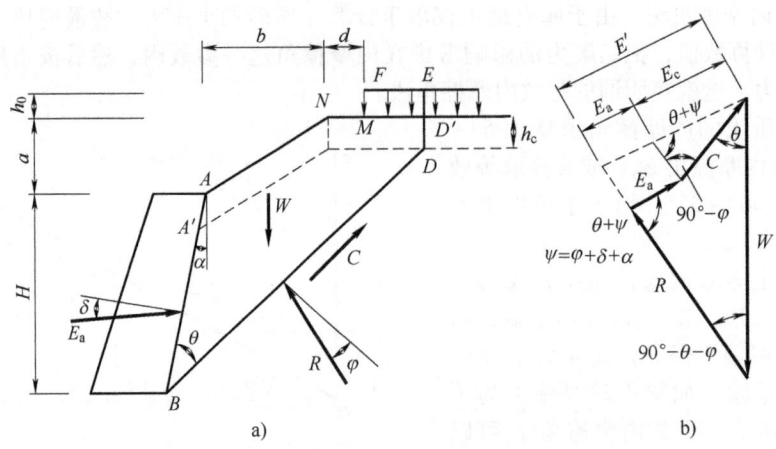

图 4-27 力多边形法求黏质土土压力

从力多边形可知，作用于墙背上的主动土压力为

$$E_a=E'-E_c \tag{4-17}$$

$$E'=W\frac{\cos(\theta+\varphi)}{\sin(\theta+\psi)} \tag{4-18}$$

$$E_c = \frac{C\cos\varphi}{\sin(\theta+\psi)} \tag{4-19}$$

式中 E'——当 $c=0$ 时的土压力（kN）；

E_c——由于黏聚力 c 的存在而减少的土压力（kN）。

根据上述关系，利用极值原理，即可求得最不利破裂角 θ 和主动土压力 E_a。

土压应力分布图可近似地假定局部荷载不影响裂缝区深度，按土质砂的方法绘制。

2. 浸水条件下的土压力

（1）填料为砂性土 计算时应考虑：浸水部分填料重度采用水中重度；浸水前后的内摩擦角不变；破裂面为平面，由于浸水后破裂位置的变动对于计算土压力的影响不大，因而不考虑浸水的影响。在此情况下 E_b 可采用不浸水时的土压力 E_a 扣除计算水位以下因浮力影响而减小的土压力 ΔE_b，如图 4-28 所示，即

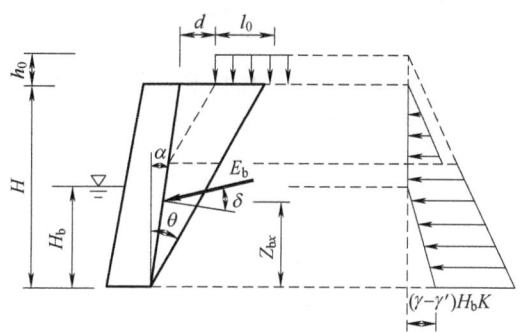

图 4-28 砂性土浸水土压力计算图式

$$\begin{cases} E_b = E_a - \Delta E_b \\ \Delta E_b = \dfrac{1}{2}(\gamma-\gamma')H_b^2 K_a \\ \gamma' = \dfrac{\gamma_0 - \gamma_w}{1+\varepsilon_0} \end{cases} \tag{4-20}$$

式中 γ'、γ——填土的浮重度和干重度（kN/m³）；

γ_w、γ_0——水及填料的重度（kN/m³），一般 $\gamma_w = 9.8$ kN/m³；

ε_0——填料的孔隙比。

土压力作用点为：$Z_{bx} = \dfrac{E_a Z_x - \Delta E_b H_b / 3}{E_b}$，$Z_x$ 为填土浸水前土压力作用点的高度（m）。

（2）填料为黏性土 计算时应考虑到黏性土的内摩擦角受水的影响不大，可认为浸水后不变，但浸水后黏聚力显著降低。计算中，应将填土的上下部分视为不同性质的土层，分层计算土压力，先求出计算水位以上填土的土压力 E_1；然后再将上层填土重力作为超载，计算浸水部分的土压力 E_2。上述两部分土压力 E_1 和 E_2 的矢量和即为全墙土压力 E_b。

在计算浸水部分的土压力 E_2 时，将上部土层（计算水位以上部分填土）及其上的荷载按浮重度 γ' 换算为均布土层，作为浸水部分的超载。均布土层的厚度 $h_b = \dfrac{\gamma}{\gamma'}(h_0 + H - H_b)$。

3. 地震作用下的土压力

地震对挡土墙的破坏主要是由水平地震力引起的，因此，在分析地震作用下的土压力时，只考虑水平方向地震力的影响。作用于破裂棱体与挡土墙重心上的最大水平地震力 P_h 为

$$P_h = C_z K_h W \tag{4-21}$$

式中 C_z——综合影响系数，$C_z = 0.25$；

K_h——水平地震力系数，见表 4-11。

地震力 P_h 与破裂棱体自重 W 的合力 W_s（图 4-29c）为

$$W_s = \frac{W}{\cos\theta_s} \tag{4-22}$$

式中 θ_s——地震角，$\theta_s = \arctan(C_z K_h)$，实际应用可按表 4-11 取值。

表 4-11 水平地震力系数与地震角

基本烈度		7	8	9
K_h		0.1	0.2	0.4
地震角 θ_s	非浸水	1°30′	3°	6°
	浸水	2°30′	5°	10°

已知地震力与破裂棱体自重的合力 W_s 的大小与方向,并且假定在地震条件下土的内摩擦角 φ 与墙背摩擦角 δ 不变,则墙后破裂棱体上的平衡力系如图 4-29a 所示。

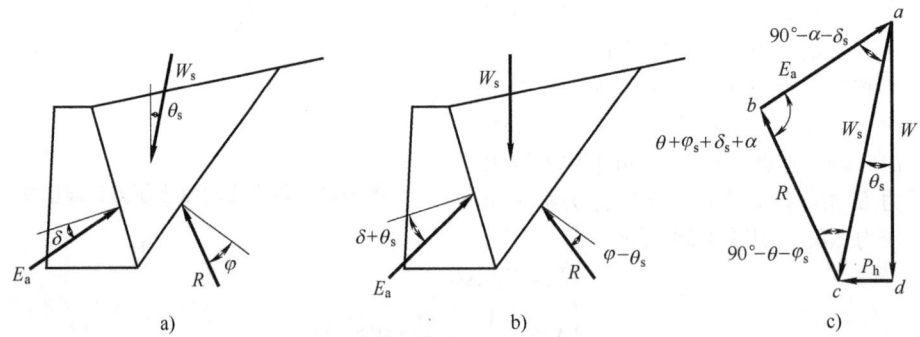

图 4-29 地震土压力计算图式

若保持挡土墙和墙后棱体位置不变将整个平衡力系转动 θ_s 角,使 W_s 位于竖直方向(图 4-29b),由于没有改变平衡力系中三力间的相互关系,即没有改变图 4-29c 中的力三角形 abc,则这种改变并不影响对 E_a 的求算。由图 4-29b 可以看出,只要用 $\gamma_s = \gamma/\cos\theta_s$,$\delta_s = \delta + \theta_s$,$\varphi_s = \varphi - \theta_s$ 取代 γ、δ、φ 值,地震作用下的力三角形 abc 与一般情况下的力三角形完全相似。因此,可直接采用一般库仑土压力公式计算地震作用下的土压力。

按上述方法计算时,必须满足 $\alpha + \delta + \theta_s < 90°$,$\varphi \geq \beta - \theta_s$。必须指出在用静力法求得地震土压力 E_a 后,在计算 E_x 和 E_y 时,仍应采用实际墙背摩擦角 δ,而不应用 δ_s。

对于路肩墙还可以按下式计算作用于距墙踵以上 $0.4H$ 处的地震土压力 E_a。

$$E_a = \frac{1}{2}\gamma H^2 K_a (1 + 3C_i C_z K_h \tan\varphi) \qquad (4-23)$$

式中 C_i——重要性修正系数,见表 4-12。

表 4-12 重要性修正系数

公路等级及墙高 H	C_i	公路等级及墙高 H	C_i
高速公路、一级公路,$H>10$m	1.7	二级、三级公路,$H>10$m	1.0
高速公路、一级公路,$H\leq 10$m	1.3	二级、三级公路,$H\leq 10$m	0.6

4. 车辆荷载作用下的土压力

墙背填土表面常有车辆荷载作用,使土体中产生附加的竖向应力,从而产生附加的侧向压力。土压力计算时,对于作用于墙背填土表面的车辆荷载可以近似地按均布荷载考虑,并将其换算为重度与墙背填土相同的均布土层。

换算均布土层厚度 h_0(m)可直接由挡土墙高度确定的附加荷载强度计算,如图 4-30 所示,即

$$h_0 = \frac{q}{\gamma} \tag{4-24}$$

式中 γ——墙背填土的重度（kN/m^3）；

q——附加荷载强度（kPa），按表 4-13 取值。

表 4-13 附加荷载强度 q

墙高 H/m	q/kPa	墙高 H/m	q/kPa
≤2.0	20.0	≥10.0	10.0

注：当 H = 2.0~10.0m 时，q 可按线性内插法确定。

5. 人群荷载作用下的土压力

作用于墙背填土表面的人群荷载等，也会产生附加的侧向压力。与车辆荷载一样，近似地按均布荷载考虑，并按下式换算成等代均布土层厚度 h'_0，由此计算人群荷载引起的附加侧向压力。

$$h'_0 = \frac{q_r}{\gamma} \tag{4-25}$$

式中 q_r——作用于墙背填土上的人群荷载标准值（kN/m^2）。

作用于墙顶或墙背填土上的人群荷载 q_r 一般可按 $3kN/m^2$ 考虑，城郊行人密集区可参照所在地区城市桥梁设计规范的规定采用，或取上述规定值的 1.15 倍。

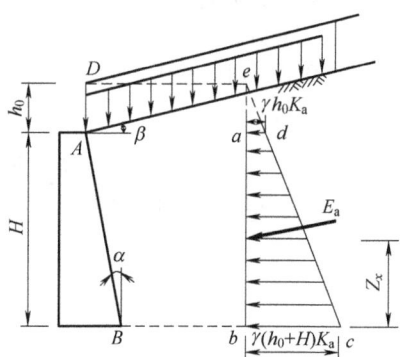

图 4-30 均布荷载换算图式

4.4.4 被动土压力计算

根据库仑理论，按照推导主动土压力公式的原理[参见式（4-6）]，由图 4-31 可得当地面为平面时的被动土压力公式：

$$E_p = \frac{1}{2}\gamma H^2 K_p \tag{4-26}$$

$$K_p = \frac{\cos^2(\varphi+\alpha)}{\cos^2\alpha\cos(\alpha-\beta)\left[1-\sqrt{\frac{\sin(\varphi+\delta)\sin(\varphi+\beta)}{\cos(\alpha-\delta)\cos(\alpha-\beta)}}\right]^2}$$

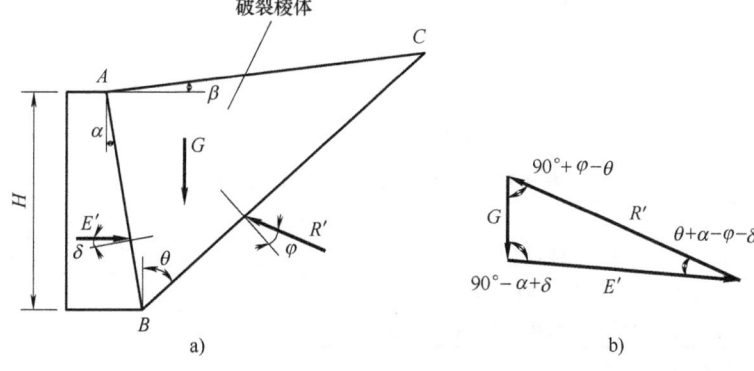

图 4-31 库仑被动土压力的计算
a）破裂棱体 b）力三角形

实践表明，用库仑理论计算的被动土压力，常常有很大的偏于不安全的误差，其误差还随着土的内摩擦角 φ 的增大而迅速增大。因此，在许多情况下，式（4-26）不能被采用。

应当指出，被动极限状态的产生，要求土体产生较大的变形，而这对一般的建筑物来说通常不允许。因此，当建筑物的设计要求考虑土的被动抗力时，应对被动土压力的计算值进行大幅度的折减。

4.5 挡土墙分类及设计

4.5.1 挡土墙的荷载分类及组合

挡土墙的设计荷载分类见表 4-14。常用荷载（或作用）组合见表 4-15。作用在一般地区挡土墙上的力，可只计算永久荷载（或作用）和基本可变荷载（或作用）；浸水地区、地震动峰值加速度值为 $0.2g$ 及以上的地区、产生冻胀力的地区，还应计算其他可变荷载（或作用）和偶然荷载（或作用）。

表 4-14 挡土墙的设计荷载分类

荷载（或作用）分类		荷载（或作用）名称
永久荷载（或作用）		挡土墙结构重力
		填土（包括基础襟边以上土）重力
		填土侧压力
		墙顶上的有效永久荷载
		墙顶与第二破裂面之间的有效荷载
		计算水位的浮力及静水压力
		预加力
		混凝土收缩及徐变
		基础变位影响力
可变荷载（或作用）	基本可变荷载（或作用）	车辆荷载引起的土侧压力
		人群荷载、人群荷载引起的土侧压力
	其他可变荷载（或作用）	水位退落时的动水压力
		流水压力
		波浪压力
		冻胀压力和冰压力
		温度影响力
	施工荷载	与各类挡土墙施工有关的临时荷载
偶然荷载（或作用）		地震作用力
		滑坡、泥石流作用力
		作用于墙顶护栏上的车辆碰撞力

表 4-15 常用荷载（或作用）组合

组　合	荷载（或作用）名称
Ⅰ	挡土墙结构重力、墙顶上的有效永久荷载、填土重力、填土侧压力及其他永久荷载组合
Ⅱ	组合Ⅰ与基本可变荷载相组合
Ⅲ	组合Ⅱ与其他可变荷载、偶然荷载相组合

注：1. 洪水与地震力不同时考虑。
　　2. 冻胀力、冰压力与流水压力或波浪压力不同时考虑。
　　3. 车辆荷载与地震力不同时考虑。

4.5.2 挡土墙的设计原则

挡土墙设计计算采用以极限状态设计的分项系数法为主的设计方法。当结构的整体或一部分超过某一特定状态时，结构就不能满足所规定的功能要求，此特定状态称为极限状态。挡土墙设计极限状态分为承载力极限状态和正常使用极限状态。

承载力极限状态是指当挡土墙出现以下任何一种状态，即认为超过了承载力极限状态：
1）整个挡土墙或挡土墙的一部分作为刚体而失去平衡。
2）挡土墙构件或连接部件因超过材料强度而破坏，或因过度塑性变形而不适于继续承载。
3）挡土墙结构变为机动体系或局部丧失稳定。

正常使用极限状态是指挡土墙出现下列状态之一时，即认为超过了正常使用极限状态：
1）影响正常使用或影响外观的过大变形状态。
2）影响正常使用或耐久性的局部破坏（包括裂缝）。
3）影响正常使用的其他特定状态。

极限状态的设计原则是荷载效应的不利组合的设计值小于或等于结构抗力效应的设计值，不同荷载组合采用相应的不同荷载系数和抗力安全系数，其一般表达式为

$$\gamma_0 S \leqslant R(\,\cdot\,) \tag{4-27}$$

$$R(\,\cdot\,) = R\!\left(\frac{R_k}{\gamma_f}, \alpha_d\right) \tag{4-28}$$

式中 γ_0——结构重要性系数，按表 4-16 的规定选用；
S——作用（或荷载）效应的组合设计值；
$R(\,\cdot\,)$——挡土墙结构抗力函数；
R_k——抗力材料的强度标准值；
γ_f——结构材料、岩土性能的分项系数，按表 4-17 的规定选用；
α_d——结构或结构构件几何参数的设计值，当无可靠数据时，可采用几何参数标准值。

表 4-16 结构重要性系数 γ_0

墙高/m	公路等级	
	高速公路、一级公路	二级及以下公路
≤5.0	1.0	0.95
>5.0	1.05	1.0

挡土墙按承载力极限状态设计时，各项荷载效应分项系数按表 4-17 取值。

表 4-17 承载力极限状态荷载（或作用）效应分项系数

情况	荷载增大对挡土墙结构起有利作用时		荷载增大对挡土墙结构起不利作用时	
组合	Ⅰ，Ⅱ	Ⅲ	Ⅰ，Ⅱ	Ⅲ
垂直恒荷载 γ_G	0.90		1.20	
恒荷载或车辆荷载、人群荷载的主动土压力 γ_{Q1}	1.00	0.95	1.40	1.30
被动土压力 γ_{Q2}	0.30		0.50	
水浮力 γ_{Q3}	0.95		1.10	
静水压力 γ_{Q4}	0.95		1.05	
动水压力 γ_{Q5}	0.95		1.20	
地震力 γ_{Q6}	0.90		1.10	

挡土墙按正常使用极限状态设计时，通常采用表4-17所列的各分项系数；当γ_G取为0.90或1.20时，滑动稳定方程计算结果与总安全系数法比较，安全度水平提高或降低过大，故采用1.1；当γ_G取为0.90时，抗倾覆稳定方程验算与总安全系数法比较，安全度水平略有下降，且最大负误差超过10%，故取$\gamma_G=0.8$较适宜；当对挡土墙进行基础合力偏心距计算时，除被动土压力γ_{Q2}采用0.30外，其他全部荷载系数规定采用1.00。

4.5.3 挡土墙设计

1. 挡土墙的破坏形式及稳定性要求

重力式挡土墙的破坏形式及原因如下：
1) 由于基础滑动而造成的破坏。
2) 由于绕墙趾转动所引起的倾覆。
3) 因基础产生过大或不均匀沉陷而引起的墙身倾斜。
4) 因墙身材料强度不足而产生的墙身剪切破坏。
5) 沿通过墙踵的某一滑动圆弧的浅层剪切破坏和沿基地下某一深度（如通过软土下卧层底面）的滑弧的深层剪切破坏。

为避免挡土墙发生上述破坏，保证其具有足够的整体稳定性和强度，设计挡土墙时，一般均应验算沿基底的滑动稳定性，绕墙趾转动的倾覆稳定性，基底应力和偏心距，以及墙身断面的强度。如地基有软弱下卧层存在，还需验算沿基底下某一可能的滑动面滑动的稳定性。

2. 抗滑稳定性验算

为保证挡土墙抗滑稳定性，应验算在土压力及其他外力作用下，基底摩擦阻力抵抗挡土墙滑移的能力，如图4-32所示。

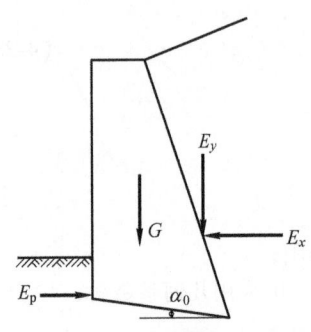

图4-32 挡土墙的抗滑稳定性

挡土墙的抗滑稳定性应满足下式（滑动稳定方程）要求：

$$[1.1G+\gamma_{Q1}(E_y+E_x\tan\alpha_0)-\gamma_{Q2}E_p\tan\alpha_0]\mu+$$
$$(1.1G+\gamma_{Q1}E_y)\tan\alpha_0-\gamma_{Q1}E_x+\gamma_{Q2}E_p>0 \quad (4-29)$$

式中 G——作用于基底以上的重力（kN），浸水挡土墙的浸水部分应计入浮力；

E_y——墙后主动土压力的竖向分量（kN）；

E_x——墙后主动土压力的水平分量（kN）；

E_p——墙前被动土压力的水平分量（kN），当为浸水挡土墙时，$E_p=0$；

α_0——基底倾斜角（°），基底为水平时，$\alpha_0=0$；

γ_{Q1}、γ_{Q2}——主动土压力分项系数、墙前被动土压力分项系数，可按表4-17选用；

μ——基底与基底土间的摩擦系数，当缺乏可靠试验资料时，可按表4-18的规定选用。

表4-18 基底与基底土间的摩擦系数μ

地基土的分类	摩擦系数μ	地基土的分类	摩擦系数μ
软塑黏土	0.25	碎石类土	0.50
硬塑黏土	0.30	软质岩石	0.40~0.60
砂类土、黏砂土、半干硬的黏土	0.30~0.40	硬质岩石	0.60~0.70
砂类土	0.40		

抗滑稳定系数K_c按下式计算：

$$K_c=\frac{[N+(E_x-E'_p)\tan\alpha_0]\mu+E'_p}{E_x-N\tan\alpha_0} \quad (4-30)$$

式中　K_c——抗滑稳定系数，其取值不小于表 4-19 的规定值；
　　　N——作用于基底上合力的竖向分力（kN），浸水挡土墙应计浸水部分的浮力；
　　　E'_p——墙前被动土压力水平分量的 0.3 倍（kN）。
其余符号意义同前。

3. 抗倾覆稳定性验算

为保证挡土墙抗倾覆稳定性，须验算其抵抗墙身绕墙趾向外转动倾覆的能力，如图 4-33 所示。

挡土墙的抗倾覆稳定性应满足下式（倾覆稳定方程）要求：

$$0.8GZ_G + \gamma_{Q1}(E_y Z_y - E_x Z_x) + \gamma_{Q2}E_p Z_p > 0 \quad (4\text{-}31)$$

式中　Z_G——墙身重力、基础重力、基础上填土的重力及作用于墙顶的其他荷载的竖向力合力重心到墙趾的距离（m）；
　　　Z_y——墙后主动土压力的竖向分量到墙趾的距离（m）；
　　　Z_x——墙后主动土压力的水平分量到墙趾的距离（m）；
　　　Z_p——墙前被动土压力的水平分量到墙趾的距离（m）。
其余符号意义同前。

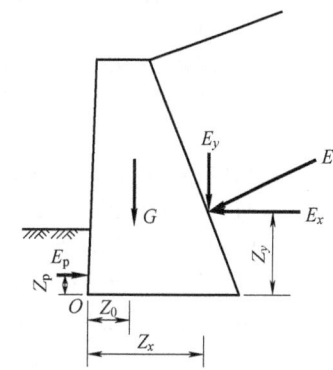

图 4-33　挡土墙的抗倾覆稳定性

抗倾覆稳定系数 K_0 按下式计算：

$$K_0 = \frac{GZ_G + E_y Z_y + E'_p Z_p}{E_x Z_x} \quad (4\text{-}32)$$

式中符号意义同前。

抗倾覆稳定系数 K_0 应不小于表 4-19 的规定值。设置于不良土质地基、表土下为倾斜基岩地基及斜坡上的挡土墙，应进行挡土墙地基及填土的整体稳定性验算，其稳定系数不应小于 1.25。

表 4-19　抗滑动和抗倾覆的稳定系数

荷载情况	验算项目	稳定系数	
荷载组合Ⅰ、Ⅱ	抗滑动	K_c	1.3
	抗倾覆	K_0	1.5
荷载组合Ⅲ	抗滑动	K_c	1.3
	抗倾覆	K_0	1.3
施工阶段验算	抗滑动	K_c	1.2
	抗倾覆	K_0	1.2

4. 基底合力的偏心距和基底应力验算

（1）基底合力的偏心距验算　基底合力的偏心距 e_0 可按下式计算：

$$e_0 = \frac{M_d}{N_d} \quad (4\text{-}33)$$

式中　M_d——作用于基底形心的弯矩组合设计值（MPa）；
　　　N_d——作用于基底上的垂直力组合设计值（kN/m）。

基底合力的偏心距 e_0，对于土质地基不应大于 $B/6$，对于岩石地基不应大于 $B/4$。

（2）基底应力验算　基底应力 σ 按下列公式计算：

$$当 |e| \leq \frac{B}{6} 时 \quad \sigma_{1,2} = \frac{N_d}{A}\left(1 \pm \frac{6e}{B}\right) \quad (4\text{-}34)$$

位于岩石地基上的挡土墙：

当 $e > \dfrac{B}{6}$ 时，$\sigma_1 = \dfrac{2N_d}{3a_1}$，$\sigma_2 = 0$ (4-35)

$$a_1 = \dfrac{B}{2} - e_0$$

式中 A——基础底面每延米的面积（m^2），矩形基础为基础宽度 $B \times 1m$；

B——基底宽度（m），倾斜基底为其斜宽；

σ_1——墙趾处的压应力（kPa）；

σ_2——墙踵处的压应力（kPa）。

其余符号意义同前。

基底压应力不应大于地基的容许承载力 $[f_a]$；地基容许承载力值可按《公路桥涵地基与基础设计规范》（JTG 3363—2019）的规定采用，当为荷载（或作用）组合Ⅲ及施工荷载，且 $[f_a] > 150kPa$ 时，可提高 25%。

上述挡土墙地基计算时，各类荷载（或作用）组合下，作用效应组合设计值计算式中的作用分项系数，除被动土压力分项系数 $\gamma_{Q2} = 0.30$ 外，其余作用（或荷载）的分项系数规定均为 1.00。

5. 墙身截面强度验算

根据《公路桥涵设计通用规范》（JTG D60—2015）的规定，当构件采用分项安全系数的极限状态设计时，荷载效应不利组合的设计值应小于或等于结构抗力效应的设计值。重力式挡土墙按承载力极限状态设计时，在某一类荷载（或作用）效应组合下，荷载（或作用）效应的组合设计值按下式计算：

$$S = \psi_{ZL}(\gamma_G \sum S_{Gik} + \sum \gamma_{Qi} S_{Qik})$$ (4-36)

式中 S——荷载（或作用）效应的组合设计值；

γ_G、γ_{Qi}——荷载（或作用）的分项系数，按表 4-17 采用；

S_{Gik}——第 i 个垂直恒荷载的标准值效应；

S_{Qik}——侧向土压力、水浮力、静水压力和其他可变荷载（或作用）的标准值效应；

ψ_{ZL}——荷载效应组合系数，按表 4-20 采用。

表 4-20 荷载效应组合系数 ψ_{ZL}

荷载组合	ψ_{ZL}	荷载组合	ψ_{ZL}
Ⅰ，Ⅱ	1.0	施工荷载	0.7
Ⅲ	0.8		

挡土墙构件轴心或偏心受压时，正截面强度按下式计算：

$$\gamma_0 N_d \leqslant \dfrac{\alpha_k A R_a}{\gamma_f}$$ (4-37)

式中 γ_0——重要性系数；

N_d——验算截面上的轴向力组合设计值（kN）；

α_k——轴向力偏心影响系数，按下式计算；

A——挡土墙构件的计算截面面积（m^2）；

R_a——材料抗压极限强度（kN）；

γ_f——圬工构件或材料的抗力分项系数，按表 4-21 取用。

$$\alpha_k = \dfrac{1 - 256\left(\dfrac{e_0}{B}\right)^8}{1 + 12\left(\dfrac{e_0}{B}\right)^2}$$ (4-38)

式中，e_0 为轴向力的容许偏心距（m），用公式 $e = \left|\dfrac{M_0}{N_0}\right|$ 计算确定，且应满足表 4-22 的要求。其中，N_0 和 M_0 分别为某一类荷载（或作用）组合下作用于计算截面上的轴向力的合力和荷载（或作用）对计算截面形心的总力矩。

表 4-21 圬工构件或材料的抗力分项系数 γ_f

圬工种类	受力情况	
	受压	受弯、剪、拉
石料	1.85	2.31
片石砌体、片石混凝土砌体	2.31	2.31
块石、粗料石、混凝土预制块、砖砌体	1.92	2.31
混凝土	1.54	2.31

表 4-22 重力式挡土墙容许偏心距 e_0

荷载组合	容许偏心距	荷载组合	容许偏心距
Ⅰ，Ⅱ	0.25B	施工荷载	0.33B
Ⅲ	0.3B		

注：B 为沿力矩转动方向的矩形截面计算宽度。

重力式挡土墙的墙身截面尺寸较大，一般情况下不受稳定性控制，但对于细高（高宽比 $H/B \geqslant 10$）的挡土墙截面，则应按下端固定、上端自由的计算图式进行正截面验算，即用下式进行计算：

$$\gamma_0 N_d \leqslant \dfrac{\psi_k \alpha_k A R_a}{\gamma_f} \tag{4-39}$$

式中　ψ_k——偏心受压构件在弯曲平面内的纵向弯曲系数，按式（4-40）计算确定；轴心受压构件的纵向弯曲系数，可采用表 4-23 的规定。

$$\beta_s = \dfrac{2H}{B}, \psi_k = \dfrac{1}{1 + \alpha_s \beta_s (\beta_s - 3)\left[1 + 16\left(\dfrac{e_0}{B}\right)^2\right]} \tag{4-40}$$

式中　α_s——与材料有关的系数，按表 4-24 采用。

偏心受压构件除验算弯曲平面内的纵向稳定外，还应按轴心受压构件验算非弯曲平面内的稳定。

表 4-23 轴心受压构件纵向弯曲系数 ψ_k

2H/B	混凝土构件	砌体砂浆强度等级	
		M10、M7.5、M5	M2.5
≤3	1.00	1.00	1.00
4	0.99	0.99	0.99
6	0.96	0.96	0.96
8	0.93	0.93	0.91
10	0.88	0.88	0.85
12	0.82	0.82	0.79
14	0.76	0.76	0.72
16	0.71	0.71	0.66

(续)

2H/B	混凝土构件	砌体砂浆强度等级	
		M10, M7.5, M5	M2.5
18	0.65	0.65	0.60
20	0.60	0.60	0.54
22	0.54	0.54	0.49
24	0.50	0.50	0.44
26	0.46	0.46	0.40
28	0.42	0.42	0.36
30	0.38	0.38	0.33

表 4-24 α_s 取值

圬工名称	浆砌砌体采用的砂浆强度等级			混凝土
	M10, M7.5, M5	M2.5	M1	
α_s	0.002	0.0025	0.004	0.002

6. 增加挡土墙稳定性的措施

(1) 增加抗滑稳定性的方法

1) 采用倾斜基底（图 4-34）。采用向内倾斜的基底，可以增加抗滑力和减小滑动力，从而增加抗滑稳定性，这是增加挡土墙抗滑稳定性的常用方法。

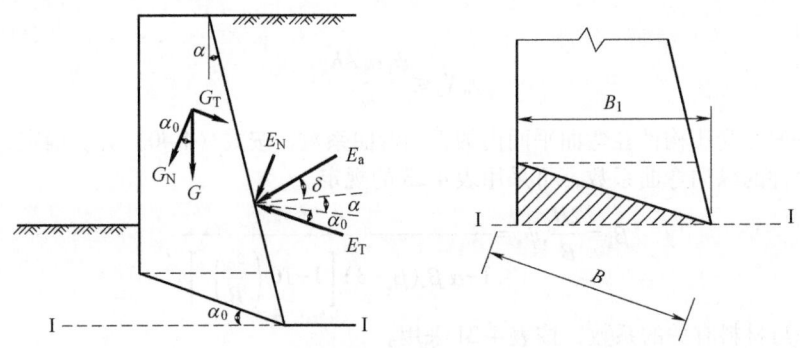

图 4-34 采用倾斜基底增加挡土墙抗滑稳定性

采用倾斜基底时，基底倾角 α_0 越大对抗滑稳定性越有利，但应考虑挡土墙连同地基土体一起滑动的可能性，因此对地基倾斜度应加以控制。通常，对土质地基，不陡于 1:5（$\alpha_0 \leq 11°19'$）；对岩石地基，不陡于 1:3（$\alpha_0 \leq 16°42'$）。

此外，在验算沿基底抗滑稳定性的同时，还应验算通过墙踵的地基水平面。

2) 采用凸榫基础（图 4-35）。在挡土墙底部设置混凝土凸榫基础的作用在于利用榫前被动土压力增加抗滑力，从而增加挡土墙的抗滑稳定性。

为了增加榫前被动阻力，应使榫前土楔不超过墙趾。同时，为防止因设凸榫而增加墙背的主动土压力，应使凸榫后缘与墙踵的连线与水平线的夹角不超过土体内摩擦角 φ。因此应将整个凸榫置于通过墙趾并与水平线成 $45°-\varphi/2$ 角线和通过墙踵并与水平线成 φ 角所形成的三角形范围内。

3) 采用人工基础。采用换土的办法，增加墙底与地基之间的摩擦系数，从而增大抗滑力，增加挡土墙的抗滑稳定性。

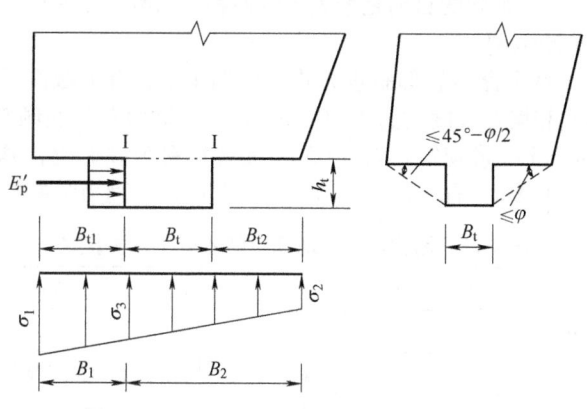

图 4-35　凸榫基础

（2）增加抗倾覆稳定性的方法　根据抗倾覆稳定系数的计算原理，应采取加大稳定力矩和减小倾覆力矩的方法增加抗倾覆稳定性。

1）展宽墙趾。展宽墙趾的作用是增大抗倾覆力矩的力臂，从而增加其抗倾覆稳定性，是增加挡土墙抗倾覆稳定性的常用方法。但是，当墙趾前地面较陡时，墙趾加宽过多，将导致墙高和圬工体积显著增加。

2）改变墙面及墙背坡度（图 4-36）。改陡墙背坡度可减小土压力，改缓墙面可增大抗倾覆力矩的力臂。但是，若墙趾前地面较陡，改缓面坡将引起基础外移，使墙高增加。

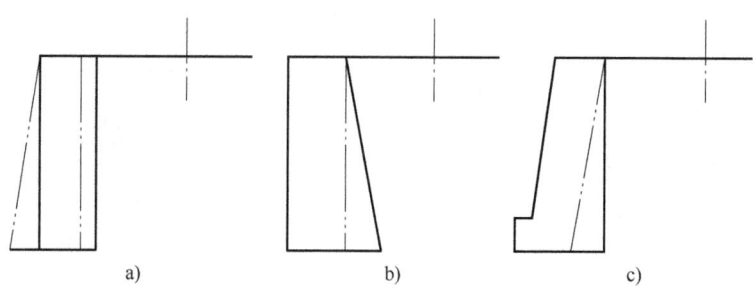

图 4-36　改变墙面及墙背坡度
a）改变胸坡　b）改陡俯斜墙背　c）改为仰斜墙背

3）改变墙身断面类型。当地面横坡较陡时，应使墙胸尽量陡立。这时可改变墙身断面类型，如改用衡重式墙或墙后加设卸载平台（图 4-37）、卸载板，以减少土压力并增加稳定力矩。

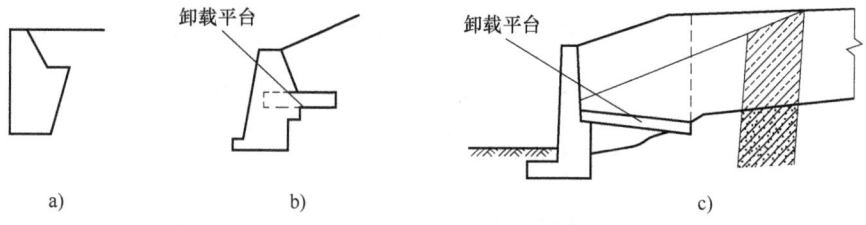

图 4-37　改变墙身断面类型

（3）提高地基承载力或减小基底应力的方法

1）采用人工基础：通过换土或人工加固地基的办法提高地基承载力。

2) 采用扩大基础：扩大基础的目的是增大承压面积，以减小基底应力。

7. 重力式挡土墙设计示例

（1）设计资料　某一级公路设置仰斜重力式路肩挡土墙，有关截面尺寸列于图 4-38 中，其中，墙高 $H=6.3\text{m}$，墙面和墙背坡度均为 $1:0.25$（$\alpha=14.04°$）；基底倾斜度 $\tan\alpha_0=1:5$（$\alpha_0=11.31°$）；墙身和基础为 M5 砂浆砌筑片石 MU50；墙背填料为砂类土，基础持力层为密实砂类土；基础顶面距天然地面 0.8m。有关墙背填料、地基和砌体物理力学参数列于表 4-25。

表 4-25　墙背填料、地基和砌体物理力学参数

填料	重度 $\gamma/(\text{kN/m}^3)$	19	M5 砂浆砌筑片石 MU50	圬工重度 $\gamma/(\text{kN/m}^3)$	23
	内摩擦角 $\varphi/(°)$	35		抗压强度 f_{cd}/kPa	710
	墙背摩擦角 $\delta/(°)$	$\varphi/2$		轴心抗拉强度 f_{td}/kPa	48
地基	重度 $\gamma/(\text{kN/m}^3)$	21		弯曲抗拉强度 f_{tmd}/kPa	72
	容许承载力 $[f_a]/\text{kPa}$	400		直接抗剪强度 f_{vd}/kPa	120
	基底摩擦系数 μ	0.4		地基土内摩擦系数 μ_n	0.8

（2）土压力计算　按表 4-25 规定，墙身高度 6.3m 的附加荷载强度 $q=14.63\text{kN/m}^2$，则等代均布土层厚度为

$$h_0=\frac{q}{\gamma}=\frac{14.63\text{kN/m}^2}{19\text{kN/m}^3}=0.77\text{m}$$

采用库仑土压力理论计算墙后填土和车辆荷载引起的主动土压力，计算图式如图 4-39 所示。

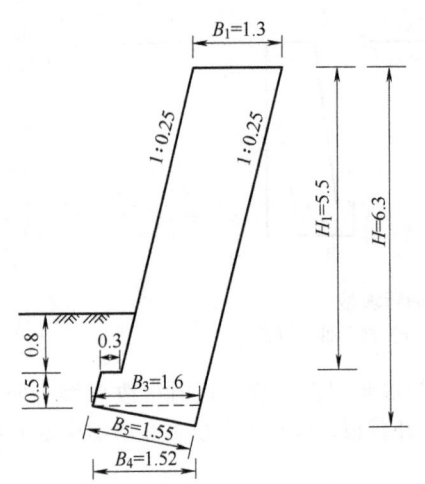
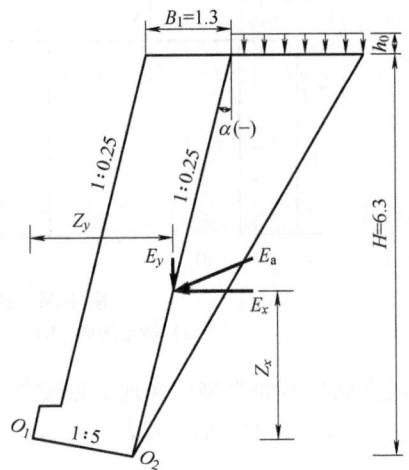

图 4-38　挡土墙截面基本尺寸（单位：m）　　图 4-39　挡土墙土压力计算图式（单位：m）

由式（4-8）可确定边界条件系数（破裂面交会于荷载中部）为

$$A_0=\frac{1}{2}(a+H+2h_0)(a+H)=\frac{1}{2}\times(6.3+2\times0.77)\times6.3=24.70$$

$$B_0=\frac{1}{2}ab+(b+d)h_0-\frac{1}{2}H(H+2a+2h_0)\tan\alpha$$

$$=-\frac{1}{2}\times6.3\times(6.3+2\times0.77)\times(-0.25)=6.17$$

其中，$a=0$，$d=0$，$b=0$。

破裂面倾角为

$$\tan\theta = -\tan\psi + \sqrt{(\cot\varphi + \tan\psi)(\tan\psi + B_0/A_0)}$$
$$= -\tan 38.46° + \sqrt{(\cot 35° + \tan 38.46°) \times (\tan 38.46° + 6.17/24.70)} = 0.7290$$
$$\theta = \arctan 0.7290 = 36.10°$$

其中，$\psi = \varphi + \alpha + \delta = 35° - 14.04° + 17.5° = 38.46°$。

作用于墙背的主动土压力为

$$E_a = \gamma(A_0\tan\theta - B_0)\frac{\cos(\theta+\varphi)}{\sin(\theta+\psi)} = 19\text{kN/m}^3 \times (24.70 \times 0.7290 - 6.17) \times \frac{\cos(36.10° + 35°)}{\sin(36.10° + 38.46°)} = 75.57\text{kN}$$

土压力的水平分力和竖向分力分别为

$$E_x = E_a\cos(\alpha+\delta) = 75.57\text{kN} \times \cos(-14.04° + 17.5°) = 75.41\text{kN}$$
$$E_y = E_a\sin(\alpha+\delta) = 75.57\text{kN} \times \sin(-14.04° + 17.5°) = 4.56\text{kN}$$

水平土压力作用点至墙趾的力臂：

$$Z_x = \frac{H(H+3h_0)}{3(H+2h_0)} = \frac{6.3\text{m} \times (6.3\text{m} + 3 \times 0.77\text{m})}{3 \times (6.3\text{m} + 2 \times 0.77\text{m})} = 2.31\text{m}$$

竖向土压力作用点至墙趾的力臂：

$$Z_y = B_4 - Z_x\tan\alpha = 1.52\text{m} - 2.31\text{m} \times (-0.25) = 2.10\text{m}$$

（3）挡土墙自重及力臂计算（图 4-40）

将挡土墙截面划分为三部分，如图 4-40 虚线所示。截面各部分对应的墙体重力及对墙趾（O_1）的力臂：

$$G_1 = \gamma_k B_1 H_1 = 23\text{kN/m}^3 \times 1.3\text{m} \times 5.5\text{m} \times 1\text{m} = 164.45\text{kN}$$
$$Z_1 = 0.3\text{m} + 0.5 \times 0.25\text{m} + (5.5 \times 0.25\text{m} + 1.3\text{m})/2 = 1.76\text{m}$$
$$G_2 = 23\text{kN/m}^3 \times 1.6\text{m} \times 0.5\text{m} \times 1\text{m} = 18.40\text{kN}$$
$$Z_2 = 0.5 \times 0.25\text{m}/2 + 1.6\text{m}/2 = 0.86\text{m}$$
$$G_3 = 23\text{kN/m}^3 \times 1.6\text{m} \times 0.30\text{m} \times 1\text{m}/2 = 5.52\text{kN}$$
$$Z_3 = \frac{2}{3} \times (1.6\text{m} + 1.52\text{m}) = 2.08\text{m}$$

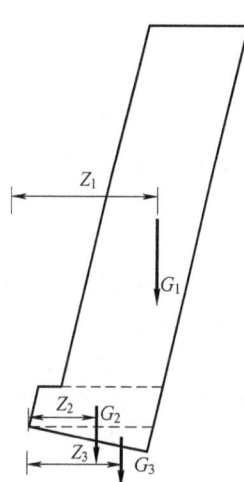

图 4-40 挡土墙自重及力臂计算示意图

墙体总重及对墙趾（O_1）的力臂：

$$G = G_1 + G_2 + G_3 = 164.45\text{kN} + 18.40\text{kN} + 5.52\text{kN} = 188.37\text{kN}$$
$$Z_G = (G_1Z_1 + G_2Z_2 + G_3Z_3)/G$$
$$= (164.45\text{kN} \times 1.76\text{m} + 18.40\text{kN} \times 0.86\text{m} + 5.52\text{kN} \times 2.08\text{m})/188.37\text{kN} = 1.68\text{m}$$

（4）抗滑稳定性验算

1) 沿基底平面滑动的稳定性验算。

① 抗滑稳定方程。滑动稳定应满足下式要求：

$$[1.1G + \gamma_{Q1}(E_y + E_x\tan\alpha_0)]\mu + (1.1G + \gamma_{Q1}E_y)\tan\alpha_0 - \gamma_{Q1}E_x > 0$$

由于土压力的作用效应增大对挡土墙结构起不利作用，故 $\gamma_{Q1} = 1.40$，则有

$$[1.1 \times 188.37\text{kN} + 1.40 \times (4.56\text{kN} + 75.41\text{kN} \times 0.2)\text{kN}] \times 0.4 +$$
$$(1.1 \times 188.37\text{kN} + 1.40 \times 4.56\text{kN}) \times 0.2 - 1.40 \times 75.41\text{kN} = 31.03\text{kN} > 0$$

② 抗滑稳定系数。

$$\sum N = G + E_y = 188.37\text{kN} + 4.56\text{kN} = 192.93\text{kN}$$
$$K_c = \frac{(\sum N + E_x\tan\alpha_0)\mu}{E_x - \sum N\tan\alpha_0} = \frac{(192.93\text{kN} + 75.41\text{kN} \times 0.2) \times 0.4}{75.41\text{kN} - 192.93\text{kN} \times 0.2} = 2.26 > 1.3$$

抗滑稳定性满足要求。

2) 沿过墙踵水平面滑动的稳定性验算（图4-41）。
计入倾斜基底与水平滑动面之间的土楔的重力 ΔG：

$$\Delta G = \frac{1}{2} \times 1.52\text{m} \times 0.3\text{m} \times 1\text{m} \times 21\text{kN/m}^3 = 4.79\text{kN}$$

① 滑动稳定方程。

$$(1.1G + \gamma_{Q1} E_y)\mu_n - \gamma_{Q1} E_x$$
$$= [1.1 \times (188.37\text{kN} + 4.79\text{kN}) + 1.40 \times 4.56\text{kN}] \times 0.8 - 1.40 \times 75.41\text{kN} = 69.51\text{kN} > 0$$

② 抗滑稳定系数。

$$K_c = \frac{(\sum N + \Delta G)\mu_n}{E_x} = \frac{(192.93\text{kN} + 4.79\text{kN}) \times 0.8}{75.41\text{kN}}$$
$$= 2.10 > 1.3$$

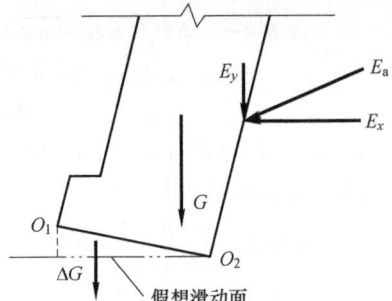

图4-41　沿过墙踵水平面滑动的稳定性验算

沿过墙踵水平面的抗滑稳定性满足要求。

（5）抗倾覆稳定性验算

1) 倾覆稳定方程。抗倾覆稳定性应满足下式要求：

$$0.8 G Z_G + \gamma_{Q1}(E_y Z_y - E_x Z_x) > 0$$

即

$$0.8 \times 188.37\text{kN} \times 1.68\text{m} + 1.40 \times (4.56\text{kN} \times 2.10\text{m} - 75.41\text{kN} \times 2.31\text{m}) = 22.70\text{kN} \cdot \text{m} > 0$$

2) 抗倾覆稳定系数。

$$K_0 = \frac{G Z_G + E_y Z_y}{E_x Z_x} = \frac{188.37\text{kN} \times 1.68\text{m} + 4.56\text{kN} \times 2.10\text{m}}{75.41\text{kN} \times 2.31\text{m}} = 1.87 > 1.5$$

抗倾覆稳定性满足要求。

（6）偏心距及地基承载力验算

1) 荷载效应标准组合。按表4-20，取荷载效应组合系数 $\psi_{ZL} = 1.0$。
作用于基底中心处的力矩组合：

$$M_d = G\left(Z_G - \frac{B_4}{2}\right) + E_y\left(Z_y - \frac{B_4}{2}\right) - E_x\left(Z_x + \frac{0.3\text{m}}{2}\right)$$
$$= 188.37\text{kN} \times (1.68\text{m} - 0.76\text{m}) + 4.56\text{kN} \times (2.10\text{m} - 0.76\text{m}) - 75.41\text{kN} \times (2.31\text{m} + 0.15\text{m})$$
$$= -6.10\text{kN} \cdot \text{m}$$

作用于倾斜基底的轴向力组合：

$$N_d = (G + E_y)\cos\alpha_0 + E_x\sin\alpha_0$$
$$= (188.37\text{kN} + 4.56\text{kN}) \times \cos 11.31° + 75.41\text{kN} \times \sin 11.31° = 203.97\text{kN}$$

2) 合力偏心距验算。对于倾斜基底，其合力偏心距为

$$e = \left|\frac{M_d}{N_d}\right| = \left|\frac{-6.10\text{kN} \cdot \text{m}}{203.97\text{kN}}\right| = 0.03\text{m} < \frac{B_5}{6} = \frac{1.55\text{m}}{6} = 0.26\text{m}$$

合力偏心距满足要求。

3) 基底应力验算。基础埋深（算至墙趾点）为

$$h_D = 0.8\text{m} + 0.5\text{m} = 1.3\text{m} > 1.0\text{m}$$

因 $h_D < 3.0$m、基础宽度 $B_5 < 2.0$m，所以不对地基承载力特征值进行修正，即 $f'_a = f_a$。对于荷载组合Ⅱ，地基承载力特征值提高系数 $K = 1.0$，因此，$f'_a = f_a = 400$kPa。基底应力计算图式如图4-42所示。

基底应力计算：

$$\sigma_{\max} = \frac{N_d}{B_5}\left(1 + \frac{6e_0}{B_5}\right) = \frac{203.97\text{kN}}{1.55\text{m}} \times \left(1 + \frac{6 \times 0.03\text{m}}{1.55\text{m}}\right) = 146.88\text{kPa} < f_a' = 400\text{kPa}$$

$$\sigma_{\min} = \frac{N_d}{B_5}\left(1 - \frac{6e_0}{B_5}\right) = \frac{203.97\text{kN}}{1.55\text{m}} \times \left(1 - \frac{6 \times 0.03\text{m}}{1.55\text{m}}\right) = 116.31\text{kPa} > 0$$

基底应力满足要求。

(7) 墙身截面验算 取基顶截面（即Ⅰ—Ⅰ截面）为验算截面，如图4-43所示。

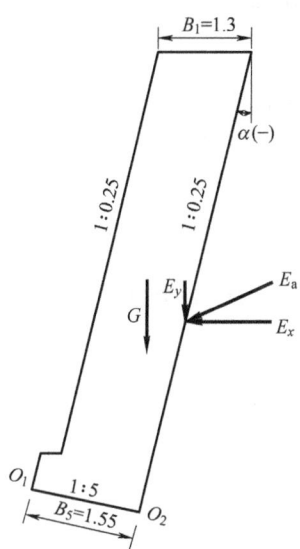

图4-42 挡土墙基底应力
计算图式（单位：m）

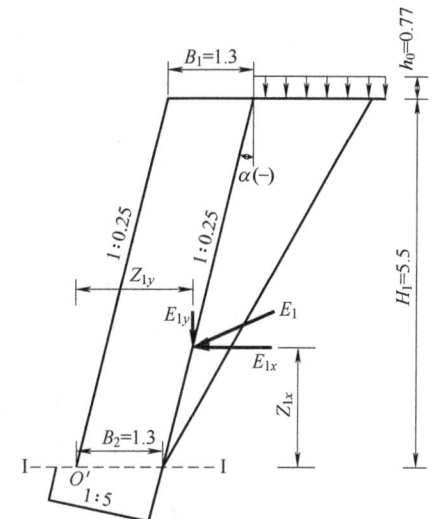

图4-43 基顶截面（Ⅰ—Ⅰ截面）土压力
计算图式（单位：m）

1) 土压力计算。由前面的主动土压力计算结果可知：$K = 0.161$，$h_0 = 0.77\text{m}$。Ⅰ—Ⅰ截面宽度 $B_s = B_2 = 1.3\text{m}$，Ⅰ—Ⅰ截面处的计算墙高 $H_1 = 5.5\text{m}$。土压力为

$$E_1 = \frac{1}{2}\gamma K H_1 (H_1 + 2h_0)$$

$$= \frac{1}{2} \times 19\text{kN/m}^3 \times 0.161 \times 5.5\text{m} \times (5.5\text{m} + 2 \times 0.77\text{m}) \times 1\text{m} = 59.22\text{kN}$$

土压力的水平分力和竖向分力分别为

$$E_{1x} = E_1 \cos(\alpha + \delta) = 59.22\text{kN} \times \cos(-14.04° + 17.5°) = 59.11\text{kN}$$

$$E_{1y} = E_1 \sin(\alpha + \delta) = 59.22\text{kN} \times \sin(-14.04° + 17.5°) = 3.57\text{kN}$$

水平土压力的作用点至Ⅰ—Ⅰ截面趾点（O'）的力臂：

$$Z_{1x} = \frac{H_1(H_1 + 3h_0)}{3(H_1 + 2h_0)} = \frac{5.5\text{m} \times (5.5\text{m} + 3 \times 0.77\text{m})}{3 \times (5.5\text{m} + 2 \times 0.77\text{m})} = 2.03\text{m}$$

竖向土压力的作用点至Ⅰ—Ⅰ截面趾点（O'）的力臂：

$$Z_{1y} = B_s - Z_{1x}\tan\alpha = 1.3\text{m} - 2.03\text{m} \times \tan(-14.04°) = 1.81\text{m}$$

2) 合力偏心距验算。作用于Ⅰ—Ⅰ截面的轴向力的合力：

$$N_k = G_1 + E_{1y} = 164.45\text{kN} + 3.57\text{kN} = 168.02\text{kN}$$

墙身自重 G_1 对Ⅰ—Ⅰ截面趾点（O'）的力臂：

$$Z_s = (B_s - H_1\tan\alpha)/2 = (1.3\text{m} + 5.5\text{m} \times 0.25)/2 = 1.34\text{m}$$

作用于 I—I 截面形心的总力矩：

$$\begin{aligned} M_k &= G_1(Z_s - B_s/2) + E_{1y}(Z_{1y} - B_s/2) - E_{1x}Z_{1x} \\ &= 164.45\text{kN} \times (1.34\text{m} - 1.3\text{m}/2) + 3.57\text{kN} \times (1.81\text{m} - 1.3\text{m}/2) - 59.11\text{kN} \times 2.03\text{m} \\ &= -2.38\text{kN} \cdot \text{m} \end{aligned}$$

截面上的轴向力合力偏心距：

$$e' = \left|\frac{M_k}{N_k}\right| = \left|\frac{-2.38\text{kN} \cdot \text{m}}{168.02\text{kN}}\right| = 0.014\text{m}$$

由表 4-22 可得砌体结构合力偏心距容许限值为

$$[e'_0] = 0.25B_s = 0.25 \times 1.3\text{m} = 0.33\text{m}$$

因 $e'_0 < [e'_0]$，故合力偏心距满足要求。

3）截面强度验算。挡土墙墙身受压时，截面强度应满足下式要求：

$$\gamma_0 N_d \leq \frac{\alpha_k A R_a}{\gamma_f}$$

查表 4-16 和表 4-21 可得，结构重要性系数 $\gamma_0 = 1.05$，材料抗力分项系数 $\gamma_f = 2.31$。

$$\alpha_k = \frac{1 - 256\left(\dfrac{e'}{B_s}\right)^8}{1 + 12\left(\dfrac{e'_0}{B_s}\right)^2} = \frac{1 - 256 \times \left(\dfrac{0.014}{1.3}\right)^8}{1 + 12 \times \left(\dfrac{0.014}{1.3}\right)^2} = 1.0$$

则

$$\frac{\alpha_k A R_a}{\gamma_f} = \frac{1.0 \times 1.3 \times 710}{2.31}\text{kN} = 399.57\text{kN}$$

作用于 I—I 截面上的轴向力组合设计值为

$$N_d = \psi_{ZL}(\gamma_G G_1 + \gamma_{Q1} E_{1y}) = 1.0 \times (1.20 \times 164.45\text{kN} + 1.40 \times 3.57\text{kN}) = 202.34\text{kN}$$

其中，根据表 4-20 取综合效应组合系数 $\psi_{ZL} = 1.0$，并按表 4-17 取荷载分项系数 $\gamma_G = 1.20$，$\gamma_{Q1} = 1.40$。

因 $\gamma_0 N_d = 1.05 \times 202.34\text{kN} = 212.46\text{kN} < 399.57\text{kN}$，故截面强度满足要求。

4）截面强度验算。挡土墙墙身偏心受压时，强度应满足下式要求：

$$\gamma_0 N_d \leq \frac{\psi_k \alpha_k A R_a}{\gamma_f}$$

$$\beta_s = 2H_1/B_s = 2 \times 5.5/1.3 = 8.46$$

$$\psi_k = \frac{1}{1 + \alpha_s \beta_s(\beta_s - 3)\left[1 + 16\left(\dfrac{e'_0}{B_s}\right)^2\right]} = \frac{1}{1 + 0.002 \times 8.46 \times (8.46 - 3) \times \left[1 + 16 \times \left(\dfrac{0.014}{1.3}\right)^2\right]} = 0.92$$

其中，由表 4-24 查得 $\alpha_s = 0.002$。则

$$\frac{\psi_k \alpha_k A R_a}{\gamma_f} = \frac{0.92 \times 1.0 \times 1.3 \times 710}{2.31}\text{kN} = 367.60\text{kN}$$

因 $\gamma_0 N_d = 1.05 \times 202.34\text{kN} = 212.46\text{kN} < 367.60\text{kN}$，故截面强度满足要求。

4.5.4 轻型挡土墙

重力式挡土墙具有构造简单、施工方便和就地取材的优点，但其稳定性主要靠墙身自重保证，因而墙身断面较大，占地较多，不能充分发挥建筑材料的强度性能，也不易实行施工的机械

化与工厂化。轻型挡土墙则常用钢筋混凝土构件组成,墙身断面较小,墙的稳定性不是或不完全依靠本身重力维持,因而结构较轻巧,圬工量省,占地较少,有利于机械化施工。轻型挡土墙的类型很多,本节仅介绍加筋土挡土墙、锚杆挡土墙和悬臂式挡土墙的形式和设计。

1. 加筋土挡土墙

(1) 概述 加筋土挡土墙由填料、填料中布置的筋带(或筋网)和面板三部分组成,如图 4-44 所示。它利用加筋与土体的摩擦作用,改善土体的变形条件,提高土体的工程性能,从而达到稳定土体的目的。它是法国工程师亨利·维达尔(Henri Vidal)在 1963 年发明的主要用于挡土墙一类的土工建筑物。加筋土挡土墙具有以下特点:

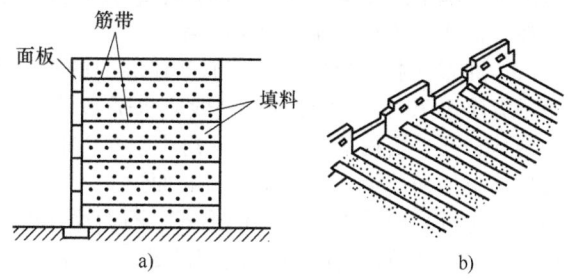

图 4-44 加筋土挡土墙基本构造

1) 组成加筋土挡土墙的面板和筋带可以预先制作,使施工简便、快速,节省劳动力。
2) 加筋土挡土墙是柔性结构物,能够适应地基的轻微变形和具有较强的抗震能力。
3) 占地少,造型美观。
4) 造价比较低,与砌石重力式挡土墙相比,加筋土挡土墙的造价可节约 20% 以上。

常见的加筋土挡土墙形式有以下几种:
1) 单面式加筋土挡土墙。
2) 双面式加筋土挡土墙,双面式中又分为分离式、交错式以及对拉式加筋土挡土墙,如图 4-45 所示。

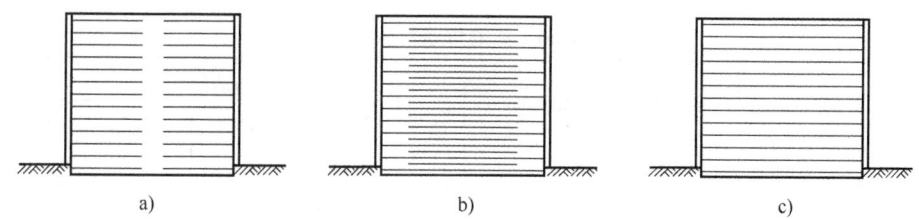

图 4-45 双面式加筋土挡土墙
a) 分离式 b) 交错式 c) 对拉式

3) 台阶式加筋土挡土墙,如图 4-46 所示。
4) 无面板加筋土挡土墙。

(2) 加筋土的基本原理 土质砂在自重或外力作用下易产生严重的变形或坍塌。若在土中沿应变方向埋置具有挠性的拉筋材料,则土与拉筋材料产生摩擦,使加筋土犹如具有某种程度的黏聚性,从而改良土的力学特性。其基本原理存在于拉筋与土之间的相互摩擦连接之中,这些基本原理一般可以归纳为两点予以解释:摩擦加筋原理和准黏聚力原理(莫尔—库仑理论)。

摩擦加筋原理认为,加筋土墙面板由筋带拉住,墙面板承受的土压力企图将筋带拉出,而筋

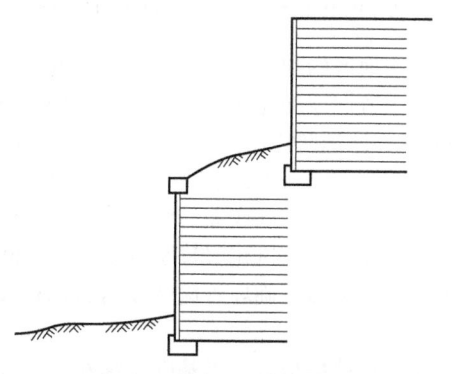

图 4-46 台阶式加筋土挡土墙

带又被填土压住，土与筋带之间的摩擦力企图阻止筋带拉出。因此，只要筋带具有足够的强度并与土产生足够的摩擦力，则加筋土体即可保持稳定。

准黏聚力理论认为，加筋土结构可以看作是各向异性的复合材料，通常采用的拉筋的弹性模量远大于填土的模量，两者共同作用，由于填土的抗剪力、填土与拉筋的摩擦力及拉筋抗拉力的存在，加筋土的整体强度明显提高。

(3) 加筋土挡土墙的构造　加筋体墙面的平面线可采用直线、折线和曲线。相邻墙面的内夹角不宜小于70°。加筋体筋带一般应水平布设并垂直于面板，当一个结点有两条以上筋带时，应呈扇状分开。当相邻墙面的内夹角小于90°时，宜将不能垂直布设的筋带逐渐斜放，必要时在角隅处增设加强筋带。加筋体的横断面形式一般应采用矩形（图4-47a）。当受地形、地质条件限制时，也可采用图4-47b、c的形式。断面尺寸由计算确定，底部筋带长度不应小于3m，同时不小于0.4H，加筋体填料压实度应满足表4-26的规定。

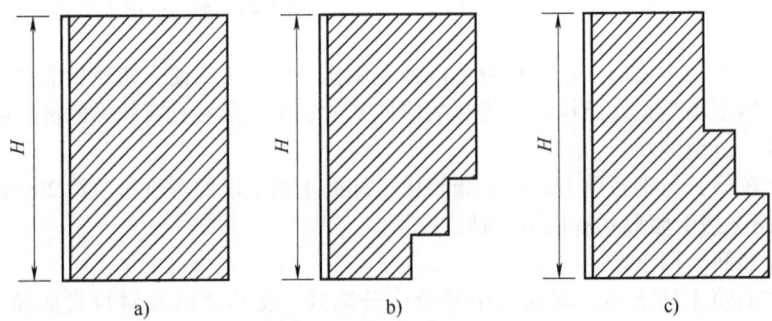

图4-47　加筋体横断面形式

表4-26　加筋体填料压实度

填土范围	路槽底面以下深度/cm	压实度（%）	
		高速公路、一级公路	二、三、四级公路
距面板1.0m以外	0~80	≥96	≥94
	80以下	>94	>93
距面板1.0m以内	全部墙高	≥93	≥92

注：1. 表列压实度按《公路土工试验规程》（JTG 3430—2020）重型击实试验标准确定。
　　2. 特殊干旱和特殊潮湿地区，表内压实度值可减少2%~3%。
　　3. 加筋体上填土按《公路路基设计规范》（JTG D30—2015）执行。

浸水地区的加筋体采用渗水性良好的土作为填料，在面板内侧设置反滤层或铺设透水土工织物。季节性冰冻地区的加筋体宜采用非冻胀性土作为填料，否则应在墙面板内侧设置不小于0.5m厚的砂砾防冻层。加筋体墙面下部应设宽不小于0.3m、厚不小于0.2m的混凝土基础，但如面板筑于砌石圬工或混凝土之上、地基为基岩的可不设。

加筋体面板基础底面的埋置深度，对于一般土质地基不小于0.6m，当设置在岩石上时应清除表面风化层，当风化层较厚难以全部清除时，可采用土质地基的埋置深度。浸水地区与冰冻地区的加筋体面板基础埋置深度按《公路桥涵地基与基础设计规范》（JTG 3363—2019）的有关规定确定。

季节性冰冻地区，当基础埋深小于冻结线时，基底至冻结线范围内的土应换填非冻胀性的中砂、粗砂、砾石等粗粒土，其中，粉粒、黏粒含量不应大于15%。斜坡上的加筋体应设宽度不小于1m的护脚，加筋体面板基础埋置深度从护脚顶面算起（图4-48）。

软弱地基上的加筋土工程,当地基承载力不能满足要求时,应进行地基处理。可选用换填砂砾(碎)石垫层、挤密桩(砂桩、石灰桩、碎石桩)、抛石挤淤、土工织物等方法处理。当加筋体背后有地下水渗入时,可设置通向加筋体外的排水层。排水层采用砂砾,其厚度不小于0.5m。当加筋体顶面有渗水可能时,要采用防渗封闭措施。非浸水加筋土工程,当基础埋深小于1.0m时,在墙面地表处要设置宽为1.0m的混凝土或浆砌片石散水,其表面做成向外倾斜3%~5%的横坡。

加筋土挡土墙应根据地形、地质、墙高等条件设置沉降缝,其间距对于土质地基为10~30m,岩石地基可适当增大。当设置整体式路缘板时,应酌情设置伸缩缝,其间距一般与沉降缝一致。沉降缝、伸缩缝宽度一般为1~2cm,可采用沥青板、软木板或沥青麻絮填塞。

加筋土挡土墙高度大于12m时,填料应慎重选择。墙高的中部宜设宽度不小于1m的错台。墙高大于20m时,应进行特殊设计。错台顶部设坡度为20%的排水横坡,采用混凝土板防护;当采用细粒填料时,上级墙的面板基础下宜设置宽不小于1.0m、高不小于0.5m的砂砾或灰土垫层(图4-49)。

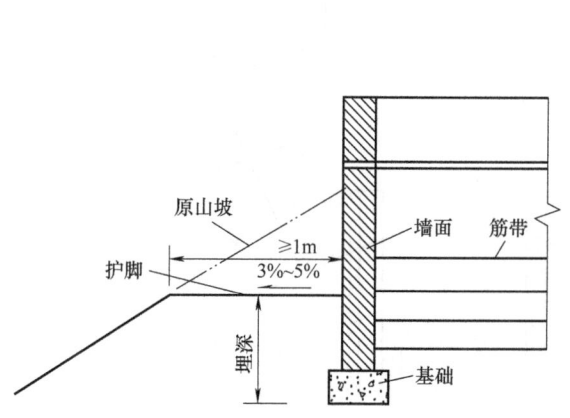

图4-48 加筋体面板基础埋置深度

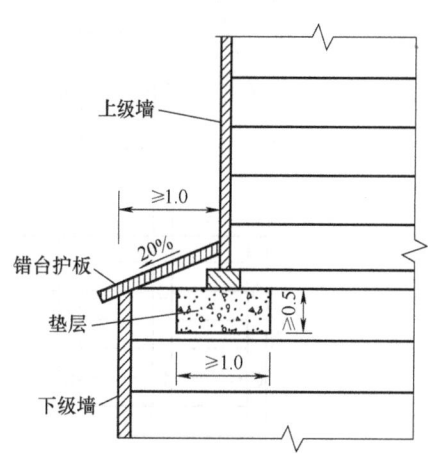

图4-49 错台与垫层横断面图(单位:m)

加筋土桥台类型分为整体式、内置组合式和外置组合式(图4-50)。整体式桥台适用于台高不大于6m,且跨径不大于10m的梁(板)式桥。

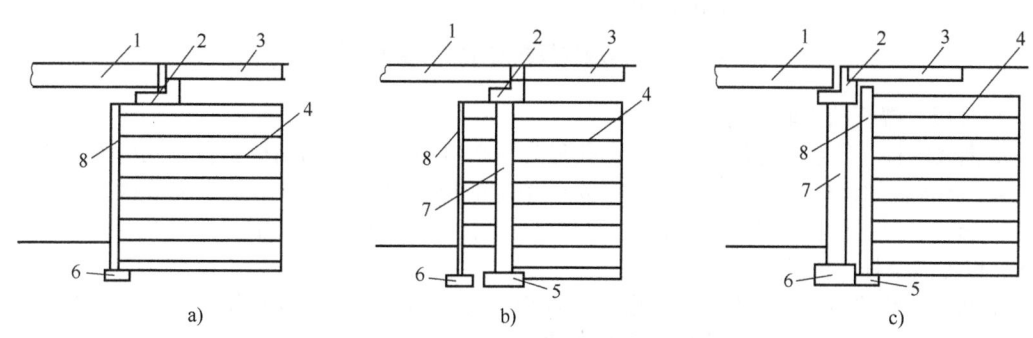

图4-50 加筋土桥台类型
a) 整体式 b) 内置组合式 c) 外置组合式
1—上部结构 2—垫梁或盖梁 3—桥头搭板 4—筋条
5—基础 6—台柱 7—台身 8—墙面板

2. 锚杆挡土墙

(1) 概述 锚杆挡土墙是由钢筋混凝土墙面（肋柱、面板）和锚杆组成的支挡结构，它依靠锚固在稳定岩土层内锚杆的抗拔力平衡墙面处的土压力。锚杆的设计拉拔力可由抗拔试验获得，以保证设计有足够的安全度。使用锚杆技术的优点是对边坡的扰动较小；预应力锚杆可控制结构的变形。近年来，锚杆技术发展迅速，在边坡支护、围岩锚定、滑坡整治、洞室加固、高层建筑基础锚固等工程中广泛应用，具有实用、安全、经济的特点。

(2) 锚杆挡土墙的类型及特点 锚杆挡土墙的结构形式有柱板式、板肋式、格构式和垂直预应力锚杆等。可根据地质及工程具体情况，选用锚杆挡土墙的结构形式。根据地形、岩层地质可采用单级或多级锚杆挡土墙。

1) 柱板式锚杆挡土墙。柱板式锚杆挡土墙由肋柱、挡土板和灌浆锚杆组成，可采用拼装式，也可以就地灌筑，如图4-51所示。为便于施工，一般为直立式。

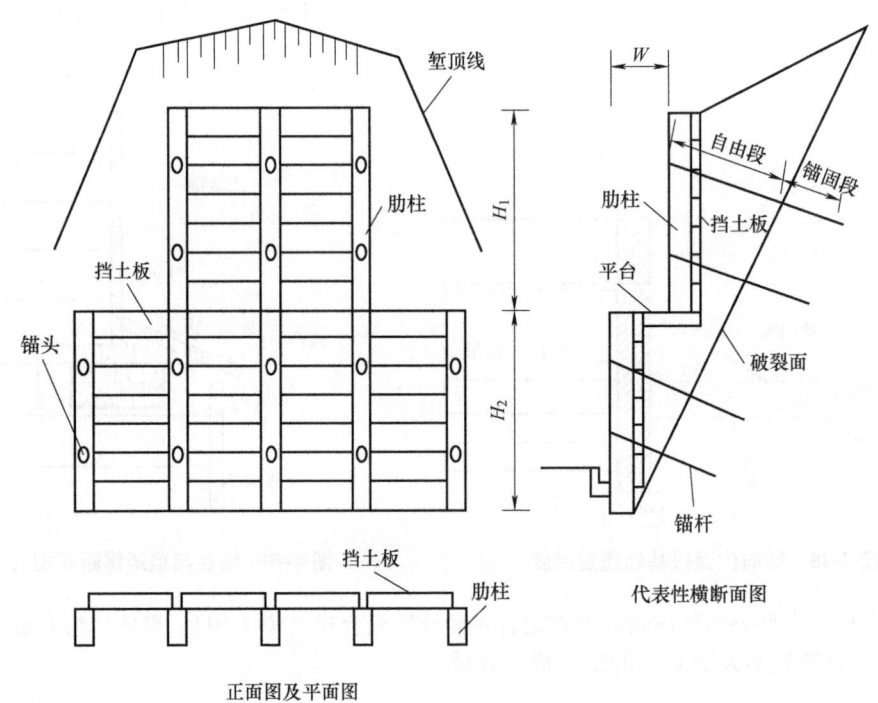

图 4-51 两级柱板式锚杆挡土墙示意图

① 柱板式锚杆挡土墙各构件的构造。

a. 灌浆锚杆。灌浆锚杆俗称大锚杆，孔径为100~150mm，采用钻机钻孔，孔内安放钢筋或钢丝束，用灌注水泥砂浆的方法，使其锚固于稳定的地层内。水泥砂浆的强度等级一般不低于M30。灌浆锚杆也可用于土层。但由于土层与锚杆间的握裹力较低，还需采用扩孔和加压灌浆等方法，以提高锚杆的抗拔力。

b. 肋柱。肋柱的截面多为矩形，也可设计为T形。为安放挡土板和设置锚杆孔，截面的宽度不宜小于30cm，现浇时截面高度不宜小于40cm。

c. 挡土板。挡土板可采用钢筋混凝土槽形板、空心板和矩形板。矩形板的厚度一般不得小于15cm，现浇时不宜小于20cm。挡土板两端与肋柱的搭接长度不得小于10cm。

d. 锚杆与肋柱的连接。当肋柱为就地灌筑时，必须将锚杆钢筋伸入肋柱内，其锚固长度应满足《混凝土结构设计规范》(GB 50010—2010)(2015年版)的规定。当采用拼装时，锚杆和肋柱之间可采用螺栓连接或焊接短钢筋连接，现浇可采用设置弯钩的连接方式，如图 4-52 所示。

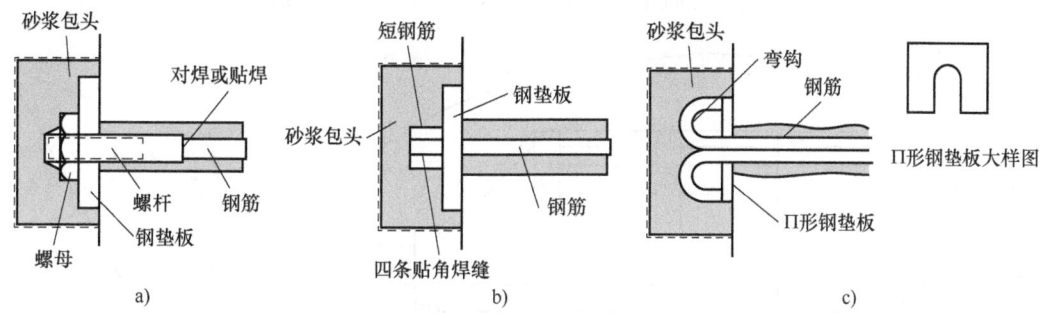

图 4-52　锚杆与肋柱的连接示意图
a）螺母锚固　b）焊接短钢筋锚固　c）设置弯钩锚固

② 结构的特点。此结构能争取边坡高度，减少土石方开挖和占地，节省石料。预制柱板式锚杆挡土墙因每一级墙需一次挖成，故适用于岩层应比较完整、不易坍塌的地段，开挖后需及时施工。

2）板肋式锚杆挡土墙。现浇钢筋混凝土板肋式锚杆挡土墙，由带竖肋的板和灌浆锚杆组成。竖肋可朝里，也可向外，如图 4-53 所示。板肋式锚杆挡土墙适用于挖方地段，当开挖后边坡稳定性较差时可采用"逆作法"施工，即开挖到一定深度，施工锚杆，绑扎钢筋，墙面板浇筑混凝土。待每一层结构达到一定强度后再开挖下一层，重复各步骤。

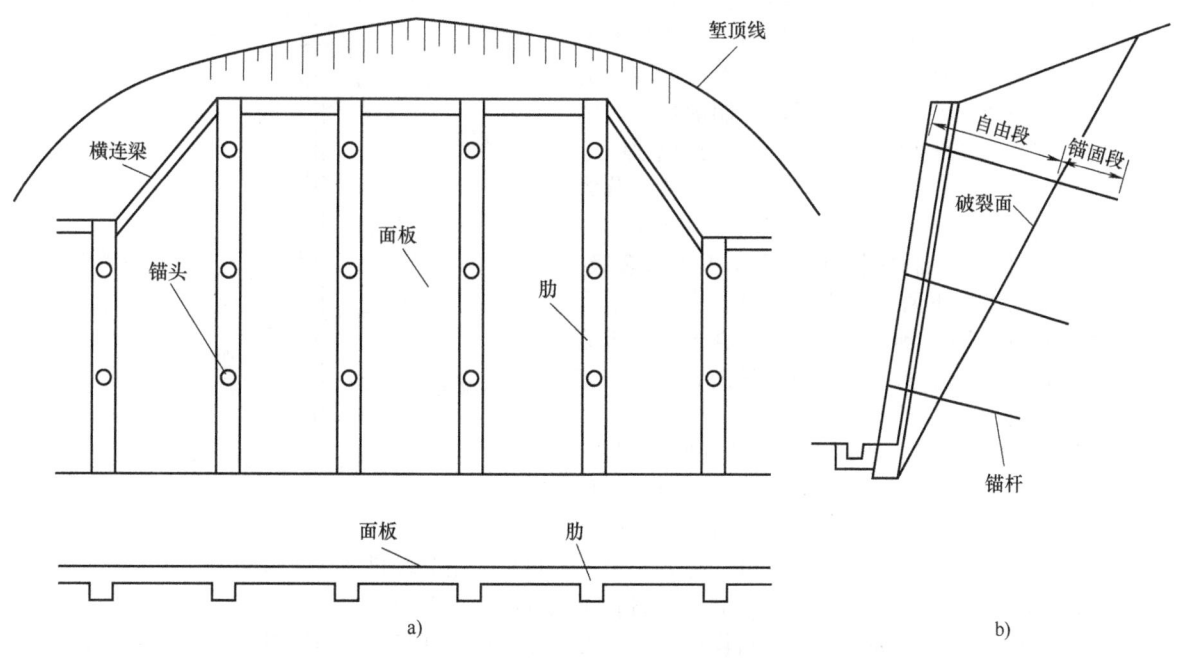

图 4-53　板肋式锚杆挡土墙示意图
a）正面图及平面图　b）断面图

3）格构式锚杆挡土墙（图 4-54）。格构式锚杆挡土墙由现浇网状的钢筋混凝土格架梁和灌浆锚杆组成。稳定性和整体性较好的岩石边坡，墙面可采用垂直的形式；墙面后仰型可用于各类岩石边坡和稳定性较好的土质边坡。格架内墙面根据边坡岩土条件及整体稳定状态，可采用网喷混凝土封面或绿化处理。当开挖后边坡稳定性较差时可采用"逆作法"施工。

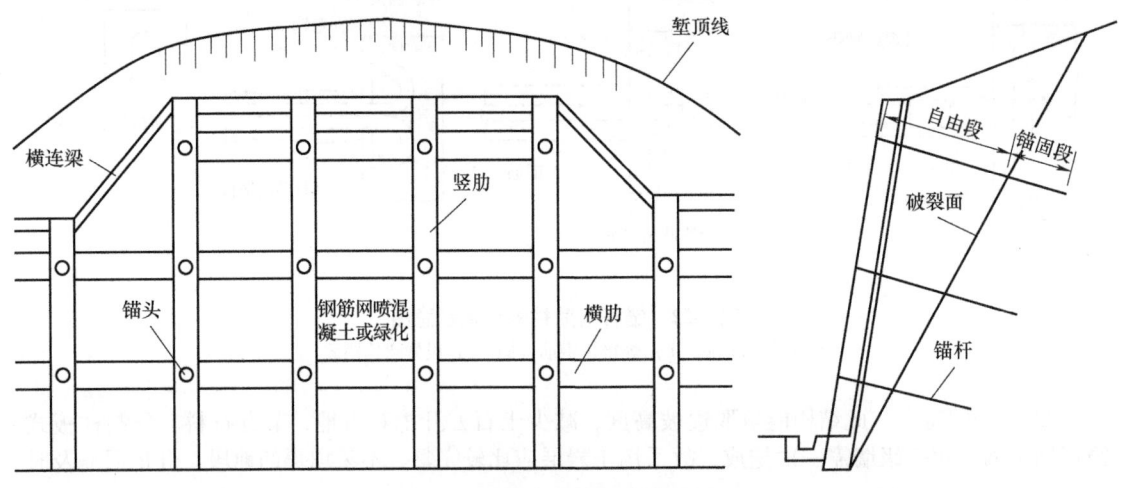

图 4-54　格构式锚杆挡土墙示意图

4）垂直预应力锚杆挡土墙。垂直预应力锚杆挡土墙由圬工墙身和预应力锚杆组成，如图 4-55 所示。它借助于锚杆预应力对墙身施加的压力，代替墙身圬工的重力，从而减少墙身的断面尺寸。垂直预应力锚杆挡土墙具有节省圬工、造价低廉和施工简便等优点，适用于墙身所受推力较大的岩石地基和挡土墙变形需要严格控制的地段。锚杆的预应力也可增大滑面或破裂面上的静摩擦力。

（3）锚杆挡土墙的布置　锚杆挡土墙可分为直立式或向山体倾斜式，有单级和多级两种。

1）锚杆挡土墙根据地形可采用单级或多级。在多级墙的上、下两级墙之间可设置平台，平台宽度不宜小于 2m。预制柱板式锚杆挡土墙每级墙高度不宜大于 8m，具体高度可视地质、地形和施工条件而定，总高度不宜大于 18m。

2）柱板式和板肋式锚杆挡土墙的肋柱间距，根据土压力大小和锚杆的抗拔力而定，预制构件还应考虑工地的起吊能力，柱板式锚杆挡土墙的

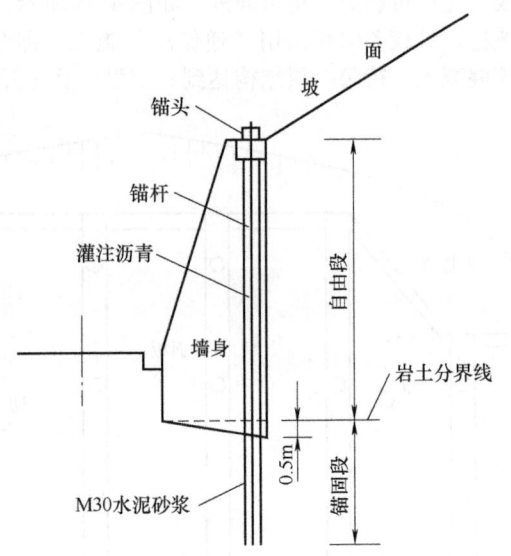

图 4-55　垂直预应力锚杆挡土墙示意图

肋柱间距一般为 2~3m。肋柱可采用预制单根整柱，也可采用分段拼装或就地灌筑。板肋式锚杆挡土墙肋柱的间距一般为 3~8m。格构式锚杆挡土墙的间距一般为 3~5m。

3）每级肋柱上的锚杆层数，可设计为一层或多层。锚杆可按弯矩相等或支点反力相等的原则布置，为了防止出现"群锚"现象，上下排间距不宜小于 2.5m，水平间距不小于 2m。锚杆层数为两层时，一般按照两个支点弯矩相等的原则布置；如果锚杆层数大于两层，可按各支点处弯矩相近的原则布置，由此确定的肋柱截面比较经济。如果按各点反力相等的原则布置锚杆，则锚杆的用料比较经济。

每层锚杆宜向下倾斜，锚杆轴线与水平面夹角小于10°后，锚杆外端灌浆饱满度难以保证，因此夹角一般不宜小于10°。由于锚杆水平抗拉力等于拉杆强度与锚杆倾角余弦值的乘积，锚杆倾角过大时，有效水平拉力下降过多，同时将对锚肋作用较大的垂直分力，该垂直分力在肋柱基础设计时不能忽略，同时对施工期锚杆挡土墙的竖向稳定不利，每层锚杆与水平面的夹角宜为15°~20°。

3. 悬臂式挡土墙

（1）概述　悬臂式挡土墙（图4-56），是一种轻型支挡建筑物，由立壁和底板组成，具有3个悬臂，即立壁、趾板和踵板，同时固定在中间夹块上。它依靠墙身自重和墙底板以上填筑土体（包括荷载）的重力维持挡土墙的稳定。其主要特点是厚度小，自重轻，挡土高度较高，而且经济指标也比较好，适用于石料缺乏和地基承载力较低的填方地段。悬臂式挡土墙构造简单，施工方便，能适应较松软的地基，墙高一般在6~9m。当墙高较大时，立壁下部的弯矩大，钢筋与混凝土的用量剧增，影响锚杆挡土墙的经济效果，此时可采用悬臂式挡土墙。

（2）悬臂式挡土墙的构造

1）立壁。悬臂式挡土墙是由立壁、墙趾板和墙踵板三部分组成，为便于施工，立壁内侧（即墙背）做成竖直面，外侧（即墙面）可做成1∶0.02~1∶0.05的斜坡，具体坡度值将根据立壁的强度和刚度要求确定。当挡土墙墙高不大时，立壁可做成等厚度。墙顶的最小厚度通常采用20cm。当墙高较高时，宜在立壁下部将截面加厚。

2）墙趾板和墙踵板。墙趾板和墙踵板一般水平设置。通常做成变厚度，底面水平，顶面则从与立壁连接处向两侧倾斜。当墙身受抗滑稳定控制时，多采用凸榫基础。

墙踵板长度由墙身抗滑稳定验算确定，并具有一定的刚度。靠立壁处厚度一般取为墙高的1/12~1/10，且不应小于30cm。

墙趾板的长度应根据全墙的倾覆稳定、基底应力和偏心距等条件确定，其厚度与墙踵板相同。通常底板的宽度B由墙的整体稳定性决定，一般可取墙高度H的0.6~0.8倍。当墙后为地下水位较高，且地基承载力很小的软弱地基时，B值可能会增大到1倍墙高或者更大。

3）凸榫。为提高挡土墙抗滑稳定性，底板可设置凸榫，如图4-57所示。凸榫的高度，应根据凸榫前土体的被动土压力能够满足全墙的抗滑稳定性要求而定。凸榫的厚度除了满足混凝土的抗剪和抗弯的要求以外，为了便于施工，不应小于30cm。

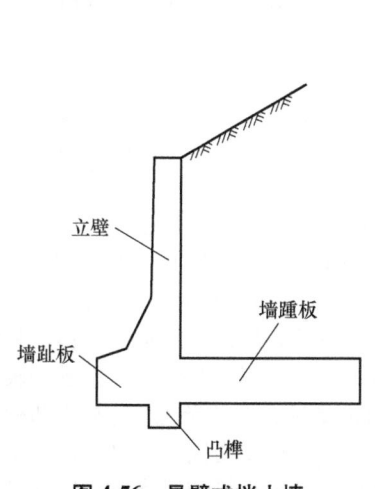

图4-56　悬臂式挡土墙

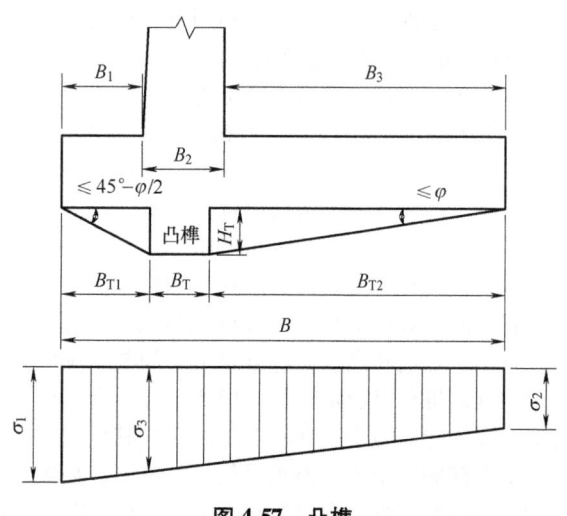

图4-57　凸榫

4.6 其他支挡结构

4.6.1 抗滑桩

1. 概述

抗滑桩是一种承受侧向荷载的桩,又称为锚固桩,如图4-58所示。抗滑桩依靠埋于稳定滑床中桩与桩周土体的相互嵌制作用把滑坡推力传递到稳定地层,利用稳定地层的锚固作用和被动抗力,使滑坡得到稳定,滑动面以上桩前滑坡体的被动抗力对稳定滑坡也有一定的帮助。抗滑桩埋入滑动面以下的部分称为锚固段,处于滑动面以上的部分称为受荷段。

工程实践表明,抗滑桩能迅速、安全、经济地解决一些特殊困难的工程,具有如下特点:

1) 抗滑能力大,圬工数量小,在滑坡推力大、滑动面深的情况下,较其他抗滑措施经济、有效。

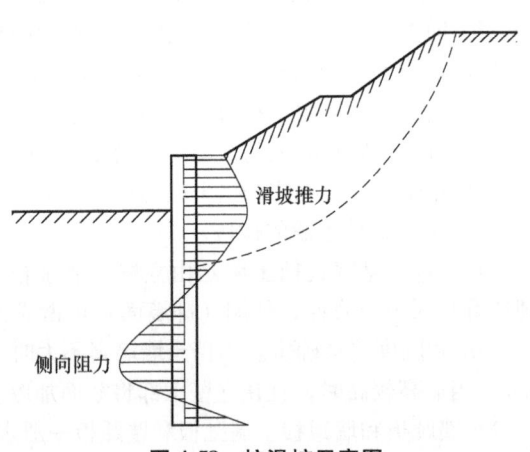

图4-58 抗滑桩示意图

2) 桩位灵活,可以设在滑坡体中最有利于侧向阻力抗滑的部位,可单独使用,也能与其他抗滑构造物配合使用。若分排设置,可将巨大的滑坡体切割成若干分散的单元体,对滑坡起到分而治之的功效。

3) 施工方便,设备简单,具有工程进度快、施工质量好、比较安全等优点。施工时可间隔开挖,不致引起滑坡条件的恶化。因此,对整治已通车路段的滑坡和处在缓慢滑动阶段的滑坡特别有利。

4) 开挖桩孔,能校核地质情况,这样可以检验和修改原有的设计,使其更符合实际。

鉴于抗滑桩的作用原理和上述特点,使用抗滑桩最基本的条件是:滑坡具有明显的滑动面,滑坡体为非塑流性的地层,能被桩所稳定,滑床为较完整的基岩或密实的土层,能够提供足够的锚固力。在有条件时,尽量充分利用桩前地层的被动抗力,使其效果更显著,工程更经济。

2. 抗滑桩的分类及应用范围

抗滑桩的分类形式较多,分类方法也很多。

(1) 按桩的埋置情况和受力状态分类 按桩的埋置情况和受力状态,抗滑桩可分为全埋式桩(图4-59a)和悬臂式桩(图4-59b)两种,全埋式桩就是桩前桩后均受外力作用,如果桩前滑坡体对桩不产生被动抗力时则称为悬臂式桩。

(2) 按结构形式分类 按结构形式,抗滑桩可分为单桩、排桩、群桩和有锚桩,排桩形式常见的有桩板式桩、椅式桩、门式桩和排架桩。为增强支挡斜坡的稳定性,防止受荷段桩间土体下滑,在桩间增设挡土板,构成桩和板组成的桩板式抗滑桩,如图4-60a所示。椅式桩由内桩、外桩、承台、上墙和拱板五部分组成,如图4-60b所示。其工作原理为用拱板支承滑坡体,将推力通过内外两桩传至稳定地层,因用刚性承台将内、外桩联立成框架,转动惯量大,能承受较大的弯矩,而桩壁应力小,在软弱地层更显其优越性。门式桩内桩受拉、外桩受压,每排由两根竖向桩和一根横向梁组成,能承受较大的推力,如图4-60c所示。排架桩受力同门式桩,每排由两根竖向桩和两至三根横向梁组成,如图4-60d所示。有锚桩常见的是锚杆桩和锚索桩,锚杆桩有单锚和多锚之分,锚索桩多用单锚,如图 4-61 所示。

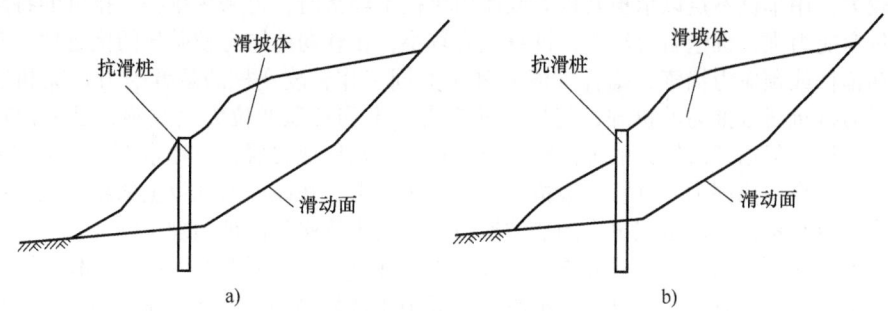

图 4-59 全埋式桩和悬臂式桩
a) 全埋式桩 b) 悬臂式桩

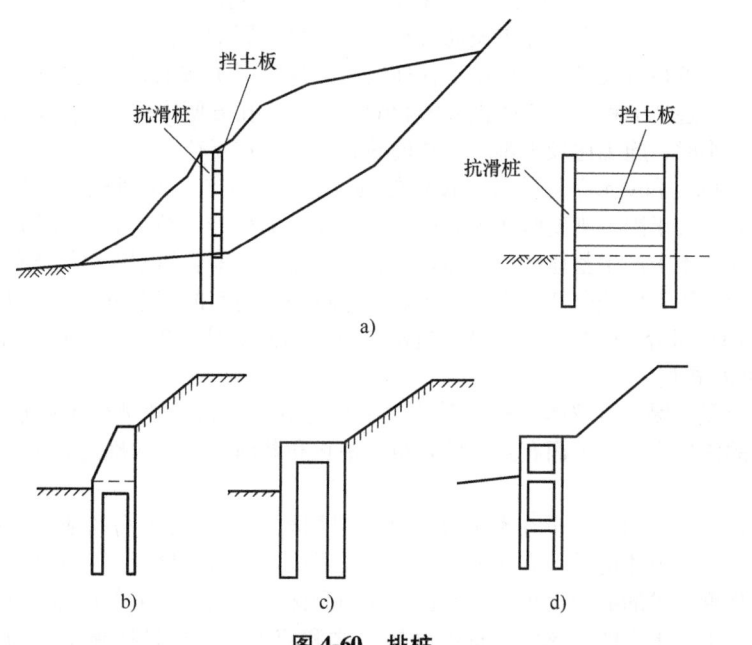

图 4-60 排桩
a) 桩板式桩 b) 椅式桩 c) 门式桩 d) 排架桩

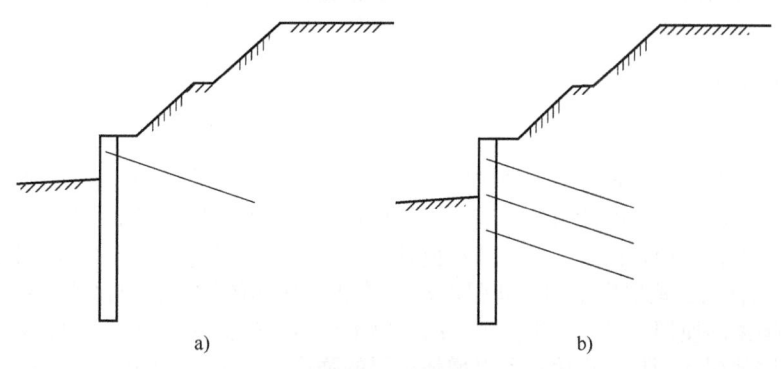

图 4-61 有锚桩
a) 单锚 b) 多锚

单桩是抗滑桩的基本形式，也是常用的结构形式，其特点是结构简单，受力和作用明确。当滑坡推力较大，用单桩不足以承担其推力或使用单桩不经济时，可采用排桩。排桩的特点是转动惯量大，抗弯能力强，桩壁阻力较小，桩身应力较小，在软弱地层有较明显的优越性。有锚桩的锚可用钢筋锚杆或预应力锚索，锚杆（索）和桩共同工作，改变桩的悬臂受力状况和桩完全靠侧向地基反力抵抗滑坡推力的机理，使桩身的应力状态和桩顶变位大大改善，是一种较为合理经济的抗滑结构。但锚杆或锚索的锚固端需要有较好的地层或岩层，对锚索而言，更需要有较好的岩层以提供可靠的锚固力。群桩一般指在横向两排以上，在纵向两列以上的组合抗滑结构，类似于墩台或承台结构，它能承担更大的滑坡推力，可用于特殊的滑坡治理工程。

（3）按材料分类　按材料，抗滑桩可分为木桩、钢桩和钢筋混凝土桩等。木桩便于就地取材，易于施工，但桩长有限，桩身强度不高，一般用于浅层滑坡的治理、临时工程或抢险工程。钢桩的强度较高，施工快速方便，但横向刚度较小，造价偏高。钢筋混凝土桩应用十分广泛，桩截面刚度大，抗弯能力强，施工方式多样，但抗拉能力有限。

（4）按施工方法分类　按施工方法，抗滑桩可分为钻孔桩、挖孔桩、打入桩和沉井桩等。进行打入桩施工时，应充分考虑施工振动对滑坡稳定性的影响，同时还应确定下卧层的可打性。机械成孔速度快，桩径可大可小，适用于各种地质条件，但机械的进场受各种地形条件的限制，且在成孔时水会对边坡的稳定性产生极大的影响。人工成孔方便快捷，但劳动强度较高，且遇不良地层与桩径过小时，施工比较困难。沉井桩的施工工艺较复杂。

（5）按桩的刚度和变形条件分类　按桩的刚度和变形条件，抗滑桩可分为刚性桩和弹性桩两种。当桩的刚度大于围岩刚度时属于刚性桩，刚性桩的桩身在侧向推力作用下挠曲变形很小，可忽略不计，桩在土中产生整体转动位移。当桩的刚度小于围岩的刚度时属于弹性桩，弹性桩的桩身在侧向推力作用下以挠曲变形为主，而桩整体转动所引起的变形可忽略不计。

（6）按截面形状分类　按截面形状，抗滑桩可分为圆形桩、矩形桩、管形桩和工字形桩等。

3. 抗滑桩的布置

抗滑桩的布置应保证滑坡体的稳定系数达到规定的安全值；滑坡体不越过桩顶或从桩间滑动，不产生新的深层滑动。平面布置、桩间距、桩长和截面尺寸等的确定，应综合考虑以达到经济合理。

抗滑桩的桩位在断面上应设在滑坡体较薄、锚固段地基强度较高的地段。平面布置一般为一排，排的走向与滑坡体的滑动方向垂直，呈直线形或曲线形。桩间距取决于滑坡推力大小、滑体土的密度和强度、桩的截面大小、桩的长度和锚固深度，以及施工条件等因素。两桩之间在能形成土拱的条件下，土拱的支撑力和桩侧摩擦力之和应大于一根桩所能承受的滑坡推力。桩间距宜为6~10m。通常在滑坡主轴附近间距较小，两侧间距稍大。对于较潮湿的滑坡体和较小截面的桩，也可布置为两排，按品字形或梅花形交错布置，一般上下排的间距为桩截面宽度的2~3倍。

4.6.2　锚杆（索）

1. 概述

岩土锚固技术是将受拉杆件埋入地层中，以提高岩土自身强度和自稳能力的一种工程技术。由于这种技术大大减轻结构物的自重、节约工程材料，并确保工程的安全和稳固，具有显著的经济效益和社会效益，因而目前在工程中得到极其广泛的应用。岩土锚固技术的基本原理，就是利用锚杆（索）调动周围地层岩土的抗剪强度从而传递结构物的拉力，或保持地层开挖面的自身稳定。锚杆、锚索的使用，可以提供作用于结构物上以承受外荷的抗力；可以使锚固地层产生压应力区并对加固地层起到加筋作用；可以增强地层的强度，改善地层的力学性能；可以使结构与地层连接在一起，形成一种共同工作的复合体，使其能有效地承受拉力和剪力。在岩土锚固中，通常将锚杆和锚索统称为锚杆。目前，岩土锚固技术几乎遍及土木工程的各个领域，如边坡、基坑、隧道、坝体、码头、船闸、桥梁等。

2. 锚杆（索）的结构与分类

（1）锚杆（索）的结构　锚杆是一种将拉力传至稳定岩层或土层的结构体系，主要由锚头、锚固段和自由段组成。

1）锚头：锚杆外端用于锚固或锁定锚杆拉力的部件，由垫墩、垫板、锚具、保护帽和外端锚筋组成。

2）锚固段：锚杆远端将拉力传递给稳定地层的部分，锚固深度和长度应按照实际情况计算获取，要求能够承受最大设计拉力。

3）自由段：将锚头拉力传至锚固段的中间区段，由锚拉筋、防腐构造和注浆体组成。

4）锚杆配件：为了保证锚杆受力合理、施工方便而设置的部件，如定位支架、导向帽、架线环、束线环、注浆塞等。

（2）锚杆（索）的分类　锚杆的分类方法较多，通常可以按应用对象、是否预先施加应力、锚固形态以及锚固机理进行分类。

1）按应用对象，可分为岩石锚杆（索）和土层锚杆（索）。其中，岩石锚杆是指内锚段锚固于各类岩层中的锚杆，而自由段可以位于岩层或土层中；土层锚杆是指锚固于各类土层中的锚杆，其构造、设计、施工与岩石锚杆有共同点，也有其特殊性。

2）按是否预先施加应力，可分为预应力锚杆（索）和非预应力锚杆（索）。其中，非预应力锚杆是指锚杆锚固后不施加外力，锚杆处于被动受力状态；非预应力锚杆通常采用Ⅱ、Ⅲ级螺纹钢筋，锚头较简单，如板肋式锚杆挡土墙、锚板护坡等结构中通常采用非预应力锚杆，锚头最简单的做法就是将锚筋做成直角弯钩并设于面板或肋梁中。预应力锚杆是指在锚杆锚固后施加一定的外力，使锚杆处于主动受力状态。预应力锚杆在锚固工程中占有重要地位，图4-62和图4-63所示为典型的预应力锚杆（索）结构示意图。预应力锚杆的设计与施工较非预应力锚杆复杂，其锚筋一般采用精轧螺纹钢筋（$\phi25 \sim \phi32mm$）或钢绞线，目前在公路滑坡处治中广泛采用预应力锚索加固技术。

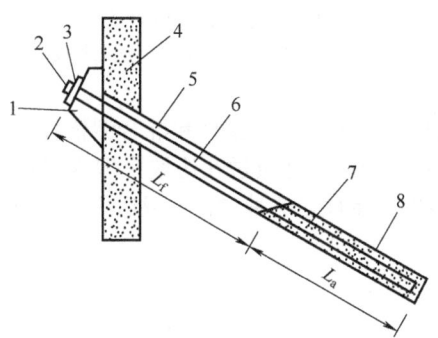

图4-62　典型的预应力锚杆结构示意图
1—台座　2—锚具　3—承压板
4—支挡结构　5—自由隔离层
6—钻孔　7—钢筋　8—注浆体
L_f—自由段长度　L_a—锚固段长度

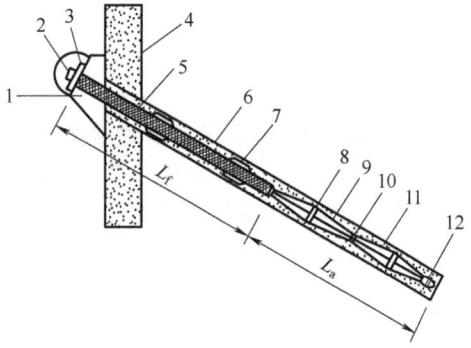

图4-63　典型的预应力锚索结构示意图
1—台座　2—锚具　3—承压板
4—支挡结构　5—自由隔离层　6—钻孔
7—对中支架　8—隔离架　9—钢绞线
10—架线环　11—注浆体　12—导向帽
L_f—自由段长度　L_a—锚固段长度

3）按锚固形态，可分为圆柱形锚杆、端部扩大头型锚杆（索）和连续球体型锚杆（索）。其中，圆柱形锚杆是国内外早期开发的一种锚杆形式，这种锚杆可以预先施加预应力而成为预应力锚杆,也可以是非预应力锚杆;锚杆的承载力主要依靠锚固体与周围岩土介质间的黏结摩擦强度提供。这种锚杆适用于各类岩石和较坚硬的土层,一般不在软弱黏土层中应用,因软的黏土中的黏结摩擦强度较低,往往很难满足设计抗拔力的要求。端部扩大头型锚杆(图 4-64)是一种为提高锚杆的承载力而在锚固段最底端设置扩大头的锚杆,锚杆的承载力由锚固体与土体间的摩擦强度和扩大头处的端承强度共同提供,因此在相同的锚固长度和锚固地层条件下,端部扩大头型锚杆的承载力远比圆柱形锚杆大。这种锚杆较适用于黏土等软弱土层以及毗邻地界限制锚固长度不宜过长的土层和一般圆柱形锚杆无法满足要求的情况;端部扩大头型锚杆可采用爆破或叶片切削方法进行施工。连续球体型锚杆(图 4-65)是利用设于自由段与锚固段交界处的密封袋和带许多环圈的套管(可以进行高压灌浆,其压力足以破坏具有一定强度 5.0MPa 的灌浆体),对锚固段进行二次或多次灌浆处理,使锚固段形成一连串球状体,从而提高锚固体与周围土体之间的锚固强度。这种锚杆一般适用于淤泥、淤泥质黏土等极软土层或对锚固力有较高要求的土层。

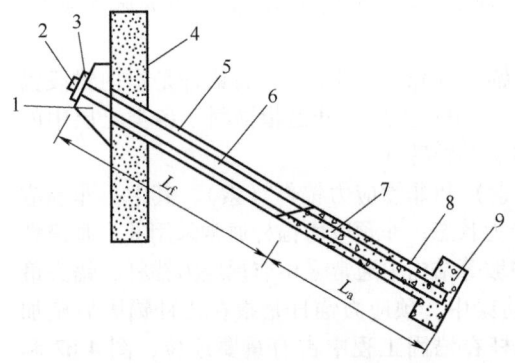

图 4-64 端部扩大头型锚杆
1—台座 2—锚具 3—承压板
4—支挡结构 5—自由隔离层
6—钻孔 7—钢筋 8—注浆体
9—端部扩头体 L_f—自由段长度
L_a—锚固段长度

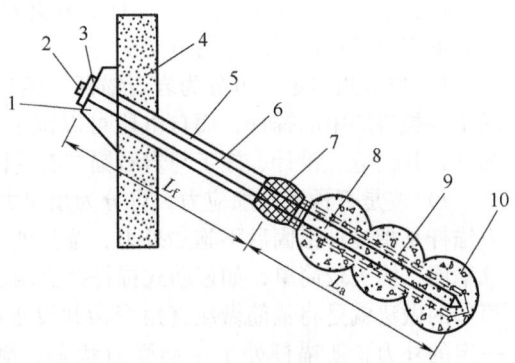

图 4-65 连续球体型锚杆
1—台座 2—锚具 3—承压板
4—支挡结构 5—自由隔离层 6—钻孔
7—止浆密封装置 8—预应力筋
9—注浆导管 10—锚固体
L_f—自由段长度 L_a—锚固段长度

4)按锚固机理,可以分为有黏结锚杆、摩擦型锚杆、端头锚固型锚杆和混合型锚杆。目前在边坡加固工程中广泛采用锚钉,是一种较短的黏结型锚杆,它是通过在边坡中埋入短而密的黏结型锚杆,使锚杆与坡体形成复合体系,以增强边坡的稳定性。这种锚杆一般适用于土质地层和松散的岩石地层。

思考与练习

1. 路基防护与加固的设施主要有哪些?
2. 边坡坡面植物防护有哪些主要方法?各适宜怎样的水流冲刷速度?边坡坡面工程防护有哪些主要形式?砌石护坡是否需要考虑其结构受力?
3. 请说出库仑土压力理论在路基挡土墙计算中的几个基本假设及该理论的适宜使用场合。
4. 公路挡土墙计算中,主要考虑哪种压力?为什么?
5. 挡土墙土压力计算中,如何考虑车辆荷载的作用?
6. 挡土墙纵向布置有哪些主要内容?

7. 挡土墙设置排水措施的主要目的及其作用是什么？挡土墙排水措施所包括的主要项目有哪些？挡土墙泄水孔设置要考虑什么要求？为什么干砌挡土墙不设泄水孔？

8. 什么是挡土墙的主要力系？它包括哪些项目？请用示意图表示一般地区、非浸水挡土墙的主要力系。

9. 路基挡土墙计算中，破裂面交于荷载中部与交于路基顶面荷载内侧或外侧的土压力计算方法有何异同点？

10. 挡土墙抗滑稳定性、抗倾覆稳定性或基底承载力不足时，应分别采用哪些改进措施？

11. 季节性浸水地区挡土墙设计与一般挡土墙设计相比，还需多考虑哪些具体因素？

12. 加筋土挡土墙的主要组成部分有哪些？其结构性质及其作用原理是什么？适用于哪种形式的路基？

13. 试述土钉作用机理。

14. 试述抗滑桩的工作原理及结构形式。

第 5 章 路基施工

【本章提要】

本章主要介绍路基施工的基本要求、特点、流程、方法、施工前的准备工作；路基填筑与压实方法；土质路堑开挖和石质路基爆破施工；几种植物和工程防护以及挡土墙、抗滑桩等路基防护与支挡工程施工方法；桥台台背、涵洞涵背和挡土墙墙背回填基本要求；岩溶、软土、红黏土与高液限土、膨胀土等特殊土地区路基施工方法；路基施工安全与环境保护的相关要求。

【学习要求】

了解路基施工的基本要求及特点，掌握路基填筑和压实控制方法、路堑开挖基本方法，掌握主要路基防护与支挡工程施工、三背回填施工方法，了解特殊土路基施工方法以及路基施工安全与环境保护的相关要求，以及智能压实、柔性支护等新技术和新工艺的相关知识。

■ 5.1 概述

路基施工内容介绍

5.1.1 路基施工的基本要求及特点

公路是线性、带状的永久性土工建筑物，路基是公路的主体工程，路基施工质量的优劣直接影响公路的使用寿命、运营行车安全与实时性舒适性及维护成本。路基施工的任务是将正确的设计图转化为符合工程质量标准的工程实体。路基施工的目标是要达到工程质量优良、造价经济、工期合理、技术先进、安全生产和保护环境。路基施工的依据是设计文件和施工的有关技术规范，施工质量控制等标准。

路基施工是一项涉及面广、施工时间长、工作量大、技术复杂的工作。首先，施工工地分散、面广，要征用大量土地，有时需要进行建筑物和管线拆迁。其次，施工会占用大量的土地，影响当地的农田水利设施，有大量的土地征用、房屋拆迁等，需要兼顾当地的利益，处理好与当地政府和群众的关系。且多为野外作业，自然环境条件变化大、工作面广，工程施工进度受气候条件、交通条件等影响，特别是沿线的水文地质条件不一，可能会遇到各种不良的特殊路段以及隐蔽工程。路基施工通常是公路工程中最早开工的项目，其施工质量和施工进度直接影响整个公路工程的质量和进度。路基施工是伴随着其他工程施工进行的，必须正确处理好与排水、防护及加固、桥梁与涵洞、隧道、路面等工程的施工的关系。因此，路基施工必须是科学的、有组织的、有计划的，并根据人员设备、自然气候条件、交通运输、材料供应等各种条件变化及时调整,保证施工质量和进度。

路基填筑的土石材料土工特性的优劣、施工压实是否得当和充分,是影响路基施工质量的关键因素。所以,要做好地质土质调查,选择好路基填料,拟定合理的路基填筑和开挖方案,正确地运用和调配施工机械设备,在施工工艺和施工质量的控制等方面层层把关,做到精心施工、严格管理,确保施工质量和施工进度,提高经济效益。

路基施工过程中有大量的土石开挖、运输、填筑,对周边环境有一定的影响。所以,要注意保护生态环境,施工时应尽量减少对自然植被及原有地形地貌的破坏,以免造成水土流失,不能避免时应适当进行绿地恢复。施工时清除的杂物应区别情况,予以妥善处理,不得倾弃于河流及水域。

路基施工必须贯彻安全生产的方针,制定施工安全措施,加强安全教育和检查,严格执行安全操作规程,避免造成人员伤亡和财产损失。

5.1.2 路基施工的基本流程和方法

路基施工的基本流程主要如下:
1) 熟悉设计文件,领会设计意图,做好施工准备工作。
2) 组织施工队伍,包括人员、机械设备和其他物资准备。
3) 做好现场调查和场地清理,修建必要施工临时设施。
4) 选择筑路材料,进行材料的试验。
5) 拟定施工方案,确定施工工艺。路基施工过程主要包括地表处理、填料选择、路基填筑(开挖)、路基压实、质量控制等。
6) 按照操作规程进行施工,并且逐项检查施工质量和验收。

路基施工按照其施工的手段不同,可分为人工施工、简易机械施工、机械化施工、综合机械化施工及爆破法施工等,具体选择哪种或哪些施工方法,要根据工程性质、岩土类别、工程量大小、施工期限、施工技术条件等确定。

1. 人工施工

人工施工是一种传统的常见施工方法,施工时主要是靠人力和手工工具进行作业,如肩挑人拉,人工夯实。该施工方法在一些局部的或低等级公路的少量工程的施工中使用。由于这种方法劳动强度大、工效低、进度慢,且工程质量难以得到保证,不能适应大规模公路工程施工要求,只能作为其他施工方法的辅助和补充。

2. 简易机械施工

简易机械施工是在人工施工的基础上,对施工过程中劳动强度大和技术要求相对较高的工序用简易的机具或机械完成,在一定程度上提高了施工工程进度、施工效率和工程质量。但这种施工方法工效有限,只能用于工程量较小、工期要求不严的路基或构造物施工,不适用于高等级公路和工程数量较大的路基施工。

3. 机械化施工

机械化施工是通过合理选用施工机械,将各种机械科学地组织成有机的整体,优质、高效地进行路基施工的方法。机械化施工是目前公路工程施工中最常用的施工方法。机械化施工是现代公路建设中的主要施工手段,由于施工中广泛采用了大型机械设备,如挖掘机、自卸汽车、压路机、平地机,施工工效和施工质量大为提高。

4. 综合机械化施工

综合机械化施工是根据现代公路建设的分工越来越细的趋势,按路基施工要求对施工的各工序进行既分工又联合的作业,由若干专业机械施工承包商完成不同施工工序,提高了施工专业水平,降低了机械运营成本。如由路基开挖专业队、土石方运输专业队、路基填筑和压实专业队共同完成路基的施工。综合机械化施工中,由于专业施工队可以流水作业,最大限度地发挥各种机械的效能,从而能够达到降低施工成本,提高施工质量。所以,综合机械化施工是现代路基施工的主要方法。目前,我国高等级公路施工基本已采用综合机械化施工。

5. 爆破法施工

爆破法施工是利用炸药爆炸的巨大能量炸松土石或将其移到预定位置。爆破法主要用于石质路堑或硬土路堑的开挖,也可用于冻土、泥沼等特殊路基的施工。合理应用爆破法施工,可以提高工程进度,降低工程造价,但对岩层破碎严重的坡面,要注意防止爆破破坏原有岩层的稳定性。

5.1.3 路基施工前的准备工作

路基施工由诸多施工环节组成,各个环节相互影响,相互制约。因此,路基施工必须事先做好计划和各项准备工作,使其施工活动有组织、有计划、有序地正常进行。在路基施工过程中,所有的施工活动都必须严格按有关施工技术规范进行,以确保工程质量、施工进度,真正达到优质、高效、安全和经济的目的。

路基施工准备工作可分为组织准备工作、技术准备工作和物资准备工作。

1. 组织准备工作

组织准备工作是最先开始的,其内容主要是组建施工队伍、建立和健全工程管理机构和质量保证体系,明确施工任务,做好各项工作的分工,制定施工过程中必要的规章制度,确定工程应达到的目标等。

在我国目前已普遍实行项目经理负责制,具体施工由项目经理部实施,下设各个施工工区或施工队。质量保障体系包括建立工地试验室,落实工地质检人员并配备必要的试验设备,制定和落实技术岗位责任制。

2. 技术准备工作

路基施工前的技术准备工作包括制订施工组织计划、进行施工前的技术交底和施工测量,场地整理,进行原材料和机械设备的工艺性试验,做好临时工程等的各项工作。

(1)施工组织计划　施工组织计划是整个施工的指导性文件,也是其他各项工作的依据。它关系到施工能否顺利进行,达到预期的目标,影响到整个工程的全过程,在现代公路建设中具有十分重要的意义。因此,要根据工程性质、施工现场条件、设备、人员、材料供应情况和工期要求等,通过认真调查研究和充分论证,尽量做到科学、合理、可行,有利于保证工程质量、工程进度、安全生产和节约造价。

施工组织计划编制的依据是招标文件、设计文件,以及有关的技术规范和质量标准。它包括施工方法和工艺、施工进度计划、施工场地布置方案、施工质量控制规程、劳动力和技术安排、机械设备配备,以及关键工程的技术措施等。施工组织计划必须经过监理工程师和业主的审批同意。

(2)施工前的技术交底和施工测量　施工前的技术交底是施工承包商通过阅读施工图,与业主、设计人员会商和现场校对,全面熟悉、领会设计意图和工程要求,接受施工现场的测量控制点和控制高程。对设计图中与现场不符或施工有困难的,应按有关程序提出修改设计意见并报请变更设计。

施工测量是指在开工前的现场测量技术复核和恢复,内容包括导线、中线、水准点复测,恢复并固定路线的交点、平曲线主点等主要控制桩,检查与补测横断面和增加水准点等。对路基纵横断面进行检查和核对,并适当补测。根据已经恢复的路中线,按设计文件、施工规定和技术要求等标出路基用地界桩、路堤坡脚、路堑坡顶、边沟及路基附属设施的具体位置。在路基施工过程中应采取有效措施保护所有测量标志,以免增加测量工作量,减少出现错误的可能。

(3) 场地整理　做好"三通一平",即通水、通电、通路(施工便道)和平整施工场地。路基施工前应先办好有关土地的征用,修建施工临时便道,办理施工道路占用手续,依法使用土地和原有道路。路基范围内的既有建筑物、道路、沟渠、通信及电力设施等,施工单位应协同有关部门事先拆除或迁建。对路基附近的危险建筑物应进行适当加固,对文物古迹应妥善保护。

路基施工前应先修筑截水沟、排水沟等排水设施。特别在雨期施工时要加强工地临时排水。做好施工现场的排水工作,便于施工作业。

(4) 施工原材料和机械设备的工艺性试验　施工前,应对路基施工范围内的地质、地形、水文情况进行详细调查。根据设计文件提供的资料,对取自挖方、借土场、料场的路堤填料进行复查和原材料取样试验。原材料试验是对用作填料的土按土工试验规程测定其物理、力学等性质,报监理工程师审批。

对特殊地段或使用新材料或新机械设备,除对常规性指标进行试验外,还应进行工艺性试验或铺筑试验路。如软土地基处理试验、路基压实试验,通过试验路铺筑可确定最佳机械配置和施工组织方法、各种填料的最佳含水率、适宜的松铺厚度、相应的碾压遍数等。施工工艺性试验完成时,要提交工艺性试验报告。

3. 物资准备工作

物资准备工作是施工前对所需材料、机械设备、机具等进行订购和采购、调运和储备等,检修或购置施工机械,落实施工用房和生活设施,以及做好后勤保障准备工作。

施工准备工作完成后,承包商要向业主和监理工程师提交开工报告。开工报告批准后,即正式开始施工过程阶段。

■ 5.2　路基填筑与压实

5.2.1　填筑方案

不同的填筑和碾压方法对路基的压实效果不一样,不同的土质和施工条件,需要不同的填筑方法和施工机械设备,才能使路基达到施工质量要求,这些都会影响到路基的施工进度和工程费用。因此,要根据工程特性和施工条件、地形和土质,正确运用机械设备和机具,选择合理的施工方式,保证施工顺利进行。

为保证路基整体强度和稳定性,路堤应采用逐步填筑、逐步压实的施工方法。通常路基填筑的方法有水平填筑、竖向填筑和混合填筑。

(1) 水平填筑　水平填筑能保证路基的整体性,是路堤填筑中最常见的施工方法。水平填筑将路堤划分为若干水平层次,从最低层开始逐层向上填筑,并逐层压实。每填一层,经压实达到压实度要求后,再进行下一层填筑,如图5-1所示。

对不同土质填筑的路堤,应符合下列填筑工艺要求:

1) 路堤下层用透水性较小的土填筑时,表面应做成4%的双向横坡,以保证来自上面透水性填土层的水及时排除。

2) 路堤上层用透水性较差的土填筑时,不应覆盖封闭其下层透水性较大的填料,以保证路堤内的水分蒸发;不得将透水性不同的土混杂填筑,以免形成水囊或滑动面。

3) 根据强度和稳定性要求,合理安排不同土质的层位,水稳定性较好的土应填筑在路堤上层,相对较差的土填在下层。

4) 分层填筑的两个不同施工段交接处,或在新旧路基连接处,应在交接处做成交替面,以防止横向开裂。

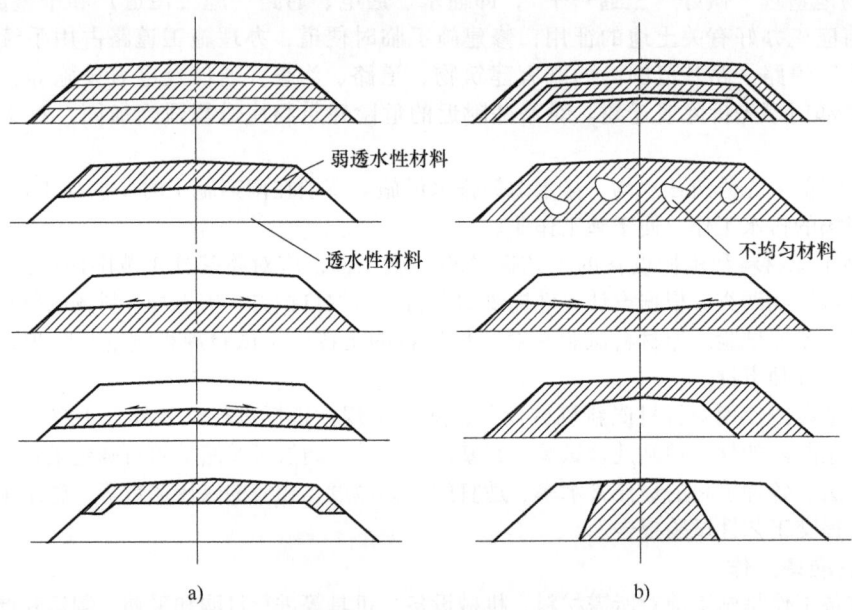

图 5-1 水平填筑方案
a) 正确填筑方法　b) 不正确填筑方法

(2) 竖向填筑　竖向填筑是将填料沿路线纵向或横向在坡度较大的原地面上倾填,形成倾斜的上层,然后碾压密实,如此逐层向前推进,如图 5-2 所示。该方法适合当原地面纵向或横向坡度较大(大于 12%)、地面高差大,或难以采用水平填筑时的路段施工。

竖向填筑由于填土过厚而不易压实,必须采取一定的技术措施以保证压实质量,如路堤全宽应一次填筑,并选用振压式压路机压实,以及采用压缩量较小的砂石等填料填筑。

(3) 混合填筑　混合填筑是横向填筑与竖向填筑的综合使用。填筑时下层用竖向填筑而上部用水平填筑,这样可使上部填土获得足够的密实度,如图 5-3 所示。

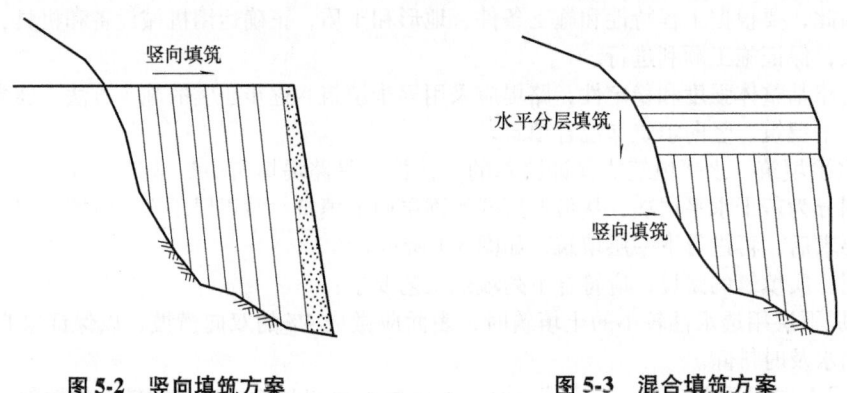

图 5-2　竖向填筑方案　　　　　图 5-3　混合填筑方案

填筑时,应根据填料运距、填筑高度、工程量大小和施工条件等配置机械,确定作业方式,最大限度地发挥各种机械的工效。

对于在路基两侧附近取土,填土高度在 3m 以内的路堤,可用推土机从两侧推填,配以平地机整平,然后用压路机压实;对于填方量较集中的路堤,当填料运距超过 1km 时,可用松土机翻松，用挖土机或装载机配合自卸汽车运输，料运到作业面后用平地机整平，洒水车洒水和压路机压实；当填料运距在1km范围内时，可用铲运机运土，辅以推土机开道、翻松硬土、平整取土段、清除障碍及推土。

按照回填材料的不同，路基填筑可以分为填土路堤、填石路堤、土石混填路堤。在进行施工时施工方法不一样，施工要求也不一样。

(1) 填土路堤　填土路堤的主要回填材料是黏土或者砂性土，性质不同的填料应水平分层、分段填筑、分层压实，每种填料的填筑层压实后的厚度不宜小于500mm，并且应用刨土机进行"拉毛"处理，厚度太小容易引起边缘土料"起皮"。路基上部宜采用水稳定性好或者冻胀敏感性小的填料。路基上部结构容易受雨水影响，土体内部湿度变化大，且直接承受车辆动荷载和面层的静荷载，水稳定性好可以保证路基的强度和刚度。同时北方地区冬季温度低，路基上部湿度较大，黏土中的水容易结冰，造成体积增大，引起面层鼓胀破坏。填土路堤分段填筑时应交替填筑，不能交替填筑时也应预留台阶。

路基内部在进行施工时也要考虑排水问题，填土路堤是封闭结构，但是面层排水不畅时容易渗入路基，边坡两侧也有雨水渗透进路基内部。用透水性差的材料回填时，应在表面设以2%~4%的双向横坡，并采取相应的防水措施。不得在透水性好的材料上回填透水性差的填料。回填材料采用湿黏土时应对基底湿黏土进行处理，一般采用石灰进行化学处理，石灰应采用消石灰或者磨细生石灰粉，石灰粒径应不大于20mm。改良后的湿黏土应用灰剂量和压实度进行施工控制，灰剂量参照设计要求。填土路堤的压实质量主要用压实度进行控制。

(2) 填石路堤　填石路堤采用的回填材料主要有硬质岩石、中质岩石。轻质岩石也可以作为回填料，但是不得作为路床填筑。膨胀类岩石、易溶性岩石和盐化岩石不得用于路堤填筑，在进行施工回填时应对石质回填料进行检测，主要是利用岩石的单轴饱和抗压强度指标进行判断。考虑到石料和黏土的性质不同，压实时不能采用大吨位的压实机碾压，避免破坏石料。石质回填料的性质、质量要求与黏土不同，对于强度和透水性的要求较少，主要是对压实和孔隙率的考虑。路堤填料粒径不大于500mm，且不宜超过层厚的2/3。路床底面以下400mm范围内，填料最大粒径不得超过150mm，其中5mm的细料含量不应小于30%。

岩性相差大的填料应分层或分段填筑，性质相差较大的材料，如软质岩石和硬质岩石不得混合使用。石质路基透水性较强，也有内部渗水，应该考虑内部排水问题，一般采取边坡封闭和底部设置排水垫层、顶部设置防渗层等措施。

填石路堤的压实质量控制主要采用孔隙率指标，上路堤孔隙率要求小于下路堤，软质石料孔隙率大于中质石料和硬质石料。孔隙率可用密度法进行检测。

(3) 土石混填路堤　土石混填时，黏土填充了石料之间的孔隙。当黏土含量较少时，石料之间紧密接触，黏土主要起填充作用，此时路堤的性质主要由石料决定。当黏土含量较高，石料被黏土包裹，相互之间没有接触时，路堤的性质主要由黏土决定。因此土石混填路堤的施工应综合考虑黏土、石料两种填料的要求。石料岩性和粒径要求与填石路堤一致，且石料的粒径不得超过压实层厚。

土石混填路堤施工控制要求与填土路堤一致，此外，路堤应无明显的孔洞，避免积水的产生以及上部路基的下沉；大粒径石料不得出现松动，避免产生较大沉降，并影响弯沉。

5.2.2　路基压实

合理选择施工机械设备，对提高施工速度和施工质量有很大的影响。在现代公路建设中，由于工程规模越来越大，施工趋于专业化，出现了许多专业化施工机械队伍，专门从事某几项机械施工，提高了施工效率和机械利用率，降低施工成本，这是当今大型公路项目施工的一个显著特点。

压实机具对土体产生的压实效果，与机具的质量、机具与土体的接触面大小、碾压的速度、碾压时间和碾压遍数等因素有关。压实应以足够、有效、合理为原则。一般认为，压实时产生的单位压力应不超过土的极限抗压强度。

通常采用的压实机具主要是各种型号规格的压路机。根据碾压机具的工作特性，压实机具可分为碾压式、夯击式和振动式。

（1）碾压式　也称为静力式，靠机具自身的质量进行压实。碾压式压路机包括光面碾压式压路机和气胎碾压式压路机等。采用质量大的压路机碾压，可获得较好的压实效果。碾压式机具是压实的主要机具。

（2）夯击式　主要靠机具的夯锤、夯板对土体的夯击作用，产生压实效果。夯击式压路机包括石碾、木夯、夯锤、夯板、风动夯和蛙式夯等。

（3）振动式　主要靠机具的振动对路基施加的动能，产生压实效果。振动式压路机包括振动器、振动压路机。振动式压路机通过碾压轮的振动和自重，对土体产生较好的压实效果，它压实的传播深度大，压实作用大，特别适合于填料为碎石的压实。

施工前，要根据工程性质和规模，施工的条件和机械设备配置水平，选择合适的机械种类和操作方案，尽量发挥各种机械的功能和使用效率。

对不同类型的压实机具，其使用范围是不同的，对路基的压实效果也不一样。路基压实的机具选择要根据工程规模、施工场地和施工条件、填料类别、施工质量要求，以及气候、施工期的综合因素考虑，有时要几种机具综合使用，达到最佳的压实效率和效果。对砂类土，一般选用振动式压路机，黏性土类或整修路床时，宜选择碾压式压路机，桥头、涵洞或其他建筑物附近局部不适合使用压路机压实的路基，可采用夯击式压实机具进行压实。

各种土质适宜的压实机械类型见表 5-1。

表 5-1　各种土质适宜的压实机械类型

机械名称	土的分类				备注
	细粒土	砂粒土	砾石土	巨粒土	
6~8t 两轮光轮压路机	A	A	A	A	用于预压整平
12~18t 三轮光轮压路机	A	A	A	B	最常使用
25~50t 轮胎压路机	A	A	A		最常使用
羊足碾	A	C 或 B	C	C	粉质土、黏质土可用
振动式压路机	B	A	A	A	最常使用
凸块式振动压路机	A	A	A		最适用于最佳含水率较高的细粒土
手扶式振动压路机	B	A	A	C	用于狭窄地点
振动平板夯	B	A	A	B 或 C	用于狭窄地点，机械质量 800kg 的可用于巨粒土
手扶式振动夯	A	A	A	B	用于狭窄地点
夯锤（板）	A	A	A	A	夯击影响深度最大
推土机、铲运机	A	A	A	A	仅用于推平与预压

注：表中字母 A 代表适用；B 代表无适当的机械时可用；C 代表不适用。

传统的路基压实技术存在压实的盲目性，对碾压、速度、遍数、压实度、温度、压实区域等关键指标不能及时地获取，只能通过事后的钻芯获得这些参数。智能压实是对碾压施工过程进行智能监管的一种手段，相对于传统的压实技术而言，有以下优势：

1）提高压实度和压实度的均匀性。
2）完整地记录施工段落的压实过程，以便以后的数据查询。
3）减少路面施工的成本。
4）减少路面施工的人员，提高施工的工作效率。
5）实时体现压实的现状，减少后期钻芯检测的次数。

路基智能压实技术主要依靠智能压实系统实现。路基智能压实系统由 GPS 基准站、数据及应用服务器、碾压监测端、现场 PDA、远程监控客户端等部分组成，系统整体构架如图 5-4 所示。

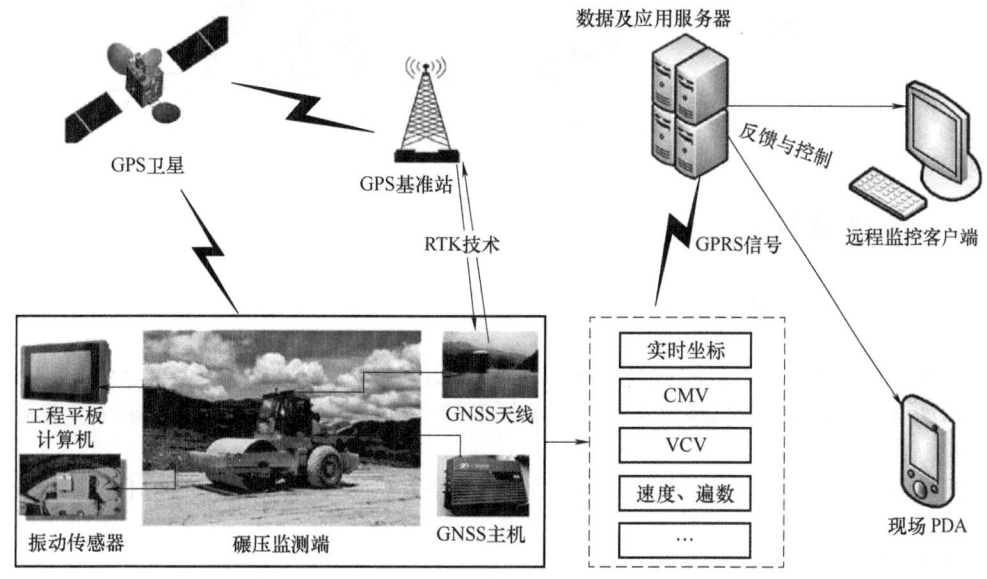

图 5-4　路基智能压实系统整体构架

路基智能压实系统是基于卫星定位技术、传感器技术、网络技术，并对整个压实施工过程中的多个系统信息进行智能整合，从而为操作人员提供高效、高质、快速的压实作业引导，为管理者提供强大的信息管理平台。

系统基于 B/S 结构，可以分为数据采集端、服务器端和成果显示端 3 大模块。数据采集端安装在压路机上，主要采集的数据是压实振动数据和定位数据。采集的数据通过手机网络发送到服务器，在服务器上进行处理，管理者使用浏览器登录服务器地址，获取监控结果。

一般的卫星定位精度仅能达到米级，系统高精度定位是采用 GPS 载波相位差分技术，能够实时计算 2 个流动站载波相位观测量的方法。基站通过移动网络信号将其观测值和测站坐标信息同时传送给流动站。流动站通过网络接收来自基站的数据的同时，还采集了经纬度数据，并在系统中组成差分观测值进行实时处理计算，并给出了精度达到厘米级的定位数据结果。

路基智能压实的关键在于压实机械的轨迹监管，信息监管系统通过自建定位参考基准站，为安装在压实机械上的定位流动站提供位置差分信号，实现压实设备厘米级的定位，进而通过碾压速度、碾压温度、碾压遍数等参数判断材料的压实状态。

智能压实通过现场自组 WiFi 网络，将所有压实机械数据进行网络连接，压路机操作人员可通过工程平板计算机，查看全段落所有机械的压实轨迹，引导压路机操作人员操作，如图 5-5 所示。

图 5-5　路基智能压实现场轨迹图

5.3　路堑开挖

5.3.1　土质路堑开挖

路堑开挖是将路基边坡范围内设计标高之上的天然土体挖除并运到指定地点的施工过程，多见于山区道路施工中。开挖路堑将破坏山体原来的平衡状态。因此开挖时必须十分注意挖方边坡的稳定性。

根据地形、土质、路堑深度和其他施工条件，路堑开挖的方法有横挖法、纵挖法和混合式开挖法三种。

1. 横挖法

横挖法是从路堑的一端或两端在横断面全宽范围内向前开挖，主要适用于短而浅的路堑、路堑深度不大的路堑施工。横挖法又分为以下两种。

(1) 单层横挖法　单层横挖法是一次挖到设计标高的开挖方式，因其施工面小，能投入的人员设备少，故仅适合于开挖深度不大，工程数量不大的路堑，如图5-6a所示。

(2) 多层横挖法　多层横挖法是在不同高度上分成几个台阶同时开挖，各施工层面具有独立的出土通道和临时排水设施，如图5-6b所示。它增加了作业面，可以容纳更多的施工人员和机械，形成多向出土以加快工程进度。对采用人工开挖时，其施工台阶高度应符合安全施工的要求，一般为1.5~2.0m；若采用机械开挖，则每层台阶高度为3~4m。当运距较近时用推土机进行开挖，运距较远时宜用挖掘机配合自卸汽车进行开挖，或用推土机推土堆积，再用装载机配合自卸汽车运土。

路堑开挖时应配备平地机或人工分层修刮、整平边坡，并做好排水，及时疏通排水边沟。

2. 纵挖法

纵挖法是开挖时沿路堑纵向将开挖深度内的土体分成厚度不大的土层依次开挖，分为分层纵挖法和通道纵挖法两种。

(1) 分层纵挖法　分层纵挖法是在路堑纵断面全宽范围内纵向分层挖掘，适用于路堑宽度和深度均不大的情况，如图5-7所示。

当开挖地段地面横坡较陡、开挖长度较短（不超过100m）且开挖深度不大于3m时，宜采用推土机作业。当挖掘的路堑长度较长（超过1000m）时，宜采用铲运机或铲运机加推土机助铲作业。

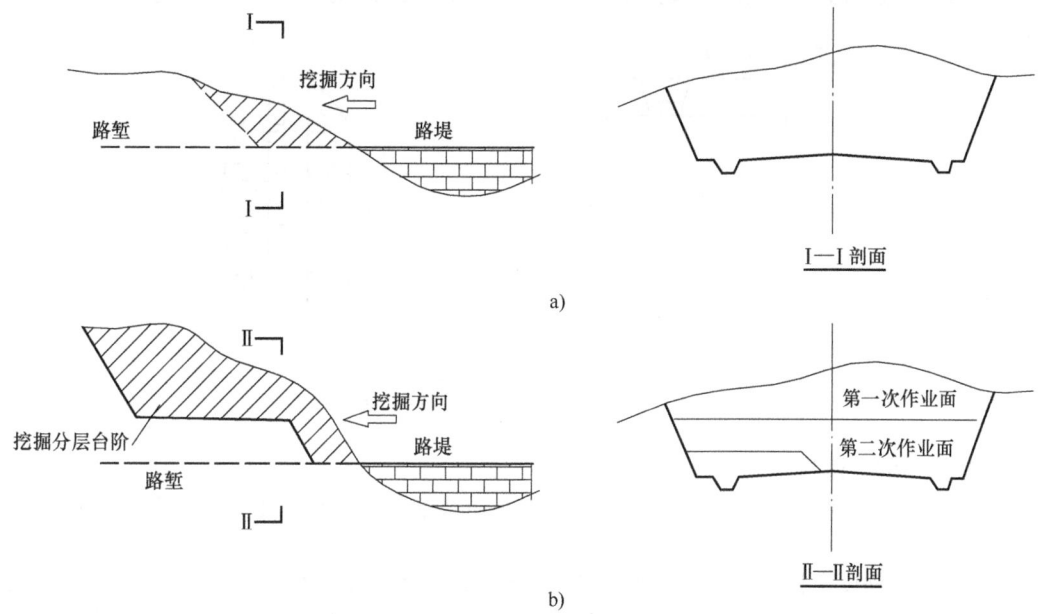

图 5-6 横挖法
a）单层横挖法 b）多层横挖法

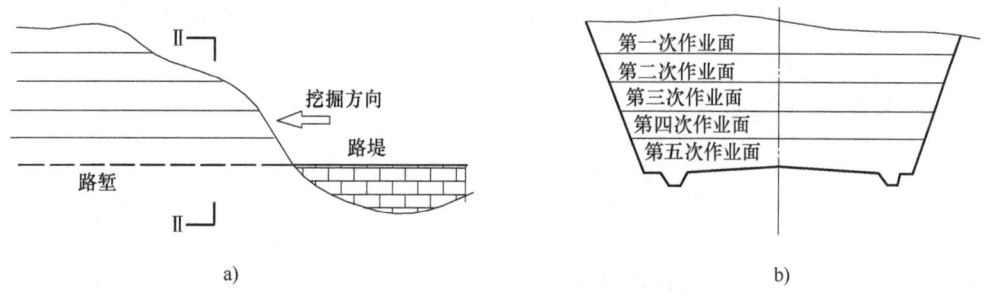

图 5-7 分层纵挖法
a）分层纵挖法纵向示意图 b）Ⅱ—Ⅱ 剖面

（2）通道纵挖法 通道纵挖法是沿路堑纵向分层，每层纵向挖出一条通道作为机械运行和出土的通道，如图 5-8 所示。该法适宜于路堑较长、较宽而深，两端地面坡度较小的情况。

如果所开挖的路堑很长，可在翼侧的适当位置将路堑分为几段，各段再采用纵向开挖的作业方式，这种开挖的方式称为分段挖掘法。这种挖掘方法可增加施工作业面，减少作业面之间的干扰，大大提高工效，适合于傍山而深长的路堑开挖。

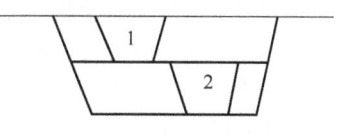

图 5-8 通道纵挖法
1—第一次通道 2—第二次通道

3. 混合式开挖法

混合式开挖法是横挖法与纵挖法的混合使用。开挖时先沿路堑纵向开挖通道，然后从通道开始沿横向坡面挖掘，以增加开挖坡面，每一开挖坡面能容纳一个施工作业组或一台机械，在挖方量较大地段，还可沿横向再挖通道以安装运土传送设备或布置运土车辆。这种方法适用于路堑纵向长度和深度都很大的地段，如图 5-9 所示。

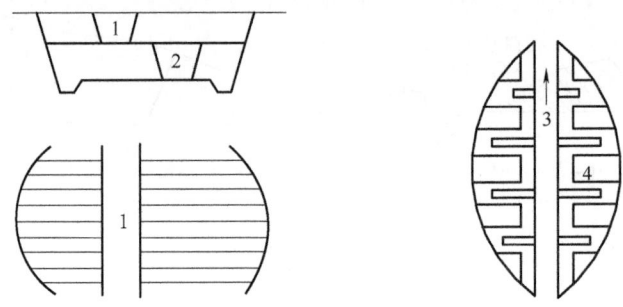

图 5-9　混合式开挖法

1、2—第一、第二通道　3—纵向运送　4—横向运送

4. 路堑开挖的注意事项

深长路堑开挖工程量很大，而且往往开挖作业面狭窄，路堑开挖是制约路基施工进度的关键工序。

要根据路堑深度与长度、地形与地质和土质情况，以及工程量大小等，制定切实可行的施工方案，合理安排施工人员和机械设备，因地制宜，确定开挖作业面大小和土石方调配方案，同时要注意排水和施工安全，以保证工程质量、施工进度和施工安全。

路堑开挖应自上而下进行，不得超挖滥挖。在不影响边坡稳定的条件下可采用小型爆破以提高开挖效率。如开挖过程中发现土质发生变化，应及时修改边坡坡度和施工方案。

路堑的地表若有有机土层、难以晾干或其他不宜作床的土时，应用符合要求的土置换，然后按路堤填筑要求进行压实。

5.3.2　石质路基爆破施工

在山区公路施工中，经常会遇到大量的石质或硬土需要开挖，由于单靠人工、机械难以或不能满足施工要求，必须使用炸药进行爆破。

爆破施工是在岩石或硬土的一定深度或范围内，埋置适当数量的炸药，利用炸药爆炸时产生的巨大冲击能和高温高压，将岩石或土松动、破碎，甚至可抛掷到指定的地点。

利用爆破技术可以进行爆松冻土、淤泥，开挖路堑、开采石料和基础施工等。合理利用爆破技术，可以节省人力和机械设备，缩短工期，从而降低施工成本，达到事半功倍的效果。所以，爆破施工是石方（或硬土、冻土）地段开挖的重要施工方法。

爆破技术包括炸药的技术特性、炸药器材和起爆方法、爆破设计和爆破作业，以及爆破安全措施等。爆破施工的流程如图 5-10 所示。

组织爆破施工时应遵守《爆破安全规程》（GB 6722—2014）的规定，并注意以下几点：

1）应根据实际地形、地质及路基横断面等条件，采取合理的爆破方案，正确进行爆破设计，并上报有关部门审批。

2）爆破施工是一项专业性很强的作业，进行爆破作业的有关人员必须通过专业培训，持有爆破上岗证，操作时按规定穿戴防护用品。装药时无关人员应撤离危险区，装药现场严禁火源、电源。

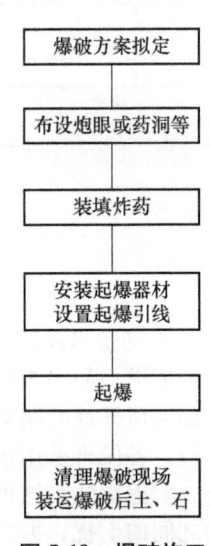

图 5-10　爆破施工的流程

3）严格对各种爆破器材的储运和管理，对爆破器材要有专门人员保管，注意防火、防潮，要防止遗失或失窃，做好使用过程的登记记录。

4）做好对爆破作业区内的安全警戒和安全检查，确定足够的安全警戒线，并及时疏散危险区的人员、牲畜、设备及车辆等。对不能撤离的建筑物应采取保护、加固措施。

5）起爆后应由专业人员进行安全检查，确认无拒爆、瞎炮后方可解除警戒。

6）实施大爆破施工作业时，应由专门设立的机构全面负责组织、指挥、协调和安全等方面的工作。

7）爆破随后进行的清方施工，必须严格按操作规程进行，防止被炸松的岩石坍塌，发生事故。

5.4 路基防护与支挡工程施工

5.4.1 植物防护

植物防护主要靠植物根茎与土壤间的附着力以及根茎间的互相缠绕达到加固边坡、提高坡表抗冲刷的能力，对于坡度较缓、坡高不大的边坡而言，这是一种简单有效的防护措施。植物防护不仅可以涵养水源，减少水土流失，而且还可以净化空气，保护生态，美化环境，保证行车安全。植物防护主要分为人工种植草或灌木、铺草皮、客土喷播（图5-11）、植生袋、三维土工网（图5-12）等方法，不同方法的适用条件及施工方法存在很大差异，可根据边坡实际情况合理选用合适的防护方法。

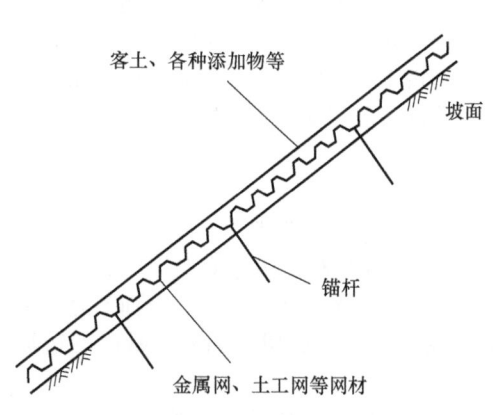

图 5-11　客土喷播示意图

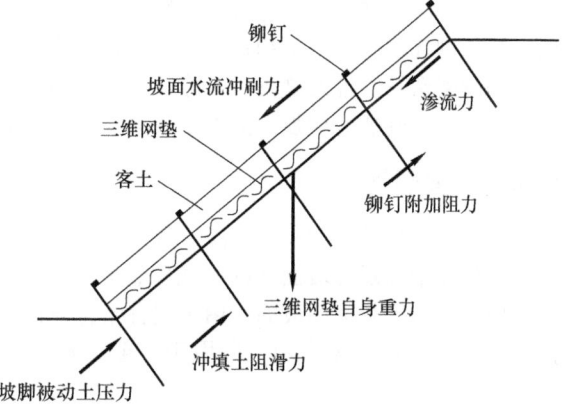

图 5-12　三维土工网示意图

在坡面成形后，应及时进行坡面植物防护，采用种草防护前应清理坡面，回填土宜采用土、肥料及腐殖质土的混合物。种草施工时，草籽应撒布均匀，同时做好保护措施。草皮要选用带状或块状草皮，厚度宜为100mm，铺设时，应由坡脚自下向上铺设。铺、种植物后应适时进行洒水、施肥等养护管理，直到植物成活。养护用水不得含油、酸、碱、盐等有碍草木生长的成分。该方法施工简单，造价较低，但往往施工效率低下、施工适应性差，植物成活率低，主要适于小面积、坡度缓的土质或砂土类边坡。

采用湿法客土喷播前应检查作业面的粗糙度，平均粗糙度宜为±100mm，最大不超过±150mm。若岩石边坡本身不稳定，需要采用预应力锚杆（索）进行加固处理。喷播植草混合料植生土、土壤稳定剂、水泥、肥料、混合草籽、水等应按配合比组成。客土喷播前浇水湿润坡面,喷播植草混合料的配合比根据边坡坡度、地质情况和当地气候条件确定,喷播混合材料厚度应为20~80mm。种子喷播应均匀。客土喷播施工锚杆和锚钉宜按1m×1m间距的梅花形布置。挂网施工时应自上向下放卷,相邻两卷钢丝网分别用绑扎钢丝连接固定,两网交接重叠处宽度应不小于100mm,锚钉每平方米不少于5个。挂网与作业面应保持一定间隙,并均匀一致。湿法喷播施工后应及时进行补种、洒水、施肥、除杂草等养护管理,成活率应达到90%以上。该方法应用范围广、适应性强、施工效率较高,适合于各类土壤成分少、土壤硬度高的挖方边坡。

采用植生袋法防护,铺设植生袋时,应保证种子附着完好,袋内土不得含水。坡面施工时,应从底部开始,必要时在基面上打固定柱。植生袋应平铺在坪床上,边缘交接处重叠10~20mm。袋上应均匀覆土或河沙,厚度不露出植生袋,宜在10mm左右。植生袋铺种完毕后应立即采用喷灌方式浇水,保持地表湿润,应避免水柱直冲。采用三维植物网防护施工前应先清除杂草、石块、树根等杂物,坡面土质疏松的应进行夯实。铺设三维网应自上而下平铺到坡脚,并向坡顶、坡脚各延伸500mm。三维网应用木桩、锚钉锚固于坡面,四周以U形钉固定。网间搭接长度应满足设计要求且应不小于100m。三维网应紧贴坡面,无褶皱和悬空现象,三维植物网一旦脱空,植物根系与三维网就不能交织形成致密的覆盖层,对路基边坡不能形成连续和持久的保护,施工时应避开阴雨天气,雨天设三维网会造成回填底土和客土过湿或冲刷。该方法作用持久、修复性强,适合于坡度较缓、坡表平整的土质或砂土类边坡。

采用水泥混凝土骨架和植物防护,骨架施工前应修整坡面,填补超挖形成或原生的坑洞和空腔,混凝土浇筑应从护脚开始,由下而上进行浇筑,浇筑过程中采用插入式振捣器振捣。骨架宜完全嵌入坡面内,保证骨架紧贴坡面,防止产生变形或破坏。混凝土浇筑完成后应及时养护,养护时间不宜少于14d。若采用预制块铺设骨架,铺设前应将坡面整平、压实,与坡面紧贴无空隙,与相邻坡面平顺铺设后应及时施作植物防护。骨架防护植物应选取适应性好、根系发达、耐干旱贫瘠、耐破坏、再生能力强的植物,应以乡土植物为主、外来植物为辅,不同植物应具互补性且与周围环境自然植被相适合。骨架内植草草皮下宜铺设50~100mm厚的种植土,草皮应与坡面和骨架密贴。铺设草皮后,应及时进行养护。这是一种圬工防护措施与生态防护措施相结合的方法,抗冲刷能力较强,但施工较烦琐,适合于坡度较陡的土质和易风化的岩质边坡。

5.4.2 拱形骨架

拱形骨架护坡由拱柱、拱圈、基础、垫层、泄水孔等组成,常采用浆砌片石砌筑,用于防治土质边坡发生溜坍和坡面冲刷等病害,因受力特性好、经济适用性强及环境美观等优势而得到广泛使用。对于长大的坡面,用多层骨架将坡面分割成若干骨架支撑的小块土体,分而治之,单孔或多孔均起到支撑作用,适用于一般土质或膨胀土边坡加固,不适用于细砂、粉砂的边坡加固。

砌筑前应整平坡面,按照边坡坡度、基础高程等数据设固定的样板挂线,清刷表面松散土层及浮土,填补坑凹并拍实使坡面平整,土基的压实度应与同层路基土压实度相同,以免下沉而使砌体产生裂缝,影响砌体的整体稳定性。按设计图对拱形骨架轮廓进行放样,钢尺对基槽开挖位置准确定位,对于弧形部分应定出圆心位置然后撒线画出弧线,拱形骨架基槽采用人工开挖的方法,基槽开挖时应注意几何尺寸位置的准确,开槽深度为垂直坡面以下30cm。对于拱圈圆弧部分基槽的开挖,应选用较小的工具进行开挖以保证弧形部分自然、平滑。

按设计完成垫层施工,受冻胀影响的土质边坡,护坡底面的碎石或砂砾垫层厚度应不小于100mm。片石砌筑采用挤浆法分层砌筑,2~3层组成的工作面宜找平,分段位置设在沉降缝或伸缩缝处,两相邻段的砌筑高差不大于120mm,分层水平砌缝大致水平,各砌块的切缝相互错开,切缝饱满。镶边石采用水泥混凝土预制块,装运到施工现场安装,并用水泥砂浆砌筑与勾缝,砌筑时应采用坐浆、挤浆法施工,要求砂浆饱满,各预制块的砌缝应相互错开,不得有通缝和空缝及松动，表面平顺整齐，与边坡嵌接牢固密贴，严禁用灌浆施工。所有石块均应坐于新拌砂浆之上，每10~15m应置一道伸缩缝，缝宽为20~30mm。底地质有变化处，应设沉降缝。伸缩缝与沉降缝可合并设置。砂浆初凝后，应立即进行养护，砂浆终凝前砌体应覆盖，经常洒水保持湿润，常温下养护期不少于7d，骨架完成后可结合喷播草、灌籽进行防护。

拱形骨架防护示意图如图5-13所示。

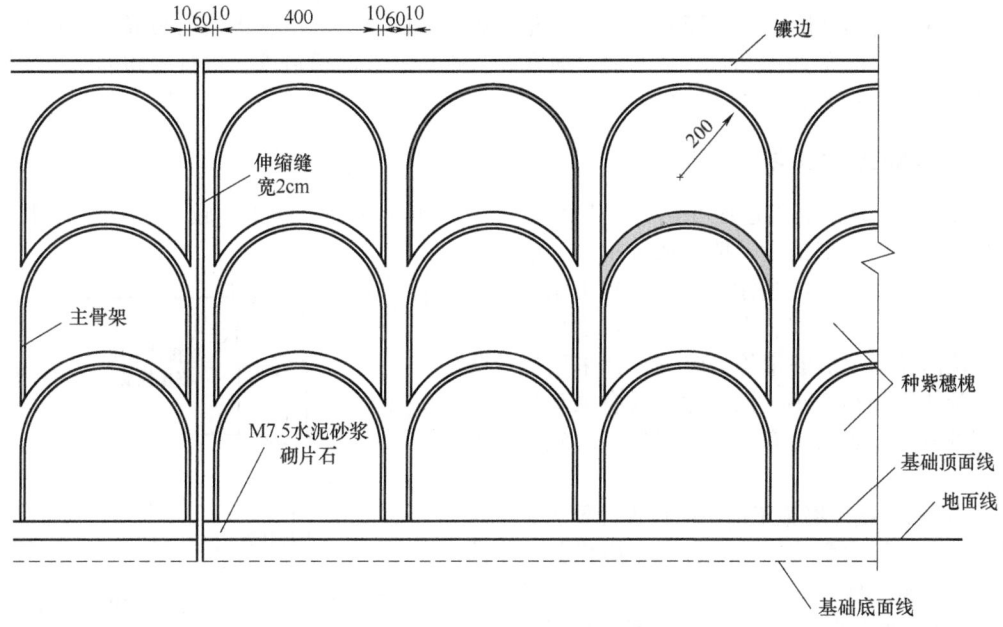

图 5-13　拱形骨架防护示意图

5.4.3　重力式挡土墙

在重力式挡土墙施工前应清理挡土墙墙趾及施工需用场地，铲除有机杂质和树根草丛并碾压平整，合理布置堆料场地。路堑式挡土墙内侧路基边坡应清刷整齐、干净并注意边坡稳定性，受地表水和地下水影响的土质不良路段，施工前应在墙趾外围开挖排水沟等排水设施。应按照设计规定的挡土墙基础的各部分尺寸、形状及埋置深度进行基础施工，同时基坑开挖尺寸需满足基础施工要求，基坑底平面尺寸宜大于基础外缘0.5~1.0m。

重力式挡土墙施工时应根据设计图分段长度，结合墙趾实际地形、水文、地质变化情况，设置沉降缝和伸缩缝。沉降缝、伸缩缝的缝宽应整齐一致，上下贯通，缝宽宜为20~30mm，沿墙的内、外、顶三边内，用沥青麻絮、塑料泡沫等具有弹性的材料填塞，自墙顶一直做到基底，填入深度不小于0.15m。可采用砖、混凝土预制块、片石、块石等作为砌筑材料，采用砂浆或水泥石灰浆作为胶结材料。挡土墙砌筑前应将石料表面泥垢清扫干净，石料表面和基础垫层均用水湿润，砖砌挡土墙施工时应两面立杆挂线或样板挂线，标准砌体各部分尺寸要符合设计要求。浆砌石的底面应卧浆铺砌，立缝填浆补实，不应有孔隙和立缝贯通现象，施工分段位置宜设在伸缩缝和沉降缝处，各墙段水平砌缝应基本一致，砌体表面浆缝应留出10~20mm深的缝槽，以施作砂浆勾缝。浆砌片石挡土墙施工时，片石应分层砌筑，以2~3层组成一工作层，每工作层水平缝大致找平。竖缝应错开，不应贯通，较大的片石可用于下层，块与块之间用砂浆隔开，竖缝较宽时，可在砂浆中塞小石子，砌体中石块应大小搭配，并设置拉结石均匀分布，相互错开。挡土墙采用块石填筑时，块石应平砌，根据墙高进行层次配料，每层石料高度大致齐平。

重力式挡土墙施工时应按设计要求设置完善排水系统，疏干墙背填料中的水分，避免墙身承受额外静水压力，减少季节性冰冻地区填料的冻胀压力。路堑挡土墙施工时，要设置排水沟引排地面水，夯实地表松土，减少雨水和地面水下渗，墙趾前边沟应铺砌加固。

重力式挡土墙后优先选择渗水性好的砂土、碎（砾）石土进行填筑，填料采集前应进行击实试验，得到最佳含水率和最大干密度，以及相应的物理化学指标，以控制压实质量。碾压前应进行压实试验，根据碾压机具、填料性质及最佳含水率控制填料松铺厚度，并分层压实。挡土墙墙体强度等级达到设计强度的75%以上方可进行墙背填料施工，路肩式挡土墙墙顶面标高，应略低于路肩边缘标高20~30mm，挡土墙顶面宜设与路肩一致的横坡度，以排除路面水。墙后必须回弹均匀，摊铺平整，填料顶面横坡符合设计要求。

5.4.4 加筋土挡土墙

加筋土挡土墙的施工过程可分为地基处理、基槽（坑）开挖、排水设施、基础浇（砌）筑、构件预制安装、筋带铺设、填料摊铺压实、墙顶封闭等，其侧面如图5-14所示。加筋土挡土墙的拉筋材料有钢塑土工加筋带、土工格栅、聚乙烯土工加筋带、聚丙烯土工加筋带等，应按设计采用抗拉强度高、延伸率和蠕变小、抗老化、耐腐蚀和化学稳定性好的材料，表面应有足够的粗糙度。施工步骤如下：

1）加筋土挡土墙施工前，应按设计要求进行基底处理。有地下水影响基底稳固时，应拦截或排除地下水到墙身之外。

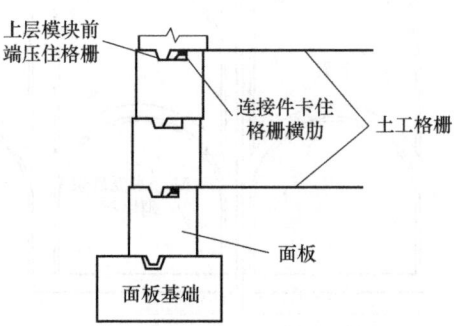

图5-14 加筋土挡土墙侧面示意图

2）钢拉筋应按设计进行防腐处理，墙背拉筋锚固段填料宜采用具有一定级配、透水性好的砂类土或碎砾石土，土中的粗颗粒不应含有在压实过程中可能破坏拉筋的带尖锐棱角的颗粒。

3）钢塑土工加筋带应铺设在经找平后的压实填料上。筋带尾部宜挖一浅槽埋入0.10m×0.10m×3.00m的方木，拉环处的筋带用扣销固定呈辐射状，先粗穿筋带，然后逐根理顺调正，用夹具逐根张紧后，钉在方木上，使筋带紧贴填料，松紧程度一致，不得有折曲、卷曲和重叠。

4）土工格栅应将强度高的方向垂直于墙面板铺设，格栅与面板的连接构造、回折长度应符合设计要求。格栅应拉直、拉紧，不得有卷曲、扭结。格栅摊铺完成后，宜适当固定，并应及时填筑上层填料。格栅需接长时，连接处强度不得低于格栅的设计强度。

5）聚乙烯土工加筋带、聚丙烯土工加筋带可采用单孔穿筋带、上下孔合并穿筋带或左右环孔合并穿筋带，筋带呈扇形辐射状铺设在压实整平的填料上。在面板拉环处用短带绑扎牢固，使筋带与面板垂直，不得用死结，不得重叠、卷曲或折曲，与面板拉环连接处应有隔离措施。铺设时，可用夹具将筋带尾部拉紧，再用少量填料压住筋带使之固定。

6）墙面板安设应根据高度和填料情况设置适当的仰斜，斜度宜为1∶0.02~1∶0.05。安设好的面板不得外倾。拉筋与面板之间的连接应牢固，连接部位强度应不低于拉筋强度。拉筋贯通整个路基时，宜采用单根拉筋拉住两侧面板。面板预制构件的尺寸和预埋件、预留孔的位置必须正确，尺寸准确的构件不仅便于安装，提高工效，而且能使整个墙面的竖横接缝整齐、顺直，墙体光洁美观。为便于面板预制构件的起吊安装和构件底面的光滑平整，底模必须设有隔离层。

7）加筋土工程第一层面板的安装，是控制全墙位置正确与否的关键，因此应采用经纬仪测量控制，放样出面板的外缘线并进行校核后，方可立杆挂线，以免出现差错。面板安装时，除每层需挂线校核外,一般每三层进行一次全面核对,以调平高差和调整轴线的偏移,防止误差累积于顶层。规定面板安装的容许偏移量,是为了保证墙面水平缝平顺一致,光洁美观。若未完成填土的面板上部再安装一层面板,除容易损坏面板插销孔外,板块的翼缘易造成破损,同时也不安全,所以应予禁止。面板砌筑安装时,不得用小石子或薄钢板支垫法固定就位,防止应力集中而造成面板破损。

8) 填料摊铺、碾压应从拉筋中部开始平行于墙面进行,不得平行于拉筋方向碾压,应先向拉筋尾部逐步摊铺、压实,然后再向墙面方向进行。填料摊铺时,应采用借助摊铺机械将填料向前逐步推进的方法作业,这样既不会压坏筋带,又能保证一次摊铺填料厚度不小于 0.2m 的要求。

9) 对填料进行碾压时,为避免壅土将筋带推起,所以第一遍碾压速度宜慢。在筋带埋设区,碾压机械急剧改变方向和制动,易将筋带拉动,产生移位和变形,影响筋带的正常使用,路基施工分层厚度及每层碾压遍数,应根据拉筋间距、碾压机具和密实度要求,通过试验确定,不得使用羊足碾碾压。填料碾压顺序也可采用距面板 1.0m 范围的填料先不予回填,只填筑 1.0m 以外填料,并将其压实,在铺设上一层筋带之前,回填该层 1.0m 范围以内的预留部分,用人工结合小型压实机械压实后,再铺设上一层筋带,如此逐层预留,逐层摊铺压实,循环作业,直到填筑碾压工序全部完成。严禁车辆在未经压实的填料上行驶。施工过程中应加强对墙身变形的观测,发现异常变化应及时处理。

10) 对于设置在斜坡上的加筋土结构,应在墙脚设置一定宽度的护脚,以防止前沿土体在加筋土体水平推力作用下产生剪切破坏,导致加筋土结构丧失稳定性。根据实践经验和国外有关资料,护脚宽度一般不宜少于 1m,控制点位置为面板基础底面以上,符合设计埋置深度的开挖地表面。为排除墙趾的地表径流,防止雨水、加筋体顶面和内部排出的水流渗入加筋土挡土墙的基础或冲刷基础,护脚表面宜用浆砌片石做成具有 3%~5%横坡的散水层。双面加筋土挡土墙按单面墙设计,可能出现两侧墙的筋带相互重叠,使筋带与填土的摩擦力降低,因此,相互插入部分的筋带应错开铺设。

5.4.5 抗滑桩施工

抗滑桩施工多采用机械成孔或人工成孔,现场灌注混凝土施工。施工步骤如下:

1) 先按设计图放出桩位置、清理出平台位置,开挖面内高外低,以便排水。采用挖掘机将施工场地进行整平,清除表面浮土、垃圾等杂物。

2) 根据设计图准确放样出抗滑桩 4 个角点,撒上石灰作为桩孔开挖尺寸线。先根据孔口尺寸支立模板,开挖桩井前在井口设置锁口,锁口采用 C20 混凝土进行浇筑。用全站仪将轴线引测至锁口上,并用红色油漆对轴线、标高、桩号等数据进行标识。

3) 开挖桩孔应从上至下逐层进行,在黏土层用短柄铁锹锄头挖土施工,进入砂岩层用风镐施工;如遇坚石风镐难以施工的,采用钻眼爆破施工。在桩孔上架立垂直运输支架,用卷扬机作为提升运土设备,提升上来的渣土及时运输到指定的弃土场,护壁混凝土采用机械拌和、人工浇注、振动棒捣实的方法。坍落度控制在 80~100mm。采取开挖一节支护一节原则,其下挖深度不得超过 2m,往下施工以每一节为一施工循环。在节与节之间插竖直钢筋(入下节 25cm),以提高护壁的整体性。模板之间用夹具、扣件连接固定,确保刚度。护壁混凝土灌注 8h 才可进行拆模工作。挖孔施工示意图如图 5-15 所示。

4) 钢筋笼制作前应对原材料进行验收、复验及焊接试验,钢筋表面应洁净,使用前应将表面油渍、漆皮清理干净。钢筋笼采用起重机配合人工进行安装。分节制作的钢筋笼主筋接头采用搭接焊,加劲筋及箍筋与纵筋采用点焊焊接。钢筋笼焊接接头、焊缝长度、高度及钢筋笼接头位置,均应符合设计及技术标准要求。吊装前在钢筋笼上端均匀设置吊点,其吊点要有足够的强度和刚度,保证钢筋笼在起吊时不变形。钢筋必须定位准确,固定牢固,不得产生扭曲变形。钢筋笼上按设计要求绑扎预制水泥块,以确保桩基保护层厚度,同时需要对桩顶钢筋笼进行锁定,防止浇注混凝土过程中,钢筋笼上浮、位移。

5)钢筋笼验收合格后,及时清除孔内积水、碎渣,浇注混凝土前进行基底验收,合格后方可浇注桩基混凝土。混凝土由拌和站集中拌制,混凝土运输车运输至施工现场,严格按照混凝土的配合比进行配料,混凝土搅拌时间不少于90s,坍落度控制在80~100mm。浇注采用干式浇注法:在混凝土浇注过程中,采用串筒,保证串筒端部距混凝土的浇筑面的距离不

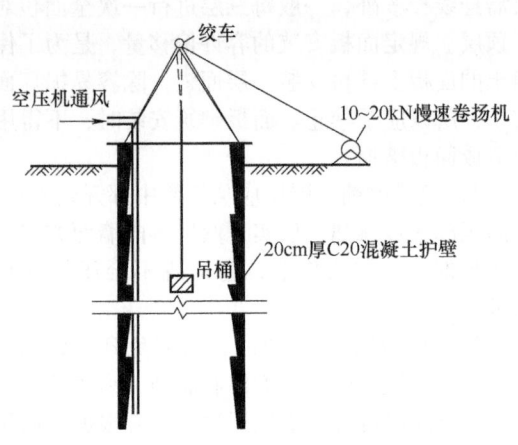

图 5-15 挖孔施工示意图

大于2m,防止粗集料与水泥砂浆离散,出现离析现象。桩芯混凝土每下料0.3m左右用插入式振动器振捣一次,保证桩芯混凝土的密实度。每桩芯必须连续浇灌完成,不得留设施工缝。桩芯混凝土浇灌以后,8h后洒水养护,养护期不少于7d。

■ 5.5 桥台台背、涵洞涵背和挡土墙墙背回填

公路桥梁、涵洞和挡土墙这三类构筑物背后的回填简称"三背回填",在设计、施工中容易被忽视,常常引发"桥头跳车"现象,造成路桥结合处的严重损害;桥头的差异沉降会造成路面结构产生纵向裂缝,墙背土压力过大导致挡土墙发生较大侧向位移,出现稳定性破坏。随着高速公路建设数量不断增多,路线穿越的地形、地质条件也越来越复杂。一般而言,地形、地质条件复杂的地段,高速公路施工难度较大,质量控制要求较高。除了加强路基路面工程质量控制外,还必须落实结构物"三背回填"工艺,实现对隧道、桥梁等工程质量的严格控制,为工程建设创造有利条件。此外,对于结构物较多的路段,桥台台背、涵洞涵背、挡土墙回填压实工艺显得尤为重要。"三背回填"材料宜选用透水性材料、轻质材料、无机结合料稳定类材料等,崩解性岩石、膨胀土不得作为回填材料。施工单位和施工人员应该落实质量控制措施,把握工程质量控制要点,遵循"因地制宜、就地取材、技术可行、经济合理"的原则,结合工程建设实际采取有效措施,实现对工程质量的控制,为提升高速公路质量和工程建设效益创造条件。

5.5.1 桥台台背回填

在桥台台背回填施工时,应该根据台背的不同形式和结构,有针对性地采取回填措施,进而保证回填施工质量,实现对工程质量的严格控制。

埋置式桩柱桥台台背回填时,使用满足路基填筑要求的填料进行回填施工,要注意回填至桥台台帽底,保证结构稳固。回填完成后,用液压夯实机对桥头范围的填土夯实,一般长度为12m,宽度为路基宽度,并保证压实度。然后挖孔施工桥台柱和盖梁,确保填料压实度合格,一般不得低于96%。重视台背填挖交界处质量控制,首先将原路基面的松土、软土等清理干净,根据施工规范要求挖筑台阶。进而,采用分层填筑和压实方式施工,每层厚度为20~30cm,如图5-16所示。采用这种回填和施工方式,既能保证填挖交界处路基的稳定与可靠,又有利于压实施工,实现对工程质量的有效控制。

埋置式肋板桥台台背回填时，肋板施工任务完成后，对桥台基础部分进行回填。一般采用级配碎石或无机结合料施工，按"襟边+满槽"进行回填，直至基础顶面为止，完成回填任务，保证施工效果。桥台肋板用级配碎石进行回填，填筑至桥台台帽底为止。为保证施工效果，一般采用分层填筑和压实方式，每层厚度为20～30cm，并且压实度不得低于96%。级配碎石填筑施工任务完成后，用混凝土将桥台台帽底部分填土进行硬化，并以此为台帽底模，进行台帽施工。

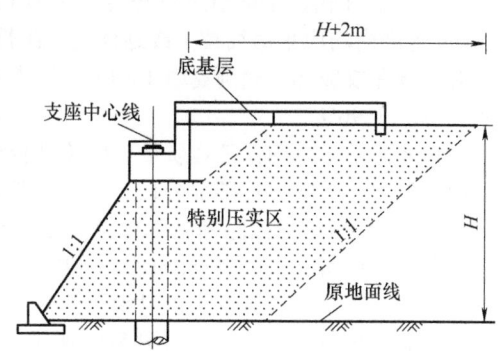

图5-16 桥台台背回填施工示意图

重力式U形桥台台背回填（图5-17）时，基础部分按"襟边+满槽"回填级配碎石，至桥台基础顶面为止。基础顶面至工作面3m范围内，根据路基施工规范要求，采用级配碎石进行回填。剩余部分也用级配碎石施工，回填至路床顶部为止，并采用分层填筑和压实方式加强质量控制，一般每层厚度在20～30cm，并保证压实度不得低于96%。采用级配碎石进行回填施工后，对桥头12m、宽度为路基宽度部分，用液压夯实机进行夯实。同时还要注重台背填挖交界处的处理工作，清除松土和软土，然后挖筑台阶，用级配碎石进行回填，保证工程质量。

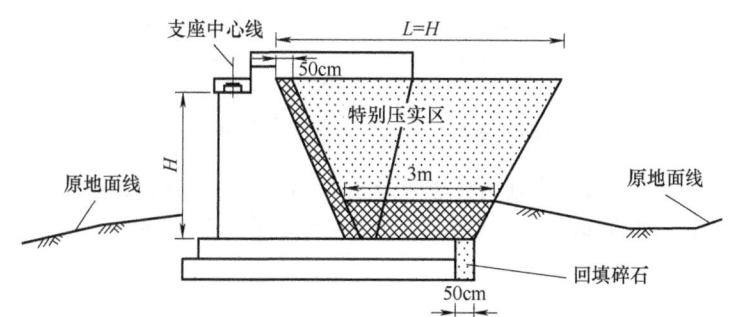

图5-17 重力式U形桥台台背回填施工示意图

在进行回填料的压实过程中，必须先轻压，后重压；先慢压，后快压。对于结构物台背换填宽度比较小的部分，如果压路机没有办法对其进行压实，那么需要采用手扶振动夯进行夯实。振动夯夯实4～6遍后进行压实度的检测工作，如压实度不能满足要求，则继续进行夯实，直至压实度满足要求；台背回填宽度能满足压路机作业宽度时，要用压路机进行压实。压路机压实3～5遍后随即进行压实度的检测工作，压实度不满足要求时，应复压1～2遍后复检压实度，直至压实度符合要求。

5.5.2 涵洞涵背回填

涵洞施工完成之后，砌体砂浆或混凝土强度达到设计强度的85%后，才能进行涵洞洞身两侧的回填，回填料每侧长度不能小于洞身填筑高度。涵洞在填方段时，纵向填筑厚度以涵洞墙身底面外边缘不小于2m作为下界宽，以下界宽边缘向上按1∶2的放坡线与涵顶面0.5m高的水平相交点作为上界宽，横向宽度为路基全宽。涵背回填应分层对称填筑，分层碾压，每次松铺厚度不宜超过15cm，每层碾压经检测达到规定的压实度后报现场监理审核，合格后方可进行下一层施工，填方基底至回填顶面的压实度均要达到96%以上。台背填筑应顺应路线方向，自台身起，基础底部不小于2m，其填筑长度在顶面应不小于桥台高度加2m，拱桥台背填筑的长度不应小于台高的3~4倍，锥坡填筑应与台背填筑同时进行，并应按设计宽度一次填足。涵洞顶部填土50cm范围内均应采用细粒土或黏性土一次性填筑，压路机静压，以保证从涵顶路过的重型机械不对涵洞造成破坏。涵洞翼墙1m以内严禁重型机械压实，采用手扶式夯实机对称分层夯实，压实度不小于96%。

回填施工中，为确保工程质量，应该结合现场施工基本情况采取有效的质量控制措施。涵顶至路面高度 H<4m 时，基础部分按"襟边+满槽"回填填料至基础顶面；基础顶面至工作面3m（顺路线方向）范围内按路基施工规范回填填料；3m宽工作面至涵顶部分按台背襟边+50cm级配碎石及均衡填筑96区填料至涵顶，分层压实回填，层厚20cm，回填压实度应不小于96%，回填施工至涵顶后采用液压夯实机对涵背两侧8m、宽度为路基宽范围进行夯实；涵顶至路床顶按路基设计施工规范进行填筑，如图5-18所示。

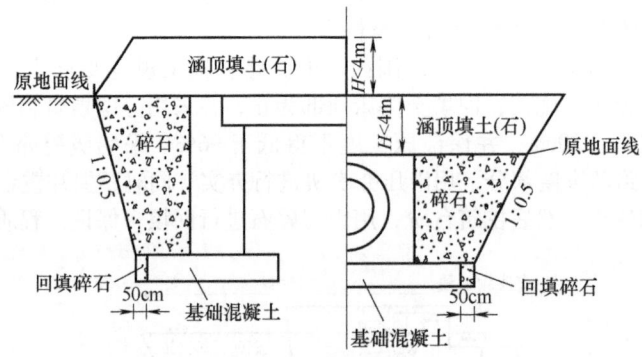

图 5-18　涵背回填施工示意图（H<4m 时）

涵顶至路面高度 H>4m 时，基础部分按"襟边+满槽"回填填料至基础顶面；基础顶面至涵顶采用96区填料分层压实回填，层厚20cm，回填压实度应不小于96%；至路床顶按路基设计施工规范进行填筑，如图5-19所示。

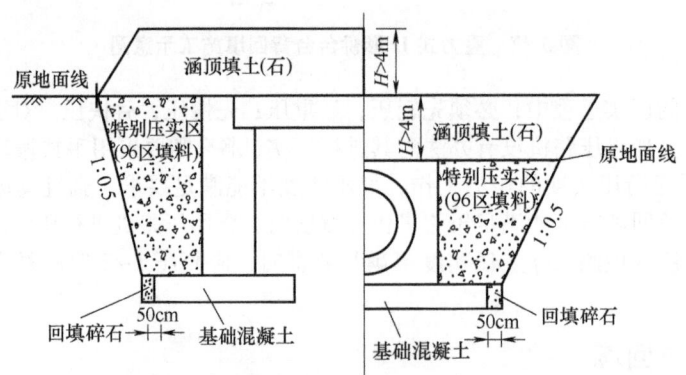

图 5-19　涵背回填施工示意图（H>4m 时）

5.5.3　挡土墙墙背回填

挡土墙墙背回填也是工程施工中不可忽视的内容，加强该项施工质量控制，有利于顺利完成施工任务，保证挡土墙稳固可靠，预防质量缺陷发生。挡土墙基础部分按照"襟边+满槽"回填填料的要求开展施工，回填至基础顶面即可。基础顶面至工作面3m范围之内，按高速公路路基施工规范要求，采用级配碎石进行回填，并保证压实度合格，满足施工技术标准要求。3m 宽工作面至路床顶部分也是质量控制不可忽视的内容，3m 宽工作面至路床顶部分按挡墙背襟边+50cm 级配碎石及均衡填筑，如图 5-20 所示。此外，为保证压实度合格，有效满足高速公路施工需要，应该采用分层填筑和压实的施工方式，每层厚度在 20～30cm。一层碾压完成并且压实度合格之后，才能进入下一层填筑施工。挡土墙墙背回填压实度应该大于或等于 96%，填筑和碾压完成后及时检测，确保压实度合格。对于不合格的部分应该及时返工，直至压实度满足挡土墙回填施工规范要求为止。

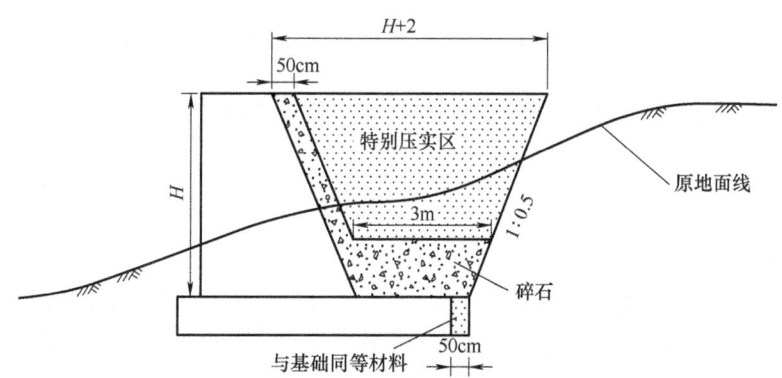

图 5-20　挡土墙墙背回填施工示意图

在回填的过程中，必须做好及时的排水工作。如果没有办法对水进行及时的排除，那么需要利用片石对其进行回填，并在水中分薄层铺筑，直到回填进展到该处的水全部被回填的片石所掩盖并达到能充分压实的时候，再进行充分夯实。

5.6　特殊路基施工

特殊路基指的是特殊地区和特殊填料的路基。

5.6.1　岩溶地区路基

岩溶是水对可溶性岩石（碳酸盐岩、石膏、岩盐等）进行以化学溶蚀作用为主，流水的冲蚀、潜蚀和崩塌等机械作用为辅的作用形成的特殊地质。岩溶发育往往使地面上石牙、溶沟丛生，参差不齐。地下溶洞又破坏了岩体的完整性，岩溶水动力条件的变化，又会使其上部覆盖土层产生沉陷，这些都不同程度地影响工程的稳定性。

施工前应核查岩溶分布、地形、地表水、地下水活动规律，编制专项施工方案。不得堵塞与地下河连通的岩溶漏斗、冒水洞、溶洞等地下通道。

1. 岩溶水的处治

1）对路基上方的岩溶泉和冒水洞，应采用排水沟将水截流至路基外。

2）对出水点多、水流分散的岩溶水，可设置渗沟、截水墙与截水洞等截流设施。截流位置应设置得当，截排顺畅。

3）对水流集中的常流或间歇性岩溶水，可设置明沟、涵管与泄水洞等排水设施。过水断面应设置合理，引排顺畅。

4）对路基基底处的岩溶泉和冒水洞，宜设置桥涵等排水设施将水排至路基外。

5）截流和引流后需在洼地排水时，应设置排水沟将水引至洼地的消水洞，若无明显的消水洞,应排至洼地最低处。不得随意改变洼地的汇雨面积,若需改变洼地消水量,应专门论证。

2. 干溶洞的处治

1)应铲除溶洞石笋、石牙、孤石以及不规则的碳酸盐沉积物,整平基底,并应采用一定级配的砂砾石、碎石、片块石等渗水性好的填料回填。

2)应挖除石林、石牙、溶槽、溶沟间、洼地内的湿软细粒土。

3)对失去排水功能的浅层漏斗、落水洞、土洞以及规模小且无地下溶水联系的溶沟、溶槽等干溶洞,可用片碎石、混凝土等填塞。

4)位于路基基底的裸露和埋藏浅的溶洞,可采取回填封闭,钢筋混凝土盖板跨越,支撑加固或结构物跨越等处理措施。

5)对有充填物的溶洞,可采取注浆法、旋喷法等加固措施。不能满足要求时,宜采用结构物跨越。

6)覆盖层中土洞埋藏浅时,可采取回填夯实或强夯等处理措施;覆盖层中土洞埋藏深时,宜采取注浆、复合地基等处理措施。

3. 溶蚀洼地的处治

1)填筑路基时,应采用渗水性好的砂砾、碎石土等材料填筑,并应高出积水位 0.5m。

2)对岩溶洼地或地下水丰富处的软土地基,软土厚度小时可采用片石、碎石或砾石等换填处理;软土厚度大时可采取旋喷桩、CFG 桩、粉喷桩等其他软基处理措施。

4. 岩溶地段的边坡处治

1)对土石相间的石牙、石林边坡以及开挖覆盖层与基岩交界的溶蚀破碎带形成的土夹石边坡,应清除石牙、石林间溶槽、溶沟内的充填土壤及坡面上的孤石,清除至坡体自然稳定坡度,保留露出坡面的石林、石牙的自然形态。

2)对未严重风化、节理发育、破碎但稳定性好的岩溶岩石边坡,宜采取喷浆、喷射混凝土等措施。

3)对岩溶路堑开挖后有潜在滑动危险的岩质边坡,应采取支挡或锚固措施。

4)对路堑边坡上的干溶洞和洞穴,宜清除洞内沉积物,采用干砌或浆砌片石、钢筋混凝土板封堵。当干溶洞和洞穴影响到边坡的稳定性时,应采取浆砌片石、混凝土支柱支顶等加固措施。

5)对边坡陡、裂隙发育、易风化、剥落破碎的岩溶边坡,或规模大的土夹石岩溶边坡,应采取浆砌片石护面墙等防护措施。

6)开挖整体稳定性好的硬质岩溶岩石边坡时,宜采用光面爆破或预裂爆破。

5.6.2 软土地区路基

软土地基处治前,应了解工程地质、地下管线构造物等情况,进行必要的土工试验,复核设计处治方案的可行性,编制专项施工方案。软土地基处治应因地制宜、就地取材。

1. 浅层置换施工

1)厚度小于 3m 的软土宜采用浅层置换。

2)置换宜选用强度高的砂砾、碎石土等水稳定性和透水性好的材料。施工时,应分层填筑、压实。

2. 浅层改良施工

1)对非饱和黏质土的软弱表层,可添加石灰、水泥等进行改良处治。

2)施工前应先完善排水设施,施工期间不得积水。

3)石灰、水泥等应与土拌和均匀,严格控制含水率。施工时,应分层填筑、压实。

3. 抛石挤淤施工

1) 应采用不易风化的片石、块石，石料直径不宜小于 300mm。

2) 当软土地层平坦，横坡缓于 1∶10 时，应沿路线中线向前呈等腰三角形抛填，渐次向两侧对称抛填至全宽，将淤泥挤向两侧。当横坡陡于 1∶10 时，应自高侧向低侧渐次抛填，并在低侧边部抛投形成不小于 2m 宽的平台。

3) 当抛石高出水面后，应采用重型机具碾压密实。

4. 爆炸挤淤施工

1) 宜采用布药机进行布药。当淤泥顶面高，露出水面时间长，且装药深度小于 2m 时，可采用人工简易布药法。

2) 抛填前应根据软基深度、宽度、水深等环境条件和施工设备，确定抛填高度、宽度及进尺。抛填高度应高于潮水位。抛填进尺最小不宜小于 3m，最大不宜大于 10m。

3) 爆炸挤淤施工应采取控制噪声、有害气体和飞石、减少粉尘、冲击波等环境保护措施。

4) 爆炸挤淤后应采用钻孔或物探方法探测检查置换层厚度、残留混合层厚度。置换层底面和下卧地基层设计顶面之间的残留淤泥碎石混合层厚度应不大于 1m。

5. 砂砾、碎石垫层施工

1) 砂砾、碎石垫层宜采用级配好的中砂、粗砂、砂砾或碎石，含泥量应不大于 5%，最大粒径宜小于 50mm。

2) 垫层宜分层铺筑、压实。垫层应水平铺筑。当地形有起伏时，应开挖台阶，台阶宽度宜为 0.5~1m。

3) 垫层宽度应宽出路基坡脚 0.5~1m，两侧宜用片石护砌或采用其他方式防护。

6. 土工合成材料施工

1) 土工合成材料技术指标应满足设计要求。土工合成材料在存放及铺设过程中不得在阳光下长时间暴露。与土工合成材料直接接触的填料中不得含强酸性、强碱性物质。

2) 施工中应采取措施防止土工合成材料受损，出现破损时应及时修补或更换。

7. 袋装砂井施工

1) 宜采用中砂、粗砂，粒径大于 0.5mm 颗粒的含量宜大于 50%，含泥量应小于 3%，渗透系数应大于 $5×10^{-2}$ mm/s。砂袋的渗透系数应不小于砂的渗透系数。

2) 套管起拔时应垂直起吊，防止带出或损坏砂袋。发生砂袋带出或损坏时，应在原孔位边缘重打。

3) 砂袋在孔口外的长度应不小于 300mm，并顺直伸入砂砾垫层。

8. 现浇混凝土大直径管桩施工

1) 粗集料宜优先选用卵石。采用碎石时，宜适当增加含砂率。集料最大粒径不宜大于 63mm。混凝土坍落度宜为 80~100mm，在运输和灌注过程中无离析、泌水。

2) 桩尖、桩帽混凝土强度等级不宜低于 C30。桩尖表面应平整、密实，桩尖内外面圆度偏差不得大于 1%，桩尖端头支承面应平整。

3) 邻近有建筑物或构造物时，应采取有效的隔振措施。

4) 群桩施工。应合理设计打桩顺序，控制打桩速度，防止影响邻桩成桩质量。

9. 强夯与强夯置换施工

1) 强夯置换材料应采用级配好的片石、碎石、矿渣等坚硬的粗颗粒材料，粒径不宜大于夯锤底面直径的 0.2 倍，含泥量不宜大于 10%，粒径大于 300mm 的颗粒含量不宜大于总质量的 30%。

2) 应采取隔振、防振措施消除强夯对邻近建筑物的有害影响。

3) 施工前应选择有代表性并不小于 500m 的路段进行试夯，确定最佳夯击能、间隔时间、夯间距等参数。

4) 夯点可采用正方形或等边三角形布置，间距宜为 5~7m。在强夯能级不变的条件下，宜采用重锤、低落距。

5) 强夯和强夯置换施工前应在地表铺设一定厚度的垫层。强夯施工垫层材料宜采用透水性好的砂、砂砾、石屑、碎石土等，强夯置换施工垫层材料宜与桩体材料相同。垫层宜分层摊铺压实。

6) 施工前应检查锤重和落距，单击夯击能量应满足设计要求。

7) 强夯施工结束 30d 后，应通过标准贯入、静力触探等原位测试，测量地基的夯后承载能力是否达到设计要求。

8) 强夯置换施工结束 30d 后，宜采用动力触探试验检查置换墩着底情况及承载力，检验数量不少于墩点数的 1%，且不少于 3 点。检查置换墩直径与深度，应满足设计要求。

10. 软土地区路堤施工

1) 软土地区路堤施工应尽早安排，施工计划中应考虑地基所需固结时间。

2) 填筑过程中，应严格控制填筑速率，并应进行动态观测。

3) 施工期间，路堤中心线地面沉降速率 24h 应不大于 10~15mm，坡脚水平位移速率 24h 应不大于 5mm。应结合沉降和位移观测结果综合分析地基稳定性。填筑速率应以水平位移控制为主，超过标准应立即停止填筑。

4) 桥台、涵洞、通道以及加固工程应在预压沉降完成后再进行施工。

5) 应按设计要求的预压荷载、预压时间进行预压。堆载预压的填料宜采用上路床填料，并分层填筑压实。

6) 在软土地基上直接填筑路堤时，水面以下部分应选择透水性好的填料，水面以上可用一般土或轻质材料填筑。填筑路基的土宜从取土场取用。在两侧取土时，取土坑距路堤坡脚的距离应满足路堤稳定的要求。反压护道宜与路堤同时填筑。分开填筑时，应在路堤达到临界高度前完成反压护道施工。

11. 旧路加宽软基处理

1) 软基路段路基加宽台阶应开挖一层、填筑一层，上层台阶应在下层填筑完成后再开挖，台阶开挖应满足台阶宽度和新老路基处理设计要求。

2) 确定加宽软基处理施工工艺和方案时，应考虑软基处理时挤土、振动对旧路堤或邻近构筑物的影响。

3) 施工期间应对旧路开挖边坡进行覆盖，并设置必要的临时排水设施。

4) 旧路加宽路段应同步进行拼宽路基和旧路基的沉降观测，观测点宜布置在同一断面上。观测点设置宜为旧路路中、旧路路肩、拼宽部分中部、拼宽部分外侧。旧路路中、旧路路肩沉降观测点设置可采用在路表埋设观测点的方法，拼宽部分宜采用埋设沉降板的方法。

5.6.3 红黏土与高液限土地区路基

红黏土和高液限土在实际工程中通常最佳含水率高、重度轻、稳定性差、强度低，路基难以压实，按常规的施工工艺压实度达不到设计规范要求。

红黏土与高液限土具有膨胀性时，应按膨胀土路基施工要求控制。高填方、陡坡路基不宜采用红黏土与高液限土填筑。路基浸水部分，桥台台背、挡土墙墙背、涵洞涵背等部位不得采用红黏土与高液限土填筑。

红黏土与高液限土路基宜在旱季施工。路基填筑宜连续施工，碾压完一层经检测合格后随即进行下一层的摊铺，防止路基表面因水分蒸发而开裂。路基填筑施工间歇期长时，可采取顶层掺配不少于 30%的碎石后碾压成形等防裂措施。顶层开裂明显的路基应重新翻拌碾压。路基底部采用填石路堤基底时，填石料应水稳定性好。填石料应从最低处开始沿路基横向水平分层填筑。红黏土与高液限土的击实、CBR 试验应采用湿法试验。红黏土与高液限土路基填筑前，应先铺筑试验路段，确定相应的施工工艺与压实标准。红黏土与高液限土路堤宜采用轻型压路机碾压，压实标准应由试验路段结合工程经验确定，且满足压实度不得低于重型压实标准的 90%。红黏土与高液限土路堤边坡防护可采用拱形护坡等常规的防护方式。

高速公路、一级公路红黏土与高液限土零填及挖方段可按下列方式换填处理：

1) 红黏土与高液限土厚度不大于 1.5m 时，应将红黏土与高液限土全都清除并换填。
2) 红黏土与高液限土厚度大于 1.5m 时，应将路床范围内的红黏土与高液限土挖除并换填。
3) 换填材料应采用砂砾、碎石等水稳定性好的材料。
4) 路堑路段开挖至底部后，应及时进行换填施工，否则宜在底面高程以上预留。路堑边坡应按设计要求及时进行防护和综合排水施工。工程防护与生物防护相结合时坡度宜为 1:1.25~1:1.5。工程防护时坡度宜为 1:1~1:1.25。采用生物防护时坡度宜为 1:1.75~1:2。路堑边坡开挖后应及时进行防护，不得长时间暴露。坡脚应按设计要求及时施工支挡结构物。施工期间坍塌的路堑边坡宜采用清方放坡或设置挡土墙进行处理。

5.6.4 膨胀土地区路基

由于膨胀土具有吸水膨胀，失水收缩并往复变形的性质，对路基的破坏作用不可低估，并且造成的破坏不易修复。随着我国公路建设日新月异，许多公路路线不可避免会通过膨胀土地区。为了保证在较长时间内道路路基的稳定和路面的平整度，达到安全舒适行车的目的，针对膨胀土路基的施工方法很有必要。大规模施工前应核实膨胀土的分布、数量与膨胀等级，明确其路用性能，施工过程中应及时关注膨胀土的变化。

1. 膨胀土作为路基填料

1) 膨胀土掺拌石灰改良后可用作路基填料，掺灰处治后的膨胀土不宜用于高速公路、一级公路的路床和二级公路的上路床。
2) 膨胀土的击实、CBR 试验应采用湿法试验。
3) 高填方、陡坡路基不宜采用膨胀土填筑。
4) 强膨胀土不得作为路基填料。
5) 路基浸水部分不得用膨胀土填筑。
6) 桥台台背、挡土墙墙背、涵洞涵背等部位严禁采用膨胀土填筑。

2. 物理改良的膨胀土路基填筑工艺

1) 宜在旱季施工，加强现场排水，基底和已填筑的路基不得被水浸泡。
2) 应分段施工，各道工序应紧密衔接，连续施工，完成一段封闭一段。
3) 位于斜坡路段的膨胀土路基应从最低处开始逐层填筑。当沟底有涵洞等结构物时，应在结构物两侧对称进行填筑。
4) 碾压时填料的含水率应符合试验段确定的范围，稠度宜控制在 1.0~1.3。
5) 每层厚度不得大于 300mm。
6) 采取包边处理时，应先填筑非膨胀性包边土或石灰处治后的膨胀土，然后再填筑膨胀土，两者交替进行。包边土的宽度不宜小于 2m，以一个压路机宽度为宜。
7) 路床采用粗粒料填筑时，应在膨胀土顶面设置 3%~4% 的横坡，并采取防水隔离措施。

3. 路堑开挖施工

1) 路堑施工前，应先施工截水、排水设施，将水引至路幅以外。
2) 边坡施工过程中，必要时可采取临时防水封闭措施保持土体原状含水率。
3) 边坡不得一次挖到设计线，应预留厚度 300~500mm，待路堑完成后，再分段削去边坡预留部分，并立即进行加固和封闭处理。

4. 路堑边坡防护与加固施工

1) 路堑边坡防护施工应根据施工能力，分段组织实施。

2) 采用非膨胀土覆盖置换或设置柔性防护结构进行防护时，边坡覆盖置换厚度应不小于 2.5m，压实度应不小于 90%。覆盖置换层与下伏膨胀土之间，应设置排水垫层与渗沟。

3) 采用植物防护时，不应采用阔叶树种。

4) 圬工防护时，墙背应设置缓冲层，厚度应不大于 0.5m。支挡结构基础应大于气候影响深度，反滤层厚度应不小于 0.5m。

5) 路堑边坡防护的防渗层、持水垫层、渗沟、反滤层、砌体结构等不同类型的结构施工工艺应符合规范的相应规定。

5. 零填和挖方路段路床施工

1) 高速公路、一级公路零填和挖方路段路床 0.8~1.2m 范围的膨胀土应进行换填处理，对强膨胀土路堑，路床换填深度宜加深到 1.2~1.5m。在 1.5m 范围内可见基岩时，应清除至基岩。

2) 二级公路、三级公路的零填和挖方路段路床 0.3m 范围的膨胀土应进行换填处理。换填材料为透水性材料时，底部应设置防渗层。二级公路强膨胀土路堑的路床换填深度宜加深至 0.5m。

3) 路堑超挖后应及时进行换填，不得长时间暴露。

6. 柔性支护结构与施工

柔性支护是以土工合成材料加筋为主，辅以综合防排水的膨胀土路基挖方边坡加固结构。该结构可用于新建道路的膨胀土挖方边坡的支护，也可用于膨胀土挖方边坡的滑塌治理。

图 5-21 所示为膨胀土挖方边坡土工格栅加筋柔性支护结构示意图。

1) 为防止地下水和裂隙水滞留在坡体中，在支护结构的背部应设置疏排裂隙水并吸收附近土体膨胀能的排水功能层。功能层可由 20~30cm 厚的碎石层组成，应上下贯通连为一体，以保证排水畅通。

2) 在边坡底部应设置排水垫层，排水垫层底部应沿纵向设置两条渗沟，在渗沟的底部沿纵向铺设透水管，透水管的纵向坡度应不小于 1%。

3) 柔性支护结构由膨胀土分层填筑压实，压实度应不低于湿法重型击实标准的 85%，并采用土工格栅反包，边坡坡度以 1:1.5 为宜。柔性支护结构的坡脚应采用砾石土填筑，以提高坡脚的抗滑性，总厚度应不小于 1m。为提高整个结构的稳定性，各层填料压实后应保持外高内低，坡度控制以 4% 为宜。

4) 为防止坡顶干缩开裂后雨水下渗影响边坡的稳定性，坡后 10m 范围内应清除耕植土，并铺设两布一膜防水土工布，然后回填 50cm 的耕植土，并种植草和灌木，以防止水土流失。

5) 柔性支护结构的坡顶应设置排水沟，在坡顶铺设两布一膜防水土工布时，应从排水沟底部绕过，以防止地表水从该部位下渗。在坡顶防水土工布的后端应设置浆砌片石截水沟，以截断坡后的地表水，防止因地表水冲刷造成的水土流失。

6) 为防止土工格栅因紫外线老化，方便植被生长，在柔性支护结构的坡面应回填不小于 30cm 的耕植土，用人工或机械夯实，并种植适宜膨胀土环境的植物族群。

柔性支护结构施工应遵循：

1) 超挖边坡及清理工作面应按照柔性支护边坡的设计横断面进行首选施工放样。应以原设计边坡的坡脚为起点，根据边坡开挖的变形情况，确定坡底清（挖）方的水平宽度：当滑塌区范围大于设计图加筋体宽度时，清至边坡滑塌松方与未滑边界面止；当未滑塌或滑塌区域小于设计图加筋体宽度时，按柔性支护设计加筋体宽度（含碎石排水层宽 0.5m）放样进行超挖，挖方的坡度与柔性支护坡面设计坡度相同。挖出的膨胀土放于路床附近的指定位置，以备用作柔性支护加筋体的回填料。

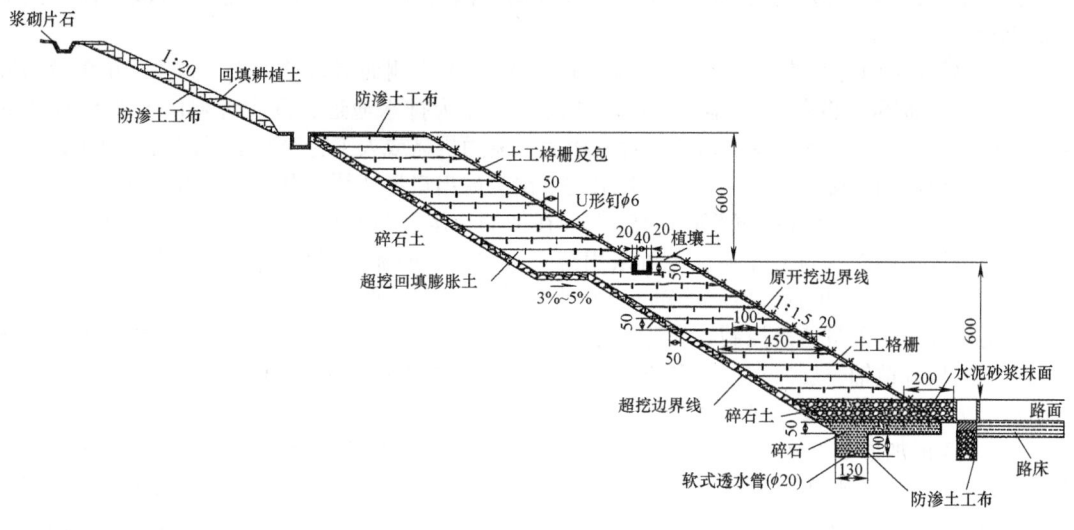

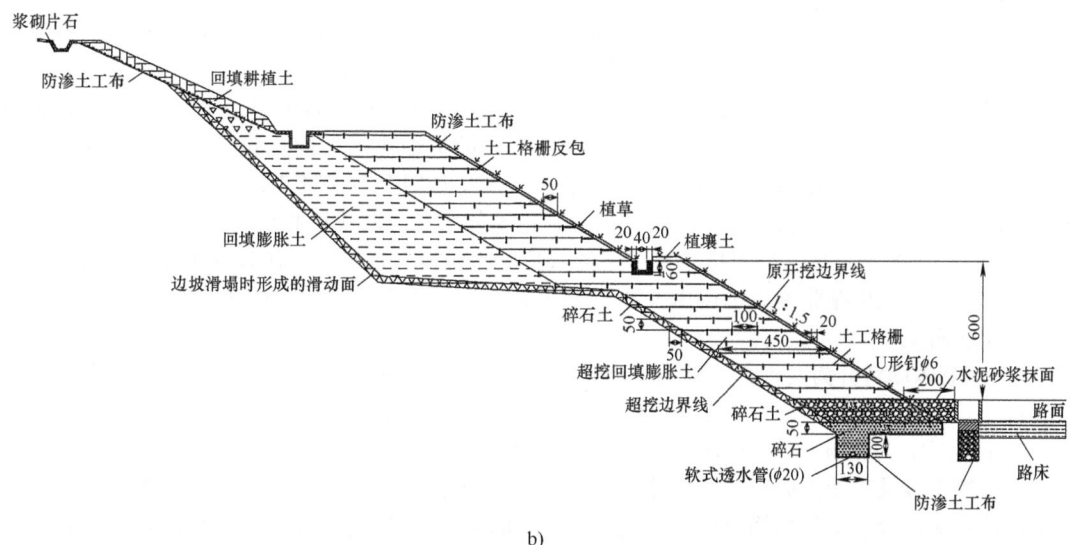

图 5-21 膨胀土挖方边坡土工格栅加筋柔性支护结构示意图（单位：cm）
a）新开挖的膨胀土挖方边坡柔性支护处治结构示意图
b）滑塌膨胀土挖方边坡柔性支护处治结构示意图

2）柔性支护加筋体基础开挖深度应为原路床的换填深度，开挖宽度应从设计坡脚线起算，沿路基横断面向原边坡内侧挖 4m。开挖过程中，若基础部位出现松土，需全部清干净至坚硬的土层；基坑上部土体有松动滑塌现象时，应及时对松动滑塌部位进行清理和加固；基坑若出现滑动软化现象，可采用换填好土或利用石灰、水泥改良膨胀土，再分层填筑压实的方法处理；基础开挖处理完成后，应及时用压路机对基底实施静压，压实度应不小于 90%。柔性支护的基础应该碾压成向边坡内倾的斜面，其倾斜坡度以 4% 为主。

3）完成基础开挖工序后，应采用人工或挖掘机在基础横断面两端部位开挖 50cm×50cm 纵向渗沟，渗沟应沿路线向两侧挖至路基填挖交界处，并与引接边沟水的排水沟相连。渗沟的顶部应位于路床换填碎石土底部。施工时，若遇到土层滑塌软化的情况，则应换填好土，或用石灰、水泥改良膨胀土,再分层夯实至渗沟的基底设计标高。沟底应处理平整并应沿挖方段中部向两头设置3%沟底纵坡。

4）基础及渗沟均开挖好后,应在基础和渗沟的底部、侧面铺设"两布一膜",并在渗沟底部沿纵向布设 ϕ10cm 带孔 PVC 排水管或软式透水管作为排水通道,盲沟管须用 U 形钉连接固定,并用防水土工布包裹。排水通道布置完毕后,应用机械或人工将碎石填于沟内,或用无砂大孔混凝土填于沟内；排水通道出口参照截水沟下渗沟的出口形式须设置一字墙出水口。

5）应采用人工或机械按宽 50cm×高 25cm 在加筋体尾部与开挖坡面之间回填碎石土以形成柔性支护边坡体内渗（排）水层。也可采用待下一层土工格栅铺设前,用挖掘机或人工在开挖坡面前侧开挖宽 50cm 的沟,然后填碎石土层形成该渗（排）水层,其开挖深度应以确保与先前填筑的透水碎石土层贯通来控制。为防止边坡地下水渗入路床,在柔性加筋体底部及土工格栅包碎石土边坡外侧铺一层二布一膜防渗土工布。压路机对边坡加筋体填土碾压时,注意不对碎石排水层施压,以确保渗（排）水层上下贯通。

6）在摊铺加筋土工格栅前,先确定需摊铺的平面位置,成捆的格栅应根据所在层位的设计宽度进行裁剪,下料长度必须满足设计（含反包）长度要求。土工格栅的连接采用搭接,搭接长度为 40cm,采用冷拔丝制作的 U 形钉将搭接处两层格栅固定于下承层压实土体内；采用土工连接棒将下层的反包格栅与上层平铺格栅连接,连接棒布设的部位距离下层反包格栅端部应至少需 2~3 个筋带宽。沿路线方向的相邻两片土工格栅的连接也必须搭接,其搭接宽度应保证不少于 5cm,同样采用 U 形钉将相邻两片格栅固定于下承层的压实土体内。

7）因柔性支护加筋体坡面无面板设计,为保证加筋体的整体性并防止坡面填土遭水流冲刷,需用下层预留长度的土工格栅将其上填筑压实后的边坡土沿坡面反包。其操作是用自制的多齿排钩将反包后的格栅向坡内沿主筋方向张紧,并及时用 U 形钉将其固定于填土层。土工格栅铺设时注意需用力将格栅张紧,不得有褶皱,也不能出现卷曲或折曲现象,用人工拉紧格栅使之产生 1%~2% 的伸长率,确保格栅有一定的预拉应力,以有效约束工作过程中土体的收缩开裂与体积膨胀。土工格栅张紧后迅速用 U 形钉将其固定于已碾压的填土中,U 形钉尽量钉在格栅同一受拉断面上。

8）加筋体填料分为两种：一种用于路床顶面以下加筋体基础的填筑,宜采用就近料场开挖的碎石土,填料开挖需实施人工爆破,要求先彻底清除料场表面耕植土、草皮等杂物后,再取土用自卸车运至施工现场；另一种填料用于路床顶面以上的边坡加筋体填筑,通常直接利用邻近堑坡的超挖土以及其他需废弃的弱膨胀土作为柔性支护体的填土。为保证柔性支护坡面及坡度满足设计要求,分层填筑加筋土体时需超宽 20~30cm,然后通过放线刷坡,要求刷坡后的坡面平整、无棱角。

9）填料按分层厚度 30cm 逐层摊铺填筑并碾压,压实度不得小于 90%。

10）加筋边坡体分层筑做完工后,应尽快在反包格栅表面培植 30cm 厚非膨胀性种植土,在柔性支护体顶部铺设土工膜隔水,其铺设宽度（坡顶距截水沟的距离）不小于 5m,并在其上铺填 30cm 以上厚度的种植土,植草绿化。

5.6.5 黄土地区路基

湿陷性黄土是一种特殊性质的土,广泛分布于我国东北、西北、华中和华东部分地区,其土质较均匀、结构疏松、孔隙发育。在未受水浸湿时,一般强度较高,压缩性较小。当在一定压力下受水浸湿,土结构会迅速破坏,产生较大附加下沉,强度迅速降低。故在湿陷性黄土场地上进行建设,应根据建筑物的重要性、地基受水浸湿可能性的大小和在使用期间对不均匀沉降限制的严格程度,采取以地基处理为主的综合措施,防止地基湿陷对建筑产生危害。

黄土地区路基在施工前,应核对湿陷性黄土的分类区段、基底处理种类并进行确认与标识,编制专项施工方案。路基边坡坡度应符合要求，坡面应顺适平整，防护及支挡工程施工应与路堤填筑和路堑开挖施工合理衔接。排水沟渠铺砌加固时，应对基底采用夯实或掺石灰夯实的方法进行处理，压实度应达到90%以上。

1. 地基处理

地基处理是湿陷性黄土地段的重要工作。常用的湿陷性黄土的地基处理方法有换填垫层法、冲击碾压法、强夯法、挤密桩法和桩基础法等。

基底为非自重湿陷性黄土地基时，地表处理应符合现行公路路基设计和施工相关技术规范的相关规定。

水是造成黄土湿陷的主要诱因，湿陷性黄土地区要特别注意防止水的渗入。湿陷性黄土地基处理前，应完成截水及临时排水设施，并应完成路堤基底的坑洞和陷穴回填。低洼积水地段或灌溉区的路堤两侧坡脚外 5~10m 范围内，应采用素土或石灰土填平并压实，并应高出原地表 200mm 以上，路基两侧不得积水。

各种地基处理方法均应进行试验段施工。基底处理场地附近有结构物时，场地边缘与结构物的最小水平安全距离应满足规定要求。冲击碾压或强夯处理段，地基土的压实度、压缩系数和湿陷系数应在施工结束 7d 后进行检测，强度检验应在 15d 后进行。

地基处理所用原材料应满足设计要求。石灰宜采用Ⅲ级及以上等级的消石灰；水泥宜选用 32.5 级以上的普通硅酸盐水泥；土料宜采用塑性指数为 7~15 的不含有机质的黏质土，土块粒径不宜大于 15mm。

换填法处理时，宜采用石灰土垫层或水泥土垫层，也可采用素土垫层。石灰土垫层宜采用磨细生石灰粉，石灰剂量或水泥剂量应满足要求。垫层应分层摊铺碾压，每层厚度不宜大于 300mm，压实度应符合所在部位的标准要求。

冲击碾压法处理时，冲击处理的施工长度应不小于 100m；与结构物的安全距离不满足要求时，宜开挖隔振沟；地基土的含水率应控制在最佳含水率±3%范围内；应采用排压法进行冲压；过程中应对地基的沉降值、压实度进行检测。

强夯法处理时，同一强夯能级宜采用重锤、低落距的方式进行；地基土的含水率宜控制在 8%~24%；宜分为主夯、副夯、满夯三遍实施，两遍夯击之间宜有一定的时间间歇；夯点的夯击次数应按试夯得到的夯击次数和夯沉量关系曲线确定；与结构物安全距离不满足要求时，应开挖隔振沟。

挤密桩法处理时，深度在 12m 之内时，宜采用沉管法成孔，超过 12m 时，可采用预钻孔法进行成孔；石灰土挤密桩不得采用生石灰；干拌水泥碎石挤密桩所用石屑粒径宜为 0~5mm，碎石粒径宜为 5~20mm，含泥量应不大于 5%；填料前应夯实孔底；成桩回填应分层投料分层夯击，填料的压实度不宜小于 93%；挤密桩完成后，应及时进行桩顶石灰土垫层的施工。

桩基础法处理时，桩顶的桩帽应采用水泥混凝土现场浇注，桩顶进入桩帽的长度宜不小于 50mm；桩帽顶的加筋石灰土垫层应及时施工，土工格栅应采用绑扎连接，铺设时应拉紧并锚固，铺设后应及时用石灰土覆盖；过程中应对桩位偏差、桩体质量、桩帽质量、土工格栅的原材料及铺设质量、垫层的质量进行检验；有要求时应进行单桩承载力试验，预制桩应在成桩 15d 后进行，灌注桩应在成桩 28d 后进行。

2. 陷穴处理

黄土经水冲蚀形成的暗沟、暗洞、暗穴等统称为陷穴，一般呈竖井状及串珠状。陷穴处理是黄土地区特有的工作。水是陷穴形成的主要因素，需彻底阻断来水。

路堤坡脚线或路堑坡顶线之外，原地表高 80m、低 50m 范围内存在的黄土陷穴宜进行处理，对串珠状陷穴与路堑边坡出露陷穴应进行处理，对规定距离以外倾向路基的陷穴宜进行处理。

陷穴处理前，应对流向陷穴的地表水和地下水采取拦截引排措施。采用灌砂法处理的陷穴，地表下 0.5m 范围内应采用 6%~8% 的石灰土进行封填并压实。对危及路基安全的黄土陷穴，应根据其埋藏深度和大小选用适当的方法进行处理。常用的处理方法可参考表 5-2 选用。处理后仍暴露在外的陷穴口，应采用石灰土等不透水材料进行防渗处理，防渗层厚度应不小于 500mm，穴口表面应高于周围地面。

表 5-2　陷穴处理方法

处理方法	回填夯实	明挖回填夯实	开挖导洞或竖井回填夯实	注浆或爆破回填	灌砂
使用条件	明陷穴	陷穴埋藏深度 ≤3m	3m<陷穴埋藏深度 ≤6m	陷穴埋藏深度 >6m	陷穴埋藏深度 ≤3m，直径 ≤2m，洞身较直

3. 黄土路堤填筑

黄土填料应符合现行公路路基设计和施工规范的相关规定。当 CBR 值不满足要求时，可掺石灰进行改良。黄土不得用于路基的浸水部位，早更新世 Q1 和中更新世 Q2 的老黄土因透水性差、大块土料不易粉碎，不宜用作路床填料。填挖结合处应清除表层土和松散土层，顶部宜开挖成高度不大于 2m、宽度不小于 2m 的多层台阶，并应对台阶进行压实处理。黄土碾压时的含水率宜控制在最佳含水率±2% 范围内。雨水导致的边坡冲沟应挖台阶夯实处理。高路堤应采用冲击碾压或强夯方式进行补充压实。

4. 黄土路堑开挖

施工前应对路堑顶两侧有危害的黄土陷穴进行处理，路堑顶部的裂缝和积水洼地应填平夯实，地表平坦或自然坡倾向路基时，应在路堑顶部设置防渗截水沟或拦水埂。接近路床高程时，宜顺坡开挖。路床需要处理时，应在处理后进行成型层施工。施工中应记录坡面的地层产状及地下水出露情况，存在不利于边坡稳定的状况或发现边坡有变形加剧迹象时，应及时反馈处理。路基边沟宜在基底处理后、路床成形层施工前完成。

黄土填筑的高路堤、陡斜坡地段的路堤、湿陷性黄土地基上的路堤、深路堑段的边坡及坡顶宜进行沉降及位移监测。监测点的布置、观测频率及监测期应符合要求。有要求时应对深路堑边坡的深层进行变形监测。

5.6.6　冻土地区路基

多年冻土地区路基施工应结合高原缺氧、高寒、多年冻土和环境保护的特点，编制施工组织设计。高含冰量冻土地段开挖宜在寒季进行，基底和边坡换填及保温层等施工宜在 6 月底前完成。寒季进行路堤施工时，填料应采取有效的保温措施。路基施工前应形成有效的临时排水系统，路基两侧 100m 范围内不得有常蓄性地表水。隧道弃渣和路堑挖方为少冰冻土、多冰冻土时，融化后符合填料要求的，可用于路基或保温护道的填筑。泥炭土、草皮、黏质土、有机质土和冻土块不得用于路堤填筑。清表产生的草皮与腐殖土宜选址堆放，并进行覆盖与洒水养护，应及时将草皮用于路基边坡防护与取土坑的回填覆盖绿化。

多年冻土地区路堤施工宜在暖季进行。厚层地下冰地段宜寒季施工，填筑时不得有积雪。路堤填料应集中取土，不得在路基两侧随意取土。在融沉和强融沉分布地段，取土场与路堤坡脚间的距离不得小于 200m。填土护道应及时碾压，压实度应达到 80% 以上，护道应与路堤主体工程同步施工。

多年冻土地区路堑施工应采取隔水、排水、换填和设置保护层等措施。路堑段路床换填材料为粗粒土时，宜在寒季施工；换填其他填料时，宜在暖季施工。开挖至换填层位时，应对暴露的冰层采取"昼盖夜开"的遮挡防护措施。暖季开挖的路堑在清方成形后，换填部位应及时回填。深路堑施工过程中应监控开挖面冻土的融化情况，并采取必要的冷却措施。

隔热层的铺设应在下垫层高程和压实度等符合设计要求后进行，并根据设计拼接方式进行拼接。施工机械不得直接在铺好的隔热板上碾压，隔热层上填料摊铺达到最小压实厚度200mm后，方可用压路机压实。

通风管的断面尺寸、材料强度和纵向间距应满足设计要求，底部宜高出原地面 0.5~0.7m。通风管应采用反开槽法安装，开挖前路堤应填筑至通风管顶面设计高程 200mm 以上。安装通风管的沟槽可采用粗砂回填，并用小型压路机或平板夯实。路基完工后应对通风管进行人工清理，管内不得留有碎石等杂物。

热棒临时存放时，应远离火源；露天存放时，宜进行覆盖。热棒应在路基施工结束、路基两侧边坡平整处理后采用工程钻机安装。钻孔施工完成后应及时进行热棒安装。热棒吊装入孔后，应及时用砂土回填密实。

高含冰量冻土地段挡土墙的施工宜在寒季进行，并应连续施工。基础施工完成后，应立即回填。基坑开挖后，发现基础全部或部分埋在纯冰或含土冰层上时，应进行特殊处理。基础完工后应立即回填夯实。

多年冻土地区二级及二级以上公路应按设计要求进行地温与路基变形监测。

5.6.7 路基拓宽

不同条件下，新旧路基不协调变形的组成存在差异，在保证路基稳定的前提下，须采取一定的措施控制路基的不协调变形。按照处治措施的部位和处治机理，可以将不协调变形的处治技术划分为四大类，即路面内部处治、路基内部处治、外部处治和综合处治，见表5-3。

表 5-3 新旧路基结合部处治技术的初步分类

新旧路基结合部处治措施	路面内部处治	增加厚度
		提高抗变形能力（加筋、设置网片等）
	路基内部处治	结合面处理
		填料及压实控制
		路基加筋
		轻质路堤
	外部处治	轻质路堤
		地基处理
		支挡结构
	综合处治	设置分隔带
		完善排水系统
		过渡性路面
		内、外部综合处治

若按新旧路基结合部不协调变形的主要来源划分，则表5-4 中的处治技术可分为：针对新旧路基结合部不良地质条件的地基处理技术；针对新旧路基结合部结合强度不足的旧路边坡处理和结合部的加筋技术；针对新旧路基自身的压缩变形过大，控制路基填料和压实度、采用轻质路基等措施；如果新旧路基结合部的不协调变形由上述几种因素共同组成，则应采取综合处治技术，见表5-4。

表 5-4　针对不协调变形来源的处治技术和适用条件

新旧路基结合部不协调变形的主要来源	结合部处治技术	适用条件
新旧路基结合部不良地质条件	采取换填、抛石挤淤、复合地基、排水固结法处理结合部地基	不良地质条件下的路基拓宽、高填路堤等
新旧路基结合部结合强度不足	旧路边坡覆土处理、台阶开挖、结合部设置土工格栅等	旧路边坡土受自然风化等作用强度较低，新旧路基拼接困难
新旧路基的自身压缩变形过大	优选新路基填料，提高压实度，新路基采用二灰、EPS 轻质路堤	地质条件较好的路基拓宽
上述几种因素共同组成	上述处治技术综合使用，同时考虑设置挡土墙、路面辅助处治技术和完善排水系统等	各种不良地基、路基以及结合面条件

　　实际拓宽改建工程中，常常需根据具体的工程特点，因地制宜地选用不同的处治方式，有时更是综合使用多种处治技术。新旧路基结合部的设计和施工是整个改扩建工程中一个非常重要的环节，需要精心设计、精心施工，确保施工质量，具体要求可参见现行公路路基设计和施工相关技术规范，此处不再赘述。

　　采用开挖台阶进行拼宽部分路基与既有路基拼接是实践中常规的做法，有利于结合紧密，减少差异变形。开挖一般采用直接开挖方式，由下至上，开挖与拼宽填筑交替进行。对于旧路基边坡松散严重、台阶立面难以自稳的路段，应将松散范围内的旧路基边坡土全部清除。若台阶面含水率高、无法压实，可将台阶面最上层土翻松晾晒或掺灰处理，并和新路堤同步整平压实；或对台阶面进行液压夯实，并在夯坑内填碎石，推土机推平后压路机碾压。

　　路基施工期排水对于保证路基拼接质量非常重要，应进行施工期路基排水系统的综合设计，及时排除落入路基范围内的雨水，主要有旧路面表面、旧路基坡面和新路基坡面的雨水。施工前应做好临时排水设施，可在新路堤边沟外侧开挖临时排水沟。在进行路基拼接施工过程中应注意旧路面的排水通道，可集中设置排水通道排除旧路面的表面水，防止路面水对旧路基开挖台阶的冲刷，同时做好防水措施，阻止自由水对旧路基的侵害。同时为充分、合理利用旧路基，应对渗水路段进行有效处治，不但要疏排内部积水，还应封堵水源。

　　土工材料，如土工格栅或土工格室等具有整体刚度大、抗拉强度高、伸缩度高、运输方便等特点，可用于提高路基拓宽工程中新旧路基的结合强度，减小差异沉降。可在路基的不同深度处选择铺设位置，从旧路台阶立面开始，计算横向铺设宽度。铺设时先将土工材料摆于路基一侧，固定一端，沿路基横向铺设，然后固定另一端。铺设后用料车从一端开始回填路基填料，然后进行碾压，碾压方式与一般土方相同。

5.7　路基施工安全与环境保护

5.7.1　路基施工安全

　　路基施工单位应建立健全安全生产管理体系，设置安全管理机构，配备专职安全管理人员，制定安全生产规章制度，落实安全生产责任制，对施工安全管理、施工安全技术和施工安全作业进行全过程、全方位管理与控制。

　　1) 路基施工单位在工程开工前，应进行现场调查，根据施工段的地形、地质、水文、气象以及环境条件，结合设计文件和施工方案，制定安全保障措施。在施工中，应及时掌握气温、雨雪、风暴、汛情和地质灾害等相关信息，并根据周围环境条件的变化，做好防范和应急工作。

　　2) 在路基施工前，应根据工程特点和施工环境进行危险源辨识。对重大危险源，应编制应急预案。

3）现场应注意防火，临时用电应符合《公路工程施工安全技术规范》（JTG F90—2015）的相关规定，并应设有保证施工安全的照明设施。

4）排水方案必须满足路基施工安全和路基附近既有结构物与地下管线的安全。

5）施工便道应根据工程特点、使用功能、车辆荷载和环境条件修建；施工便桥应设置限载、限宽、限速标志，验收后方可使用。

6）施工单位应制定施工设备安全操作流程，建立设备安全技术档案；机械设备上各种安全防护、保险限位装置及各种安全信息装置必须齐全有效。

5.7.2 路基施工环境保护

路基施工前应遵守国家土地管理、水土保持、环境保护、生态保护、资源利用、能源利用、循环经济的有关法律法规，合理利用资源和能源，控制污染，保护环境。

1）工程开工前，应对施工现场的地形、地质、水文、气象、生态环境条件以及既有结构物状况进行调查，根据国家有关建设项目环境保护管理的规定以及节约资源、节约能源、减少排放等相关法规和技术标准，结合工程特点、设计要求和施工环境，编制并实施工程施工技术环境保护措施与节能减排技术方案。

2）公路路基施工组织设计，应结合工程实际按环境保护设计的各项要求，针对施工中可能造成的环境破坏和不利影响制定具体防止措施和方案，并实施。

3）路基施工中，应重视对农田水利和环境的保护，节约土地，少占耕地，临时占用土地应及时做好复垦工作。

4）自然保护区、森林、草原、湿地及风景名胜区的路基施工方案应有利于生态保护和生态恢复。

思考与练习

1. 路基施工有什么特点？路基施工的基本方法有哪些？
2. 路堤正确填筑应如何进行？填筑方法有哪些？各自使用条件是什么？
3. 路堑开挖有哪些方式？各自使用条件是什么？
4. 试述路基压实的作用，以及最佳含水率、压实功与压实效果之间的关系。
5. 评定路基压实的标准有哪些？如何表示？
6. 有哪些压实机具？各自有什么作用？

第 6 章 交通荷载与路面设计参数

【本章提要】
本章主要讲述交通荷载的类型及对路面的作用，标准轴载和轴载换算的原则与方法，路面结构层不同材料（粒料类材料、无机结合料稳定类材料、沥青结合料类材料、水泥混凝土材料）的设计参数。

【学习要求】
了解交通荷载的类型及对路面的作用，掌握不同车辆和路面类型的轴载换算方法，掌握路面结构不同材料的设计参数及其取值。

■ 6.1 交通荷载对路面的作用

路面的作用是保证车辆正常行驶，主要包括车辆的停放、行驶等。随着车辆在路面上运动状态的变化，作用在路面上的荷载也在不断变化。停放时，车辆作用在路面上的是垂直静压力；行驶时，作用在路面上的有垂直压力、水平力和振动冲击力。为了保证设计的路面结构达到预计的功能，具有良好的结构性能，应对行驶的汽车进行分析，包括汽车轮重与轴重的大小与特性、不同车型车轴的布置、设计期限内汽车轴型的分布以及车轴通行量逐年增长的规律、汽车静态荷载与动态荷载特性比较等。

6.1.1 车辆的种类

由于交通荷载种类繁多，对路面的作用也很复杂，必须分析车辆的种类。道路上通行的汽车车辆按照《汽车和挂车类型的术语和定义》（GB/T 3730.1—2001）将汽车分为乘用车和商用车。

乘用车（不超过9座）分为普通乘用车、活顶乘用车、高级乘用车、小型乘用车、敞篷车、仓背乘用车、旅行车、多用途乘用车、短头乘用车、越野乘用车、专用乘用车等11类。商用车分为客车、货车和半挂牵引车等3类。客车细分为小型客车、城市客车、长途客车、旅游客车、铰接客车、无轨电车、越野客车、专用客车。货车细分为普通货车、多用途货车、全挂牵引车、越野货车、专用作业车、专用货车。

乘用车自身质量与满载总重都比较轻，但车速高，一般可达120km/h，有的高档小车可达200km/h以上；中客车一般是指6~20个座位的中型客车；大客车一般是指20个座位以上的大型客车，包括铰接客车和双层客车，主要用于长途客运与城市公共交通。

整车货车的货厢与汽车发动机为一整体；牵引式拖车的牵引车与拖车是分离的，牵引车提供动力，牵引后挂的拖车、有时可以拖挂两辆以上的拖车；牵引式半拖车的牵引车与拖车也是分离的，但是通过铰接相互连接，牵引车的后轴也担负部分货车的质量，货车厢的后部有轮轴系统,而前部通过铰接悬挂在牵引车上。货车总的发展趋向是向大吨位发展,特别是集装箱运输水陆联运业务开展之后,货车最大吨位已超过 40~50t。

在交通调查中,一般将汽车分为 9 类:即中小型客车(≤19 座)、大型客车(>19 座)、小型货车(载质量<2t)、中型货车(2t<载质量≤7t)、大型货车(7t<载质量≤20t)、特大型货车(载质量>20t)、集装箱、拖拉机、摩托车。每种汽车应属于何种分类,工业和信息化部、交通运输部及公安部提供了《汽车、挂车及汽车列车外轮廓尺寸、轴荷及质量限值》(GB 1589—2016)。交通调查时,只有先熟悉每种汽车应属于何种类型,才可得出某断面昼夜混合汽车交通量。

6.1.2 车辆的轴型

无论是客车还是货车,车身的全部质量都通过车轮传给路面,因此,对于路面结构设计而言,更加重视汽车的轮数和轴重。

通常,整体式的客车、货车车轴分前轴和后轴。绝大部分车辆的前轴为两个单轮组成的单轴,轴载约为汽车总质量的 1/3。极少数汽车的前轴由双轴单轮组成,双前轴的轴载约为汽车总质量的一半。汽车的后轴有单轴、双轴和三轴三种,大部分汽车后轴由双轮组组成,只有少量轻型货车由单轮组成后轴。每一根后轴的轴载大约为前轴轴载的 2 倍。

由于汽车货运向大型重载方向发展,货车的总重有增加的趋势,为了满足各个国家对汽车轴限的规定,趋向于增加轴数以提高汽车总重,因此出现了各种多轴的货车。有些运输专用设备的平板拖车,采用多轴多轮,以便减轻对路面的压力。不同轴型的汽车轴型分布如图 6-1 所示。路面设计中,车辆轴型根据轮组和轴组类型可分为 7 类(表 6-1),车辆类型根据轴型组合可分为 11 类(表 6-2)。为了控制轴载增加对车辆行驶安全和路面的影响,《汽车、挂车及汽车列车外廓尺寸、轴荷⊖及质量限值》(GB 1589—2016)规定了车辆外廓尺寸、轴载及质量限值(表 6-3、表 6-4)。

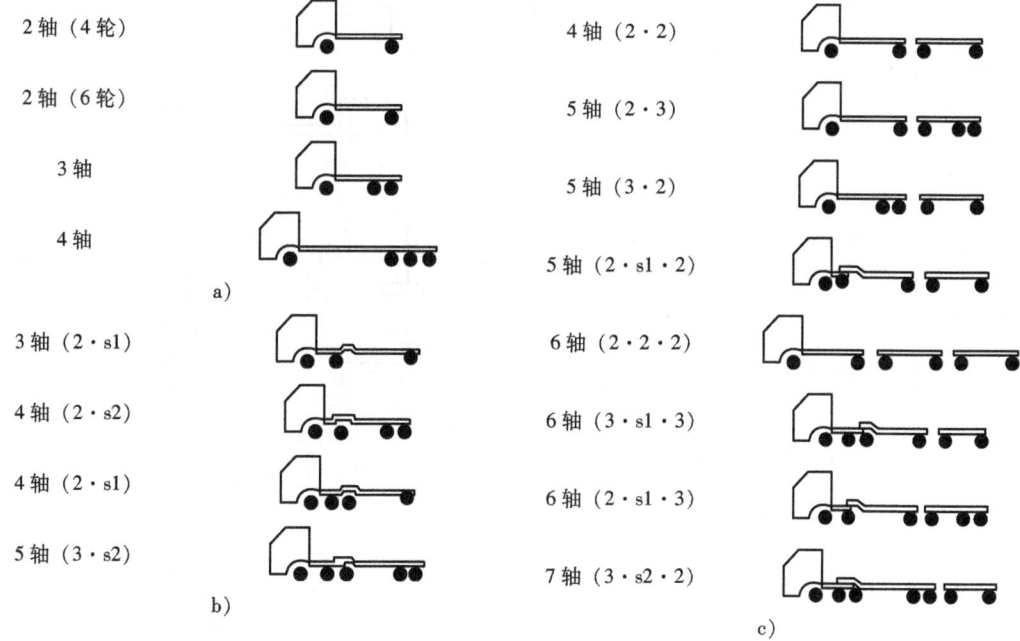

图 6-1 不同轴型的汽车轴型分布
a)整车 b)牵引式半挂车 c)拖车

⊖ 同本书中的"轴载",因是规范名称,此处保留。

表 6-1 车辆轴型分类

编号	轴型说明	编号	轴型说明
1	单轴（每侧单轮胎）	5	双联轴（每侧双轮胎）
2	单轴（每侧双轮胎）	6	三联轴（每侧单轮胎）
3	双联轴（每侧单轮胎）	7	三联轴（每侧双轮胎）
4	双联轴（每侧各一单轮胎、双轮胎）		

表 6-2 车辆类型分类

编号	说 明	典型车辆及图示		其他车型
1 类	2 轴 4 轮车辆	11 型车	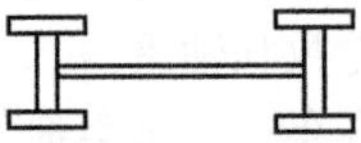	
2 类	2 轴 6 轮及以上客车	12 型客车	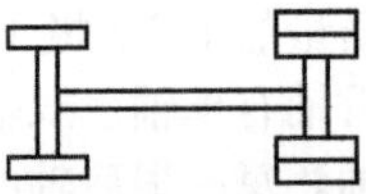	15 型客车
3 类	2 轴 6 轮整体式货车	12 型客车	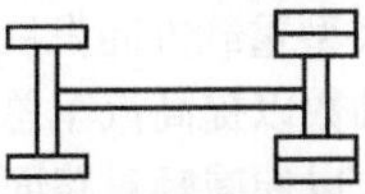	
4 类	3 轴整体式货车（非双前轴）	15 型	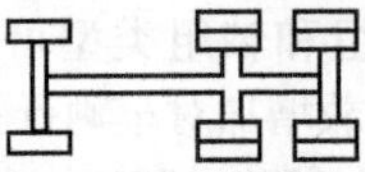	
5 类	4 轴及以上整体式货车（非双前轴）	17 型	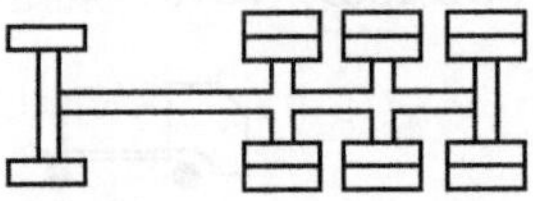	
6 类	双前轴整体式货车	112 型 115 型	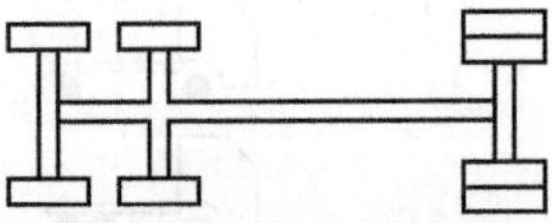	117 型
7 类	4 轴及以下半挂货车（非双前轴）	125 型	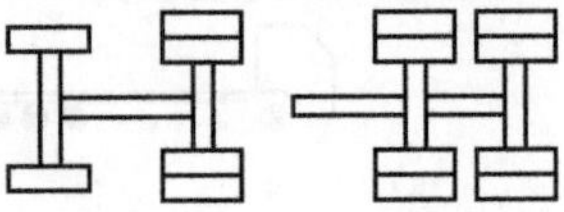	122 型
8 类	5 轴半挂货车（非双前轴）	127 型 155 型	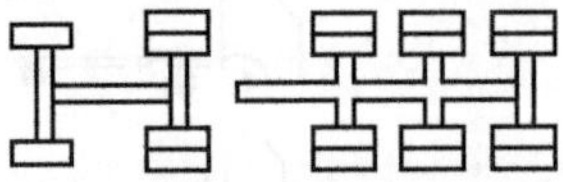	
9 类	6 轴及以上半挂货车（非双前轴）	157 型	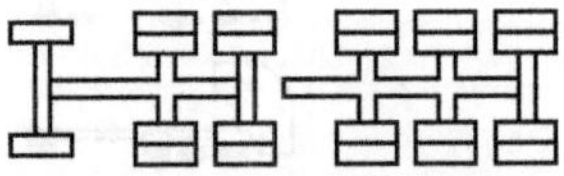	
10 类	双前轴半挂式货车	1127 型	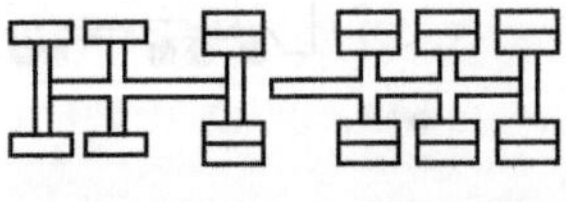	1122 型 1125 型 1155 型 1157 型
11 类	全挂货车	1522 型 1222 型	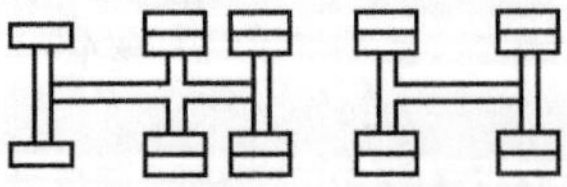	

第6章 交通荷载与路面设计参数

表 6-3 汽车及挂车单轴、二轴组及三轴组的最大容许轴载限值　　（单位：kg）

类　型			最大容许轴载限值
单轴	每侧单轮胎		7000①
	每侧双轮胎	非驱动轴	10000②
		驱动轴	11500
二轴组	轴距<1000mm		11500③
	轴距≥1000mm 且<1300mm		16000
	轴距≥1300mm 且<1800mm		18000④
	轴距≥1800mm（仅挂车）		18000
三轴组	相邻两轴之间距离≤1300mm		21000
	相邻两轴之间距离>1300mm 且≤1400mm		24000

① 安装名义断面宽度不小于425mm 轮胎的车轴，最大容许轴载限值为10000kg；驱动轴安装名义断面宽度不小于445mm 轮胎，则最大容许轴载限值为11500kg。
② 装备空气悬架时最大容许轴载的最大限值为11500kg。
③ 二轴挂车最大容许轴载限值为11000kg。
④ 汽车驱动轴为每轴每侧双轮胎且装备空气悬架时，最大容许轴载的最大限值为19000kg。

表 6-4 汽车、挂车及汽车列车最大容许总质量限值　　（单位：kg）

车辆类型			最大容许总质量限值
汽车		三轮汽车	2000①
		乘用车	4500
		二轴客车、货车及半挂牵引车	18000②
		三轴客车、货车及半挂牵引车	25000③
		单铰接客车	28000
		双转向轴四轴货车	31000③
挂车	半挂车	一轴	18000
		二轴	35000
		三轴	40000
	牵引杆挂车	二轴，每轴每侧为单轮胎	12000④
		二轴，一轴每侧为单轮胎、另一轴每侧为双轮胎	16000
		二轴，每轴每侧为双轮胎	18000
	中置轴挂车	一轴	10000
		二轴	18000
		三轴	24000
汽车列车		三轴	27000
		四轴	36000⑤
		五轴	43000
		六轴	49000

① 当采用方向盘转向、由传动轴传递动力、具有驾驶室且驾驶员座椅后设计有物品放置空间时，最大容许总质量限值为3000kg。
② 低速货车最大容许总质量限值为4500kg。
③ 当驱动轴为每轴每侧双轮胎且装备空气悬架时，最大容许总质量限值增加1000kg。
④ 安装名义断面宽度不小于425mm 轮胎，最大容许总质量限值为18000kg。
⑤ 驱动轴为每轴每侧双轮胎并装备空气悬架，且半挂车的两轴之间的距离大于或等于1800mm 的铰接列车，最大容许总质量限值为37000kg。

6.1.3 静态车辆对道路的作用

汽车对道路的作用可分为停驻状态和行驶状态。当汽车处于停驻状态下时，对路面的作用力为静态压力，主要是由轮胎传给路面的垂直压力 p，它的大小受下述因素的影响：

1) 汽车轮胎的内压力 p_i。
2) 轮胎的刚度和轮胎与路面接触的形状。
3) 轮载的大小。

货车轮胎的标准静内压力 p_i 一般为 0.4~0.7MPa，有时达到 1.0~1.2MPa。通常轮胎与路面接触面上的压力 p 略小于内压力 p_i，为 (0.8~0.9) p_i。车轮在行驶过程中，内压力会因轮胎充气温度升高而增加，因此，滚动的车轮接触压力也有所增加，达到 (0.9~1.1) p_i。

轮胎的刚度随轮胎的新旧程度而有不同，接触面的形状和轮胎的花纹也会影响接触压力的分布，一般情况下，接触面上的压力分布是不均匀的。不过在路面设计中，通常忽略上述因素的影响，而直接取内压力作为接触压力，并假定在接触面上，压力是均匀分布的。

轮胎与路面的接触面形状如图 6-2 所示，它的轮廓近似于椭圆形，因其长轴与短轴的差别不大，在工程设计中以圆形接触面积表示。将车轮荷载简化成当量的圆形均布荷载，并采用轮胎内压力作为轮胎接触压力 p。当量圆的半径 δ 可以按下式确定：

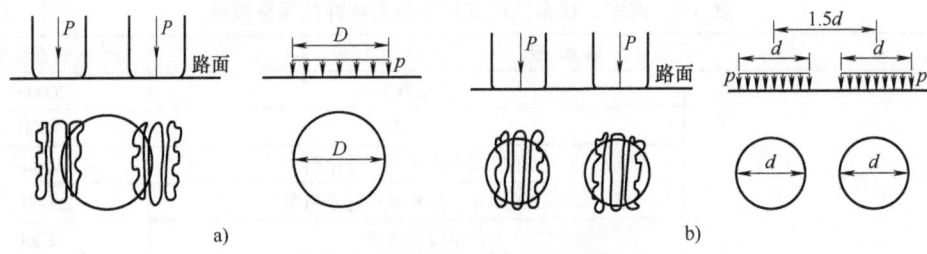

图 6-2 轮胎与路面的接触面形状
a) 单圆图示 b) 双圆图示

$$\delta = \sqrt{\frac{P}{\pi p}} \tag{6-1}$$

式中 δ——接触面当量圆半径（m）；
  P——作用在车轮上的荷载（kN）；
  p——轮胎接触压力（kPa）。

对于双轮组车轴，若每一侧的双轮用一个圆表示，称为单圆荷载；如用两个圆表示，则称为双圆荷载。

单圆荷载的当量圆直径 D 和双圆荷载的直径 d，分别按下列公式计算：

$$D = \sqrt{\frac{8P}{\pi p}} = \sqrt{2}\,d \tag{6-2}$$

$$d = \sqrt{\frac{4P}{\pi p}} \tag{6-3}$$

我国路面设计规范中规定的标准轴载 BZZ—100 的 $P = 25$ (100/4) kN，$p = 700$kPa，用式 (6-2)、式 (6-3) 计算，可分别得到相应的当量圆直径为：$D = 0.302$m，$d = 0.213$m。

6.1.4 运动车辆对道路的作用

行驶状态的汽车除了施加给路面垂直静压力之外，还给路面施加水平力（图 6-3）、振动力。

此外,由于汽车以较快的速度通过,这些动力影响还有瞬时性的特征。

汽车在道路上等速行驶,车轮受到路面给它的滚动摩擦力,路面也相应受到车轮施加于它的一个向后的水平力;汽车在上坡行驶或者在加速行驶过程中,为了克服重力与惯性力,需要给路面施加向后的水平力,相应在下坡行驶或者在减速行驶过程中,为了克服重力与惯性力的作用,需要给路面施加向前的水平力。汽车在弯道上行驶,为了克服离心力,保持车身稳定不产生侧滑,需要给路面施加侧向水平力。特别是在汽车起动和制动过程中,施加于路面的水平力相当大。

在路面上行驶的车辆车轮在不制动时,作用在路面上的水平荷载由式(6-4)确定;车轮制动时水平荷载由式(6-5)确定。

$$Q_{s1} = fP \tag{6-4}$$

$$Q_{s2} = \varphi P \tag{6-5}$$

式中　Q_{s1}、Q_{s2}——行驶中的车辆在车轮不制动和制动情况下作用在路面上的水平荷载;

　　　　f——滚动摩擦系数(表6-5);

　　　　P——车辆的垂直荷载(kN);

　　　　φ——纵向滑移路面附着系数(表6-6)。

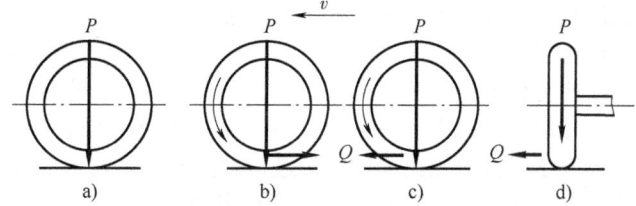

图6-3　车轮作用于路面的垂直压力与水平力

表6-5　滚动摩擦系数 f 值

表面种类	f
平整的水泥混凝土和沥青混凝土	0.01~0.02
水泥混凝土有裂缝和垂直位移	0.04~0.05
沥青混凝土有车辙和裂缝	0.04~0.05

表6-6　纵向滑移路面附着系数 φ

路面状况	路面类型	车速/(km/h)		
		12	32	64
干燥	碎石	—	0.60	—
	沥青混凝土	0.70~1.00	—	0.50~0.65
	水泥混凝土	0.70~0.85	—	0.60~0.80
潮湿	碎石	—	0.40	—
	沥青混凝土	0.40~0.65	—	0.10~0.50
	水泥混凝土	0.60~0.70	—	0.35~0.55

表6-6所列的 φ 值为实地测量的资料。由表列 φ 值可以看出,φ 的最大值一般不超过0.7~0.8,同路面类型和湿度以及行车速度有关,相同的路面结构类型,干燥状态的 φ 值比潮湿状态高;路面结构类型与干燥状态相同的情况下,车速越高,φ 值越小。

路面表面必须保持足够的附着系数,这是保证正常行车的重要条件。但是从路面结构本身来看，附着系数的大小直接关系结构层承受的水平荷载。在水平荷载的作用下，结构层产生复杂的应力状态，特别是面层结构，直接遭受水平荷载作用，若是抗剪强度不足，将会导致推挤、拥包、波浪、车辙等破坏现象。

汽车在道路上行驶，由于车身自身的振动和路面的不平整，其车轮实际上是以一定的频率和振幅在路面上跳动，作用在路面上的轮载时而大于静态轮载，时而小于静态轮载，呈波动状态。轮载的这种波动，可近似地看作呈正态分布，其变异系数（标准离差与静态轮载之比）主要随下述三个因素而变化：

1) 行车速度。车速越高，变异系数越大。
2) 路面的平整度。平整度越差，变异系数越大。
3) 车辆的振动特性。轮胎的刚度低，减振装置的效果越好，变异系数越小。正常情况下，变异系数一般均小于 0.3。

振动轮载的最大峰值与静载之比称为冲击系数，在较平整的路面上，行车速度不超过 50km/h 时，冲击系数不超过 1.30。车速增加，或路面平整性不良，则冲击系数还要增大。在设计沥青路面时，由于沥青路面的黏弹性和减振作用以静轮载作为设计荷载，在设计水泥混凝土路面时则必须考虑车辆的冲击等综合因素。

行驶的汽车对路面施加的荷载有瞬时性，车轮通过路面上任一点，路面承受荷载的时间是很短的，只有 0.01~0.10s。在路面以下一定深度处，应力作用的持续时间略长一点，但仍然十分短暂。由于路面结构中应力传递通过相邻的颗粒完成，若应力出现的时间很短，则来不及传递分布，其变形特性便不能像静态呈现得那样完全。美国各州公路工作者协会（AASHO）试验路曾对不同车速下沥青路面和水泥混凝土路面的变形进行量测的结果表明，当行车速度由 3.2km/h 提高到 56km/h 时，沥青路面的总弯沉减少 36%；当行车速度由 3.2km/h 提高到 96.7km/h 时，水泥混凝土路面的板角挠度和板边应变量减少 29% 左右。动荷载作用下路面变形量的减小，主要是因为材料的黏弹性因素而产生的材料阻尼作用，同时也可以理解为路面结构刚度的相对提高，或者是路面结构强度的相对增大。

汽车荷载对路面的多次重复作用也是一项重要的动态影响，在行车繁密的道路上，路面结构每天将承受上千次，甚至数万次车轮荷载的作用，在路面的整个使用期限内，承受的轮载作用次数更多。路面承受一次轮载作用和承受多次重复轮载作用的效果并不一样。对于弹性材料，在重复荷载作用下，呈现出材料的疲劳性质，也就是材料的强度将随荷载重复次数的增加而降低。对于弹塑性材料，如土基和柔性路面，在重复荷载作用下，将呈现出逐渐增大的变形现象，称为变形的累积。所以对于路面设计，不仅要重视轴重静力与动力的量值，还要重视道路通行的各类轮载的通行数量。

6.1.5 车轮轮迹横向分布

随着疲劳概念在路面结构设计中的应用，路面结构在使用年限内所受到的各种轴载的累计作用次数成为荷载因素方面的设计参数之一。由于车辆轮迹仅具一定宽度，车辆通过时只能覆盖一小部分。因此，路面横断面上各点所受到的轴载作用次数，仅为通过该断面轴载总数的一部分。对于路面横断面上某一宽度（例如轮迹宽度）范围内的频率，也即该宽度范围内所受到的车辆作用次数同通过该横断面的总作用次数的比值称为轮迹横向分布系数。这一系数同各种轴载的累计作用次数相乘，可得到路面结构横断面上各点受到的累计疲劳作用次数。

影响车轮轮迹横向分布规律的主要因素有车辆的类型、主轮轴数量、主轮轴间距及其车轮数量、轮胎宽度、路面宽度和车道宽度、交通组织管理方式、车速和驾驶员驾驶习惯等。

通过现场观测，可以测定在不同等级的道路上轮迹分布状况的数据。车辆驶经观测横断面时，先记录它的后轴轮组外缘所覆盖的条带编号。然后在数据整理时，按行驶状况补充记录其他条带上所受到的作用次数，而后统计出单侧路面上各条带实际受到的作用总次数（N）。各统计条带上的轮迹通过的频率（η_i）可由下式得出：

$$\eta_i = \frac{\eta_i(各条带上实际作用次数)}{2N(通过该断面的实际作用次数)} \tag{6-6}$$

最后，按路面宽度以及轮迹通过的分布频率绘制出车辆轮迹横向分布图。图 6-4a 所示为单向行驶时一个车道内的轮迹横向分布频率曲线，图 6-4b 所示为混合行驶时双车道内的轮迹横向分布频率曲线。分布频率曲线中的直方图条带宽为 25cm，大约接近轮迹宽度，以条带上受到的车轮作用次数除以车道上受到的作用次数作为该条带的频率。由图 6-4a 可见，在单向行车的一个车道上，由于行车的渠化，频率曲线出现两个峰值，达到 30%，而车道边缘处频率很低。由图 6-4b 可见，混合行驶的双车道，车辆集中在双车道中央，频率曲线出现 4 个峰值，约为 30%，内侧边缘频率很低。测试时通常取宽度为两个条带的宽度，即 50cm，因为双轮组每个轮宽 20cm，轮隙宽 10cm。这时的两个条带频率之和称为轮迹横向分布系数。

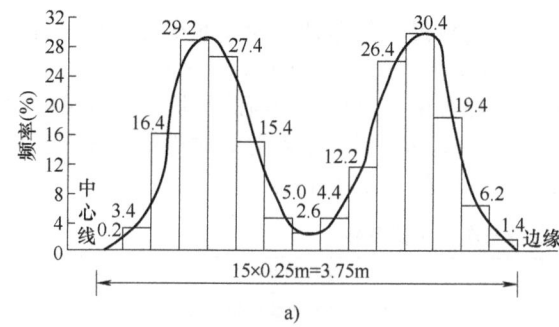
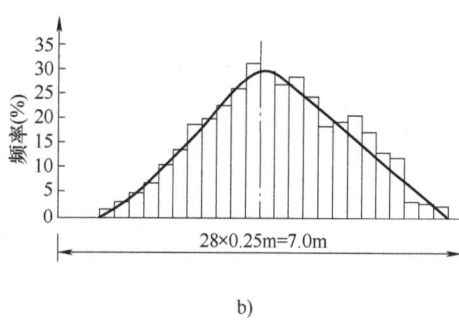

图 6-4　轮迹横向分布频率曲线
a）单向行驶一个车道　b）混合行驶双车道

沥青混凝土路面的车轮轮迹横向分布系数称为车道系数，车道系数可按照下列三个水平确定，改建设计采用水平一，新建路面设计可采用水平二或水平三：

1) 水平一，根据现场交通量观测资料统计设计方向不同车道车辆的数量，确定车道系数。
2) 水平二，采用当地经验值。
3) 水平三，采用表 6-7 的推荐值。

表 6-7　车道系数推荐值

单向车道数	1	2	3	≥4
高速公路	—	0.70~0.85	0.45~0.60	0.40~0.50
其他等级公路	1.00	0.50~0.75	0.50~0.75	—

注：交通受非机动车和行人影响严重时取低限，反之取高值。

水泥混凝土路面车轮轮迹横向分布系数称为轮迹横向分布系数，采用表 6-8 的建议值。

表 6-8　水泥混凝土路面车轮轮迹横向分布系数的建议值

公路等级		纵缝边缘处
高速公路、一级公路、收费站		0.17~0.22
二级及二级以下公路	行车道宽>7m	0.34~0.39
	行车道宽≤7m	0.54~0.62

注：车道、行车道较宽或者交通较大时，取高值；反之，取低值。

6.2 标准轴载与轴载换算

道路上通行的车辆不仅类型和轴重不同,而且通行的车辆数量也各不相同。路面结构设计中,要考虑设计年限内车辆对路面的综合累计损伤作用,必须对现有的交通组成、轴载组成以及增长规律进行调查和预估,并通过适当的方式将它们换算成当量标准轴载的累计作用次数。

6.2.1 交通量

在交通工程中,交通量是指在单位时间内,通过道路某一断面的交通实体数。它是一个随机变量,不同时间、不同地点的交通量都是变化的。为了准确地衡量交通量,使交通量具有可比性,必须分车种调查,确定各车种间的关系,寻求其换算系数,把不同车型的交通量换算成标准车型的交通量,即交通当量。按交通类型不同有机动车交通量、非机动车交通量和行人交通量,一般不加说明则指机动车交通量。

各国交通量的定义各不相同,通常选取占交通量比例最大的车种作为标准车种。在美国和日本等私人小汽车发达的国家,通常以小汽车作为标准车种。对车辆的换算,一般根据各种车辆所占道路面积和行车速度的比值,确定其换算系数;也可由其通过某断面的平均车头距离的比值确定。目前,我国《公路工程技术标准》(JTG B01—2014)确定道路等级时规定的标准车种是小客车(表6-9),即将混合交通量换算成以小客车为标准的交通当量。

表6-9 各汽车代表车型与车辆折算系数

汽车代表车型	车辆折算系数	说 明
小客车	1.0	座位≤19座的客车和载质量≤2t的货车
中型车	1.5	座位>19座的客车和2t<载质量≤7t的货车
大型车	2.5	7t<载质量≤20t的货车
汽车列车	4.0	载质量>20t的货车

交通量在表达方式上通常采用某一时间段内的平均值作为该时间段内的代表交通量。初始年平均日交通量为通车第一年的年平均日交通量。

年平均日交通量(AADT)为

$$\text{AADT} = \frac{1}{365}\sum_{365}^{1} Q_i \tag{6-7}$$

式中 Q_i——各规定时间(365d)内的日交通量(辆/d)。

6.2.2 标准轴载

道路路面设计所用的交通量与交通工程中的交通量有很大的区别,交通工程中将混合交通量换算成以小汽车或中型载重汽车为标准的交通当量。而路面结构设计中一般选用一种轴载作为路面结构设计的标准轴载,其他各种轴载按照一定的原则换算成标准轴载。而标准轴载一般要求对路面的响应较大,同时又能反映本国公路运输运营车辆的总体轴载水平。

我国根据公路运输运营车辆的实际规定公路与城市道路路面设计以100kN的单轴—双轮组轴载作为设计标准轴载,轮胎接地压强为0.7MPa,单轮接地当量圆直径为213.0mm,两轮中心距为319.5mm。其他国家的设计标准轴载相应为美国18kip(80.1kN—单轴,1kN = 224.809lbf)、32kip(142.34kN—双轴),德国110kN,印度尼西亚50kN,黎巴嫩140kN;联合国141个成员的比例如下:小于100kN占67.36%、101~110kN占11.56%、111~120kN占5.44%、大于121kN占15.64%。

轴重的大小直接关系到路面结构的设计承载力与结构强度，标准轴载问题涉及运输经济和路面结构经济性两个方面。国外目前有货车重型化、载客汽车小型化的趋势，使公路运输承受的轴载增加对路面的损坏问题同样日趋严重。在我国，由于市场经济的逐步建立，公路货运的经济性为货运部门主要考虑的因素，重轴载车辆的比例越来越大。路面结构的早期破坏与超出规定的重轴载车辆有很大的关系，因此，必须加强管理，尽可能限制超出规定的重轴载车辆的运行（表6-3和表6-4给出了车辆轴载和总质量的限制要求）。

车辆超载和超限是两个不同的概念。超载运输是指车辆所装载的货物（或人员）超过车辆额定的载货质量（或人员数）。超限运输是指在公路上行驶的车辆、工程机械，其总质量、轴载质量、外形尺寸三者之一超过法定的限值标准。其中，总质量和轴载质量是直接关系到对道路结构破坏的因素。

超载但不超限的车辆对路面的使用寿命有一定的影响；超载且超限的车辆对路面的使用寿命有很大的影响，有的甚至超过路面或桥梁结构的极限承载力，使路面结构出现结构性破坏，或者使桥梁结构出现整体破坏，产生严重的安全事故。对超载条件下路面结构的设计问题，公路设计技术人员十分重视，目前我国交通运输部已经颁布并实施了《超限运输车辆行驶公路管理条例》。

6.2.3 轴载换算

1. 轴载换算的基本原则

不同轴载在同一路面结构上重复作用不同次数后，使路表弯沉值、层底拉应力或层底拉应变达到同一极限状态。在一定轴载条件下，不同轴载间对路面的作用效果可以互相换算。在进行换算时，应该遵循两项原则：第一，换算以达到相同临界状态为标准；第二，对某一种交通组成，不论以哪种轴载标准进行换算，由换算所得轴载作用次数计算的路面厚度相同。我国现行沥青路面设计方法中采用设计弯沉指标、沥青层层底拉应力和半刚性材料层的层底拉应力为指标，因此，轴载换算时考虑了设计弯沉、沥青层层底拉应力和半刚性材料层的层底拉应力为指标的轴载换算方法。我国现行水泥混凝土路面设计方法中则采用水泥混凝土面板底面的弯拉应力为指标进行轴载换算。

2. 沥青路面的轴载换算方法

采用交通数据调查方法，获得交通量及其增长率、方向系数、车道系数、车辆类型组成、轴型组成和轴重等。各类车辆当量设计轴载换算系数可以按三个水平确定，高速公路和一级公路的改建设计应采用水平一，其他情况可采用水平二或水平三。

（1）水平一　采用称重设备连续采集设计车道上车辆类型、轴型组成和轴重数据，按下列步骤分析各类车辆当量换算系数：

1）分别统计2~11类车辆单轴单胎、单轴双胎、双联轴和三联轴的数量，除以各类车辆总量，按下式计算各类车辆中不同轴型平均轴数：

$$\text{NAPT}_{mi} = \frac{\text{NA}_{mi}}{\text{NT}_m} \tag{6-8}$$

式中　NAPT_{mi}——m类车辆中i种轴型的平均轴数；

　　　NA_{mi}——m类车辆中i种轴型总数；

　　　NT_m——m类车辆总数；

　　　i——分别为单轴单胎、单轴双胎、双联轴和三联轴；

　　　m——表6-2所列2~11类车。

2）按式（6-9）计算2~11类车辆不同轴型在不同轴重区间所占的百分比，得到不同轴型的轴重分布系数，即轴载谱。确定轴载谱时，单轴单胎、单轴双胎、双联轴和三联轴应分别间隔

2.5kN、4.5kN、9.0kN 和 13.5kN 划分轴重区间。

$$\text{ALDF}_{mij} = \frac{\text{ND}_{mij}}{\text{NA}_{mi}} \tag{6-9}$$

式中 ALDF_{mij}——m 类车辆中 i 种轴型在 j 级轴重区间的轴重分布系数；

ND_{mij}——m 类车辆中 i 种轴型在 j 级轴重区间的数量；

NA_{mi}——m 类车辆中 i 种轴型的数量。

3）按式（6-10）计算 2~11 类车辆各种轴型在不同轴重区间的当量设计轴载换算系数，计算时取各轴重区间中点值作为该轴重区间代表轴重。按下式计算各类车辆当量设计轴载换算系数：

$$\text{EALF}_{mij} = c_1 c_2 \left(\frac{P_{mij}}{P_s}\right)^b \tag{6-10}$$

式中 c_1——轴组系数，前后轴间距大于 3m 时，分别按单个轴计算，$c_1 = 1$；轴间距小于 3m 时，按表 6-10 取值；

c_2——轴组系数，双轮组为 1.0，单轮时取 4.5；

P_{mij}——m 类车辆中 i 种轴型在 j 级轴重区间的单轴轴载（kN），对双联轴和三联轴，为平均分配到每根单轴的轴载。

P_s——设计轴载（kN）；

b——换算系数，以沥青混合料层层底拉应变为设计指标分析沥青混合料层疲劳和以沥青混合料永久变形量为设计指标分析沥青混合料层永久变形时，$b=4$；以路基顶面压应变为设计指标分析路基永久变形时，$b=5$；以无机结合料稳定层层底拉应力为设计指标分析无机结合料稳定层疲劳时，$b=13$。

表 6-10 轴组系数取值

设计指标	轮—轴型	c_1 取值
沥青混合料层层底拉应变、沥青混合料层永久变形量	双联轴	2.1
	三联轴	3.2
路基顶面竖向压应变	双联轴	4.2
	三联轴	8.7
无机结合料稳定层层底拉应力	双联轴	2.6
	三联轴	3.8

$$\text{EALF}_m = \sum_i \left[\text{NAPT}_{mi} \sum_j \left(\text{EALF}_{mij} \times \text{ALDF}_{mij}\right)\right] \tag{6-11}$$

式中 EALF_m——m 类车辆的当量设计轴载换算系数；

NAPT_{mi}——m 类车辆中 i 种轴型的平均轴数；

EALF_{mij}——m 类车辆中 i 种轴型在 j 级轴重区间的当量设计轴载换算系数，根据式（6-10）计算确定。

ALDF_{mij}——m 类车辆中 i 种轴型在 j 级轴重区间的轴重分布系数。

（2）水平二或水平三 按式（6-12）确定各类车辆的当量设计轴载换算系数，式（6-12）中非满载车和满载车的比例和当量设计轴载换算系数，水平二时取当地经验值，水平三时取表 6-11 和表 6-12 所列全国经验值。

$$\text{EALF}_m = \text{EALF}_{ml} \times \text{PER}_{ml} \times \text{EALF}_{mh} \times \text{PER}_{mh} \tag{6-12}$$

式中 EALF_{ml}——m 类车辆中非满载车的当量设计轴载换算系数；

EALF_{mh}——m 类车辆中满载车的当量设计轴载换算系数；

PER_{ml}——m 类车辆中非满载车所占的百分比；

PER_{mh}——m 类车辆中满载车所占的百分比。

表 6-11 2~11 类车辆非满载车与满载车比例

车　型	非满载车比例	满载车比例
2 类	0.80~0.90	0.10~0.20
3 类	0.85~0.95	0.05~0.15
4 类	0.60~0.70	0.30~0.40
5 类	0.70~0.80	0.20~0.30
6 类	0.50~0.60	0.40~0.50
7 类	0.65~0.75	0.25~0.35
8 类	0.40~0.50	0.50~0.60
9 类	0.55~0.65	0.35~0.45
10 类	0.50~0.60	0.40~0.50
11 类	0.60~0.70	0.30~0.40

表 6-12 2~11 类车辆当量设计轴载换算系数

车　型	沥青混合料层层底拉应变、沥青混合料层永久变形量		无机结合料稳定层层底拉应力		路基顶面竖向压应变	
	非满载车	满载车	非满载车	满载车	非满载车	满载车
2 类	0.8	2.8	0.5	35.5	0.6	2.9
3 类	0.4	4.1	1.3	314.2	0.4	5.6
4 类	0.7	4.2	0.3	137.6	0.9	8.8
5 类	0.6	6.3	0.6	72.9	0.7	12.4
6 类	1.3	7.9	10.2	1505.7	1.6	17.1
7 类	1.4	6.0	7.8	553.0	1.9	11.7
8 类	1.4	6.7	16.4	713.5	1.8	12.5
9 类	1.5	5.1	0.7	204.3	2.8	12.5
10 类	2.4	7.0	37.8	426.8	3.7	13.3
11 类	1.5	12.1	2.5	985.4	1.6	20.8

（3）当量设计累计轴载作用次数　根据前述确定的车辆当量设计轴载换算系数，结合交通量调查数据，按下式确定初始年设计车道日平均当量轴次 N_1：

$$N_1 = \text{AADTT} \times \text{DDF} \times \text{LDF} \times \sum_{m=2}^{11} (\text{VCDF}_m \times \text{EALF}_m) \qquad (6\text{-}13)$$

式中　AADTT——2 轴 6 轮及以上车辆的双向年平均日交通量（辆/d）；

　　　DDF——方向系数；

　　　LDF——车道系数；

　　　m——车辆类型编号，见表 6-2；

　　　VCDF_m——m 类车辆类型分布系数；

　　　EALF_m——m 类车辆的当量设计轴载换算系数。

根据初始年设计车道日平均当量轴次 N_1、设计使用年限等，按下式计算设计车道上的当量设计轴载累计作用次数 N_e：

$$N_e = \frac{[(1+\gamma)^t - 1] \times 365}{\gamma} N_1 \qquad (6\text{-}14)$$

式中 N_e——设计使用年限内设计车道上的当量设计轴载作用次数（次）；
γ——设计使用年限内交通量的年平均增长率；
t——设计使用年限（年）；
N_1——初始年设计车道日平均当量轴次（次/d）。

3. 水泥混凝土路面的轴载换算方法

水泥混凝土路面结构设计也以 100kN 的单轴—双轮组荷载作为标准设计轴载，并以水泥混凝土面板底面的弯拉应力为指标进行轴载换算。

（1）以轴型为基础的换算方法　各类车辆按轴型称重和统计时，可采用以轴型为基础的轴载当量换算系数法计算分析设计车道使用初期的设计轴载日作用次数。随机统计 3000 辆 2 轴 6 轮及以上车辆中单轴、双联轴和三联轴等不同轴型出现的单轴次数，并分别称取其单轴轴重。可按单轴轴重级位统计整理后得到轴载谱，并按下式计算确定不同轴重级位的设计轴载当量换算系数：

$$k_{p,i} = \left(\frac{P_i}{P_s}\right)^{16} \tag{6-15}$$

式中 $k_{p,i}$——不同单轴轴重级位 i 的设计轴载当量换算系数；
P_i——单轴级位 i 的轴重（kN）；
P_s——设计轴载的轴重（kN）。

依据单轴轴载谱和相应的设计轴载当量换算系数，可按下式计算得到设计车道使用初期的设计轴载日作用次数：

$$N_s = \text{ADTT} \frac{n}{3000} \sum_i (k_{p,i} p_i) \tag{6-16}$$

式中 N_s——设计车道使用初期的设计轴载日作用次数［轴次/(车道·d)］；
ADTT——设计车道的年平均日货车交通量［辆/(车道·d)］；
n——随机调查 3000 辆 2 轴 6 轮及以上车辆中出现的单轴总次数；
p_i——单轴轴重级位 i 的频率（以分数计）。

（2）以车辆类型为基础的换算方法　以车辆类型为基础进行各种轴型的轴载称重和统计时，可采用车辆当量轴载系数法计算分析设计车道使用初期的设计轴载日作用次数。

可将 2 轴 6 轮及以上车辆分为整车、半挂和多挂 3 大类，每类车再按轴数细分，分别按车型称重后得到单轴轴载谱。可由式（6-15）和式（6-17）计算得到各类车辆的设计轴载当量换算系数。

$$k_{p,k} = \sum_i k_{p,i} p_{i,k} \tag{6-17}$$

式中 $k_{p,k}$——k 类车辆的设计轴载当量换算系数；
$p_{i,k}$——k 类车辆单轴轴重级位 i 的频率（以分数计）。

依据调查所得的车辆类型组成数据，可按下式计算确定设计车道使用初期的设计轴载日作用次数：

$$N_s = \text{ADTT} \times \sum_k (k_{p,k} p_k) \tag{6-18}$$

式中 p_k——k 类车辆的组成比例（以分数计）。

（3）当量设计轴载累计作用次数　设计基准期内水泥混凝土路面设计车道临界荷位处所承受的设计轴载累计作用次数，可按照下式计算确定：

$$N_e = \frac{N_s[(1+g_r)^t - 1] \times 365}{g_r} \eta \tag{6-19}$$

式中 N_e——设计基准期内设计车道所承受的设计轴载累计作用次数（轴次/车道）；
t——设计基准期（年）；

g_r——基准期内货车交通量的年平均增长率（以分数计）；

η——临界荷位处的车辆轮迹横向分布系数，按表 6-8 选用。

4. 交通荷载分级

由于不同等级的道路承受不同的交通荷载作用，为了判别道路承受荷载的轻重，《公路沥青路面设计规范》（JTG D50—2017）和《公路水泥混凝土路面设计规范》（JTG D40—2011）分别进行了交通荷载等级的划分。

（1）沥青路面荷载等级划分　沥青路面结构设计采用多项设计指标，不同设计指标分别采用不同的轴载换算参数，从而对应不同的当量设计轴载累计作用次数。如采用当量设计轴载累计作用次数划分交通荷载等级，需针对各设计指标分别提出划分标准，应用不便。此外，不同等级公路设计使用年限不同，日平均交通量无法反映设计使用年限内累计交通量。因此，沥青路面以设计使用年限内累计大型客车和货车交通量之和划分交通荷载等级，见表 6-13。

表 6-13　沥青路面交通荷载分级

交通荷载等级	极重	特重	重	中等	轻
设计使用年限内设计车道累计大型客车和货车交通量（×10⁶ 辆）	≥50.0	19.0~50.0	8.0~19.0	4.0~8.0	<4.0

注：大型客车和货车为表 6-2 中所列 2~11 类车。

（2）水泥混凝土路面荷载等级划分　水泥混凝土路面设计车道在设计基准期内所承受的交通荷载作用，按设计基准期内设计车道临界荷位处所承受的设计轴载累计作用次数分为 5 级（表 6-14）。

表 6-14　水泥混凝土路面交通荷载分级

交通荷载等级	极重	特重	重	中等	轻
设计基准期内设计车道承受设计轴载（100kN）累计作用次数 N_e（×10⁴ 次）	>1×10⁶	2000~(1×10⁶)	100~2000	3~100	<3

6.3　路面材料的设计参数

路面材料参数主要包括模量和泊松比。路面材料的模量值是表征材料刚度特性的指标，常用的测试方法有单轴压缩试验、直接劈裂试验、弯拉试验等。由于路面结构材料的非线性特性，路面结构模量根据计入变形的不同分为形变模量和回弹模量，形变模量中的变形包括回弹变形和塑性变形，回弹模量中的变形仅考虑材料的回弹变形，目前国内外路面设计一般采用回弹模量。《公路沥青路面设计规范》（JTG D50—2017）将路面结构层材料的设计参数分为三个水平：水平一，通过室内试验实测确定；水平二，利用已有经验关系式确定；水平三，参照典型数值确定。高速公路和一级公路的施工图设计阶段宜采用水平一，其他设计阶段可采用水平二或水平三；二级及二级以下公路可采用水平二或水平三。水泥混凝土路面采用材料的弯拉弹性模量，无机结合料稳定类材料抗压模量值和劈裂强度值应该是设计龄期的抗压模量值和劈裂强度值，水泥稳定类材料的设计龄期为 90d，其他稳定类材料的设计龄期为 180d。

6.3.1　粒料类材料

1. 粒料的 CBR 要求

基层、底基层级配碎石的 CBR 值应符合表 6-15 的有关规定。级配砾石或天然砂砾用于基层时，CBR 值不应小于 80。级配砾石或天然砂砾用于底基层时，对极重、特重和重交通荷载等级，

CBR 值不应小于 80；对中等交通荷载等级，CBR 值不应小于 60；对轻交通荷载等级，CBR 值不应小于 40。

表 6-15　级配碎石 CBR 值

结构层	公路等级	极重、特重交通	重交通	中等、轻交通
基层	高速公路、一级公路	≥200	≥180	≥160
	二级及二级以下公路	≥160	≥140	≥120
底基层	高速公路、一级公路	≥120	≥100	≥80
	二级及二级以下公路	≥100	≥80	≥60

2. 粒料的粒径和级配

高速公路和一级公路基层粒料公称最大粒径不宜大于 26.5mm；底基层采用级配碎石或级配砂砾时，公称最大粒径不宜大于 31.5mm；底基层采用天然砂砾时，公称最大粒径不宜大于 53.0mm。二级及二级以下公路的基层、底基层粒料公称最大粒径不宜大于 53.0mm。

填隙碎石公称最大粒径宜为层厚的 1/2~2/3。填隙碎石用于基层时，集料公称最大粒径不应超过 53.0mm；用于底基层时，集料公称最大粒径不应超过 63.0mm。级配碎石和级配砂砾中通过 0.075mm 筛孔的颗粒含量不宜大于 5%，不满足要求时，可用天然砂替代部分细集料。

防冻层所用砂砾、碎石材料的最大粒径不应超过 53.0mm。

3. 粒料回弹模量

粒料回弹模量是沥青路面结构力学响应分析的重要参数之一。粒料的模量是性质、状态（含水率和密实度）和应力状况等的函数。对处于特定状态（一定含水率和密实度值）的各类粒料来说，影响其模量取值的主要因素便是应力状况。

道路运营期间，粒料在自路表传递而来的车辆荷载（动脉冲）反复作用下，表现出高度的应力依赖非线性性质，而对于不同交通等级以及不同路面类型和结构组合，不同层位处的粒料层的应力状况不相同，故其模量值也不一样。因而，在粒料模量参数的测试过程中，一方面要能够近似模拟材料的实际受力模式，另一方面则要遵循反映材料基本特性的要求。

级配碎石的模量与其应力状态有关，表 6-16 归纳了影响粒料层模量的因素，并对部分因素进行了讨论。由于泊松比在 0.1~0.5 范围内对路面厚度影响很小，所以一般假定为 0.35。

表 6-16　影响粒料层模量的因素以及变化趋势

影响因素	变化趋势
粗集料比例	比例越大，模量越高
密度	密度越大，模量越高
碾压含水率	提高到最大值，然后降低
应力水平	应力水平越大，模量越高
使用期间含水率	含水率越大，模量越低
龄期	模量不变
温度	模量不变
荷载作用速度	模量不变

粒料层的回弹模量在结构验算时应采用粒料回弹模量乘以湿度调整系数后得到，湿度调整系数可在 1.6~2.0 范围内选取。粒料回弹模量应取用最佳含水率和与压实度要求相应的干密度条件下的试验值。压实度要求应符合《公路路面基层施工技术细则》（JTG/T F20—2015）的有关规定。

最佳含水率和与压实度要求相应的干密度条件下的粒料回弹模量应依据相应的水平确定：

1) 水平一，按《公路沥青路面设计规范》（JTG D50—2017）附录 D 采用重复加载三轴压缩试验测定,取回弹模量试验结果的均值。

2)水平二,按粒料类型和层位参照表 6-17 确定粒料回弹模量取值。

表 6-17　粒料回弹模量取值范围　　　　　　　　　　　（单位:MPa)

粒料类型和层位	最佳含水率和与压实度要求相应的干密度条件下	经湿度调整后
级配碎石基层	200~400	300~700
级配碎石底基层	180~250	190~440
级配砾石基层	150~300	250~600
级配砾石底基层	150~220	160~380
未筛分碎石层	180~220	200~400
天然砂砾层	105~135	130~240

注:材料性能好、级配好或压实度大时取高值,反之取低值。

6.3.2　无机结合料稳定类材料

无机结合料稳定类材料用于高速公路、一级公路基层时,公称最大粒径不宜大于 31.5mm;用于高速公路和一级公路底基层或二级及二级以下公路基层时,公称最大粒径不宜大于 37.5mm;用于二级及二级以下公路底基层时,公称最大粒径不宜大于 53.0mm。

水泥稳定类材料水泥剂量宜为 3.0%~6.0%。贫混凝土集料公称最大粒径不宜大于 31.5mm,水泥用量不得少于 170kg/m^3,28d 弯拉强度标准值宜控制在 2.0~2.5MPa 范围内。

无机结合料稳定类材料 7d 无侧限抗压强度代表值应符合表 6-18 的要求。

表 6-18　无机结合料稳定类材料 7d 无侧限抗压强度标准（代表值）（单位:MPa)

材　料	结构层	公　路　等　级	极重、特重交通	重交通	中等、轻交通
水泥稳定类	基层	高速公路、一级公路	5.0~7.0	4.0~6.0	3.0~5.0
		二级及二级以下公路	4.0~6.0	3.0~5.0	2.0~4.0
	底基层	高速公路、一级公路	3.0~5.0	2.5~4.5	2.0~4.0
		二级及二级以下公路	2.5~4.5	2.0~4.0	1.0~3.0
水泥粉煤灰稳定类	基层	高速公路、一级公路	4.0~5.0	3.5~4.5	3.0~4.0
		二级及二级以下公路	3.5~4.5	3.0~4.0	2.5~3.5
	底基层	高速公路、一级公路	2.5~3.5	2.0~3.0	1.5~2.5
		二级及二级以下公路	2.0~3.0	1.5~2.5	1.0~2.0
石灰粉煤灰稳定类	基层	高速公路、一级公路	≥1.1	≥1.0	≥0.9
		二级及二级以下公路	≥0.9	≥0.8	≥0.7
	底基层	高速公路、一级公路	≥0.8	≥0.7	≥0.6
		二级及二级以下公路	≥0.7	≥0.6	≥0.5
石灰稳定类	基层	二级及二级以下公路	—	—	≥0.8[①]
	底基层	高速公路、一级公路			≥0.8
		二级及二级以下公路			0.5~0.7[②]

① 在低塑性土（塑性指数小于 7）地区,石灰稳定砂砾和碎石的 7d 龄期无侧限抗压强度应大于 0.5MPa（100g 平衡锥测液限）。
② 低限用于塑性指数小于 7 的黏土,高限用于塑性指数大于或等于 7 的黏土。

无机结合料稳定类材科弯拉强度和弹性模量应依据相应的水平确定:

1)水平一,按《公路沥青路面设计规范》（JTG D50—2017）附录 E,采用中间段法单轴压缩试验测定。弯拉强度和弹性模量的测定应符合《公路工程无机结合料稳定材料试验规程》

（JTG E51—2009）中 T 0851 的有关规定。测试时水泥稳定类、水泥粉煤灰稳定类材料试件的龄期应为 90d，石灰稳定类、石灰粉煤灰稳定类材料试件的龄期应为 180d。弯拉强度和弹性模量应取用测试数据的平均值。

2）水平二，参照表 6-19 确定弯拉强度和弹性模量。

表 6-19　无机结合料稳定类材料的弯拉强度和弹性模量取值范围　（单位：MPa）

材　　料	弯拉强度	弹性模量
水泥稳定粒料、水泥粉煤灰稳定粒料、石灰粉煤灰稳定粒料	1.5~2.0	18000~28000
	0.9~1.5	14000~20000
水泥稳定土、水泥粉煤灰稳定土、石灰粉煤灰稳定土	0.6~1.0	5000~7000
石灰土	0.3~0.7	3000~5000

注：1. 结合料用量高、材料性能好、级配好或压实度大时取高值，反之取低值。
　　2. 结构验算时，无机结合料稳定类材料弹性模量应乘以结构层模量调整系数 0.5。

冻土地区高速公路和一级公路的石灰粉煤灰稳定类基层，应按《公路工程无机结合料稳定材料试验规程》中 T 0858 的有关规定进行材料抗冻性能检验，其残留抗压强度比应符合表 6-20 的要求。

表 6-20　石灰粉煤灰稳定类材料抗冻性能技术要求

气候区	重冻区	中冻区
残留抗压强度比（%）	≥70	≥65

6.3.3　沥青结合料类材料

表面层沥青混合料公称最大粒径不宜大于 16.0mm，中面层和下面层沥青混合料公称最大粒径不宜小于 16.0mm，基层沥青碎石公称最大粒径不宜小于 26.5mm。

季节性冻土地区高速公路和一级公路表面层沥青低温性能宜满足下列指标要求：

1）分析连续 10 年年最低气温平均值，作为路面低温设计温度。路面低温设计温度提高 10℃ 的试验条件下，沥青弯曲梁流变试验蠕变劲度 S_t 不宜大于 300MPa，且蠕变曲线斜率 m 不宜大于 0.30。

2）当蠕变劲度 S_t 在 300~600MPa 范围内，且蠕变曲线斜率 m 大于 0.30 时，增加沥青直接拉伸试验，其断裂应变不宜小于 1%。

3）以上都不满足时，采用弯曲梁流变试验和直接拉伸试验确定沥青临界开裂温度，临界开裂温度不宜高于路面低温设计温度。

二级及二级以上公路公称最大粒径不大于 19.0mm 的沥青混合料，宜在温度为 -10℃、加载速率为 50mm/min 的条件下进行小梁弯曲试验。沥青混合料的破坏应变宜符合表 6-21 的规定。

表 6-21　沥青混合料低温弯曲试验破坏应变技术要求

气候条件与技术指标	相应于下列气候分区所要求的破坏应变（με）								试验方法
年极端最低气温及气候分区	<-37.0℃		-37.0~-21.5℃			-21.5~-9.0℃		>-9.0℃	
	1. 冬严寒区		2. 冬寒区			3. 冬冷区		4. 冬温区	
	1-1	2-1	1-2	2-2	3-2	1-3	2-3	1-4　2-4	
普通沥青混合料，不小于	2600		2300			2000			T 0715
改性沥青混合料，不小于	3000		2800			2500			

注：气候分区的确定应符合《公路沥青路面施工技术规范》（JTG F40—2004）的有关规定。

高速公路和一级公路沥青混合料应在规定的试验条件下进行车辙试验,并应符合表6-22的要求。二级公路可参照执行。

表6-22　沥青混合料车辙试验动稳定度技术要求　　　　（单位：次/mm）

气候条件与技术指标		相应于以下气候分区所要求的动稳定度技术要求								试验方法
七月平均最高气温及气候分区		>30℃				20~30℃			<20℃	
		1. 夏炎热区				2. 夏热区			3. 夏凉区	
		1-1	1-2	1-3	1-4	2-1	2-2	2-3	2-4	3-2	
普通沥青混合料，不小于		800		1000		600		800	600	T 0719
改性沥青混合料，不小于		2800		3200		2000		2400	1800	
SMA 混合料，不小于	普通沥青	1500								
	改性沥青	3000								
OGFC 混合料，不小于		1500（中等、轻交通荷载等级）、3000（重及以上交通荷载等级）								

注：1. 气候分区的确定应符合《公路沥青路面施工技术规范》的有关规定。
　　2. 当其他月份的平均最高气温高于七月时,可使用该月平均最高气温。
　　3. 在特殊情况下,对钢桥面铺装、重载车特别多或纵坡较大的长距离上坡路段、厂矿专用道路,可酌情提高动稳定度要求。
　　4. 对炎热地区或特重及以上交通荷载等级道路,可根据气候条件和交通状况适当提高试验温度或增加试验荷载。

宜采用《公路沥青路面设计规范》（JTG D50—2017）附录 F 规定的单轴贯入试验方法测定沥青混合料贯入强度。无机结合料稳定类材料基层沥青路面、底基层采用无机结合料稳定类材料的沥青结合料类基层沥青路面和水泥混凝土基层沥青路面的沥青混合料贯入强度,宜满足式（6-20）的要求。

$$R_{\tau S} \geqslant \left(\frac{0.31 \lg N_{e5} - 0.68}{\lg [R_a] - 13.1 \lg T_d - \lg \psi_s + 2.50} \right)^{1.86} \quad (6\text{-}20)$$

式中　N_{e5}——设计使用年限内或通车至首次针对车辙维修的期限内,月平均气温大于 0℃ 的月份,设计车道当量设计轴载累计作用次数,按《公路沥青路面设计规范》附录 A 计算；

　　　$[R_a]$——沥青混合料层容许永久变形量（mm）,根据公路等级,参照《公路沥青路面设计规范》（JTG D50—2017）表 3.0.6-1 确定；

　　　T_d——设计气温（℃）,为所在地区月平均气温大于 0℃ 的各月份气温平均值；

　　　ψ_s——路面结构系数,根据下式计算：

$$\psi_s = (0.52 h_a^{-0.003} - 317.59 h_b^{-1.32}) E_b^{0.1} \quad (6\text{-}21)$$

　　　h_a——沥青混合料层的厚度（mm）；

　　　h_b——无机结合料稳定层或水泥混凝土层的厚度（mm）；

　　　E_b——无机结合料稳定层或水泥混凝土层的模量（MPa）；

　　　$R_{\tau S}$——各沥青混合料层的综合贯入强度,根据下式确定：

$$R_{\tau S} = \sum_{i=1}^{n} w_{is} R_{\tau i} \quad (6\text{-}22)$$

　　　$R_{\tau i}$——第 i 层沥青混合料的贯入强度（MPa）,根据《公路沥青路面设计规范》附录 F 所列方法试验确定,普通沥青混合料一般为 0.4~0.7MPa,改性沥青混合料一般为

$0.7\sim1.2\text{MPa}$；

n——沥青混合料层的层数；

w_{is}——第 i 层沥青混合料的权重，为第 i 层厚度中点剪应力与各层厚度中点剪应力之和的比值 $\left(w_{is}=\dfrac{\tau_i}{\sum\limits_{i=1}^{n}\tau_i}\right)$。沥青混合料层为 1 层时，$w_1$ 取 1.0；沥青混合料层为 2 层时，自上而下，w_1 可取 0.48，w_2 可取 0.52；沥青混合料层为 3 层时，自上而下，w_1、w_2、w_3 可分别取 0.35、0.42 和 0.23。

粒料类基层沥青路面和底基层采用粒料的沥青结合料类基层沥青路面，沥青混合料贯入强度宜满足式（6-23）的要求。

$$R_{\tau g}\geqslant\left(\frac{0.35\lg N_{e5}-1.16}{\lg[R_a]-1.62\lg T_d-\lg\psi_g+2.76}\right)^{1.38} \quad (6\text{-}23)$$

式中 ψ_g——路面结构系数，根据下式计算：

$$\psi_g=20.16h_a^{-0.642}+820916h_b^{-2.84} \quad (6\text{-}24)$$

$R_{\tau g}$——路面各层沥青混合料的综合贯入强度，根据下式确定：

$$R_{\tau g}=\sum_{i=1}^{n}w_{ig}R_{\tau i} \quad (6\text{-}25)$$

w_{ig}——第 i 层沥青混合料的权重，为第 i 层厚度中点的剪应力与各层厚度中点剪应力之和的比值 $\left(w_{ig}=\dfrac{\tau_i}{\sum\limits_{i=1}^{n}\tau_i}\right)$。沥青混合料层为 1 层时，$w_1$ 取 1.0；沥青混合料层为 2 层时，自上而下，w_1 可取 0.44，w_2 可取 0.56；沥青混合料层为 3 层时，自上而下，w_1、w_2 和 w_3 可取 0.27、0.36 和 0.37；

其他符号意义同式（6-20）~式（6-22）。

沥青混合料应测试浸水马歇尔试验残留稳定度和冻融劈裂试验残留强度比检验水稳定性。两项指标应符合表 6-23 的规定。水稳定性不满足要求时，可采取掺入消石灰、水泥或抗剥落剂，或更换集料等措施。

表 6-23 沥青混合料水稳定性技术要求

沥青混合料类型		相应于以下年降雨量的技术要求		试验方法
		≥500mm	<500mm	
浸水马歇尔试验残留稳定度（%）				
普通沥青混合料，不小于		80	75	T 0709
改性沥青混合料，不小于		85	80	
SMA 混合料，不小于	普通沥青	75		
	改性沥青	80		
冻融劈裂试验的残留强度比（%）				
普通沥青混合料，不小于		75	70	T 0729
改性沥青混合料，不小于		80	75	
SMA 混合料，不小于	普通沥青	75		
	改性沥青	80		

沥青混合料动态压缩模量应依据相应的水平确定：

1）水平一，沥青混合料动态压缩模量的测定应符合《公路工程沥青及沥青混合料试验规程》（JTG E20—2011）T 0738 的有关规定，取平均值，试验温度选用 20℃，面层沥青混合料加载频率采用 10Hz，基层沥青混合料加载频率采用 5Hz。

2）水平二，采用式（6-26）计算确定沥青混合料动态压缩模量，适用于采用道路石油沥青和常规级配的沥青混合料。

$$\lg E_a = 4.59 - 0.02f + 2.58G^* - 0.14P_a - 0.041V - 0.03\text{VCA}_{\text{DRC}} - 2.65 \times 1.1^{\lg f}G^*f^{-0.06} - 0.05 \times 1.52^{\lg f}\text{VCA}_{\text{DRC}}f^{-0.21} + 0.0031fP_a + 0.0024V \tag{6-26}$$

式中　E_a——沥青混合料动态压缩模量（MPa）；
　　　f——试验频率（Hz）；
　　　G^*——60℃、10rad/s 下沥青动态剪切复数模量（kPa）；
　　　VCA_{DRC}——捣实状态下粗集料的松装间隙率（%）；
　　　P_a——沥青混合料的油石比（%）；
　　　V——压实沥青混合料的空隙率（%）。

3）水平三，参照表 6-24 确定沥青混合料动态压缩模量。

表 6-24　常用沥青混合料 20℃下动态压缩模量取值范围　（单位：MPa）

沥青混合料类型	沥青种类			
	70 号道路石油沥青	90 号道路石油沥青	110 号道路石油沥青	SBS 改性沥青
SMA10、SMA13、SMA16	—	—	—	7500~12000
AC10、AC13	8000~12000	7500~11500	7000~10500	8500~12500
AC16、AC20、AC25	9000~13500	8500~13000	7500~12000	9000~13500
ATB25	7000~11000	—	—	—

注：1. ATB25 为 5Hz 条件下动态压缩模量，其他沥青混合料为 10Hz 条件下动态压缩模量。
　　2. 沥青黏度大、级配好或空隙率小时取高值，反之取低值。

6.3.4　水泥混凝土材料

水泥混凝土的强度以 28d 龄期的弯拉强度控制。当水泥混凝土浇筑 90d 后不开放交通时，可用 90d 龄期的弯拉强度。各级交通等级要求的水泥混凝土的弯拉强度标准值不得低于表 6-25 的要求，水泥混凝土强度和弹性模量经验参考值见表 6-26。

表 6-25　水泥混凝土的弯拉强度标准值

交通荷载等级	极重、特重、重	中等	轻
水泥混凝土的弯拉强度标准值/MPa	≥5.0	4.5	4.0
钢纤维混凝土的弯拉强度标准值/MPa	≥6.0	5.5	5.0

表 6-26　水泥混凝土强度和弹性模量经验参考值

弯拉强度/MPa	1.5	2.0	2.5	3.0	3.5	4.0	4.5	5.0	5.5
抗压强度/MPa	7	11	15	20	25	30	36	42	49
抗拉强度/MPa	0.89	1.21	1.53	1.86	2.20	2.54	2.85	3.22	3.55
弹性模量/GPa	15	18	21	23	25	27	29	31	33

在季节性冰冻地区，路面结构层的总厚度不应小于表 6-27 规定的最小防冻厚度。

表 6-27　水泥混凝土路面结构层最小防冻厚度　　　　　　　　（单位：m）

路基干湿类型	路基土类别	当地最大冰冻深度/m			
		0.50~1.00	1.00~1.50	1.50~2.00	>2.00
中湿路基	易冻胀土	0.30~0.50	0.40~0.60	0.50~0.70	0.60~0.95
	很易冻胀土	0.40~0.60	0.50~0.70	0.60~0.85	0.70~1.10
潮湿路基	易冻胀土	0.40~0.60	0.50~0.70	0.60~0.90	0.75~1.20
	很易冻胀土	0.45~0.70	0.55~0.80	0.70~1.00	0.80~1.30

注：1. 易冻胀土：细粒土质砾（GM、GC）、除极细粉土质砂外的细粒土质砂（SM、SC）、塑性指数小于12的黏质土（CL、CH）。
2. 很易冻胀土：粉质土（ML、MH）、极细粉土质砂（SM）、塑性指数为12~22的黏质土（CL）。
3. 冻深小或填方路段，或基层、垫层采用隔温性能良好的材料，可采用低值；冻深大或挖方及地下水位高的路段，或基层、垫层采用隔温性能稍差的材料，应采用高值。
4. 冻深小于0.50m的地区，可不考虑结构层防冻厚度。

6.3.5　泊松比

泊松比一般比较稳定，在路面设计时一般对特定的材料选用一定的泊松比。各类材料的泊松比应按表6-28确定。

表 6-28　泊松比取值

材料类别	粒料	无机结合料	密级配沥青混合料	开级配沥青混合料、半开级配沥青混合料	水泥混凝土材料
泊松比	0.35	0.25	0.25	0.40	0.15

思考与练习

1. 为什么要进行车辆类型和轴载类型的分类？路面设计用的交通量和道路等级确定的交通量有何差别？
2. 荷载对路面的作用有哪些？什么情况下用哪种荷载作用方式？
3. 什么是标准轴载？我国用什么作为标准轴载？其他国家为什么用不同的标准轴载？
4. 为什么要进行轴载换算？水泥混凝土路面和沥青混凝土路面如何进行轴载换算？
5. 什么是路面设计累计当量轴次 N_e？怎样确定？它在路面设计中有何用处？
6. 不同轴载通行次数按等效原理进行换算，该"等效原理"的主要依据是什么？
7. 碎砾石在不同偏应力下抵抗累积变形性能有何不同？
8. 请将表6-29中的车辆类型按沥青路面要求进行轴载换算。

表 6-29　不同车辆类型参数

序号	汽车型号	总重力/kN	载重力/kN	前轴重力/kN	后轴重力/kN	后轴数	后轴轮组数	轴距/cm
1	解放 CA10B	80.25	40	19.40	60.85	1	双	
2	黄河 JN150	150.60	82.60	49.00	101.60	1	双	
3	延安 SX161	237.00	135.00	54.64	2×91.25	2	双	135.0
4	长征 XD980	182.40	100.00	37.10	2×72.65	2	双	122.0

9. 假如表6-29中的汽车载重超载10%、20%、50%，请再按沥青路面要求进行轴载换算。

10. 请将表 6-29 中的车辆类型按水泥混凝土路面要求进行轴载换算。

11. 假如表 6-29 中的汽车载重超载 10%、20%、50%，请再按水泥混凝土路面要求进行轴载换算。

12. 请结合规范分析无机结合料稳定类材料路面设计参数的内容及测试要求。

13. 请结合规范分析沥青混凝土材料路面设计参数的内容及测试要求。

14. 请结合规范分析水泥混凝土材料路面设计参数的内容及测试要求。

第 7 章 路面基层

> 【本章提要】
> 本章主要讲述粒料类基层、无机结合料稳定类基层、沥青结合料类基层、水泥混凝土类基层等不同类型基层的物理力学特性,强度构成机理与影响因素,材料组成设计要点及其适用场合,以及新型基层的类型与特点。
>
> 【学习要求】
> 熟悉各类基层材料的特点,掌握其适用的交通等级及层位。熟悉沥青结合料类基层和水泥混凝土类基层的物理力学特性,掌握粒料类基层和无机结合料稳定类基层的材料物理力学特性;掌握稳定土类、水泥稳定碎石(砂砾)类与石灰粉煤灰稳定碎石三种材料的强度形成机理、强度影响规律及材料组成设计过程,了解其他类型基层材料。

■ 7.1 概述

路面基层是路基路面体系中的重要组成部分,位于路基和路面面层之间,在路面结构中起着"承上启下"的作用,如图 7-1 所示。

路面基层是位于沥青面层或水泥混凝土面板之下,用高质量材料铺筑的主要承重层或下承层。路面基层可以是一层或多层,可以是一种或多种材料。基层由多层构成时,除最上一层外的其他层称为"底基层",在此情况下,最上一层相应地称为"基层"。应注意鉴别基层概念在不同情况下的内涵。

图 7-1 路面结构分层

用于沥青路面或水泥混凝土路面的基层在结构承载能力方面的作用有所不同。沥青路面基层在结构承载能力中起主要作用,而水泥混凝土路面基层的结构承载能力相对次要,主要起提供稳定、耐久的下部支撑作用。从能量角度来看,沥青面层的刚度相对较小,荷载作用下基层的应变能(变形能)占总应变能的比例较高;而水泥面板的刚度很大,其应变能占总应变能的绝大部分,基层内应力应变水平相对较低,对其刚度方面的要求也相对较低。

基层材料的刚度不同,所承担的应变能比例不同,从而导致路面结构内其他层位(面层、路基)的受力状况不同。在道路交通、环境条件确定的情况下,满足同样使用年限要求的路面结构设计有显著差异,对应的造价差别也很大。按照材料组成差异,基层可分为四类:无机结合料稳定类、粒料类、沥青结合料类和水泥混凝土类。沥青路面基层和底基层的材料类型可参照表7-1选用,水泥混凝土路面基层和底基层的材料类型可参照表7-2选用。

表7-1 沥青路面基层和底基层材料适用的交通荷载等级和层位

类 型	材 料 类 型	基层和底基层材料适用的交通等级和层位
无机结合料稳定类	水泥稳定级配碎石或砾石、水泥粉煤灰稳定级配碎石或砾石、石灰粉煤灰稳定级配碎石或砾石	各交通荷载等级的基层和底基层
	水泥稳定未筛分碎石或砾石、石灰粉煤灰稳定未筛分碎石或砾石、石灰稳定未筛分碎石或砾石	轻交通荷载等级的基层、各交通荷载等级的底基层
	水泥稳定土、石灰稳定土、石灰粉煤灰稳定土	轻交通荷载等级的基层、各交通荷载等级的底基层
粒料类	级配碎石	重及重以下交通荷载等级的基层、各交通荷载等级的底基层
	级配砾石、未筛分碎石、天然砂砾、填隙碎石	中等和轻交通荷载等级的基层、各交通荷载等级的底基层
沥青结合料类	密级配沥青碎石、半开级配沥青碎石、开级配沥青碎石	极重、特重和重交通荷载等级的基层
	沥青贯入碎石	重及重以下交通荷载等级的基层
水泥混凝土类	水泥混凝土或贫混凝土	极重、特重交通荷载等级的基层

表7-2 水泥混凝土路面基层和底基层材料适用的交通荷载等级

交通荷载等级	基层材料类型	底基层材料类型
极重、特重	贫混凝土、碾压混凝土	级配碎石,水泥稳定碎石,石灰、粉煤灰稳定碎石
	沥青混凝土	
重	密级配沥青稳定碎石	
	水泥稳定碎石	
中等、轻	级配碎石	未筛分碎石、级配砾石,或不设
	水泥稳定碎石,石灰、粉煤灰稳定碎石	

三、四级公路的路面结构较多采用基层的结构形式,二级及以上公路多采用基层加底基层的结构形式。随着公路交通荷载的快速增长,公路路面基层有逐步加厚的趋势,有些高速公路基层采用了较厚的水泥稳定级配碎石基层,其总厚度达50~60cm。

与摊铺、碾压设备能力相适应,每种基层材料有适宜的单层施工厚度,如水泥稳定碎石的适宜施工厚度范围是15~20cm。路面结构设计中,有可能设计较厚的单层材料,如40cm的水泥稳定碎石基层,则需分两层(每层20cm)施工,但因设计计算过程中将其当作单层,为使设计与施工相匹配,施工中应采取措施加强两层之间的联结。

■ 7.2 粒料类基层

7.2.1 碎(砾)石的类型

碎石是指在矿场通过开采、破碎和筛分后生产的具有棱角和不同粒径规格的石料,砾石是指岩石自然风化后经水流冲刷、搬运形成的无棱角或棱角性差的石料。

与砾石相比，碎石因加工后的棱角性较好，风化程度低，相同矿物组成时纯度更高、坚固性更好、抗压碎能力强，用作筑路材料时，可以提供较大的内摩擦角，使得材料性能更优，因此碎石是比砾石更佳的材料，但成本有所增加。

具有一定粒度组成（级配）的掺配后碎（砾）石，可以直接作为路面基层使用。通过掺加无机结合料或沥青搅拌，可以形成水泥稳定碎（砾）石、沥青稳定碎石等更为优质的基层材料。优质碎石是沥青混凝土和水泥混凝土的主要原材料之一。

碎石用于基层时，涉及多种碎石混合料，如级配碎石、填隙碎石、水结碎石、泥结碎石、未筛分碎石、石屑等。

采石场作业的第一步是采用电动潜孔钻等设备钻孔后装药，通过工程爆破将石料开采出来，碎裂的石料自然滚动堆放于山脚。其中尺寸较大的还需用液压破碎锤等设备进行再次破碎，然后用装载机供料至破碎筛分联合设备。联合设备由振动给料机、破碎机（颚式破碎机、反击式破碎机、圆锥式破碎机、辊式破碎机、可逆式破碎机、立轴冲击式破碎机等）、振动筛、制砂机、洗砂机、胶带运输机等组成，各种设备组成一个闭路循环，可连续生成不同规格的石料，如图7-2所示。

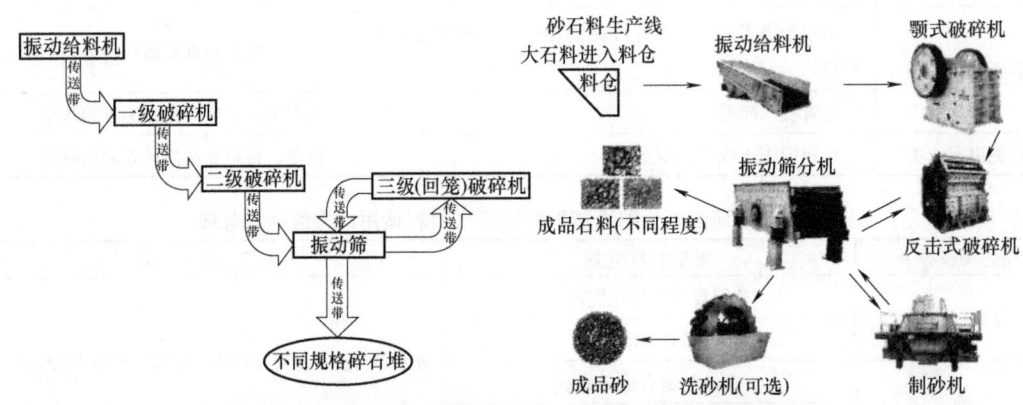

图 7-2 采石场碎石和机制砂生产流程及设备示意图

根据规格和质量需要，破碎过程又可分为一级、二级和三级破碎等。较为常见的三级破碎生产线的流程大致为：振动给料机→颚式破碎机→反击式破碎机→振动筛分机→碎石成品，其中振动筛上超粒径颗粒将被返料送入三级（同笼）破碎机，设备之间由传送带相接。

颚式破碎机里面有颚板，一块固定、一块活动，两板之间不对称且有牙，合起来刚好吻合，当石料输入后被夹碎。大石料经过这轮压碎以后，进到二级反击式破碎机，其内部有高强复合材料制成的锤头，通过锤头的锤击作用将石料破碎。这两种常用破碎机的结构如图7-3所示。

公路工程中石料一般要求通过反击式破碎机生产，其原因是颚式破碎机通过挤压破碎，而反击式破碎机通过锤击破碎，后者生产的石料具有更好的棱角性和均匀性。

碎石成品的规格与振动筛的筛孔形状及其尺寸组合关系密切，不同采石场的情况差别较大。我国公路工程标准筛孔孔形已从圆孔转变为方孔，但是采石场不一定仅服务于公路工程，还服务于其他工程，因此也会采用圆孔振动筛，使得碎石原材料与级配设计时的筛孔尺寸配伍性较差。筛分一般经过三个阶段：

1) 第一阶段：先让破碎后的石料通过最大一档筛孔的筛（假定筛孔尺寸为 D），筛余石料的颗粒尺寸较大，需要返料送入破碎机重新破碎。

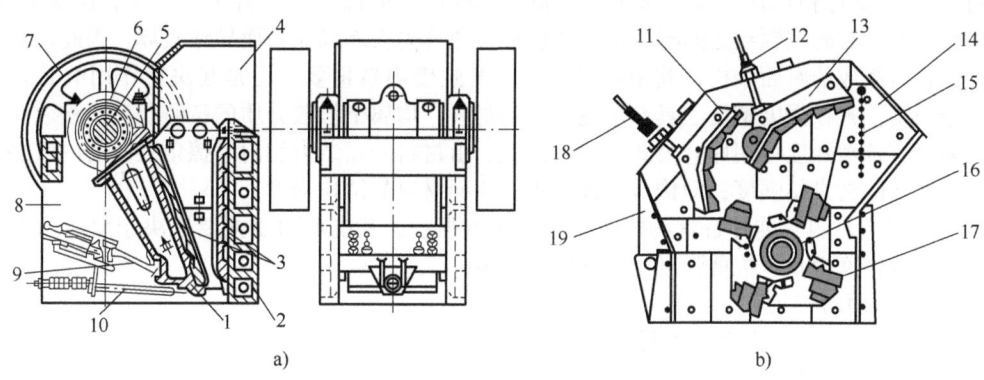

图 7-3 颚式破碎机和反击式破碎机的结构

a) 颚式破碎机结构　b) 反击式破碎机结构

1—动颚　2—定颚　3—颚板　4—侧板　5—主轴　6—轴承　7—飞轮　8—机架　9—推力板
10—拉杆　11—后反击板部　12—碟形弹簧　13—前反击板部　14—衬板　15—链幕
16—转子部　17—板锤　18—调节弹簧　19—架体部

2) 第二阶段：过筛碎石依次通过几档尺寸递减的筛，筛孔尺寸为 $d\sim D$，从而获得不同规格的碎石。

3) 第三阶段：过筛后的碎石在最小一档筛孔尺寸为 d 的筛上过筛。

通过尺寸为 d 的筛的颗粒粒径很小，一般为 2.36~4.75mm（如是方孔筛，随采石场振动筛规格不同而不同），称为石屑（或筛屑）。仅经第一阶段、未经第二阶段筛分的碎石剔除了超大颗粒和石屑，且具有一定的自然级配，称为未筛分碎石。

第二阶段筛分的碎石（$d\sim D$），根据其粒径从大到小不同，可分为几种不同规格，俗称为石子（或称为碎石，一般为 9.5~63mm 规格），1~2 号碎石以 9.5~19.5mm 规格为主，2~3 号碎石以 19.5~31.5mm 规格为主，3~4 号碎石以 31.5~37.5mm 规格为主，4~6 号碎石以 37.5~63mm 规格为主，通常分以上 4 档，可根据需要增减）、瓜子片（4.75~9.5mm 规格为主）、米子（或称为米石，以 2.36~4.75mm 规格为主）。石屑在 0.075mm 筛上的筛余称为石粉（以 0.075~2.36mm 规格为主）。需要指出的是，采石场筛分出的集料规格不会很标准，有少量颗粒会超出主要规格范围，级配设计时需随机取样重新筛分，确定其详细组成。

如果在初步破碎后，用制砂机替代破碎机，或直接采用石屑作为原料，经筛分后可以生产出机制砂（0.075~4.75mm）。将洁净的石屑作为原料，采用磨粉机可以生产出矿粉（<0.075mm）。

采用以上工序生产的碎石，即可制备前述多种碎石混合料。填隙碎石基层多用单一规格的粗碎石作为主集料，形成嵌锁结构；用石屑作为填隙料，填满碎石间的孔隙，增加密实度和稳定性。未筛分碎石和天然砂砾基层是用加工的未经筛分的碎石或天然砂砾经摊铺碾压成型的基层。级配砾石基层是指粗、中、小砾石和砂各按一定比例混合，其颗粒组成符合规定的密实级配要求，且塑性指数和承载比均符合规定要求的混合料。

7.2.2 碎（砾）石基层的力学特性

1. 碎、砾石基层的强度构成

碎、砾石基层通常是指水结碎石、泥结碎石以及密级配碎（砾）石等，这类基层通常只能用于中、轻交通荷载等级的公路，但优质级配碎（砾）石基层也用于重交通及以上公路路面结构层。

对于碎、砾石路面结构，矿料颗粒之间的黏结强度一般都要比矿料颗粒本身的强度小得多，在外力作用下，首先在颗粒之间产生滑动和位移，使其失去承载能力而导致破坏。因此，对于这种由松散材料组成的路面结构，其中矿料颗粒本身强度固然重要，但是起决定作用的是颗粒之间的黏结强度。凡在强度特性上具有上述特点的材料，均属于松散介质的范畴。对于松散介质范畴的材料，其抗剪强度可用库仑公式表示。因此，由材料的黏结力和内摩擦角表征的内摩擦力所决定的颗粒之间的黏结强度，即构成了碎、砾石路面材料的结构强度。

(1) 纯碎石材料 纯碎石材料按嵌挤原则产生强度，其抗剪强度主要取决于剪切面上的法向应力和材料内摩擦角。抗剪强度由下列因素构成：

1) 粒料表面的相互滑动摩擦。
2) 因剪切时体积膨胀而需克服的阻力。
3) 因粒料重新排列而受到的阻力。

单一粒料在另一有粗糙面但表面平整的粒料上滑动，其摩擦角大多在 30°以下；许多粒料相互紧密接触，沿某一剪切面相互变位时，因体积膨胀和粒料重新排列而多消耗的功，可使摩擦角增到 40°~50°。

纯碎石粒料摩擦角的大小主要取决于集料的强度、形状、尺寸、均匀性、表面粗糙度以及施工时的压实程度。当集料强度高、形状接近正立方体、有棱角、尺寸均匀、表面粗糙、压实度高时，则内摩擦力就大。

(2) 土-碎（砾）石混合料 这类材料含土量小时，也是按嵌挤原则形成强度；当含土量较多时，则按密实原则形成强度。土-碎（砾）石混合料的强度和稳定性取决于内摩擦力和黏结力的大小。为得到最大强度和稳定性而设计的颗粒材料，应具有高内摩擦力来抵抗荷载作用下的变形。内摩擦力和由此产生的抗剪力的大小在很大程度上取决于密实度、颗粒形状和颗粒大小的分配。在这些因素中，以集料大小的分配，特别是粗细成分比例最为重要。图 7-4 表示土-碎（砾）石混合料的三种物理状态。

第一种（图 7-4a）：不含或含很少细料（指 0.075mm 以下的颗粒）的混合料，它的强度和稳定性依靠颗粒之间的摩擦力获得。这类混合料的密实度较低，但透水性好，不易冰冻。由于这种材料没有黏结性，施工时压实困难。

第二种（图 7-4b）：含有足够的细料来填充颗粒间空隙的混合料，它仍然能够通过颗粒接触而获得强度，其抗剪强度、密实度有所提高，透水性低，施工时较第一种情况易压实。

第三种（图 7-4c）：含有大量细料，而粗颗粒之间的接触很少，粗集料仅仅是"浮"在细料之中。这类混合料施工时易压实，但其密实度较低，易冰冻，难于透水，强度和稳定性受含水率影响很大。

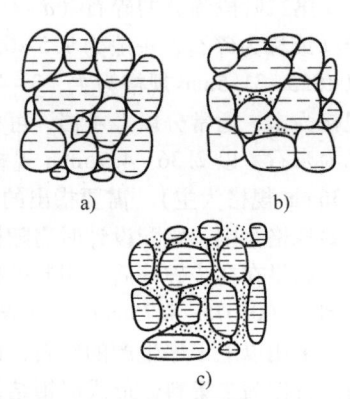

图 7-4 土-碎（砾）石混合料的三种物理状态

图 7-5 表示不同细料含量时土-砾石混合料的密度和 CBR 的试验结果，图中 CBR 值为试件浸湿后的测定结果。由图 7-5 可知，随压实功增加，密度和 CBR 值均增加，而且都存在一个相应的最佳细料含量。最大密度时的最佳细料含量为 8%~10%，而最大 CBR 值时的最佳细料含量为 6%~8%；前者细料含量的状况可代表图 7-4b 的状态，而最大值左右两侧的曲线部分则代表图 7-4a 和图 7-4c 的两种状态。

图 7-6 表示用土-碎石混合料试验的结果。由图 7-6 可知，细料成分对碎石 CBR 的影响一般比对砾石的影响小。对于同一粒径分布，由有棱角颗粒组成混合料的 CBR 值通常也比圆滑颗粒混合料的 CBR 值稍大一些。

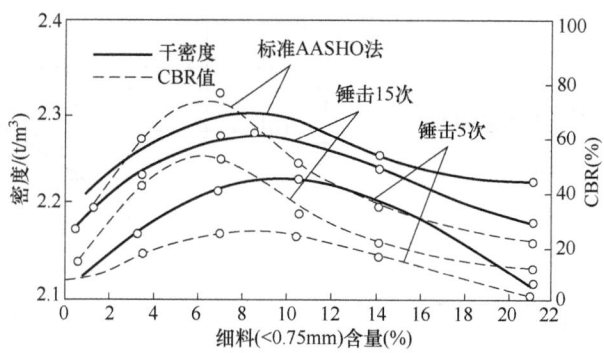

图 7-5 土-砾石混合料的密度和 CBR 值随细料含量的变化

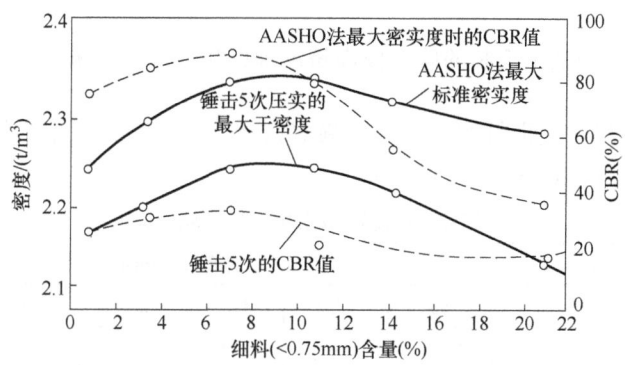

图 7-6 土-碎石混合料的密度和 CBR 值随细料含量的变化

因此，只有在已知粒径分布的情况下，密度才可以作为衡量强度和稳定性的依据。细料含量偏多的混合料的强度和稳定性大大低于细料含量偏低的混合料，如图 7-4c 所示。强度和稳定性受细料的影响很大，而在图 7-4a 的情况下，强度和稳定性受细料的影响很小，主要取决于粗颗粒之间的接触情况。

2. 碎、砾石材料的应力-应变特性

碎、砾石材料具有明显的应力-应变非线性性质，回弹模量在很大程度上受竖向和侧向应力大小的影响。图 7-7 所示为三轴试验轴向应变 ε_1、偏应力 σ_d ($\sigma_d = \sigma_1 - \sigma_3$) 与侧向应力 σ_3 的关系。由图 7-7 可看出，在同一侧向应力 σ_3 的作用下，回弹模量 E_r(MPa) 随偏应力增大而逐渐减小；不论轴向应变多大，当侧向应力增大时，回弹模量值也增大。根据试验研究结果，回弹模量 E_r(MPa) 值可用下式表示：

$$E_r = K_1 \theta^{K_2} \tag{7-1}$$

式中　K_1、K_2——与材料有关的试验参数；

　　　θ——主应力之和（kPa），$\theta = \sigma_1 + 2\sigma_3$。

图 7-8 表示某轧制集料的回弹模量值同主应力和的关系。试验还表明，应力重复次数、荷载作用时间及频率对回弹模量的影响甚小。

颗粒材料的模量取决于材料的级配、形状、表面构造、密实度和含水率等。一般密实度越高，模量值越大；棱角多，表面粗糙者有较高模量；当细料含量不多时，含水率影响甚小。碎石基层材料只能受压不能受拉，且在路面设计中，它与其他结构层（如沥青层）的层间结合按完全滑动看待。

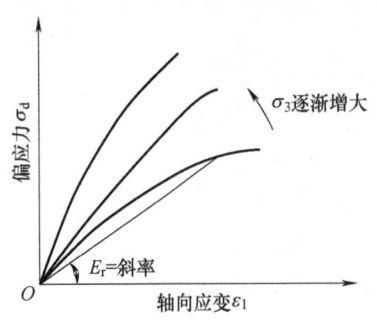

图 7-7 碎、砾石材料应力-应变关系

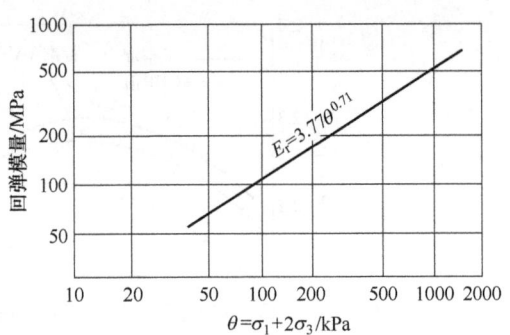

图 7-8 某轧制集料的回弹模量值随主应力和的变化

7.2.3 填隙碎石基层

填隙碎石基层要求用加工轧制的碎石按嵌挤原理铺压而成，可采用干法或湿法施工，并要求填缝紧密。

填隙碎石用于基层时，集料的公称最大粒径应不大于53mm；用于底基层时，应不大于63mm。集料的颗粒组成应符合表7-3的规定。

表 7-3 填隙碎石用集料的颗粒组成 （%）

项次	公称粒径/mm	筛孔尺寸/mm							
		63	53	37.5	31.5	26.5	19	16	9.5
1	30~60	100	25~60	—	0~15	—	0~5	—	—
2	25~50	—	100	—	25~50	0~15	0~5	—	—
3	20~40	—	—	100	35~37	—	0~15	—	0~5

填隙碎石宜用振动压路机碾压，碾压后基层的固体体积率不宜小于85%，底基层不宜小于83%。填隙碎石初压宜用双轮压路机碾压3~4遍，使集料稳定就位。然后用石料撒布机均匀撒铺填隙料25~30mm，重复振动碾压，并扫除局部残余的填隙料。

填隙碎石湿法施工是在集料层表面空隙填满后，立即用洒水车洒水直至饱和，再用重型压路机碾压，满足压实度要求。

7.2.4 级配碎（砾）石基层

级配碎（砾）石基层是由各种集料（砾石、碎石）按最佳级配修筑而成的路面基层。由于级配碎（砾）石是用大小不同的集料按一定比例配合、逐级填充空隙，故经过压实后，能形成密实的结构。级配碎（砾）石的强度由摩擦力和黏结力构成，具有一定的水稳定性和力学强度。

级配碎（砾）石基层厚度，一般为8~16cm。当厚度大于16cm时应分两层铺筑，下层厚度为总厚度的0.6倍，上层厚度为总厚度的0.4倍。如基层和面层为同样类型的结构，其总厚度小于16cm时，可分两层摊铺，一次碾压。

级配碎（砾）石所用材料，主要为天然砾石或较软的碎石，其形状以接近立方体或圆球形为佳，石料强度应不低于Ⅳ级。用于高速公路和一级公路的基层时，级配宜符合表7-4的G-A-4或G-A-5的规定；用于高速公路和一级公路的底基层时，级配宜符合表7-4的G-A-3或G-A-4的规定；用于二级及二级以下公路的基层、底基层时，级配宜符合表7-4的G-A-1或G-A-2的规定。二级及二级以下公路的基层采用未筛分碎石或砾石时，应采用表7-5推荐的级配范围。

表 7-4　级配碎石或砾石的推荐级配范围

筛孔尺寸/mm	G-A-1	G-A-2	G-A-3	G-A-4	G-A-5
37.5	100	—	—	—	—
31.5	100~90	100	100	—	—
26.5	93~80	100~90	95~90	100	100
19	81~64	86~70	84~72	88~79	100~95
16	75~57	79~62	79~65	82~70	89~82
13.2	69~50	72~54	72~57	76~61	79~70
9.5	60~40	62~42	62~47	64~49	63~53
4.75	45~25	45~25	40~30	40~30	40~30
2.36	31~16	31~16	28~19	28~19	28~19
1.18	22~11	22~11	20~12	20~12	20~12
0.6	15~7	15~7	14~8	14~8	14~8
0.3	—	—	10~5	10~5	10~5
0.15	—	—	7~3	7~3	7~3
0.075	5~2	5~2	5~2	5~2	5~2

表 7-5　未筛分碎石或砾石的推荐级配范围

筛孔尺寸/mm	G-B-1	G-B-2	筛孔尺寸/mm	G-B-1	G-B-2
53	100	—	4.75	10~30	17~45
37.5	85~100	100	2.36	8~25	11~35
31.5	69~88	83~100	0.6	6~18	6~21
19.0	40~65	54~84	0.075	0~10	0~10
9.5	19~43	29~59	—	—	—

7.3　无机结合料稳定类基层

在粉碎的或原状松散的土中掺入一定量的无机结合料（包括水泥、石灰或工业废渣等）和水，经拌和得到的混合料在压实与养护后，其抗压强度符合规定要求的材料称为无机结合料稳定类材料。无机结合料稳定类材料具有稳定性好、抗冻性强、结构本身自成板体等特点，但其耐磨性差，因此广泛用于修筑路面结构的基层和底基层。

粉碎的或原状松散的土，按照土中单个颗粒（指碎石、砾石、砂和土颗粒）的粒径的大小和组成，可分成细粒土、中粒土和粗粒土。不同的土与无机结合料拌和得到不同的稳定材料，常用的基层、底基层无机结合料稳定类材料有：石灰稳定土、水泥稳定碎石、水泥稳定砂砾、二灰（石灰、粉煤灰）碎石、二灰土等。事实上，无机结合料稳定类材料应包含水泥混凝土，但工程技术人员一般所称的无机结合料稳定类材料都是基层材料，而将水泥混凝土作为面层材料单独列出。

无机结合料稳定类材料的物理、力学性质各有特点，使用时应根据结构要求、掺加剂和原材料的供应情况及施工条件进行综合技术、经济比较后选定。由于无机结合料稳定类材料的刚度介于柔性路面材料和刚性路面材料之间，常称为半刚性材料，以此修筑的基层或底基层称为半刚性基层（底基层）。

无机结合料稳定类材料是目前我国最常用的基层、底基层材料，具有板体性和较高的抗压强度，因而能使路面结构抵抗车轮荷载压应力的能力大幅提升，与柔性材料相比，其受力更类似于刚性材料，如：水泥混凝土路面面层板。我国以前受到经济条件的限制，在大范围提升公路等级和行驶质量的建设过程中，半刚性基层起到了非常关键的作用。然而，无机结合料稳定类材料作为基层有其固有缺点。对比普通水泥混凝土路面，为防止混凝土板块的不规则断裂，采用了主动锯缝的技术措施，保证板块胀缩时可以沿预设接缝产生变形。无机结合料稳定类材料的模量虽不如水泥混凝土板块，但与水泥混凝土类似，在温度变化时其胀缩变形产生的拉压应力仍较大，除此之外，湿度变化也会使该类材料产生胀缩，而该类材料的抗拉能力有限，往往会出现收缩裂缝。

7.3.1 无机结合料稳定类材料的物理及力学特性

无机结合料稳定类材料的物理及力学特性包括组成结构、应力-应变特性、疲劳特性、收缩（温缩和干缩）特性。

1. 无机结合料稳定类材料的组成结构

根据基层材料中粗集料和细集料的分布状态，可以将基层材料的结构划分为四种类型：骨架密实结构，粗集料形成相互嵌挤的骨架，细集料以充分密实的状态填充到骨架间的空隙里（图7-9a）；骨架孔隙结构，粗集料形成相互嵌挤的骨架，骨架间的空隙部分被细集料所填充，并留有一定的孔隙（图7-9b）；悬浮密实结构，粗集料没有形成相互嵌挤的骨架，只是分散地分布在充分密实的细集料当中（图7-9c）；均匀密实结构，没有粗集料，粒径大小相近的细集料或细粒土处于充分密实的状态（图7-9d）。

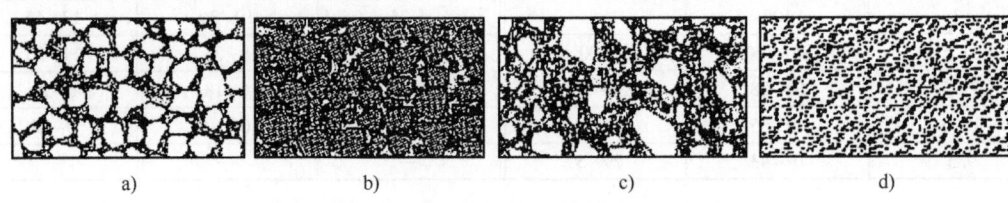

图7-9 基层材料结构类型
a）骨架密实结构 b）骨架孔隙结构 c）悬浮密实结构 d）均匀密实结构

从物理概念上讲，骨架密实结构、骨架孔隙结构以及悬浮密实结构三种结构的形成取决于对粗集料的空隙体积与细集料的压密体积的相对关系变化。

按一定体积压实混合料进行检验，将混合料组成中粒径大于 4.75mm 的粗集料单配出来或筛分出来，进行振动压实，求取其压实后的剩余空隙体积 V_1：

$$V_1 = V_c - \frac{m_c}{\rho_c} \text{或} V_1 = \left(1 - \frac{\rho_{c1}}{\rho_c}\right) \times V_c \qquad (7-2)$$

式中　V_1——粗集料的空隙体积；
　　　V_c——粗集料的振实体积；
　　　m_c——粗集料的质量；
　　　ρ_{c1}——粗集料的松密度；
　　　ρ_c——粗集料的振实密度。

再将按一定体积压实的混合料中小于 4.75mm 的细集料单配出来或筛分出来进行密度试验，用结合料稳定时则要和规定比例的结合料一起进行密度试验，求取最大干密度。最后求取细集料和结合料一起压密时的体积 V_2：

$$V_2 = m_F / \rho_F \qquad (7-3)$$

式中　V_2——细集料的压密体积；

m_F——细集料的质量；

ρ_F——细集料和结合料混合的最大干密度。

比较粗集料压密后的剩余空隙体积 V_1 和细集料与结合料一起压密后的体积 V_2，$V_1 \approx V_2$ 时形成的是骨架密实结构；$V_1 > V_2$ 时形成的是骨架孔隙结构；$V_1 < V_2$ 时形成的是悬浮密实结构。

2. 无机结合料稳定类材料的应力-应变特性

半刚性材料应力-应变特性试验方法有顶面法、粘贴法、夹具法和承载板法等，试件有圆柱体试件和梁式（分大、中、小梁）试件，试验内容有抗压强度、抗压回弹模量、劈裂强度和劈裂模量、抗弯拉强度和弯拉模量等。由于材料的变异性和试验过程的不稳定性，同一种材料不同的试验方法、同一种试验方法不同的材料及同一种试验方法不同龄期试验结果存在差异性。无机结合料稳定类材料的应力-应变特性与原材料的性质、结合料的性质和剂量及密实度、含水率、龄期、温度等有关，重要特点之一是强度和模量随龄期的增长而不断增长。一般规定水泥稳定类材料设计龄期为 90d，石灰或石灰粉煤灰（简称二灰）稳定类材料设计龄期为 180d。

3. 无机结合料稳定类材料的疲劳特性

无机结合料稳定类材料的抗压强度是材料组成设计的主要依据，但是抗拉强度是路面结构设计的控制指标。这是由于无机结合料稳定类材料的抗拉强度远小于其抗压强度，材料往往因抗拉强度不足而造成病害。

抗拉强度试验方法有直接拉伸试验、间接拉伸（劈裂）试验和弯拉试验，常用的疲劳试验有弯拉疲劳试验和劈裂疲劳试验。无机结合料稳定类材料的疲劳寿命主要取决于重复应力与极限应力之比 (σ_f/σ_s)。疲劳性能通常用应力比与达到破坏时反复作用次数 (N_f) 所绘成的散点图表示。试验证明，应力比与 N_f 之间的关系通常用双对数疲劳方程及单对数疲劳方程回归较为合理。

$$\begin{cases} \lg N_f = a + b \lg \dfrac{\sigma_f}{\sigma_s} \\ \lg N_f = a + b \dfrac{\sigma_f}{\sigma_s} \end{cases} \quad (7\text{-}4)$$

式中　a、b——回归系数。

在一定的应力条件下，材料的疲劳寿命取决于材料的强度和刚度。强度越大刚度越小，其疲劳寿命就越长。但是由于材料的不均匀性，无机结合料稳定类材料的疲劳方程还与材料试验的变异性有关。不同的存活率（达到疲劳寿命时出现破坏的概率）将得出不同的疲劳方程（图 7-10、图 7-11）。

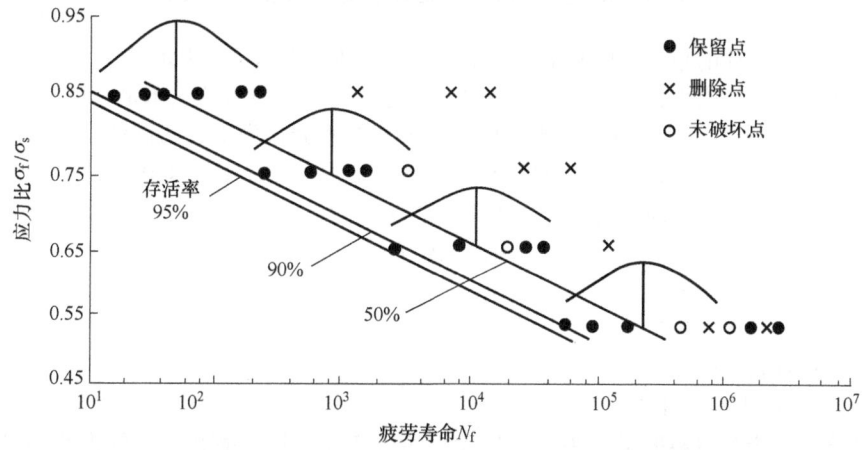

图 7-10　二灰砂砾（小梁）应力比与疲劳寿命曲线

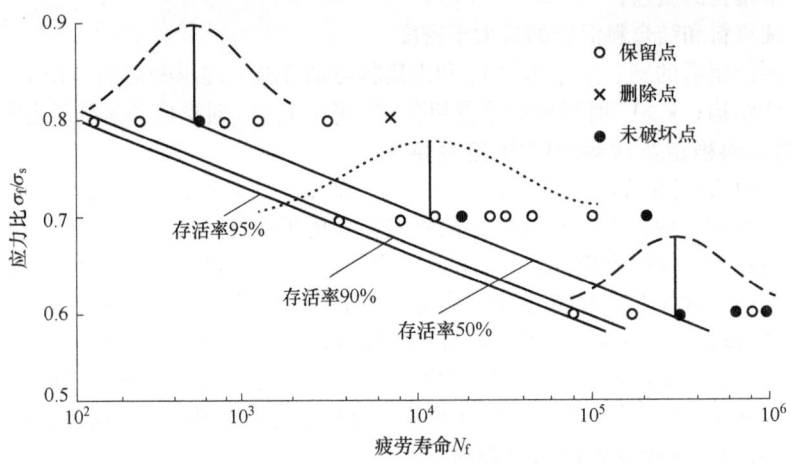

图 7-11 水泥砂砾（小梁）应力比与疲劳寿命曲线

4. 无机结合料稳定类材料的干缩特性

无机结合料稳定类材料经拌和压实后，由于水分蒸发和混合料内部的水化作用，混合料的水分会不断减少。由此发生的毛细管作用、吸附作用、分子间力的作用、材料矿物晶体或凝胶体间层间水的作用和碳化收缩作用等会引起无机结合料稳定类材料体积收缩，进而引发开裂，如图 7-12 所示。

 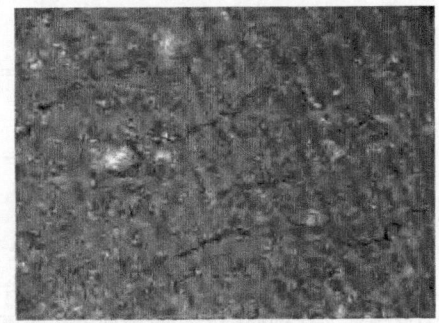

图 7-12 水泥稳定碎石成型后养护期内出现的干缩裂缝

描述材料干缩特性的指标主要有干缩应变、干缩系数、干缩量、失水量、失水率和平均干缩系数。失水量是试件失去水分的质量（g），失水率是试件单位质量的失水量（%）；干缩量是水分损失时试件的收缩量（$\times 10^{-3}$mm）；干缩应变（ε_d）是水分损失引起的试件单位长度的收缩量（$\times 10^{-6}$）；干缩系数是某失水量时，试件单位失水率对应的干缩应变（$\times 10^{-6}$）；平均干缩系数 α_d 是某失水量时，试件的干缩应变与试件的失水率之比（$\times 10^{-6}$）。

$$\begin{cases} \varepsilon_d = \Delta l/l \\ \alpha_d = \varepsilon_d / \Delta W \end{cases} \tag{7-5}$$

式中　Δl——试件整体收缩量；

　　　l——试件长度；

　　　ΔW——试件失水率（%）。

无机结合料稳定类材料的干缩特性（最大干缩应变和平均干缩系数）的大小与结合料的类型和剂量、被稳定材料的类别、粒料含量、小于 0.6mm 的细颗粒含量、试件含水率和龄期等有关。例如，二灰（石灰+粉煤灰）：碎石＝15：85（质量比）与二灰（石灰+粉煤灰）：碎石＝20：80时，7d 龄期的最大干缩应变分别为 $223×10^{-6}$、$273×10^{-6}$，而平均干缩系数分别为 $55×10^{-6}$、$65×10^{-6}$。

对稳定粒料类，三类半刚性材料的干缩特性的大小次序为：石灰稳定类>水泥稳定类>石灰粉煤灰稳定类；对于稳定细粒土，三类半刚性材料的收缩特性的大小排序为：石灰稳定土>水泥稳定土和水泥石灰稳定土>石灰粉煤灰土。

5. 无机结合料稳定类材料的温度收缩特性

无机结合料稳定类材料由固相（组成其空间骨架的原材料的颗粒和其间的胶结物）、液相（存在于固相表面与空隙中的水和水溶液）和气相（存在于空隙中的气体）组成。所以，无机结合料稳定类材料的外观胀缩性是三相的不同的温度收缩性的综合效应的体现。一般气相大部分与大气贯通，在综合效应中影响较小，可以忽略。原材料中砂粒以上颗粒的温度收缩系数较小，粉粒以下的颗粒温度收缩性较大。

半刚性材料温度收缩的大小与结合料类型和剂量、被稳定材料的类别、粒料含量、龄期等有关。试验结果表明：石灰稳定土砂砾（$16.7×10^{-6}$）>悬浮式石灰粉煤灰粒料（$15.3×10^{-6}$）>密实式石灰粉煤灰粒料（$11.4×10^{-6}$）和水泥砂砾（5%~7%水泥剂量为 $10×10^{-6}$~$15×10^{-6}$）。

无机结合料稳定类材料基层一般在高温季节修建，成型初期基层内部含水率大，且尚未被沥青面层封闭，基层内部的水分必然要蒸发，从而发生由表及里的干燥收缩。同时，环境温度也存在昼夜温度差，因此，修建初期的无机结合料稳定类材料基层同时受到干燥收缩和温度收缩的综合作用，必须注意养护。

经过一定龄期的养护，无机结合料稳定类材料基层上铺筑沥青面层后，基层内相对湿度略有增大，使材料的含水率趋于平衡，这时半刚性基层的变形以温度收缩为主。

温缩用温缩应变 ε_t 和平均温缩系数 α_t 表示：

$$\begin{cases} \varepsilon_t = \Delta l/l \\ \alpha_t = \varepsilon_t/\Delta C \end{cases} \tag{7-6}$$

式中　ΔC——试件收缩时温差。

其余符号意义同前。

7.3.2　水泥稳定类基层

水泥稳定类基层施工

在粉碎的或原状松散的土（包括各种粗、中、细粒土）中，掺入适当水泥和水，按照技术要求，经拌和摊铺，在最佳含水率时压实及养护成型，其抗压强度符合规定要求，以此修建的路面基层称为水泥稳定类基层。当用水泥稳定细粒土（砂性土、粉性土或黏性土）时，简称水泥稳定土。

水泥是水硬性结合料，绝大多数的土类（高塑性黏土和有机质较多的土除外）都可以用水泥稳定，从而改善其物理力学性质，以适应各种不同的气候条件与水文地质条件。水泥稳定类基层具有良好的整体性、足够的力学强度、抗水性和耐冻性。其初期强度较高，且随龄期增长而增长，所以应用范围很广。近年来，在我国一些路面工程中，水泥稳定土可用于路面结构的基层和底基层，在保证路面使用品质上取得了满意的效果。但水泥稳定土禁止作为高速公路或一级公路路面的基层，只能用于底基层。在高等级公路的水泥混凝土路面面板下，水泥稳定土也不应用于基层。

1. 强度形成原理

在利用水泥来稳定土的过程中，水泥、土和水之间发生了多种非常复杂的作用，从而使土的性能发生了明显的变化。这些作用包括：化学作用，如水泥颗粒的水化、硬化作用，有机物的聚合作用，以及水泥水化产物与黏土矿物之间的化学作用等；物理—化学作用，如黏土颗粒与水泥及水泥水化产物之间的吸附作用，微粒的凝聚作用，水及水化产物的扩散、渗透作用，水化产物的溶解、结晶作用等；物理作用，如土块的机械粉碎作用，混合料的拌和、压实作用等。

(1) 水泥的水化作用　在水泥稳定土中，首先发生的是水泥自身的水化反应，从而产生具有胶结能力的水化产物，这是水泥稳定土强度的主要来源。水泥水化生成的水化产物，在土的孔隙中相互交织搭接，将土颗粒包覆连接起来，使土逐渐丧失了原有的塑性等性质，并且随着水化产物的增加，混合料也逐渐坚固起来。但水泥稳定土中水泥的水化与水泥混凝土中水泥的水化之间还有所不同，主要体现在如下方面：①土具有非常高的比表面积和亲水性；②水泥稳定土中的水泥含量较少；③土对水泥的水化产物具有强烈的吸附性；④在一些土中常存在酸性介质环境。由于这些特点，在水泥稳定土中，水泥的水化硬化条件较混凝土中差得多；特别是由于黏土矿物对水化产物中的 $Ca(OH)_2$ 具有极强的吸附和吸收作用，使溶液中的碱度降低，从而影响了水泥水化产物的稳定性；水化硅酸钙会逐渐析出 $Ca(OH)_2$，从而使水化产物的结构和性能发生变化，进而影响混合料的性能。因此在选用水泥时，在其他条件相同时，应优先选用硅酸盐水泥，必要时还应对水泥稳定土进行"补钙"，以提高混合料中的碱度。

(2) 离子交换作用　土中的黏土颗粒由于颗粒细小、比表面积大，因而具有较高的活性，当黏土颗粒与水接触时，黏土颗粒表面通常带有一定量的负电荷，在黏土颗粒周围形成一个电场，这层带负电荷的离子称为电位离子。带负电的黏土颗粒表面吸引周围溶液中的正离子，如 K^+、Na^+ 等，在颗粒表面形成一个双电层结构，这些与电位离子电荷相反的离子就称为反离子。在双电层中电位离子形成内层，反离子形成外层。靠近颗粒的反离子与颗粒表面结合较紧密，当黏土颗粒运动时，结合较紧密的反离子将随颗粒一起运动，而其他反离子将不产生运动；由此在运动与不运动的反离子之间便出现一个滑移面。

由于在黏土颗粒表面存在着电场，因此也存在着电位，颗粒表面电位离子形成的电位称为热力学电位（φ），滑动面上的电位称为电动电位（ξ）；由于反离子的存在，离颗粒表面越远电位越低，经过一定的距离电位将降低为零，此距离称为双电层厚度。由于各个黏土颗粒表面都具有相同的双电层结构，因此黏土颗粒之间往往间隔着一定的距离。

在硅酸盐水泥中，硅酸三钙和硅酸二钙占主要部分，其水化后所生成的氢氧化钙所占的比例也较高，可达水化产物的 25%。大量的氢氧化钙溶于水以后，在土中形成一个富含 Ca^{2+} 的碱性溶液环境。当溶液中富含 Ca^{2+} 时，因为 Ca^{2+} 的电价高于 K^+、Na^+ 等离子，因此与电位离子的吸引力较强，从而取代了 K^+、Na^+，成为反离子，同时 Ca^{2+} 双电层电位的降低速度加快，因而使电动电位减小、双电层的厚度降低，使黏土颗粒之间的距离减小，相互靠拢，导致土的凝聚，从而改变土的塑性，使土具有一定的强度和稳定性。这种作用就称为离子交换作用。

(3) 化学激发作用　钙离子的存在不仅影响黏土颗粒表面双电层的结构，而且在这种碱性溶液环境下，土本身的化学性质也将发生变化。土的矿物组成基本上都属于硅铝酸盐，其中含有大量的硅氧四面体和铝氧八面体。在通常情况下，这些矿物具有比较高的稳定性，但当黏土颗粒周围介质的 pH 值增加到一定程度时，黏土矿物中的部分 SiO_2 和 Al_2O_3 的活性将被激发出来，与溶液中的 Ca^{2+} 进行反应，生成新的矿物，这些矿物主要是硅酸钙和铝酸钙系列矿物，这些矿物的组成和结构与水泥的水化产物都有很多类似之处，并且同样具有胶凝能力。生成的这些胶结物质包裹着黏土颗粒表面，与水泥的水化产物一起，将黏土颗粒凝结成一个整体。因此，氢氧化钙对黏土矿物的激发作用，将进一步提高水泥稳定土的强度和水稳定性。

(4) 碳酸化作用　水泥水化生成的 $Ca(OH)_2$ 除了可与黏土矿物发生化学反应外，还可以进一步与空气中的 CO_2 发生碳化反应并生成碳酸钙晶体。其反应如下：

$$Ca(OH)_2 + CO_2 + nH_2O \Longrightarrow CaCO_3 + (n+1)H_2O$$

碳酸钙生成过程中产生体积膨胀，也可以对土的基体起到填充和加固作用；只是这种作用相对来讲比较弱，并且反应过程缓慢。

2. 影响强度的因素

（1）土质　土的类别和性质是影响水泥稳定土强度的重要因素，各类砂砾土、砂土、粉土和黏土均可用水泥稳定，但稳定效果不同。试验和生产实践证明，用水泥稳定级配良好的碎（砾）石和砂砾效果最好，不但强度高，而且水泥用量少；其次是砂性土；再次之是粉性土和黏性土。重黏土难以粉碎和拌和，不宜单独用水泥来稳定，因此，一般要求土的塑性指数不大于17。

（2）水泥的成分和剂量　各种类型的水泥都可以用于稳定土。但试验研究证明，水泥的矿物成分和分散度对其稳定效果有明显影响。对于同一种土，通常情况下硅酸盐水泥的稳定效果好，而铝酸盐水泥较差。在水泥硬化条件相似、矿物成分相同时，随着水泥分散度的增加，其活性程度和硬化能力有所增大，水泥稳定土的强度也大大提高。

水泥稳定土的强度随水泥剂量的增加而提高，但过多的水泥用量，虽获得强度的提高，在经济上却不一定合理，效果也不一定显著，且容易开裂。试验和研究证明，水泥剂量为4%~6%较为合理。

（3）含水率　含水率对水泥稳定土的强度影响很大，当含水率不足时，水泥不能在混合料中完全水化和水解，发挥不了水泥对土的稳定作用，影响强度形成。同时，含水率小，达不到最佳含水率也会影响水泥稳定土的压实度。因此，使含水率达到最佳含水率的同时，也要满足水泥完全水化和水解作用的需要。但含水率过大又会引起干缩程度增加，因此，含水率必须严格控制。水泥正常水化所需的水量约为水泥重的20%，对于砂性土，完全水化达到最高强度的含水率小于最佳密度的含水率；而黏性土则相反。

（4）施工过程　水泥、土和水拌和均匀，且在最佳含水率下充分压实，使之干密度最大，其强度和稳定性就高。水泥稳定土从开始加水拌和到完成压实的延迟时间要尽可能短，一般要在6h以内。若时间过长，则水泥凝结，在碾压时，不但达不到压实度要求，而且也会破坏已结硬水泥的胶凝作用，反而使水泥稳定土强度下降。在水泥终凝时间达不到规定要求时，可以使用一定剂量的缓凝剂，但缓凝剂的品种和具体数量应根据试验确定。水泥稳定土需湿法养护，以满足水泥水化形成强度的需要。养护温度越高，强度增长越快，因此，要保证水泥稳定土养护的温度和湿度条件。

3. 材料要求及混合料组成设计

（1）材料要求

1）土。凡能被粉碎的土都可用水泥稳定。宜作为水泥稳定类基层的材料有碎石、石屑、砂、砾碎石土、砾石土等。粗集料及细集料的技术要求见表7-6和表7-7，集料的分档要求见表7-8。

表7-6　粗集料的技术要求

指标	层位	高速公路和一级公路				二级及二级以下公路		试验方法
		极重、特重交通		重、中、轻交通				
		I类	II类	I类	II类	I类	II类	
压碎值（%）	基层	≤22①	≤22	≤26	≤26	≤35	≤30	T 0316
	底基层	≤30	≤26	≤30	≤26	≤40	≤35	
针片状颗粒含量（%）	基层	≤18	≤18	≤22	≤18	—	≤20	T 0312
	底基层	—	≤20	—	≤20	—	≤20	

（续）

指　标	层位	高速公路和一级公路				二级及二级以下公路		试验方法
		极重、特重交通		重、中、轻交通				
		Ⅰ类	Ⅱ类	Ⅰ类	Ⅱ类	Ⅰ类	Ⅱ类	
0.075mm以下粉尘含量（%）	基层	≤1.2	≤1.2	≤2	≤2	—	—	T 0310
	底基层	—	—	—	—	—	—	
软石含量（%）	基层	≤3	≤3	≤5	≤5	—	—	T 0320
	底基层	—	—	—	—	—	—	

① 对花岗岩石料，压碎值可放宽至25%。

表7-7　细集料的技术要求

项　目	水泥稳定①	石灰稳定	石灰粉煤灰综合稳定	水泥粉煤灰综合稳定	试验方法
颗粒分析	满足级配要求				T 0302/0303/0327
塑性指数②	≤17	适宜范围 15~20	适宜范围 12~20	—	T 0118
有机质含量（%）	<2	≤10	≤10	<2	T 0313/0336
硫酸盐含量（%）	≤0.25	≤0.8	—	≤0.25	T 0341

① 水泥稳定包含水泥石灰综合稳定。
② 应测定0.075mm以下材料的塑性指数。

表7-8　集料的分档要求

层　位	高速公路和一级公路		二级及二级以下公路
	极重、特重交通	重、中、轻交通	
基层	≥5	≥4	≥3 或 4①
底基层	≥4	≥3 或 4①	≥3

① 对一般工程可选择不少于3档备料，对极重、特重交通荷载等级且强度要求较高时，为了保证级配的稳定，宜选择不少于4档备料。

当被稳定材料中含有一定量的碎石或砾石，且小于0.6mm的颗料含量在30%以下时，塑性指数可大于17，且土的均匀系数应大于5。水泥稳定材料的推荐级配范围见表7-9。用于高速公路和一级公路的底基层时，被稳定材料的公称最大粒径应不大于31.5mm，级配宜符合表7-9中C-A-1或C-A-2的规定，被稳定材料中不宜含有黏质土或粉质土。用于二级及以下公路的基层时，级配宜符合表7-9中C-A-1或C-A-3的规定，符合级配C-A-1的规定时，被稳定材料中不宜含有黏质土或粉质土；符合级配C-A-3的规定时，被稳定材料的公称最大粒径应不大于37.5mm。用于二级及二级以下公路的底基层时，级配宜符合表7-9中C-A-4的规定，被稳定材料的公称最大粒径应不大于37.5mm。

表7-9　水泥稳定材料的推荐级配范围　　　　　　　　　　（%）

筛孔尺寸/mm	高速公路和一级公路的底基层或二级公路的基层	高速公路和一级公路的底基层	二级以下公路的基层	二级及二级以下公路的底基层
	C-A-1	C-A-2	C-A-3	C-A-4
53	—	—	100	100
37.5	100	100	90~100	—
31.5	90~100	—	—	—

（续）

筛孔尺寸/mm	高速公路和一级公路的底基层或二级公路的基层	高速公路和一级公路的底基层	二级以下公路的基层	二级及二级以下公路的底基层
	C-A-1	C-A-2	C-A-3	C-A-4
26.5	—	—	66~100	—
19	67~90	—	54~100	—
9.5	45~68	—	39~100	—
4.75	29~50	50~100	28~84	50~100
2.36	18~38	—	20~70	—
1.18	—	—	14~57	—
0.6	8~22	17~100	8~47	17~100
0.075	0~7	0~30	0~30	0~50

注：表中水泥稳定材料不包括水泥稳定级配碎石或砾石。

水泥稳定级配碎石或砾石的推荐级配范围见表7-10。用于高速公路和一级公路时，级配宜符合表7-10中C-B-1或C-B-2的规定，混合料密实时也可采用C-B-3，C-B-1宜用于基层和底基层，C-B-2宜用于基层，C-B-3宜用于极重、特重交通荷载等级的基层；用于二级及二级以下公路时，级配宜符合表7-10中C-C-1、C-C-2、C-C-3的规定，C-C-1宜用于基层和底基层，C-C-2和C-C-3宜用于基层。

表7-10 水泥稳定级配碎石或砾石的推荐级配范围　　　　（%）

筛孔尺寸/mm	高速公路和一级公路			二级及二级以下公路		
	C-B-1	C-B-2	C-B-3	C-C-1	C-C-2	C-C-3
37.5	—	—	—	100	—	—
31.5	—	—	100	90~100	100	—
26.5	100	—	—	81~94	90~100	100
19	82~86	100	68~86	67~83	73~87	90~100
16	73~79	88~93	—	61~78	65~82	79~92
13.2	65~72	76~86	—	54~73	58~75	67~83
9.5	53~62	59~72	38~58	45~64	47~66	52~71
4.75	35~45	35~45	22~32	30~50	30~50	30~50
2.36	22~31	22~31	16~28	19~36	19~36	19~36
1.18	13~22	13~22	—	12~26	12~26	12~26
0.6	8~15	8~15	8~15	8~19	8~19	8~19
0.3	5~10	5~10	—	5~14	5~14	5~14
0.15	3~7	3~7	—	3~10	3~10	3~10
0.075	2~5	2~5	0~3	2~7	2~7	2~7

2）水泥。普通硅酸盐水泥、矿渣硅酸盐水泥或火山灰质硅酸盐水泥都可以用于稳定土，但应选用终凝时间较长（宜6h以上）的水泥。早强、快硬及受潮变质的水泥不应使用。宜采用强度等级较低的水泥，如32.5级或42.5级水泥。

3）水。饮用的水均可以应用。

(2) 混合料组成设计

1) 强度和压实度标准。7d无侧限抗压强度和压实度应根据公路等级和所在路面结构中的层位确定，见表7-11。

表7-11 水泥稳定材料的7d无侧限抗压强度与压实度标准

层位	稳定材料类型	高级公路及一级公路				二级及二级以下公路			
		压实度（%）	抗压强度/MPa			压实度（%）	抗压强度/MPa		
			极重、特重	重	中、轻		极重、特重	重	中、轻
基层	集料	≥98	5.0~7.0	4.0~6.0	3.0~5.0	≥97	4.0~6.0	3.0~5.0	2.0~4.0
	细粒土	—	—	—	—	≥95			
底基层	集料	≥97	3.0~5.0	2.5~4.5	2.0~4.0	≥95	2.5~4.5	2.0~4.0	1.0~3.0
	细粒土	≥95				≥93			

2）设计步骤。

① 制备同一种土样、不同水泥剂量的混合料，一般按表7-12推荐的水泥试验剂量配制，其中水泥的最小剂量按照表7-13确定。

表7-12 水泥稳定材料配合比设计试验推荐水泥试验剂量标准

被稳定材料	条件		推荐水泥试验剂量（%）
有级配的碎石或砾石	基层	$R_d \geq 5MPa$	5、6、7、8、9
		$R_d < 5MPa$	3、4、5、6、7
土、砂、石屑等		塑性指数<12	5、7、9、11、13
		塑性指数≥12	8、10、12、14、16
有级配的碎石或砾石	底基层	—	3、4、5、6、7
土、砂、石屑等		塑性指数<12	4、5、6、7、8
		塑性指数≥12	6、8、10、12、14
碾压贫混凝土	基层	—	7、8.5、10、11.5、13

注：水泥剂量是水泥质量占干土质量的百分比。

表7-13 水泥的最小剂量标准 （%）

被稳定材料类型	拌和方法	
	路拌法	集中厂拌法
中、粗粒材料	4	3
细粒材料	5	4

② 确定最佳含水率和最大干密度。

③ 根据试验确定的最佳含水率、最大干密度及压实度要求成型标准试件，验证不同水泥剂量下混合料的无侧限抗压强度，根据表7-11的强度标准，选定合适的水泥剂量，室内试验结果的平均抗压强度应符合式（7-7）的要求。

$$\overline{R} \geq \frac{R_d}{1 - Z_\alpha C_v} \tag{7-7}$$

式中 R_d——设计抗压强度（MPa）；

C_v——试验结果的变异系数（小数计）；

Z_α——标准正态分布表中随保证率（或置信度 α）而变化的系数，重交通道路的保证率应取 95%，此时 $Z_\alpha = 1.645$；其他道路保证率可取 90%，此时 $Z_\alpha = 1.282$。工地实际采用的水泥剂量应比室内试验确定剂量多 0.5%~1.0%。

7.3.3　石灰稳定类基层

以石灰作为黏结材料的无机结合料稳定类材料用于基层时，称为石灰稳定类基层。用石灰稳定细粒土时的混合料简称石灰稳定土，相应成型后的基层称为石灰稳定土基层（底基层）。石灰稳定类材料适用于各级公路路面的底基层，也可用于二级和二级以下公路的基层，但不宜用于高等级公路的基层。

1. 石灰稳定土强度形成原理

在土中掺入适量的石灰，并在最佳含水率下拌匀压实，使石灰与土发生一系列的物理、化学作用，从而使土的性质发生根本的变化。在初期，主要表现为土的结团、塑性降低、最佳含水率增加和最大密实度减小等，后期主要表现为结晶结构的形成，从而提高其板体性、强度和稳定性。这些相互作用包括：

（1）离子交换作用　土的微小颗粒具有一定的胶体性质，它们一般都带有负电荷，表面吸附着一定数量的钠、氢、钾等低价阳离子（Na^+、H^+、K^+）。石灰是一种强电解质，在土中加入石灰和水后，石灰在溶液中电离出来的钙离子（Ca^{2+}）与土中的钠、氢、钾离子产生离子交换作用，原来的钠（钾）土变成钙土，土颗粒表面所吸附的离子由一价变成了二价，减少了土颗粒表面吸附水膜的厚度，使土粒相互之间更为接近，分子引力随之增加，许多单个土粒聚成小团粒，组成一个稳定结构。

（2）结晶作用　在石灰稳定土中只有一部分熟石灰 $Ca(OH)_2$ 进行离子交换作用，绝大部分饱和的 $Ca(OH)_2$ 自行结晶。熟石灰与水作用生成熟石灰结晶网格，其化学反应式为

$$Ca(OH)_2 + nH_2O = Ca(OH)_2 \cdot nH_2O$$

（3）火山灰作用　熟石灰的游离 Ca^{2+} 与土中的活性氧化硅 SiO_2 和氧化铝 Al_2O_3 作用生成含水的硅酸钙和铝酸钙的化学反应就是火山灰作用，其反应式为

$$xCa(OH)_2 + SiO_2 + nH_2O = xCaO \cdot SiO_2(n+x)H_2O$$
$$xCa(OH)_2 + Al_2O_3 + nH_2O = xCaO \cdot Al_2O_3(n+x)H_2O$$

上述所形成的熟石灰结晶网格和含水的硅酸钙和铝酸钙结晶都是胶凝物质，它具有水硬性并能在固体和水两相环境下发生硬化。这些胶凝物质在土微粒团外围形成一层稳定保护膜，填充颗粒空隙，使颗粒间产生结合料，减少了颗粒间的空隙与透水性，同时提高密实度，这是石灰稳定土获得强度和水稳定性的基本原因，但这种作用比较缓慢。

（4）碳酸化作用　在土中的 $Ca(OH)_2$ 与空气中的二氧化碳作用，其化学反应式为

$$Ca(OH)_2 + CO_2 = CaCO_3 + H_2O$$

$CaCO_3$ 是坚硬的结晶体，它和其生成的复杂盐类把土粒胶结起来，从而大大提高了土的强度和整体性。

2. 影响强度的因素

（1）土质　石灰的稳定效果与土中黏土颗粒的矿物成分和含量有关。一般而言，各种成因的亚砂土、黏土、粉土类土和黏土类土都可以用石灰稳定，但黏土颗粒所含活性矿物成分较多，比表面积大，表面能量也较大，掺入石灰后所发生的物理反应及物理化学反应都比较活跃，所以石灰稳定土的强度随土的塑性指数的增加而提高。图 7-13 所示为不同种类的土的强度随石灰剂量的变化情况。可以看出，粉质黏土的稳定效果最好；重黏土虽然所含黏土颗粒较多，但由于其不易粉碎和拌和，稳定效果反而较差，而且易产生收缩裂缝。如果土的塑性指数偏低，则施工中难以碾压成型。因此，一般采用塑性指数 10~20 的土，这种土易于粉碎

均匀,便于碾压成型,铺筑效果较好。塑性指数小于 4 的土,不宜用石灰稳定。土中某些盐分及腐殖质对石灰稳定土有不良的作用。对硫酸盐含量超过 0.8% 或腐殖质超过 10% 的土类,不宜用石灰稳定。

(2) 灰质和剂量　石灰中活性 CaO 和 MgO 的含量直接影响到石灰与土的反应程度,也影响石灰稳定土的强度。在石灰剂量相同的情况下,石灰的等级越高,其 CaO 和 MgO 的含量也越高,稳定效果越好;石灰的细度越大,其比表面积也越大,稳定效果也越好。因此石灰质量应符合Ⅲ级以上的标准,石灰消解后,也应尽量缩短其存放时间,最好在生产后不迟于 3 个月内投入使用,以免碳化而降低石灰的活性。

石灰剂量是指消石灰质量占干土质量的百分比。石灰剂量较低时（小于 3%~4%）,石灰加入土中后主要起稳定作用,土的塑性、膨胀率、聚水量减小,土的密度及强度得到提高。随着石灰剂量的增加,石灰稳定土的强度和稳定性均得到提高（图 7-13）。但当石灰剂量超过一定范围,过多的石灰在土的空隙中以自由灰的形式存在,反而使石灰稳定土的强度下降。在生产中,常用的石灰剂量应不低于 6%,不高于 18%,一般以 10%~14% 较为经济实用。具体选用时,应根据结构层要求的强度、水稳定性、冰冻稳定性并结合土质、气候、水文及石灰质量等因素,通过混合料组成设计确定。

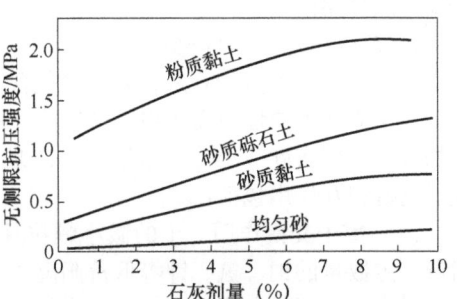

图 7-13　不同种类的土的强度随石灰剂量的变化情况

(3) 含水率　水分是石灰稳定土的重要组成部分,它加速石灰与土的物理化学反应,形成强度,在施工过程中可保证土团得到最大限度的粉碎和均匀拌和,并使其在最小压实功能的情况下达到最大密实度。不同土质的石灰稳定土有不同的最佳含水率,一般而言石灰稳定土的最佳含水率为素土的最佳含水率与拌和过程中蒸发所需的水量（约 1.5%）和石灰反应过程中所需水量（约为石灰剂量的 20%）之和。

(4) 密实度　石灰土的强度随密实度的增加而增长。实践证明,石灰稳定土的密实度每增减 1%,其强度可增减 4%,而且密实的石灰稳定土的抗冻性、水稳定性显著提高,收缩开裂现象也明显减少。

(5) 龄期　石灰稳定土的强度随龄期而增长。一般石灰稳定土初期强度较低,前期（1~2 个月）增长速率较后期快。石灰稳定土的强度与龄期的关系可表示为

$$R_t = R_i t^\beta \tag{7-8}$$

式中　R_i——i 个月龄期的抗压强度;

　　　R_t——t 个月龄期的抗压强度;

　　　β——系数,0.1~0.5。

(6) 养护条件　养护条件主要指温度与湿度。养护条件不同的石灰稳定土,其强度也有一定的差异。温度越高,强度增长越快,负温条件下,石灰稳定土的强度几乎停止增长。因此要求施工期间的最低温度应在 5℃ 以上,并应在第一次重冰冻（-5~-3℃）到来之前一个月至一个半月内完成石灰稳定土基层的施工。

试验证明,石灰稳定土是一种水硬性材料,其强度的形成需要一定的温度。一般而言,在一定湿度环境下养护,其强度的形成和增长比在一般空气中养护要好（图 7-14）。

(7) 行车碾压作用　一定但不过量的行车碾压对石灰稳定土强度的形成有利。这是因为,行车碾压可使石灰稳定土的密实度进一步提高,其强度也随之提高。另外,随着石灰稳定土密实度的提高及行车荷载的压力作用,将使石灰与土颗粒更紧密接触,并使水分均匀地再分布,从而

加速了化学反应的进行。图7-15所示为路面上行车荷载的通过次数对石灰稳定土强度影响的测试资料，该资料充分说明适当的行车碾压有利于提高石灰稳定土的强度。

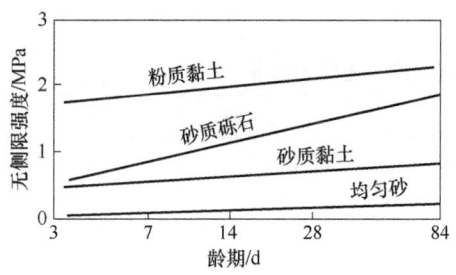

图7-14　石灰稳定土强度增长与龄期的关系　　　图7-15　石灰稳定土强度增长与行车碾压的关系

3. 石灰稳定土混合料设计

石灰稳定土混合料组成设计与水泥稳定土基本相同。石灰稳定土是由土、石灰和水组成的。混合料的组成设计包括：根据强度标准，通过试验选取合适的土，确定必需的或最佳的石灰剂量和混合料的最佳含水率。

（1）材料要求　石灰稳定土用的原材料主要有土、石灰和水。其中土和水的要求同水泥稳定土。下面主要介绍石灰的材料要求。

石灰应是消石灰粉或生石灰粉，对高速公路或一级公路宜用磨细生石灰粉。石灰质量应符合Ⅲ级以上的技术指标（表7-14、表7-15），并要尽量缩短石灰的存放时间。在同等石灰剂量下，质量好的石灰，稳定效果好。如采用质量差的石灰，为了满足石灰稳定土的技术要求，需适当增加石灰剂量。

表7-14　生石灰技术要求

指标	钙质生石灰			镁质生石灰			试验方法
	Ⅰ	Ⅱ	Ⅲ	Ⅰ	Ⅱ	Ⅲ	
有效氧化钙加氧化镁含量（%）	≥85	≥80	≥70	≥80	≥75	≥65	T 0813
未消化残渣含量（%）	≤7	≤11	≤17	≤10	≤14	≤20	T 0815
钙镁石灰的分类界限，氧化镁含量（%）	≤5			>5			T 0812

表7-15　消石灰技术要求

指标		钙质生石灰			镁质生石灰			试验方法
		Ⅰ	Ⅱ	Ⅲ	Ⅰ	Ⅱ	Ⅲ	
有效氧化钙加氧化镁含量（%）		≥65	≥60	≥55	≥60	≥55	≥50	T 0813
含水率（%）		≤4	≤4	≤4	≤4	≤4	≤4	T 0801
细度	0.6mm方孔筛的筛余（%）	0	≤1	≤1	0	≤1	≤1	T 0814
	0.15mm方孔筛的筛余（%）	≤13	≤20	—	≤13	≤20	—	T 0814
钙镁石灰的分类界限，氧化镁含量（%）		≤4			>4			T 0812

(2) 石灰稳定土的强度与压实度标准　石灰稳定土的强度标准根据相应的公路等级和在路面结构中的层位而定。在规定温度保湿养护 6d、浸水 1d 后无侧限抗压强度与压实度标准见表 7-16。

表 7-16　石灰稳定土 7d 无侧限抗压强度与压实度标准

层位	稳定材料类型	高速公路及一级公路		二级及二级以下公路	
		压实度（%）	抗压强度/MPa	压实度（%）	抗压强度/MPa
基层	集料	—	—	≥97	≥0.8①
	细粒土	—		≥95	
底基层	集料	≥97	≥0.8	≥95	0.5~0.7②
	细粒土	≥95		≥93	

① 在低液限性土（塑性指数小于 7）地区，石灰稳定砂砾土和碎石土的 7d 无侧限抗压强度应大于 0.5MPa。
② 低限用于塑性指数小于 7 的黏性土，高限用于塑性指数大于或等于 7 的黏性土。

(3) 混合料的设计步骤

1) 制备同一种土样、不同石灰剂量的石灰稳定土混合料，根据不同的层位，可参照下列石灰剂量进行配制。做基层用时，对于砂砾土和碎石土，石灰剂量可采用 3%、4%、5%、6%、7%；对于塑性指数小于 12 的黏性土，石灰剂量可采用 10%、12%、13%、14%、16%；对于塑性指数大于 12 的黏性土，石灰剂量可采用 5%、7%、9%、11%、13%。做底基层用时，对于塑性指数小于 12 的黏性土，石灰剂量可采用 8%、10%、11%、12%、14%；对于塑性指数大于 12 的黏性土，石灰剂量可采用 5%、7%、8%、9%、11%。

2) 确定混合料的最佳含水率和最大干密度（用重型击实标准试验），至少做三个不同石灰剂量混合料的击实试验，即最小剂量、中间剂量和最大剂量。

3) 按最佳含水率与工地预期达到的压实度制备试件。进行强度试验时，做平行试验的试件数量应符合规定。

4) 试件在规定温度（20℃±2℃）下保湿养护 6d，浸水 1d，进行无侧限抗压强度试验，根据表 7-16 的强度标准，选定合适的石灰剂量，室内试验结果的平均抗压强度应符合式（7-7）的要求。工地实际采取的石灰剂量应较试验室内试验确定的剂量多 0.5%~1.0%。

4. 石灰稳定土基层的应用

石灰稳定土不但具有较高的抗压强度，而且也具有一定的抗弯强度，且强度随龄期逐渐增加。因此，石灰稳定土一般可以用于各类路面的基层或底基层。但石灰稳定土因其水稳定性较差不宜用于高速公路或一级公路的基层，必要时可用于底基层。在冰冻地区的潮湿路段以及其他地区的过分潮湿路段，也不宜采用石灰稳定土做基层。

5. 石灰稳定土基层缩裂防治

1) 控制压实含水率：石灰稳定土因含水率过多产生的干缩裂缝显著，因而压实时含水率一定不要大于最佳含水率，应按略小于最佳含水率控制。

2) 严格控制压实标准：实践证明，压实度小时产生的干缩要比压实度大时严重，因此，应尽可能达到最大压实度。

3) 温缩的最不利季节是材料处于最佳含水率附近，且温度在 0~10℃ 时。因此施工要在当地气温降为 0℃ 前一个月结束，以防在不利季节产生严重温缩。

4) 干缩的最不利情况是石灰稳定土成型初期，因此，要重视初期养护，保证石灰稳定土表面处于潮湿状况，谨防干晒。

5) 石灰稳定土施工结束后要及早铺筑面层，使石灰稳定土基层含水率不发生大变化，可减轻干缩裂隙。

6) 在石灰稳定土中掺加集料（砂砾、碎石等），使其集料含量为 70%~80%，使混合料满足最佳组成要求，不但提高强度和稳定性，而且具有较好的抗裂性。

7) 基层的缩裂会反射到面层，为了防止基层裂缝的反射，国内外采取以下措施：

① 设置联结层。设置沥青碎石或沥青贯入式联结层，是防止反射裂缝的有效措施。

② 铺筑碎石隔离过渡层。在石灰稳定土与沥青面层间铺筑厚 10~20cm 的碎石层或玻璃纤维格栅，可减轻反射裂缝出现。

7.3.4 工业废渣稳定基层

随着工业的发展，工业废渣逐渐增多，工业废渣循环利用引起了国内外重视。近年来，我国利用工业废渣铺筑路面基层，取得显著成效，不但提高了路面使用品质，而且降低了工程造价，具有显著的经济和环境效益。

1. 工业废渣的种类及利用方式

工业废渣的种类很多，用于路面工程的主要有煤炭、电力工业废渣、钢铁工业废渣和化学工业废渣。

（1）煤炭、电力工业废渣　主要有粉煤灰、炉渣和煤矸石，粉煤灰是火力发电厂烟气中收集的细灰，含有硅、铁、铝等金属；炉渣由煤粉或煤块燃烧后排出，其中也含硅、铁、铝等活性物质；煤矸石则是采煤生产过程中生产的废石，经处理后，可作路用碎石。

（2）钢铁工业废渣　主要有钢渣或铁渣，其利用方式主要有三种：其一，铁渣或钢渣排出后堆积，经多年自然条件下分解后趋于稳定，用以修筑基层；其二，熔铁渣排出后，经水骤冷，称为水淬渣，水淬渣掺入石灰后铺筑的基层具有很高的强度；其三，铁渣排出后运送至渣场，在空气中自然冷却至 600~700℃时洒水降温后的产品称为矿渣碎石，可按密实型或嵌挤型修筑碎石基层或沥青矿渣碎石混合料面层。

（3）化学工业废渣　造纸或印刷厂使用漂白粉后的下脚料称为漂白粉渣，其石灰成分较高；电石消解乙炔后的废渣称为电石渣，含石灰成分高达 50%~55%，硫黄矿渣为生产硫酸的下脚料，加入石灰类灰渣或高炉水淬渣后修筑基层效果良好。

2. 石灰工业废渣强度形成原理及力学特征

（1）强度形成机理　各种工业废渣得以在道路工程中应用的原因是这些矿渣中含有较多的 SiO_2、Al_2O_3 或 CaO。活性的 SiO_2 和 Al_2O_3 在水中本身不会硬化，但在饱和的 $Ca(OH)_2$ 溶液中将产生火山灰反应，生成水化铝酸钙和铝酸钙凝胶，从而将混合料中的各种颗粒胶结在一起。因此，含活性 SiO_2 和 Al_2O_3 较多的煤渣或水淬渣同一定比例的石灰渣或电石渣相拌和后，就形成强度高、整体性好的石灰煤渣或石灰水淬渣混合料。在石灰稳定土中掺入一定量的粉煤灰形成二灰土，也可改善和加强石灰稳定土的火山灰反应，从而提高石灰稳定土的强度。

石灰稳定工业废渣的强度主要靠火山灰作用产生，而火山灰作用的反应过程较为缓慢。因此混合料的强度随龄期的增长也较缓慢。图 7-16 给出了多种不同的工业废渣混合料强度随龄期增长的试验曲线。从图 7-16 中可以看出，工业废渣混合料的早期强度较低，但经历较长时间后，仍能保持较高强度增长速度，因此后期强度较高；石灰水淬渣混合料的强度依石灰水淬渣自身的来源不同而有较大的差异，但它仍比其他两类混合料的强度高；另外，二灰混合料的强度与土的类别有关，黏粒含量高，煤渣颗粒较细时，强度也较高。

（2）力学特性

1）水硬性。各种工业废渣的主要化学成分多为钙、铝、硅及少量镁和其他物质，均属于硅酸盐类材料，加水拌和压实成型后都具有明显的水硬性。因此，此类材料的强度增长速度与湿度有着密切的关系。这是由于组成混合料强度的水化铝酸钙、硅酸钙等水化物在形成过程中均离不开水，水是其强度形成的重要条件。也正是这种水硬性，要求混合料在碾压时保持适度的水分，并提供一定湿度的养护条件。

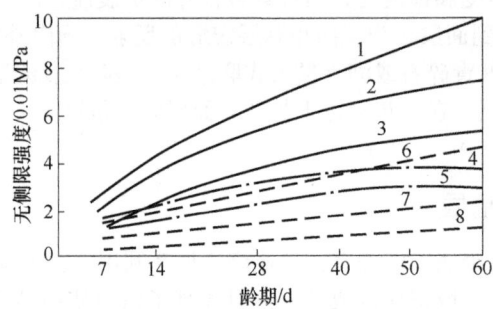

图 7-16　多种不同的工业废渣混合料的强度随龄期的变化试验曲线
1、2、3—石灰水淬渣　4—石灰粗煤渣（3∶7）　5—石灰细煤渣（2∶8）
6—石灰粉煤灰轻黏土　7—石灰粉煤灰亚黏土　8—石灰粉煤灰粉土

2）缓凝性。工业废渣混合料 28d 的抗压强度仅为其一年抗压强度的 17%～25%，并且在 2～3 年内仍继续增长。由于工业废渣与石灰的作用相当缓慢，所以堆积存放了 1～2 周的混合料仍能凝结硬化，但其成型后强度增长速率随气温的降低而降低。冬期施工的基层，由于气温条件的限制，强度增长缓慢，但一旦气温上升，强度则明显增长。由此可以看出，气温对工业废渣混合料的强度增长有较大影响。

3）抗裂性、耐磨性及板体性。工业废渣混合料在一定的龄期内，抗弯拉强度和刚度仍然较低，但其抗弯强度与抗压强度之比较大，极限弯拉应变也较大。因此，工业废渣混合料具有较好的抗裂性。但由于其抗磨性较差，一般只适用于基层或底基层。另外，工业废渣混合料经压实成型后，经过一定的时间就具有较高的强度和良好的板体性，用于沥青路面的基层时，可较好地改善其变形性能，减少裂缝的产生。

3. 工业废渣稳定类基层类型

（1）石灰煤渣类基层　石灰煤渣（简称"二渣"）类基层是用石灰和煤渣按一定配合比，加水拌和、摊铺、碾压、养护而成型的基层。"二渣"中如掺入一定量的粗集料便称为"三渣"；掺入一定量的土，便称为石灰煤渣土。混合料的配合比，应满足表 7-20 规定的强度标准。

石灰煤渣、石灰煤渣土和"三渣"皆具有水硬性，物理力学性质基本上与石灰稳定土相似，但其强度与水稳定性都比石灰稳定土好。石灰煤渣的 28d 强度可达 1.5～3.0MPa，并随龄期而增长。初期强度增长慢，尚有一定的塑性，但达到一定龄期后，处于弹性工作状态，成板体，具有刚性，当冷缩和干缩时，易产生裂缝。研究表明，当采用石灰煤渣粒料时，抗缩裂能力有所改善。施工程序和方法基本上与石灰稳定土基层相同，但要加强养护，重视提高初期强度，防止早期重交通量下出现早期破坏现象。

（2）石灰粉煤灰类基层　石灰粉煤灰（简称二灰）类基层是用石灰和粉煤灰按一定配合比，加水拌和、摊铺、碾压及养护而成型的基层。在二灰中掺入一定量的土，经加水拌和、摊铺、碾压及养护成型的基层，称为二灰土基层。混合料的配合比组成，各地可根据当地的实践经验选用。石灰粉煤灰类基层的施工同石灰稳定土基层的施工。施工时，应尽量安排在温暖高温季节，以利于形成早期强度而成型。

4. 材料要求及混合料组成设计

（1）材料要求

1）石灰和水泥。工业废渣基层所用的结合料是石灰和水泥。石灰的质量宜符合Ⅲ级以上技术指标。普通硅酸盐水泥、矿渣硅酸盐水泥或火山灰质硅酸盐水泥都可以用于稳定土，但应选用终凝时间较长（宜6h以上）的水泥。早强、快硬及受潮变质的水泥不应使用。宜采用强度等级较低的水泥，如32.5级或42.5级水泥。

2）废渣材料。粉煤灰是火力发电厂燃烧煤粉产生的粉状灰渣，主要成分是二氧化硅（SiO_2）、三氧化二铝（Al_2O_3）和三氧化二铁（Fe_2O_3），其总含量一般要求超过70%。粉煤灰的烧失量一般要小于20%，技术要求见表7-17。如达不到上述要求，应通过试验后才能采用。干粉煤灰和湿粉煤灰都可以应用。干粉煤灰堆放时应洒水以防飞扬。湿粉煤灰堆放时，含水率不宜超过35%。粉煤灰比表面积宜大于2500m²/g（或70%通过0.075mm筛孔）。

表7-17 粉煤灰的技术要求

检测项目	技术要求	试验方法
SiO_2、Al_2O_3和Fe_2O_3含量（%）	>70	T 0816
烧失量（%）	≤20	T 0817
比表面积/(cm²/g)	>2500	T 0820
0.3mm筛孔通过率（%）	≥90	T 0818
0.075mm筛孔通过率（%）	≥70	T 0818
湿粉煤灰含水率（%）	≤35	T 0801

3）粒料（砾料）。粗集料、细集料及分档要求同表7-6～表7-8。

石灰粉煤灰稳定级配碎石或砾石的推荐级配范围见表7-18，水泥粉煤灰稳定级配碎石或砾石的推荐级配范围见表7-19。

石灰粉煤灰稳定材料可采用表7-18中推荐的级配范围。用于高速公路和一级公路基层时，石灰粉煤灰总质量宜占15%，应不大于20%，被稳定材料公称最大粒径应不大于26.5mm，级配宜符合表7-18中LF-A-2L和LF-A-2S的规定；用于高速公路和一级公路底基层时，各档被稳定材料总质量不宜小于80%，级配宜符合表7-18中LF-A-1L和LF-A-1S的规定，对极重、特重交通荷载等级，级配宜符合表7-18中LF-A-2L和LF-A-2S的规定。用于二级及二级以下公路基层时，被稳定材料的公称最大粒径应不大于31.5mm，其总质量不宜小于80%，级配宜符合表7-18中LF-B-2L和LF-B-2S的规定；用于二级及二级以下公路底基层时，各档被稳定材料总质量不宜小于70%，级配宜符合表7-18中LF-B-1L和LF-B-1S的规定，对极重、特重交通荷载等级，级配宜符合表7-18中LF-B-2L和LF-B-2S的规定。

表7-18 石灰粉煤灰稳定级配碎石或砾石的推荐级配范围 （%）

筛孔尺寸/mm	高速公路和一级公路				二级及二级以下公路			
	稳定碎石		稳定砾石		稳定碎石		稳定砾石	
	LF-A-1S	LF-A-2S	LF-A-1L	LF-A-2L	LF-B-1S	LF-B-2S	LF-B-1L	LF-B-2L
37.5	—	—	—	—	100	—	100	—
31.5	100	—	100	—	90~100	100	90~100	100
26.5	91~95	100	93~96	100	81~94	90~100	84~95	90~100
19	76~85	82~89	81~88	86~91	67~83	73~87	72~87	77~91
16	69~80	73~84	75~84	79~87	61~78	65~82	67~83	71~86
13.2	62~75	65~78	69~79	72~82	54~73	58~75	62~79	65~81
9.5	51~65	53~67	60~71	62~73	45~64	47~66	54~72	55~74
4.75	35~45	35~45	45~55	45~55	30~50	30~50	40~60	40~60
2.36	22~31	22~31	27~39	27~39	19~36	19~36	24~44	24~44

(续)

筛孔尺寸/mm	高速公路和一级公路				二级及二级以下公路			
	稳定碎石		稳定砾石		稳定碎石		稳定砾石	
	LF-A-1S	LF-A-2S	LF-A-1L	LF-A-2L	LF-B-1S	LF-B-2S	LF-B-1L	LF-B-2L
1.18	13~22	13~22	16~28	16~28	12~26	12~26	15~33	15~33
0.6	8~15	8~15	10~20	10~20	8~19	8~19	9~25	9~25
0.3	5~10	5~10	6~14	6~14	—	—	—	—
0.15	3~7	3~7	3~10	3~10	—	—	—	—
0.075	2~5	2~5	2~7	2~7	2~7	2~7	2~10	2~10

水泥粉煤灰稳定材料可采用表 7-19 中推荐的级配范围。用于高速公路和一级公路基层时，水泥粉煤灰总质量宜为 12%，应不大于 18%，各档被稳定材料总质量不宜小于 85%，公称最大粒径应不大于 26.5mm，级配宜符合表 7-19 中 CF-A-2L 和 CF-A-2S 的规定；用于高速公路和一级公路底基层时，各档被稳定材料总质量不宜小于 80%，级配宜符合表 7-19 中 CF-A-1L 和 CF-A-1S 的规定。对极重、特重交通荷载等级，级配宜符合表 7-19 中 CF-A-2L 和 CF-A-2S 的规定。用于二级及二级以下公路基层时，被稳定材料的公称最大粒径应不大于 31.5mm，其总质量不宜小于 80%，级配宜符合表 7-19 中 CF-B-2L 和 CF-B-2S 的规定；用于二级及二级以下公路底基层时，各档被稳定材料总质量不宜小于 75%，级配宜符合表 7-19 中 CF-B-1L 和 CF-B-1S 的规定。对极重和特重交通荷载等级，级配宜符合表 7-19 中 CF-B-2L 和 CF-B-2S 的规定。

表 7-19 水泥粉煤灰稳定级配碎石或砾石的推荐级配范围　　　　(%)

筛孔尺寸/mm	高速公路和一级公路				二级及二级以下公路			
	稳定碎石		稳定砾石		稳定碎石		稳定砾石	
	CF-A-1S	CF-A-2S	CF-A-1L	CF-A-2L	CF-B-1S	CF-B-2S	CF-B-1L	CF-B-2L
37.5	—	—	—	—	100	—	100	—
31.5	100	—	100	—	90~100	100	90~100	100
26.5	90~95	100	91~95	100	80~93	90~100	81~94	90~100
19	72~84	79~88	76~85	82~89	64~81	70~86	67~83	73~87
16	65~79	70~82	69~80	73~84	57~75	62~79	61~78	65~82
13.2	57~72	61~76	62~75	65~78	50~69	54~72	54~73	58~75
9.5	47~62	49~64	51~65	53~67	40~60	42~62	45~64	47~66
4.75	30~40	30~40	35~45	35~45	25~45	25~45	30~50	30~50
2.36	19~28	19~28	22~33	22~33	16~31	16~31	19~36	19~36
1.18	12~20	12~20	13~24	13~24	11~22	11~22	12~26	12~26
0.6	8~14	8~14	8~18	8~18	7~15	7~15	8~19	8~19
0.3	5~10	5~10	5~13	5~13	—	—	—	—
0.15	3~7	3~7	3~10	3~10	—	—	—	—
0.075	2~5	2~5	2~7	2~7	2~5	2~5	2~7	2~7

(2) 混合料组成设计　石灰工业废渣混合料的组成设计内容包括：根据表 7-20 和表 7-21 规定的 7d 无侧限抗压强度标准，通过试验选取适宜于稳定的土，确定石灰（水泥）与粉煤灰或石灰（水泥）与煤渣的比例，确定石灰（水泥）粉煤灰或石灰（水泥）煤渣与土的比例（均为质量比），确定混合料的最佳含水率。推荐的材料组成比例见表 7-22 和表 7-23，混合料的设计方法和步骤，可参照《公路路面基层施工技术细则》（JTG/T F20—2015）。

表 7-20　石灰粉煤灰稳定材料的 7d 无侧限抗压强度与压实度标准

层位	稳定材料类型	高级公路及一级公路				二级及二级以下公路			
		压实度（%）	抗压强度/MPa			压实度（%）	抗压强度/MPa		
			极重、特重	重	中、轻		极重、特重	重	中、轻
基层	集料	≥98	≥1.1	≥1.0	≥0.9	≥97	≥0.9	≥0.8	≥0.7
	细粒土	—	—	—	—	≥95			
底基层	集料	≥97	≥0.8	≥0.7	≥0.6	≥95	≥0.7	≥0.6	≥0.5
	细粒土	≥95				≥93			

表 7-21　水泥粉煤灰稳定材料的 7d 无侧限抗压强度与压实度标准

层位	稳定材料类型	高级公路及一级公路				二级及二级以下公路			
		压实度（%）	抗压强度/MPa			压实度（%）	抗压强度/MPa		
			极重、特重	重	中、轻		极重、特重	重	中、轻
基层	集料	≥98	4.0~5.0	3.5~4.5	3.0~4.0	≥97	3.5~4.5	3.0~4.0	2.5~3.5
	细粒土	—	—	—	—	≥95			
底基层	集料	≥97	2.5~3.5	2.0~3.0	1.5~2.5	≥95	2.0~3.0	1.5~2.5	1.0~2.0
	细粒土	≥95				≥93			

表 7-22　石灰粉煤灰稳定材料和石灰煤渣稳定材料的推荐比例

材料类型	材料名称	使用层位	结合料间比例	结合料与被稳定材料间比例
石灰粉煤灰	硅铝粉煤灰的石灰粉煤灰类①	基层或底基层	石灰：粉煤灰=1:2~1:9	—
	石灰粉煤灰土	基层或底基层	石灰：粉煤灰=1:2~1:4②	石灰粉煤灰：细粒材料=30:70③~10:90
	石灰粉煤灰稳定级配碎石或砾石	基层	石灰：粉煤灰=1:2~1:4	石灰粉煤灰：被稳定材料=20:80~15:85④
石灰煤渣	石灰煤渣稳定材料	基层或底基层	石灰：煤渣=20:80~15:85	
	石灰煤渣土	基层或底基层	石灰：煤渣=1:1~1:4	石灰煤渣：细粒材料=1:1~1:4⑤
	石灰煤渣稳定材料	基层或底基层	石灰：煤渣：被稳定材料=(7~9):(26~33):(67~58)	

① CaO 含量为 2%~6% 的硅铝粉煤灰。
② 粉土以 1:2 为宜。
③ 采用此比例时，石灰与粉煤灰之比宜为 1:2~1:3。
④ 石灰粉煤灰与粒料之比为 15:85~20:80 时，在混合料中，粒料形成骨架，石灰粉煤灰起填充孔隙和胶结作用。这种混合料称为骨架密实式石灰粉煤灰粒料。
⑤ 混合料中石灰应不少于 10%，可通过试验选取强度较高的配合比。

表 7-23 水泥粉煤灰稳定材料和水泥煤渣稳定材料的推荐比例

材料类型	材料名称	使用层位	结合料间比例	结合料与被稳定材料间比例
水泥粉煤灰	硅铝粉煤灰的水泥粉煤灰类①	基层或底基层	水泥：粉煤灰 = 1：3 ~ 1：9	—
	水泥粉煤灰土	基层或底基层	水泥：粉煤灰 = 1：3 ~ 1：5	水泥粉煤灰：细粒材料 = 30：70② ~ 10：90
	水泥粉煤灰稳定级配碎石或砾石	基层	水泥：粉煤灰 = 1：3 ~ 1：5	水泥粉煤灰：被稳定材料 = 20：80 ~ 15：85③
水泥煤渣	水泥煤渣稳定材料	基层或底基层	水泥：煤渣 = 5：95 ~ 15：85	—
	水泥煤渣土	基层或底基层	水泥：煤渣 = 1：2 ~ 1：5	水泥煤渣：细粒材料 = 1：2 ~ 1：5④
	水泥煤渣稳定材料	基层或底基层		水泥：煤渣：被稳定材料 = (3~5)：(26~33)：(71~62)

① CaO 含量为 2% ~ 6% 的硅铝粉煤灰。
② 采用此比例时，水泥与粉煤灰之比宜为 1：2 ~ 1：3。
③ 水泥粉煤灰与粒料之比为 15：85 ~ 20：80 时，在混合料中，粒料形成骨架，水泥粉煤灰起填充孔隙和胶结作用。
④ 混合料中水泥应不少于 4%，可通过试验选取强度较高的配合比。

■ 7.4 沥青结合料类基层

7.4.1 沥青结合料类基层类型

沥青结合料类基层施工

沥青结合料类混合料是指由沥青、粗细集料和矿粉，按一定配合比设计方法进行材料组成设计的混合料。将其拌和、摊铺、碾压成型，在路面结构中用于基层使用的称为沥青结合料类基层。按照其设计空隙率和用途不同，沥青结合料类基层可分为：

1）密级配沥青稳定碎石（Asphalt Treated Base，简称 ATB，设计空隙率为 3% ~ 6%，一般用于基层）。

2）开级配沥青稳定碎石（Asphalt Treated Permeable Base，简称 ATPB，设计空隙率为 18% ~ 22%，一般用于排水路面的排水基层）。

开级配沥青稳定碎石用于基层时，因其设计空隙率大，物理力学性质和耐久性相对较差，因此我国的工程应用尚不多，密级配沥青稳定碎石（ATB）是沥青结合料类基层的主要材料形式。

7.4.2 沥青结合料类基层的力学特性

沥青结合料类基层的材料组成设计和施工工艺与沥青混凝土基本相同，在材料物理力学性质上也非常相似，但因用于基层，且公称最大粒径比一般的沥青混凝土更大一些，常用的结合料类基层类型有：ATB-25、ATB-30 和 ATB-40，分属粗粒式和特粗式沥青混合料。公称最大粒径较大时，施工难度加大，因此应用中以密级配沥青稳定碎石 ATB-25 和 ATB-30 最为常见。

与沥青混凝土相比，其主要功能上的区别有：①因公称最大粒径较大，具有更好的抗剪和抗变形能力，能够适用于高温重载有抗车辙性能要求的路面；②一般使用非改性沥青，且沥青用量稍低，抗拉强度和抗拉疲劳性能较差；③铺筑在半刚性基层上时，对可能出现的反射裂缝的适应和调整能力更好。

密级配沥青碎石属于柔性基层的一种，其物理力学性能要优于级配碎石。其与级配碎石的主要区别有：①材料组成不同，增加了沥青，与沥青面层黏结整体性好；②强度构成不同，除嵌挤形成的内摩擦角外还有沥青提供的黏结力，模量较高；③力学性能不同，除具有更好的抗压抗剪能力外，还具有一定的抗拉能力；④排水性能不同，因空隙率小，排水效率低于级配碎石。

7.4.3 材料组成设计

密级配沥青稳定碎石（ATB）的级配范围要求见表7-24。

表7-24 ATB的级配范围要求

级配类型		通过下列筛孔（mm）的质量百分率（%）												
		53	37.5	31.5	26.5	19	16	13.2	9.5	4.75	2.36	1.18	0.6	0.3	0.15	0.075
特粗式	ATB-40	100	90~100	75~92	65~85	49~71	43~63	37~57	30~50	20~40	15~32	10~25	8~18	5~14	3~10	2~6
	ATB-30	—	100	90~100	70~90	53~72	44~66	39~60	31~51	20~40	15~32	10~25	8~18	5~14	3~10	2~6
粗粒式	ATB-25	—	—	100	90~100	60~80	48~68	42~62	32~52	20~40	15~32	10~25	8~18	5~14	3~10	2~6

密级配沥青稳定碎石组成设计采用马歇尔设计方法。因其公称最大粒径更大，对ATB-30和ATB-40级配需采用大型马歇尔试验方法。与常规马歇尔试验方法相比，大型马歇尔试验的击实锤重为10.2kg，直径为149.4mm，击实时落高为457mm；试件尺寸和击实次数增加为1.5倍，见表7-25。国外资料显示大型马歇尔的稳定度为小型马歇尔的1.5~2.25倍，流值提高1.5倍，其他体积指标基本不变。

表7-25 沥青稳定碎石混合料马歇尔试验配合比设计技术标准

试验指标		密级配基层（ATB）	半开级配面层（AM）	排水式开级配磨耗层（OGFC）	排水式开级配基层（ATPB）
公称最大粒径/mm		26.5	等于或大于31.5	等于或小于26.5	等于或小于26.5	所有尺寸
马歇尔试件尺寸/mm		φ101.6×63.5	φ152.4×95.3	φ101.6×63.5	φ101.6×63.5	φ152.4×95.3
击实次数（双面）（次）		75	112	50	50	75
空隙率VV（%）		3~6		6~10	不小于18	不小于18
稳定度/kN，不小于		7.5	15	3.5	3.5	—
流值/mm		1.5~4	实测			
沥青饱和度VFA（%）		55~70		40~70	—	—
密级配基层ATB的矿料间隙率VMA（%），不小于	设计空隙率（%）	ATB-40	ATB-30	ATB-25		
	4	11	11.5	12		
	5	12	12.5	13		
	6	13	13.5	14		

注：在干旱地区，可将密级配沥青稳定碎石基层的空隙率适当放宽到8%。

按照《公路沥青路面设计规范》（JTG D50—2017）规定，ATB 无须进行动稳定度、低温弯曲试验、破坏应变、残留稳定度（浸水或冻融）及渗水系数试验。密级配沥青稳定碎石的施工工艺和质量控制与沥青混凝土类似。

7.5 水泥混凝土类基层

7.5.1 贫混凝土基层

贫混凝土是由粗、细集料与一定水泥和水拌和而成的一种混凝土。这种混凝土的水泥用量较普通混凝土低，有时也称为经济混凝土，与水泥稳定碎石、石灰粉煤灰碎石等常用半刚性材料相比，具有较高的强度、刚度和整体性，抗冲刷、抗冻性以及抗疲劳性能良好，属于刚性基层材料，性质与水泥混凝土路面接近，材料组成设计与施工主要参照水泥混凝土。

贫混凝土组成设计中常采用粉煤灰超量取代法以减少水泥用量并提高混合料的工作性，该方法是指通过超量取代水泥使粉煤灰混凝土与基准混凝土在相同龄期时获得同等强度的掺配方法。粉煤灰超量取代系数是粉煤灰掺入量与其所取代水泥量的比值。

贫混凝土基层在配合比恰当时也可以采用碾压方式，此时称为碾压贫混凝土基层。其 7d 无侧限抗压强度为 5.0~10.0MPa，28d 弯拉强度为 1.5~3.0MPa，根据需要调整配合比可用于不同交通等级的公路路面基层。从无侧限抗压强度看，其强度刚好衔接水泥稳定（石灰粉煤灰）碎石等基层材料，应用上可承担比半刚性基层更繁重的交通荷载。

因为贫混凝土采用的结合料是水泥，其材料组成类型与水泥稳定（石灰粉煤灰）碎石相比，没有质的变化，只是水泥用量有所增加，从水泥稳定碎石的3%~6%增加到8%~12%。可以看作是处于水泥稳定（石灰粉煤灰）碎石和水泥混凝土（水泥剂量12%~15%）之间的一种材料，其性质也处于这两者之间。贫混凝土力学特性中最重要的就是收缩特性，且因为其水泥用量介于水泥稳定碎石和水泥混凝土之间，其开裂趋势也处于两者之间。

在沥青路面上应用贫混凝土基层时，其交通荷载等级宜为重交通、特重交通，或者是运输煤、矿石、建筑材料的公路路面，其厚度一般为 200~280mm，最小厚度为 150mm。基层应设置纵缝、横缝，并灌入填缝料，必要时在缝顶一定宽度范围内粘贴土工织物、玻璃纤维格栅等材料局部加强，其上设置热沥青或改性沥青、改性乳化沥青黏结层。

在自然胀缩情况下，设置的裂缝宽度随气温反复变化，对其上沥青面层的考验严峻，应从材料方面入手，提高沥青面层材料的抗剪和抗疲劳性能，必要时可考虑将贫混凝土刚性基层下置为底基层，在其上设置大粒径沥青碎石基层，替代一定厚度的沥青混凝土层，以适应和吸收胀缩变形，且与沥青混凝土面层衔接良好。采用这种结构组合时，因贫混凝土刚度远大于沥青层刚度，贫混凝土层上的沥青层（沥青面层和沥青碎石基层）主要起功能性作用，结构能力大部分均由贫混凝土层提供。在贫混凝土层与沥青层的交界面上，因材料刚度的突变，在水平荷载作用下，此界面易产生较大的剪应力（如 0.3~0.5MPa），从而使贫混凝土层与沥青层剥离，因此，界面黏结层材料的选择至关重要。

7.5.2 碾压混凝土基层

碾压混凝土是指采用特干硬性水泥混凝土拌合物，使用滑模摊铺机摊铺、压路机械碾压密实成型的混凝土材料。从材料性能上看，作为基层的碾压混凝土水泥用量与贫混凝土基本一致，所以可以看作是一种特殊的贫混凝土。其物理力学性能与贫混凝土基层类似。其压实度是指干硬性混凝土拌合物现场压实后的湿密度与配合比设计时标准压实（空隙率4%）下湿密度之比。

碾压混凝土也采用粉煤灰超量取代法。

碾压混凝土严格意义上表述的不是其材料组成特征而是其施工成型工艺特征。其材料组成设计的核心除强度因素外，还必须保证其属于干硬性混凝土，适合碾压成型。碾压成型方式迅速而有效率，从加快施工进度、节省施工成本方面看效益显著。

因其干硬性和碾压施工方式，碾压混凝土混合料中水的用量较少，这对于减少混凝土成型期的干缩影响显著，同时采用振动压实工艺，其集料能相互接触并形成矿料骨架，抗压能力佳，其收缩性要好于一般的贫混凝土基层，但在施工上切缝、填缝仍是必需的。与贫混凝土基层类似，在填缝后可以考虑在裂缝处粘贴土工织物、玻璃纤维格栅等材料，或考虑大粒径沥青碎石过渡层，以减缓其胀缩对沥青面层材料的牵连。

碾压混凝土可直接用于路面面层，这时其水泥用量等指标应适当增加。

7.6 其他类型基层

以水泥稳定（石灰粉煤灰）碎石为代表的无机结合料稳定类基层刚度大，在我国20世纪80年代开始的公路建设高速发展期得以大范围推广应用，对推动我国公路建设事业的发展功绩卓著。

然而，无机结合料稳定类基层材料的干缩和温缩问题始终困扰着公路工程技术人员。典型的无机结合料稳定类基层上加铺薄层沥青混凝土的路面结构，在使用2~3年后，沥青路面表面易出现规律性的横缝（典型间距5~25m）。检测发现，这些裂缝贯穿沥青面层和无机结合料稳定类基层，其原因是无机结合料稳定类基层开裂且继续向沥青层发展，称为"反射裂缝"。

为缓解以上病害，公路工程技术人员进行了长期的研究，早期主要进行配合比方面的调整，其技术途径主要是：①增大粗集料用量，采用振动成型及相应的压实控制，以利于形成骨架；②减少细集料用量，以控制体积膨胀，设计骨架密实且偏向于骨架空隙的材料组成结构，减少对粗集料骨架的干扰；③减少水的用量，添加粉煤灰改善施工和易性，减少干缩。

以上技术措施的应用对反射裂缝的控制效果明显，横缝间距明显增大，裂缝数量减少，但问题仍未彻底解决。同时，国内不少路面在大修改造中面临旧路材料利用问题。在研究与应用中，除前文介绍的基层材料外，还发展出了其他一些基层材料，但目前其研究与应用尚需进一步完善，下面做简要介绍。

7.6.1 低剂量水泥稳定碎石

对比级配碎石和水泥稳定碎石的材料组成可以发现，其主要区别在于水泥结合料的应用。级配碎石由粗细集料按一定级配组成，强度主要来源于内摩擦角。因其材料以颗粒紧密嵌挤方式铺筑，不能承受拉应力，收缩变形被离散到颗粒级别，通过颗粒间相对位置的微调被吸收，不会产生裂缝。

水泥的加入使碎石结合在一起，具有板体性，受相邻层次的约束，其收缩变形无法被有效释放，从而使板体具有内部拉应力，该应力超过相应的抗拉强度就会产生收缩裂缝。在裂缝处，收缩变形得以集中实现，内部拉应力被释放。

从以上收缩变形的作用方式对比发现，解决收缩裂缝的主要途径是将集中的变形离散化。当这种离散通过降低水泥用量的方式实现时，就产生了低剂量水泥稳定碎石。普通水泥稳定碎石的常用剂量范围在3%~6%，低剂量水泥稳定碎石将其降低到1%~3%，因此7d无侧限抗压强度减小，抗拉强度与抗疲劳性能下降，刚度减小，收缩系数减小。低剂量水泥稳定碎石减少水泥用量后，力学性能产生了显著变化，承载能力有所下降，一般多用于低交通量路面的基层或一般路面的底基层。

7.6.2 水泥乳化沥青综合稳定碎石基层

在水泥稳定碎石变形释放的过程中，如果材料的刚度越大，则在板体内产生的内部拉应力越大，材料越容易拉裂，因此减少收缩裂缝的另一个途径就是降低其刚度。在水泥稳定碎石中加入少量的乳化沥青进行综合稳定就是一种降低刚度的技术途径。

在水泥稳定碎石中加入乳化沥青，沥青破乳释放的水分供水泥发生水化反应，延缓了干缩过程，减小收缩应力。材料内部的结合方式发生了变化，从依赖水化产物的胶凝作用，到水化产物胶凝与沥青黏结的共同作用，沥青在一定程度上调节了水化和胶凝作用的充分发挥，降低了材料刚度。水泥结合料用量虽有降低，但仍提供了早期强度，因沥青结合料具有蠕变、松弛特性，由于水泥、沥青的综合作用，物理力学性能下降不大。

在半刚性基层材料中掺入沥青类结合料，使其刚度处于半刚性基层和柔性基层之间，希望其同时具有半刚性基层和柔性基层的优点，有研究者将其称为"半柔性基层材料"。但因易与"半刚性材料"概念相混淆，未被广泛接受。这种基层材料在应用中最大的缺点是其经济性较差。

7.6.3 再生材料基层

现场再生材料基层施工

路面再生材料包括水泥混凝土旧板破碎利用及就地原位碎石化利用，沥青路面厂拌热再生利用和沥青路面厂拌及就地冷再生利用。

水泥混凝土旧板破碎利用就是通过轧石设备将旧板加工或碎石化后再利用。就地原位碎石化就是通过多锤头设备或共振设备将旧混凝土板破碎原位再利用。

沥青路面厂拌热再生就是将铣刨旧料运至拌和厂，经破碎、筛分，然后以一定比例与新集料、新沥青、再生剂拌和形成热拌沥青混合料。

路面大修改造时，需对病害严重的旧沥青路面进行处治，其中一种技术手段就是冷再生技术。就地冷再生技术是指常温下将旧沥青路面以及部分基层材料经过现场破碎加工后，根据级配需要添加一定量的新集料，同时加入一定剂量的稳定剂和适量的水，在自然的环境温度下连续完成材料的铣刨、破碎、添加、拌和、摊铺及压实成型等路面基层，如图 7-17 所示。厂拌冷再生就是运送至拌和厂加工形成的混合料经运输、摊铺、碾压形成的路面基层。

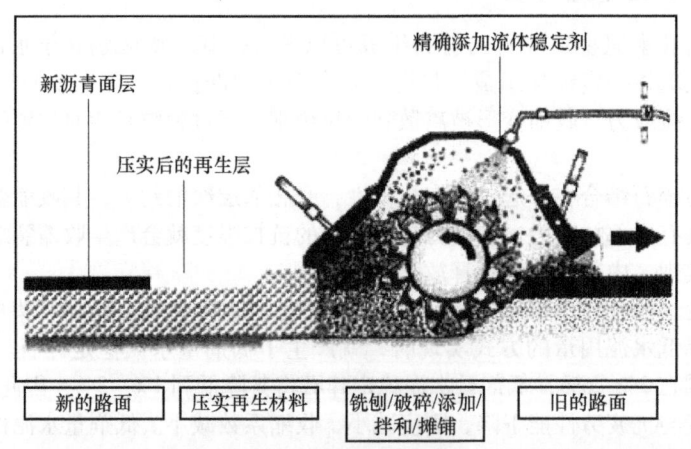

图 7-17 就地冷再生过程

冷再生过程中最为常用的稳定剂主要为水泥、乳化沥青（或泡沫沥青）。这种材料与水泥乳化沥青综合稳定碎石基层在材料组成和物理力学性能上具有一定相似性。

泡沫沥青使用：我国常用普通沥青（如70号、90号），热沥青罐车与再生机相连，沥青通过泵输送至特殊的喷嘴，并在此发泡后喷入铣刨和拌和腔，与旧沥青路面（称为RAP，Reclaimed Asphalt Pavement）料及新添加的材料拌和、摊铺和压实后形成再生基层。

思考与练习

1. 什么是粒料类基层、无机结合料稳定类基层、沥青结合料类基层和水泥混凝土类基层？分别采用哪些材料？
2. 石灰稳定土、水泥稳定土和石灰粉煤灰稳定土在强度形成原理上有何差别？
3. 水泥混凝土基层材料中，贫混凝土和碾压混凝土之间的关系是什么？
4. 碾压混凝土与普通混凝土在材料配合比、参数和施工工艺上有哪些不同？
5. 无机结合料稳定类基层的主要物理力学特性是什么？在实际工程应用中应注意哪些问题？
6. 旧沥青路面再生有几种形式？各有何特点？
7. 沥青路面的基层和水泥路面的基层在功能和性能要求上有何差异？
8. 级配碎石材料在基层不同层位应用时，为什么推荐采用不同的模量值？
9. 当采用无机结合料稳定类基层时，如何减少沥青混凝土面层的反射裂缝？
10. 基层可用的材料种类众多，应该如何选择？基层包含多种材料时，应该如何进行组合设计？哪层在上、哪层在下？其厚度范围如何确定？
11. 沥青结合料类基层能否应用在水泥路面？有何技术经济特点？
12. 实际工程中，基层与路基和沥青面层的交界面上可采取何种措施，以保证路面的结构安全、耐久？

第 8 章　沥青路面设计

【本章提要】
本章主要介绍沥青路面的分类、力学强度和变形特性、路用性能与气候分区，结合弹性层状体系理论阐述沥青路面力学响应求解方法、破坏状态及设计指标，重点介绍沥青路面结构组合设计、新建沥青路面结构验算和改建沥青路面设计方法。

【学习要求】
了解沥青路面的基本特性，熟悉沥青路面使用性能和气候分区，掌握我国沥青路面结构组合设计、结构设计验算、改建设计方法。

8.1　概述

沥青路面是用沥青材料作结合料黏结矿料修筑面层与各类基层、功能层所组成的路面结构，是我国公路与城市道路主要的路面结构形式，具有如下良好的性能：

1）足够的力学强度，能承受车辆荷载施加到路面上的各种作用力。
2）良好的弹性和塑性变形能力，能承受一定的应变而不破坏。
3）与汽车轮胎的附着力较好，利于行车安全。
4）减振性能良好，平整无接缝，汽车行驶快速、平稳、低噪声。
5）施工成型时间短，养护维修方便。

但是，沥青路面也存在以下不足：

1）路面的强度和稳定性受基层、土基影响较大。
2）路面性能受温度影响大，高温易产生车辙推移，低温易产生开裂等。
3）沥青材料易老化而影响其黏结性能。
4）路面易产生磨光，使其抗滑性能降低。

沥青路面设计内容包括原材料的调查与选择、沥青混合料配合比以及基层材料配合比设计、各项设计参数的测试与选定、路面结构组合设计、路面结构层验算以及路面结构方案的比选等。对于高速公路和一级公路，除了行车道路面外，路面设计还包括路缘带、匝道、硬路肩、加减速车道、紧急停车带、收费站和服务区场面的设计以及路面排水系统设计等。特殊气候与交通条件下还需对特殊路段沥青路面结构进行单独设计。

我国现行的沥青路面设计方法采用力学经验法，应用力学原理分析路面结构在荷载与环境作用下的力学响应量（应力、应变、位移），建立力学响应量与路面使用性能之间的关系模型，运用关系模型完成结构设计。《公路沥青路面设计规范》（JTG D50—2017）中，路面结构力学指标计算采用双圆均布垂直荷载作用下的弹性层状连续体系理论，主要设计控制指标包括沥青混合料层疲劳开裂损坏、无机结合料稳定层疲劳开裂损坏、沥青混合料永久变形、路基永久变形以及季节性冻土地区的路面开裂。验收的路面结构弯沉值包括路表弯沉和路基顶部弯沉，验收路表弯沉值采用单圆均布垂直荷载作用下的弹性层状连续体系理论计算，验收路基顶部弯沉值采用单圆均布垂直荷载作用下的弹性半空间体系理论计算。

8.2 沥青路面的分类与特性

8.2.1 沥青路面的分类

1. 按强度构成原理分类

沥青路面按强度构成可分为密实型和嵌挤型两大类。

密实型沥青路面要求矿料的级配按最大密实原则设计，其强度和稳定性主要取决于混合料的黏聚力和内摩擦力。

嵌挤型沥青路面要求采用颗粒尺寸较为均匀的矿料，路面的强度和稳定性主要依靠集料颗粒之间相互嵌挤所产生的内摩擦力，而黏聚力则起着次要的作用。按嵌挤原则修筑的沥青路面，其热稳定性较好，但因空隙率较大，易渗水，且耐久性较差。

密级配沥青混合料（英国：Dense-graded Bituminous Mixtures；美国：Dense-graded Asphalt Mixtures）是指按密实级配原理设计组成的各种粒径颗粒的矿料与沥青结合料拌和而成，设计空隙率较小（对不同交通及气候情况、层位可做适当调整）的密实式沥青混凝土（以 AC 表示）和密实式沥青稳定碎石（以 ATB 表示）。按关键性筛孔通过率的不同又分为细型、粗型密级配沥青混合料等。

开级配沥青混合料（英国：Open-graded Bituminous Mixtures；美国：Open-graded Asphalt Mixtures）是指矿料主要由粗集料嵌挤组成，细集料和填料较少，设计空隙率比较大（一般大于12%）的沥青混合料。

按沥青混合料网络结构中"嵌挤成分"和"密实成分"所占的比例不同，沥青混合料的组成结构形态可分为三种典型类型，即密实悬浮结构、骨架空隙结构、密实骨架结构，如图 8-1 所示。

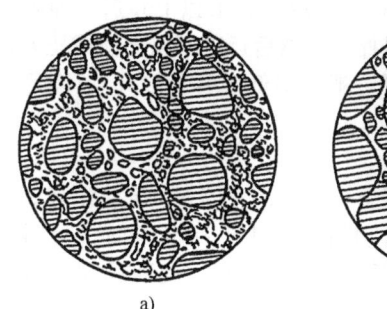
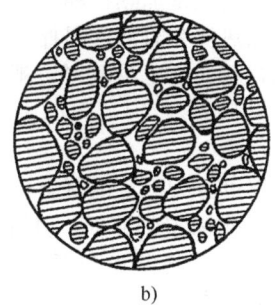
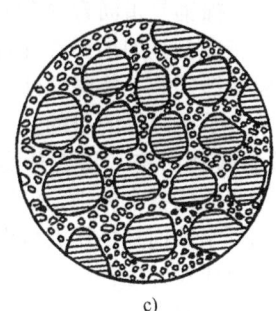

图 8-1　沥青混合料的典型组成结构

a）密实悬浮结构　b）骨架空隙结构　c）密实骨架结构

（1）密实悬浮结构　这种结构形态的沥青混合料，通常采用连续型密级配，集料的颗粒尺寸由大到小连续存在。这种材料中含有大量细集料，而粗集料数量较少，粗集料相互间没有或很少接触，不能形成骨架，粗集料犹如"悬浮"于细集料之中。这种沥青混合料的黏结力较高，而内摩擦力较小。用这种沥青混合料修筑的路面，受沥青材料性质的影响较大。

（2）骨架空隙结构　采用连续开级配的沥青混合料属于这种结构类型。在这种沥青混合料中，粗集料较多，而细集料较少，粗集料虽然能够形成骨架，但混合料残余空隙较大。这种沥青混合料的内摩擦力较大，而黏结力较小。用这种沥青混合料修筑的路面，受沥青材料性质的影响较小。

（3）密实骨架结构　这种结构综合了以上两种类型组成的结构，沥青混合料采用间断级配，混合料中既有一定数量的粗集料形成骨架，又根据残余空隙的多少加入细集料，从而形成较高的密实度。这种沥青混合料同时具有较高的黏结力和内摩擦力。用这种沥青混合料修筑的路面使用性能较好。

2. 按施工工艺分类

按施工工艺的不同，沥青路面可分为层铺法、路拌法和厂拌法3类。

层铺法沥青路面是指沥青面层按分层洒布沥青、分层铺撒矿料并碾压成型。其主要优点是工艺和设备简便、功效较高、施工进度快、造价较低，主要缺点是路面成型期较长，需要经过炎热季节行车碾压之后路面方能成型。用这种方法修筑的沥青路面有沥青表面处治和沥青贯入式两种。

沥青表面处治是指用沥青和集料按层铺法或拌和法铺筑而成的沥青路面。沥青表面处治的厚度一般为1.5~3.0cm。层铺法可分为单层、双层、三层。单层表处厚度为1.0~1.5cm，双层表处厚度为1.5~2.5cm，三层表处厚度为2.5~3.0cm。沥青表面处治适用于三级、四级公路的面层、旧沥青面层上加铺罩面或抗滑层、磨耗层、封层等。

沥青贯入式路面是指用沥青贯入碎（砾）石作面层的路面。沥青贯入式路面的厚度一般为4~8cm。当沥青贯入式路面的上部加铺拌和的沥青混合料时，也称为上拌下贯，此时拌和层的厚度宜为3~4cm，其总厚度为7~10cm。沥青贯入式碎石路面适用于二级及二级以下公路的沥青面层。路拌法沥青路面是指沥青面层采用在路上用机械将矿料和沥青材料就地拌和并摊铺并压实成型。此类面层所用的矿料为碎（砾）石者称为路拌沥青碎（砾）石，所用的矿料为土者则称为路拌沥青稳定土。路拌沥青面层中矿料分布比层铺法均匀，但因所用的矿料为未加热的冷料，需使用黏稠度较低的沥青材料黏结，故沥青混合料的强度较低。

厂拌法沥青路面是指将沥青面层设计的矿料和沥青材料在工厂用专用设备加热拌和，然后运输到施工现场摊铺压实成型。厂拌法按混合料铺筑温度的不同，又可分为热拌摊铺和温拌摊铺两种。热拌摊铺是指沥青混合料在专用设备加热拌和（一般在160℃以上）后立即趁热运输到路上摊铺压实成型。如果沥青混合料加热拌和时加入温拌剂，然后运输到路上摊铺压实，即为温拌摊铺。温拌摊铺施工能降低沥青混合料的施工温度（一般可降低30~50℃），以满足低温施工要求，并达到节能减排的目的。

3. 按沥青路面技术特性分类

按沥青路面的技术特性，沥青面层可分为沥青混凝土、热拌沥青碎石、乳化沥青碎石。

沥青混凝土路面是指用沥青混凝土作面层的路面，其面层可由1~4层沥青混合料组成，各层混合料的组成设计应根据其层厚和层位、气温和降雨量等气候条件、交通量和交通组成等因素确定，以满足对沥青面层使用性能的要求。

沥青碎石路面是指用沥青碎石作面层的路面，沥青碎石的配合比设计应根据实践经验和马歇尔试验的结果，并通过施工前的试拌和试铺确定。沥青碎石有时也用作联结层。乳化沥青碎石适用于三级、四级公路的沥青面层，二级公路养护罩面以及各级公路的调平层。

8.2.2　沥青混合料的力学强度特性

压实成型的沥青混合料是由集料、沥青结合料和空隙所构成的一种具有空间网络的多相体系，它的力学强度主要取决于集料颗粒间的摩擦力和嵌挤力、沥青结合料的黏结性以及沥青与集料之间的黏附性等。不同级配组成的沥青混合料，具有不同的空间结构类型，也就具有不同的内摩擦力和黏结力。因此，沥青混合料的结构组成对其强度构成有很大的影响。

1. 沥青混合料的强度构成

根据沥青混合料的颗粒性特征，沥青混合料的强度构成来源于两个方面：
1) 由于沥青的存在而产生的黏结力。
2) 由于集料的存在而产生的内摩擦力。

目前，普遍采用莫尔-库仑（Mohr-Coulomb）理论研究沥青混合料强度构成特性，用黏结力 c 和内摩擦角 φ 两个参数作为强度理论的分析指标。对于组成沥青混合料的两种原始材料——沥青和集料，通过试验研究和强度理论分析，可以认为：纯沥青材料的 $c \neq 0$ 而 $\varphi = 0$；干燥集料的 $c = 0$ 而 $\varphi \neq 0$。但由此形成的沥青混合料，其 $c \neq 0$ 且 $\varphi \neq 0$，沥青混合料在参数 c、φ 值的确定上需要把理论准则与试验结果结合起来。理论准则采用莫尔-库仑理论，而试验结果则可通过三轴试验、简单拉压试验或直剪试验获得。

（1）三轴试验　沥青混合料的 c、φ 值一般可通过三轴试验直接获得。对于三轴试验，由图8-2可得其莫尔-库仑的理论表达式为

$$\sigma_1 = \frac{1+\sin\varphi}{1-\sin\varphi}\sigma_3 + 2c\frac{\cos\varphi}{1-\sin\varphi} \tag{8-1}$$

显然，在一定的力学加载条件下，如果材料是给定的，那么内在参数 c、φ 值应为常数，σ_1 与 σ_3 之间便具有线性关系。同时，众多试验研究结果也表明，在给定试验条件下，σ_1 与 σ_3 之间具有如下形式的线性关系（图8-3）：

$$\sigma_1 = k\sigma_3 + b \tag{8-2}$$

式中　k、b——拟合参数，且均大于0。

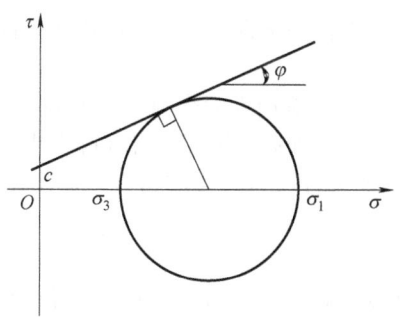

图8-2　莫尔-库仑平面

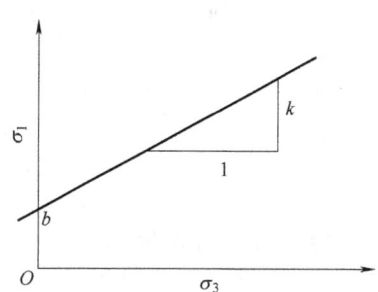

图8-3　σ_1 与 σ_3 之间的试验关系

将式（8-1）与式（8-2）对等，则可得到参数 c、φ 值的计算公式：

$$\begin{cases} \sin\varphi = \dfrac{k-1}{k+1} \\ c = \dfrac{b}{2}\dfrac{1-\sin\varphi}{\cos\varphi} = \dfrac{b}{2\sqrt{k}} \end{cases} \tag{8-3}$$

（2）简单拉压试验　沥青混合料的 c、φ 值也可通过测定无侧限抗压强度 R 和抗拉强度 r 予以换算。其换算关系可通过式（8-1）推导获得，也可直接利用莫尔圆求得（图8-4）。

当无侧限抗压时，相当于 $\sigma_3 = 0$ 及 $\sigma_1 = R$，代入式（8-1）得：

$$R = \sigma_1 = \frac{2c\cos\varphi}{1-\sin\varphi} = 2c\tan\left(\frac{\pi}{4}+\frac{\varphi}{2}\right) \tag{8-4}$$

当直接抗拉时，相当于 $\sigma_1=0$ 及 $-\sigma_3=r$，代入式（8-2）得：

$$r=-\sigma_3=\frac{2c\cos\varphi}{1+\sin\varphi}=2c\cot\left(\frac{\pi}{4}+\frac{\varphi}{2}\right) \tag{8-5}$$

通过简单拉压试验确定沥青混合料的参数 c、φ 值，应满足以下基本假定，即在试验变量（材料组成变量、力学激励变量）相同的条件下，假定沥青混合料在压缩和拉伸两种加载方式下的参数值相同。这种试验方法相对于三轴试验来说，在操作上要容易得多，且在一般试验机上均可以实施，易于推广应用。但其试验结果的准确性依赖于试验技术的完善与提高，特别是拉伸试验。

（3）直剪试验　沥青混合料的 c、φ 值还可以通过沥青混合料的直剪试验获得。这种试验方法与土的直剪试验非常类似，主要是通过测定不同正压力水平 σ_i 下的抗剪强度 τ_{fi}，在 $\tau—\sigma$ 坐标系中绘制库仑直线，从而获得材料的 c、φ 值，如图 8-5 所示。

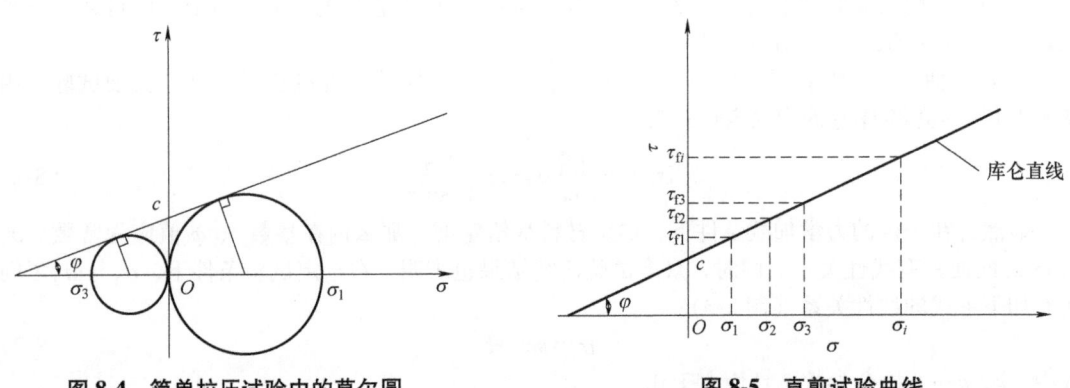

图 8-4　简单拉压试验中的莫尔圆　　　　　　图 8-5　直剪试验曲线

直剪试验可直接得到正应力和对应剪应力，从而很方便地根据库仑直线得到材料的 c、φ 值，因此，在原理上更加直观明了。

由于沥青混合料材料具有颗粒性及黏弹性性质，因此影响沥青混合料参数的因素多种多样，有沥青品质与用量、集料性质与级配、压实度、试验温度、加载速度等。对材料的结构组成及强度机理进行分析，有助于结合沥青路面层位需求合理地进行沥青路面的材料组成设计和结构组合设计。

2. 沥青混合料破坏控制指标

在车辆荷载作用下，沥青路面面层处于三向应力状态，正应力可以由正（拉应力）变负（压应力），各点的应力状态不仅随坐标变动，而且随车轮荷载的运动而变化。分析沥青路面的实际损坏状态后可以明显看出沥青混合料抵制破坏的指标主要有三个方面，即剪切强度、断裂强度和临界应变。

（1）剪切强度　沥青混合料的剪切强度是一项重要的强度指标，沥青路面的推移、拥包、车辙等病害都是剪切变形的结果，而莫尔-库仑公式反映了沥青混合料的强度与混合料内部的黏聚力和摩擦力之间的直接联系，见式（8-1）。

需要说明的是，同样的物体，在三轴应力状态下，随 σ_3 的增大，材料由脆性破坏过渡为塑性破坏，会呈现出不同的力学特性，存在一个脆性过渡到塑性的破坏临界值 σ_3，临界值的大小与材料的强度有关。此外，沥青混合料在高温情况下力学性质的复杂性，常使抗剪强度理论的应用处于半理论、半经验的状态。

（2）断裂强度　断裂强度主要用于分析随气温下降时沥青面层收缩受阻而产生的收缩应力超过抗拉极限强度时所造成的缩裂问题；也可用于分析车辆紧急制动时车轮后侧路表受到的拉

应力引起的拉裂问题。

沥青混合料的断裂强度，可由直接拉伸或间接拉伸（劈裂）试验确定。由于直接拉伸试验易于偏心，会对数值较小的拉伸强度产生较大的误差，因此常采用间接拉伸试验测定。直接拉伸试验采用高度为直径或边长的 2.5~3 倍的圆形或矩形截面的试件。间接拉伸试验采用高度为直径的 0.5 倍的圆柱体试件，成型简便且可采用钻孔方法取样。试件在切向受拉应力的同时径向受压，其受力状态更接近实际路面结构。

沥青混合料的断裂强度同样是温度和加载速率的函数，随着温度的下降和加载速率的增大而提高。拉伸强度与温度曲线存在一个峰值，当温度继续下降时，强度反而略有下降。

对于密级配沥青混合料，断裂强度随集料级配细度的增加而增大，且在某一最佳矿粉/沥青比时断裂强度最高。

(3) 临界应变　临界应变和断裂强度一样随温度和加载时间而有规律的变化。弯曲试验时，沥青混合料的临界应变值因温度不同而在很大范围内变化。

具有重要意义的是，临界应变不仅在每一温度与加载条件下有足够灵敏度的变化，而且对应每一破坏现象都有一个典型的数值。不论弯曲还是压缩，在不同荷载速度下，沥青砂在流动破坏区的临界应变，有收敛于 $(6\sim10)\times10^{-2}$ 左右的趋势，而在脆性破坏区临界应变范围更窄，为 $(1\sim5)\times10^{-3}$。

大量疲劳试验表明，当疲劳寿命为 $10^2\sim10^7$ 时，应变水平相应为 $10^{-5}\sim10^{-3}$。满足一般使用年限要求时，应变水平约为 10^{-4} 级。当应变水平小于 10^{-5} 时，大致达到耐久极限应变，即承受行车荷载重复作用而不产生疲劳破坏。

8.2.3　沥青混合料的变形特性

沥青混合料是一种弹性—黏塑性材料，在应力-应变关系中呈现出不同的性质。有时仅呈现为弹性性质，有时则主要呈黏塑性性质。而大多数情况下，几乎同时综合呈现上述性质。用黏弹性理论研究沥青混合料的变形特性时应遵循如下基本原则：

1）沥青混合料兼具胡克弹性与牛顿黏性的双重性质。
2）沥青混合料的力学性质均应作为温度与时间的函数表示。
3）将沥青混合料的性质作为"某一条件的响应"是比较合理的，宜将其描述为仅在某一条件下才具有的性质。

基于上述原则，在比较宽的温度及时间区域中考察混合料的力学性质，其变化是极有规律的，这种规律性可以用黏弹性理论加以描述，作为温度与时间的函数加以分析。因为沥青路面工作在时间与温度均较宽的范围内，必须同时采用数种试验方法，才能把拟考察的区域全部包括进去。例如，在处理疲劳破损时，常采用动态试验；在解决车辙问题时，常采用蠕变试验；而在分析低温缩裂时，常采用应力松弛试验。各种试验方法的基本原理如下：

1. 蠕变试验

可采用拉伸、压缩和弯曲等力学模式，在固定荷载作用下量测应变随时间的变化，蠕变柔量按下式计算：

$$J(t)=\frac{\varepsilon(t)}{\sigma_0} \tag{8-6}$$

2. 应力松弛试验

使试件在瞬间产生应变 ε_0，连续量测保持这一应变时的应力随时间的变化。应力松弛也可采用拉伸、压缩、弯曲等力学模式，并按下式计算松弛模量：

$$G(t)=\frac{\sigma(t)}{\varepsilon_0} \tag{8-7}$$

3. 等应变速率试验

在固定的应变速率下求得应力-应变曲线，计算时可以选取能够充分确定应力-应变曲线的坐标点进行计算。该试验要求使用能够完全控制变形速率的试验设备，在几种应变速率下进行试验。等应变速率试验同样适合于拉伸、压缩、弯曲等不同力学模式，并按下式计算：

$$G_r(t) = \frac{d\sigma}{d\varepsilon} = \frac{1}{\dot{\varepsilon}}\frac{d\sigma}{dt} \tag{8-8}$$

沥青混合料的应力应变关系并不总是线性关系，在时间长、温度高时常常表现为非线性关系。因而，应力应变关系不仅可以用 σ/ε 表示，也可以用应力-应变曲线的切线斜率表示。按曲线斜率计算得到的是切线劲度模量，按割线得到的是割线劲度模量。

4. 动态试验

最常用的动态试验是对试件施加正弦波荷载。对于黏弹性体测得的应变也是一个正弦波，但存在一个相位差 φ，复数模量即是两个最大幅值之比，即

$$[E^*] = \frac{\sigma_0}{\varepsilon_0} \tag{8-9}$$

5. 沥青混合料的劲度模量

为使工程能在使用的整个温度范围与加载时间内对沥青性质有一个统一、简便、实用的综合评价体系，Van Der Pool 在 1954 年提出了劲度模量的概念，即

$$S(t,T) = \left(\frac{\sigma}{\varepsilon}\right)_{t,T} \tag{8-10}$$

尽管劲度模量公式的形式与杨氏模量公式相同，但是劲度模量是一定时间（t）和温度（T）条件下，应力与总应变的比值。总应变包括弹性应变（ε_e）、延迟弹性应变（ε_d）与黏性应变（ε_v）。

沥青混合料的劲度是温度与时间的函数。当温度较低时，在短荷载作用下，其劲度模量趋近弹性模量，在长期荷载作用下，劲度随时间推移急剧下降，在双对数坐标上呈线性关系；当温度上升时，沥青混合料的稠度降低，其劲度模量随之减小。

■ 8.3 沥青路面使用性能和气候分区

沥青路面直接承受车辆荷载和大气因素的作用，为了保证路面为车辆提供安全、快速、舒适、经济的服务，沥青路面必须满足使用性能要求。沥青路面的使用性能包括功能性（为道路使用者提供的舒适程度）、结构性（道路的物理状况，包括破损状况和结构承载能力）、安全性（路面的抗滑性能）和美观性（路面外观给道路使用者的视觉美感）。而沥青路面结构方面的使用性能主要包括高温稳定性、低温抗裂性、水稳定性、抗疲劳性能、抗老化性能等。

8.3.1 沥青路面的高温稳定性

沥青路面的高温稳定性通常是指高温时沥青混合料在荷载作用下抵抗永久变形的能力，主要出现在高温、加载速率低以及抗剪切能力不足时，即沥青路面劲度较低的情况下，车辙、推移、拥包、搓板、泛油等现象均为沥青路面高温稳定性不足的表现。

1. 车辙的形成机理及影响因素

车辙是指沥青路面在行车荷载的反复作用下产生的累积永久变形，主要发生在高温季节尤其是渠化交通的重交通道路上。其主要危害包括削弱路面结构整体强度，诱发其他病害；导致路面不平整和雨天辙槽积水，影响行车安全；辙槽边缘裂缝处水分渗入，引起沥青路面水损害和其他破坏。当沥青路面采用无机结合料稳定类基层或水泥混凝土基层时，车辙主要发生在沥青

面层。

根据形成的原因，车辙可分为四种类型：失稳型车辙、结构型车辙、磨耗型车辙、压密型车辙。

（1）失稳型车辙　这类车辙是由于沥青路面结构层在交通荷载作用下，内部材料流动产生横向位移而发生，通常集中在轮迹处，轮迹凹陷，两侧隆起，如图8-6所示。

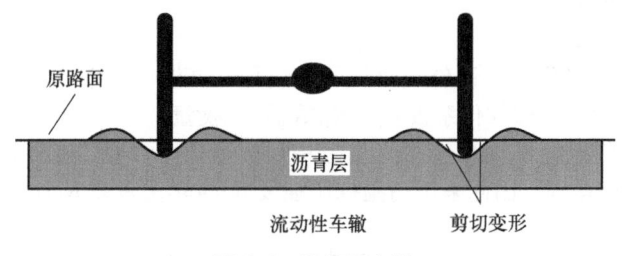

图 8-6　失稳型车辙

失稳型车辙形成过程

（2）结构型车辙　这类车辙是因为路面结构在交通荷载作用下产生整体永久变形而形成的，主要是由于路面结构组合不合理，路基变形传递到面层，如图8-7所示。

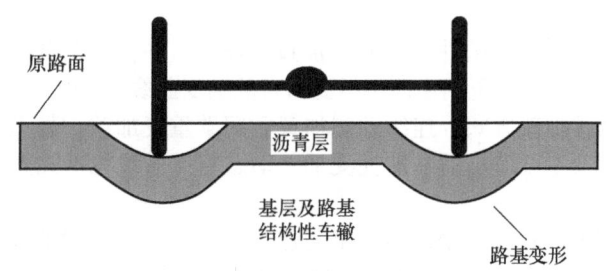

图 8-7　结构型车辙

（3）磨耗型车辙　这类车辙是由于沥青路面结构表层材料在车轮磨耗和自然环境因素作用下不断地损失而形成永久变形，主要是大颗粒集料缺乏韧性、带凸钉轮胎作用、集料级配空隙过大以及集料周围沥青膜厚度不足所致。

（4）压密型车辙　这类车辙是由于沥青面层竣工时压实度偏低，开放交通后在车轮荷载作用下补充碾压而在轮辙处出现变形，轮迹凹陷，两侧无明显隆起。

四类车辙类型中，磨耗型车辙产生在特定条件（如凸钉轮胎）下；结构型车辙一般可以通过路面结构组合设计，控制路基顶部压应变避免；压密型车辙可以通过控制施工压实度避免；失稳型车辙则需考虑沥青混合料特性及行车荷载的作用，是沥青路面高温稳定性问题，设计时应重点考虑。

失稳型车辙的形成过程，可简单地分为以下三个阶段：

（1）初始阶段的压密过程　沥青混合料经碾压后，在高温下处于半流态的沥青及由沥青与矿粉组成的胶浆被挤进矿料间隙中，同时集料被强力排列成具有一定骨架的结构。交付使用后，在交通荷载作用下，密实过程进一步发展，在轮辙位置产生局部沉陷。

（2）沥青混合料的侧向流动　高温下的沥青混合料在轮胎荷载作用下，沥青及沥青胶浆产生流动，除部分填充混合料空隙外，还将促使沥青混合料产生侧向流动，从而使路面轮迹处被压缩，导致轮迹处两侧向上隆起形成马鞍形车辙。

（3）矿质集料的重新排列及矿质骨架的破坏　高温下处于半固态的沥青混合料，由于沥青及胶浆在荷载作用下首先流动，混合料中粗、细集料组成的骨架逐渐成为荷载主要承担者，促使沥青及胶浆向富集区流动，加速了混合料网格结构的破坏，特别是当沥青及胶浆过多时，这一过程会更加明显。

由此可见，失稳型车辙形成的最初原因是压密及沥青高温下的流动，最后导致骨架的失稳，从本质上讲就是沥青混合料的结构特征发生了变化。

影响沥青路面车辙的主要因素包括集料和沥青结合料的性能、沥青用量、混合料类型、荷载和环境因素、施工碾压方法和密实情况等。

2. 沥青混合料高温稳定性评价方法

（1）单轴压缩试验　沥青混合料高温稳定性评价最简便的方法是以高温（一般采用60℃）抗压强度 R_T 及常温与高温时抗压强度的比值即软化系数 K_T（R_T/R_{20}）来衡量。

单轴压缩试验测定抗压强度时其侧压力 $\sigma_3 = 0$，在受力过程中压板与试件两端接触面上存在摩擦力的约束，这些都与工程实际有些差别。因此采用高温抗压强度 R_T 与软化系数 K_T 评价沥青混合料的高温稳定性均有一定的误差。

（2）马歇尔试验（1948年）　很长时间以来，人们一直采用马歇尔试验的稳定度、流值和马歇尔模数作为评价沥青混合料高温稳定性和混合料设计的依据，但是由于马歇尔试验过程中试件内部的应力分布状态极为复杂，因此试验结果很难对路面实际状况做出关联评价。

（3）蠕变试验　蠕变试验常采用单轴静载、三轴静载、单轴重复加载和三轴重复加载四种方式进行。

单轴静载蠕变试验以圆柱形试件在轴向施加瞬时荷载，并保持荷载大小不变，经过一段时间后再立即卸载，使试件变形恢复，由此可得到通常的蠕变曲线。

动态蠕变试验有两种加载方式：连续动态加载和间歇重复加载。静态蠕变曲线包括可恢复的弹性、黏弹性变形以及不可恢复的黏塑性变形。动态蠕变曲线包括黏塑性变形与来不及恢复的黏弹性变形。

动态蠕变试验的两种加载方式中，间歇重复加载更接近实际荷载的作用，它的蠕变曲线也更多地由材料的永久变形组成，因此它是一种较好的试验方法。

（4）车辙试验　车辙试验是一种模拟实际车轮荷载在路面上行走而形成车辙的工程试验方法。从广义上来说，室内小型往复车辙试验、旋转车辙试验、大型环道试验、直道试验等都可认为是属于车辙试验范畴。这些试验的原理就是通过采用车轮在板块状试件或路面表面结构上反复行走，观察和检测试块或路面结构的响应。

车辙试验是评价沥青混合料在规定温度条件下抵抗塑性流动变形能力的有效方法。通过板块状试件与车轮之间的往复相对运动，试块在车轮的重复荷载作用下产生压密、剪切、推移和流动，从而产生车辙。从车辙试验得到的时间—变形曲线（图8-8）可得出三类指标：

1）任何一个时刻的总变形，即车辙深度。

2）在变形曲线的直线发展期，通常是求取45min、60min的变形量 D_{45}、D_{60}，按下式计算动稳定度 DS（次/mm）：

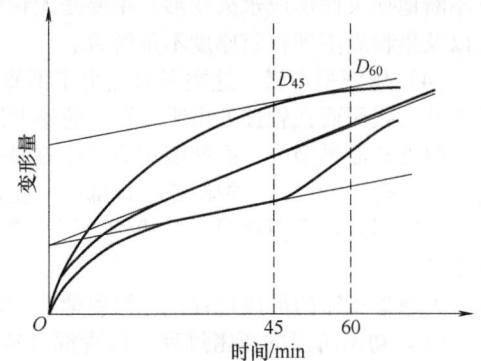

图8-8　车辙试验中时间—变形曲线

$$DS = \frac{(60-45) \times 42}{D_{60} - D_{45}} C_1 C_2 \tag{8-11}$$

式中　D_{60}——试验时间为60min时试件变形量（mm）；

　　　D_{45}——试验时间为45min时试件变形量（mm）；

C_1——试验机类型修正系数,曲柄连杆驱动试件的变速行走方式为 1.0,链驱动试验轮的等速行走方式为 1.5;

C_2——试件系数,试验室制备的宽 300mm 的试件为 1.0,从路面切割的宽 150mm 的试件为 0.8。

3)变形速率 RD,它实际上是动稳定度 DS 的倒数。由实践可知,尽管总变形非常直观,但不同试件之间的波动较大。在整个变形中,开始阶段的几次碾压能产生很大的变形,与试件接触的均匀程度是数据波动的重要原因。另外,总变形能区分试验结果的差别,但不便估计变形的发展情况。因此采用动稳定度作为指标是比较合理的,以避免试验开始阶段,尤其是开始与试件接触的时刻所产生的影响。

(5)简单剪切试验 沥青路面混合料的高温永久变形主要是由沥青混合料的塑性剪切流动引起的,简单剪切试验就是用于直接考察沥青混合料的抗剪切流动性能。这个试验方法由土的直剪试验方法移植过来,并进一步考虑了沥青混合料的特殊性质,增加了垂直的动力荷载、围压和温度控制,可测定试件的回弹剪切模量、动力剪切模量等。简单剪切试验装置示意图如图 8-9 所示。图 8-9 中试件尺寸:$\phi 150mm \times (50 \sim 65)mm$,最大粒径 $\leq 19mm$;$\phi 200mm \times 75mm$,最大粒径 $\leq 38mm$。试验温度为 4℃、20℃、40℃。

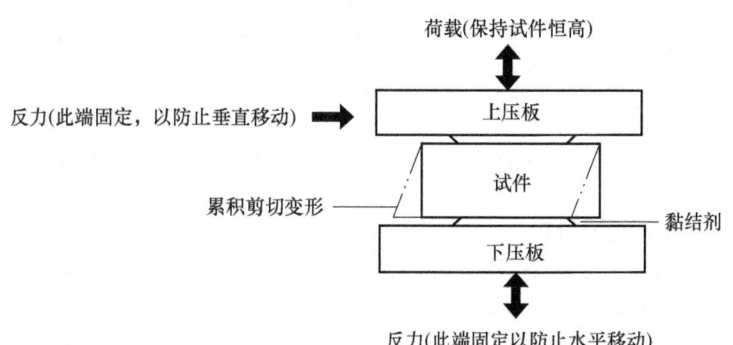

图 8-9 简单剪切试验装置示意图

3. 沥青路面高温稳定性技术标准

(1)沥青路面车辙的技术指标 20 世纪 70 年代,壳牌石油公司提出了用沥青面层的车辙深度限制沥青路面永久变形的设计方法。随后世界各国根据本国的气候、交通等具体条件提出了各自的容许车辙深度标准。表 8-1 为我国沥青路面考虑行车安全性和舒适性提出的沥青混合料层容许永久变形量的标准。

表 8-1 沥青混合料层容许永久变形量　　　　　　　　　　(单位:mm)

基层类型	高速公路、一级公路	二级、三级公路
无机结合料稳定类基层、水泥混凝土基层和底基层为无机结合料稳定类的沥青混合料基层	15	20
其他基层	10	15

(2)车辙试验标准 经过调查研究发现,车辙试验的动稳定度与沥青路面的车辙深度有较好的相关性,恰当地控制沥青混合料的动稳定度,有助于提高沥青面层的抗永久变形能力。《公路沥青路面设计规范》(JTG D50—2017)规定了公路沥青混合料动稳定度的技术要求,见表 6-22。

4. 沥青路面车辙的防治措施

影响沥青路面车辙的因素比较多，不同的车辙类型也不一样。

对于失稳型车辙，可采用以下防治措施：混合料中的矿料应选择棱角性好，石质坚硬的集料，粗集料应具有良好的表面纹理和粗糙度，控制集料针片状颗粒含量，混合料级配良好，有足够数量粗集料形成空间骨架结构；应适当提高沥青材料的黏稠度，控制沥青与矿粉的比值，严格控制沥青用量，采用具有活性的矿粉，以改善沥青胶浆的性能，使用能提高沥青混合料高温性能的改性沥青；在施工方面，沥青面层应碾压密实，控制空隙率，此外采用胶轮搓揉碾压，提高粗集料咬合嵌挤能力，提高混合料抗剪切性能。

对于结构型车辙，可采用以下防治措施：确保基层设计满足工程要求；基层材料满足规范要求，含有较多经破碎的颗粒；混合料内含有足够的矿粉；基层应充分压实，工后不产生附加压密；路基压实应满足规范规定的要求。

对于磨耗型车辙，可采用以下防治措施：交通管制、改善混合料级配。

压密型车辙可以通过沥青路面施工时充分压实来防治。

8.3.2 沥青路面的低温抗裂性

沥青路面的低温抗裂性是指沥青路面抵抗低温开裂的能力。

沥青路面的低温开裂有两种形式：一种形式是低温缩裂，由于气温骤降使面层收缩，在有约束的沥青层内产生的温度应力超过沥青混凝土的抗拉强度造成开裂，此类裂缝多从路表面自上向下发展；另一种形式是温度疲劳裂缝，沥青混凝土经受长时间的温度循环，应力松弛性能下降，极限拉应变变小，在温度应力小于抗拉强度的情况下产生开裂。这种裂缝主要发生在温度变化频繁的地区。

1. 沥青路面低温开裂的机理

沥青路面的低温缩裂与温度下降引起的材料体积收缩有关。由于材料受到约束，随着温度下降材料不能收缩，则立即产生温度应力，当该应力达到材料的抗拉强度时，就会产生裂缝。温度较高时，沥青混凝土表现出黏弹性性质，温度略有降低，所产生的温度应力将因应力松弛而消失。但是在低温范围内，沥青混凝土主要表现为弹性特性，温度应力不会消失，就有可能产生裂缝。如图 8-10 所示，当破坏温度出现就会产生裂缝，释放应力。

2. 沥青混合料低温抗裂性能的评价方法

（1）间接拉伸试验 该试验方法是在低温条件下，通过加载压条对 $\phi 101.6\text{mm} \times 63.5\text{mm}$ 的沥青混凝土试件进行加载，获得沥青混合料的劈裂强度及垂直和水平变形，用于预测沥青路面的开裂情况。但水平变形测量要求精度较高。

（2）直接拉伸试验 直接拉伸试验，取试件尺寸为 $38.1\text{mm} \times 38.1\text{mm} \times 101.6\text{mm}$，试件的两端由环氧树脂粘贴在拉板上。试验系统以缓慢的拉伸速率（一般为 $1.2 \times 10^{-3} \sim 2.5 \times 10^{-3} \text{mm/min}$）在低温条件下加载拉伸，通过试验得到的强度—温度关系曲线可预估开裂温度。

（3）蠕变试验 用弯曲蠕变试验评价沥青混合料的低温抗裂性能，取试件尺寸为 $30\text{mm} \times 35\text{mm} \times 250\text{mm}$，试验温度为 $0°C$。蠕变变形曲线的一般形式如图 8-11 所示，分为三个阶段，第一阶段为蠕变迁移阶段，第二阶段为蠕变稳定阶段，第三阶段为蠕变破坏阶段。在蠕变稳定阶段，荷载作用时间从 t_1 到 t_2，应变由 ε_1 增大到 ε_2，则蠕变速率大小为

$$\varepsilon_{\text{speed}}(\sigma, T) = \frac{\frac{\varepsilon_2 - \varepsilon_1}{t_2 - t_1}}{\sigma_0} \tag{8-12}$$

式中 σ_0——试验时沥青混合料小梁下缘的蠕变拉应力，根据车轮荷载预估；

其余符号意义如图 8-11 所示。

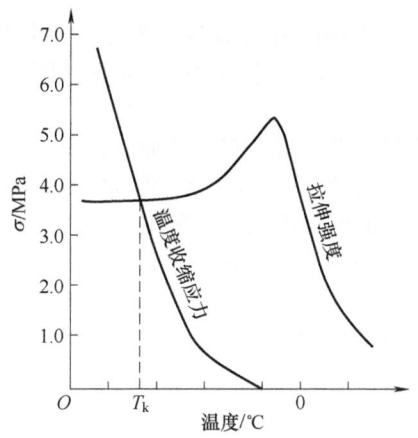

图 8-10 低温破坏温度应力分布

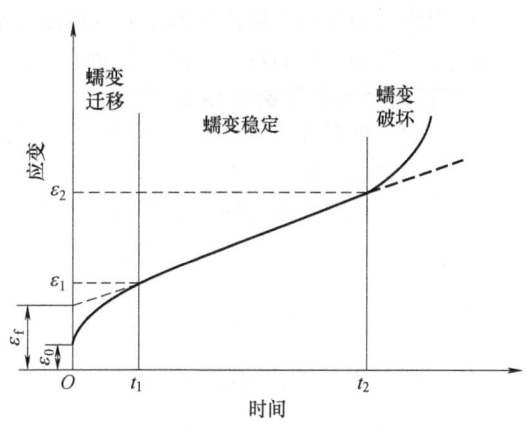

图 8-11 材料蠕变变形曲线

（4）约束试件温度应力试验 试验装置如图 8-12 所示，试件尺寸为 50mm×50mm×250mm，试件端部与夹具用环氧树脂黏结。降温速度为 10℃/h，试验时测定冷却过程中的温度-应力变化曲线（图 8-13）。此试验方法是美国公路战略研究计划（SHRP）推荐的评价沥青混合料低温抗裂性能的方法。

由图 8-13 可得到四个指标：破断温度、破断强度、温度应力曲线斜率、转折点温度。

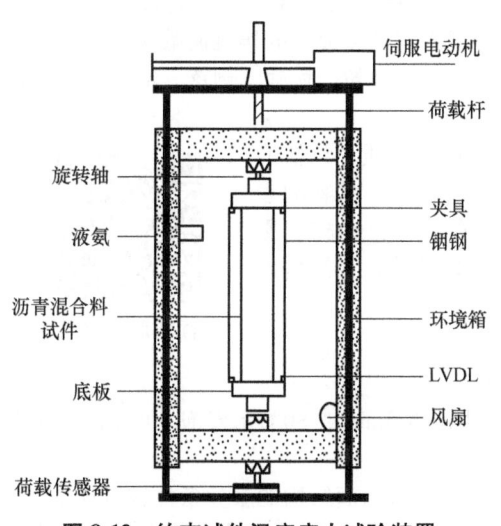

图 8-12 约束试件温度应力试验装置

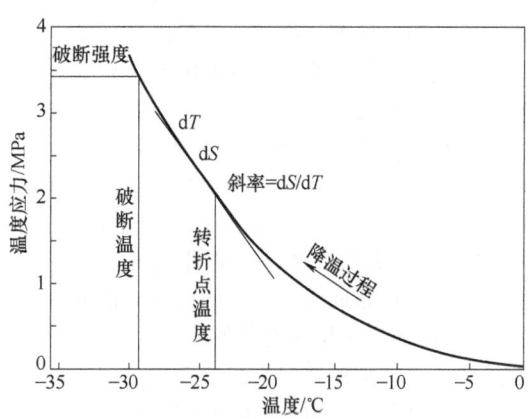

图 8-13 温度-应力变化曲线

（5）应力松弛试验 沥青路面在温度骤降时产生的温度收缩应力来不及松弛而被积累，乃至超过抗拉强度时，将发生开裂。因此应力松弛性能是评价沥青混合料抵抗温度开裂的重要指标，可用应力松弛模量表述。应力松弛模量可由多种方法测定，如直接应力松弛试验、弯曲应力松弛试验以及由等速加载试验或蠕变试验间接得到等。应力松弛模量越小，沥青混合料应力松弛性能及低温抗裂性能越好。同时该指标也是温度开裂预估的重要力学参数。但应力松弛试验所需仪器精度较高。

（6）低温弯曲破坏试验 低温弯曲破坏试验通常采用长 250mm、宽 30mm、高 35mm 的小梁，其跨径为 200mm，在 -10℃ 的温度环境下，以 50mm/min 的速度在跨中单点加载。在小梁断裂时，记录梁底最大拉应变。

用低温弯曲破坏应变评价沥青路面的低温抗裂性能，概念明确，指标直观、可控。控制指标的取值应根据气候分区的特征通过试验确定。通常要求低温弯曲破坏应变不小于 $2000\sim2600\mu\varepsilon$。

3. 沥青路面低温开裂的预防措施

沥青路面的低温开裂受多种因素制约，就沥青材料选择和沥青混合料设计而言，应注意以下几点：使用含腊量低的沥青；在严寒地区采用针入度较大、黏度较低的沥青，但同时也应满足夏季的要求；选用温度敏感性小的沥青，有利于减少沥青路面的温度裂缝；采用吸水率低的集料，粗集料的吸水率应小于 2%；采用 100% 轧制碎石集料拌制沥青混合料；控制沥青用量，在马歇尔最佳用量 ±0.5% 范围内对裂缝影响小，但同时也应保证高温稳定性；采用应力松弛性能好的聚合物改性沥青；掺加纤维；使用较细的混合料类型；设置应力吸收层等。

8.3.3 沥青路面的水稳定性

沥青路面的耐久性主要依靠沥青与集料之间的黏附程度，但水会破坏沥青与集料之间的黏附性，是影响沥青路面耐久性的主要因素之一。沥青路面的水稳定性是指沥青路面在水或冻融循环的作用下保持其原有性质的能力。无论在冰冻地区，还是在南方多雨地区，水损害都有可能发生。水渗入会破坏沥青与集料间的黏结性能，使沥青与集料脱离，路面出现松散、剥离、坑洞等病害，严重危害道路的使用性能。

1. 沥青路面水稳定性的作用机理

水损坏就是沥青路面在水或冻融循环的作用下，由于汽车车轮动态荷载的作用，进入路面空隙中的水不断产生动水压力或真空负压抽吸的反复循环作用，水分逐渐渗入沥青与集料的界面上，由于集料表面对水比对沥青有更强的吸附力，使沥青与集料表面的接触面减小，沥青黏附性降低直至丧失黏结力，沥青膜从石料表面脱落，沥青混合料掉粒、松散、剥落，继而形成沥青路面的坑洞、坑槽、推挤变形等损坏现象。

影响沥青路面水稳定性的因素主要有：①沥青混合料的性质，包括沥青与集料表面的界面张力、沥青与集料的化学组成、沥青黏性、集料的表面粗糙程度、集料的洁净度、集料的含水率、混合料类型等；②施工影响，包括拌和温度、沥青混合料空隙率、施工压实的均匀性等；③结构设计，包括路面结构层组合设计、路面排水措施等。

路面坑洞形成原理

2. 沥青路面水稳定性的评价方法

对于沥青路面水稳定性的评价方法分为以下两类：

1）用沥青裹覆标准集料，在松散状态下浸入沸水中浸煮 3min 或 80℃ 水浸泡 30min，观察沥青从集料上剥离的情况来评价沥青与粗集料的黏附性。

2）使用击实试件（或路面钻芯取样），在浸水条件下，对路面结构的服务条件进行评估。

测试方法包括：水煮试验、水浸试验、浸水马歇尔试验、冻融台座试验、浸水间接拉伸试验、冻融劈裂试验、浸水车辙试验等。

（1）水煮（浸）试验　水煮法是将裹覆沥青的标准集料浸入烧杯正煮沸的水中，水保持微沸状态，浸煮 3min 后取出，观察集料表面沥青的裹覆情况，估计沥青的剥落程度，评定黏附性等级。

水浸法是将裹覆沥青的标准集料浸入 80℃ 的水中浸泡 30min 后取出，放入白色搪瓷盘中，浸入清水中观察，参照不同剥落率样本照片，评定黏附性等级。

水煮（浸）试验为区分沥青膜剥落与未剥落提供了直观的结果，可在工程中评价沥青与集料的黏附性，为材料的选择提供参考。该试验只能反映黏结力损失或沥青剥落的情况，但却忽视了黏聚力的损失。同时由于该方法采用主观评价，评定结果往往因人而异。

（2）浸水马歇尔试验　浸水马歇尔试验是我国常用的评价沥青路面水稳定性的方法。该试验方法简单，易于操作，且能区分不同沥青等级、不同性质集料水稳定性的优劣。

（3）冻融台座试验　冻融台座试验模拟在路面使用 5 年时，沥青黏结力发生的变化。标准试件用较好的单一粒径集料拌制的沥青混合料制作而成，然后放在台座上，在水中重复冻融循环，直到与路面设计寿命相关的裂纹出现为止。该试验结果对判定混合料抗剥落能力有较好的效果。

（4）浸水间接拉伸试验　浸水间接拉伸试验要求试件在浸水真空压力下达到 55%~80% 的饱和度。试验结果通过浸水与不浸水条件下试件的间接抗拉强度比来评定。该方法应用范围广，一般具有较好的相关性。

（5）冻融劈裂试验　冻融劈裂试验方法与浸水间接拉伸试验方法相似，只是增加了冻融循环的条件，主要为了模拟冰冻地区沥青面层的工作环境，加剧水对混合料的破坏程度。因此，获得的沥青混合料水稳定性试验结果比浸水马歇尔试验结果区分度要大些。

（6）浸水车辙试验　浸水车辙试验方法是把车辙试验放在浸水条件下进行。通过浸水与不浸水条件下分别得出的动稳定度值之间的比值评价混合料的水稳定性。

我国《公路沥青路面施工技术规范》（JTG F40—2004）规定用水煮法检验沥青与集料之间的黏附性，用浸水马歇尔试验和冻融劈裂试验检验沥青混合料的水稳定性。

3. 提高沥青路面水稳定性的措施

1）设计方面：完善路面结构排水系统。路面结构设计应保证地表水、地下水及时排到路面结构之外。

2）沥青选择：应考虑选取黏度大的沥青和表面活性成分含量高的沥青。

3）集料选择：在其他各项指标满足要求的前提下，尽量选择 SiO_2 含量低的碱性集料；碎石表面纹理粗糙；掺石灰、水泥、抗剥落剂等改善黏附性。

4）施工方面：施工时保持集料干燥、洁净；拌和充分并控制拌和温度不能过高；摊铺均匀不离析；碾压密实不离析、不渗水。

8.3.4　沥青路面的抗疲劳性能

20 世纪 60 年代开始，世界各国对路面疲劳特性进行了系统研究，对路面疲劳破坏机理也有了更科学的认识。理论和实践都已表明，在移动车轮荷载作用下，路面结构内各点处于不同的应力应变状态，如图 8-14 所示。路面面层底部 B 点处于三向应力状态，车轮作用其上时，B 点受到全拉应力作用，车轮驶过后应力方向改变量值变小，并有剪应力产生。当车轮驶过一定距离后，B 点则承受主压应力作用。B 点应力随时间的变化曲线如图 8-15 所示。

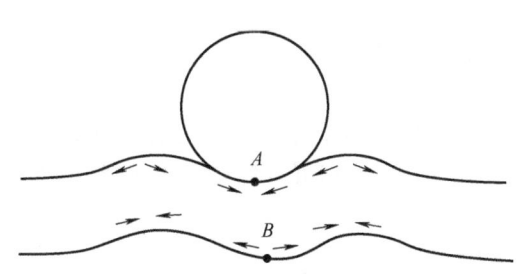

图 8-14　路面面层在车轮下的受力状态

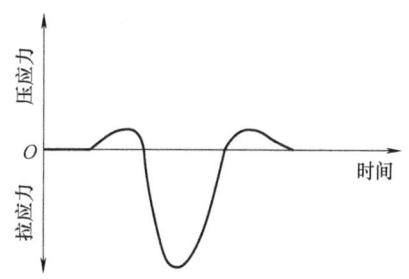

图 8-15　B 点应力随时间的变化曲线

路面表面上 A 点则相反，车轮驶近时受拉，车轮直接作用时受压，车轮驶过后又受拉。车轮驶过一次就使 A、B 点出现一次拉压应力循环。路面在整个使用过程中，长期处于应力（应变）

重复循环变化的状态。由于路面材料的抗压强度远大于抗拉强度，而面层底部 B 点在车轮下所受的拉应力较之表面 A 点在车轮驶近或驶离后产生的拉应力要大得多，因此在荷载重复作用下路面裂缝通常从面层底部开始发生。沥青路面寿命后期出现的裂缝与行驶车辆产生的弯曲应力超过了材料的抗弯强度有关，是结构层材料疲劳的结果。沥青路面面层疲劳设计大多数以面层底部拉应力或拉应变作为控制指标。

1. 沥青混合料疲劳力学模型

沥青路面疲劳特性的研究方法可以分为三类：第一类为现象学法，即传统的疲劳理论方法，它采用疲劳曲线表征材料的疲劳性质；第二类为力学近似法，即应用断裂力学原理分析疲劳裂缝扩展规律以确定材料疲劳寿命；第三类是能耗法，混合料在应力应变作用下吸收能量引起疲劳损伤，建立能量与作用次数的关系。现象学法与力学近似法都是研究材料的裂缝以及裂缝的扩展，其主要区别就在于前者的材料疲劳寿命包括裂缝的形成和扩展阶段，研究裂缝形成的机理以及应力、应变与疲劳寿命之间的关系，各种因素对疲劳寿命及疲劳强度的影响；后者只考虑裂缝扩展阶段的寿命，认为材料一开始就有初始裂缝存在，它主要是研究材料的断裂机理及裂缝扩展规律。以下介绍现象学法。

沥青混合料的疲劳是材料在荷载重复作用下产生不可恢复的强度衰减积累所引起的一种现象。显然荷载的重复作用次数越多，强度的损伤就越剧烈，它所能承受的应力或应变值就越小。

在现象学法中，把材料出现疲劳破坏的重复应力值称为疲劳强度，相应的应力重复作用次数称为疲劳寿命。疲劳寿命可以用两种量度来表示，即服务寿命和断裂寿命。服务寿命为试件能力降低到某种预定状态所必需的加载累积次数；断裂寿命为试件完全破裂所必需的加载累积次数。如果试件破坏都被定义为在连续重复加载下完全裂开时，则服务寿命与断裂寿命相等。

应用现象学法进行疲劳试验的方法很多，归纳起来可以分为四类：第一类是实际路面在真实汽车荷载作用下的疲劳破坏试验，如美国的 AASHO 试验路；第二类是足尺路面结构在模拟汽车荷载作用下的疲劳试验研究，包括环道试验、加速加载试验；第三类是试板试验法；第四类是试验室小型试件的疲劳试验研究。由于前三类试验研究方法耗资大、周期长，因此大量采用的还是周期短、费用少的室内小型疲劳试验。

室内小型疲劳试验的方法很多，如小梁弯曲试验、悬臂梁试验、单轴压缩试验、间接拉伸试验、旋转悬臂试验等。迄今为止，各国均没有将疲劳试验作为标准试验方法纳入规范。

应用现象学法进行疲劳试验时，可采用常应力和常应变两种加载模式。常应力控制方式是指在反复加载过程中所施加荷载（或应力）的峰谷值始终保持不变，随着加载次数的增加最终导致试件断裂破坏。这种控制方式以完全断裂作为疲劳损坏的标准。试验结果常采用下式表示：

$$N_f = k \left(\frac{1}{\sigma}\right)^n \tag{8-13}$$

式中　N_f——试件破坏时的加载次数；

k、n——取决于沥青混合料成分和特性的常数；

σ——对试件每次施加常应力的最大幅值。

常应变控制方式是指在反复加载过程中始终保持挠度或试件底部应变峰谷值不变。由于在这种控制方式下，试件通常不会出现明显的断裂破坏，一般以混合料劲度下降到初始劲度的50%或更低作为疲劳破坏的标准。试验结果常采用下式表示：

$$N = C \left(\frac{1}{\varepsilon}\right)^m \tag{8-14}$$

式中　N——混合料劲度下降为初始劲度的50%或更低时的次数；

ε——对试件每次施加常应变的最大幅值；

C、m——取决于沥青混合料成分和特性的常数。

式（8-13）和式（8-14）表明，材料在承受重复常应力或常应变条件下，施加的应力或应变同疲劳寿命之间的关系在双对数坐标上呈线性反比关系。图 8-16 所示为沥青混合料在采用常应力和常应变模式时所得到的疲劳试验曲线。

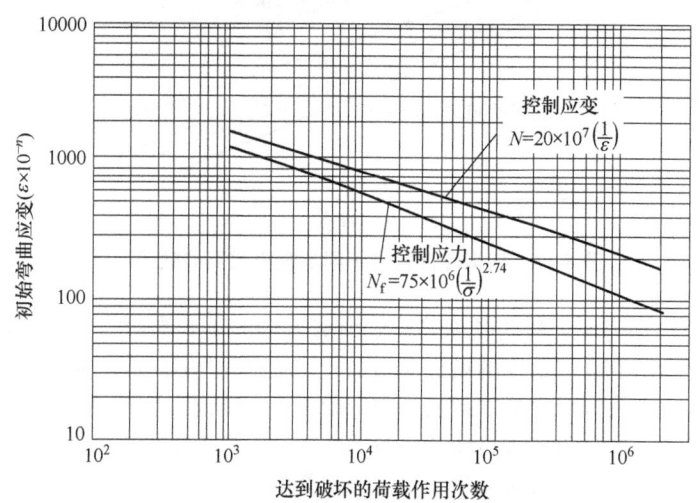

图 8-16　不同加载模式下的疲劳试验曲线

2. 影响沥青路面疲劳寿命的因素

沥青路面的疲劳寿命除了受荷载条件的影响外，还受到材料性质和气温条件的影响。

（1）荷载条件　材料的疲劳寿命可按不同的荷载条件测定。如果在全过程中荷载条件保持不变，则称为简单荷载；如果按某种预定形式重复改变荷载条件，则称为复合荷载。显然，对于相同的沥青混合料，试件承受简单荷载或复合荷载所表现的疲劳反应是不同的。

试件在承受简单荷载的情况下，即使初始应力和应变相同，采用两种不同加载模式所得出的疲劳寿命试验结果也是不同的。这是因为在控制应力加载模式中，材料劲度随着加载次数的增加而减小，为了保持各次加载时的常应力不变，实际作用于试件的变形就要增加；而在控制应变加载模式中，为了要保持每次加载的常应变不变，作用于试件的实际应力需减小。

控制应变加载模式和控制应力加载模式之间可用模式因素参数［式（8-15）］判断，保持常应变和常应力之间的中间状态时的重复荷载作用性质。

$$\mathrm{MF} = \frac{|A| - |B|}{|A| + |B|} \tag{8-15}$$

式中　MF——模式因素参数；

　　　A——在重复荷载作用下，材料劲度下降 $c\%$（c 为任意确定的劲度降低值）时，应力变化的百分数；

　　　B——在重复荷载作用下，材料劲度下降 $c\%$ 时，应变变化的百分数。

显然，对于控制应变加载模式 $B=0$，模式因素参数 $\mathrm{MF}=1$；对于控制应力加载模式，$A=0$，模式因素参数 $\mathrm{MF}=-1$；对于应力和应变都不保持常值的中间模式，其模式因素参数 $\mathrm{MF}=-1\sim1$，疲劳曲线则介于两种模式的疲劳曲线之间。

图 8-17 所示为沥青混合料在不同加载模式下的疲劳曲线。

此外，加载速度、加载波形、荷载间隔时间等因素对疲劳试验结果也有明显的影响。一般情况下，加载速度过快，荷载间隔时间过短，试件的疲劳恢复时间过短，容易加速破坏，使得疲劳寿命较短。

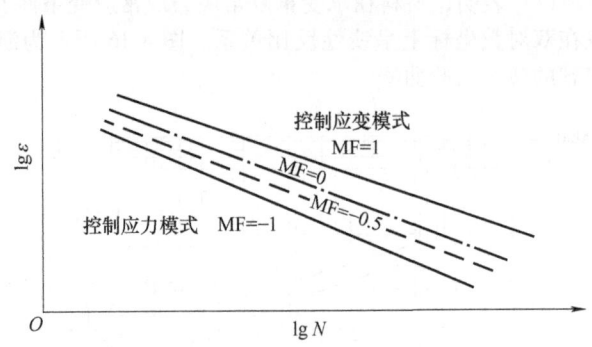

图 8-17 沥青混合料在不同加载模式下的疲劳曲线

(2) 材料性质 沥青混合料的劲度是影响疲劳寿命的重要参数。根据试验，在控制应力加载模式中，疲劳寿命随混合料劲度的增加而增加，这是因为每次加载产生的应变较小，因此重复作用的次数就多。而在控制应变的加载模式中，疲劳寿命随混合料劲度的增加而降低。这是因为劲度高，每次重复加载的应力就大，疲劳寿命就减少。一切与劲度模量相关的因素都将直接影响到沥青混合料的疲劳寿命，如沥青用量、沥青的种类和稠度等。

沥青混合料的空隙率对疲劳寿命的影响十分明显，不论是何种加载模式，降低空隙率都能延长沥青混合料的疲劳寿命。所以一般密级配混合料比开级配混合料有较长的疲劳寿命。此外集料的表面纹理、形状和级配也对混合料的疲劳寿命有一定影响。

(3) 气温条件 温度对疲劳性能的影响可以用混合料劲度解释。温度在一定限度内下降时，沥青混合料的劲度增大，试件在承受一定压力的条件下所产生的应变就小，因而在控制应力加载模式的试验中导致有较长的疲劳寿命；而在控制应变加载模式的试验中，温度增加引起混合料劲度降低，使裂缝扩展速度变慢而导致疲劳寿命得以增长。

盖里凯和韦纳脱（R. Guericke&F. Weinert）根据室内试验结果认为，在低温时控制应力加载模式所得的破坏疲劳寿命与控制应变加载模式的试验结果基本接近。但在较高温度下两种加载模式所得的破坏疲劳寿命之间的差值颇为显著。

8.3.5 沥青路面的抗老化性能

沥青路面的老化是指沥青路面在气候与环境等因素作用下发生"不可逆"的、导致其性能劣化的化学变化。沥青老化是沥青氧化、挥发、吸附、聚合、团聚、断裂等多种反应的综合结果，主要表现为芳香分、胶质和饱和分（挥发）含量减小，沥青质含量增加。沥青材料在沥青混合料的拌和、摊铺、碾压过程中以及沥青路面的使用过程中都存在老化问题。影响沥青老化的因素主要有以下几个方面：

1) 热。能加速沥青分子的运动，引起沥青的蒸发，促进沥青化学反应的加速。

2) 氧。空气中氧在加热的条件下，能促使沥青组分对其吸收，并产生脱氢作用，使沥青的芳香分转变为胶质，胶质转变为沥青质。

3) 光。特别是紫外线作用下，能产生光化学反应，并促进氧化速度加快，使沥青中羰基、羟基和碳氧基等基团增加。

4) 水。在与光、氧、热的共同作用下，能起到催化剂的作用。沥青的老化将导致沥青使用性能劣化，黏结性能下降，沥青路面产生松散、开裂等病害，从而影响路面的使用性能。

老化过程一般分为两个阶段，即施工过程中的热老化和路面使用过程中的长期老化。沥青路面碾压成型后，沥青混合料的抗老化能力不仅与沥青材料、光（含紫外线）、氧等自然气候条件有关,还与沥青在混合料中所处的形态有关,如混合料空隙率大小、沥青用量等。

1. 沥青的老化过程

沥青的老化是影响沥青路面使用质量和寿命的重要因素。路面铺筑时受加热作用,路面建成后受自然因素和交通荷载作用,沥青的技术性能向着不利的方向发生不可逆的变化,即沥青的老化。受沥青老化的制约,沥青混合料的物理力学性能随着时间的推移逐年降低,直至满足不了交通荷载的要求。

图 8-18 所示为沥青的老化过程。在路面施工中沥青始终处于高温受热状态会产生短期老化和热老化;路面使用期内沥青长期裸露在自然环境中,同时还要受到汽车等机械应力的作用而产生长期老化,即使用期老化。

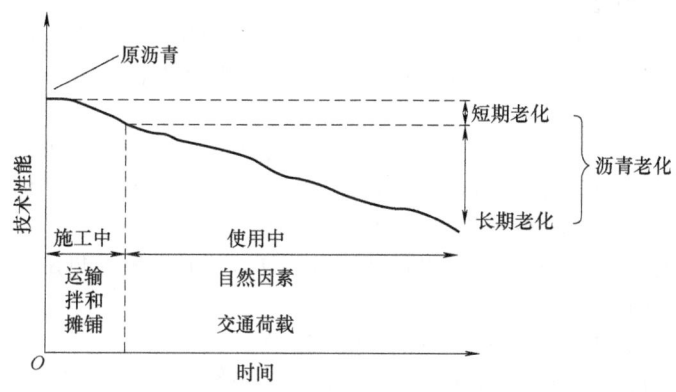

图 8-18 沥青的老化过程

(1) 沥青的短期老化 沥青的短期老化可分为三个阶段:运输和储存过程的老化、拌和过程的老化、施工期的老化。图 8-19 所示为沥青生产到路面摊铺的过程。

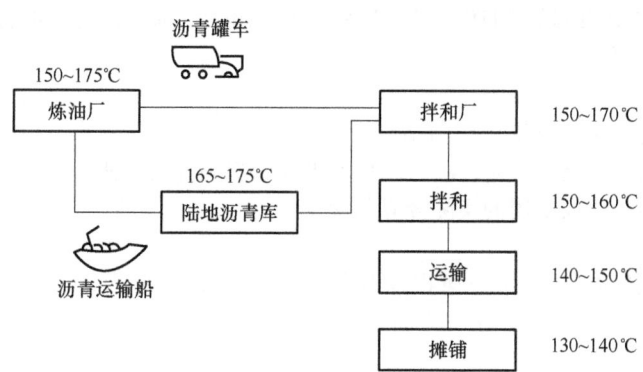

图 8-19 沥青生产到路面摊铺的过程

1) 运输和储存过程的老化。沥青从炼油厂到拌和厂的热态运输温度一般在 170℃ 左右,进入储油罐或池中后,温度有所降低。调查资料表明,这一阶段沥青的技术性能几乎没有变化,因此在运输过程中沥青几乎没有老化。

2) 拌和过程的老化。加热拌和过程中,沥青是在薄膜状态下受到加热,比运输过程中的老化条件严酷得多。沥青混合料拌和后,沥青针入度降低到拌和前沥青针入度的 80%~85%。因此,拌和过程引起的沥青老化是严重的,是沥青短期老化最主要的阶段。

3) 施工期的老化。沥青混合料运到施工现场摊铺、碾压完毕,降温至自然温度,这一过程中裹覆石料的沥青薄膜仍处于高温状态，沥青的热老化进一步发展。

（2）沥青的长期老化　沥青混合料中沥青的长期老化是一个漫长而复杂的过程，具有以下特点：

1）沥青路面在使用的前1~4年针入度急剧变小，随后变化缓慢。

2）沥青老化主要发生在路表与大气接触部分，在深度0.5cm左右处的沥青针入度降低幅度相当大。

3）沥青混合料的空隙率是影响沥青老化的主要因素。

4）当路面中的沥青针入度减小至35~50（0.1mm）时，路面容易产生开裂，针入度小于25（0.1mm）时路面容易产生龟裂。

2. 沥青老化试验方法

（1）短期老化的试验方法　短期老化的试验方法应体现松散沥青混合料在拌和、储存和运输中受热而挥发和氧化的效应，以模拟沥青混合料施工阶段的老化效果。SHRP根据以往研究提出了烘箱老化法、延时拌和法、微波加热法三种方法。

（2）长期老化的试验方法　沥青混合料长期老化的试验方法应着重体现沥青混合料压实成型试件持续氧化效应，以模拟使用期内沥青路面的老化效果。SHRP提出了加压氧化处理（三轴仪压力室内）、延时烘箱加热、红外线/紫外线处理三种方法。

沥青抗老化性能试验方法有沥青薄膜加热试验、沥青旋转薄膜加热试验等。沥青老化对沥青混合料性能有较大的影响。

沥青路面的抗老化性能是沥青路面耐久性的重要组成部分。沥青路面老化的机理、老化过程中的影响因素、老化性能的评价方法、老化性能与其他路用性能之间的关联性、如何预防沥青路面的老化等一系列问题尚未得到很好的解决，有待进一步研究与探索。

8.3.6　沥青路面使用性能的气候分区

由于我国幅员辽阔，气候变化大，各地区对沥青路面使用性能的要求有很大差别。为此，《公路沥青路面施工技术规范》（JTG F40—2004）中提出了我国"沥青及沥青混合料气候分区指标"及相应的"分区图"。

1. 高温指标

使用最热月平均最高气温作为高温指标，将全国划分为大于30℃、20~30℃、小于20℃三个区。30℃线基本上是沿燕山、太行山、四川盆地及云贵高原边缘走向，与自然的地形、地貌走向一致，符合我国沥青路面使用的实际分界状况。

2. 低温指标

使用年极端最低气温（30年一遇预期最低气温）作为低温指标，将全国分为大于-9℃、-21.5~-9℃、-37~-21.5℃、小于-37℃四个区。

3. 雨量指标

使用年降雨量作为雨量指标，将全国分为大于1000mm、500~1000mm、250~500mm、小于250mm四个区。1000mm分界线基本上位于淮河秦岭区域。

沥青路面气候分区为二级区划，按最热月平均最高气温和年极端最低气温把全国分为三大区，九种气候型。每个气候型用两个数字表示：第一个数字代表最热月平均最高气温的分级（1—>30℃，2—20~30℃，3—<20℃）；第二个数字代表年极端最低气温的分级（1—<-37℃，2—-37~-21.5℃，3—-21.5~-9℃，4—>-9℃）。沥青及沥青混合料气候分区是在沥青路面气候分区的基础上再增加一级雨量分级，即每个气候型用3个数字表示。第三个数字代表年降水量分级（1—>1000mm，2—500~1000mm，3—250~500mm，4—<250mm）。三个数字综合定量地反映了某地的气候特征，每个因素的数字越小，表示气候因素的影响越严重。

根据高温、低温、雨量三个主要因素的 30 年气象统计资料，按照概率大体相等的原则提出了分区指标的界限，见表 8-2、表 8-3。

表 8-2　沥青路面气候分区指标

气 候 区 名		温度/℃	
		最热月平均最高气温	年极端最低气温
1-1	夏炎热冬严寒	>30	<−37
1-2	夏炎热冬寒	>30	−37~−21.5
1-3	夏炎热冬冷	>30	−21.5~−9
1-4	夏炎热冬温	>30	>−9
2-1	夏热冬严寒	20~30	<−37
2-2	夏热冬寒	20~30	−37~−21.5
2-3	夏热冬冷	20~30	−21.5~−9
2-4	夏热冬温	20~30	>−9
3-2	夏凉冬寒	<20	−37~−21.5

表 8-3　沥青及沥青混合料气候分区指标

气 候 区 名		温度/℃		雨量/mm
		最热月平均最高气温	年极端最低气温	年降雨量
1-1-4	夏炎热冬严寒干旱	>30	<−37	<250
1-2-2	夏炎热冬寒湿润	>30	−37~−21.5	500~1000
1-2-3	夏炎热冬寒半干	>30	−37~−21.5	250~500
1-2-4	夏炎热冬寒干旱	>30	−37~−21.5	<250
1-3-1	夏炎热冬冷潮湿	>30	−21.5~−9	>1000
1-3-2	夏炎热冬冷湿润	>30	−21.5~−9	500~1000
1-3-3	夏炎热冬冷半干	>30	−21.5~−9	250~500
1-3-4	夏炎热冬冷干旱	>30	−21.5~−9	<250
1-4-1	夏炎热冬温潮湿	>30	>−9	>1000
1-4-2	夏炎热冬温湿润	>30	>−9	500~1000
2-1-2	夏热冬严寒湿润	20~30	<−37	500~1000
2-1-3	夏热冬严寒半干	20~30	<−37	250~500
2-1-4	夏热冬严寒干旱	20~30	<−37	<250
2-2-1	夏热冬寒潮湿	20~30	−37~−21.5	>1000
2-2-2	夏热冬寒湿润	20~30	−37~−21.5	500~1000
2-2-3	夏热冬寒半干	20~30	−37~−21.5	250~500
2-2-4	夏热冬寒干旱	20~30	−37~−21.5	<250
2-3-1	夏热冬冷潮湿	20~30	−21.5~−9	>1000
2-3-2	夏热冬冷湿润	20~30	−21.5~−9	500~1000
2-3-3	夏热冬冷半干	20~30	−21.5~−9	250~500
2-3-4	夏热冬冷干旱	20~30	−21.5~−9	<250
2-4-1	夏热冬温潮湿	20~30	>−9	>1000
2-4-2	夏热冬温湿润	20~30	>−9	500~1000
2-4-3	夏热冬温半干	20~30	>−9	250~500
3-2-1	夏凉冬寒潮湿	<20	−37~−21.5	>1000
3-2-2	夏凉冬寒湿润	<20	−37~−21.5	500~1000

8.4 沥青路面设计理论与设计指标

8.4.1 弹性层状体系理论基本假设与解析方法

由不同材料的结构层及土基组成的路面结构，在荷载作用下其应力应变关系一般呈非线性特性，且应变随应力作用时间而变化，同时应力卸除后常有一部分变形不能恢复。因此，严格地说，沥青路面在力学性质上属于非线性的弹-黏-塑性体。但是考虑行驶车轮作用的瞬时性（百分之几秒），在路面结构中产生的黏塑性变形量很小，所以对于厚度较大、强度较高的路面，将其视作线性弹性体，并应用弹性层状体系理论进行分析计算。

弹性层状体系由若干个弹性层组成，上面各层具有一定厚度，最下一层为弹性半空间体，如图8-20所示。应用弹性力学方法求解弹性层状体系的应力、应变和位移等分量时，引入如下假设：

1）各层完全弹性、均质、各向同性以及位移和应变是微小的。

2）最下一层在水平方向和垂直向下方向为无限大，其上各层厚度为有限、水平方向为无限大。

3）各层在水平方向无限远处及最下一层向下无限深处，其应力、应变和位移为零。

4）层间假定分为完全连续、完全光滑或不完全连续与光滑三种类型。

5）不计自重。

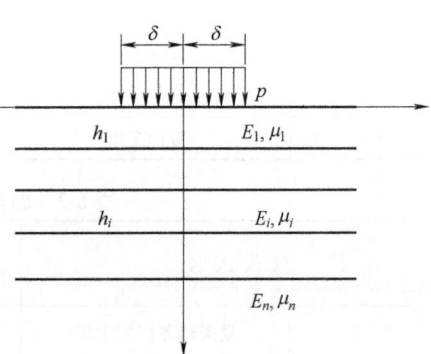

图8-20 弹性层状体系

8.4.2 弹性层状体系求解方法

求解时，将车轮荷载简化为圆形均布荷载（垂直荷载与水平荷载），并在圆柱坐标体系中分析各分量。图8-21的圆柱坐标 (r、θ、z) 中，在弹性层状体系内微分单元体上，应力分量有三个法向应力 σ_r、σ_θ 和 σ_z，及三对剪应力 $\tau_{rz}=\tau_{zr}$、$\tau_{r\theta}=\tau_{\theta r}$、$\tau_{z\theta}=\tau_{\theta z}$。

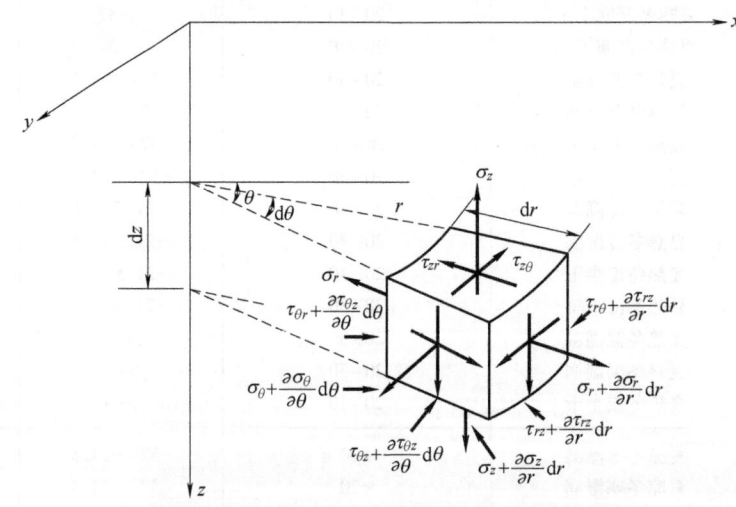

图8-21 圆柱坐标系中微分单元体受力分析图

当弹性层状体系表面作用着轴对称荷载时，各应力、应变和位移分量也对称于对称轴，即它们仅是 r 和 z 的函数。因而 $\tau_{r\theta}=\tau_{\theta r}=0$，$\tau_{z\theta}=\tau_{\theta z}=0$，三对剪应力只剩下一对 $\tau_{rz}=\tau_{zr}$。下面以这种轴对称的情形为例简述弹性层状体系各分量的求解方法。

由弹性力学得知，对于以圆柱坐标表示的轴对称课题，其平衡方程（不计体积力）为

$$\begin{cases} \dfrac{\partial \sigma_r}{\partial z}+\dfrac{\partial \tau_{zr}}{\partial z}+\dfrac{\sigma_r-\sigma_\theta}{r}=0 \\ \dfrac{\partial \sigma_z}{\partial z}+\dfrac{\partial \tau_{rz}}{\partial r}+\dfrac{\tau_{rz}}{r}=0 \end{cases} \tag{8-16}$$

表示体系内任一点应力-应变关系的物理方程为

$$\begin{cases} \varepsilon_r=\dfrac{1}{E}[\sigma_r-\mu(\sigma_\theta+\sigma_z)] \\ \varepsilon_\theta=\dfrac{1}{E}[\sigma_\theta-\mu(\sigma_z+\sigma_r)] \\ \varepsilon_z=\dfrac{1}{E}[\sigma_z-\mu(\sigma_r+\sigma_\theta)] \\ r_{zr}=\dfrac{2(1+\mu)}{E}\tau_{zr} \end{cases} \tag{8-17}$$

又知轴对称课题的几何方程为

$$\varepsilon_r=\dfrac{\partial u}{\partial r};\varepsilon_\theta=\dfrac{u}{r};\varepsilon_z=\dfrac{\partial w}{\partial z} \tag{8-18}$$

应力协调方程为

$$\begin{cases} \nabla^2\sigma_r-\dfrac{2}{r^2}(\sigma_r-\sigma_\theta)+\dfrac{1}{1+\mu}\dfrac{\partial^2\Theta}{\partial r^2}=0 \\ \nabla^2\sigma_\theta+\dfrac{2}{r^2}(\sigma_r-\sigma_\theta)+\dfrac{1}{1+\mu}\dfrac{1}{r}\dfrac{\partial\Theta}{\partial r}=0 \\ \nabla^2\sigma_z+\dfrac{1}{1+\mu}\dfrac{\partial^2\Theta}{\partial z^2}=0 \\ \nabla^2\tau_{zr}-\dfrac{\tau_{zr}}{r^2}+\dfrac{1}{1+\mu}\dfrac{\partial^2\Theta}{\partial r\partial z}=0 \end{cases} \tag{8-19}$$

式中，$\nabla^2=\dfrac{\partial^2}{\partial r^2}+\dfrac{1}{r}\dfrac{\partial}{\partial r}+\dfrac{\partial^2}{\partial z^2}$；$\Theta=\sigma_r+\sigma_\theta+\sigma_z$。

如果引用函数 $\varphi=\varphi(r,z)$，并把应力分量表示为

$$\begin{cases} \sigma_r=\dfrac{\partial}{\partial z}\left(\mu\nabla^2\varphi-\dfrac{\partial^2\varphi}{\partial r^2}\right) \\ \sigma_\theta=\dfrac{\partial}{\partial z}\left(\mu\nabla^2\varphi-\dfrac{1}{r}\dfrac{\partial\varphi}{\partial r}\right) \\ \sigma_z=\dfrac{\partial}{\partial z}\left[(2-\mu)\nabla^2\varphi-\dfrac{\partial^2\varphi}{\partial z^2}\right] \\ \tau_{zr}=\tau_{rz}=\dfrac{\partial}{\partial r}\left[(1-\mu)\nabla^2\varphi-\dfrac{\partial^2\varphi}{\partial z^2}\right] \end{cases} \tag{8-20}$$

则将式（8-20）代入式（8-16）及式（8-19）中，式（8-16）的第一个方程自然满足，其余各方程的重调和方程为

$$\nabla^2\nabla^2\varphi = 0 \tag{8-21}$$

如果能从式（8-21）中解得应力函数 φ，代入式（8-20）中即得各应力分量，将各应力分量代入式（8-17）中则得应变分量。

由式（8-20）、式（8-17）及式（8-18）可得位移分量，即

$$\begin{cases} u = -\dfrac{1+\mu}{E}\dfrac{\partial^2\varphi}{\partial r\partial z} \\ w = \dfrac{1+\mu}{E}\left[2(1+\mu)\nabla^2\varphi - \dfrac{\partial^2\varphi}{\partial z^2}\right] \end{cases} \tag{8-22}$$

求解方程式（8-19）中 $\varphi(r,z)$ 的方法有分离变量法和积分变换法，习惯上多采用汉克尔积分变换法。由汉克尔变换求得解为

$$\varphi(r,z) = \int_0^\infty \left[(A+Bz)\mathrm{e}^{-\xi z} + (C+Dz)\mathrm{e}^{\xi z}\right]\xi J_0(\xi r)\mathrm{d}\xi \tag{8-23}$$

式中　$J_0(\xi r)$——第一类零阶贝塞尔函数，ξ 为汉克尔积分变换系数；
A、B、C、D——待定系数，由弹性层状体系的层间连续条件和边界条件确定。

将式（8-23）代入式（8-20）和式（8-22）中可得各应力分量和位移分量表达式。对于某种特定的荷载、体系层数与层间连续条件，式中的待定系数就可以确定。例如表面作用圆形均布垂直荷载的双层连续体系（图8-22），体系表面荷载作用轴线上的垂直位移（即弯沉）为

$$w = \dfrac{2(1-\mu_1^2)p\delta}{E_1}\int_0^\infty \dfrac{2\mathrm{e}^{-\xi h} - 4\xi h - M\mathrm{e}^{2\xi h}}{1+4\xi^2 h^2 + ML - M\mathrm{e}^{2\xi h} - L\mathrm{e}^{-2\xi h}}\dfrac{J_1(\xi h)}{\xi}\mathrm{d}\xi \tag{8-24}$$

$$L = \dfrac{(3-4\mu_0) - m(3-4\mu_1)}{3-4\mu_0 + m}$$

$$M = \dfrac{m(3-4\mu_1) + 1}{1-m}$$

$$m = \dfrac{E_0(1+\mu_1)}{E_1(1+\mu_0)}$$

式中　E_1、μ_1、E_0、μ_0——上层和半空间体的弹性模量与泊松比。

式（8-24）为含有贝塞尔函数和指数函数的广义积分。所有各分量的表达式都为此形式，它们的数值计算需借助于电子计算机进行。图8-22中的 h 表示双层弹性体系的上层土层厚度。

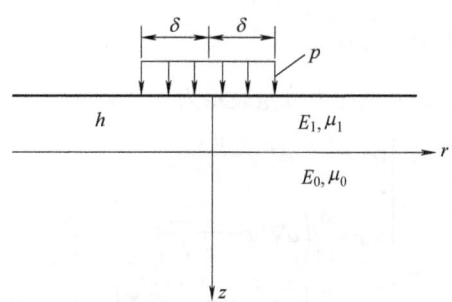

图 8-22　双层连续体系受圆形均布垂直荷载

为了使用方便，将式（8-24）改写为

$$w = \dfrac{2p\delta}{E_0}\overline{w} \tag{8-25}$$

$$\overline{w} = \frac{(1-\mu_1^2)E_0}{E_1} \int_0^\infty \frac{Le^{-2\xi h} - 4\xi h - Me^{2\xi h}}{1 + 4\xi^2 h^2 + ML - Me^{2\xi h} - Le^{-2\xi h}} \frac{J_1(\xi h)}{\xi} d\xi$$

$\overline{w}$ 称为垂直位移系数，其计算结果绘成诺谟图，如图 8-23 所示。计算时取 $\mu_0 = 0.35$，$\mu_1 = 0.25$。

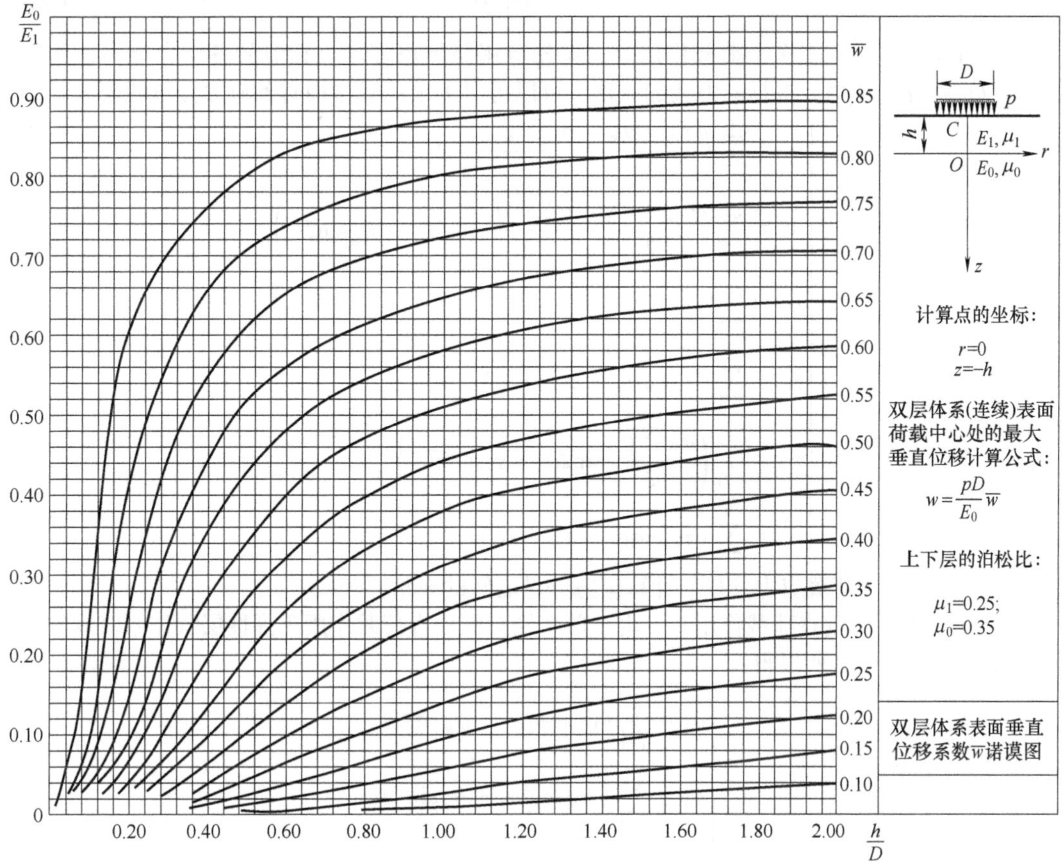

图 8-23 弹性层状体系单圆均布荷载弯沉计算诺谟图

三层弹性体系由两个弹性层以及弹性半空间体组成，其分量的求解方法与前述双层体系相似，即将应力函数解式（8-23）代入应力分量和位移分量式（8-20）与式（8-22），并将层间连续条件和边界条件引入，求得待定系数，从而获得三层弹性体系的各分量表达式。

当弹性层状体系表面作用水平荷载时，属非轴对称课题，其求解较轴对称课题复杂一些。在前述轴对称课题的式（8-16）~式（8-22）中，除物理方程（8-17）外，由于剪应力有三对，所以都变成更为复杂的形式，其求解方法及应力函数表达式也都更为繁复。

8.4.3 弹性层状体系主应力计算

在沥青路面的结构计算中通常要验算路面结构层的强度，为此需计算弹性层状体系在荷载作用下产生的主应力。用圆柱坐标表示的空间问题的三个主应力同各应力分量之间的关系为下式的解：

$$\sigma^3 - \Theta_1 \sigma^2 + \Theta_2 \sigma - \Theta_3 = 0 \tag{8-26}$$

式中，$\Theta_1 = \sigma_r + \sigma_\theta + \sigma_z$，称为第一应力状态不变量；$\Theta_2 = \sigma_r \sigma_\theta + \sigma_\theta \sigma_z + \sigma_z \sigma_r - \tau_{r\theta}^2 - \tau_{\theta z}^2 - \tau_{zr}^2$，称为第二应力状态不变量；$\Theta_3 = \sigma_r \sigma_\theta \sigma_z + 2\tau_{r\theta}\tau_{\theta z}\tau_{zr} - \sigma_r \tau_{\theta z}^2 - \sigma_\theta \tau_{zr}^2 - \sigma_z \tau_{r\theta}^2$，称为第三应力状态不变量。

式（8-26）中各应力分量由弹性层状体系理论求得后，则可由代数方法求得此一元三次方程的三个根，即三个主应力 σ_1、σ_2 和 σ_3。

由最大主应力 σ_1 和最小主应力 σ_3 可得最大剪应力，即

$$\tau_{\max} = \frac{1}{2}(\sigma_1 - \sigma_3) \tag{8-27}$$

当弹性层状体系上有多个荷载作用时，需先应用叠加原理求出相应的各应力分量，然后由式（8-27）解算主应力。根据应力叠加原理，可以得出多个荷载作用时各应力分量的公式，即

$$\begin{cases} \sigma_r = \sum_{i=1}^{n}\left(\dfrac{\sigma_{ri}+\sigma_{\theta i}}{2} + \dfrac{\sigma_{ri}-\sigma_{\theta i}}{2}\cos 2\alpha_i + \tau_{r\theta i}\sin 2\alpha_i\right) \\ \sigma_\theta = \sum_{i=1}^{n}\left(\dfrac{\sigma_{\theta i}+\sigma_{ri}}{2} + \dfrac{\sigma_{\theta i}-\sigma_{ri}}{2}\cos 2\alpha_i + \tau_{r\theta i}\sin 2\alpha_i\right) \\ \sigma_z = \sum_{i=1}^{n}\sigma_{zi} \\ \tau_{zr} = \sum_{i=1}^{n}(\tau_{zri}\cos\alpha_i - \tau_{z\theta i}\sin\alpha_i) \\ \tau_{r\theta} = \sum_{i=1}^{n}\left(\dfrac{\sigma_{ri}-\sigma_{\theta i}}{2}\sin 2\alpha_i - \tau_{r\theta i}\cos 2\alpha_i\right) \\ \tau_{z\theta} = \sum_{i=1}^{n}(\tau_{z\theta i}\cos\alpha_i + \tau_{zri}\sin\alpha_i) \end{cases} \tag{8-28}$$

式中 α_i——第 i 个荷载应力分量与计算应力分量之间的夹角。

当有 n 个轴对称垂直荷载作用时，由于单个轴对称垂直荷载作用于弹性层状体系时属轴对称课题，即 $\tau_{r\theta i} = \tau_{z\theta i} = 0$，所以得：

$$\begin{cases} \sigma_r = \sum_{i=1}^{n}(\sigma_{ri}\cos^2\alpha_i + \sigma_{\theta i}\sin^2\alpha_i) \\ \sigma_\theta = \sum_{i=1}^{n}(\sigma_{\theta i}\cos^2\alpha_i + \sigma_{ri}\sin^2\alpha_i) \\ \sigma_z = \sum_{i=1}^{n}\sigma_{zi} \\ \tau_{zr} = \sum_{i=1}^{n}\tau_{zri}\cos\alpha_i \\ \tau_{r\theta} = \sum_{i=1}^{n}\dfrac{\sigma_{ri}-\sigma_{\theta i}}{2}\sin 2\alpha_i \\ \tau_{z\theta} = \sum_{i=1}^{n}\tau_{zri}\sin\alpha_i \end{cases} \tag{8-29}$$

对于沥青路面设计采用的双圆荷载（图 8-24），如果计算某点 a 的 ao_1 方向的应力分量，则以 ao_1 为计算截面的法线方向，因而 $\alpha_1 = 0$，$\alpha_2 = \theta_2 - \theta_1$。

8.4.4 沥青路面破坏状态及设计指标

沥青路面由于环境因素的不断影响和行车荷载的反复作用，经过一段时间的使用，便会产生破坏而失去原有的使用性能。本节着重叙述沥青路面的结构破坏状态和相应的控制设计指标与标准。

1. 沥青路面裂缝

沥青路面出现的裂缝按其成因不同分为横向裂缝、纵向裂缝和网状裂缝等类型。裂缝是沥

青路面主要的破损形式。

横向裂缝是指垂直于行车方向的裂缝（图 8-25a）。非交通荷载型裂缝有两种情况：沥青面层温度裂缝和基层反射裂缝。沥青面层温度裂缝多发生在冬季。当沥青面层中由于温度变化产生的拉应力（拉应变）超过其在该温度时的抗拉强度（抗拉应变）时，沥青面层即发生断裂。基层反射裂缝是指无机结合料稳定类基层先于沥青面层开裂（或水泥混凝土基层既有的接缝、裂缝），在交通荷载应力与温度应力的共同作用下，在基层开裂处的沥青面层底部产生应力集中而导致面层底部开裂，而后逐渐向上扩张致使裂缝贯穿沥青面层全厚度。非交通荷载型横向裂缝一般比较

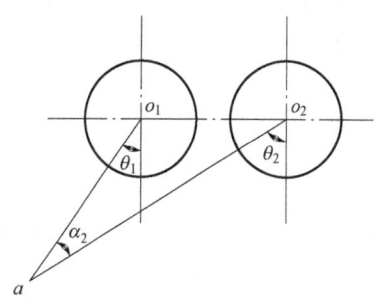

图 8-24 双圆荷载外 a 点计算示意图

规则，每隔一定的距离产生一道裂缝，裂缝间距的大小取决于当地气温（温差和温度绝对值）和沥青面层与基层的抗裂性能。气温高、日温差变化小、面层和基层材料抗裂性能好的路段，一般间距较大，且出现裂缝的时间也较晚。非交通荷载型横向裂缝是无机结合料稳定类基层与水泥混凝土基层沥青路面横向裂缝的主要形式。

纵向裂缝是指平行于行车方向的裂缝（图 8-25b）。纵向裂缝产生的原因有三种：第一种情况是沥青面层分路幅摊铺时两幅接茬处未处理好，在车辆荷载与大气因素作用下逐渐开裂；第二种情况是由于路基压实度不均匀或由于路基产生不均匀沉陷而引起的；第三种情况是行车轮迹带边缘高压轮胎引起的沥青路面表层疲劳开裂。

疲劳开裂是沥青结构层受交通车轮荷载的反复弯拉作用，使沥青结构层产生的拉应变（或拉应力）值超过材料的疲劳强度而开裂，并逐渐发展。路面疲劳开裂有由上至下的开裂（图 8-25c）和由下至上的开裂。网状疲劳开裂的特点是：路面无显著的永久变形，开始大多是形成细而短的横向裂缝，继而逐渐扩展成网状，开裂的宽度和范围不断扩大，如图 8-25d 所示。

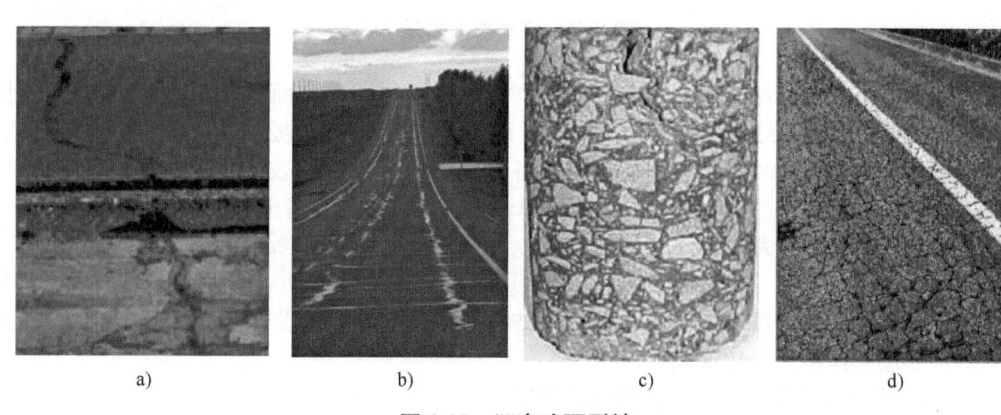

图 8-25 沥青路面裂缝
a）横向裂缝 b）纵向裂缝 c）由上至下的裂缝 d）网状裂缝

控制沥青路面疲劳开裂是沥青路面设计的主要任务。沥青结构层达到临界疲劳状态时所承受的荷载重复次数称为疲劳寿命。某一种路面结构层疲劳寿命的大小，主要取决于所受到的重复应变（或应力）大小，同时也与路面的环境因素有关。通过室内试验和现场路段的观测，可以建立路面或结构层材料承受重复荷载次数与重复应变（或应力）大小之间的关系，即疲劳方程或疲劳曲线。因而可根据路面的设计使用年限求得累计荷载作用次数，由疲劳方程确定路面结构层所容许的重复应变（或应力）的大小。

以疲劳开裂作为设计标准时，用结构层底面的拉应变或拉应力不超过相应的容许值控制设计，即

$$\varepsilon_r \leqslant [\varepsilon_R] \tag{8-30}$$

或

$$\sigma_r \leqslant [\sigma_R] \tag{8-31}$$

式中　ε_r、σ_r——按弹性层状体系理论计算的结构层底面的最大拉应变和拉应力；

　　　$[\varepsilon_R]$、$[\sigma_R]$——由疲劳方程确定的该结构层容许拉应变和容许拉应力。

2. 沥青路面车辙

对于柔性基层（沥青类和粒料类基层）沥青路面结构，车辙主要来源于沥青路面结构层和路基土的塑性变形。当采用无机结合料稳定类基层或水泥混凝土基层时，由于基层具有较大的刚度，路面的永久变形主要发生在沥青面层中。

沥青路面的使用寿命较长，即使每一次行车荷载作用产生的残余变形量很小，但多次重复作用累积起来的残余变形总和也会很大，足以影响车辆的正常行驶。图8-26所示为沥青路面车辙，其同荷载应力大小、重复作用次数以及结构层和土基的性质有关。

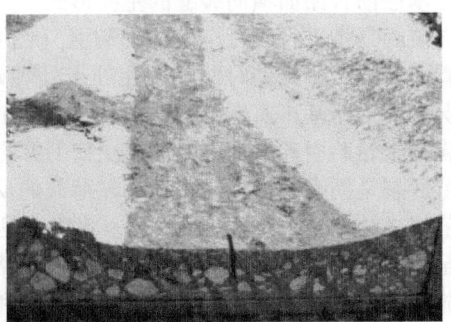

图 8-26　沥青路面车辙

车辙是高等级公路沥青路面的主要破坏形式，因此控制沥青路面车辙也是沥青路面设计的主要任务。根据观测试验结果，国内外已提出了表征上述关系的经验公式和设计指标。有代表性的控制车辙深度的指标有两种：第一种是路面各结构层包括土基的残余变形总和；第二种是路基顶面的垂直压应变，通过控制路基土顶面的弹性应变，以达到路基土不产生塑性应变的目的。

对于第一种，可表示为

$$L_{re} \leqslant [L_{re}] \tag{8-32}$$

式中　L_{re}——路面的计算总残余变形，可由各结构层残余变形经验公式确定（各层应力由弹性层状体系理论计算）；

　　　$[L_{re}]$——容许总残余变形，由使用性能确定。

对于第二种可表示为

$$\varepsilon_{E0} \leqslant [\varepsilon_{E0}] \tag{8-33}$$

式中　ε_{E0}——路基顶面的垂直压应变，可由弹性层状体系理论求得；

　　　$[\varepsilon_{E0}]$——路基顶面容许垂直压应变，可由路基残余变形和荷载应力、应力重复次数及路基土弹性模量之间的经验关系确定。

3. 沥青路面推移

当沥青路面受到较大的车轮水平荷载作用时（如车辆经常起动或制动路段及弯道、坡度变化处等），路面表面可能出现推移和拥起，如图8-27所示。造成这种破坏的原因是车轮荷载引起的垂直力和水平力的综合作用，使结构层内产生的剪应力超过材料的抗剪强度，同时也与行驶

车轮的冲击、振动有关。

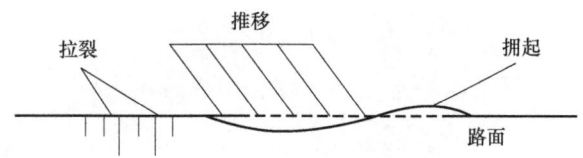

图 8-27 沥青路面表层推移示意图

为防止沥青面层表面产生推移和拥起，可用面层抗剪强度标准控制设计，也就是在车轮的垂直力和水平力的共同作用下，面层中可能产生的最大剪应力 τ_{max} 应不超过材料的容许剪应力 $[\tau_R]$，即

$$\tau_{max} \leq [\tau_R] \tag{8-34}$$

这项设计标准通常用于停车站、交叉口等车辆频繁制动路段及紧急制动路段在高温情况下的沥青路面设计。对于同沥青混合料的黏聚力和内摩擦角有关的容许剪应力 τ_R，其取值应考虑路面的温度状况。

4. 沥青路面低温缩裂

路面结构中某些整体性结构层在低温时由于材料收缩受限制而产生较大的拉应力，当它超过材料相应条件下的抗拉强度时便产生开裂。由于路面的纵向尺度远大于横向，低温收缩时侧向约束不大，故这种开裂一般为横向间隔性的裂缝，严重时才发展为纵向裂缝。

低温缩裂是一项同交通荷载因素无关的设计指标，即低温时结构层材料因收缩受约束而产生的温度应力 σ_{rt} 应不大于该温度下材料的容许拉应力 $[\sigma_{Rt}]$，即

$$\sigma_{rt} \leq [\sigma_{Rt}] \tag{8-35}$$

5. 沥青路面松散剥落

松散剥落是指沥青从矿料表面脱落的现象，即在车辆的作用下沥青面层呈现松散状态，以致从路面剥落形成凹坑，如图 8-28 所示。产生松散剥落的原因主要是沥青与矿料之间的黏附性较差，在水或冰冻的作用下沥青从矿料表面剥离。产生松散剥落的另一种可能性是由于施工中沥青混合料加热温度过高，致使沥青老化失去黏性。松散剥落主要在沥青混合料组成设计与性能验证阶段考虑。

图 8-28 沥青路面松散剥落

沥青路面松散剥落原理

6. 沥青路面表面磨光

表面磨光是沥青路面在使用过程中，在车轮反复滚动摩擦的作用下，集料表面被逐渐磨光，有时还伴有沥青的泛油，从而导致沥青面层表面光滑的现象，如图 8-29 所示。表面磨光的路面在雨季易引起交通事故。表面磨光的内在原因是集料质地软弱、缺少棱角或矿料级配不当、粗集料尺寸偏小、细料偏多，或沥青用量偏多等。表面磨光主要在沥青混合料原材料选择、组成设计

与性能验证阶段考虑。

图 8-29 沥青路面表面泛油磨光

8.5 沥青路面结构组合设计

沥青路面通常由沥青面层、基层、底基层以及必要的功能层等多层结构组成。路面结构组合设计应根据道路的交通等级与气象、水文等自然因素,合理选择与安排路面结构各个层次,确保在设计使用期内,承受行车荷载与自然因素的共同作用,充分发挥各结构层的最大效能,使整个路面结构满足技术经济合理的要求。沥青路面结构组合设计应遵循以下原则:

1)保证路面表面使用品质长期稳定。在整个设计使用期内,表面抗滑安全性能、平整性、抗车辙性能等各项功能指标均稳定在容许范围之内。

2)路面各结构层的强度、抗变形能力与各层次的力学响应相匹配。由于车轮荷载与温度、湿度变化产生的各项应力或应变由上到下发生变化,通常面层承受较高的压应力或剪应力,因此,面层应具有较高的强度或模量和抗变形能力。基层承受拉力,应具有较好的疲劳性能。

3)直接经受温度、湿度等自然因素变化而造成强度、稳定性下降的结构层次应提高其抵御能力。

4)充分利用当地材料,减少外运材料,做好优化选择,降低建设与养护费用。

8.5.1 路面结构组合

沥青路面结构类型可按照基层材料性质分为无机结合料稳定类基层沥青路面(图 8-30a)、粒料类基层沥青路面、沥青结合料类基层沥青路面(图 8-30b)和水泥混凝土基层沥青路面四类。应结合交通荷载等级和路基状况等因素,以及路面材料特性和结构特性选择路面结构类型。总体而言,无机结合料稳定类基层沥青路面适用于各种交通荷载等级,粒料类基层沥青路面适用于重及以下交通荷载等级,沥青结合料类基层沥青路面适用于各种交通荷载等级,水泥混凝土基层沥青路面适用于重及以上交通荷载等级。路基湿度状态为中湿或潮湿时,宜采用粒料类底基层或设置粒料类路基改善层。

路面结构组合的选择需要充分考虑各种路面结构组合的材料特性和结构特性、主要损坏类型及性能衰变规律。不同结构组合的沥青路面主要损坏类型见表 8-4。

无机结合料稳定类基层沥青路面承载能力高,适用于各种交通荷载等级,主要病害是无机结合料稳定类基层疲劳开裂和面层反射裂缝。反射裂缝处雨水、雪水渗入后容易出现唧泥、基层脱空等损坏。采用粒料底基层或设置粒料类路基改善层等,可减轻反射裂缝处的唧泥、脱空。选用抗裂性能好的无机结合料稳定类材料、增加沥青混合料层厚度、设置具有吸收应力或加筋作用的功能层可以起到减少或延缓反射裂缝的作用。

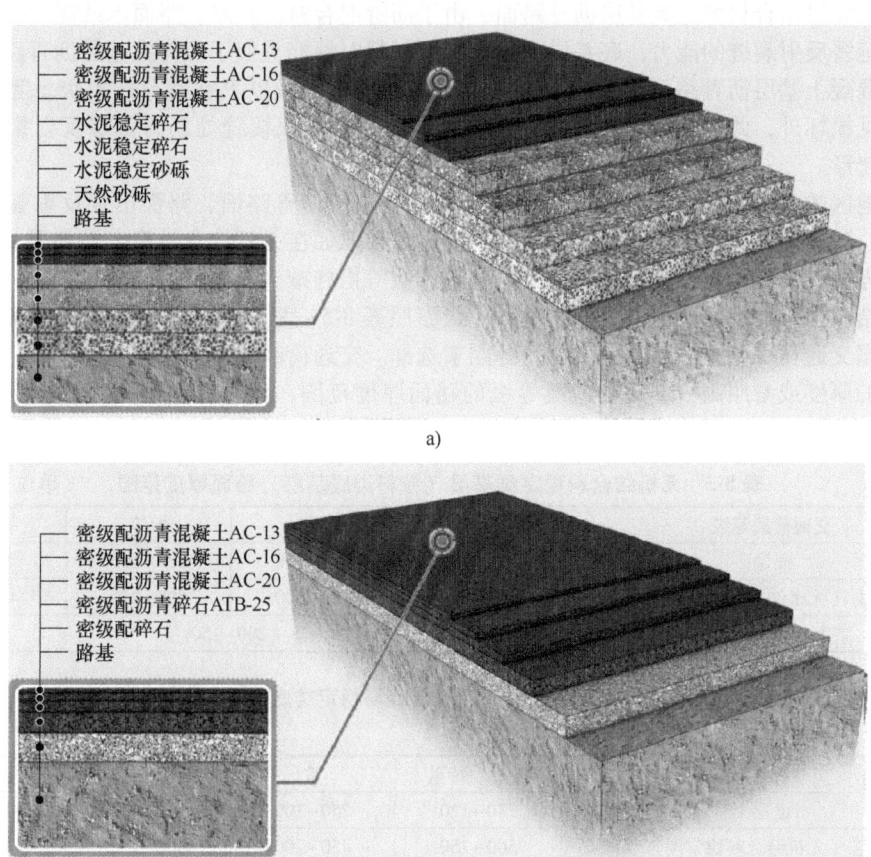

图 8-30 沥青路面典型结构组合

a）无机结合料稳定类基层沥青路面 b）粒料类基层沥青路面、沥青结合料类基层沥青路面

表 8-4 不同结构组合的沥青路面主要损坏类型

结构类型	粒料类基层沥青路面、底基层采用粒料的沥青结合料类基层沥青路面			无机结合料稳定类基层沥青路面、底基层采用无机结合料稳定类材料的沥青结合料类基层沥青路面	
沥青混合料层厚度/mm	≥150	50~150	≤50	≥150	<150
主要损害类型	沥青混合料层永久变形、沥青混合料层疲劳开裂	沥青混合料层疲劳开裂、沥青混合料层永久变形	车辙	车辙、基层疲劳开裂、面层反射裂缝	基层疲劳开裂、面层反射裂缝
季冻地区	面层低温开裂				

粒料类基层沥青路面无反射裂缝问题，但沥青面层承受更大的弯拉作用，沥青面层疲劳是主要损坏指标。此外，这类结构的沥青面层、粒料层和路基都可能产生永久变形，需要控制路基顶部压应变。

沥青结合料类基层沥青路面适用于各种交通荷载等级，底基层用无机结合料稳定类材料时，性能类似于无机结合料稳定类基层沥青路面，由于沥青混合料层较厚，路面承载能力更强，且具有更好地延缓反射裂缝的能力，底基层采用粒料类材料时性能类似于粒料类基层沥青路面。

水泥混凝土基层沥青路面具有较高承载能力，适用于重及以上交通荷载等级。除水泥混凝土路面常见损坏外，此类路面结构的主要病害是水泥混凝土板接缝处沥青面层反射裂缝和沥青面层永久变形。

多雨地区的无机结合料稳定类基层和水泥混凝土基层沥青路面，路面出现反射裂缝后易发展为唧泥、脱空等，从而加速路面状况恶化。有必要采取如在无机结合料稳定类基层或水泥混凝土基层下方铺设粒料排水层或设置粒料类路基改善层等措施减少唧泥、脱空损坏。

选定结构组合类型后，可根据交通荷载等级参照表8-5～表8-10初选各结构层厚度。结构层厚度应根据交通荷载等级、路基承载能力等因素选择。交通荷载等级高、路基承载能力弱时宜取靠近高限的厚度或参照高一个交通荷载等级的路面厚度范围，反之可靠近低限取值或参照低一个交通荷载等级的路面厚度范围。

表8-5　无机结合料稳定类基层（粒料类底基层）路面厚度范围　（单位：mm）

交通荷载等级	极重、特重	重	中等	轻
面层	250～150	250～150	200～100	150～20
基层（无机结合料稳定类）	600～350	550～300	500～250	450～150
底基层（粒料类）	200～150			

表8-6　无机结合料稳定类基层（无机结合料稳定类底基层）路面厚度范围

（单位：mm）

交通荷载等级	极重、特重	重	中等	轻
面层	250～120	250～100	200～100	150～20
基层（无机结合料稳定类）	500～250	450～200	400～150	500～200
底基层（无机结合料稳定类）	200～150			

表8-7　粒料类基层（粒料类底基层）路面厚度范围　（单位：mm）

交通荷载等级	重	中等	轻
面层	350～200	300～150	200～100
基层（粒料类）	450～350	400～300	350～250
底基层（粒料类）	200～150		

表8-8　沥青结合料类基层（粒料类底基层）路面厚度范围　（单位：mm）

交通荷载等级	重	中等	轻
面层	150～120	120～100	80～40
基层（沥青结合料类）	250～200	220～180	200～120
底基层（粒料类）	400～300	400～300	350～250

表8-9　沥青结合料类基层（无机结合料稳定类底基层）路面厚度范围

（单位：mm）

交通荷载等级	极重、特重	重	中等	轻
面层	120～100	120～100	100～80	80～40
基层（沥青结合料类）	180～120	150～100	150～100	100～80
底基层（无机结合料稳定类）	600～300	600～300	550～250	450～200

表 8-10 沥青结合料类基层（粒料类+无机结合料类底基层）路面厚度范围

（单位：mm）

交通荷载等级	极重、特重	重	中等	轻
面层	120~100	120~100	100~80	80~40
基层（沥青结合料类）	240~160	180~120	160~100	100~80
底基层（粒料类）	200~150	200~150	200~150	200~150
底基层（无机结合料类）	400~200	400~200	350~200	250~150

8.5.2 沥青面层结构类型选择

沥青面层直接经受车轮荷载反复作用和各种自然因素影响，并将荷载传递到基层以下的结构层。因此，沥青面层应满足功能性和结构性的使用性能要求，沥青面层可为单层、双层、三层。双层结构分为表面层、下面层，三层结构分为表面层、中面层、下面层。

表面层应具有平整密实、抗滑耐磨、稳定耐久等服务功能，同时应具有高温抗车辙、低温抗开裂、抗老化、抗剥离等品质。中面层、下面层应具有一定的密水性、高温抗车辙等性能。下面层还应具有良好的抗疲劳性能和兼顾其他性能要求。面层材料类型可根据交通荷载等级和层位选用，见表 8-11。

表 8-11 面层材料适用的交通荷载等级和层位

材料类型	适用的交通荷载等级和层位
连续级配沥青混合料	各交通荷载等级的表面层、中面层和下面层
沥青玛蹄脂碎石混合料	极重、特重和重交通荷载等级的表面层、对抗滑有特殊要求的表面层
厂拌热再生沥青混合料	各交通荷载等级的表面层、中面层和下面层
上拌下贯沥青碎石	中等、轻交通荷载等级的面层
沥青表面处治	中等、轻交通荷载等级的表面层

高速公路、一级公路一般选用三层沥青面层结构。为满足沥青面层的性能要求，应精心选择沥青面层混合料。通常认为密实型中粒式或细粒式沥青混合料（如 AC-13、AC-16）宜用于表面层，它的空隙率一般为 3%~5%。在这个范围内，可以防止水害及冻害，又由于它保留一定的空隙率，热季不会泛油。表面层切忌使用空隙率大于 6%的半密实型混合料。此外，密级配沥青混合料的抗裂性、疲劳强度和耐久性均较优越。对于重交通和特重交通等级，普通热拌和沥青混合料很难满足使用要求时，可从材料和沥青混凝土结构上改善，如采用改性沥青和 SMA-10、SMA-13 等混合料。对抗滑、排水和降噪有特殊要求的表面层可采用开级配沥青混合料，表面层下应设置防水层，防水层可采用改性乳化沥青或改性沥青等。

沥青中面层和下面层经受着与沥青表面层相同的不利工作环境，对平整性和抗滑性方面的要求略低一些，但对沥青混合料的选择同样有较高的要求，特别是在密实防水和抗剪切变形等方面的要求也很高，通常选用密实型中粒式和粗粒式混合料（如 AC-20、AC-25）。对于特重交通等级或者炎热地区，常采用改性沥青。

二级及以下等级公路一般采用双层式沥青面层，即表面层与下面层。沥青混合料的选择，除了沥青混凝土之外，还可选用热拌密级配沥青碎石（ATB）或沥青贯入式结构，再加上表面封层。三级、四级公路还可采用双层沥青表面处治结构。

沥青面层在路面结构层中单位价格最高，一般情况下对沥青面层厚度应有所控制，但是也不宜过薄。从压实效果来看，各种类型的沥青层最小压实厚度与它的公称最大粒径相关，连续级配沥青混合料和沥青玛蹄脂碎石混合料的结构层厚度不宜小于集料公称最大粒径的 2.5 倍，开级配沥青混合料的结构层厚度不宜小于集料公称最大粒径的 2.0 倍,若小于最小厚度,由于粗集料骨架支撑效应,会影响压实效果。我国沥青路面设计规范对不同粒径沥青混合料的最小层厚规定见表 8-12。结合大量工程经验从技术经济合理的角度考虑,表 8-13 所列的适宜厚度可供参考。

表 8-12 不同粒径沥青混合料的最小层厚

沥青混合料类型	以下集料公称最大粒径沥青混合料的层厚/mm,不小于					
	4.75	9.5	13.2	16.0	19.0	26.5
连续级配沥青混合料	15	25	35	40	50	75
沥青玛蹄脂碎石	—	30	40	50	60	—
开级配沥青混合料	—	20	25	30	—	—

表 8-13 沥青混合料压实最小厚度与适宜厚度

沥青混合料类型		最大粒径/mm	公称最大粒径/mm	符号	压实最小厚度/mm	适宜厚度/mm
密级配沥青混合料（AC）	砂砾式	9.5	4.75	AC-5	15	15~30
	细粒式	13.2	9.5	AC-10	20	25~40
		16	13.2	AC-13	35	40~60
	中粒式	19	16	AC-16	40	50~80
		26.5	19	AC-20	50	60~100
	粗粒式	31.5	26.5	AC-25	70	80~120
密级配沥青碎石（ATB）	粗粒式	31.5	26.5	ATB-25	70	80~120
		37.5	31.5	ATB-30	90	90~150
	特粗式	53	37.5	ATB-40	120	120~150
开级配沥青碎石（ATPB）	粗粒式	31.5	26.5	ATPB-25	80	80~120
		37.5	31.5	ATPB-30	90	90~150
	特粗式	53	37.5	ATPB-40	120	120~150
半开级配沥青碎石（AM）	细粒式	16	13.2	AM-13	35	40~60
	中粒式	19	16	AM-16	40	50~70
		26.5	19	AM-20	50	60~80
	粗粒式	31.5	26.5	AM-25	80	80~120
	特粗式	53	37.5	AM-40	120	120~150
沥青玛蹄脂碎石混合料（SMA）	细粒式	13.2	9.5	SMA-10	25	25~50
		16	13.2	SMA-13	30	35~60
	中粒式	19	16	SMA-16	40	40~70
		26.5	19	SMA-20	50	50~80
开级配沥青磨耗层（OGFC）	细粒式	13.2	9.5	OGFC-10	20	20~30
		16	13.2	OGFC-13	30	30~40

沥青贯入碎石层的厚度宜为 40~80mm,乳化沥青贯入式路面的厚度不宜超过 50mm;上拌下贯式路面的拌和层厚度不宜小于 25mm;沥青表面处治可分为单层、双层和三层,单层表面处治厚度宜为 10~15mm,双层表面处治厚度宜为 15~25mm,三层表面处治厚度宜为 25~30mm。

8.5.3 基层类型选择

基层类型选择关系到路面结构的耐久性和长期使用性能，首先应根据路面结构所承受的交通等级进行比选，同时应考虑地基支承的可靠性以及当地水温状况和路基排水与路基稳定的可靠程度做不同方案，比较后择优选定。

近年来再生工程实践表明，冷再生沥青混合料可实现既有路面铣刨材料的回收利用（或就地再生利用），性能可满足各交通荷载等级的基层或底基层要求。厂拌热再生沥青混合料具有与新拌沥青混合料基本相当的路用性能，与冷再生沥青混合料相比造价较高，用于基层时，推荐用于重及以上交通荷载等级。

在交通、环境各方面工作条件都十分恶劣的情况下，可以考虑各种基层组合使用。如地基承载力不佳，交通特别繁重，雨水集中，路基排水不良，可以考虑半刚性基层和柔性基层组合应用，采用半刚性基层下层、柔性基层上层，提高结构承载力，减轻沥青面层荷载应力；同时发挥柔性基层变形协调，利于渗水排水的优势，使路面始终保持良好工作状态，还可避免横向裂缝反射到面层。对于严重超载的沥青路面，除了采用组合基层之外，也可以采用配钢筋的混凝土板或连续配筋混凝土板作基层的沥青路面。为了减少或延缓反射裂缝，在无机结合料稳定层与沥青结合料类材料层间可设置级配碎石层、半开级配沥青碎石层或开级配沥青碎石层，设置级配碎石层后，需注意验算沥青混合料层疲劳开裂寿命。

基层结构的厚度主要应满足强度与刚度的设计要求，在厚度设计时，应逐层进行验算。除此之外，还应考虑施工的可实施性和材料规格对厚度的影响。一般情况下，基层的厚度应大于混合料最大粒径的4倍，同时还应考虑压实机具的功能，通常取能一次压密的最佳厚度。若基层厚度超过最佳厚度，可分几层铺筑，每层厚度接近最佳厚度。不同材料基层和底基层厚度宜符合表8-14的规定。

表 8-14 不同材料基层和底基层厚度

材 料 种 类	集料公称最大粒径/mm	厚度/mm，不小于
密级配沥青碎石 半开级配沥青碎石 开级配沥青碎石	19.0	50
	26.5	80
	31.5	100
	37.5	120
沥青贯入碎石	—	40
贫混凝土	31.5	120
无机结合料稳定类	19.0，26.5，31.5，37.5	150
	53.0	180
级配碎石、级配砾石 未筛分碎石、天然砂砾	26.5，31.5，37.5	100
	53.0	120
填隙碎石	37.5	75
	53.0	100
	63.0	120

8.5.4 功能层选择

沥青路面功能层主要有防冻层、隔水层、封层、黏层、透层、应力吸收层等。

为提高路基顶面回弹模量或改善路基湿度状态而设置的粒料层或无机结合料稳定层，称为路基改善层。

地下水位高，排水不良，路基经常处于潮湿状态的路段；排水不良的土质路堑，有裂隙水、泉眼等水文不良的岩石挖方路段，应设置隔水层。

在季节性冰冻地区，当冻深较大不能满足防冻层验算要求时。在这种路段应设置防冻垫层，以保护路面结构不受冻胀和翻浆的危害。防冻层应采用隔温性能良好，导热系数低的材料，如级配碎石等。防冻厚度与路基干湿类型、路基土类、道路冻深以及路面结构材料的热物理性能有关。

沥青路面各结构层之间应紧密结合，不因层间滑动或松散而丧失结构的整体效应。

1）粒料类基层和无机结合料类基层顶部宜设置透层，透层沥青应具有良好的渗透性，可采用稀释沥青和乳化沥青等。

2）无机结合料类和冷再生类结构层与沥青层之间宜设置封层，以防雨水渗入。封层可采用单层沥青表面处治或稀浆封层，单层表面处治封层的结合料可采用改性沥青、道路石油沥青或乳化沥青。当设置改性沥青应力吸收层时，可不设置封层。

3）沥青层之间或在旧沥青面层及水泥混凝土面层上加铺沥青层时，均应在该层上洒布黏层沥青。极重、特重、重交通等级路面的黏层宜采用改性乳化沥青、道路石油沥青或改性沥青；中等和轻交通可选用乳化沥青；水泥混凝土板与沥青面层间的黏层宜采用改性沥青。

4）无机结合料稳定类基层、水泥混凝土基层顶面可设置应力吸收层。改性沥青应力吸收层中的改性沥青宜采用橡胶沥青。

5）拓宽路面时的新、旧路面接茬处，沥青路面与混凝土构造物结合部位以及沥青层冷接缝处宜喷涂黏结沥青。

6）透层沥青、黏层沥青和封层的材料规格、用量应根据地区气候特点、施工季节和结构类型的不同，按《公路沥青路面施工技术规范》（JTG F40—2004）的要求选定。

■ 8.6　新建沥青路面结构验算

依据我国《公路沥青路面设计规范》（JTG D50—2017），不同等级公路沥青路面结构的目标可靠度和目标可靠度指标不应低于表 8-15 的规定值，新建沥青路面结构设计使用年限不应低于表 8-16 的规定值。

表 8-15　目标可靠度和目标可靠度指标

公　路　等　级	高速公路	一级公路	二级公路	三级公路	四级公路
目标可靠度（%）	95	90	85	80	70
目标可靠度指标 β	1.65	1.28	1.04	0.84	0.52

表 8-16　新建沥青路面结构设计使用年限　　（单位：年）

公路等级	设计使用年限	公路等级	设计使用年限
高速公路、一级公路	15	三级公路	10
二级公路	12	四级公路	8

我国沥青路面设计采用力学-经验法，在利用弹性层状体系理论分析力学响应的基础上，采用多个单项设计指标分别控制相应的沥青路面损坏。采用当量损伤法计量交通荷载和温度的累积损伤，同时路面材料参数由静态参数向动态参数转变，设计参数采集分三个水平，更能反映其应力、温度和湿度依赖性。

沥青路面设计主要控制设计使用年限内的面层和无机结合料类基层疲劳开裂、沥青混合料层永久变形和路基永久变形，对季节性冻土地区应增加沥青面层低温开裂验算和防冻厚度验算。由于汽车在沥青面层上起动、制动常常引起面层表面产生推挤和拥起等剪切破坏，我国《城市道路工程设计规范》(CJJ 37—2012)针对沥青路面表面层还增加了剪应力控制指标。路面结构组合及各结构层厚度设计应使得路面结构的各项指标满足设计指标的极限标准。

8.6.1 新建沥青路面设计指标与标准

设计指标主要是从力学响应的角度提出的控制指标，应能涵盖路面结构的主要病害类型，设计控制标准是指根据路面结构的破坏过程和破坏机理设计指标所达到的极限状态。路面结构设计中，结构组合若满足了控制指标的极限状态，就能保证路面结构在设计使用期内正常工作，不致出现破坏的极限状态。

1. 设计指标

沥青路面结构在车轮荷载作用下各结构层的应力分布十分复杂，理论计算和大量的试验验证表明：

1) 层位较高的水泥混凝土基层和无机结合料稳定类基层，由于刚性板体结构效应，极限拉应力一般出现在水泥混凝土基层或无机结合料稳定类基层板的底部产生初始裂缝，并进一步发展形成断裂裂缝，从而诱发沥青面层的应力重分布，裂缝向上反射引起面层破坏。

2) 对于设置无机结合料稳定类下基层的路面结构，通常在下基层底部产生初始裂缝，然后向上逐渐扩展到基层和沥青面层。

3) 对于柔性基层沥青路面，当柔性基层材料以沥青结合料为主时，沥青结合料基层底部会承受主要的拉应力；当柔性基层材料以粒料为主时，粒料基层不承受拉应力，沥青面层会承受较大的拉应力。因此，对于柔性基层沥青路面，整个路面结构的极限状态主要出现在沥青混合料层底部，形成初始裂缝并逐步扩展，最终沥青面层形成断裂裂缝。

4) 对于沥青混合料层以及路基，在车轮荷载的竖向压应力和剪应力作用下，会产生不可恢复的永久变形。当使用水泥混凝土或者无机结合料稳定类基层时，永久变形主要发生在沥青混合料层；当使用柔性基层时，永久变形可能会在整个结构范围内累积。

设计指标的选取应当与沥青路面结构层的主要力学响应相对应，并用于控制其主要病害的发生。国内外工程界经过长期的观察和研究得出，路面结构在车轮荷载作用下结构层极限拉应力一般发生在层底，某一结构层的拉应力（一般为第一主应力）达到并超过该层材料的抗拉极限强度时，首先在轮载下方产生初始裂缝，随着车轮的反复多次作用，初始裂缝逐步延伸，并在垂直方向扩展，导致路面表面产生各种裂缝，进一步发展则成为局部范围或大面积的损坏；与此同时，对于沥青路面结构，即使每一次行车荷载作用产生的残余变形量很小，但多次重复作用累积起来的残余变形总和也会很大，足以影响车辆的正常行驶。因此，我国沥青路面结构设计选用沥青混合料层层底拉应变、无机结合料稳定层层底拉应力、沥青混合料层永久变形量以及路基顶面竖向压应变作为结构设计的重要控制指标，以控制沥青混合料层的疲劳开裂、无机结合料稳定层的疲劳开裂以及沥青层的永久变形。

对于季节性冻土地区，为了防止路面结构的低温开裂和冻融病害，沥青面层的低温开裂指数以及路面结构的防冻厚度也是重要性能控制指标。低温开裂指数 CI 是指沥青路面竣工验收时 100m 调查单元内横向裂缝条数，贯穿全幅的裂缝按 1 条计，未贯穿且长度超过一个车道宽度的裂缝按 0.5 条计，不超过一个车道宽度的裂缝不计入。

我国《公路沥青路面设计规范》(JTG D50—2017)规定路面结构验算时应根据路面结构组合，参照表 8-17 选择设计指标。选择单轴双轮 100kN 作为标准轴载（BZZ-100），基于双圆均布垂直荷载作用下的层状弹性连续体系理论，各设计指标应选用表 8-18 规定的竖向位置处的力学响应,并按图 8-31 所示计算点位置,选取 A、B、C 和 D 四点位置计算的最大力学响应量。根据弹性层状体系理论,沥青混合料层层底拉应变、无机结合料稳定层层底拉应力、沥青混合料层竖向压应力和路基顶面竖向压应变的计算公式分别见式(8-36)~式(8-39)。

表 8-17 不同结构组合路面的设计指标

基 层 类 型	底基层类型	设计指标①
无机结合料稳定类	粒料类	无机结合料稳定层层底拉应力、沥青混合料层永久变形量
	无机结合料稳定类	
沥青结合料类	粒料类	沥青混合料层层底拉应变、沥青混合料层永久变形量、路基顶面竖向压应变
	无机结合料稳定类	沥青混合料层永久变形量、无机结合料稳定层层底拉应力
粒料类②	粒料类	沥青混合料层层底拉应变、沥青混合料层永久变形量、路基顶面竖向压应变
	无机结合料稳定类	沥青混合料层层底拉应变、沥青混合料层永久变形量、无机结合料稳定层层底拉应力
水泥混凝土③	—	沥青混合料层永久变形量

① 季节性冻土地区应增加沥青面层低温开裂验算和防冻层验算。
② 在沥青混合料层与无机结合料稳定层间设置粒料层时,应验算沥青混合料层疲劳开裂寿命。
③ 水泥混凝土基层应按《公路水泥混凝土路面设计规范》(JTG D40—2011)设计。

表 8-18 各设计指标对应的力学响应及其竖向位置

设计指标	力学响应	竖向位置
沥青混合料层层底拉应变	沿行车方向的水平拉应变	沥青混合料层层底
无机结合料稳定层层底拉应力	沿行车方向的水平拉应力	无机结合料稳定层层底
沥青混合料层永久变形量	竖向压应力	沥青混合料层各分层顶面
路基顶面竖向压应变	竖向压应变	路基顶面

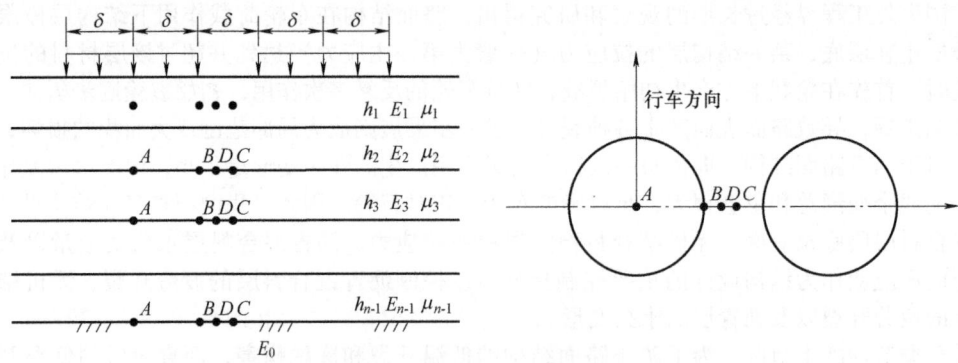

图 8-31 力学响应计算点位置

$$\varepsilon_a = p\,\overline{\varepsilon_a}$$

$$\overline{\varepsilon_a} = f\left(\frac{h_1}{\delta}, \frac{h_2}{\delta}, \cdots, \frac{h_{n-1}}{\delta}; \frac{E_2}{E_1}, \frac{E_3}{E_2}, \cdots, \frac{E_0}{E_{n-1}}\right) \qquad (8\text{-}36)$$

$$\sigma_t = p\,\overline{\sigma_t}$$

$$\overline{\sigma_t} = f\left(\frac{h_1}{\delta}, \frac{h_2}{\delta}, \cdots, \frac{h_{n-1}}{\delta}; \frac{E_2}{E_1}, \frac{E_3}{E_2}, \cdots, \frac{E_0}{E_{n-1}}\right) \tag{8-37}$$

$$p_i = p\,\overline{p_i}$$

$$\overline{p_i} = f\left(\frac{h_1}{\delta}, \frac{h_2}{\delta}, \cdots, \frac{h_{n-1}}{\delta}; \frac{E_2}{E_1}, \frac{E_3}{E_2}, \cdots, \frac{E_0}{E_{n-1}}\right) \tag{8-38}$$

$$\varepsilon_z = p\,\overline{\varepsilon_z}$$

$$\overline{\varepsilon_z} = f\left(\frac{h_1}{\delta}, \frac{h_2}{\delta}, \cdots, \frac{h_{n-1}}{\delta}; \frac{E_2}{E_1}, \frac{E_3}{E_2}, \cdots, \frac{E_0}{E_{n-1}}\right) \tag{8-39}$$

式中　　ε_a——沥青混合料层层底拉应变（10^{-6}）；

$\overline{\varepsilon_a}$——理论拉应变系数；

σ_t——无机结合料稳定层层底拉应力（MPa）；

$\overline{\sigma_t}$——理论拉应力系数；

p_i——沥青混合料第 i 分层顶面竖向压应力（MPa）；

$\overline{p_i}$——理论压应力系数；

ε_z——路基顶面竖向压应变（10^{-6}）；

$\overline{\varepsilon_z}$——理论竖向压应变系数；

p、δ——标准轴载的轮胎接地压强（MPa）和当量圆半径（mm）；

E_0——路基顶面回弹模量（MPa）；

h_1，h_2，$\cdots$，h_{n-1}——各结构层厚度（mm）；

E_1，E_2，$\cdots$，E_{n-1}——各结构层模量（MPa）。

弯沉是指路基或路面在垂直荷载作用下的竖向变形。回弹弯沉是指路基或路面在规定荷载作用下产生竖向变形，卸载后能恢复的那一部分变形。

沥青路面结构施工建成后，由于结构层层底的拉应力和拉应变现场难以检测，但结构层表面弯沉检测比较方便，因此，我国当前的沥青路面结构设计中，将回弹弯沉作为路基和路面的交（竣）工验收指标。

如果采用贝克曼梁法检测，一般是计算标准双圆荷载作用下双轮轮隙中间（图 8-31 的 C 点）的回弹弯沉值作为验收弯沉；如果是采用落锤式弯沉仪检测，则计算单圆荷载中心下的最大回弹弯沉值作为验收弯沉。目前我国《公路沥青路面设计规范》（JTG D50—2017）建议采用落锤式弯沉仪检测路基和路面结构交（竣）工验收弯沉。

2. 设计标准

沥青路面在车轮反复作用下，沥青面层和刚性、半刚性材料层的层底拉应力超过极限，形成初始裂缝并逐步扩展至断裂的过程，属于疲劳断裂损伤。因此，针对我国主要的沥青路面结构，《公路沥青路面设计规范》规定以沥青混合料层层底拉应变和无机结合料稳定层层底拉应力为设计指标，以沥青混合料层和无机结合料稳定层的疲劳开裂寿命为设计标准。

基于沥青混合料层层底拉应变计算的沥青混合料层疲劳开裂寿命应大于基于沥青混合料层层底拉应变换算得到的设计年限内当量设计轴载累计作用次数。

基于无机结合料稳定层层底拉应力计算的无机结合料稳定层疲劳开裂寿命应大于基于无机结合料稳定层层底拉应力换算得到的设计年限内当量设计轴载累计作用次数。

从控制沥青路面结构永久变形角度，我国《公路沥青路面设计规范》（JTG D50—2017）要求基于设计年限内当量设计轴载累计作用次数计算的沥青混合料永久变形量应不大于表 8-19 所列容许永久变形量。同时，路基顶面竖向压应变不应大于基于设计年限内当量设计轴载累计作用次数计算获得的容许竖向压应变。

表 8-19　沥青混合料层容许永久变形量　　　　　　　　（单位：mm）

基 层 类 型	沥青混合料层容许永久变形	
	高速、一级公路	二级、三级公路
无机结合料稳定类基层、水泥混凝土基层和底基层为无机结合料稳定类的沥青混合料基层	15	20
其他基层	10	15

对于季节性冻土地区的沥青路面结构，沥青面层低温开裂指数不宜大于表 8-20 所列数值。

表 8-20　低温开裂指数要求

公 路 等 级	高速、一级公路	二级公路	三级、四级公路
低温开裂指数 CI，不大于	3	5	7

除了对上述路面结构使用性能设计指标的要求，高速公路、一级公路以及山岭重丘区二级和三级公路的路面在交工验收时，其抗滑技术指标应满足表 8-21 的技术要求。路基顶面和路表的实测代表弯沉值应不超过其各自的验收弯沉值。

表 8-21　抗滑技术要求

年平均降雨量/mm	交工检测指标值	
	横向力系数 SFC_{60}	构造深度 TD/mm
>1000	≥54	≥0.55
500~1000	≥50	≥0.50
250~500	≥45	≥0.45

注：横向力系数 SFC_{60} 用横向力系数测试车，在 60km/h±1km/h 车速下测定；构造深度 TD 用铺砂法测定。

8.6.2　路面结构验算方法

1. 温度调整系数和等效温度

气温条件是影响沥青路面性能的重要外部因素，尤其是沥青混合料模量对温度具有典型的依赖性。而我国当前沥青路面结构设计中进行路面结构验算时，沥青混合料结构层模量取用的是 20℃ 标准试验温度条件下的固定值。为了考虑温度的影响，基于路面温度场的研究，我国《公路沥青路面设计规范》（JTG D50—2017）根据所在地区的气温条件、路面结构类型和结构层厚度，采用温度调整系数表征不同地区气候条件对路面结构层疲劳开裂和路基顶面竖向压应变的影响；根据所在地区的气候条件采用等效温度表征对沥青混合料层永久变形的影响。

一般分两个步骤确定温度调整系数和等效温度：首先确定基准路面结构温度调整系数和等效温度；然后进行结构层厚度和模量修正，得到不同结构路面的温度调整系数和等效温度。

基准路面结构是指面层、基层与路基组成的三层路面结构，分为粒料基层沥青路面和无机结合料稳定类基层沥青路面两种结构形式。结构层的标准厚度和模量参数如下：沥青面层厚度 h_a = 180mm，粒料基层或无机结合料稳定类基层厚度 h_b = 400mm。沥青混合料动态模量 E_a = 8000MPa，粒料层回弹模量 E_b = 400MPa，无机结合料稳定层弹性模量 E_b = 7000MPa，路基回弹弹

模量 $E_0 = 100$MPa。

不同气温状况下基准路面结构的损坏，转换成标准温度（20℃）条件下基准路面结构的等效破坏，得到基准路面结构温度调整系数。部分地区各类路面结构设计指标的基准结构温度调整系数以及沥青混合料层的等效温度，可参照表 8-22 选用。其他地区的基准结构温度调整系数和沥青混合料层的等效温度，可按气温条件相近地区的系数值取用，气温资料取连续 10 年的平均值。

表 8-22　各地气温统计资料及相应的基准路面结构温度调整系数和等效温度

地名	省（自治区、直辖市）	最热月平均气温/℃	最冷月平均气温/℃	年平均气温/℃	基准路面结构温度调整系数		基准等效温度/℃
					沥青混合料层层底拉应变、无机结合料稳定层层底拉应力	路基顶面竖向压应变	
北京	北京	26.9	-2.7	13.1	1.23	1.09	20.1
济南	山东	28.0	0.2	15.1	1.32	1.17	21.8
日照	山东	26.0	-2.0	12.7	1.21	1.06	19.4
太原	山西	23.9	-5.2	10.5	1.12	0.98	17.3
大同	山西	22.5	-10.4	7.5	1.01	0.89	15.0
侯马	山西	26.8	-2.3	13.0	1.23	1.08	19.9
西安	陕西	27.5	0.1	14.3	1.28	1.13	20.9
延安	陕西	23.9	-5.3	10.5	1.12	0.98	17.3
安康	陕西	27.3	3.7	15.9	1.35	1.19	21.7
上海	上海	28.0	4.7	16.7	1.38	1.23	22.5
天津	天津	26.9	-3.4	12.8	1.22	1.08	20.0
重庆	重庆	28.3	7.8	18.4	1.46	1.31	23.6
台州	浙江	27.7	6.9	17.5	1.42	1.26	22.8
杭州	浙江	28.4	4.5	16.9	1.40	1.25	22.8
合肥	安徽	28.5	2.9	16.3	1.37	1.22	22.6
黄山	安徽	27.5	4.4	16.6	1.38	1.23	22.3
福州	福建	28.9	11.3	20.2	1.55	1.40	24.9
建瓯	福建	28.2	8.9	19.1	1.49	1.35	24.1
敦煌	甘肃	25.1	-8.0	9.9	1.10	0.97	17.6
兰州	甘肃	22.9	-4.7	10.5	1.12	0.98	17.0
酒泉	甘肃	22.2	-9.1	7.8	1.02	0.90	15.0
广州	广东	28.7	14.0	22.4	1.66	1.52	26.5
汕头	广东	28.6	14.4	22.1	1.64	1.50	26.1
韶关	广东	28.5	10.3	20.4	1.56	1.42	25.2
河源	广东	28.4	13.1	21.9	1.63	1.49	26.1
连州	广东	27.6	11.0	20.3	1.55	1.40	24.8
南宁	广西	28.4	13.2	22.1	1.64	1.51	26.3

（续）

地名	省（自治区、直辖市）	最热月平均气温/℃	最冷月平均气温/℃	年平均气温/℃	基准路面结构温度调整系数		基准等效温度/℃
					沥青混合料层层底拉应变、无机结合料稳定层层底拉应力	路基顶面竖向压应变	
桂林	广西	28.0	8.1	19.1	1.49	1.35	24.2
贵阳	贵州	23.7	4.7	15.3	1.31	1.15	20.1
郑州	河南	27.4	0.6	14.7	1.30	1.15	21.2
南阳	河南	27.3	1.7	15.2	1.32	1.17	21.4
固始	河南	28.1	2.6	16.0	1.36	1.21	22.3
黑河	黑龙江	21.5	-22.5	1.0	0.80	0.77	10.7
漠河	黑龙江	18.6	-28.7	-3.9	0.67	0.73	6.4
齐齐哈尔	黑龙江	23.0	-19.7	3.5	0.88	0.81	13.0
沈阳	辽宁	24.9	-11.2	8.6	1.06	0.94	16.9
大连	辽宁	24.8	-3.2	11.6	1.16	1.02	18.2
朝阳	辽宁	25.4	-8.7	9.8	1.10	0.97	17.7
二连浩特	内蒙古	24.0	-17.7	4.8	0.92	0.84	14.2
东胜	内蒙古	21.7	-10.1	6.9	0.98	0.87	14.2
额济纳旗	内蒙古	27.4	-10.3	9.5	1.10	0.97	18.2
海拉尔	内蒙古	20.5	-24.1	0.0	0.77	0.76	9.8
科右前旗	内蒙古	20.8	-16.7	3.0	0.86	0.79	11.4
通辽	内蒙古	24.3	-12.5	7.3	1.01	0.90	15.7
锡林浩特	内蒙古	21.5	-18.5	3.3	0.87	0.80	12.2
石家庄	河北	26.9	-2.4	13.3	1.24	1.10	20.3
承德	河北	24.4	-9.1	9.1	1.07	0.95	16.8
邯郸	河北	26.9	-2.3	13.5	1.25	1.10	20.5
武汉	湖北	28.9	4.2	17.2	1.41	1.27	23.3
宜昌	湖北	27.5	5.0	17.1	1.40	1.25	22.7
长沙	湖南	28.5	5.0	17.2	1.41	1.26	23.1
常宁	湖南	29.1	6.0	18.1	1.45	1.31	23.9
湘西	湖南	27.2	5.3	16.9	1.39	1.24	22.4
长春	吉林	23.6	-14.5	6.3	0.97	0.87	14.9
延吉	吉林	22.2	-13.1	5.9	0.95	0.86	13.9
南京	江苏	28.1	2.6	15.9	1.35	1.20	22.1
南通	江苏	26.8	3.6	15.5	1.33	1.17	21.2
南昌	江西	28.8	5.5	18.0	1.45	1.30	23.8
赣州	江西	29.1	8.3	19.6	1.52	1.38	25.0
银川	宁夏	23.8	-7.5	9.5	1.08	0.95	16.8
固原	宁夏	19.6	-7.9	6.9	0.97	0.86	13.2

(续)

地名	省（自治区、直辖市）	最热月平均气温/℃	最冷月平均气温/℃	年平均气温/℃	基准路面结构温度调整系数		基准等效温度/℃
					沥青混合料层层底拉应变、无机结合料稳定层层底拉应力	路基顶面竖向压应变	
西宁	青海	17.3	−7.8	6.1	0.94	0.84	11.9
海北	青海	11.3	−13.6	0.0	0.74	0.74	5.5
格尔木	青海	18.2	−8.9	5.7	0.93	0.83	11.9
玉树	青海	12.9	−8.0	3.5	0.85	0.78	8.2
果洛	青海	9.9	−12.9	−0.3	0.73	0.74	4.7
成都	四川	25.5	5.8	16.5	1.37	1.21	21.5
峨眉山	四川	11.7	−5.8	3.4	0.84	0.77	7.4
甘孜州	四川	13.9	−4.6	5.7	0.92	0.82	10.0
阿坝州	四川	11.0	−10.0	1.7	0.79	0.75	6.4
泸州	四川	27.0	7.6	17.9	1.43	1.28	22.9
绵阳	四川	26.2	5.5	16.7	1.38	1.22	21.9
攀枝花	四川	26.4	12.8	20.8	1.57	1.42	24.6
拉萨	西藏	16.2	−0.9	8.4	1.01	0.88	12.5
阿克苏	新疆	24.2	−7.7	10.6	1.13	0.99	18.0
阿勒泰	新疆	22.0	−15.4	5.0	0.92	0.84	13.4
哈密	新疆	26.3	−10.0	10.1	1.12	0.99	18.5
和田	新疆	25.7	−4.1	12.9	1.22	1.08	20.0
喀什	新疆	25.4	−5.0	11.9	1.18	1.04	19.1
若羌	新疆	27.9	−7.2	12.0	1.19	1.06	20.2
塔城	新疆	23.3	−10.0	7.7	1.02	0.90	15.3
吐鲁番	新疆	32.3	−6.4	15.0	1.34	1.21	24.1
乌鲁木齐	新疆	23.9	−12.4	7.4	1.01	0.90	15.7
焉耆	新疆	23.4	−11.0	8.9	1.06	0.94	16.8
伊宁	新疆	23.4	−8.3	9.4	1.08	0.95	16.8
昆明	云南	20.3	8.9	15.6	1.30	1.13	18.7
腾冲	云南	19.9	8.5	15.4	1.29	1.12	18.5
蒙自	云南	23.2	12.7	18.8	1.46	1.29	21.9
丽江	云南	18.7	6.2	12.8	1.18	1.02	16.1
景洪	云南	26.3	17.2	22.7	1.66	1.51	25.6
海口	海南	28.9	18.4	24.6	1.77	1.65	27.9
三亚	海南	29.1	22.0	26.2	1.85	1.74	28.8
西沙	海南	29.3	23.6	27.0	1.89	1.79	29.3

当路面结构沥青面层或基层（含底基层）由两层或两层以上不同材料结构层组成时，可以按式（8-40）和式（8-41）分别换算成当量沥青面层和当量基层，从而将路面结构简化为由当量

沥青面层、当量基层和路基构成的三层路面结构。对采用沥青结合料类基层的路面，将沥青结合料类基层换算至当量沥青面层。超过两层时，重复利用式（8-40）和式（8-41）自上而下逐层换算，简化为由当量沥青面层、当量基层和路基构成的三层路面结构。换算时，无机结合料类材料的模量应考虑结构层模量调整系数，粒料类材料的模量应考虑湿度调整系数。

$$h_i^* = h_{i1} + h_{i2} \tag{8-40}$$

$$E_i^* = \frac{E_{i1}h_{i1}^3 + E_{i2}h_{i2}^3}{(h_{i1}+h_{i2})^3} + \frac{3}{h_{i1}+h_{i2}}\left(\frac{1}{E_{i1}h_{i1}} + \frac{1}{E_{i2}h_{i2}}\right)^{-1} \tag{8-41}$$

式中 h_i^*、E_i^*——当量层厚度（mm）和模量（MPa），下标$i=a$为沥青面层，$i=b$为基层。

路面结构的温度调整系数，应根据式（8-42）~式（8-56）计算。

$$k_{Ti} = A_h A_E \check{k}_{Ti}^{1+B_h+B_E} \tag{8-42}$$

式中 k_{Ti}——温度调整系数：下标$i=1$对应沥青混合料层疲劳开裂分析，$i=2$对应无机结合料稳定层疲劳开裂，$i=3$对应路基顶面竖向压应变分析；

$\check{k}_{Ti}$——基准路面结构温度调整系数，按所在地查表8-22取用；

A_h、B_h、A_E、B_E——与面层、基层厚度和模量有关的函数，按式（8-43）~式（8-56）计算。

沥青混合料层疲劳开裂：

$$A_E = 0.76\lambda_E^{0.09} \tag{8-43}$$

$$A_h = 1.14\lambda_h^{0.17} \tag{8-44}$$

$$B_E = 0.14\ln(\lambda_E/20) \tag{8-45}$$

$$B_h = 0.23\ln(\lambda_h/0.45) \tag{8-46}$$

无机结合料稳定层疲劳开裂：

$$A_E = 0.10\lambda_E + 0.89 \tag{8-47}$$

$$A_h = 0.73\lambda_h + 0.67 \tag{8-48}$$

$$B_E = 0.15\ln(\lambda_E/1.14) \tag{8-49}$$

$$B_h = 0.44\ln(\lambda_h/0.45) \tag{8-50}$$

路基顶面竖向压应变：

$$A_E = 0.006\lambda_E + 0.89 \tag{8-51}$$

$$A_h = 0.67\lambda_h + 0.70 \tag{8-52}$$

$$B_E = 0.12\ln(\lambda_E/20) \tag{8-53}$$

$$B_h = 0.38\ln(\lambda_h/0.45) \tag{8-54}$$

式中 λ_E——面层与基层当量模量之比，按式（8-55）计算：

$$\lambda_E = \frac{E_a^*}{E_b^*} \tag{8-55}$$

λ_h——面层与基层当量厚度之比，按式（8-56）计算：

$$\lambda_h = \frac{h_a^*}{h_b^*} \tag{8-56}$$

分析沥青混合料层永久变形量时，沥青混合料层的等效温度应按式（8-57）计算。

$$T_{pef} = T_\xi + 0.016h_a \tag{8-57}$$

式中 T_{pef}——沥青混合料层等效温度（℃）；

T_ξ——基准等效温度，按所在地查表8-22取用；

h_a——沥青混合料层厚度（mm）。

2. 沥青混合料层疲劳开裂验算

基于沥青混合料的柔性特征，一般采用沥青混合料层层底拉应变计算和控制沥青混合料层的疲劳开裂寿命。研究表明，薄沥青混合料层适宜采用常应变加载模式疲劳开裂模型，厚沥青混合料层适宜采用常应力加载模式疲劳开裂模型，介于中间厚度的沥青混合料层，需要在两者之间建立过渡关系。我国《公路沥青路面设计规范》（JTG D50—2017）在大量常应力加载模式和常应变加载模式疲劳试验的基础上，综合国内外大量加速加载试验路的疲劳数据，建立了基于沥青混合料层层底拉应变的沥青混合料层疲劳开裂寿命计算模型，见式（8-58）。为了考虑不同加载模式的过渡与转换，在该模型中引入了疲劳开裂加载模式系数。

$$N_{f1} = 6.32 \times 10^{15.96-0.29\beta} k_a k_b k_{T1}^{-1} \left(\frac{1}{\varepsilon_a}\right)^{3.97} \left(\frac{1}{E_a}\right)^{1.58} (VFA)^{2.72} \tag{8-58}$$

式中　N_{f1}——沥青混合料层疲劳开裂寿命（轴次）；

β——目标可靠度指标，根据公路等级按表8-15取值；

k_{T1}——温度调整系数；

ε_a——沥青混合料层层底拉应变（10^{-6}），根据弹性层状理论计算取 A、B、C、D 点主应变的最大值；

E_a——沥青混合料20℃时的动态压缩模量（MPa）；

k_a——季节性冻土地区调整系数，根据冻结指数 F 按表8-23采用线性内插法确定；

k_b——疲劳加载模式系数，按下式计算：

$$k_b = \left[\frac{1+0.3E_a^{0.43}(VFA)^{-0.85}e^{0.024h_a-5.41}}{1+e^{0.024h_a-5.41}}\right]^{3.33} \tag{8-59}$$

式中　VFA——沥青混合料的沥青饱和度（%），根据混合料设计结果或按《公路沥青路面施工技术规范》（JTG F40—2011）的有关规定确定；

h_a——沥青混合料层厚度（mm）。

表 8-23　季节性冻土地区调整系数 k_a

冻　区	重冻区	中冻区	轻冻区	其他地区
冻结指数 F/℃·d	≥2000	2000~800	800~50	≤50
k_a	0.60~0.70	0.70~0.80	0.80~1.00	1.00

其中冻结指数 F 按下式计算：

$$F = \sum_{i=1}^{n} |t_i| \tag{8-60}$$

式中　n——计算年日平均温度为负温度值出现的天数；

t_i——日平均负温度值（℃·d）。

无气象调查资料时，冻结指数 F 可参考《季节性冻土地区公路设计与施工技术规范》（JTG/T D3106—2017）选用。

沥青混合料层的疲劳开裂寿命应大于基于沥青混合料层层底拉应变的设计使用年限内设计车道的当量设计轴载累计作用次数。否则，应调整路面结构方案，重新验算，直至满足要求。

3. 无机结合料稳定层疲劳开裂验算

基于无机结合料稳定类材料的半刚性特征，一般采用无机结合料稳定层层底拉应力计算和控制无机结合料稳定层的疲劳开裂寿命。我国《公路沥青路面设计规范》（JTG D50—2017）在归纳水泥稳定砂砾、水泥稳定碎石、水泥稳定土和石灰粉煤灰稳定碎石四种常用混合料大量疲劳开裂试验结果的基础上，建立了无机结合料稳定粒料和稳定土的疲劳开裂计算模型，见式（8-61）。由于缺少足够的现场数据，无机结合料稳定层疲劳开裂模型的验证工作难度较大。在大量无机结合料稳定类基层沥青路面结构的调研基础上，归纳整理了包含公路等级、交通荷载参数和路基回弹模量等因素的不同工况下无机结合料稳定类基层沥青路面典型结构。对比调研的路面典型结构损坏状况与上述疲劳开裂模型分析结果，引入现场综合修正系数k_c，以反映室内性能模型与现场疲劳开裂损坏间的差异。

$$N_{f2} = k_a k_{T2}^{-1} 10^{a-b\frac{\sigma_t}{R_s}+k_c-0.57\beta} \tag{8-61}$$

式中 N_{f2}——无机结合料稳定层的疲劳开裂寿命（轴次）；

        k_a——季节性冻土地区调整系数，根据冻结指数F按表8-23采用线性内插法确定；

        k_{T2}——温度调整系数；

        R_s——无机结合料稳定类材料的弯拉强度（MPa）；

        a、b——疲劳试验回归参数，按表8-24确定；

        k_c——现场综合修正系数，按下式确定：

$$k_c = c_1 e^{c_2(h_a+h_b)} + c_3 \tag{8-62}$$

c_1、c_2、c_3——系数，按表8-25确定；

        h_a、h_b——沥青混合料层和计算点以上无机结合料稳定层厚度，计算点以上若设计有粒料类结构层，则其厚度不计入h_b；

        β——目标可靠度指标，根据公路等级按表8-15取值；

        σ_t——无机结合料稳定层层底拉应力（MPa），根据弹性层状体系理论计算取A、B、C、D点主应力的最大值。

表8-24 无机结合料稳定层疲劳破坏模型参数

材料类型	a	b
无机结合料稳定粒料	13.24	12.52
无机结合料稳定土	12.18	12.79

表8-25 现场综合修正系数k_c相关参数

材料类型	新建路面结构层或改建工程既有路面结构层		改建工程加铺层	
	无机结合料稳定粒料	无机结合料稳定土	无机结合料稳定粒料	无机结合料稳定土
c_1	14.0	35.0	18.5	21.0
c_2	-0.0076	-0.0156	-0.01	-0.0125
c_3	-1.47	-0.83	-1.32	-0.82

无机结合料稳定层的疲劳开裂寿命应大于基于无机结合料稳定层层底拉应力为指标进行轴载换算得到的设计使用年限内设计车道的当量设计轴载累计作用次数。否则，应调整路面结构组合或层厚，重新验算，直至满足要求。

4. 沥青混合料层永久变形量验算

我国《公路沥青路面设计规范》（JTG D50—2017）依据多种沥青混合料，在不同温度、压力等条件下的大量有效车辙试验结果建立了包含荷载作用次数、温度、竖向压应力、层厚和车辙试验永久变形量等参数的沥青混合料层永久变形预估模型，并利用国内10余条公路多年车辙数据和5个试验段车辙数据对该模型进行了修正和验证。

考虑沥青路面不同深度处应力分布和不同沥青混合料层抗车辙性能的差异，规定分层计算永久变形量。各分层永久变形累加值与沥青混合料层总的永久变形量间的差异考虑在综合修正系数k_R中：当计算点深度小于6.3mm时，综合修正系数k_R小于0，数值不合理；当计算点深度为 6.3~15mm 时，综合修正系数 k_R 为 1~4，与该范围沥青混合料永久变形量不匹配；当计算点深度为 15~100mm 时，综合修正系数 k_R 为 3.8~7.48；当计算点深度为 100~200mm 时，综合修正系数 k_R 为 0.55~4；当计算点深度大于 200mm 时，综合修正系数 k_R 小于 0.55。

对路面设计使用年限内的永久变形量进行预估时，应当使用基于沥青混合料层永久变形量指标进行轴载换算获取的设计使用年限内设计车道上当量设计轴载累计作用次数进行永久变形量计算。然而，结构分析需综合考虑路面的养护、维修工作。对交通量大、重载比例高的项目，路面设计使用年限内有时需要针对车辙进行一次或一次以上维修，此时用于计算沥青混合料层永久变形量的设计车道上当量设计轴载累计作用次数为通车至首次维修期限内当量设计轴载累计作用次数 N_{e3}。

按照我国沥青路面设计规范规定，首先对路面结构中的各沥青混合料层进行分层：表面层，采用 10~20mm 作为一分层；第二层沥青混合料层，每一分层厚度应不大于 25mm；第三层沥青混合料层，每一分层厚度应不大于 100mm；第四层及其以下沥青混合料层，作为一个分层。然后，根据标准条件下的车辙试验，得到各层沥青混合料的车辙试验永久变形量，按下式计算各分层的永久变形量和沥青混合料层总的永久变形量：

$$R_a = \sum_{i=1}^{n} R_{ai} \tag{8-63}$$

$$R_{ai} = 2.31 \times 10^{-8} k_{Ri} T_{pef}^{2.93} p_i^{1.80} N_{e3}^{0.48} \left(\frac{h_i}{h_0} \right) R_{0i}$$

式中 R_a——沥青混合料层永久变形量（mm）；

R_{ai}——第 i 分层永久变形量（mm）；

n——分层数；

k_{Ri}——综合修正系数，按下列公式计算：

$$k_{Ri} = (d_1 + d_2 z_i) \times 0.9731^{z_i} \tag{8-64}$$

$$d_1 = -1.35 \times 10^{-4} h_a^2 + 8.18 \times 10^{-2} h_a - 14.50 \tag{8-65}$$

$$d_2 = 8.78 \times 10^{-7} h_a^2 - 1.50 \times 10^{-3} h_a + 0.90 \tag{8-66}$$

T_{pef}——沥青混合料层永久变形等效温度（℃）；

p_i——沥青混合料第 i 分层顶面竖向压应力（MPa），根据弹性层状体系理论计算获取；

N_{e3}——设计使用年限内或通车至首次针对车辙维修的期限内，基于沥青混合料层永久变形量指标的设计车道上当量设计轴载累计作用次数；

h_i——第 i 分层厚度（mm）；

h_0——车辙试验试件的厚度（mm）；

R_{0i}——第 i 分层沥青混合料在试验温度为 60℃，压强为 0.7MPa，加载次数为 2520 次时，车辙试验永久变形量（mm）；

z_i——沥青混合料第 i 分层深度（mm），第一分层取为 15mm，其他分层为路表距分层中点的深度；

h_a——沥青混合料层厚度（mm），h 大于 200mm 时，取 200mm。

验算得到的沥青混合料层永久变形量应满足表 8-19 的要求。否则，应调整沥青混合料设计，直至满足要求。满足沥青混合料层容许永久变形量要求的沥青混合料，尚应满足《公路沥青路面设计规范》（JTG D50—2017）规定的标准车辙试验的动稳定度要求，其永久变形量 R_0 的动稳定度可用作沥青混合料的质量要求和施工控制指标。标准车辙试验温度为 60℃、压强为 0.7MPa、试件厚度为 50mm、加载次数为 2520 次时沥青混合料的动稳定度 DS，可根据永久变形量 R_0 按下式计算：

$$DS = 9365 R_0^{-1.48} \tag{8-67}$$

式中 DS——沥青混合料动稳定度（次/mm）。

5. 路基顶面竖向压应变验算

路基顶面竖向压应变是粒料类基层沥青路面和底基层为粒料的沥青结合料类基层沥青路面的重要设计指标。国外相关设计方法一般通过控制路基顶面竖向压应变来防止路基产生过大的永久变形，并采用试验路或现场观测数据拟合竖向压应变与交通荷载参数的关系。我国粒料类基层沥青路面应用较少，缺乏足够的实测数据。为此，整理了 AASHO 试验路的路面结构资料以及轴载作用次数等数据，建立了路基顶面竖向压应变与 100kN 轴载作用次数间的经验关系式，经调整和修正，建立了路基顶面容许竖向压应变的计算模型，见式（8-68）。

$$[\varepsilon_z] = 1.25 \times 10^{4-0.1\beta}(k_{T3}N_{e4})^{-0.21} \tag{8-68}$$

式中 $[\varepsilon_z]$——路基顶面容许竖向压应变（10^{-6}）；
β——目标可靠度指标，根据公路等级按表 8-15 取值；
k_{T3}——温度调整系数；
N_{e4}——基于路基顶面竖向压应变指标的设计使用年限内设计车道上的当量设计轴载累计作用次数。

对于选定的路面结构根据弹性层状体系理论计算出的路基顶面竖向压应变应小于容许压应变值。否则，调整路面结构方案，重新验算，直至满足要求。

6. 沥青面层低温开裂指数验算

季节性冻土地区沥青路面低温开裂是常见病害。我国沥青路面设计规范采用经验法，分析了东北地区多个路段沥青性质、路面结构、路基土质类型等与路面低温开裂状况的关系，参考加拿大 Haas 模型，建立了路面低温开裂指数预估模型，见式（8-69）。

$$CI = 1.95 \times 10^{-3} S_t \lg b - 0.075(T + 0.07h_a) \lg S_t + 0.15 \tag{8-69}$$

式中 CI——沥青面层低温开裂指数；
b——路基类型参数，砂 $b=5$，粉质黏土 $b=3$，黏土 $b=2$；
T——路面开裂设计温度（℃），为连续 10 年年最低气温平均值；若无实测值，可参考《季节性冻土地区公路设计与施工技术规范》（JTG/T D31-06—2017）附录 A 取值；
h_a——沥青结合料类材料层厚度（mm）；
S_t——在路面低温设计温度加 10℃ 试验温度条件下，表面层沥青弯曲梁流变试验加载 180s 时蠕变劲度（MPa）。

沥青面层低温开裂指数值，应满足表 8-20 的低温开裂指数要求，否则应改变所选用的沥青材料，直至满足要求。

7. 防冻厚度验算

季节性冻土地区路基为中湿或潮湿状态时，应按照式（8-70）计算公路多年最大冻深。根据公路多年最大冻深，按表 8-26 的规定验算路面的防冻厚度，路面结构厚度小于表 8-26 规定的最小防冻厚度时，应增设防冻层。防冻层厚度不宜小于 150mm，并使其满足最小防冻厚度的要求。

$$Z_{\max} = abcZ_d \tag{8-70}$$

式中 $Z_{\max}$——公路多年最大冻深（mm）；
a——大地冻深范围内路基、路面各层材料热物性系数，按表 8-27 确定；取多年最大冻深范围内路基及路面各层材料热物性系数按厚度的加权平均值；
b——路基湿度系数，按表 8-28 确定；
c——路基断面形式系数，根据表 8-29 按内插法确定；
Z_d——大地多年最大冻深（mm），根据调查资料确定。

第8章 沥青路面设计

表 8-26 沥青路面结构最小防冻厚度

路基土质	基层、底基层材料类型	对应于以下公路多年最大深度 Z_{max}/mm 和路基干湿类型的最小防冻厚度/mm									
		中湿				潮湿			
		500~1000	1000~1500	1500~2000	>2000	500~1000	1000~1500	1500~2000	>2000
黏性土、细亚砂土	粒料类	400~500	450~500	500~600	600~700	450~550	550~600	600~700	700~800
	水泥或石灰稳定类、水泥混凝土	350~400	400~450	450~550	550~650	400~500	500~550	550~650	650~750
	水泥粉煤灰或石灰粉煤灰稳定类、沥青结合料类	300~350	350~400	400~500	500~550	350~450	450~500	500~550	550~700
粉性土	粒料类	450~500	500~600	600~700	700~750	500~600	600~700	700~800	800~1000
	水泥或石灰稳定类、水泥混凝土	400~450	450~500	500~600	600~700	450~550	550~650	650~700	700~900
	水泥粉煤灰或石灰粉煤灰稳定类、沥青结合料类	300~400	400~450	450~500	500~650	400~500	500~600	600~650	650~800

注：1. 在《公路自然区划标准》（JTJ 003—1986）中，对潮湿系数小于 0.5 的地区，Ⅱ、Ⅲ、Ⅳ 等干旱地区的防冻厚度可比表中值减少 15%~20%。
2. 对Ⅱ区多年最大冻深大时，砂性土路基防冻厚度应相应减少 5%~10%。
3. 公路多年最大冻深大时，靠近上限取值，反之靠近下限取值。
4. 基层、底基层采用不同材料类型时，按厚度较大的材料类型确定。

表8-27 路基、路面材料热物性系数 a

路基					
材料	黏质土	粉质土	粉土质砂	细粒土质砂、黏土质砂	含细粒土质砾（砂）
热物性系数	1.05	1.10	1.20	1.30	1.35
路面					
材料	水泥混凝土	沥青结合料类	级配碎石	二灰或水泥稳定粒料	二灰土及水泥土
热物性系数	1.40	1.35	1.45	1.40	1.35

表8-28 路基湿度系数 b

干湿类型	干燥	中湿	潮湿
潮湿系数	1.0	0.95	0.90

表8-29 路基断面形式系数 c

填挖形式和高（深）度	路基填土高度				路基挖方高度			
	零填	<2m	2~4m	4~6m	>6m	<2m	2~4m	4~6m	>6m
断面形式系数	1.0	1.02	1.05	1.08	1.10	0.98	0.95	0.92	0.90

8. 设计路面结构的验收弯沉值

一般建议采用落锤式弯沉仪进行路基验收，落锤式弯沉仪荷载为50kN，荷载盘半径为150mm。路基顶面验收弯沉值 l_g，采用弹性半空间体地基模型按式（8-71）计算。如路基顶部设置了改善层，则采用弹性层状体理论按改善层顶面弯沉等效原则先计算改善层顶面回弹模量，然后再按式（8-71）计算改善层顶面验收弯沉。路基顶面和改善层顶面实测代表弯沉值 l_0 应符合式（8-72）的要求。

$$l_g = \frac{176pr}{E_0} \tag{8-71}$$

式中 l_g——路基顶面验收弯沉值（0.01mm）；
p——落锤式弯沉仪承载板施加荷载（MPa）；
r——落锤式弯沉仪承载板半径（mm）；
E_0——平衡湿度状态下路基顶面回弹模量（MPa）。只考虑湿度调整系数，不考虑干湿与冻融循环折减系数。

$$l_0 \leqslant l_g \tag{8-72}$$

式中 l_0——路段内实测的路基顶面或改善层顶面弯沉代表值（0.01mm），以1~3km为一评定路段，按下式计算：

$$l_0 = (\bar{l}_0 + \beta s) K_1 \tag{8-73}$$

式中 $\bar{l}_0$——路段内实测路基顶面或改善层顶面弯沉平均值（0.01mm）；
β——目标可靠度指标，根据公路等级按表8-15取值；
s——路段内实测路基顶面或改善层顶面弯沉标准差（0.01mm）；
K_1——路基顶面或改善层顶面弯沉湿度影响系数，根据当地经验确定。

路表验收弯沉值 l_a 应根据设计路面结构，采用单圆荷载模式下的弹性层状体系理论按式（8-74）计算。路面结构层参数与路面结构验算时相同，但是路基顶面回弹模量应采用平衡湿度状态下路基顶面回弹模量乘以模量调整系数 k_1，用以协调理论弯沉与实测弯沉的差异。

$$l_a = p\bar{l}_a \tag{8-74}$$

$$\overline{l}_a = f\left(\frac{h_1}{\delta}, \frac{h_2}{\delta}, \cdots, \frac{h_{n-1}}{\delta}; \frac{E_2}{E_1}, \frac{E_3}{E_2}, \cdots, \frac{k_l E_0}{E_{n-1}}\right)$$

式中 $\overline{l}_a$——理论弯沉系数；

k_l——路基顶面回弹模量调整系数，无机结合料稳定类基层沥青路面和水泥混凝土基层沥青路面，取0.5；粒料类基层沥青路面和沥青结合料类基层沥青路面，当采用无机结合料稳定底基层时，取0.5，否则取1.0；

E_0——平衡湿度状态下路基顶面回弹模量（MPa）；

其他符号意义同式（8-37）。

路表交（竣）工时应对路表弯沉值进行检测，检测时需要考虑对弯沉进行温度和湿度修正。落锤式弯沉仪中心点弯沉代表值应符合式（8-75）的要求。

$$l_0 \leq l_a \tag{8-75}$$

式中 l_a——路表验收弯沉值（0.01mm）；

l_0——路段内实测路表弯沉代表值（0.01mm），以1~3km为一个评定路段，按下式计算：

$$l_0 = (\overline{l}_0 + \beta s) K_1 K_3 \tag{8-76}$$

$\overline{l}_0$——路段内实测路表弯沉平均值（0.01mm）；

K_1——路基顶面弯沉湿度影响系数，根据实测弯沉值通过反算得到路基模量值，再对路基模量进行修正得到结构模量值，然后得出测试状态下弯沉湿度修正系数K_1，或者根据当地经验确定；

K_3——路表弯沉温度影响系数，按下式（8-77）：

$$K_3 = e^{[9\times10^{-6}(\ln E_0 - 1)h_a + 4\times10^{-3}](20-T)} \tag{8-77}$$

h_a——沥青结合料类材料层厚度（mm）；

T——弯沉测定时沥青结合料类材料层中点实测或预估温度（℃）。

其他符号意义同前。

8.6.3 路面结构验算流程

沥青路面结构验算流程（图8-32）具体如下：

1) 依据交通数据调查以及轴载换算方法，调查分析交通参数，计算获取设计使用年限内设计车道在不同控制指标（沥青混合料层层底拉应变，沥青混合料层永久变形量，无机结合料层层底拉应力，路基顶面竖向压应变）下的当量设计轴载累计作用次数，并确定交通荷载等级。

2) 根据路基土类型、地下水位高度确定路基干湿类型和湿度状况，按《公路沥青路面设计规范》（JTG D50—2017）的有关要求，并结合《公路路基设计规范》（JTG D30—2015）的有关规定确定路基顶面回弹模量及必要的路基改善措施。不满足要求时，应采取改变填料、设置粒料类或无机结合料稳定类路基改善层，或采用石灰或水泥处理等措施提高路基顶面回弹模量。

3) 根据设计要求，收集所在地区的常用路面结构组合和材料性质要求，分析影响路面结构设计的其他因素，初拟路面结构组合与厚度方案，参照表8-17选取设计指标。

4) 根据路面结构层选用的材料进行配合比设计，参照路面材料设计参数确定方法，检验各结构层材料的性能设计参数是否符合要求；检验无机结合料稳定类材料的无侧限抗压强度；检验沥青混合料的动稳定度、贯入强度、低温破坏应变和水稳定性等，季节性冻土地区高速公路和一级公路还需要检验表面层沥青低温性能；检验粒料的CBR值。

5) 按照路面材料设计参数确定方法，依据不同水平确定各结构层模量等设计参数。沥青面层采用20℃、10Hz条件下的动态压缩模量，沥青类基层采用20℃、5Hz条件下的动态压缩模量；无机结合料类稳定层采用经调整系数修正后的弹性模量；粒料层采用经湿度调整的回弹模量；

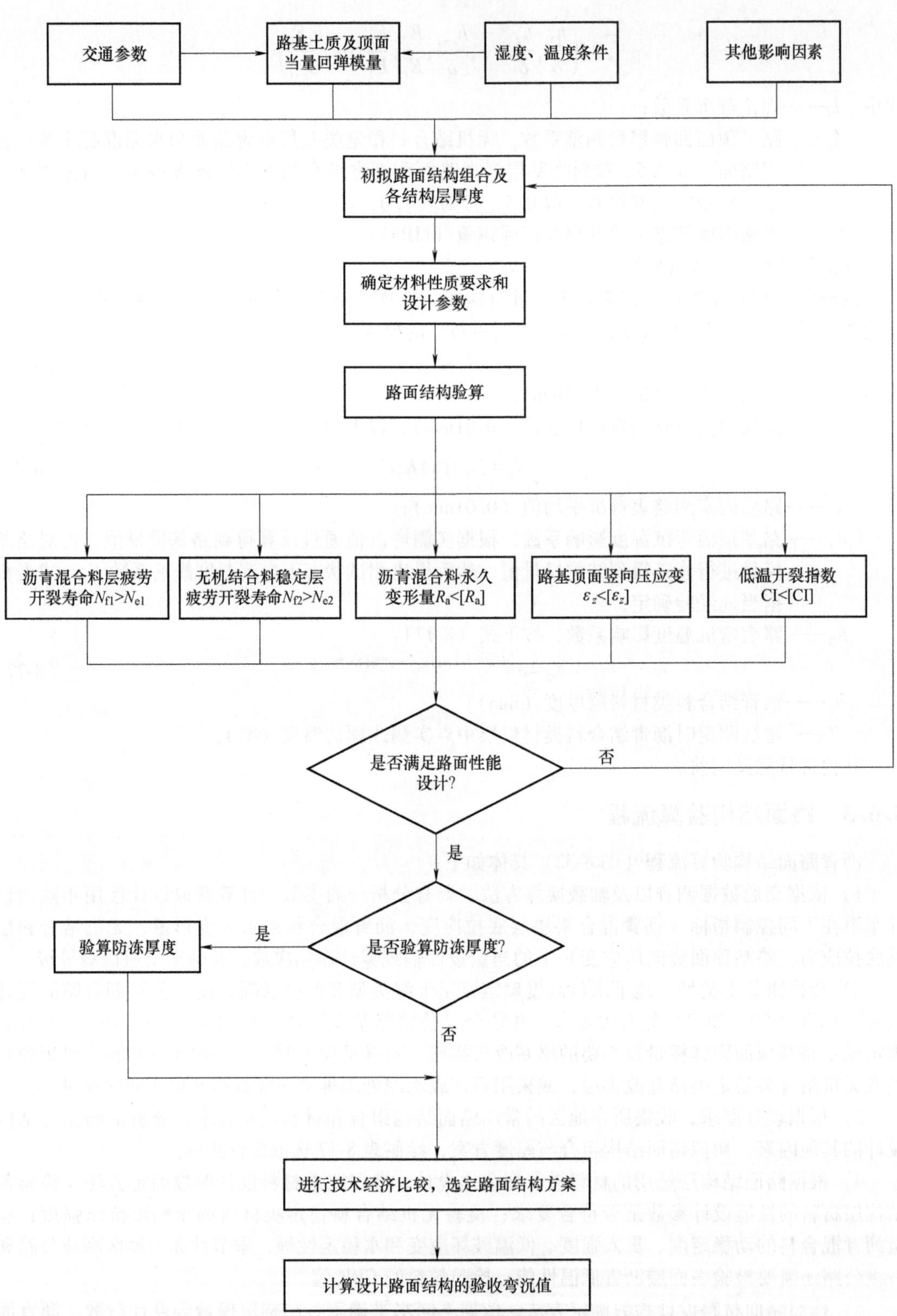

图 8-32　路面结构验算流程

路基采用平衡湿度状态下并考虑干湿与冻融循环作用后的顶面当量回弹模量。

6) 收集工程所在地区气温资料，计算确定各设计指标对应的温度调整系数或等效温度。

7) 采用多层弹性体系理论程序计算各设计指标的力学响应量。

8) 依据本章所述的路面结构验算方法进行路面结构验算，包括沥青混合料层开裂验算、无机结合料稳定层疲劳开裂验算、沥青混合料层永久变形量验算、路基顶面竖向压应变验算以及低温开裂指数验算。验算结果不符合要求时，调整路面结构方案重新验算，直至符合为止；针对季节性冻土地区进行沥青路面结构最小防冻厚度验算，验算不满足要求时，应增设防冻层，使路面结构满足最小防冻厚度要求。

9) 对通过结构验算的路面结构进行技术经济分析，选定路面结构方案。

10) 计算设计路面结构的路基顶面验收弯沉值和路表验收弯沉值。

[**例 8-1**]　无机结合料稳定类基层沥青路面结构设计实例

1. 环境参数

辽宁大连某高速公路，设计车速 100km/h，设计使用年限 15 年。所在地区自然区划属于 Ⅱ-2 区，沥青路面气候分区属于 2-2 区，年平均降雨量 607mm，年平均气温 11.6℃，月平均气温最低为 -3.2℃，月平均气温最高为 24.8℃，多年最低气温为 -16℃。

2. 交通参数

对应于无机结合料稳定层层底拉应力的当量设计轴载累计作用次数为 1.51×10^9 次，对应于沥青混合料层永久变形量的当量设计轴载累计作用次数为 2.15×10^7 次。交通荷载等级为重交通。

3. 初拟路面结构

初拟路面结构见表 8-30。

表 8-30　初拟水泥稳定碎石基层沥青路面结构

结构层	材料类型	厚度/mm
面层	AC-13（SBS 改性沥青）	40
面层	AC-20（90 号道路石油沥青）	60
面层	AC-25（90 号道路石油沥青）	80
基层	水泥稳定碎石	360
底基层	级配碎石	180

4. 材料参数

(1) 路基顶面回弹模量　路基为受气候影响的干燥类，土质为低液限黏土。参考《公路路基设计规范》(JTG D30—2015)，低液限黏土路基标准状态下回弹模量取 70MPa，回弹模量湿度调整系数 k_s 取 0.95，干湿与冻融循环作用折减系数 k_η 取 0.80，经过湿度调整和干湿与冻融循环作用折减的路基顶面回弹模量为 53MPa，满足规范规定。

(2) 级配碎石底基层模量　根据试验测定结果，经湿度调整后，级配碎石底基层模量为 300MPa。

(3) 水泥稳定碎石基层模量和弯拉强度　根据试验测定结果，水泥稳定碎石材料弹性模量为 24000MPa，乘以结构层模量调整系数 0.5，水泥稳定碎石基层模量为 12000MPa，弯拉强度为 1.8MPa。

(4) 沥青面层模量　根据试验测定结果，20℃、10Hz 时，SBS 改性沥青 AC-13 表面层模量为 11000MPa，90 号道路石油沥青 AC-20 中面层和 AC-25 下面层模量为 10000MPa。

(5) 泊松比　路基泊松比取 0.40，级配碎石底基层泊松比取 0.35，沥青混合料面层和水泥稳定碎石基层泊松比取 0.25。

5. 路面结构验算

根据表 8-17，需要验算的设计指标为无机结合料稳定层层底拉应力和沥青混合料层永久变形量；项目处于季节性冻土地区，由《公路沥青路面设计规范》(JTG D50—2017) 的规定可知，还需进行低温开裂指数验算。

(1) 水泥稳定碎石基层层底拉应力　根据表 8-15，高速公路目标可靠度指标 β 取 1.65。

根据气象资料，工程所在地区冻结指数 F 为 360℃·d，由表 8-23 通过内插法可知，季节性冻土地区调整系数 k_a 取 0.917。

根据式 (8-62)，当水泥稳定碎石基层厚度为 360mm 时，现场综合修正系数 k_c 为 -1.239。

根据工程所在地区，得到基准路面结构温度调整系数 $\hat{k}_{T2} = 1.16$。初拟路面结构和路面结构层材料参数，按式 (8-42) 计算得到路面结构的温度调整系数 k_{T2} 为 1.223。

查表 8-24 可得，疲劳开裂模型参数 $a = 13.24$，$b = 12.52$。

根据基层厚度和力学参数，采用弹性层状体系理论，计算得到基层的层底拉应力最大值为 0.2514MPa。再由以上参数可知，当厚度为 360mm 时，无机结合料层的疲劳开裂寿命为 1.53968×10^9 次，满足设计要求。

(2) 沥青混合料层永久变形量　在试验温度为 60℃，压强为 0.7MPa，加载次数为 2520 次时，可知 DS，依据式 (8-67) 可反算三种沥青混合料车辙试验变形深度 R_0，见表 8-31。

表 8-31　沥青混合料 R_0 取值

材　料　类　型	车辙试验总变形深度 R_0/mm
AC-13（SBS 改性沥青）	2.5
AC-20（90 号道路石油沥青）	4.0
AC-25（90 号道路石油沥青）	5.0

查表 8-22 得基准等效温度 $T_\xi = 18.2℃$，代入 T_ξ 和沥青混合料层厚度 $h_a = 180$mm，由式 (8-57) 计算得到沥青混合料层永久变形等效温度为 21.1℃。

根据要求将沥青混合料层分为七个分层，各分层厚度见表 8-32。再根据弹性层状体系理论，分别计算设计荷载作用下各分层顶部的竖向压应力。采用式 (8-63) 计算各分层永久变形量。

表 8-32　沥青混合料层各分层永久变形计算结果

分 层 编 号	分层厚度/mm	竖向压力/MPa	修正系数（k_{Ri}）	永久变形/mm
1	10	0.7000	3.804	0.58
2	15	0.6994	4.575	1.04
3	15	0.6913	7.110	1.59
4	20	0.6686	7.360	3.30
5	20	0.6154	6.218	2.40
6	20	0.5469	4.736	1.48
7	80	0.4754	1.935	2.35
总计				12.74

累加得到沥青混合料层总永久变形量 $R_a = 12.74$mm，由表 8-19 可知，满足容许变形量的要求。

(3) 路面低温开裂指数　根据气候条件，所在地区低温设计温度 T 为 -16℃。路基填料为低液限黏土，路基类型参数 $b = 2$。表面层改性沥青的 -6℃ 条件下弯曲梁流变试验的劲度模量 S_t 为 300MPa。沥青混合料层厚度 $h_a = 180$mm。

将上述参数代入式（8-69），计算得出低温开裂指数 CI = 1.0，由表 8-20 可知满足对低温开裂指数小于 3 的要求。

（4）路面结构验收弯沉值　根据《公路沥青路面设计规范》（JTG D50—2017）的有关规定，确定路基顶面和路表验收弯沉值时，采用落锤式弯沉仪进行验收，荷载盘半径为 150mm，荷载为 50kN。

路基标准状态下回弹模量取 70MPa，回弹模量湿度调整系数 k_s = 0.95，不考虑干湿与冻融折减，则平衡湿度状态下的回弹模量为 66.5MPa。按式（8-71）计算得到的路基顶面验收弯沉值为 280.8（0.01mm）。

采用无机结合料稳定类基层，路基顶面回弹模量调整系数 k_1 取 0.5。路基顶面回弹模量采用平衡湿度状态下的回弹模量 66.5MPa。根据单圆荷载模式的弹性层状体系理论计算得到路表验收弯沉值 l_a = 24.7（0.01mm）。

[**例 8-2**]　级配碎石基层沥青路面结构

1. 环境参数

陕西西安某一级公路，设计车速 100km/h，设计年限 15 年。所在地区为暖温带大陆性气候，自然区划属于 II$_5$ 区，沥青路面气候分区属于 1-3 区，年平均降雨量 641mm，年平均气温 14.3℃，月平均气温最低为 0.1℃，月平均气温最高为 27.5℃，多年最低气温为 -11℃。

2. 交通参数

对应于沥青层混合料层层底拉应变的当量设计轴载累计作用次数为 7.5×10^6 次。对应于路基顶面竖向压应变的当量设计轴载累计作用次数为 1.27×10^7 次。交通荷载等级为中等交通。

3. 初拟路面结构

初拟路面结构见表 8-33。

表 8-33　初拟级配碎石基层沥青路面结构

结　构　层	材　料　类　型	厚度/mm
面层	AC-13（90 号道路石油沥青）	40
	AC-25（90 号道路石油沥青）	80
基层	级配碎石	300
底基层	级配碎石	200

4. 材料参数

（1）路基顶面回弹模量　根据《公路路基设计规范》（JTG D30—2015），黏土质砂路基标准状态下的回弹模量取 75MPa，湿度调整系数 k_s 取 0.85，干湿与冻融循环作用折减系数 k_η 取 0.90，则经过湿度调整和干湿与冻融循环作用折减的路基顶面回弹模量为 57.4MPa，满足规范规定。

（2）级配碎石基层模量　根据试验测定结果，经湿度调整后，级配碎石基层模量取 500MPa，级配碎石底基层模量取 300MPa。

（3）沥青混合料层模量　根据试验测定结果，20℃、10Hz 时，90 号道路石油沥青 AC-13 表面层模量取 9000MPa，AC-25 下面层模量取 10000MPa。

（4）泊松比　路基泊松比取 0.40，沥青混合料层泊松比取 0.25，级配碎石基层和底基层泊松比取 0.35。

5. 路面结构验算

根据表 8-17，路面设计需要验算的设计指标为沥青混合料层层底拉应变、沥青混合料层永久变形量和路基顶面竖向压应变；项目处于季节性冻土地区，由《公路沥青路面设计规范》（JTG D50—2017）的规定可知，还需进行低温开裂指数验算。

(1) 沥青混合料层层底拉应变 根据表8-15,一级公路目标可靠度指标 β 取 1.28。

根据气象资料,工程所在地区冻结指数 F 为 92℃·d,由表8-23通过内插法可知,季节性冻土地区调整系数 k_a 取 0.989。

根据工程所在地区陕西西安,基准路面结构调整系数:用于沥青混合料层层底拉应变为 1.28,下面层沥青饱和度取 70%。

根据初拟路面结构和路面结构层材料参数,按式(8-42)计算得到路面结构的温度调整系数 k_{T1} 为 1.129。

根据以上参数,按规范计算下面层沥青混合料层疲劳开裂寿命。按式(8-59)计算疲劳加载模式系数 k_b 为 0.8657。根据基层厚度和力学参数,采用弹性层状体系理论,计算得到下面层的层底最大拉应变为 $104.46\mu\varepsilon$,按式(8-58)计算的沥青混合料层的疲劳开裂寿命为 8.97×10^6 次,满足设计要求。

(2) 沥青混合料层永久变形量 在试验温度为 60℃,压强为 0.7MPa,加载次数为 2520 次时,可知 DS,依据式(8-67)可反算两种沥青混合料车辙试验总变形深度 R_0,见表8-34。

表8-34 沥青混合料 R_0 取值

材 料 类 型	车辙试验总变形深度 R_0/mm
AC-13(SBS改性沥青)	4.5
AC-25(90号道路石油沥青)	4.5

查表8-22得基准等效温度 T_ξ = 20.9℃,代入 T_ξ 和沥青混合料层厚度 h_a = 120mm,由式(8-57)计算得到沥青混合料层永久变形等效温度为 22.8℃。

根据要求将沥青混合料层分为七个分层,各分层厚度见表8-35。再根据弹性层状体系理论,分别计算设计荷载作用下各分层顶部的竖向压应力。采用式(8-63)计算各分层永久变形量。

表8-35 沥青层永久变形计算结果表

分层编号	分层厚度/mm	竖向压力/MPa	修正系数(k_{Ri})	永久变形/mm
1	10	0.7000	2.897	0.60
2	15	0.6929	3.843	1.18
3	15	0.6562	7.083	1.97
4	15	0.5900	7.714	1.77
5	20	0.5001	6.966	1.58
6	20	0.3620	5.481	0.70
7	25	0.2348	3.846	0.28
总计				8.1

累加得到沥青混合料层总永久变形量 R_a = 8.1mm,由表8-19可知,满足容许变形量的要求。

(3) 路基顶面竖向压应变 根据工程所在地区,得到用于路基顶面竖向压应变的基准路面结构温度调整系数为 1.13。根据初拟路面结构和路面结构层材料参数,按式(8-42)计算得到温度调整系数 k_{T3} 为 0.984。

根据以上参数,按式(8-68),路基顶面容许竖向压应变值 $[\varepsilon_z]$ 为 $301\mu\varepsilon$。采用弹性层状体系理论,计算获得的路基顶面竖向压应变为 $266\mu\varepsilon$,满足路基顶面容许竖向压应变要求。

(4) 路面低温开裂指数 根据气候条件,所在地区低温设计温度 T 为 -11℃。路基填料为低液限黏土,路基类型参数 b = 2。表面层改性沥青的 -1℃条件下弯曲梁流变试验的劲度模量 S_t 为 300MPa。沥青混合料层厚度 h_a = 120mm。

将上述参数代入式(8-69),计算得出低温开裂指数 CI = 0.8,由表8-20可知满足对低温开裂指数小于 3 的要求。

（5）路面结构验收弯沉值　根据《公路沥青路面设计规范》（JTG D50—2017）的有关规定，确定路基顶面和路表验收弯沉值时，采用落锤式弯沉仪进行验收，荷载盘半径为 150mm，荷载为 50kN。

路基标准状态下回弹模量取 75MPa，回弹模量湿度调整系数 k_s = 0.85，不考虑干湿与冻融折减，则平衡湿度状态下的回弹模量为 63.8MPa。按式（8-71）计算得到的路基顶面验收弯沉值为 292.9（0.01mm）。

采用粒料类基层和底基层，路基顶面回弹模量调整系数 k_l 取 1.0。路基顶面回弹模量采用平衡湿度状态下的回弹模量 63.8MPa。根据单圆荷载模式的弹性层状体系理论计算得到路表验收弯沉值 l_a = 40.8（0.01mm）。

8.7 沥青路面改建设计

沥青路面随着使用时间的延续，其使用性能和承载能力不断降低，不能满足正常行车要求后需补强或改建。当原有路面需要提高等级时，对不符合技术标准的路段应先进行线形改善，改线路段应按新建路面设计。加宽路面、提高路基、调整纵坡的路段应视具体情况按新建或改建路面设计。如果有旧路面作为加铺基础的称为补强，否则应按新建路面设计。路面补强设计工作包括既有路面调查与分析、改建方案确定以及改建路面结构验算。

8.7.1 既有路面调查与分析

对使用中的路面进行结构状况的调查与评定，其目的主要是了解路面现有结构状况和强度，据此判断是否需要加铺或预估剩余使用寿命，分析路面损坏的原因及提出相应处理措施。既有路面调查与分析应包括下列主要内容：

1）收集旧路面及其排水设施的设计、施工及历史养护维修情况等技术资料。
2）调查分析交通量、轴载组成和增长率等交通荷载参数。
3）调查路面破损状况，包括路面病害类型、严重程度、范围和数量等。
4）采用落锤式动态弯沉仪或其他弯沉仪检测评价既有路面结构承载能力。
5）采用钻芯、探坑取样、路面雷达、切割等方式，调查分析既有路面厚度、层间结合及病害程度情况，并取样进行室内试验，测定试件模量、强度等，分析路面材料组成与退化情况。
6）对因路基问题导致路面损坏的路段，取样调查路基土质类型、含水率和 CBR 值等，分析路基稳定性和承载力等。
7）调查沿线气候条件、地下水位及路基路面排水状况。
8）调查沿线跨线桥、隧道净空要求及其他影响路面改建设计的因素。

既有路面损坏状况的评定应符合《公路技术状况评定标准》（JTG 5210—2018）和《公路养护技术规范》（JTG H10—2009）的有关规定，可结合路面损坏特点采用路面横向裂缝间距、纵向裂缝率、网裂面积率和修补面积率等指标进行补充评价。

8.7.2 改建方案确定

基于既有路面调查与分析，经技术经济分析后，结合工程经验确定适应预期交通荷载等级和使用性能要求的改建设计方案。

改建方案设计时应充分利用既有路面结构性能，减少废弃材料，积极、稳妥地再生既有路面材料；采用动态设计理念，工程实施阶段逐段调查分析现场路况，动态调整改建方案；考虑施工期交通组织设计和临时安全设施设计。

改建方案设计的一般要求如下:
1) 应根据不同路段路面状况和损坏程度,对既有路面采取相应的处理方案。
2) 既有路面处理可采用局部病害处治、整体性处理的方式或局部病害处治与整体性处理相结合的方式,并应符合下列规定:既有路面破损不严重且结构性能较好的路段可参照《公路沥青路面养护技术规范》(JTG 5142—2019),对局部病害处治后加铺;既有路面破损严重或结构性能不足(路面病害密度较大时,病害处治工作量大且处治后路面性能整体性下降较多,或当较长段落路面发生结构性损坏时)的路段,宜采用整体性处理方式。处理深度和范围应根据路面破损程度、层位和处理工艺确定。整体性处理方式主要包括直接采用较厚的结构层加铺、整段铣刨至某一结构层后加铺和就地再生后再加铺等方式。
3) 改建方案应充分利用既有路面结构和材料,可视具体情况选择经局部病害处治后直接加铺一层或多层改建方案、将既有路面铣刨至某一结构层或将既有路面就地再生后再加铺一层或多层改建方案。
4) 既有路面存在较多裂缝时,应采取减缓反射裂缝的措施。
5) 既有路面出现因内部排水不良引起的水损坏时,应改善或重置路面防排水系统。加铺层与既有路面间应设置黏层或封层等层间结合措施。
6) 加铺层材料组成和技术要求应符合规范对新材料设计参数的相应要求;再生材料技术要求应符合《公路沥青路面再生技术规范》(JTG/T 5521—2019)的有关规定。

8.7.3 改建路面结构验算

改建路面结构验算的流程如图 8-33 所示。其验算步骤、流程与新建路面结构类似,主要区别在于,与新建路面结构相比,改建路面结构验算需要依据既有路面是否破损严重或结构性能不足来确定既有路面结构设计参数以及是否需要对既有路面结构进行验算。改建路面结构验算包括下列主要内容:

1) 调查分析设计使用年限内预期的交通荷载参数,并确定交通荷载等级。依交通数据调查以及轴载换算方法,调查分析交通参数,计算获取设计使用年限内设计车道在不同控制指标(沥青混合料层层底拉应变、沥青混合料层永久变形量、无机结合料稳定层层底拉应力、路基顶面竖向压应变)下的当量设计轴载累计作用次数,并确定交通荷载等级。

2) 对既有路面技术状况进行调查和分析。充分调查和分段评估既有路面状况,分析路面损坏原因,提出针对性改建对策。

3) 分段初拟改建方案。根据路况调查结果,对既有路面进行分段,结合当地工程经验,分段初拟适应预期交通荷载等级和使用性能要求的改建方案。

4) 既有路面破损不严重且结构性能较好,采用直接加铺方案或铣刨至某一结构层再加铺方案时,应同时对既有路面结构层和加铺层进行结构验算。加铺层的设计参数应按新建路面结构确定。既有路面结构层的设计参数应按下列要求确定:

将既有路面简化为由沥青结合料类材料层、无机结合料稳定层或粒料层和路基组成的三层体系,利用弯沉盆反演或芯样实测的方法确定各层的结构模量。

既有路面无机结合料稳定层弯拉强度,宜根据现场取芯实测的无侧限抗压强度按式(8-78)计算,无条件时,可根据既有路面整体强度、基层和面层损坏状况,结合当地经验确定。

$$R_s = 0.21 R_c \qquad (8-78)$$

式中 R_s——无机结合料稳定类材料试件的弯拉强度(MPa);
R_c——无机结合料稳定类材料试件的无侧限抗压强度(MPa)。

5) 既有路面破损严重或结构性能不足时,无论采用直接加铺方案还是采用铣刨至某一结构层再加铺方案,均应对加铺层进行结构验算。加铺面层的设计参数应按新建路面结构确定。既有

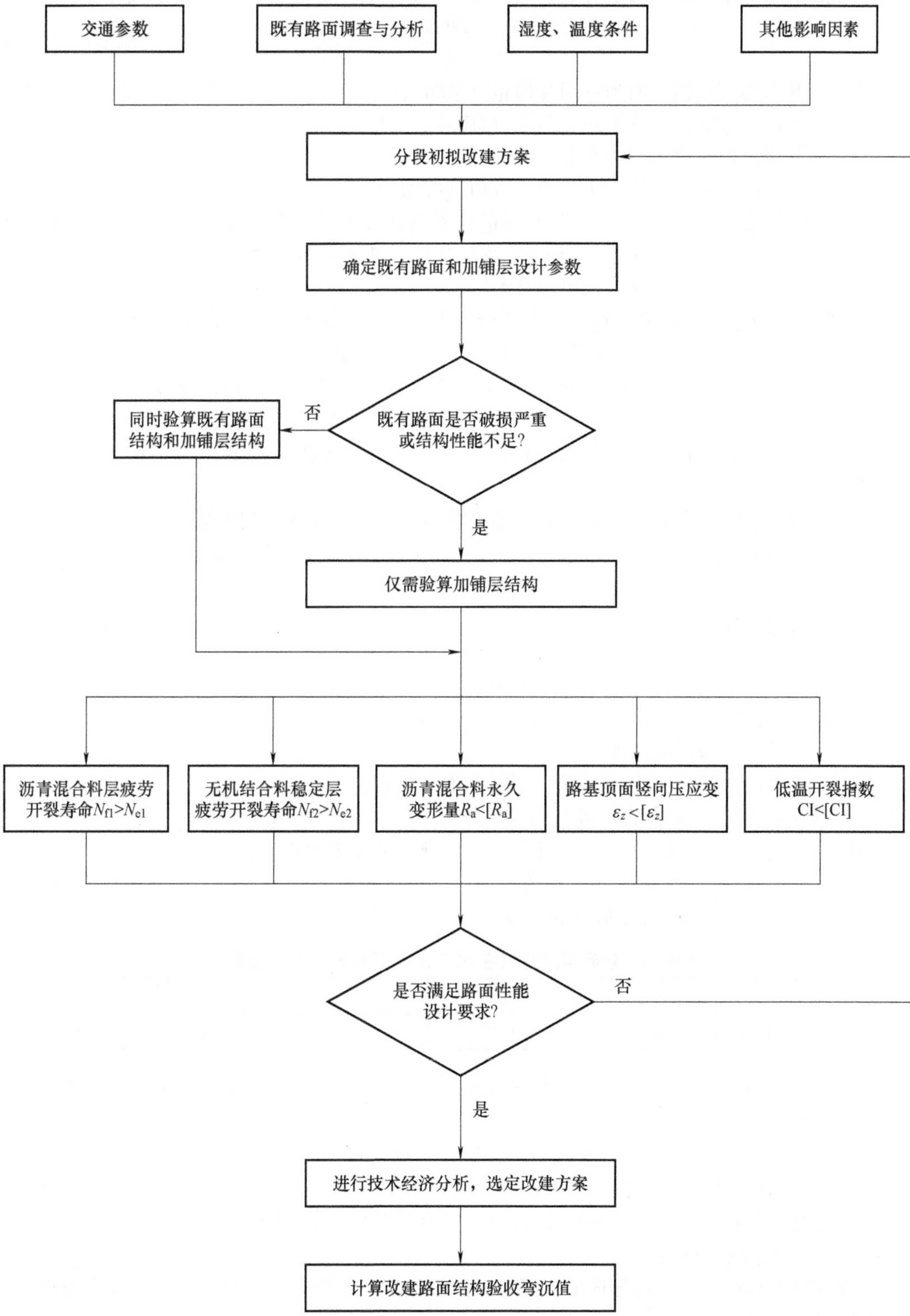

第8章 沥青路面设计

图 8-33 改建路面结构验算的流程

路面或铣刨后留用的路面结构层不再进行结构验算，其顶面当量回弹模量应按下式计算：

$$E_d = \frac{176pr}{l_0}$$ (8-79)

式中　E_d——既有路面结构顶面当量回弹模量（MPa）；
　　　p——落锤式弯沉仪承载板施加荷载（MPa）；
　　　r——落锤式弯沉仪承载板半径（mm）；
　　　l_0——落锤式弯沉仪承载板中心点弯沉值（0.01mm）。

6）按照新建路面要求，检验加铺层材料的性能设计参数是否符合要求，如检验加铺层粒料的CBR值，无机结合料稳定类材料的无侧限抗压强度，沥青低温性能要求，沥青混合料的低温破坏应变、动稳定度、贯入强度和水稳定性等。

7）收集工程所在地区气温资料，确定各设计指标相应的温度调整系数或等效温度。

8）采用多层弹性体系理论程序计算各设计指标的力学响应量。

9）进行路面结构验算。沥青混合料层疲劳开裂验算，无机结合料稳定层疲劳开裂验算，沥青混合料层永久变形量验算，路基顶面竖向压应变验算，低温开裂指数验算以及最小防冻厚度验算等，均应符合各自的设计标准要求，验算不满足要求时，调整路面改建方案重新验算，直至符合要求为止。

10）对通过结构验算的路面结构进行技术经济分析，选定路面改建方案。

11）计算改建路面结构的路表验收弯沉值，用于路面交（竣）工验收。

思考与练习

1. 沥青路面是如何定义的？有哪些优缺点？
2. 简述沥青路面主要损坏类型及其成因。
3. 沥青路面设计的内容包括哪些？
4. 沥青混合料的典型组成结构有哪几类？各有何特点？
5. 沥青路面有哪些分类方法？各是如何划分的？
6. 沥青混合料的力学强度主要取决于什么？影响因素主要有哪些？
7. 某沥青混合料在60℃条件下做三轴试验，试验结果见表8-36。试求该混合料的黏结力c和内摩擦角φ。（将强度包络线近似看成直线）

表8-36　某沥青混合料在60℃条件下的三轴试验结果

侧向应力 σ_3/MPa	0.05	0.10	0.15	0.20	0.30
极限竖向应力 σ_1/MPa	1.26	1.51	1.87	2.17	2.72

8. 什么是沥青路面高温稳定性？如何评价沥青混合料的高温稳定性？如何提高沥青混合料的高温稳定性？
9. 什么是车辙？有哪些类型？失稳型车辙是如何形成的？
10. 什么是动稳定度？如何计算？
11. 沥青路面低温缩裂分哪两种？其影响因素有哪些？如何评价沥青混合料的低温抗裂性能？减少低温开裂的措施有哪些？
12. 沥青路面水损坏是如何形成的？沥青路面水稳定性评价方法有哪些？提高沥青路面水稳定性的措施有哪些？
13. 什么是疲劳？其产生的原因是什么？什么是疲劳破坏、疲劳强度、疲劳极限、疲劳寿命？

第8章 沥青路面设计

14. 什么是沥青混合料疲劳试验的控制应力法与控制应变法？它们所测得的疲劳寿命有何差别？路面设计时如何选择控制方式？

15. 沥青路面的老化分为哪些阶段？老化对沥青路面有何影响？如何评价沥青和沥青混合料的抗老化性能？

16. 沥青路面使用性能分区有何意义？沥青路面使用性能气候分区中，如何确定其高温指标、低温指标和雨量指标？

17. 为什么可以将沥青路面结构简化为线性弹性体？

18. 弹性层状体系的基本假设包括哪些？

19. 沥青路面结构破坏状态有哪些？分别用什么指标进行控制？

20. 简述我国沥青路面设计方法。

21. 简述沥青路面结构组合设计方法。

22. 路面结构验算后，路基验收弯沉、路表竣工验收弯沉和代表弯沉如何确定？

23. 沥青路面补强设计工作包括哪些内容？

24. 既有路面调查与分析的目的是什么？主要内容包括哪些？

25. 如何确定沥青路面改建方案？

26. 既有路面破损状况不同时，改建路面结构验算如何考虑？

第 9 章　水泥混凝土路面设计

【本章提要】
　　本章主要介绍了水泥混凝土路面的分类、构造及设计内容，水泥混凝土路面荷载和温度应力分析，水泥混凝土路面的破坏及设计指标与标准，水泥混凝土路面设计的可靠度理论，水泥混凝土路面的结构组合设计和厚度设计，特殊水泥混凝土路面设计等。

【学习要求】
　　掌握水泥混凝土路面的特点、分类、构造、设计方法，了解特殊水泥混凝土路面设计。

■ 9.1　概述

　　水泥混凝土路面包括普通混凝土、钢筋混凝土、连续配筋混凝土、预应力混凝土、装配式混凝土和钢纤维混凝土等面层板和基（垫）层所组成的路面。目前采用最广泛的是就地浇筑的普通混凝土路面，常被简称为混凝土路面。

　　与其他类型路面相比，混凝土路面具有以下优点：

　　1）强度高。混凝土路面具有很高的抗压强度和较高的抗弯拉强度以及抗磨耗能力。

　　2）稳定性好。混凝土路面的水稳定性、热稳定性均较好，特别是它的强度能随着时间的延长而逐渐提高，不存在沥青路面的"老化"现象。

　　3）耐久性好。由于混凝土路面的强度和稳定性好，所以它经久耐用，一般能使用 20~40 年，而且它能通行包括履带式车辆等在内的各种运输工具。

　　4）有利于夜间行车。混凝土路面色泽鲜明、能见度好，对夜间行车有利。

　　但是，混凝土路面也存在一些缺点，主要有以下几方面：

　　1）对水泥和水的需要量大。修筑 0.2m 厚、7m 宽的混凝土路面，每 1000m 需耗费 400~500t 水泥和约 250t 水，尚不包括养护用的水在内，这对水泥供应不足和缺水地区带来较大困难。

　　2）有接缝。一般混凝土路面要建造许多接缝，这些接缝不但增加施工和养护的复杂性，而且容易引起行车跳动，影响行车的舒适性。接缝又是路面的薄弱点，如处理不当，将导致路面板边和板角处破坏。

　　3）开放交通较迟。一般混凝土路面完工后，要经过 28d 的养护，才能开放交通，如需提前开放交通，则需采取特殊措施。

　　4）修复困难。混凝土路面损坏后，开挖很困难，修补工作量也大，且影响交通。

9.2 水泥混凝土路面的分类、构造及设计内容

9.2.1 水泥混凝土路面的分类

混凝土路面的面层一般采用普通混凝土,也可采用钢筋混凝土、连续配筋混凝土、钢纤维混凝土、预应力混凝土、碾压混凝土等。不同的面层类型具有各自的特点及使用范围。

1. 普通混凝土面层

普通混凝土面层又称为有接缝素混凝土面层,是目前应用最广泛的一种面层类型。这种面层除接缝和一些局部范围(如角隅、边缘或孔口周围)外,板内不配置钢筋。混凝土面层通常采用等厚式断面,根据轴载大小和作用次数以及混凝土强度确定其厚度。面层混凝土通常采用整体式浇筑,也可采用双层浇筑方式。

2. 钢筋混凝土面层

钢筋混凝土面层是在其内配制纵向、横向钢筋或钢筋网并设接缝的水泥混凝土面层。由于板的长度大、接缝缝隙宽,因此横缝内应设置传力杆以提供相邻板的传荷能力。这种面层的厚度与普通混凝土面层相同。

3. 连续配筋混凝土面层

连续配筋混凝土面层内配置连续的纵向钢筋及横向钢筋,一般不设接缝,仅在临近构造物处和末端设胀缝,施工需要时设施工缝。连续配筋混凝土面层的厚度与普通混凝土面层相同。为了约束连续配筋混凝土面层端部的过量纵向位移,以减小对邻接构造物或其他路面的推力,在其端部须采用矩形地梁或灌注桩等锚固措施,并连续设置多条胀缝。这类面层由于钢筋用量大,造价高,一般仅用于高速公路或交通繁重的道路,包括旧路面加铺层。

4. 钢纤维混凝土面层

该面层是在混凝土中掺拌钢纤维,以提高混凝土的强度和韧性,减少收缩量。钢纤维的用量以体积掺量即占混凝土体积的百分率表示,通常为 0.6%~1.0%。钢纤维混凝土的弯拉强度高于普通混凝土,所需要的厚度为普通混凝土面层的 0.55~0.75 倍。钢纤维混凝土的造价高,一般用于标高受限制路段、收费站路面、混凝土加铺层及桥面铺装等。

5. 预应力混凝土面层

预应力混凝土面层是指对混凝土或钢筋施加预应力的无筋或钢筋混凝土面层,这种面层目前尚未大量推广应用。

6. 碾压混凝土面层

碾压混凝土含水率低,通过振动碾压成型达到高密度、高强度。其超干硬性的特点和碾压成型的施工工艺,使碾压混凝土面层具有节约水泥、收缩小、施工速度快、强度高等技术经济上的优势。然而,其表面的平整度较差,拌合物性质的变异性较大,接缝处难以设置拉杆或传力杆。二级及二级以下公路、服务区停车场,可选用碾压混凝土作面层。此外,碾压混凝土可用作下面层,在其上面铺筑普通混凝土、钢纤维混凝土或沥青混凝土上面层。

7. 混凝土预制块面层

混凝土预制块面层即采用混凝土预制块铺筑的面层。预制块有异形块或矩形块。这种路面结构由面层、砂稳定平层和基层组成,基层类型同普通混凝土路面。服务区停车场、二级及二级以下公路桥头引道沉降未稳定段的路面,可采用混凝土预制块面层。

8. 复合式路面

复合式路面的面层由两层不同类型材料和力学性质的结构层复合而成。这种面层有水泥混凝土复合面层,以及在水泥混凝土板上铺筑沥青混凝土上面层。前者一般下层采用碾压混凝土、

贫混凝土或低强度等级混凝土，上层采用普通混凝土或连续配筋混凝土。后者下面层采用各种形式的混凝土，上层采用沥青混凝土，可在一定程度上改善行车的舒适性，并便于养护维修。承受特重交通的高速公路可采用由沥青混凝土上面层和连续配筋混凝土或横缝设传力杆的普通混凝土下面层组成的复合式路面。

9.2.2 水泥混凝土路面的构造

除混凝土面层板外，水泥混凝土路面结构还包括路基、垫层和基层，它们共同为混凝土面层板提供均匀、稳定的支承。另外，还应根据需要设置路面排水结构。

1. 路基

路基应稳定、密实、均质，对路面结构提供均匀的支承，即路基在环境和荷载作用下不产生过大的不均匀变形。

通过混凝土路面结构传到路床顶面的荷载应力很小，因而，对路基承载能力的要求并不高。但路基出现不均匀变形时，混凝土面层与下卧层之间会出现局部脱空，面层应力会由此增加而导致面层板的断裂。因此，对路基的基本要求是提供均匀的支承，即路基在环境和荷载作用下产生的不均匀变形小。

路基不均匀变形主要在下述情况下出现：

1）膨胀性土（包括高液限细粒土）的不均匀收缩和膨胀变形。
2）软弱地基的不均匀沉降。
3）填挖交替或新旧填土交替。
4）季节性冰冻地区的不均匀冻胀。
5）排水不良的土质路堑。
6）填料和填筑方式产生的不均质。
7）填土因压实不足或不均匀而产生的压密变形，受湿度变化影响而产生的膨胀和收缩变形。
8）路表渗入水积滞在路面结构内，或者地表排水不畅，浸湿路基。

为控制路基的不均匀变形，应在地基、填料、压实和排水等方面采取相应的措施。

2. 垫层

当遇到以下情况时，应在基层或底基层下设置垫层：

1）季节性冰冻地区，路面结构厚度小于最小防冻厚度要求（表6-27）时，应设置防冻垫层，可以使路面结构免除或减轻冻胀和翻浆病害。
2）水文地质条件不良的土质路堑，路床土湿度较大时，宜设置排水垫层，可以疏干路床土，改善路面结构的支承条件。

垫层的宽度应与路基宽度相同，其最小厚度为150mm。

防冻垫层和排水垫层宜采用砂、砂砾等颗粒材料。在供应条件许可时，防冻垫层还可采用煤渣、矿渣等隔温性材料。

3. 基层和底基层

基层和底基层应具有足够的抗冲刷能力和适当的厚度。对水泥混凝土面层下基层的首要要求是抗冲刷能力。不耐冲刷的基层表面，在渗入水和荷载的共同作用下，会产生冲刷、唧泥、板底脱空和错台等病害，导致路面不平整，并加速和加剧面层板的断裂。

提高基层的刚度，有利于改善接缝的传荷能力。然而，其作用只能在基层未受冲刷的前提下才能得到保证，同时，其效果不如在接缝内设置传力杆。此外，提高基层刚度虽然可以增加路面结构的弯曲刚度，降低面层板的荷载应力，但也会增加面层板的温度翘曲变形（增加板底脱空区范围）和翘曲应力，对路面结构产生不利影响，并不一定能减薄面层厚度。

为增加路面结构的弯曲刚度，降低面层的荷载应力，承受极重、特重或重交通荷载等级时，往往选用刚度较大的基层。这时，为了缓解由于基层与路床的刚度比过大而产生的问题，在基层下应设置底基层。而对于承受中等或轻交通荷载等级的路面，面层和基层通常可提供足够的弯曲刚度，因而可以不设底基层。但基层若为无机结合料稳定类材料，而上路床由细粒土组成时，基层与路床之间的刚度差仍可能过大，基层会因拉应力过大而开裂，并且会产生水沿裂缝的下渗引起路床的冲刷和唧泥病害。因此，需在基层与路床间设置粒料类底基层。

4. 混凝土面层

混凝土面层是路面结构的主要承重层，同时也是与车辆直接接触的表面层，因而，一方面要求面层具有足够的承载能力和耐久性，另一方面要求面层具有良好的行驶质量。

面层宜采用设接缝的普通水泥混凝土。混凝土面板在温度变化影响下会产生胀缩，因此面层需设置纵向接缝、横向接缝、胀缝等。对于特重及重交通荷载等级的混凝土路面，横向胀缝、缩缝均设置传力杆。当板厚按设传力杆确定的混凝土面板的自由边不能设置传力杆时，应增设边缘钢筋，自由板角上部增设角隅钢筋。

轮载作用于混凝土面板中部时，路面板所产生的最大应力约为轮载作用于板边部时的2/3。因此，早期面层板的横断面曾采用过中间薄两边厚的形式（图9-1），以适应荷载应力的变化。一般边部厚度较中部约大25%，从路面最外两侧板的边部，在60~100cm宽度范围内逐渐加厚。但是厚边式路面会对路基和基层的施工带来不便，而且使用经验也表明，在厚度变化转折处，易引起板的折裂。因此，目前国内外常采用等厚式横断面的混凝土面板。

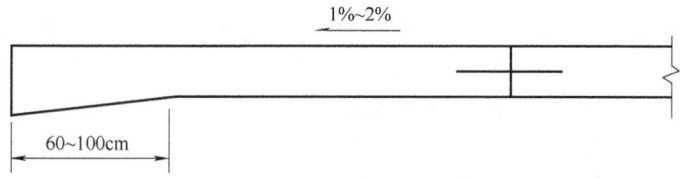

图9-1 混凝土路面横断面示意图

5. 接缝的构造与布置

气温每年、每日都会发生周期性的变化，水泥混凝土板的温度也会随之发生变化，并因混凝土的热胀冷缩而产生不同程度的膨胀和收缩。而在一昼夜中，白天气温升高，混凝土板顶面温度比底面高，这种温差会使板中部呈隆起趋势。夜间气温降低，板顶面温度比底面低，则会使板的周边和角隅形成翘起的趋势（图9-2a）。这些变形受到基层的摩擦力和黏结力，以及板的自重、车轮荷载等的约束，会使板内产生温度应力，严重时可造成板的开裂（图9-2b）或拱胀等破坏。倘若板体温度均匀下降引起收缩，则会将两块板体拉开（图9-2c），从而失去传递荷载的作用。

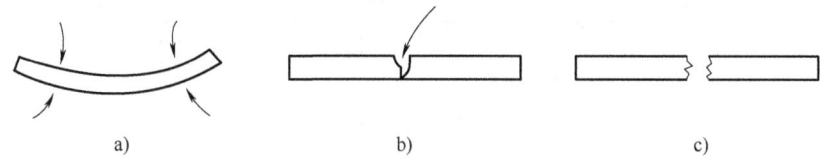

图9-2 混凝土由于温度变化引起的变形及破坏

a) 温度坡差引起的变形　b) 温度坡差引起的开裂　c) 温度均匀下降引起板的断裂

为避免这些缺陷，混凝土路面需要在纵横两个方向设置接缝，把路面分割成许多板块（图9-3）。其中，平行于行车方向的接缝称为纵向接缝，垂直于行车方向的接缝称为横向接缝。纵向接缝与横向接缝一般做成垂直正交，使混凝土板具有90°的角隅。纵向接缝两侧的横缝应成一条直线。

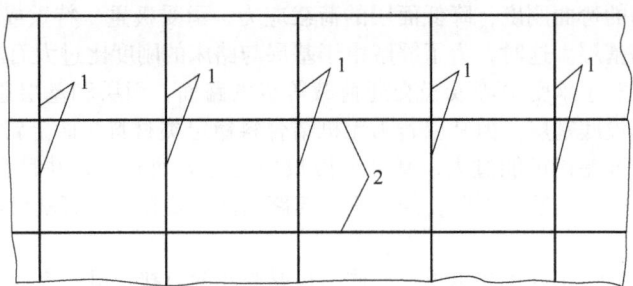

图9-3 路面接缝设置示意图
1—横向接缝 2—纵向接缝

横向接缝是垂直于行车方向的接缝，共有三种：缩缝、胀缝和施工缝。缩缝保证板因温度和湿度的降低而收缩时沿薄弱断面缩裂，从而避免产生不规则的裂缝。胀缝保证板在温度升高时能部分伸张，从而避免路面板在高温季节产生拱胀和折断破坏，同时胀缝也能起到缩缝的作用。另外，混凝土路面每天完工以及因雨天或其他原因不能继续施工时，应尽量在胀缝处收工。如不可能，也应在缩缝处收工，并按施工缝的构造形式制作接缝。

无论哪种形式的接缝，板体都不可能完全连续，其传递荷载的能力均无法达到连续板体的传荷水平，而且任何形式的接缝都不免要漏水。因此，对各种形式的接缝，都必须提供相应的传荷与防水设施。

(1) 横向接缝的构造与布置　横向接缝的间距（即板长）应按面层类型和厚度选定。普通水泥混凝土面层宜为4~6m，面层板的长宽比不宜超过1.35，平面面积不宜大于25m²。碾压混凝土或钢纤维混凝土面层宜为6~10m。钢筋混凝土面层宜为6~15m，面层板的长宽比不宜超过2.5，平面面积不宜大于45m²。

1) 胀缝的构造。在邻近桥梁或其他固定构造物处，或与其他道路相交处，应设置横向胀缝。胀缝条数应根据膨胀量大小设置。胀缝宽度宜为20~25mm，缝内应设置填缝板或滑动的传力杆。传力杆应采用光圆钢筋，其直径和间距根据板厚选取。胀缝的构造如图9-4所示。

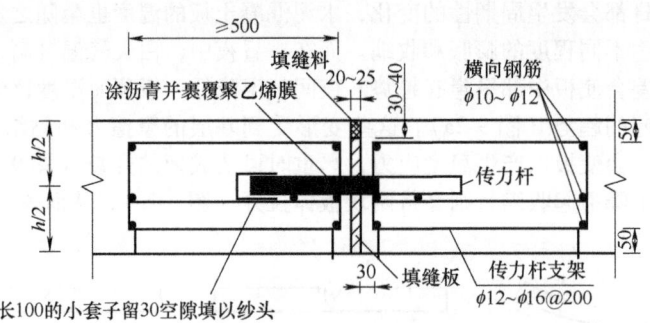

图9-4 胀缝的构造

传力杆应采用光圆钢筋，可按表9-1选用。最外侧传力杆距纵向接缝或自由边的距离宜为150~250mm。

表9-1 传力杆尺寸和间距　　　　　　　　　　　（单位：mm）

面层厚度	传力杆直径	传力杆最小长度	传力杆最大间距
220	28	400	300
240	30	400	300

(续)

面层厚度	传力杆直径	传力杆最小长度	传力杆最大间距
260	32	450	300
280	32~34	450	300
≥300	34~36	500	300

2) 缩缝的构造。横向缩缝可等间距或变间距布置，应采用假缝形式。极重、特重和重交通荷载等级的公路的横向缩缝，中等和轻交通荷载等级的公路邻近胀缝或自由端部的3条横向缩缝，收费广场的横向缩缝，应采用设传力杆的假缝形式，其构造如图9-5a所示。其他情况可采用不设传力杆的假缝形式，其构造如图9-5b所示。横向缩缝传力杆的尺寸、间距和要求与胀缝相同，可按表9-1选用，传力杆的设置不应妨碍相邻混凝土板的自由伸缩，钢筋表面应做防锈处理。

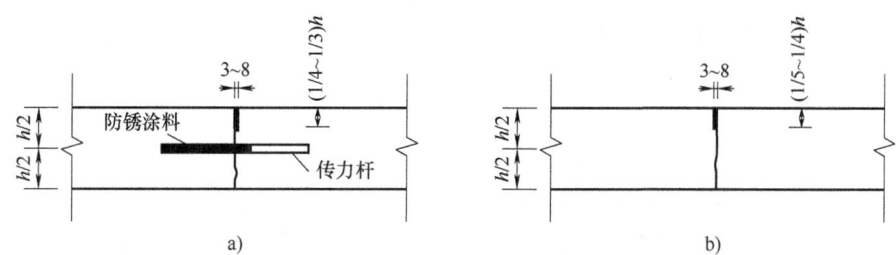

图 9-5　横向缩缝构造示意图
a) 设传力杆的假缝　b) 不设传力杆的假缝

横向缩缝顶部应锯切槽口，设置传力杆时槽口深度宜为面层厚度的1/4~1/3，不设置传力杆时槽口深度宜为面层厚度的1/5~1/4。槽口宽度应根据施工条件、填缝料性能等因素而定，宽度宜为3~8mm，槽内应填塞填缝料。二级及二级以下公路的槽口可一次锯切成型。高速和一级公路槽口宜二次锯切成型，在第一次锯切缝的上部宜增设宽7~10mm的浅槽口，槽口下部应设置背衬垫条，上部应用填缝料灌填，其构造如图9-6所示。

3) 施工缝的设置。每日施工结束或因临时原因中断施工时，必须设置横向施工缝，其位置宜选在缩缝或胀缝处。设在缩缝处的施工缝，应采用加传力杆的平缝形式，其构造如图9-7所示；设在胀缝处的施工缝，其构造应与胀缝相同，如图9-4所示。

(2) 纵向接缝的构造与布置　纵向接缝的布设应视路面总宽度、行车道及硬路肩宽度以及施工铺筑宽度而定。纵向接缝间距（即板宽）一般按3~4.5m设置，这对行车和施工均较有利。

一次铺筑宽度小于路面宽度时，应设置纵向施工缝。纵向施工缝应采用设拉杆的平缝形式，上部应锯切槽口，深度宜为30~40mm，宽度宜为3~8mm，槽内应灌塞填缝料，其构造如图9-8a所示。

一次铺筑宽度大于4.5m时，应设置纵向缩缝。纵向缩缝应采用设拉杆的假缝形式，锯切的槽口深度应大于施工缝的槽口深度。采用粒料基层时，槽口深度应为板厚的1/3；采用半刚性基层时，槽口深度应为板厚的2/5，其构造如图9-8b所示。碾压混凝土面层一次摊铺宽度大于7.5m时，应设置纵向缩缝，缩缝构造如图9-8b所示；钢纤维混凝土面层在摊铺宽度小于7.5m时，可不设纵向缩缝。行车道路面与混凝土硬路肩之间的纵向接缝必须设置拉杆。

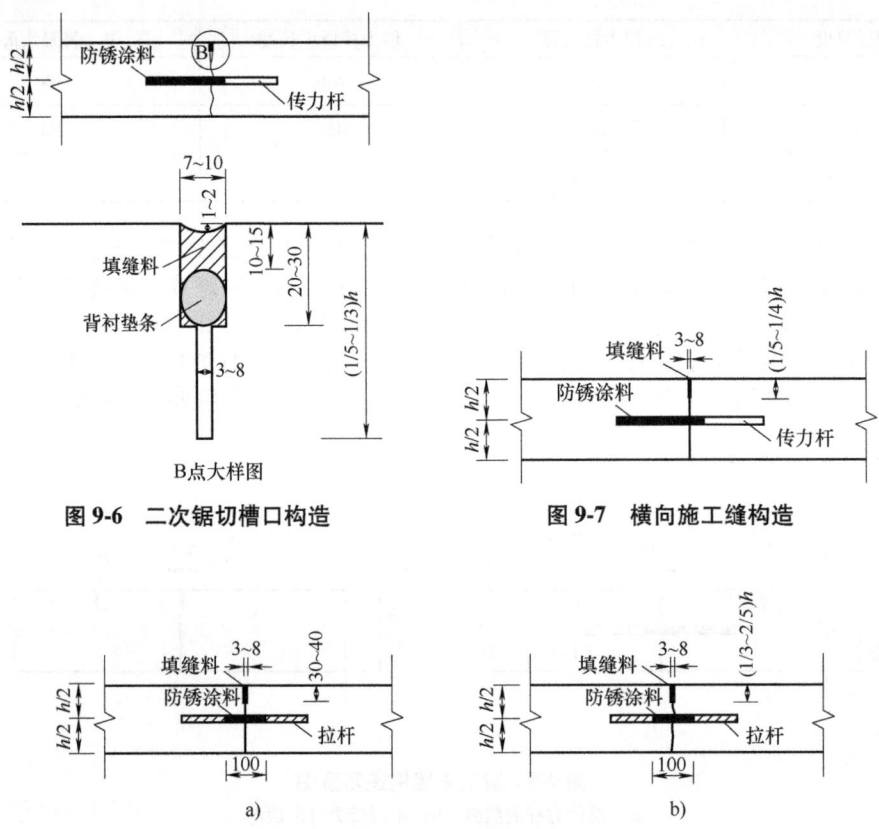

图 9-6 二次锯切槽口构造　　　图 9-7 横向施工缝构造

图 9-8 纵向接缝构造
a) 纵向施工缝　b) 纵向缩缝

纵向接缝应与路线中线平行。在路面等宽的路段内或路面变宽路段的等宽部分，纵向接缝的间距和形式应保持一致。路面变宽段的加宽部分与等宽部分之间，应以纵向施工缝隔开。加宽板在变宽段起终点处的宽度不应小于 1m。

(3) 交叉口接缝布设　两条道路正交时，各条道路宜保持本身纵向接缝的连贯，而相交路段内各条道路的横向接缝位置应按相对道路的纵向接缝间距做相应变动，保证两条道路的纵横向接缝垂直相交，互不错位。两条道路斜交时，主要道路宜保持纵向接缝的连贯，而相交路段内的横向接缝位置应按次要道路的纵向接缝间距做相应变动，保证与次要道路的纵向接缝相连接。相交道路弯道加宽部分的接缝布置，应不出现或少出现错缝和锐角板；当出现错缝、锐角板时，宜加设防裂钢筋和角隅补强钢筋。

在次要道路弯道加宽段起终点断面处的横向接缝，应采用胀缝形式。膨胀量大时，应在直线段连续布置 2~3 条胀缝。

6. 特殊部位混凝土路面的处理

(1) 混凝土板自由边和角隅补强　当采用板中计算厚度的等厚式板时，或混凝土板纵向、横向自由边缘下的基础有可能产生较大的塑性变形时，应在其自由边缘和角隅处设置补强钢筋。

边缘钢筋（图 9-9a）一般用两根直径为 12~16mm 的钢筋，设在板的下部板厚的 1/4~1/3 处，且距边缘和板底均不小于 5cm，两根钢筋的间距不应小于 10cm。纵向边缘钢筋一般只设在一块板内，不得穿过缩缝。为加强锚固能力，钢筋两端应向上弯起。在横向胀缝两侧板边缘以及混凝土路面的起终端，为加强板的横向边缘，也可设置横向边缘钢筋。

角隅钢筋（图9-9b）设置在胀缝两侧板的角隅处。一般可用两根直径为12~14mm的钢筋，设在板的上部，距板顶不小于5cm，距胀缝和板边缘各为10cm。在交叉口处，对无法避免形成的锐角，宜设置双层钢筋网补强，以避免板角断裂，此时钢筋应分别设置在板的上部和下部，距板顶（底）5~7cm为宜。

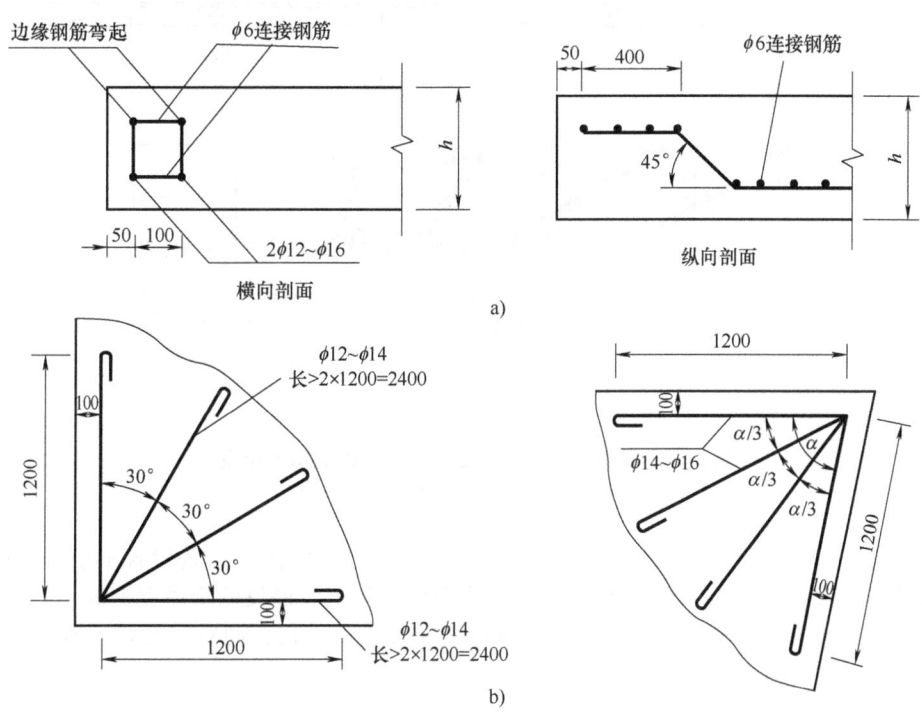

图9-9　边缘和角隅钢筋布置
a）边缘钢筋　b）角隅钢筋

（2）混凝土路面与桥涵等构造物相接　混凝土路面与桥涵、通道及隧道等固定构造物相衔接的胀缝无法设置传力杆时，可在毗邻构造物的板端部内配置双层钢筋网；或在长度为6~10倍板厚的范围内逐渐将板厚增加20%，如图9-10所示。

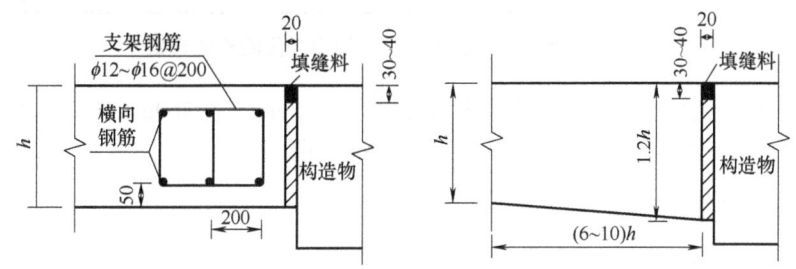

图9-10　邻近构造物胀缝构造

混凝土路面同桥梁相接处，宜设置钢筋混凝土搭板。搭板一端放在桥台上，并加设防滑锚固钢筋，在搭板上预留灌浆孔。如为斜交桥梁，尚应设置钢筋混凝土渐变板。当桥梁斜角大于70°时设一块渐变板；当斜角在45°~70°时设两块渐变板；当斜角不大于45°时，至少设三块渐变板，如图9-11所示。渐变板的短边最小为5m，长边最大为10m。

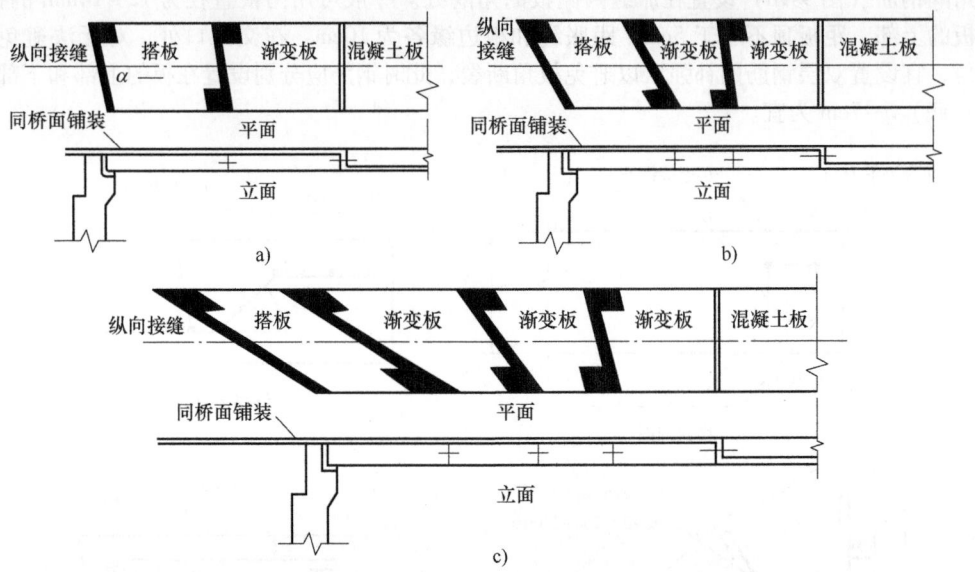

图 9-11 混凝土路面与斜交桥梁相接时的构造示意图
a) α>70° b) 45°<α≤70° c) α≤45°

（3）混凝土路面与沥青路面相接　混凝土路面与沥青路面相接时，应设置不小于 3m 的过渡段。过渡段的路面应采用两种路面呈阶梯状叠合布置，其下面铺设的变厚度混凝土过渡板的厚度不得小于 200mm，如图 9-12 所示。过渡板顶面应设横向拉槽，沥青层与过渡板之间应黏结良好。

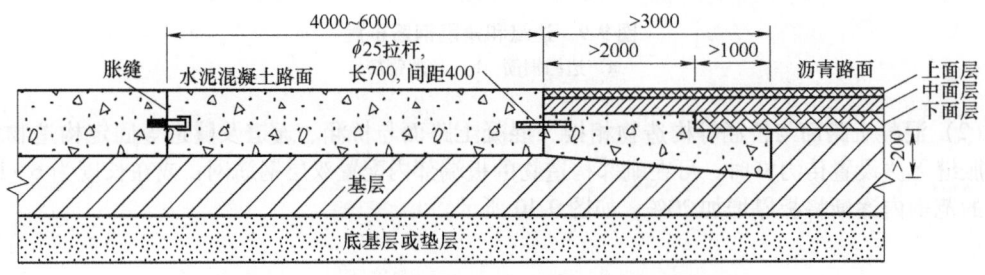

图 9-12 混凝土路面与沥青路面相接段的构造布置

过渡板与混凝土面层板相接处的接缝内宜设置直径 25mm、长 700mm、间距 400mm 的拉杆。混凝土面层毗邻该接缝的 1~2 条横向接缝应采用胀缝形式。

9.2.3 水泥混凝土路面的设计内容

普通水泥混凝土路面设计的主要内容有：
1) 结构组合设计。
2) 平面尺寸、接缝及路肩设计。
3) 配筋设计（如果需要）。
4) 材料组成设计（如果需要）。
5) 路面厚度设计。
6) 排水设计等。

结构组合设计的主要任务是基于路基的基本状况及公路等级、交通荷载等级、自然环境条件、特殊工程要求等条件，选定某层的层数（是否需要底基层）、材料（级配碎石、水泥稳定碎石、碾压混凝土、沥青稳定碎石等），确定面层混凝土路面的类型、层数（多层板及复合式路面时）。

在确定采用普通水泥混凝土路面后，平面尺寸及接缝设计的主要任务是确定板宽或分幅施工宽度，确定横向接缝（缩缝）间距，确定需要设置胀缝的位置和形式及与其他路面相衔接的端部构造形式，确定与桥梁连接处的构造方式，确定拉杆与传力杆设置方案（钢筋直径、长度、间距等），选定路肩类型、材料与组合。

普通水泥混凝土路面一般无须配筋，按照规范要求的条件必须设置时，按构造要求设置。

材料组成设计在初步设计阶段无须进行，材料参数按规范推荐值酌情选取，但在施工图设计阶段，应进行材料组成设计，确定材料配合比，并获取材料的准确设计参数，用于计算分析。基层材料组成设计可参照《公路路面基层施工技术细则》（JTG/T F20—2015），水泥混凝土材料组成设计可参考《公路水泥混凝土路面施工技术细则》（JTG/T F30—2014）的相关内容。

路面厚度设计的主要任务是计算并确定路面各层厚度，一般是假定其他层层厚，求算面板厚度。

排水设计的主要任务是与路基排水设计相衔接和统一，将水泥混凝土路面排水和路基排水有机统一在一起，考虑路表、中央分隔带路面结构内排水基层等多种排水方式组合的方案，确定沟管孔径和构造尺寸，进行水力计算验证其是否满足功能要求，并按技术经济性做出方案决策，具体参照《公路排水设计规范》（JTG/T D33—2012）。

其他类型水泥混凝土路面的设计内容基本相同，根据不同类型水泥混凝土路面的材料构成及结构特征，可能侧重点有所差异，如钢筋混凝土路面和连续配筋混凝土路面的配筋设计就是其设计中的重要内容。

9.3 水泥混凝土路面荷载应力分析

9.3.1 弹性地基板理论简介

在弹性力学里，两个平行面和垂直于这两个平行面所围成的柱面或棱柱面简称板。两个板面之间的距离 h 称为厚度，平分厚度 h 的平面称为板的中面。如果板的厚度 h 远小于中面的最小边尺寸 b，这种板称为薄板。当薄板弯曲时，中面所弯成的曲面称为薄板的弹性曲面，而中面内各点在竖向的（即垂直于中面方向的）位移称为挠度。

水泥混凝土路面的应力分析一般以弹性地基上的薄板为基本力学模型。水泥混凝土路面板具有较高的力学强度，混凝土面层板的厚度不到其平面尺寸的 1/10，荷载作用下板的挠度又远小于其厚度，因此可把水泥混凝土路面板看作是支撑于弹性地基上的小挠度弹性板，用弹性地基板理论进行分析计算。对弹性地基采用的模型不同，可以得出不同弹性地基板的理论解。弹性地基包括温克勒（Winkler）地基、弹性半空间地基与弹性层状体系地基，前两种地基模型较常用。水泥混凝土路面结构分析的基本理论为弹性地基上的小挠度薄板理论。

研究弹性小挠度薄板在垂直于中面的荷载（板顶为局部范围内的轮载，板底为地基反力）作用下的弯曲时，通常采用下述三项基本假设：

1) 垂直于中面方向的应变极其微小，可以忽略不计。也就是说，薄板全厚度范围内的所有各点都具有相同的位移。

2) 垂直于中面的法线，在弯曲变形前后均保持为直线并垂直于中面，因而无横向剪切应变。

3) 中面上各点无平行于中面的位移。

由 2) 和 3) 两项假设,应用几何方程可得到应变与竖向位移的关系式:

$$\varepsilon_x = -z\frac{\partial^2 w}{\partial x^2} \quad \varepsilon_y = -z\frac{\partial^2 w}{\partial y^2} \quad \gamma_{yx} = -2z\frac{\partial^2 w}{\partial x \partial y} \tag{9-1}$$

对于弹性地基薄板,板与地基的联系又采用了如下假设:
1) 在变形过程中,板与地基的接触面始终吻合,即板面与地基表面的竖向位移是相同的。
2) 在板与地基的接触面之间没有摩擦力(可以自由滑动),即接触面上的剪应力视为零。

从板上割取长和宽各为 dx 和 dy,高为 h 的单元,作用于单元上的内力和外力如图 9-13 所示。根据单元的平衡条件($\sum Z=0$,$\sum M_y=0$,$\sum M_x=0$)可导出当板表面作用竖向荷载 p,地基对板底面作用竖向反力 q 时,板中心挠曲面的微分方程为

$$D\nabla^2\nabla^2 W = p - q \tag{9-2}$$

式中 ∇^2——拉普拉斯算子;

D——板的弯曲刚度,即 $D = \dfrac{E_c h^3}{12(1-\mu_c^2)}$,其中 E_c、μ_c 分别为板的弹性模量和泊松比,h 为板厚。

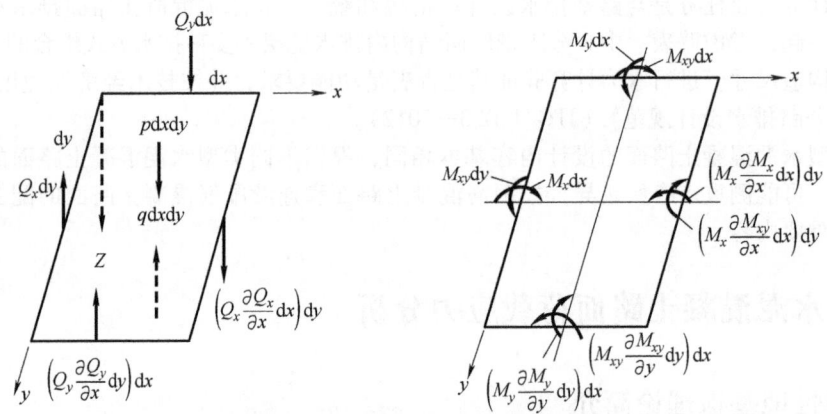

图 9-13 弹性地基板微分单元受力分析

荷载 p 及反力 q 如同竖向位移 W 一样,均为平面坐标 (x, y) 的函数。
在求得板的挠度 W 解后,即可由下式计算板的应力:

$$\begin{cases} M_x = -D\left(\dfrac{\partial^2 w}{\partial x^2} + \mu_c \dfrac{\partial^2 w}{\partial y^2}\right) \\ M_y = -D\left(\dfrac{\partial^2 w}{\partial y^2} + \mu_c \dfrac{\partial^2 w}{\partial x^2}\right) \\ M_{xy} = -D(1+\mu_c)\dfrac{\partial^2 w}{\partial x \partial y} \end{cases} \tag{9-3}$$

对式 (9-3) 进行积分,则可得到截面上的弯矩和扭矩:

$$\begin{cases} \sigma_x = \dfrac{E_c z}{1-\mu_c^2}\left(\dfrac{\partial^2 w}{\partial x^2} + \mu_c \dfrac{\partial^2 w}{\partial y^2}\right) \\ \sigma_y = \dfrac{E_c z}{1-\mu_c^2}\left(\dfrac{\partial^2 w}{\partial y^2} + \mu_c \dfrac{\partial^2 w}{\partial x^2}\right) \\ \tau_{xy} = \dfrac{E_c z}{1+\mu_c^2}\dfrac{\partial^2 w}{\partial x \partial y} \end{cases} \tag{9-4}$$

在式（9-2）中有两个未知数，即位移 w 和地基反力 q，因此必须建立附加方程将 w 和 q 联系起来，才能求得式（9-2）的解 w。对地基的受力变形采取不同的假设，即不同的地基模型，那么建立的 w 和 q 的关系方程也就不同。

反力是地基对板块支承的竖向应力分布。荷载类型不同，地基反力在面板底 xy 平面内的分布也不同，根据不同的地基反力特性定义两种地基（图 9-14）：

1) 温克勒地基：反力与该点的挠度成正比，而与其他点的挠度无关。
2) 弹性半空间体地基：假定地基是各向同性的弹性半空间体，这时地基在荷载作用范围内、外均产生变形和反力。

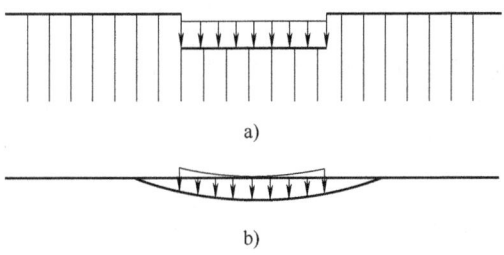

图 9-14 不同假设地基的表面变形
a) 温克勒地基 b) 弹性半空间体地基

9.3.2 温克勒地基板的荷载应力分析

温克勒地基是以反力模量 K 表征的弹性地基。它假设地基上任一点的反力仅同该点的挠度成正比，而与其他点无关，即地基相当于由互相不联系的弹簧组成（图 9-15）。这一假说首先由捷克工程师温克勒（E. Winkler）提出，故被称为温克勒地基。地基反力 $q(x, y)$ 与该点的挠度 $w(x, y)$ 的关系为

$$q(x, y) = Kw(x, y) \tag{9-5}$$

式中 K——地基反力模量（MPa/m^3）。

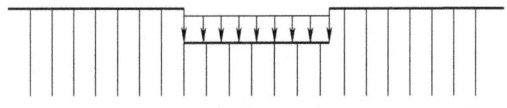

图 9-15 温克勒地基的表面变形

威斯特卡德（H. M. S. Westergaard）采用这一地基假说，分析了图 9-16 所示三种车轮荷载位置下板的挠度和弯矩，即

1) 轮载作用于无限大板中央，分布于半径为 R 的圆面积内。
2) 轮载作用于受一直线边限制的半无限大板的边缘，分布于半圆内。
3) 轮载作用于受两条相互垂直的直线边限制的板的角隅处，压力分布的圆面积的圆心距角隅点为 $\sqrt{2}R$。

在解式（9-2）时，附加 $q = Kw$ 并引入边界条件得出挠度 ω，再代入式（9-3），最后得如图 9-16 所示的三种荷载情形的最大应力计算公式。

1) 荷载作用于板中，荷载中心处板底最大弯拉应力。

$$\sigma_i = 1.1(1+\mu_e)\left(\lg\frac{l}{R}+0.2673\right)\frac{P}{h^2} \tag{9-6a}$$

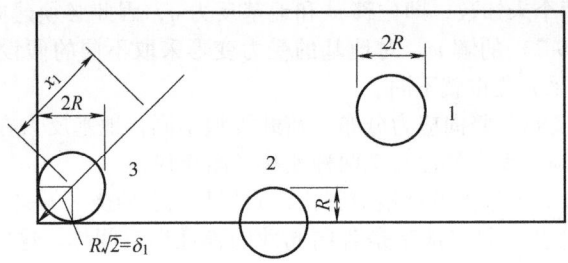

图 9-16 三种车轮荷载位置
1—板中　2—板边缘中部　3—板角隅

当荷载作用面积较小时，压强 p 可能很大。这时，如果仍采用假设薄板理论计算应力，会得出偏大的结果。威斯特卡德分析了薄板与厚板理论计算结果的差异，提出了一种把小半径实际荷载面积放大成当量计算半径 b 的近似方法。

b 和 R 的关系按下式确定：

当 $R < 1.724h$ 时，$b = \sqrt{1.6R^2 + h^2} - 0.675h$

当 $R \geq 1.724h$ 时，$b = R$

一般说来，当 $R \geq 0.5h$ 时，按 R 和按 b 算得的应力值相差并不大，因而在这种情况下，可不必按当量半径计算应力；当 $R < 0.5h$ 时，则必须把 R 换算成 b 以后，才能计算应力。

因此，式 (9-6a) 改写为

$$\sigma_i = 1.1(1+\mu_c)\left(\lg\frac{l}{b}+0.2673\right)\frac{P}{h^2} \tag{9-6b}$$

2) 荷载作用于板边缘中部，荷位下板底的最大弯拉应力。

在试验验证上述公式时发现，当板处于同地基保持完全接触的状态时，计算结果同实测值相符。但在板边缘由于板温度翘曲变形或地基塑性变形而同地基脱空时，实测应力值要比计算结果偏高 10% 左右。为此，凯利 (E. F. Kelley) 根据试验结果，提出了经验修正公式：

$$\begin{cases}\sigma_e = 2.116(1+0.54\mu_c)\left(\lg\dfrac{l}{R}+0.08975\right)\dfrac{P}{h^2} \\ \sigma'_e = 2.116(1+0.54\mu_c)\left(\lg\dfrac{l}{R}+\dfrac{1}{4}\lg\dfrac{R}{2.54}\right)\dfrac{P}{h^2}\end{cases} \tag{9-7}$$

计算板边应力时，当 $R < 0.5h$ 时，也应将 R 改成 b 进行计算。

3) 荷载作用于板角隅，最大拉应力产生在板的表面离荷载圆中心为 x_1 的分角线上，如图 9-16 所示。

$$\begin{cases}\sigma_c = 3\left[1-\left(\dfrac{\sqrt{2}R}{l}\right)^{0.6}\right]\dfrac{P}{h^2} \\ x_1 = 2\sqrt{\sigma_1 l}\quad \sigma_1 = \sqrt{2}R\end{cases} \tag{9-8}$$

在温度梯度和地基塑性变形的影响下，板角隅也会发生同地基相脱空的现象。试验表明，板角隅上翘时，实测应力值要比式 (9-8) 算得的大 30%~50%。对此，凯利又提出了经验修正公式：

$$\begin{cases}\sigma_c = 3\left[1-\left(\dfrac{R}{l}\right)^{1.2}\right]\dfrac{P}{h^2} \\ l = \sqrt[4]{\dfrac{D}{K}} = \sqrt[4]{\dfrac{E_c h^3}{12(1-\mu_c^2)K}}\end{cases} \tag{9-9}$$

在以上各式中，P 为车轮荷载，l 为板的相对刚度半径，即上述三种荷载位置时的最大应力计算公式可写成一般形式：

$$\sigma = C\frac{P}{h^2} \tag{9-10}$$

9.3.3 弹性半空间地基板的荷载应力分析

弹性半空间地基是以弹性模量和泊松比表征的弹性地基。它假设地基为一各向同性的弹性半无限体。地基在荷载作用范围内及影响所及的以外部分均产生变形，其顶面上任一点的挠度不仅同该点的压力有关，也同其他各点的压力有关，如图 9-17 所示。

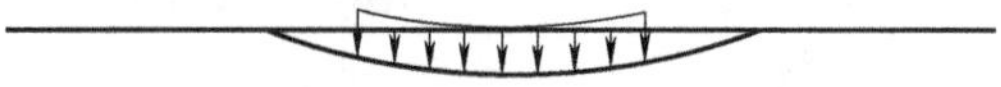

图 9-17 弹性半空间地基的表面变形

1938 年，霍格（A. H. A. Hogg）根据弹性半空间体地基假设，对轴对称竖向荷载下半无限地基上无限大圆板的位移和应力做了理论分析。翌年该理论分析即被舍赫捷尔应用于刚性路面计算中。根据霍格理论，无限大地基上无限大圆板上作用轴对称竖向荷载 $q(r)$（图 9-18）时，竖向挠度位移表达式：

$$w(r) = \frac{2(1-\mu_s^2)}{E_s}\int_0^\infty \overline{q}(\xi)J_0(\xi_r)\mathrm{d}\xi \tag{9-11}$$

式中 E_s、μ_s——地基的弹性模量和泊松比；
　　　$\overline{q}(\xi)$——荷载函数的零阶 Hankel 变换式；
　　　$J_0(\xi_r)$——零阶第一类 Bessel 函数；
　　　ξ——任意参数。

轴对称条件下的径向、切向弯矩表达式：

$$\begin{cases} M_r = -D\left(\dfrac{\mathrm{d}^2}{\mathrm{d}r^2} + \dfrac{\mu_c}{r}\dfrac{\mathrm{d}}{\mathrm{d}r}\right)w(r) \\ M_\tau = -D\left(\dfrac{1}{r}\dfrac{\mathrm{d}}{\mathrm{d}r} + \mu_c\dfrac{\mathrm{d}^2}{\mathrm{d}r^2}\right)w(r) \end{cases} \tag{9-12}$$

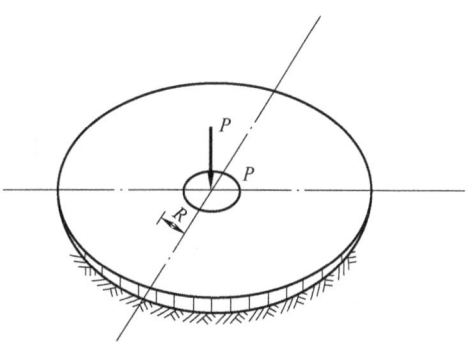

图 9-18 在无限大圆板上的圆形均布荷载

将式（9-11）代入小挠度弹性薄板公式得到：

$$\begin{cases} q(r) = \int_0^\infty \dfrac{\overline{q}(\xi)J_0(\xi_r)}{1+\alpha^{-3}\xi^3}\xi\mathrm{d}\xi \\ w(r) = \dfrac{2(1-\mu_s^2)}{E_s}\int_0^\infty \dfrac{\overline{q}(\xi)J_0(\xi_r)}{1+\alpha^{-3}\xi^3}\mathrm{d}\xi \end{cases} \tag{9-13}$$

式中 $\overline{q}(\xi)$——荷载函数的零阶 Hankel 变换式；
　　　α——弹性特征系数，计算如下：

$$\alpha = \frac{1}{h}\sqrt[3]{\frac{6E_s(1-\mu_c^2)}{E_c(1-\mu_s^2)}}$$

　　　h——板厚；
　　　E_s、μ_s——地基的弹性模量和泊松比；
　　　E_c、μ_c——水泥混凝土的弹性模量和泊松比。

从而得到圆形均布荷载下，板在单位宽度内产生的最大弯矩：

$$M_r = M_\tau = \frac{CP(1+\mu_c)}{2\pi\alpha R} = \overline{M}_0 P \tag{9-14}$$

荷载圆距离计算点一定距离时，可将其视为作用在圆心的集中力，距离集中力 r 处（图9-19）板在单位宽度内的弯矩为

$$\begin{cases} M_\tau = (A+\mu_c B)P = \overline{M_\tau}P \\ M_r = (B+\mu_c A)P = \overline{M_r}P \end{cases} \quad (9\text{-}15)$$

$$A = \frac{1}{2\pi\alpha R}\int_0^\infty \frac{tJ_1(\alpha Rt)}{\alpha Rt}dt$$

$$B = \frac{1}{2\pi}\int_0^\infty \left[J_0(\alpha Rt) - \frac{tJ_1(\alpha Rt)}{\alpha Rt}\right]\frac{t^2}{1+t^3}dt$$

式中　A、B——随 αR 值变化的系数；

C——随 αR 值变化的系数，即 $C = \int_0^\infty \frac{tJ_1(\alpha Rt)}{\alpha Rt}dt$，其中 $J_1(\alpha Rt)$ 为第一阶贝塞尔函数；

t——任意参变量；

R——荷载圆半径；

M_r、M_τ——距离集中荷载作用点 r 处的轴向和切向弯矩系数，其值随 αR 变化。

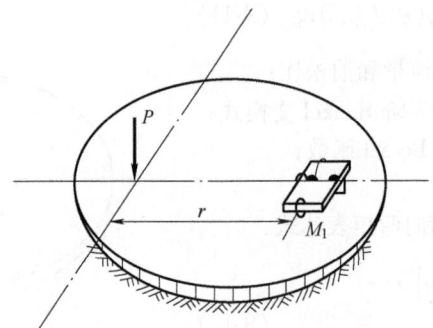

图 9-19　距离集中力 r 处的弯矩

对于多个荷载圆作用时，某点应力可通过分别计算，然后叠加的方法求出。叠加时要将极坐标下的数值向统一的 xy 坐标转换。

9.3.4　弹性半空间地基双层板混凝土路面荷载应力分析

在工程实践中，经常有采用双层板的水泥混凝土路面。从力学模型来考虑，弹性地基双层板按层间接触状态主要分为两类：上、下层完全分离，接触面假定为完全光滑，如图9-20所示；上、下层密切结合，接触面假定为完全连续，如图9-21所示。

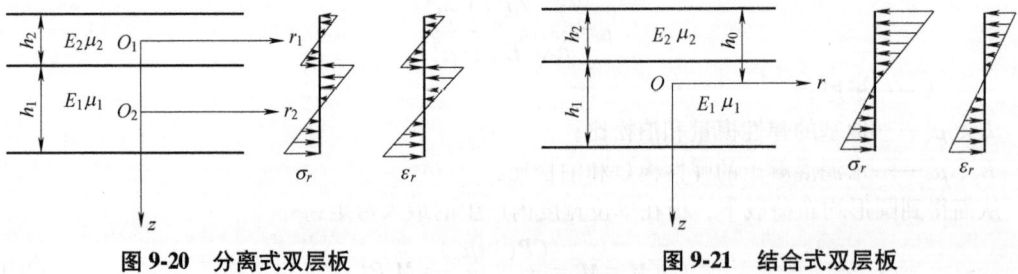

图 9-20　分离式双层板　　　　　　　　　图 9-21　结合式双层板

1. 弹性地基分离式双层板

弹性地基分离式双层板的求解如同单层薄板的解法一样，列出板 2 和板 1 的弯曲刚度 D_2 与 D_1，即 $D_2 = \dfrac{E_2 h_2^3}{12(1-\mu_2^2)}$，$D_1 = \dfrac{E_1 h_1^3}{12(1-\mu_1^2)}$；令 $D = D_2 + D_1$，则 $l = \sqrt[3]{\dfrac{2D(1-\mu_0^2)}{E_0}} = \sqrt[3]{\dfrac{(1-\mu_0^2)}{6E_0}\left(\dfrac{E_2 h_2^3}{1-\mu_2^2} + \dfrac{E_1 h_1^3}{1-\mu_1^2}\right)}$，可得出分离式双层板上下层板承受的总弯矩为上下层各自承受的弯矩之和，即

$$\begin{cases} M_r = M_{r_2} + M_{r_1} = -(D_2+D_1)\dfrac{d^2\omega}{dr^2} - (\mu_2 D_2 + \mu_1 D_1)\dfrac{1}{r}\dfrac{d\omega}{dr} \\ M_\theta = M_{\theta_2} + M_{\theta_1} = -(\mu_2 D_2 + \mu_1 D_1)\dfrac{d^2\omega}{dr^2} - (D_2+D_1)\dfrac{1}{r}\dfrac{d\omega}{dr} \end{cases} \quad (9\text{-}16)$$

当 $\mu_1 = \mu_2 = \mu$ 时：

$$\begin{cases} M_r = -(D_2+D_1)\left(\dfrac{d^2\omega}{dr^2} + \dfrac{\mu}{r}\dfrac{d\omega}{dr}\right) \\ M_\theta = -(D_2+D_1)\left(\mu\dfrac{d^2\omega}{dr^2} + \dfrac{1}{r}\dfrac{d\omega}{dr}\right) \end{cases} \quad (9\text{-}17)$$

由此可以得出：

$$\begin{cases} M_{r_2} = \dfrac{D_2}{D} M_r = \dfrac{E_2 h_2^3}{E_2 h_2^3 + E_1 h_1^3} M_r \\ M_{r_1} = \dfrac{D_1}{D} M_r = \dfrac{E_1 h_1^3}{E_2 h_2^3 + E_1 h_1^3} M_r \\ M_{\theta_2} = \dfrac{D_2}{D} M_\theta = \dfrac{E_2 h_2^3}{E_2 h_2^3 + E_1 h_1^3} M_\theta \\ M_{\theta_1} = \dfrac{D_1}{D} M_\theta = \dfrac{E_1 h_1^3}{E_2 h_2^3 + E_1 h_1^3} M_\theta \end{cases} \quad (9\text{-}18)$$

由式（9-18）可见，弹性地基分离式双层板的两层板间的弯矩分配与两层板的刚度分配有关。计算时只需分别计算 D_2、D_1，然后按 $D = D_2 + D_1$ 计算弯矩，如同弹性地基单层板那样进行弯矩计算，按照式（9-16）分别计算出上下层薄板的弯矩。

2. 弹性地基结合式双层板

弹性地基结合式双层板的求解较分离式双层板复杂。由于上下层板完全紧密结合，如同单层板一样工作时，两层板只有一个中面，该中面的位置可根据作用于两板横断面上内力之和为零的条件求得。当 $\mu_2 = \mu_1 = \mu$ 时，合力为零的条件可表示为

$$-\dfrac{E_2}{1-\mu^2}\left(\dfrac{d^2\omega}{dr^2} + \dfrac{\mu}{r}\dfrac{d\omega}{dr}\right)\int_{-h_0}^{-(h_0-h_2)} z\,dz - \dfrac{E_1}{1-\mu^2}\left(\dfrac{d^2\omega}{dr^2} + \dfrac{\mu}{r}\dfrac{d\omega}{dr}\right)\int_{-(h_0-h_2)}^{h_1-(h_0-h_2)} z\,dz = 0 \quad (9\text{-}19)$$

则

$$E_2\int_{-h_0}^{-(h_0-h_2)} z\,dz + E_1\int_{-(h_0-h_2)}^{h_1-(h_0-h_2)} z\,dz = 0 \quad (9\text{-}20)$$

积分后得出：

$$h_0 = \dfrac{E_1 h_1^2 + 2E_1 h_1 h_2 + E_2 h_2^2}{2(E_1 h_1 + E_2 h_2)} \quad (9\text{-}21)$$

$$D = \frac{E_1[(h_1+h_2-h_0)^3-(h_2-h_0)^3]+E_2[(h_2-h_0)^3+h_0^3]}{3(1-\mu^2)} \tag{9-22}$$

$$l^3 = \frac{2(1-\mu_0^2)}{3(1-\mu^2)E_0}\{E_1[(h_1+h_2-h_0)^3-(h_2-h_0)^3]+E_2[(h_2-h_0)^3+h_0^3]\} \tag{9-23}$$

由此，可用与单层板同样的方法求解结合式双层板的总弯矩。当计算上层板底面弯拉应力时，取 $z=h_2-h_0$；当计算下层板底面弯拉应力时，取 $z=h_1+h_2-h_0$。上下层弯拉应力公式如下：

$$\begin{cases} \sigma_{r_2} = \dfrac{E_2(h_2-h_0)}{(1-\mu^2)D}M_r \\ \sigma_{r_1} = \dfrac{E_1(h_1+h_2-h_0)}{(1-\mu^2)D}M_r \\ \sigma_{\theta_2} = \dfrac{E_2(h_2-h_0)}{(1-\mu^2)D}M_\theta \\ \sigma_{\theta_1} = \dfrac{E_1(h_1+h_2-h_0)}{(1-\mu^2)D}M_\theta \end{cases} \tag{9-24}$$

由式（9-24）可见，结合式双层板中，上下层板的最大弯拉应力取决于各自的弹性模量取值和板厚的大小。此外还有所谓部分结合式双层板，分析原理近似，但更加烦琐。

9.4 水泥混凝土路面的温度应力分析

水泥混凝土路面板内不同深度处的温度，随气温的变化而变化。这种变化使水泥混凝土路面板出现膨胀和收缩变形的趋势。当变形受阻时，板内便产生胀缩应力或翘曲应力。

9.4.1 胀缩应力

当气温缓慢变化时，混凝土板内温度均匀升降，面板沿着断面的深度均匀胀缩。平面尺寸很大的板，其板内任一点在温差影响下的应变为

$$\begin{cases} \varepsilon_x = \dfrac{1}{E}(\sigma_x-\mu\sigma_y)+\alpha\Delta t \\ \varepsilon_y = \dfrac{1}{E}(\sigma_y-\mu\sigma_x)+\alpha\Delta t \end{cases} \tag{9-25}$$

式中　x——板的纵轴；

　　　y——横轴；

ε_x、ε_y——板纵向和横向应变；

σ_x、σ_y——板纵向和横向温度应力（MPa）；

　　　α——水泥混凝土的线膨胀系数，约为 1×10^{-5}/℃；

　　　Δt——板温差（℃）。

当受到地基摩擦力作用，板中心点不产生平面位移时，$\varepsilon_x=\varepsilon_y=0$，代入式中可以得到这时板胀缩完全受阻时候产生的应力为

$$\sigma_x = \sigma_y = -\frac{E\alpha\Delta t}{1-\mu} \tag{9-26}$$

板纵向边缘或窄长板时，则

$$\sigma_x = -E_c\alpha\Delta t \tag{9-27}$$

9.4.2 翘曲应力

由于混凝土板、基层和土基的导热性能较差，当气温变化较快时，板顶面与底面产生温度差，因而板顶与板底的胀缩变形大小也就不同。当气温升高时，板顶面温度较其底面高，板顶膨胀变形较板底的大，板中部隆起；相反，当气温下降时，板顶面温度较其底面板低，板顶收缩变形较板底大，板的边缘和角隅翘起，如图9-22所示。板的自重、地基反力和相邻板的钳制作用，使部分翘曲变形受阻，从而使板内产生翘曲应力。由气温升高引起的板中部隆起受到限制时，板底面出现拉应力；而当气温降低引起的板四周翘起受阻时，板顶面出现拉应力。

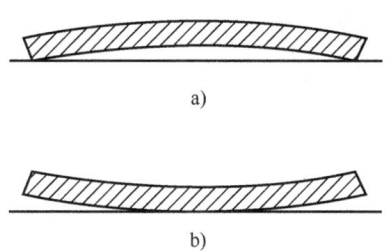

图 9-22 混凝土路面板的翘曲变形
a) 气温升高　b) 气温降低

威斯特卡德在对温克勒地基上的板做翘曲应力分析时，做了进一步假定：温度沿板断面呈线性变化；板与地基始终保持接触。这样，对于有限尺寸板，沿板长和板宽方向上的翘曲应力（板长 L，板宽 B）：

$$\begin{cases} \sigma_x = \dfrac{E_c \alpha \Delta t}{2} \dfrac{C_x + \mu_c C_y}{1-\mu_c^2} \\ \sigma_y = \dfrac{E_c \alpha \Delta t}{2} \dfrac{C_y + \mu_c C_x}{1-\mu_c^2} \end{cases} \tag{9-28}$$

板边缘中点：

$$\begin{cases} \sigma_x = \dfrac{E_c \alpha \Delta t}{2} C_x \\ C_x \text{ 或 } C_y = 1 - \dfrac{2\cos\lambda \cosh\lambda}{\sin2\lambda + \sinh2\lambda}(\tan\lambda + \tanh\lambda) \end{cases} \tag{9-29}$$

式中　Δt——板顶面与板底面温度差（℃），按下式计算：

$$\nabla t = T_g h \tag{9-30}$$

　　　　h——板厚度（m）；

　　　　T_g——板的温度梯度（℃/m），根据不同地区的公路自然区划取值（表9-2）；

　　C_x、C_y——与 L/l 或者 B/l 有关的系数，除了按式（9-29）中计算外，还可以查图9-23得到。

计算 C_x 时，$\lambda = L/(\sqrt{8}l)$；计算 C_y 时，$\lambda = B/(\sqrt{8}l)$，其中 l 是板的相对刚性半径。

表 9-2　水泥混凝土面板的温度梯度

公路自然区划	Ⅱ、Ⅴ	Ⅲ	Ⅳ、Ⅵ	Ⅶ
最大温度梯度/(℃/m)	83~88	90~95	86~92	93~98

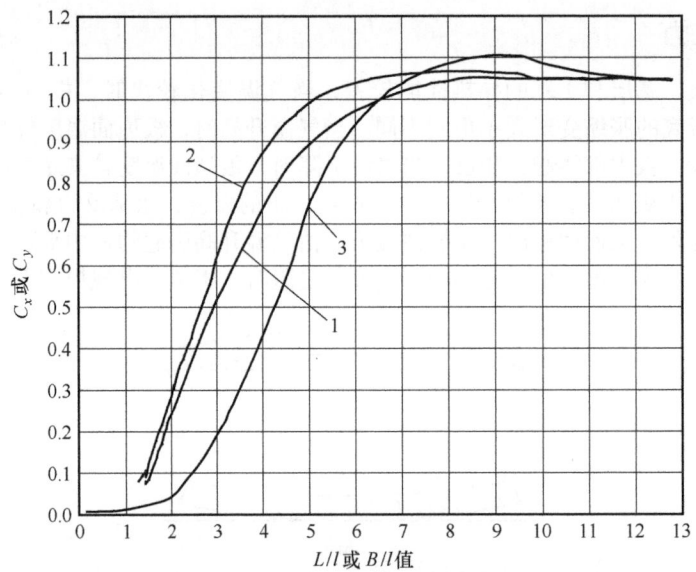

图 9-23 板温度翘曲应力系数值

1—弹性半空间体地基板中 2—弹性半空间体地基板边 3—温克勒地基板中

■ 9.5 水泥混凝土路面的破坏及设计指标与标准

9.5.1 水泥混凝土路面的破坏状态

因为水泥混凝土具有较高的力学强度和弹性模量,因此水泥混凝土路面的承载能力大部分由路面板提供,而板下的基层和路基,则主要起支承作用,这使得混凝土路面板在轮载作用下产生的应力成为路面板厚度设计的主要控制指标。由于混凝土的抗弯拉强度要比抗压强度低得多,在车轮荷载作用下,混凝土路面板受弯拉部分最易破坏。理论研究和工程实践证明,在车轮荷载的重复作用下,尽管荷载应力小于混凝土的极限抗弯拉强度,路面板仍会产生疲劳破坏。此外,混凝土的热胀冷缩会使板产生温度胀缩应力,板顶面和底面的温差使板产生温度翘曲应力,板的尺寸越大,所产生的这些应力就越大,为了减小这些应力,必须把混凝土路面划分成较小的板块并设置各种类型的接缝。水泥混凝土路面板由于刚度高、脆性大,又需要设置接缝,在行车和环境等因素的不断作用下就会产生破坏。水泥混凝土路面的损坏形式及其原因与柔性路面不同,通常采用弹性地基板理论分析。

水泥混凝土路面常见的破坏有:裂缝、板边缘和角隅的损坏、接缝的损坏、板面磨损和错台等。按破坏形式可分为以下四类:第一类是裂缝类,包括横向裂缝、纵向裂缝、斜向裂缝、交叉裂缝、板角隅断裂裂缝和龟裂;第二类是变形类,包括沉陷、胀起等;第三类是接缝损坏类,包括接缝碎裂、填缝料损坏、接缝张开、错台、唧泥、拱起;第四类是表面损坏类,包括纹裂、龟裂、起皮、剥落磨损、松散、麻面、露骨、坑槽、孔洞、磨光等。

(1) 断裂 面层板因为板内应力超过混凝土强度而出现纵向、横向、斜向或板角隅断裂裂缝,裂缝严重时,裂缝交叉而使面层板破碎成碎块。导致应力过量的原因是多种多样的,例如板太薄或轮载过重,板的平面尺寸过大,地基不均匀沉降或过量塑性变形使地板失去支承,施工养护期间收缩应力过大等。断裂的出现,使板的结构整体性遭到破坏,板丧失大部分承载能力或全部承载能力。因而,断裂可看作是混凝土路面结构破坏的临界状态。

（2）唧泥 车辆行经接缝时，从缝内喷溅出稀泥浆的现象称为唧泥。这是由于在重轮载的频繁作用下，板边缘和角隅下的基层由于塑性变形累积而同面层底面脱离接触，沿接缝或外侧边缘下渗的水分积聚在上述脱空区的空隙内，板在轮载作用下的弯曲变形使空隙水变为有压水，并高速流动冲刷基层表面而形成泥浆，沿接缝缝隙喷溅出来。唧泥的产生，扩大了脱空区，使板边缘和角隅更大范围地失去支承。

（3）错台 错台是指接缝或裂缝两侧面层板端部出现高程差（竖向相对位移）。唧泥的产生和发展过程中，冲蚀基层材料的高压水把这些材料冲击到后方（驶近）板的板底脱空区内，从而使该板抬高；而前方（驶离）板由于板下基层材料被冲蚀而下沉，由此形成了错台。错台的出现，使行车的平稳性和舒适性降低。

（4）接缝碎裂 接缝碎裂是指邻近横向和纵向接缝数十厘米（约60cm）范围内，板边缘混凝土的开裂、断裂或成碎块（碎屑）。碎裂通常并不扩展到整个板厚。胀缝内滑动传力杆排列不正或不能正常滑动，接缝内落入坚硬杂屑而阻碍板的膨胀变形等，均可使混凝土在膨胀时受到较高的挤压应力而裂成碎块。

（5）拱起 在春季和炎热夏季，混凝土面层板在热膨胀受到约束时，横缝两侧的数块板块突然出现向上拱起的屈曲失稳现象，并伴随出现板块的横向裂缝。接缝缝隙增大，坚硬碎屑落入缝隙内，阻碍板的膨胀变形，从而产生较大的热压应力。这是板出现纵向失稳的一个主要原因。

（6）板面起皮、剥落 水泥混凝土路面表层上下脱开，这种面板浅层内所发生的病害称为起皮。距接缝40cm宽度内的板边、板角40cm半径内不垂直贯通板的破碎现象称为剥落。起皮主要是由于施工过程中水胶比过大或因混凝土施工时表面砂浆有泌水现象引起。剥落则主要是由混凝土强度不足，缝内进入杂物所引起。

（7）坑槽、孔洞 水泥混凝土路面板表面有局部破损，形成一定深度的洞穴称为孔洞。面层集料局部脱落而产生的沟槽称为坑槽。孔洞和坑槽的形成主要是由于砂石材料含泥量过大，混凝土内有泥土或杂物所致。

（8）麻面、露骨 水泥混凝土表面结合料磨失，成片或成段地呈现过度的粗糙称为麻面。路面混凝土保护层脱落形成集料裸露称为露骨。麻面主要是由于混凝土施工时遇雨所致。露骨则主要是由于混凝土表面灰浆不足，泌水提浆造成混凝土路面表面强度降低。

（9）松散 水泥混凝土路面由于结合料不足或失效，成片或成段地呈现过度的粗糙和砂石材料分离的现象称为松散。松散主要是由于砂石含泥量较大，水泥质量较差或用量较少，冻胀与碱集料反应或混凝土强度不足引起。

（10）磨光 水泥混凝土路面磨成光面，其摩擦系数已下降到极限值以下。磨光的主要原因是水泥路面水泥砂浆层强度低和水泥等原材料耐磨性差。

（11）填缝料损坏 接缝内无填料、填料破损、缝内混杂砂石均称为填缝料损坏。填缝料损坏主要是由于填缝料脆裂、老化、挤出及与板边脱离造成。质量较差的填缝料，在短时间内就会发生填缝料损坏的现象。

9.5.2 设计指标

1. 可靠度相关指标

我国现行规范采用可靠度设计方法，其理论依据将在下一节介绍，这里先给出其设计指标标准。

各级公路水泥混凝土路面结构的设计安全等级及相应的设计基准期、目标可靠指标和目标可靠度，应符合表9-3的规定，各安全等级路面的材料性能和结构尺寸参数的变异水平等级，可按表9-4的建议值选用。

材料性能和结构尺寸参数的变异水平分为低、中、高三级，各等级主要设计参数的变异系数的规定见表9-4和表9-5，可用于控制施工中的质量变异。

表9-3 可靠度设计指标

公路技术等级	高速公路	一级公路	二级公路	三级公路	四级公路
安全等级	一级		二级	三级	
设计基准期（年）	30	20	15		10
目标可靠度（%）	95	90	85	80	70
目标可靠指标	1.65	1.28	1.04	0.84	0.52

表9-4 变异系数 C_v 的变化范围

变异水平等级	低	中	高
水泥混凝土弯拉强度	$0.05 \leq C_v \leq 0.10$	$0.10 < C_v \leq 0.15$	$0.15 < C_v \leq 0.20$
基层顶面当量回弹模量	$0.15 \leq C_v \leq 0.25$	$0.25 < C_v \leq 0.35$	$0.35 < C_v \leq 0.55$
水泥混凝土面层厚度	$0.02 \leq C_v \leq 0.04$	$0.04 < C_v \leq 0.06$	$0.06 < C_v \leq 0.08$

表9-5 可靠度系数

变异水平等级	目标可靠度（%）			
	95	90	85	80~70
低	1.20~1.33	1.09~1.16	1.04~1.08	—
中	1.33~1.50	1.16~1.23	1.08~1.13	1.04~1.07
高	—	1.23~1.33	1.13~1.18	1.07~1.11

注：变异系数在表9-4所示的变化范围的下限时，可靠度系数取低值；上限时，取高值。

2. 材料强度与模量

水泥混凝土及钢纤维混凝土的弯拉强度标准值见表9-6，其为我国《公路水泥混凝土路面设计规范》（JTG D40—2011）中的强制性条文，在设计混凝土路面结构时，必须严格执行。

表9-6 水泥混凝土及钢纤维混凝土的弯拉强度标准值

交通荷载等级	极重、特重、重	中等	轻
水泥混凝土弯拉强度标准值/MPa	≥5.0	4.5	4.0
钢纤维混凝土弯拉强度标准值/MPa	≥6.0	5.5	5.0

极限状态平衡方程式集中体现了混凝土路面结构经受设计基准期内所有车辆和温差作用的极限应力不超过强度标准值，保证了规定的目标可靠度的实现。

路基相关强度、模量等内容见第2章。

3. 交通量指标

交通量的获取方式：一种是新建公路，通过交通需求分析进行预测；另一种是旧路改建，通过对旧路的交通调查获取初始年平均交通量（双向）及车辆类型组成数据。在第二种方式中，要剔除2轴4轮及以下的客、货车辆，剔除后的数据中应包括大型客车的交通量。

进行荷载疲劳应力分析时，需对初始年平均日交通调查数据进行轴载换算，其换算公式见式（6-19）。

按设计车道在设计基准期（计算可靠度时，考虑各项基本度量与时间关系所取用的基准时间段）内所承受的设计轴载累计作用次数计算值，确定路面所属的交通荷载等级，见表6-14。

4. 气候相关指标

与气候相关的两个指标是：最大温度梯度及路面结构层最小防冻厚度，分别在计算翘曲应力时和计算厚度确定后应用。最大温度梯度按公路自然区划选用，见表 9-2。结构层最小防冻厚度见表 6-27。

在季节性冰冻地区，当计算出的结构层的总厚度小于表 6-27 中的规定时，应设置防冻层，所缺厚度由防冻层厚度补足。

9.5.3 设计准则

水泥混凝土为脆性材料，其面层板的结构性损坏基本都表现为断裂。从保证路面结构承载能力的角度，混凝土路面结构设计应以防止面层板出现断裂作为主要的设计标准。然而，形成新断裂的原因是多方面的。有的断裂是在施工期间形成的，这种断裂可以通过控制施工质量（水胶比、水泥品质、缩缝锯切时间等）予以防止。有的裂缝则是由于地基不均匀沉降或基层受冲蚀而使面层板底面出现脱空后板内应力增大而引起的。对于脱空现象，主要通过对路基、垫层和基层采取适当的结构措施以提供足够的刚度、耐冲刷和排水条件而予以减轻或避免。有的断裂是由于板块尺寸过大，所产生的温度翘曲应力超过混凝土的抗弯拉强度而导致横向裂缝。通过设置纵向和横向接缝，缩小板块的尺寸，可以降低温度翘曲应力。车辆荷载的重复疲劳作用，积累到一定程度后，可引起面层板出现横向或纵向的疲劳裂缝。这类疲劳裂缝被选作确定混凝土面层厚度时所需考虑的主要损坏模式。

在分析水泥混凝土路面板温度应力引起的疲劳效应时比较特殊，因考虑了导致温度应力产生的约束随温度应力作用次数增加而弱化，其修正系数（"温度疲劳应力系数"）小于 1。

混凝土的极限应力根据其是否被修正，分别被称为"荷载应力""荷载疲劳应力"和"温度应力""温度疲劳应力"。

根据混凝土路面板断裂发生时的两种可能状况，我国《公路水泥混凝土路面设计规范》（JTG D40—2011）设想了两种破坏状态，并以此作为建立设计的极限状态：

1）板在重复荷载（以 100kN 为标准换算的累计标准轴次）作用下产生疲劳断裂。
2）板在单次最重荷载（一次性作用，大于 100kN）作用下产生突然断裂。

第二种极限状态中所谓"最重荷载"指的是在路面建成后，路面上通行的车辆荷载中，可能出现的最大轴载。两种极限状态的公式如下（等号成立时为极限状态）：

$$\begin{cases} \gamma_r(\sigma_{pr}+\sigma_{tr}) \leqslant f_r \\ \gamma_r(\sigma_{p,\max}+\sigma_{t,\max}) \leqslant f_r \end{cases} \tag{9-31}$$

式中　σ_{pr}——面层板在临界荷位产生的行车荷载疲劳应力（MPa）；
　　　σ_{tr}——面层板在临界荷位产生的温度梯度疲劳应力（MPa）；
　　　$\sigma_{p,\max}$——最重的轴载在临界荷位处产生的最大荷载应力（MPa）；
　　　$\sigma_{t,\max}$——所在地区最大温度梯度在临界荷位处产生的最大翘曲应力（MPa）；
　　　γ_r——可靠度系数，依据所选目标可靠度、变异水平等级及变异系数通过计算确定；
　　　f_r——水泥混凝土弯拉强度标准值（MPa）。

对于贫混凝土或碾压混凝土基层，应以设计基准期内行车荷载不产生疲劳断裂作为设计标准，其极限状态表达式如下：

$$\gamma_r \sigma_{bpr} \leqslant f_{br} \tag{9-32}$$

式中　σ_{bpr}——基层内产生的行车荷载疲劳应力（MPa）；
　　　f_{br}——基层材料的弯拉强度标准值（MPa）。

极限状态的表达式以路面上的临界荷位为计算点，所谓临界荷位指的是混凝土路面板上的某一位置（一般是纵缝边缘中部），当设计荷载作用在该位置时，板内出现的弯拉应力最大。公式中还引入了可靠性设计方法，可靠度系数的来源、意义及其取值方法将在下一节讨论。

■ 9.6 水泥混凝土路面结构设计的可靠度理论

混凝土等筑路材料本身的非均质性和施工偏差,以及道路在使用年限内的环境和荷载条件的变化,使混凝土路面结构的各项设计参数都具有一定的变异性。在传统的结构设计方法中,这些结构设计参数的变异性对结构功能的影响,通常用两种方法加以考虑:一种是通过所谓的"安全系数",即对路面结构本身的"能力"加以某种缩小或对"外部"作用予以某种放大;另一种是根据各个参数的数理统计结果,对设计取值加上一定的"保证率",即对"有利"结构功能的参数值按均值减去数倍的均方差取值,而对"不利"结构功能的参数按均值加上数倍均方差取值。由于缺乏各设计参数变异性对设计结果影响的定量分析,在确定"安全系数"和"保证率"时,有着很大的主观性,即便同时取相同的"安全系数"或"保证率",也不能保证参数变异水平不同的路面结构处于相同状态。而对不同设计指标,同一设计参数的"有利""不利"标准不是唯一的,且使设计指标的可检验性大大下降,给施工控制和质量检验带来了许多难以克服的困难。

为了使设计更加合理和更能反映实际情况,以及出于施工控制和质量检验的需要,各设计参数变异性对结构功能的影响必须加以定量地研究。可靠性理论的出现和发展为人们提供了理论基础和分析手段。

结构可靠度定义为:在规定的时间内,在规定的条件下,结构能完成预定功能的概率。当前,根据可靠性理论计入设计参数变异性影响的可靠性设计方法成了结构设计方法的发展趋势,以取代传统的定值设计法。

从可靠性理论中的可靠度一般定义出发,路面可靠度可广义地定义为:在设计使用年限内,在将遇到的环境条件和荷载作用下,路面能够发挥其预期功能的概率。路面的功能是为行车提供一个平整、坚实、抗滑的表面。但是,目前的路面结构设计往往并不意味着满足路面所需各项功能的要求,而只是通过对一项或几项设计指标的控制,以避免路面在使用期内出现某种或某几种的损坏。因此,路面结构可靠度的定义也应对相应的结构设计方法进行具体化。

9.6.1 水泥混凝土路面结构极限状态函数

我国现行的混凝土路面设计规范中采用的结构设计方法是以混凝土路面板在车辆荷载应力和温度应力综合作用下在纵缝边缘中部出现纵向疲劳开裂作为临界损坏状态,设计时以荷载应力和疲劳温度应力的叠加小于等于混凝土疲劳强度作为设计标准。水泥混凝土材料疲劳方程的一般回归形式如下:

$$\frac{\sigma_f}{\sigma_s} = A - B\lg N \tag{9-33}$$

式中 σ_f——混凝土疲劳强度(MPa);
σ_s——混凝土极限抗折强度(MPa);
A、B——混凝土疲劳方程的两个回归系数;
N——当量标准轴载作用次数。

相应地,路面结构的极限状态函数可表示为

$$\sigma_p + \sigma_t \leq \sigma_f = \sigma_s(A - B\lg N) \tag{9-34}$$

式中 σ_p——荷载应力(MPa);
σ_t——温度应力(MPa)。

则混凝土路面结构可靠度可相应地定义为:在设计使用年限内,在车辆荷载应力和温度应

力综合作用下，路面板纵缝边缘中部不出现疲劳开裂的概率为

$$P_s = P(\sigma_p + \sigma_t \leq \sigma_f) \tag{9-35}$$

在保持失效模式的实质不变的前提下，也可采用路面结构疲劳寿命（结构容许当量标准轴载作用次数 N）大于（预计的）累计当量标准轴载作用次数 n 作为路面结构极限状态函数，即

$$N > n \tag{9-36}$$

路面在设计使用期内要经受该期间交通荷载的累计作用。各种路面或各种设计方法和指标，都可将路面服务能力表示为达到某一预定的使用性能（结构的或功能的）最低要求之前（这段时间，可以称为路面使用性能寿命期），路面结构所能承受的交通荷载的累计作用。而交通荷载的累计作用，可以转换为某一选定的标准轴载的当量累计作用次数。这样，采用不同设计方法和指标的各种路面结构，可以采用统一的可靠度定义：路面使用性能退化到预定的最低水平，路面结构所能承受的标准轴载作用次数 N 超过设计使用期内标准轴载累计作用次数 n 的概率，表示为

$$P_s = P(N > n) \tag{9-37}$$

采用上述定义分析路面结构的可靠度，就有可能使不同路面类型或者采用不同设计方法和指标的可靠度计算值具有可比性，从而有利于路面结构方案的比较和选择，也有利于多指标路面结构设计方法中各设计指标间的平衡设计。

9.6.2 可靠度系数与可靠度指标

根据试验数据和经验，路面结构使用性能寿命预估变量 N 的概率分布可以用对数正态函数或者威布尔函数表示，交通荷载预估变量的概率分布可以用对数正态函数表示。

如果变量 N 和 n 的概率分布都采用对数正态函数表示，则式（9-37）可改写为

$$P_s = P(\ln N > \ln n)$$

或

$$P_s = P(\ln N - \ln n > 0) \tag{9-38}$$

根据上述的可靠度定义，路面结构极限状态方程可写成：

$$z = \ln N - \ln n > 0 \tag{9-39}$$

式中 z——极限状态函数。而结构的失效条件为

$$z = \ln N - \ln n \leq 0 \tag{9-40}$$

由于 $\ln N$ 和 $\ln n$ 均为正态分布，极限状态函数 z 也服从正态分布，其概率密度函数为

$$f_z(z) = \frac{1}{\sqrt{2\lambda} s_z} \exp\left[-\frac{1}{2}\left(\frac{z-\mu_z}{s_z}\right)^2\right] \tag{9-41}$$

式中 μ_z——平均值，$\mu_z = \mu_{\ln N} - \mu_{\ln n}$；

s_z——标准差，$s_z = \sqrt{s_{\ln N}^2 + s_{\ln n}^2}$。

由此可求得 $z<0$ 的概率分布函数，也即失效概率：

$$P_f = F_z(0) = \int_{-\infty}^{0} f_z(z) = \int_{-\infty}^{0} \frac{1}{\sqrt{2\lambda} s_z} \exp\left[-\frac{1}{2}\left(\frac{z-\mu_z}{s_z}\right)^2\right] dz \tag{9-42}$$

引入标准化变量

$$t = \frac{z-\mu_z}{s_z}, dz = s_z dt \tag{9-43}$$

则式（9-42）可改写成：

$$P_f = \frac{1}{\sqrt{2\lambda}} \int_{-\infty}^{-\mu_z/s_z} e^{-\frac{t^2}{2}} dt = \phi\left(-\frac{\mu_z}{s_z}\right) = \phi(-\beta) \tag{9-44}$$

式中　ϕ——标准正态分布函数；
　　　β——可靠指标，为变异系数的倒数。

$$\beta = \frac{\mu_z}{s_z} = \frac{\mu_{\ln N} - \mu_{\ln n}}{\sqrt{s_{\ln N}^2 + s_{\ln n}^2}} \tag{9-45}$$

β 是极限状态函数 z 的均值 μ_z 离原点（失效状态 $z=0$）的距离。当 s_z 保持不变，随着均值 μ_z 增大，β 也增大，而失效概率 P_f 减小，可靠度 P_s 增大。因而，可靠指标 β 可直接反映结构可靠度的大小。表 9-7 中所列即为可靠度 P_s 与可靠指标 β 的对应关系。

表 9-7　可靠度 P_s 与可靠指标 β 的对应关系

P_s (%)	99	98	97	96	95	93	90	85	80	75	70	60	50
β	2.32	3.07	1.89	1.75	1.65	1.48	1.28	1.04	0.84	0.67	0.52	0.25	0

利用正态概率分布函数的两个特征值（均值 μ_z 和标准差 s_z），求得可靠指标 β，而后确定结构可靠度 P_s 的方法，称为一次二阶矩法。它具有表达式简单，计算方法和精度可为工程接受的优点。应用这一方法，只要分析清楚路面结构极限状态函数的总标准差 s_z，就可以按极限状态函数的均值 μ_z，推算结构的可靠指标 β 和相应的可靠度 P_s；或者，按要求的目标可靠指标或目标可靠度，确定极限状态函数的设计均值。美国 AASHO 路面结构设计方法就是采用这种方法分析结构的可靠度的。

9.6.3　水泥混凝土路面结构的目标可靠度

路面结构的目标可靠度是在满足高等级公路行驶安全和舒适性要求的前提下，考虑道路初建费用、养护费用与用户费用对目标可靠度的影响后，综合确定的。通常采用"校准法"确定目标可靠度。所谓"校准法"，就是对按现行规范或设计方法所设计的路面进行隐含可靠度的分析。以这些隐含可靠度作为目标可靠度，则所设计的路面结构具有与原确定型设计方法相同的可靠度水平。也即，它接纳了以往多年的工程设计和使用经验，包含了与原有设计方法相等的可接受性和经济合理性。

综合分析和考虑我国沥青路面和水泥混凝土路面设计的隐含可靠度情况以及国外分析数据，我国公路工程结构可靠度设计统一标准规定了各级公路的目标可靠度和相应的目标可靠指标值。

9.6.4　路面结构的可靠性设计步骤

在路面结构可靠性设计中，为了能考虑各设计参数变异性影响，可以通过引入一个可靠度系数，将可靠度概念应用到考虑荷载应力和温度应力综合疲劳作用的路面结构设计方法中，它不改变原设计方法的步骤。

路面结构可靠度系数 v_r 定义为疲劳方程求得的最大容许应力 $[\sigma_p + \sigma_t]$ 与实际最大应力 $\sigma_p + \sigma_t$ 之比。

理论分析表明，对路面结构本身而言，可靠度主要取决于水泥混凝土的弯拉（抗折）强度 σ_s 和弯拉模量 E_c、面板厚度 h 及基层顶面的当量回弹模量 E_t。其均值对路面可靠度 R 与路面可靠度系数 v_r 之间的关系几乎无影响，在 R 一定时，v_r 的大小取决于各参数的变异水平。图 9-24 给出了各设计参数的变异系数在变异水平为低（L）、中（M）、高（H）三级情况下的 v_r—R 关系曲线。各设计参数的变异系数取值见表 9-8。

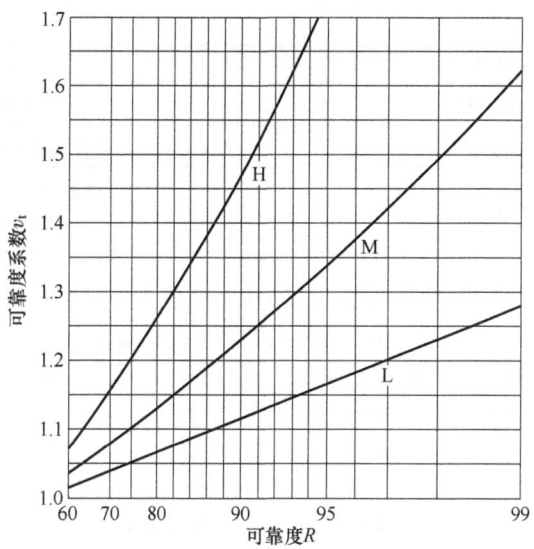

图 9-24　路面可靠度系数与路面可靠度的关系

表 9-8　各设计参数变异系数取值

变异水平	$C_v(\sigma_s)$	$C_v(h)$	$C_v(E_c)$	$C_v(E_t)$
低	0.06	0.02	0.10	0.15
中	0.10	0.05	0.15	0.30
高	0.15	0.09	0.22	0.50

在实际应用中，可根据不同公路等级和相应安全等级，确定合理的目标可靠度和相应可靠度系数，及其相对应的各指标 [水泥混凝土的弯拉（抗折）强度 σ_s 和弯拉模量 E_c、面板厚度 h 及基层顶面的当量回弹模量 E_t] 可接受的变异范围，以指导施工。

9.7　水泥混凝土路面结构组合设计

9.7.1　水泥混凝土路面板

水泥混凝土面层板应具有足够的强度、耐久性、表面抗滑、耐磨、平整等良好的路用性能，一般采用设接缝、不配筋的普通混凝土路面板。交通荷载等级为重交通以上的增设角隅钢筋，对有些基础薄弱、未设传力杆或与其他构造物衔接的位置需配纵向钢筋。

当面层板的平面尺寸较大或形状不规则，路面结构下埋有地下设施，位于高填方、软土地基、填挖交界段等有可能产生不均匀沉降的路基段时，应采用接缝设置传力杆的钢筋混凝土面层。连续配筋混凝土、碾压混凝土和钢纤维混凝土等其他面层类型可依据适用条件选用（表9-9）。

表 9-9　其他混凝土路面面层类型选择

面层类型		适用条件
连续配筋混凝土面层		高速公路
复合式面层	密级配沥青混合料上面层	极重、特重交通荷载的高速公路
	连续配筋混凝土下面层设传力杆普通混凝土下面层	

(续)

面层类型	适用条件
碾压混凝土面层	二级及二级以下公路
钢纤维混凝土面层	高程受限制路段、混凝土加铺层
混凝土预制块面层	二级及二级以下公路桥头引道沉降未稳定段、服务区停车场

普通混凝土、钢筋混凝土、碾压混凝土或钢纤维混凝土面层板一般采用矩形分仓,用纵向、横向接缝分隔,纵向和横向接缝应垂直相交,纵缝两侧的横缝不得相互错位。

钢筋混凝土、碾压混凝土和连续配筋混凝土面层的计算厚度,可依据交通荷载等级、公路等级和变异水平等级,参照普通水泥混凝土路面计算方法确定。各种混凝土面层的设计厚度应依据计算厚度加6mm磨耗层后,按10mm向上取整。

钢纤维混凝土的钢纤维体积率宜为0.6%~1.0%,面层厚度宜为普通混凝土面层厚度的0.65~0.75倍,按钢纤维掺量确定。特重或重交通荷载等级时,其最小厚度应为180mm;中等或轻交通荷载等级时,其最小厚度应为160mm。

复合式路面的沥青混凝土上面层的厚度不宜小于40mm。水泥混凝土下面层的计算厚度按普通水泥混凝土路面方法计算。水泥混凝土下面层与沥青混凝土上面层之间应设置黏结层。

混凝土面层板的厚度取决于公路等级、交通荷载等级,普通混凝土、钢筋混凝土、碾压混凝土或连续配筋混凝土面层板所需的厚度可参考表9-10所列的范围初步选定。

表9-10 水泥混凝土面层板厚度的参考范围

交通荷载等级	极重	特重			重			
公路等级	—	高速	一级	二级	高速	一级		二级
变异水平等级	低	低	中	低	中	低	中	低	中
面层板厚度/mm	≥320	280~320	260~300	240~280	230~270	220~260

交通荷载等级	中等				轻			
公路等级	二级		三、四级		二级		三、四级	
变异水平等级	高	中	高	中	高	中	高	中
面层板厚度/mm	220~250		210~240		200~230	190~220	180~210	

注:在水泥混凝土板上设置沥青混凝土层时,增加4cm沥青混凝土层可减少1cm面板厚度。

为保证行车安全,路面混凝土板表面构造应采用刻槽、压槽、拉槽或拉毛等方法制作。构造深度在使用初期应满足表9-11的要求。

表9-11 各级公路水泥混凝土面层的表面构造深度要求 (单位:mm)

公路等级	高速公路、一级公路	二、三、四级公路	公路等级	高速公路、一级公路	二、三、四级公路
一般路段	0.70~1.10	0.50~1.00	特殊路段	0.80~1.20	0.60~1.10

注:1. 特殊路段:对于高速公路和一级公路是指立交、平交或变速车道等处;对于其他等级公路是指急弯、陡坡、交叉口或集镇附近。
2. 年降雨量600mm以下的地区,表列数值可适当降低。

9.7.2 水泥混凝土路面基层和底基层

水泥混凝土路面的基层应具备足够的抗冲刷能力和一定的刚度。对于湿润和多雨地区,路基为低透水性细粒土的高速公路和一级公路或者承受特重交通或重交通的二级公路，宜采用排水基层。各类基层和底基层材料选择和适宜施工厚度见表 7-2 和表 9-12。

表 9-12　各类基层和底基层适宜施工厚度

材料种类		适宜施工层厚/mm
贫混凝土、碾压混凝土		120~200
无机结合料稳定粒料		150~200
沥青混凝土	集料公称最大粒径 9.5mm	25~40
	集料公称最大粒径 13.2mm	35~65
	集料公称最大粒径 16mm	40~70
	集料公称最大粒径 19mm	50~75
沥青稳定碎石	集料公称最大粒径 19mm	
	集料公称最大粒径 26.5mm	75~100
多孔隙水泥稳定碎石		100~150
级配碎石、未筛分碎石、级配砾石或碎砾石		100~200

基层的宽度应比混凝土面板每侧宽出 300~650mm。路肩采用混凝土面层，其厚度与行车道面层板相同时，基层宽度宜与路基同宽。

采用碾压混凝土作为基层时，应设置与混凝土面层板相对应的纵向、横向接缝。采用贫混凝土作为基层时，若弯拉应力超过 1.5MPa，应设置与混凝土面层板相对应的横向接缝；一次摊铺宽度大于 7.5m，还应设置纵向缩缝。

承受极重、特重或重交通荷载的路面，基层下应设置底基层；承受中等或轻交通荷载时，可不设底基层。当基层采用无机结合料稳定类材料，且上路床由细粒土组成时，应在基层下设置粒料类底基层。

基层采用无机结合料稳定类材料时，底基层宜选用小于 0.075mm 颗粒含量小于 7% 的粒料类材料。

贫混凝土或碾压混凝土路面基层上应铺设沥青混凝土夹层，层厚不宜小于 40mm。无机结合料稳定碎石基层上应设置封层，封层可采用单层沥青表面处治或适宜的膜层材料等。当采用单层沥青表面处治时，层厚不宜小于 6mm。

多雨地区，路基由低透水性细粒土组成的高速公路和一级公路或者承受极重或特重交通荷载等级的二级公路，宜设置由开级配沥青稳定碎石或开级配水泥稳定碎石组成的排水基层。排水基层下应设置由密级配粒料或水泥稳定碎石组成的不透水底基层。底基层顶面宜铺设沥青封层或防水土工织物。

各种基层和底基层的结构层适宜压实厚度，应按所选集料的公称最大粒径和压实效果的要求而定。基层或底基层的设计层厚超出相应材料的适宜压实厚度范围时，宜分层铺设和压实。

贫混凝土或碾压混凝土路面基层设计厚度应依据计算厚度按 10mm 向上取整。

开级配沥青稳定碎石或水泥稳定碎石排水基层的计算厚度应满足排除表面水设计渗入量的需要。排水基层的设计厚度宜依据计算厚度按 10mm 向上取整后再增加 20mm。

9.7.3　水泥混凝土路面的路基和垫层

水泥混凝土路面垫层结构一般是为应对路基的特殊需求而设置的，分为防冻垫层、排水垫层与加固垫层三类。

在季节性冰冻地区修筑混凝土路面，当路面结构总厚度不能满足最小防冻要求时，应设置防冻垫层，保证总厚度满足最小防冻厚度的要求。

对于水文地质条件不良的土质路基，路床土的湿度较大时，为防止地下水对路面结构的侵蚀，应设置排水垫层。

当路基土特别软弱，经加固后，仍有可能出现不均匀沉降、变形时，应设置加固垫层以增强路床的承载能力。

有时候，以上三种情况兼而有之，在选择垫层结构材料时，也应兼顾，具备多种功能。一般情况，垫层多数选用当地廉价材料修筑，或取当地材料掺少量无机结合料处治后使用，如砂、砂砾料、低剂量无机结合料稳定粒料等。垫层厚度一般为150~200mm。

水泥混凝土路面的路基应满足稳定、密实、均质、耐久的要求，为路面结构提供均匀的支承。因此对路基土质的要求很严格，一般高液限黏土及含有机质细粒土均不能用于高速公路和一级公路的路床填料，也不能用于二级和二级以下公路的上路床填料。高液限粉土及塑性指数大于16或膨胀率大于3%的低液限黏土不能用作高速公路和一级公路的上路床填料。因条件限制而必须采用上述土作填料时，应掺加石灰或水泥等无机结合料进行处治。

地下水位较高的路段，应提高路堤设计标高。若设计标高受限制，路基达不到中湿状态的临界高度时，应选用粗粒土或低剂量石灰或水泥稳定细粒料作路床填料；未能达到潮湿状态的路基临界高度时，除采用上述填料之外，还应采取在边沟下设置排水渗沟等降低地下水位的措施。

路基压实度应符合《公路路基设计规范》（JTG D30—2015）的要求，岩石或填石路床顶面应铺设整平层，整平层可采用未筛分碎石和石屑或低剂量水泥稳定粒料，其厚度视路床顶面不平整程度而定，一般为100~150mm。

《公路水泥混凝土路面设计规范》（JTG D40—2011）中规定：路床顶面的综合回弹模量不得低于40MPa，中等或重交通荷载等级时不得低于60MPa，特重或极重交通荷载等级时不得低于80MPa。

9.7.4 水泥混凝土路面的路肩

高速公路和一级公路以及承受极重、特重和重交通荷载等级的公路，路肩铺面应采用与行车道路面相同的结构层组合和组成材料类型。其他等级公路，路肩铺面的基层和底基层应采用与行车道路面结构相同的材料类型和厚度。

路肩面层可选水泥混凝土或沥青类材料。路肩面层选用沥青类材料时，中等交通荷载以上等级公路，应采用热拌沥青混合料；低等级公路和轻交通荷载等级公路，可采用沥青表面处治。路肩基层为粒料类材料时，其细料（小于0.075mm）含量不应超过6%。

路肩混凝土面层与行车道面层应设置拉杆相连，两者的横向缩缝应连通。行车道面层为连续配筋混凝土时，路肩混凝土面层的横向缩缝间距应为4.5m。

9.8 水泥混凝土路面厚度设计

我国公路水泥混凝土路面设计规范是按重复荷载产生的荷载应力和温度应力综合作用所产生的疲劳损坏确定混凝土板厚的。混凝土面板厚度设计，应按照《公路水泥混凝土路面设计规范》的要求，确定满足设计年限内使用要求所需的混凝土面层的厚度。

9.8.1 设计计算模型和设计流程

规范中回归公式的建立采用有限元计算方法，进行结构分析时采用了下述方案：①基层板与面层板的平面尺寸可以不相等；②应用有限元法求解基层板和面层板，荷载应力采用立方体弹性单元，层间水平光滑、竖向受压连续但不承受拉力；③温度翘曲应力用近似解析法求解，基层板与面层板采用薄板假定，层间为竖向线性弹簧相连。

不同模型与假定的计算结果对比表明：水泥混凝土路面结构分析应采用弹性地基板理论。除粒料类基层外，其他各类基层与混凝土面层应按分离式双层板模型进行结构分析。粒料类基层及各类底基层和功能层应与路基一起视作多层弹性地基，以地基顶面当量回弹模量表征。

按基层与面层类型和组合的不同，路面结构分析可分别采用下述力学模型：

1) 弹性地基单层板模型：适用于粒料基层上水泥混凝土面层，旧沥青路面加铺水泥混凝土面层；面层板底面以下部分按弹性地基处理。

2) 弹性地基双层板模型：适用于无机结合料类基层或沥青类基层上水泥混凝土面层，旧水泥混凝土路面上加铺分离式水泥混凝土面层；面层和基层或者新旧面层作为双层板，基层底面以下或者旧面层底面以下部分按弹性地基处理。

3) 复合板模型：适用于两层不同性能材料组成的面层或基层复合板。旧水泥混凝土路面上加铺结合式水泥混凝土面层，两层不同性能材料组成的层间黏结的面层，作为弹性地基单层板或者弹性地基双层板的上层板；无机结合料类基层或沥青类基层与无机结合料类底基层组成的基层，作为弹性地基双层板的下层板。

混凝土面层板的临界荷位始终选取纵缝边缘中部。基层板的临界荷位与面层板相同。

水泥混凝土路面厚度设计流程如图 9-25 所示。

1) 根据调研或预测确定交通量相关参数，计算 N_e，并确定变异水平等级，确定可靠度系数。

2) 列出所有已知条件，根据结构组合设计选定的组合形式，预设除待设计层（一般是最上层的板）以外各层的厚度与材料的弹性模量，预设待设计层模量、泊松比、弯拉强度标准值。

3) 确定板的设计宽度，摊铺与横向衔接施工方案，预设板的平面尺寸（长度 L 和宽度 B），根据要求选定接缝的类型。

4) 根据结构组合情况选定设计计算的基本模型，分三种情况：弹性地基单层板、分离式双层板和结合式双层板（或称为复合板）。

5) 根据路基土质等情况确定路基回弹模量 E_0，结合弹性层状地基其他层的厚度和模量计算地基顶面的当量回弹模量 E_t。

6) 按模型选择不同的回归公式，计算标准轴载（或设计轴载）和最重轴载作用在四边自由的板上临界荷位处产生的板内荷载应力 σ_{ps}、σ_{pm}，确定修正系数 k_r、k_c、k_f，计算荷载疲劳应力 σ_{pr} 和最大荷载应力 $\sigma_{p,\max}$（只用前两个系数修正）。

7) 按模型选择不同的回归公式，计算温度内应力和翘曲应力综合作用下的最大温度应力 $\sigma_{t,\max}$，确定修正系数 k_t，计算温度疲劳应力 σ_{tr}。

8) 对于分离式双层板，按类似方法计算并检验下层板（或基层）的荷载疲劳应力 σ_{bps}、σ_{bpr}（注意上下板材料不同时，k_f 的计算公式有所不同），检验其是否满足基层的极限状态表达式（不考虑最重轴载产生的最大荷载应力问题，疲劳应力分析中，忽略温度疲劳应力）。

9) 检验极限状态表达式是否成立，如果不成立回到第 2) 步，改变预设层厚度或重新进行组合设计，直到成立。

10) 减小待设计层厚，或选择其他材料总价更低的组合方案，直到刚好满足极限状态表达式，确定优化的设计方案。

11) 计算层厚确定后，应加上 6mm 磨耗厚度，按 10mm 向上取整，作为混凝土面层的设计厚度。

9.8.2 弹性地基的综合回弹模量

规范设计方法中的各种模型所选用的地基模型及分析方法基本相同，都是用地基顶面的综

合回弹模量 E_t（也称为当量回弹模量）表征。但需要注意的是，该"弹性层状地基"根据基层组合及面板层数等情况的不同而有所不同，需加以区别：

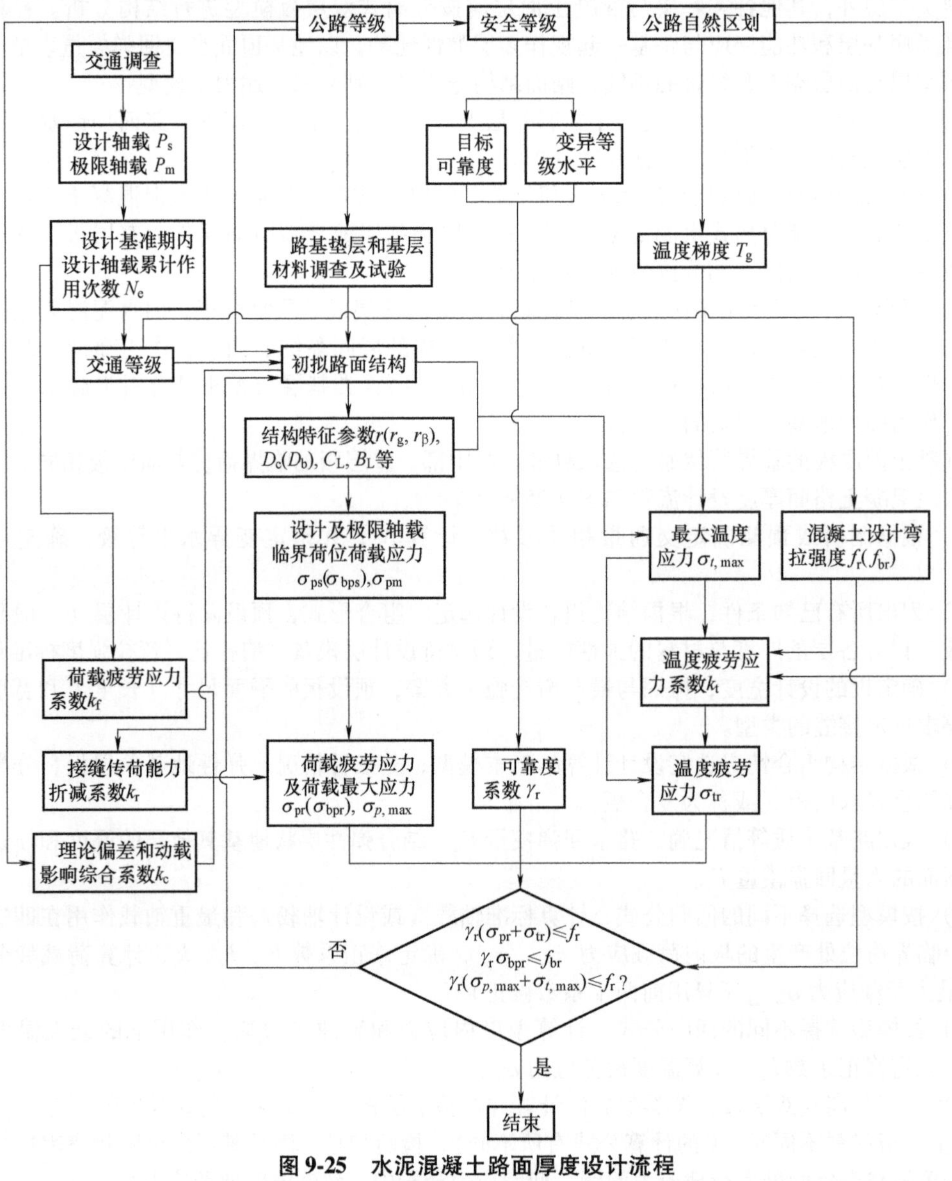

图 9-25　水泥混凝土路面厚度设计流程

1) 单层水泥混凝土路面板下，以粒料层为基层时，将粒料层及其以下层看作地基，包含粒料层本身。

2) 单层水泥混凝土路面板下，以非粒料层为基层时，将基层以下各层看作地基，不含基层本身。

3) 旧水泥混凝土板，加铺分离式新混凝土板时，将旧混凝土板的基层顶面以下看作地基（包括基层本身）。

4) 旧水泥混凝土板加铺结合式新水泥混凝土板时，先将新旧板按结合式双层板理论换算单层；当旧基层为非粒料类材料时，将旧基层按分离式双层板理论换算为单层；其下部分看作地基，整体按分离式双层板计算。

5）旧沥青路面加铺水泥混凝土路面板时，以旧路面顶测试的指标换算出当量回弹模量。

简而言之，除采用粒料基层的单层板结构或旧沥青路面加铺混凝土面板时，面板以下各层均属于地基外，其他结构都是去除最上面两层后的部分作为地基。当量回弹模量以地基顶面指标形式给出。不同的模型均采用相同的回归计算公式。

$$E_t = \left(\frac{E_x}{E_0}\right)^\alpha E_0 \tag{9-46}$$

$$\alpha = 0.86 + 0.26\ln h_x \tag{9-47}$$

$$E_x = \frac{\sum_{i=1}^n E_i h_i^2}{\sum_{i=1}^n h_i^2} \tag{9-48}$$

$$h_x = \sum_{i=1}^n h_i \tag{9-49}$$

式中 E_t——地基顶面当量回弹模量（MPa）；

α——与地基内除路基以外各层的总厚度 h_x 有关的回归系数；

E_0——路床顶面的综合回弹模量（MPa）；

n——弹性地基分层数（不包括路基半空间体）；

E_i、h_i——第 i 结构层的回弹模量（MPa）和厚度（m）；

h_x——地基内除路基以外各层的总厚度（m）。

在旧沥青混凝土路面上铺装水泥混凝土面层时，地基顶面当量回弹模量可根据落锤式弯沉仪（荷载50kN，承载板直径150mm）的中心点弯沉的测定结果按式（9-50）计算，或根据贝克曼梁（后轴重100kN 的车辆加载）的弯沉测定结果按式（9-51）计算。

$$E_t = \frac{18621}{w_0} \tag{9-50}$$

$$E_t = \frac{13739}{w_0^{1.04}} \tag{9-51}$$

式中 w_0——路段代表弯沉值（0.01mm），按式（9-52）计算；

$$w_0 = \bar{w} + 1.04 s_w \tag{9-52}$$

$\bar{w}$——路段弯沉平均值（0.01mm）；

s_w——路段弯沉的标准差（0.01mm）。

9.8.3 单层板模型的设计方法与实例

1. 荷载应力

（1）混凝土面层板荷载疲劳应力计算

1）设计轴载在四边自由板的临界荷位处产生的荷载应力 σ_{ps}。

$$\sigma_{ps} = 1.47 \times 10^{-3} r^{0.70} h_c^{-2} P_s^{0.94} \tag{9-53}$$

$$r = 1.21 \sqrt[3]{\frac{D_c}{E_t}} \tag{9-54}$$

$$D_c = \frac{E_c h_c^3}{12(1-\mu_c^2)} \tag{9-55}$$

式中 P_s——设计轴载的单轴重（kN）；

h_c、E_c、μ_c——混凝土面层板的厚度（m）、弯拉弹性模量（MPa）和泊松比；

r——混凝土面层板的相对刚度半径（m）；

D_c——混凝土面层板的截面弯曲刚度（MN·m）；

E_t——板底地基当量回弹模量（MPa）。

2) 确定三个修正系数 k_r、k_c、k_f。因接缝的传荷能力对板的应力降低有正面效果，应力折减系数 k_r，是一个小于等于1的数。因临界荷位在纵缝边缘，因此主要由路肩情况决定：采用混凝土路肩时为 0.87~0.92（路肩面层与路面面层等厚时取低值，减薄时取高值）；采用柔性路肩或土路肩时为 1。

考虑理论与实际差异及动载等因素影响的综合系数 k_c，按公路等级查表 9-13 确定。

表 9-13 综合系数 k_c

公路等级	高速公路	一级公路	二级公路	三、四级公路
k_c	1.15	1.10	1.05	1.00

荷载疲劳应力系数 k_f，与累计轴次 N_e 有关，由下式确定：

$$k_f = N_e^\lambda \tag{9-56}$$

式中　N_e——设计基准期内设计轴载累计作用次数；

λ——材料疲劳指数，普通混凝土、钢筋混凝土、连续配筋混凝土采用 0.057；碾压混凝土和贫混凝土采用 0.065；钢纤维混凝土按下式计算：

$$\lambda = 0.053 - 0.017 \rho_f \frac{l_f}{d_f} \tag{9-57}$$

式中　ρ_f——钢纤维的体积率（%）；

l_f——钢纤维的长度（mm）；

d_f——钢纤维的直径（mm）。

3) 计算荷载疲劳应力。

$$\sigma_{pr} = k_r k_c k_f \sigma_{ps} \tag{9-58}$$

(2) 面层板在最重轴载作用下的荷载应力计算

1) 最重轴载（或称为极限荷载）在四边自由板的临界荷位处产生的荷载应力 σ_{pm}，计算公式与 σ_{ps} 相同，但要用最重轴载 P_m 代替式中的标准轴载（或设计轴载）P_s。

2) 确定修正系数 k_r、k_c。k_r、k_c 的确定方法与计算荷载疲劳应力时相同，无须重复计算。

3) 最重轴载在临界荷位产生的最大荷载应力 $\sigma_{p,\max}$。

$$\sigma_{p,\max} = k_r k_c \sigma_{pm} \tag{9-59}$$

式中符号意义同前。

2. 温度应力

温度应力与荷载是重复荷载作用还是单次最重荷载作用没有直接关系，但将荷载应力与温度应力相加时，存在与现实状态的相似性问题。温度应力在路面刚开始进入使用期时，因地基约束较强，产生的温缩和翘曲内应力较大，后期在应力反复作用下，界面上的约束将减弱，因此温度疲劳应力减小。考虑疲劳作用时，采用荷载疲劳应力，温度应力也应采用温度疲劳应力。在考察最重轴载的作用时，因其作用是一次性的，因此无须考虑疲劳，选择最大温度应力。

(1) 面层板最大温度应力 $\sigma_{t,\max}$

1) 计算综合温度翘曲应力和内应力的温度应力系数 B_L。

$$B_L = 1.77 e^{-4.48h} C_L - 0.131(1 - C_L) \tag{9-60}$$

$$C_L = 1 - \frac{\sinh t \cos t + \cosh t \sin t}{\cos t \sin t + \sinh t \cosh t} \tag{9-61}$$

式中　C_L——混凝土面层板的温度翘曲应力系数；

L——面层板的横缝间距,即板长(m);

t——$t=\dfrac{L}{3r}$,其中 r 为面层板的相对刚度半径(m)。

2)计算最大温度应力。

$$\sigma_{t,\max}=\dfrac{\alpha_c E_c h_c T_g}{2}B_L \quad (9\text{-}62)$$

式中 α_c——混凝土的线膨胀系数,根据粗集料的岩性按表 9-14 取用;

T_g——公路所在地 50 年一遇的最大温度梯度,按表 9-2 取用。

表 9-14 水泥混凝土线膨胀系数经验参考值

粗集料类型	石英岩	砂岩	砾石	花岗岩	玄武岩	石灰岩
水泥混凝土线膨胀系数($10^{-6}/℃$)	12	12	11	10	9	7

最大温度应力得到后,可与最大荷载应力相加,代入最重轴载作用下极限状态表达式中。

(2)面层板温度疲劳应力 σ_{tr}

1)确定温度疲劳应力系数 k_t。

$$k_t=\dfrac{f_r}{\sigma_{t,\max}}\left[a_t\left(\dfrac{\sigma_{t,\max}}{f_r}\right)^{b_t}-c_t\right] \quad (9\text{-}63)$$

式中 a_t、b_t、c_t——回归系数,按所在地区的公路自然区划查表 9-15 确定。

表 9-15 回归系数 a_t、b_t 和 c_t

系数	公路自然区划					
	Ⅱ	Ⅲ	Ⅳ	Ⅴ	Ⅵ	Ⅶ
a_t	0.828	0.855	0.841	0.871	0.837	0.834
b_t	1.323	1.355	1.323	1.287	1.382	1.270
c_t	0.041	0.041	0.058	0.071	0.038	0.052

2)计算温度疲劳应力 σ_{tr}。

$$\sigma_{tr}=k_t\sigma_{t,\max} \quad (9\text{-}64)$$

得到温度疲劳应力后,与荷载疲劳应力相加,代入重复荷载作用下极限状态表达式中。

3. 单层板设计实例

[例 9-1] 某地拟新建一条连接两个地级市的二级公路省道,路线总长 58km,双向四车道,路面宽度为 16m,该地属于公路自然区划Ⅳ区,路基为低液限黏土,路床顶面距地下水位平均高度 1.8m,本地石料以玄武岩为主。拟采用普通水泥混凝土路面,根据表《公路水泥混凝土路面设计规范》(JTG D40—2011)表 3.0.1 查得设计基准期 20 年。

设计过程:

(1)交通量调查分析与预测

1)调查与分析。因是新建公路,所以无直接调查数据。通过两个地级市过去 10 年的经济发展状况(GDP)分析、人口增长率分析及机动车总量分析,综合确定其交通量发展趋势,确定 20 年设计基准期内,年平均增长率为 5%;根据临近区域公路网交通流量分析,及本路线建成后对路网的分流情况分析,确定初始年平均日混合交通量为 17517 辆/d。

对已建成公路收费站调查数据分析及现场抽样调查发现,最重轴载为 150kN。

2)交通量数据处理。查表 6-7 确定车道分配系数为 0.50~0.75,双向交通量基本相当,根据现场调查情况,选为 0.65。查表 6-8 确定轮迹横向分布系数 η 为 0.34~0.39,综合行车道宽度和交通量大小情况，取 0.36。

$$N = [17517 \times 0.5(双向转单向) \times 0.65(车道分配系数)] 辆 = 5693 辆$$

根据轴型构成调查情况，剔除 2 轴 4 轮及其以下的客货车后，按比例将 N 经轴载换算后得到设计车道初始年平均日标准轴载作用次数 N_s 为 164 次（过程略）；计算 N_e：

$$N_e = \frac{N_s \times [(1+g_r)^t - 1] \times 365}{g_r} \eta = \left[\frac{164 \times [(1+0.05)^{20} - 1] \times 365}{0.05} \times 0.36\right] 次 = 712558 次$$

参考表 6-14，属于"中等"交通荷载等级。

（2）可靠度系数的确定　通过调研发现，本地类似工程及可能的投标施工企业资质较好，机械化施工水平高、管理水平也普遍较高，且本工程所在地区原材料丰富，所用材料均为甲供，类似工程中检测数据分析表明，变异水平等级可控制到"低"级别范围内的中等水平。

查表 9-3，二级公路安全等级为"二级"，目标可靠度 85%，结合调研的安全水平等级为"低"，查表 9-5 确定可靠度系数为 1.04~1.08，按中等水平取中值，$\gamma_r = 1.06$。

（3）路基参数的确定　根据低液限黏土土质查《公路水泥混凝土路面设计规范》（JTG D40—2011）表 E.0.1-1，得到路基回弹模量为 50~100MPa，代表值 70MPa，根据本地工程资料，回弹模量取 80MPa。根据地下水位距路基顶面平均高度 1.8m，查《公路水泥混凝土路面设计规范》表 E.0.1-2 内插得到其湿度调整系数范围，取 0.8，乘以代表值，路基综合回弹模量最终为 64MPa。

（4）结构组合初拟与设计参数确定　因本路段属于中等交通荷载等级，参考表 7-2，适宜的基层材料为：级配碎石，水稳稳定碎石，石灰、粉煤灰稳定碎石等。中等交通可不设底基层，或设置：未筛分碎石、级配碎石等底基层。

初步拟定的结构组合：普通水泥混凝土路面板（h_c）+级配碎石基层（20cm）+路基（综合回弹模量 64MPa）。其中 h_c 根据预估板厚，二级公路、"中"变异水平的厚度为 210~240mm，本路段变异水平为"低"，初定为 22cm。弯拉强度标准值查表 9-6，取为 4.5MPa，弯拉模量 29GPa，泊松比取为 0.15，采用花岗岩石料粗集料，其线胀系数为 $1.0 \times 10^{-5}/℃$。

查《公路路基设计规范》（JTG D30—2015）表 B-2 得级配碎石回弹模量为 300MPa。

（5）平面尺寸、接缝及路肩形式选择

1) 平面尺寸：5m 长，4m 宽。
2) 接缝：缩缝为不设传力杆的假缝，纵缝为带拉杆的平头真缝。
3) 路肩：基层材料与路面相同，面层采用水泥混凝土，与路面板间设拉杆连接。

（6）计算地基综合回弹模量

选择模型：因单层级配碎石基层属于粒料类材料，因此选择弹性地基单层板模型。

因除路基外只有单层基层，所以，$E_x = 300$MPa，$h_x = 0.20$m。

$$\alpha = 0.86 + 0.26\ln 0.20 = 0.86 - 0.26 \times 1.61 = 0.442$$

地基综合回弹模量

$$E_t = \left(\frac{E_x}{E_0}\right)^\alpha E_0 = \left(\frac{300\text{MPa}}{64\text{MPa}}\right)^{0.442} \times 64\text{MPa} = 126.69\text{MPa}$$

（7）荷载应力计算

1) 设计轴载（100kN）在四边自由板的临界荷位处产生的荷载应力 σ_{ps}。板的弯曲刚度

$$D_c = \frac{E_c h_c^3}{12(1-\mu_c^2)} = \frac{29000\text{MPa} \times 0.22\text{m}^3}{12 \times (1-0.15^2)} = 26.3\text{MN} \cdot \text{m}$$

面板的相对刚度半径

$$r = 1.21\sqrt[3]{\frac{D_c}{E_t}} = \left(1.21 \times \sqrt[3]{\frac{26.3}{126.69}}\right)\text{m} = 0.716\text{m}$$

荷载应力：
$$\sigma_{ps} = 1.47\times10^{-3}r^{0.70}h_c^{-2}P_s^{0.94} = (1.47\times10^{-3}\times0.716^{0.70}\times0.22^{-2}\times100^{0.94})\text{MPa} = 1.824\text{MPa}$$

2）确定三个修正系数 k_r、k_c、k_f。应力折减系数 k_r，由路肩情况决定：采用混凝土路肩时取 0.87（路肩面层与路面面层等厚）。考虑理论与实际差异及动载等因素影响的综合系数 k_c，按二级公路查表 9-13 为 1.05。荷载疲劳应力系数 k_f，与累计轴次 N_e 有关，由下面的公式确定：
$$k_f = N_e^{\lambda} = 712558^{0.057} = 2.16$$

3）计算荷载疲劳应力：
$$\sigma_{pr} = k_r k_c k_f \sigma_{ps} = (0.87\times1.05\times2.16\times1.824)\text{MPa} = 3.60\text{MPa}$$

4）面层板在最重轴载作用下的荷载应力计算。最重轴载（或称为极限荷载）在四边自由板的临界荷位处产生的荷载应力 σ_{pm}：
$$\sigma_{pm} = 1.47\times10^{-3}r^{0.70}h_c^{-2}P_m^{0.94} = (1.47\times10^{-3}\times0.716^{0.70}\times0.22^{-2}\times150^{0.94})\text{MPa} = 2.670\text{MPa}$$

计算公式与 σ_{ps} 相同，但要用最重轴载 P_m 代替式中的标准轴载（或设计轴载）P_s。

5）最重轴载在临界荷位产生的最大荷载应力 $\sigma_{p,\max}$：
$$\sigma_{p,\max} = k_r k_c \sigma_{pm} = (0.87\times1.05\times2.670)\text{MPa} = 2.439\text{MPa}$$

(8) 温度应力计算

1）面层板最大温度应力 $\sigma_{t,\max}$。
$$t = \frac{L}{3r} = \frac{5}{3\times0.716} = 2.328$$

面层板的温度翘曲应力系数：
$$C_L = 1 - \frac{\sinh t\cos t + \cosh t\sin t}{\cos t\sin t + \sinh t\cosh t} = 1 - \frac{\sinh2.328\times\cos2.328 + \cosh2.328\times\sin2.328}{\cos2.328\times\sin2.328 + \sinh2.328\times\cosh2.328}$$
$$= 1 - \frac{5.0758 + 0.2103}{0.0406 + 26.3012} = 1 - 0.2007 = 0.7993$$

综合温度翘曲应力和内应力的温度应力系数：
$$B_L = 1.77e^{-4.48h_c}C_L - 0.131(1 - C_L)$$
$$= 1.77e^{-4.48\times0.22}\times0.7993 - 0.131\times(1 - 0.7993)$$
$$= 1.77\times0.3732\times0.7993 - 0.131\times0.2007$$
$$= 0.5017$$

Ⅳ区最大温度梯度为 86～92℃/m，取 88℃/m，最大温度应力：
$$\sigma_{t,\max} = \frac{\alpha_c E_c h_c T_g}{2}B_L$$
$$= \left(\frac{1\times10^{-5}\times29000\times0.22\times88}{2}\times0.5017\right)\text{MPa}$$
$$= 1.408\text{MPa}$$

2）面层板温度疲劳应力 σ_{tr}。

① 确定温度疲劳应力系数 k_t。Ⅳ区，查表 9-15 得 a_t、b_t 和 c_t 分别为 0.841、1.323、0.058，则温度疲劳应力系数：
$$k_t = \frac{f_r}{\sigma_{t,\max}}\left[a_t\left(\frac{\sigma_{t,\max}}{f_r}\right)^{b_t} - c_t\right]$$
$$= \frac{4.5}{1.408}\times\left[0.841\times\left(\frac{1.408}{4.5}\right)^{1.323} - 0.058\right]$$
$$= 0.392$$

② 计算温度疲劳应力 σ_{tr}：
$$\sigma_{tr} = k_t \sigma_{t,\max} = (0.392 \times 1.408) \text{MPa} = 0.55 \text{MPa}$$

（9）设计极限状态验证　弹性地基单层板模型，只需要检验单层板的极限状态：
$$\begin{cases} \gamma_r(\sigma_{pr}+\sigma_{tr}) = 1.06 \times (3.60+0.55)\text{MPa} = 4.40 \text{MPa} \leqslant f_r = 4.5 \text{MPa} \\ \gamma_r(\sigma_{p,\max}+\sigma_{t,\max}) = 1.06 \times (2.439+1.408)\text{MPa} = 4.08 \text{MPa} \leqslant f_r = 4.5 \text{MPa} \end{cases}$$

（10）设计方案优化　考虑到22cm板厚时，疲劳极限状态的综合疲劳应力达4.40MPa，与材料的弯拉强度标准值相差2%左右，结构厚度进一步优化的空间不大，取计算值为22cm。根据规范规定加6mm磨耗层，并按10mm向上取整，最后的设计厚度为23cm。

（11）排水设计　本路段大部分路段为填方，且路堤高度不大，排水条件相对较好，加之级配碎石基层的排水效果较好，可起到结构层内排水作用，为进一步保证排水安全，设置路面内部排水管道，并与路基排水沟管衔接，具体排水设计略。

9.8.4　分离式双层板模型设计方法与实例

采用碾压混凝土或贫混凝土作基层时，需验算基层的荷载疲劳应力是否超过材料能力。其他材料基层时，与前述弹性地基单层板理论相比，虽在计算公式中考虑了基层刚度大时的影响，但无须考虑基层的极限状态，也就无须针对基层计算其各应力分量，在选用公式进行实际计算时需加以注意。

1. 荷载应力

（1）荷载作用在四边自由板上的临界荷位产生的荷载应力　上层板的荷载疲劳应力计算与单层板模型类似，但设计轴载 P_a 作用下的荷载应力计算公式不同。

1）上层板在设计荷载作用下的荷载应力。

$$\sigma_{ps} = \frac{1.45 \times 10^{-3}}{1+\dfrac{D_b}{D_c}} r_g^{0.65} h_c^{-2} P_s^{0.94} \tag{9-65}$$

$$D_b = \frac{E_b h_b^3}{12(1-\mu_b^2)} \tag{9-66}$$

$$r_g = 1.21 \sqrt[3]{\frac{D_c+D_b}{E_t}} \tag{9-67}$$

式中　r_g——双层板的总相对刚度半径（m）；

h_c、D_c——上层板的厚度（m）和截面弯曲刚度（MN·m）；

D_b——下层板的截面弯曲刚度（MN·m）；

h_b、E_b、μ_b——下层板的厚度（m）、弯拉弹性模量（MPa）和泊松比。

2）上层板在最重轴载作用下的荷载应力。采用的公式同式（9-65），但用最重轴载 P_m 代替设计轴载 P_s。

3）下层板在设计荷载作用下的荷载应力。碾压混凝土、贫混凝土或水泥混凝土下层板需要计算其荷载应力。

$$\sigma_{bps} = \frac{1.41 \times 10^{-3}}{1+\dfrac{D_c}{D_b}} r_g^{0.68} h_b^{-2} P_s^{0.94} \tag{9-68}$$

（2）荷载疲劳应力与最大荷载应力

1）荷载疲劳应力的修正系数 k_r、k_c、k_f。

上层板的三个修正系数的确定与弹性地基单层板相同，计算荷载疲劳应力公式相同。

2) 下层板在最重轴载作用下的最大荷载应力。下层板的两个修正系数 k_r、k_c 确定方法与弹性地基单层板相同，最大荷载应力计算公式相同。

2. 温度应力

下层板不考虑其温度应力。

(1) 上层板的最大温度翘曲应力 与弹性地基单层板模型相比，温度翘曲应力系数 C_L 计算公式不同，其他都相同：

$$C_L = 1 - \left(\frac{1}{1+\xi}\right)\frac{\sinh t\cos t+\cosh t\sin t}{\cos t\sin t+\sinh t\cosh t} \tag{9-69}$$

$$t = \frac{L}{3r_g} \tag{9-70}$$

$$\xi = -\frac{(k_n r_g^4 - D_c)r_\beta^3}{(k_n r_\beta^4 - D_c)r_g^3} \tag{9-71}$$

$$r_\beta = \sqrt[4]{\frac{D_c D_b}{(D_c + D_b)k_n}} \tag{9-72}$$

$$k_n = \frac{1}{2}\left(\frac{h_c}{E_c} + \frac{h_b}{E_b}\right)^{-1} \tag{9-73}$$

式中 ξ——与双层板结构有关的参数；

r_β——层间接触状况参数（m）；

k_n——面层与基层之间的竖向接触刚度（MPa/m），上下层之间不设沥青混凝土夹层或隔离层时，按式（9-73）计算，设沥青混凝土夹层或隔离层，则取为 3000MPa/m。

(2) 上层板的温度疲劳应力 温度疲劳应力计算中，除 C_L 不同、计算出的 $\sigma_{t,\max}$ 不同外，其他修正系数及公式与弹性地基单层板模型相同。

3. 设计实例

[**例 9-2**] 其他条件与例 9-1 的相同，但 N_e 增大到 1020 万次。试进行普通水泥混凝土路面结构设计。

设计过程：

(1) 交通量调查分析与预测 N_e = 1020 万次：参考表 6-14，属于"重"交通荷载等级。设计轴载仍采用 100kN，最重轴载与前例相同，为 150kN。

(2) 可靠度系数的确定 与例 9-1 相同，确定可靠度系数 $\gamma_r = 1.06$。

(3) 路基参数的确定 重及以上交通荷载等级要求路基综合回弹模量大于 80MPa，取该值为 80MPa。

(4) 结构组合初拟与设计参数确定 因本路段属于重交通荷载等级，参考表 7-2，适宜的基层材料为：水泥稳定碎石、密级配沥青稳定碎石等；必须设置底基层，适宜材料类型：级配碎石、水泥稳定碎石，石灰、粉煤灰稳定碎石等。

初步拟定的结构组合：普通水泥混凝土路面板（h_c）+水泥稳定碎石基层（20cm）+水泥稳定碎石底基层（20cm）+路基（综合回弹模量 80MPa）。其中 h_c 根据预估板厚，与上例类似，初估板厚为 22cm。但从水泥混凝土材料角度，重及以上交通荷载等级要求弯拉强度标准值为 5.0MPa，弯拉模量为 31GPa，泊松比仍取 0.15，线膨胀系数仍为 1.0×10^{-5}/℃。

上下两层水泥稳定碎石在水泥用量上和集料方面有差异，上层要优于下层，经初步材料试验，7d 浸水抗压强度分别为 5.5MPa 和 2.5MPa，参考规范中的经验参考值表，取上层水泥稳定碎石回弹模量为 2500MPa，下层水泥稳定碎石回弹模量为 1500MPa，上层的泊松比取为 0.20。

(5) 平面尺寸、接缝及路肩形式选择

与前例相同，平面尺寸：5m 长，4m 宽。

接缝：规范规定，重及以上交通荷载等级，缩缝必须为设传力杆的假缝，纵缝为带拉杆的平头真缝。

与前例相同，路肩：基层材料与路面相同，面层采用与面层同厚度水泥混凝土，与路面板间设拉杆连接。

(6) 计算地基综合回弹模量

选择模型：因双层水泥稳定碎石基层不属于粒料类材料，因此选择分离式双层板模型。

因除路基外只有单层基层，所以，$E_x = 1500\text{MPa}$，$h_x = 0.20\text{m}$。

$$\alpha = 0.86 + 0.26\ln 0.20 = 0.86 - 0.26 \times 1.61 = 0.442$$

地基综合回弹模量：

$$E_t = \left(\frac{E_x}{E_0}\right)^{\alpha} E_0 = \left(\frac{1500\text{MPa}}{80\text{MPa}}\right)^{0.442} \times 80\text{MPa} = 292.25\text{MPa}$$

(7) 荷载应力计算

1) 上层板在设计荷载作用下的荷载应力。

上层板弯曲刚度：

$$D_c = \frac{E_c h_c^3}{12(1-\mu_c^2)} = \frac{31000\text{MPa} \times 0.22^3\text{m}^3}{12 \times (1-0.15^2)} = 28.14\text{MN} \cdot \text{m}$$

下层板弯曲刚度：

$$D_b = \frac{E_b h_b^3}{12(1-\mu_b^2)} = \frac{2500\text{MPa} \times 0.20^3\text{m}^3}{12 \times (1-0.20^2)} = 1.74\text{MN} \cdot \text{m}$$

双层板总相对刚度半径：

$$r_g = 1.21\sqrt[3]{\frac{D_c + D_b}{E_t}} = 1.21 \times \sqrt[3]{\frac{28.14\text{MN} \cdot \text{m} + 1.74\text{MN} \cdot \text{m}}{292.25\text{MPa}}} = 0.566\text{m}$$

100kN 轴载作用下的荷载应力：

$$\sigma_{ps} = \frac{1.45 \times 10^{-3}}{1+\frac{D_b}{D_c}} r_g^{0.65} h_c^{-2} P_s^{0.94} = \left(\frac{1.45 \times 10^{-3}}{1+\frac{1.74}{28.14}} \times 0.566^{0.65} \times 0.22^{-2} \times 100^{0.94}\right)\text{MPa} = 1.478\text{MPa}$$

下层板材料为水泥稳定碎石，无须计算其荷载应力。

2) 确定三个修正系数 k_r、k_c、k_f。与前例相同，应力折减系数 $k_r = 0.87$。考虑理论与实际差异及动载等因素影响的综合系数 $k_c = 1.05$。荷载疲劳应力系数 k_f：

$$k_f = N_e^\lambda = 10200000^{0.057} = 2.51$$

3) 计算荷载疲劳应力。

$$\sigma_{pr} = k_r k_c k_f \sigma_{ps} = (0.87 \times 1.05 \times 2.51 \times 1.478)\text{MPa} = 3.39\text{MPa}$$

4) 面层板在最重轴载作用下的荷载应力计算。最重轴载（或称为极限荷载）在四边自由板的临界荷位处产生的荷载应力 σ_{pm}（上层板）：

$$\sigma_{pm} = \frac{1.45 \times 10^{-3}}{1+\frac{D_b}{D_c}} r_g^{0.65} h_c^{-2} P_m^{0.94} = \left(\frac{1.45 \times 10^{-3}}{1+\frac{1.74}{28.14}} \times 0.566^{0.65} \times 0.22^{-2} \times 150^{0.94}\right)\text{MPa} = 2.164\text{MPa}$$

计算公式与 σ_{ps} 相同，但要用最重轴载 P_m 代替式中的标准轴载（或设计轴载）P_s。

5) 最重轴载在临界荷位产生的最大荷载应力 $\sigma_{p,\max}$。

$$\sigma_{p,\max} = k_r k_c \sigma_{pm} = (0.87 \times 1.05 \times 2.164)\text{MPa} = 1.977\text{MPa}$$

(8) 温度应力计算

1) 面层板最大温度应力 $\sigma_{t,\max}$。

计算综合温度翘曲应力和内应力的温度应力系数 B_L。

下层板不考虑其温度应力,面板计算与弹性地基单层板模型相比,温度翘曲应力系数 C_L 计算公式不同,其他都相同:

$$k_n = \frac{1}{2}\left(\frac{h_c}{E_c}+\frac{h_b}{E_b}\right)^{-1} = \frac{1}{2}\times\left(\frac{0.22\text{m}}{31000\text{MPa}}+\frac{0.20\text{m}}{2500\text{MPa}}\right)^{-1} = 5740.74\text{MPa/m}$$

$$r_\beta = \sqrt[4]{\frac{D_c D_b}{(D_c+D_b)k_n}} = \sqrt[4]{\frac{28.14\text{MN}\cdot\text{m}\times1.74\text{MN}\cdot\text{m}}{(28.14\text{MN}\cdot\text{m}+1.74\text{MN}\cdot\text{m})\times5740.74\text{MPa/m}}} = 0.130\text{m}$$

$$\xi = -\frac{(k_n r_g^4 - D_c)r_\beta^3}{(k_n r_\beta^4 - D_c)r_g^3} = -\frac{(5740.74\text{MPa/m}\times0.566^4\text{m}^4 - 28.14\text{MN}\cdot\text{m})\times0.130^3\text{m}^3}{(5740.74\text{MPa/m}\times0.130^4\text{m}^4 - 28.14\text{MN}\cdot\text{m})\times0.566^3\text{m}^3} = 0.257$$

$$t = \frac{L}{3r_g} = \frac{5\text{m}}{3\times0.566\text{m}} = 2.945$$

$$C_L = 1-\left(\frac{1}{1+\xi}\right)\frac{\sinh t\cos t+\cosh t\sin t}{\cos t\sin t+\sinh t\cosh t}$$

$$= 1-\left(\frac{1}{1+0.257}\right)\frac{\sinh2.945\times\cos2.945+\cosh2.945\times\sin2.945}{\cos2.945\times\sin2.945+\sinh2.945\times\cosh2.945}$$

$$= 0.9124$$

$$B_L = 1.77e^{-4.48h_c}C_L - 0.131(1-C_L)$$

$$= 1.77e^{-4.48\times0.22}\times0.9124 - 0.131\times(1-0.9124)$$

$$= 1.77\times0.3732\times0.9124 - 0.131\times0.0876$$

$$= 0.5912$$

Ⅳ区最大温度梯度取 88℃/m,最大温度应力:

$$\sigma_{t,\max} = \frac{\alpha_c E_c h_c T_g}{2}B_L$$

$$= \left(\frac{1\times10^{-5}\times31000\times0.22\times88}{2}\times0.5912\right)\text{MPa}$$

$$= 1.774\text{MPa}$$

2) 面层板温度疲劳应力 σ_{tr}。

① 确定温度疲劳应力系数 k_t。Ⅳ区,查表 9-15 得 a_t、b_t 和 c_t 分别为 0.841、1.323、0.058,温度疲劳应力系数:

$$k_t = \frac{f_r}{\sigma_{t,\max}}\left[a_t\left(\frac{\sigma_{t,\max}}{f_r}\right)^{b_t} - c_t\right]$$

$$= \frac{5.0\text{MPa}}{1.774\text{MPa}}\times\left[0.841\times\left(\frac{1.774\text{MPa}}{5.0\text{MPa}}\right)^{1.323} - 0.058\right]$$

$$= 0.440$$

② 计算温度疲劳应力 σ_{tr}:

$$\sigma_{tr} = k_t \sigma_{t,\max} = (0.440\times1.774)\text{MPa} = 0.78\text{MPa}$$

(9) 设计极限状态验证 弹性地基单层板模型,只需要检验单层板的极限状态:

$$\begin{cases}\gamma_r(\sigma_{pr}+\sigma_{tr}) = 1.06\times(3.39\text{MPa}+0.78\text{MPa}) = 4.42\text{MPa} \leqslant f_r = 5.0\text{MPa} \\ \gamma_r(\sigma_{p,\max}+\sigma_{t,\max}) = 1.06\times(1.977\text{MPa}+1.774\text{MPa}) = 3.98\text{MPa} \leqslant f_r = 5.0\text{MPa}\end{cases}$$

(10) 设计方案优化 板厚 22cm 时,疲劳极限状态的综合疲劳应力达 4.42MPa,与材料的弯拉强度标准值相差较多，结构厚度可进一步优化，考虑到面板厚度最小为21cm，优化时考虑将底基层改为20cm的级配碎石层，模量取200MPa。经计算：

$$\begin{cases} \gamma_r(\sigma_{pr}+\sigma_{tr})=1.06\times(4.09\text{MPa}+0.63\text{MPa})=5.00\text{MPa}\leqslant f_r=5.0\text{MPa} \\ \gamma_r(\sigma_{p,\max}+\sigma_{t,\max})=1.06\times(2.61\text{MPa}+1.58\text{MPa})=4.44\text{MPa}\leqslant f_r=5.0\text{MPa} \end{cases}$$

刚好满足要求，根据规范规定加6mm磨耗层，并按10mm向上取整，最后的设计厚度为23cm。

9.8.5 复合板模型设计方法

1. 面层复合板

面层复合板可将结合在一起的两层板当一层看待，基于单层板设计计算方法分析，但其 $\tilde{D}_c$ 和 $\tilde{h}_c$ 指标要修正，其他计算参数与公式用修正后的 $\tilde{D}_c$ 和 $\tilde{h}_c$ 计算，所做修正如下：

（1）对 D_c 和 h_c 的修正

$$\tilde{D}_c = \frac{E_{c1}h_{c1}^3+E_{c2}h_{c2}^3}{12(1-\mu_{c2}^2)} + \frac{(h_{c1}+h_{c2})^2}{4(1-\mu_{c2}^2)}\left(\frac{1}{E_{c1}h_{c1}}+\frac{1}{E_{c2}h_{c2}}\right)^{-1} \quad (9\text{-}74)$$

$$\tilde{h}_c = 2.42\sqrt{\frac{\tilde{D}_c}{E_{c2}d_x}} \quad (9\text{-}75)$$

$$d_x = \frac{1}{2}\left[h_{c2}+\frac{E_{c1}h_{c1}(h_{c1}+h_{c2})}{E_{c1}h_{c1}+E_{c2}h_{c2}}\right] \quad (9\text{-}76)$$

式中　E_{c1}、h_{c1}——面层复合板上层的弯拉弹性模量（MPa）和厚度（m）；
　　　E_{c2}、μ_{c2}、h_{c2}——面层复合板下层的弯拉弹性模量（MPa）、泊松比和厚度（m）；
　　　d_x——面层复合板中性轴至下层底部的距离（m）。

（2）面层复合板的最大温度应力修正

$$\sigma_{t,\max} = \frac{\alpha_c T_g E_{c2}(h_{c1}+h_{c2})}{2}B_L\zeta \quad (9\text{-}77)$$

$$\zeta = 1.77-0.27\ln\left(\frac{h_{c1}E_{c1}}{h_{c2}E_{c2}}+18\frac{E_{c1}}{E_{c2}}-2\frac{h_{c1}}{h_{c2}}\right) \quad (9\text{-}78)$$

式中　B_L——面层复合板的温度应力系数，计算方法与单层板模型相同，其中，面层板厚度 h_c 取复合板总厚度（$h_{c1}+h_{c2}$），温度翘曲应力系数 C_L，单层板时按单层板模型公式计算，双层板时按分离式双层板模型公式计算；
　　　ζ——面层复合板的最大温度应力修正系数。

2. 基层复合板

基层为复合板时，相当于有三层刚性层的情况，类似于碾压混凝土或贫混凝土基层用结合式双层板代替的情况。在应用分离式双层板模型前，基层复合板弯曲刚度需修正：

$$D_{b0} = D_{b1}+D_{b2} \quad (9\text{-}79)$$

$$\sigma_{bpr} = \frac{\tilde{\sigma}_{bpr}}{1+\dfrac{D_{b2}}{D_{b1}}} \quad (9\text{-}80)$$

式中　D_{b0}——基层复合板的弯曲刚度（MN·m）；
　　　D_{b1}、D_{b2}——基层和底基层的弯曲刚度（MN·m），分别按基层和底基层的厚度 h_{b1} 和 h_{b2} 以及弹性模量 E_{b1} 和 E_{b2} 计算得到；

$\tilde{\sigma}_{\text{bpr}}$——按分离式双层板计算得到的基层复合板的名义荷载应力,其中,以基层厚度 h_{b1} 替代式中基层厚度 h_b,以复合板弯曲刚度 D_{b0} 替代式中基层板弯曲刚度 D_b。

将以上基层复合板的弯曲刚度代替分离式双层板模型计算公式中的基层弯曲刚度,计算双层板的荷载应力和温度应力。

基层为贫混凝土或碾压混凝土时,复合板中基层的荷载疲劳应力 σ_{bpr} 应按式(9-80)计算,其他类型基层不需进行荷载疲劳应力计算。

9.9 特殊水泥混凝土路面设计

9.9.1 低噪声水泥混凝土路面

道路交通噪声是由各种各样的复杂因素造成的,从声源角度看,主要来自汽车噪声。汽车综合噪声由发动机噪声、传动机件噪声、排气噪声、进气噪声、交通气流和轮胎—路面噪声等组成。当车速较低时,车辆自身系统噪声是交通噪声的主要来源;当车速较高时(60km/h),轮胎—路面的相互作用成为交通噪声的主要来源。轮胎与路面相互作用的噪声同许多因素有关,如轮胎类型、轮胎材料性能、轮载、轮压、路面材料性能、路表的粗糙度等。采用的路面铺筑技术有纵向整平技术、双层混凝土铺筑和湿接双层单机滑膜摊铺施工技术。为了降低轮胎和路面之间摩擦产生的噪声,目前国内外采用了以下三种可减小噪声的混凝土路面:

1. 多孔水泥混凝土路面

多孔水泥混凝土由最大粒径为 8~10mm 的间断级配碎石和 1mm 以下的砂组成,空隙率达 20%~25% 以上;通常还用在双层式混凝土面层的上层,厚度在 4~5mm 以上。薄多孔层主要吸收高频率的噪声,厚多孔层主要吸收低频率的噪声。与普通水泥混凝土面层相比,多孔水泥混凝土可降低轮胎—路面噪声约 6dB,而且空隙率越大、多孔层越厚、集料粒径越小,噪声水平降低得越多。这一成果在奥地利、芬兰、德国、英国等许多国家都得到了推广应用。

2. 露石混凝土路面

将面层随机凸起的粗集料外露所形成的非光滑表面的路面称为露石混凝土路面,也有消声水泥之称,近年来得到许多国家的认可,其技术也不断被完善。用这种材料筑路,可以使汽车轮胎接触地面时几乎是压在凸露的粒料表面,可以最大限度地降低接触点的噪声。其可广泛应用于路面、桥面和隧道等工程中。

露石混凝土露石面积在 60% 以上,其抗滑降噪性能好。所用集料应是抗磨光、有棱角、近似立方体、表面粗糙的优质石料。为降低建设成本,常采用两层铺筑方式,表层混凝土采用优质耐磨的高标准集料,下层使用常规集料。用缓凝、无污染的露石剂,其作用是在施工表面 2~3mm 延缓凝结,使露石高度在 1.5~2.0mm。喷洒露石剂的时间控制在 40~60min,刷洗时间与环境温度、材料、水胶比有关,常温下为 15~30min。施工工艺首先需要人工、机械刷洗,再进行养护、喷洒层、刷洗层等,此种结构的水泥混凝土可以降噪 ≥3dB。

3. 无细集料混凝土路面

该路面是用水泥和水作结合料,将单一粒径的粗集料黏结而形成混凝土。无细集料混凝土路面由开级配粗集料组成,它的结构不同于通常的密级配或半密级配水泥混凝土,而属于骨架空隙结构的开级配,具有低噪声、排水快的特点。有调查显示,在比利时铺筑的无细集料混凝土路面,当厚度为 44mm、空隙率为 19%、最大粒径为 4~7mm 时,可降低 5~6dB 的噪声。

4. 旧混凝土路面降噪技术

在旧混凝土路面表面喷涂聚合物沥青或环氧树脂等结合剂,再粘撒小石屑或轧碎 3~4mm 粒径的铬矿渣,经碾压后形成马赛克式镶嵌结构。这种结构可使旧混凝土路面减少噪声 6~7dB,但其价格较昂贵。

对横向沟槽过深、过宽的旧混凝土路面,可采用金刚砂研磨机纵向研磨沟槽脊背,以适当减少横向沟槽的深度或形成新的纵向粗构造,从而降低行车噪声。经研磨的路面可将行车噪声降低4dB左右,并能增加道路的路表抗滑性能。

9.9.2 高弯拉强度混凝土路面

随着社会进步、经济发展,交通流量越来越大,车辆轴载越来越大,普通水泥混凝土路面的破损现象日益增多,使用寿命日渐缩短。解决水泥混凝土路面由于车辆荷载导致的早期破损严重、耐久性不足的问题,从路面结构设计方面而言,可以使路面结构层加厚;而从路面材料角度而言,可以提高材料的韧性、强度,提高材料的疲劳性能,采用高弯拉强度混凝土是措施之一。

1. 对原材料的技术要求

高弯拉强度混凝土对原材料的要求和施工过程中的控制比普通混凝土更加严格。

1)水泥。高弯拉强度混凝土路面所用水泥须采用旋窑道路硅酸盐水泥或普通硅酸盐水泥,有条件时优先采用旋窑道路硅酸盐水泥,水泥强度等级不宜低于42.5级。

2)集料。对于粗集料而言,配制高弯拉强度混凝土采用的粗集料应为碎石,不应采用卵石或碎卵石,碎石最大粒径控制在26.5mm。岩石抗压强度要求不低于80MPa,压碎指标按Ⅰ类集料控制,针片状颗粒含量、含泥量、泥块含量按高于Ⅱ类、接近于Ⅰ类指标控制。由于高弯拉强度混凝土水胶比较低,粗集料的吸水率应控制在不大于1.5%。细集料应采用中砂,细度模数控制在2.5~2.9,含泥量和泥块含量按Ⅰ类细集料进行控制。

3)掺合料。配制高弯拉强度混凝土必须采用"双掺"技术,即掺加掺合料及外加剂。配制高弯拉强度混凝土采用的掺合料一般为粉煤灰和硅灰,采用的粉煤灰要求为Ⅰ级灰。

4)外加剂。在高弯拉强度混凝土施工过程中一般采用复配的缓凝高效减水剂,根据高弯拉强度低水胶比要求,减水率不小于20%;缓凝效果根据混凝土拌合物运距、气温、摊铺时间等满足施工工作性的要求,缓凝时间不宜过长,一般控制在2~4h,否则会影响强度。

2. 设计原则

高弯拉强度混凝土路面28d弯拉强度标准值规定为6.0MPa,与钢纤维混凝土路面弯拉强度标准值一致;弹性模量根据试验确定,若无条件,可取33.0GPa;其他设计参数、环境条件的选取同普通水泥混凝土路面。

复掺粉煤灰、硅灰的混凝土路面,若路面施工工期较长,可采用混凝土的56d弯拉强度标准值进行设计。若路面开放交通时间不足56d,则仍使用混凝土的28d弯拉强度标准值进行设计。单掺硅灰的混凝土,按28d弯拉强度标准值进行设计。

高弯拉强度混凝土路面用于提高路面承载能力时,不减小路面厚度。

高弯拉强度混凝土荷载疲劳应力和温度疲劳应力计算方法参照《公路水泥混凝土路面设计规范》(JTG D40—2011)中相关规定,疲劳系数取普通混凝土的0.97~1.0倍。

3. 配合比设计方法

高弯拉强度混凝土配合比设计在兼顾经济性的同时,应满足下列3项技术要求。

1)弯拉强度。高弯拉强度混凝土适用于重、特重交通荷载等级的高等级水泥混凝土路面,或有特殊用途的水泥混凝土路面。普通水泥混凝土路面的弯拉强度标准值为5.0MPa,而高弯拉强度混凝土路面的弯拉强度标准值不低于6.0MPa,施工配制弯拉强度要求不小于标准值的1.15~1.2倍。

2)工作性。根据水泥混凝土路面施工工艺和施工机械的要求,高弯拉强度混凝土的工作性应符合表9-16的规定。

表 9-16　高弯拉强度混凝土的工作性要求

摊铺方法	滑膜摊铺	三辊轴摊铺
出机坍落度/mm	50~70	40~60
摊铺坍落度/mm	30~50	20~40

3）耐久性。根据当地路面有无抗（盐）冻要求，确定路面混凝土含气量和硬化后混凝土最大平均气泡间距系数，应分别满足表 9-17、表 9-18 的要求。路面高弯拉强度混凝土磨耗量不应超过 1.5kg/m²。严寒地区高弯拉强度混凝土抗冻等级不宜小于 300 号；寒冷地区高弯拉强度混凝土抗冻等级不宜小于 250 号。

表 9-17　路面高弯拉强度混凝土含气量要求

环境条件	无抗冻要求	有抗冻要求	有抗盐冻要求
含气量范围（%）	3~4	4~5	5~6

表 9-18　路面高弯拉强度混凝土最大平均气泡间距系数

环境条件		气泡间距系数/μm
严寒地区	冰冻	300
	盐冻	250
寒冷地区	冰冻	250
	盐冻	200

9.9.3　彩色水泥混凝土路面

彩色水泥混凝土路面是由普通硅酸盐水泥或白色硅酸盐水泥+砂+碎石+颜料+外加剂（减水剂、分散剂）而形成的混合料，通过生产加工可制成色泽鲜艳、装饰性好的彩色水泥混凝土路面，可进行现场预制或现场浇筑施工。彩色水泥混凝土路面是当代国外高度重视的一项新工艺，是与环境美学、土木工程技术密切相关的建筑科学。

目前，国外将彩色水泥混凝土制品或路面用于美化环境，如城市道路、住宅区道路停车场、旅游区道路、安全标志设施等，也可用于桥面铺装、隧道路面、港口码头、机场地坪等设施建设。随着城镇日新月异的建设发展，彩色水泥混凝土路面技术具有广阔的发展前景。

1. 对原材料的技术要求

1）水泥作为混凝土中的胶凝材料，是保证强度、耐久性和胶结颜料、集料的主要原材料。其强度高低、品质好坏、颜色如何对彩色水泥混凝土质量起着决定性作用。根据工程实践经验，彩色水泥混凝土所用的水泥品种主要有白色硅酸盐水泥、普通硅酸盐水泥和矿渣硅酸盐水泥等，其强度一般不应低于 32.5MPa，水泥的选用应根据工程需要和试验确定，必须符合国家建材标准。

2）集料在彩色水泥混凝土中起着骨架作用并具备一定的强度，其本身的色泽深浅及表面粗糙程度，直接影响彩色水泥混凝土中颜色的用量、效果及着色牢固度；所用的有常规砂和规格碎石，在镶嵌式砌块中可用白云石子作为面层集料。

3）颜料是彩色水泥混凝土区分于普通水泥混凝土的特征材料，不仅要具备优异的染色、遮盖性能和分散性，并且在碱性条件下不得褪色。在道路工程长年经受风吹、日晒、雨淋、冻融、摩擦的条件下，颜料应具有较好的耐久性、耐水性和耐蚀性。通过工程实践，在彩色水泥混凝土中采用无机类氧化铁颜料进行配色，可达到预期效果。颜料主要有氧化铁红、氧化铁黄、氧化铁棕和氧化铁黑四种。

2. 配合比设计

目前尚无全国统一标准试验方法的情况下，主要控制抗压强度、色度、磨耗度、收缩性能、冻融性能等技术指标。配制多种彩色水泥净浆、砂浆、混凝土时，与普通水泥、砂浆配合比基本相同，按照正交试验确定目标配合比，唯有在颜色的选用上，要注意选择品种、性质和掺量。

无机颜料实际上是不溶于胶凝材料而又均匀分散很细的固体颗粒，掺入后主要依靠水泥的慢凝固结作用而使砂浆、混凝土着色形成彩色水泥砂浆或混凝土。

彩色水泥混凝土人行道板配合比的选择不但要保证具有足够的强度，而且要具有一定的耐磨性和鲜艳的色彩，并在彩色水泥净浆和彩色水泥砂浆配合比试验的基础上，在不同颜料掺量的情况下对混凝土产生敏感的影响，因此可以严格控制用水量、适当增加水泥用量，以弥补混凝土的强度损失，可掺入高效减水剂降低混凝土的水胶比。

彩色水泥混凝土或砂浆制品，其强度和外观均能够达到工程的力学使用的要求，由于颜料和外加剂（减水剂、分散剂）的化学机理原因，导致构件的裂缝现象，在设计与施工时采用掺入纤维稳定剂的原理即可解决该技术问题。

9.9.4 碾压混凝土路面

碾压混凝土简称 RCC，是一种含水率低、通过振动碾压施工工艺达到高密度、高强度的水泥混凝土。其特干硬性的材料特点和碾压成型的施工工艺特点，使碾压混凝土路面具有节约水泥、收缩小、施工速度快、强度高、开放交通早等技术经济上的优势。

碾压混凝土路面成本的降低取决于三个方面：一是提高路面施工效率，降低铺筑施工成本；二是由于接缝减少，接缝的成本降低；三是常规水泥混凝土路面的水泥用量一般在 $350 \sim 400 kg/m^3$，碾压混凝土路面水泥用量为 $250 \sim 300 kg/m^3$，节约水泥 $50 kg/m^3$ 以上。

碾压混凝土路面与普通水泥混凝土路面所用材料基本相同，均为水泥、砂、碎石、水及外掺剂，不同之处是碾压混凝土为用水量很少的特干硬性混凝土，比同强度普通水泥混凝土节约水泥 10%~20%。碾压混凝土配合比设计是按正交设计试验法和简捷设计试验法设计，以"半出浆改进 VC 值"稠度指标和小梁抗折强度指标作为设计指标，小梁抗折强度试件按 95%压实度计算试件质量，采用上振式振动成型机振动成型。

1. 对原材料的技术要求

1）水泥。路面碾压混凝土应采用抗折强度高、初凝时间长、强度发展快、水化热及耐磨性好的水泥，一般采用硅酸盐水泥、普通硅酸盐水泥和道路硅酸盐水泥。

2）细集料。应采用质地坚硬、耐久、洁净的天然砂、机制砂或混合砂，并要限制粉尘、泥土、有机质和盐类等有害物质的含量，一般采用Ⅱ级中砂。

3）粗集料。采用质地坚硬、耐久、洁净的碎石、碎卵石和卵石，并符合《公路水泥混凝土路面施工技术细则》（JTG/T F30—2014）的规定，公路水泥混凝土路面使用的粗集料级别要不低于Ⅱ级，尽量采用压碎值小及针片状颗粒含量小并具有较大磨光值的粗集料。

4）粉煤灰。采用品质不低于Ⅱ级的干排粉煤灰，其品质指标应符合《用于水泥和混凝土中的粉煤灰》（GB/T 1596—2017）规定的要求。

5）外掺剂。碾压混凝土的施工时间比较长，宜采用缓凝型减水剂或缓凝引气型减水剂。

2. 设计原则

碾压混凝土设计方法尚不成熟，更多的是依据实际经验。与普通水泥混凝土相比，碾压混凝土设计方法应充分考虑由于采用沥青混凝土路面施工工艺所引起的碾压混凝土路面结构与普通水泥混凝土路面结构特性的差异。另外还应考虑温度应力的影响，使之更接近于实际情况。其主要步骤包括：确定荷载应力系数，确定疲劳应力，确定温度应力，确定 RCC 板厚度。

9.9.5 连续配筋混凝土路面板设计

连续配筋混凝土路面板的纵向配筋率按容许的裂缝间距（≤1.8m）、缝隙宽度（≤0.5mm）和钢筋屈服强度确定，通常中等交通荷载等级取 0.6%~0.7%，重交通荷载等级取 0.7%~0.8%，特重交通荷载等级取 0.8%~0.9%，极重交通荷载等级取 0.9%~1.0%。冰冻地区要增加 0.1%，用于复合式面层的下面层时，可减少 0.1%。具体计算方法如下。

配筋设计前应先完成水泥混凝土板厚计算，然后初步选择水泥混凝土材料和钢筋直径等参数，假定初始纵向配筋率，作为试算的基本参数。

1. 确定设计参数

（1）气候环境相关参数　气候环境相关参数：水泥混凝土板顶面和底面间最大负温度梯度 T_g（℃/m），是与工程所处公路自然区划有关的值，按其绝对值计算，参照该地区最大正温度梯度的 1/4~1/3 取用；与气候区和最小空气湿度有关的系数 k_1，道路位于公路自然区划 Ⅱ、Ⅳ 和 Ⅴ 区时取 0.4，Ⅲ、Ⅵ 和 Ⅶ 区取 0.68；年平均空气相对湿度 φ_a（%）；钢筋埋置处混凝土温度与硬化时温度的最大温差 ΔT_ξ（℃），近似取路面施工月份日最高气温的月平均值与一年中最冷月份日最低气温的月平均值之差。

（2）混凝土板相关参数　混凝土板相关参数：混凝土的重度 γ_c（MN/m³），可取 0.024MN/m³；混凝土抗拉强度 f_t（MPa）、抗压强度 f_c（MPa）、混凝土弹性模量 E_c（MPa）、混凝土泊松比 μ_c、混凝土用水量 w_0（N/m³）；养护条件系数 a_1，水中或盖麻袋养护时取 1.0，养护剂养护时取 1.2；板厚 h_c（m）、板的相对刚度半径 r、混凝土线胀系数 α_c（1/℃）。以上参数在设计时均按混凝土配合比经验，参考规范推荐范围取值。

（3）钢筋相关参数　钢筋相关参数：纵向配筋率 ρ（路面横断面上钢筋截面面积与水泥混凝土路面截面面积之比，小数形式代入计算，如 0.0075）、直径 d_s（mm）、钢筋埋置深度 ξ（cm）、线膨胀系数 α_s（1/℃）、弹性模量 E_s（MPa）、屈服强度 f_{sy}（MPa）。

（4）基层顶面相关参数　基层顶面相关参数：基层顶面当量回弹模量 E_t（MPa）。

2. 计算横向裂缝间距

无约束条件下混凝土的最大干缩应变：

$$\varepsilon_\infty = a_1(1.51\times 10^{-4}w_0^{2.1}f_c^{-0.28}+270)\times 10^{-6} \tag{9-81}$$

无约束条件下钢筋埋置深度处混凝土的干缩应变：

$$\varepsilon_{sh} = \varepsilon_\infty(1-\varphi_a^3) \tag{9-82}$$

钢筋埋置深度处混凝土的最大总应变：

$$\varepsilon_{t\xi} = \alpha_c\Delta T_\xi + \varepsilon_{sh} \tag{9-83}$$

混凝土与钢筋间的最大黏结应力：

$$\sigma_{cg} = 0.234 f_c \tag{9-84}$$

混凝土面层厚度不等于 0.22m 时的温度梯度厚度修正系数：

$$\beta_h = 4.81h_c^2 - 5.42h_c + 1.96 \tag{9-85}$$

翘曲应力系数：

$$\begin{cases} C = 1 - \dfrac{\sinh t\cos t + \cosh t\sin t}{\cos t\sin t + \sinh t\cosh t} \\ t = 1.29/r \end{cases} \tag{9-86}$$

无约束时混凝土面层顶面与底面间的最大当量应变差：

$$\varepsilon_{td} = \alpha_c h_c \beta_h T_g + \varepsilon_\infty(0.245 e^{-5.3k_1h_c}) \tag{9-87}$$

温度和湿度变形完全约束时的翘曲应力：

$$\sigma_0 = \frac{E_c \varepsilon_{td}}{2(1-\mu_c)} \qquad (9\text{-}88)$$

假定一个平均裂缝间距初始值 L_d 并代入下式：

$$c_1 = 0.577 - 9.50 \times 10^{-9} \frac{\ln \varepsilon_{t\xi}}{\varepsilon_{t\xi}^2} + 0.198 L_d (\ln L_d + 3.67) \qquad (9\text{-}89)$$

迭代计算得到 c_1，再代入下式计算评价横缝裂缝间距 L_d：

$$L_d = \frac{f_t - C\sigma_0 \left(1 - \frac{2\xi}{h_c}\right)}{\frac{\mu \gamma_c}{2} + \frac{\sigma_{cg}\rho}{c_1 d_s}} \qquad (9\text{-}90)$$

满足 $L_d \leq 1.80\text{m}$ 的要求。

3. 计算横向裂缝平均缝隙宽度

先计算中间变量 a、b、c：

$$a = 0.761 + 1.770 \varepsilon_{t\xi} - 2 \times 10^6 \varepsilon_{t\xi}^2 \qquad (9\text{-}91\text{a})$$

$$b = 9 \times 10^8 \varepsilon_{t\xi} + 149000 \qquad (9\text{-}91\text{b})$$

$$c = 3 \times 10^9 \varepsilon_{t\xi}^2 - 5 \times 10^6 \varepsilon_{t\xi} + 2020 \qquad (9\text{-}91\text{c})$$

与水泥混凝土和钢筋之间的黏结—滑移特性有关的系数：

$$c_2 = a + \frac{b}{17000 f_c} + 6.45 \times 10^{-4} \frac{c}{L_d^2} \qquad (9\text{-}92)$$

钢筋埋置深度处的横向裂缝缝隙宽度：

$$b_j = 1000 L_d \left(\varepsilon_{sh} + \alpha_c \Delta T_\xi - \frac{c_2 f_t}{E_c} \right) \qquad (9\text{-}93)$$

满足 $b_j \leq 0.50\text{mm}$ 的要求。

4. 计算裂缝处纵向钢筋应力

裂缝处纵向钢筋应力：

$$\sigma_s = 2 f_t \frac{E_s}{E_c} - E_s \left[\Delta T_\xi (\alpha_c - \alpha_s) + \varepsilon_{sh} \right] + \frac{0.234 f_c L_d}{d_s c_1} \qquad (9\text{-}94)$$

要求满足小于钢筋屈服强度 f_{sy}。

计算结果满足裂缝间距、裂缝宽度、裂缝处钢筋应力三方面的要求，确定初拟纵向钢筋的配筋率是否合适。继续调整配筋率优化设计。

5. 计算钢筋间距或根数

钢筋间距为

$$d_z = \frac{\pi d_s^2}{4 \rho h_c} \qquad (9\text{-}95)$$

每延米纵向钢筋根数为

$$n = \frac{1}{d_z} \qquad (9\text{-}96)$$

6. 配置横向钢筋

横向钢筋配筋率按纵向钢筋的 1/8~1/5 配筋，按照构造要求进行设计。

连续配筋混凝土路面的钢筋布置应符合下列要求：

1) 纵向钢筋距面层顶面不应小于 90mm，最大深度不应大于 1/2 面层厚度，在不影响施工的情况下宜接近 90mm。

2）纵向钢筋的间距不应大于 250mm，不小于集料最大粒径的 2.5 倍。

3）纵向钢筋的焊接长度不宜小于 10 倍（单面焊）或 5 倍（双面焊）钢筋直径，焊接位置应错开，各焊接端连线与纵向钢筋的夹角应小于 60°。

4）边缘钢筋至纵缝或自由边的距离宜为 100~150mm。

5）横向钢筋应位于纵向钢筋之下；横向钢筋间距宜为 300~600mm，直径大时取大值。

6）横向钢筋宜斜向设置，其与纵向钢筋的夹角可取 60°。

思考与练习

1. 水泥混凝土路面有哪些优缺点？
2. 水泥混凝土路面的主要分类有哪些？一般水泥混凝土路面都有哪些主要构造？
3. 为什么弹性地基板理论适用于水泥混凝土路面？主要弹性地基模型有哪些？温克勒地基与弹性半空间体地基有什么异同？
4. 水泥混凝土路面的温度应力主要由哪几个方面产生？
5. 请简述混凝土路面常见的破坏形态及原因。
6. 水泥混凝土路面的设计指标有哪些？对路面结构设计有什么指导意义？
7. 为什么要对水泥混凝土路面的可靠度理论进行研究？对路面结构设计有什么影响？
8. 水泥混凝土路面结构组合设计的主要步骤有哪些？
9. 水泥混凝土路面结构排水设计对于一般路段和特殊路段有哪些要求？
10. 美国波特兰水泥协会设计法进行疲劳分析时不考虑翘曲应力是否合适？试比较美国两种水泥混凝土设计法中设计参数的相同点和不同点。
11. 阻碍水泥混凝土路面在我国高等级公路建设与推广的主要难题是什么？针对这些难题，产生了哪些新技术？
12. 低噪声水泥混凝土路面包括哪几种？旧水泥混凝土路面的降噪措施有哪些？

第10章 路面施工

【本章提要】

本章主要介绍路面施工过程、施工设备、检测设备和方法，重点介绍了路面级配碎石层、无机结合料层、沥青混凝土路面和水泥混凝土路面的施工工艺及其质量控制方法，简要介绍智能压实技术。

【学习要求】

了解路面施工过程、施工设备、检测设备和方法，掌握路面基层、沥青面层和水泥混凝土面层施工的关键节点和控制技术，掌握级配碎石层、无机结合料层、沥青混凝土路面和水泥混凝土路面质量控制要求。

良好的路面结构组合设计、材料设计和厚度设计为路面使用寿命的延长提供了技术保障，而路面施工则是实现这些技术的最后环节。路面施工是一个系统工程，路面施工的最终质量与施工过程的各个环节有关。路面施工必须进行合理的施工组织设计，路面设计、管理、监理和施工单位之间必须协调配合，各司其职，做到精心设计、认真施工、严格监理。路面施工中必须层层把关、严格要求，尽可能优化施工工艺，提高施工质量。在路面施工中要保证原材料质量合格、配合比准确、拌和均匀、摊铺平整、碾压密实、接缝平整等，确保路面的工程质量。

10.1 路面施工机械

交通事业的发展和人们出行需求的提高，对公路建设也提出了更高的要求，主要表现为：一是对公路功能的要求越来越高，如通行能力、承载能力及行车的安全性和舒适性等；二是对公路整体线形、路容、路况的要求越来越高，特别是山区公路及旅游区道路，其路线与周围环境的协调性成为重要的评定标准；三是对公路的环保要求越来越高，如对行车噪声污染的限制等；四是对公路的施工速度、施工质量和施工管理水平的要求越来越高。针对上述要求，公路施工必将向着机械化、自动化、标准化和工厂化方向发展，将普遍采用自动化机械设备快速施工作业。

路面施工主要包括基层施工、沥青混凝土面层施工、水泥混凝土面层施工及封层、黏层、透层施工等，不同的施工工序需要的施工机械也不同。首先简单介绍一下各层施工工序，在基层施工中，首先进行一系列的施工准备工作，例如：杂物清除、底基层顶面洒水等，然后将拌和料运输至现场，并在最短的时间内摊铺碾压完成，尽可能缩短施工时间。在摊铺过程中，应确保底基层的施工质量合格后方能进行摊铺，且应合理控制摊铺料的最佳含水率，从而达到最好的效果。在碾压过程中，应尽快碾压完成，并时刻进行质量检测工作，确保施工质量。最后，进行养护工作,在终压完成并经检验压实度合格后,立即进行养护,且不得低于7d。基层施工步骤如图10-1所示。在面层施工中,首先应进行基层的施工质量检验,检验合格后方可进行面层施工,以水泥混凝土面层施工为例,详细步骤如图10-2所示。

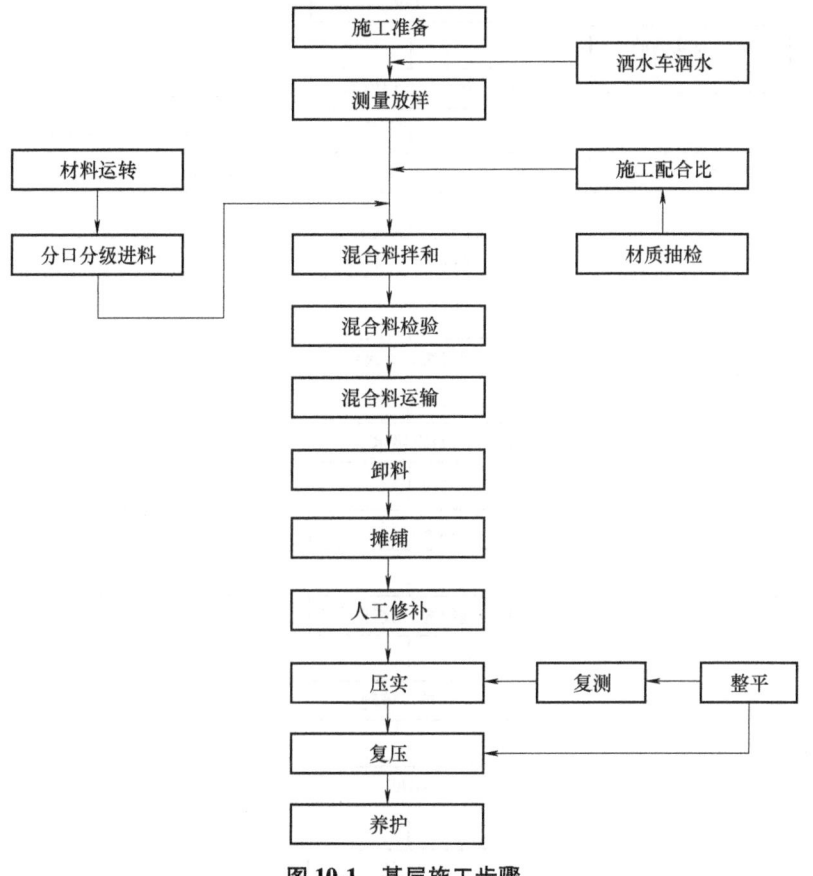

图 10-1　基层施工步骤

基层施工、面层施工所用的压实设备基本相同,但是两者使用的摊铺及平整设备不完全相同,拌和设备则完全不同。下面介绍路面施工主要的设备类型。

10.1.1　拌和设备

1. 基层拌和机械

基层拌和机械通常分为人工路拌机械和集中厂拌设备两大类。

(1) 人工路拌机械　稳定土拌和机可以把土、无机结合料、细料、集料等材料按施工配合比在路上直接拌和。按照行走方式的不同,稳定土拌和机可分为履带式和轮胎式两种。履带式稳定土拌和机的特点是附着力大,整机稳定性好,但是机动性差,不便于运输。轮胎式稳定土拌和机在应用了低压宽基轮胎后,整机稳定性和附着力都有很大的提高,机动性好,在施工中应用较为广泛。

稳定土拌和机根据轮胎位置的不同可分为前置式、后置式和中置式三种。前置式稳定土拌和机会在作业面上产生轮迹,目前已逐渐被淘汰;后置式稳定土拌和机的特点是不产生轮迹,维修、保养方便,转弯半径小,目前应用较为广泛;中置式稳定土拌和机的特点是稳定性好,但维修、保养不方便,转弯半径较大。

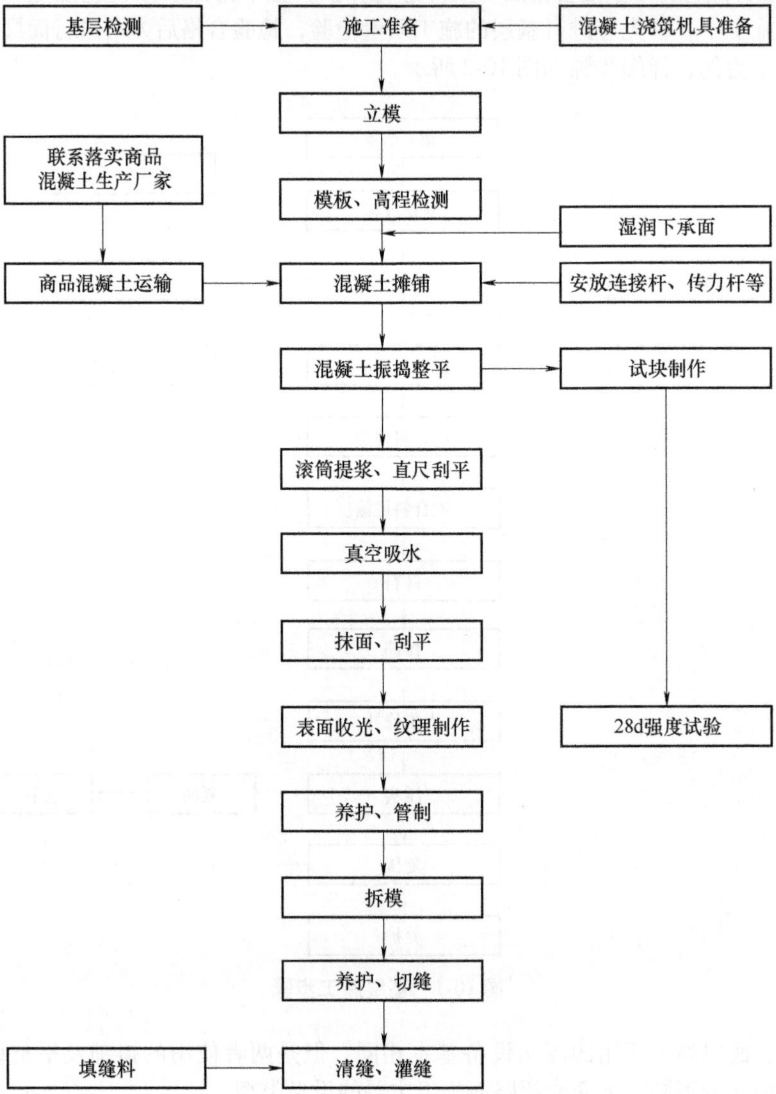

图 10-2　水泥混凝土面层施工详细步骤

按转子旋转方向的不同，稳定土拌和机可分为正转和反转两种。前者的切削方向是转子由上向下切削（即顺切），拌和阻力小，拌和宽度和深度较大，但只适用于拌和松散的稳定材料。后者的切削方向是转子由下向上切削（即逆切），其拌和质量较好，但由于拌和阻力大，消耗的功率也大。

国产稳定土拌和机功率为 220~300kW，拌和宽度为 2.0~2.4m，拌和深度为 200~400mm，工作速度为 0~35m/h。

（2）集中厂拌设备　稳定土厂拌设备是将土、碎石、砾石、水泥、石灰、粉煤灰、水等材料按施工配合比在固定地点拌和均匀的专用生产设备。

稳定土厂拌设备一般由供料系统（包括各种料斗）、拌和系统、控制系统（包括各种计量器和操纵系统）、输送系统和成品储存系统五大部分组成，具体如图 10-3 所示。

稳定土厂拌设备生产作业时，所用的无机结合料通过皮带给料机、垂直提升机输送到粉料筒仓中，再经螺旋输送机送入粉料仓中。此时，料仓中的无机结合料通过叶轮给料机被送到斜置集料皮带输送机上。同时，各料斗中的其他物料经料门卸出并经皮带给料机送至水平集料皮带输送机上，水平集料皮带输送机再将各种材料送至斜置集料皮带输送机上，这样就通过斜置集料皮带输送机将按设计要求配合的各种材料送入搅拌机内，同时水箱中的水也被泵入搅拌机内。搅拌机中的螺旋搅拌器将各种材料搅拌均匀后强制送至混合料储仓，拌和好的成品料通过混合料储仓的溢料管送到堆料皮带输送机上或直接卸到运输车上送至施工现场。

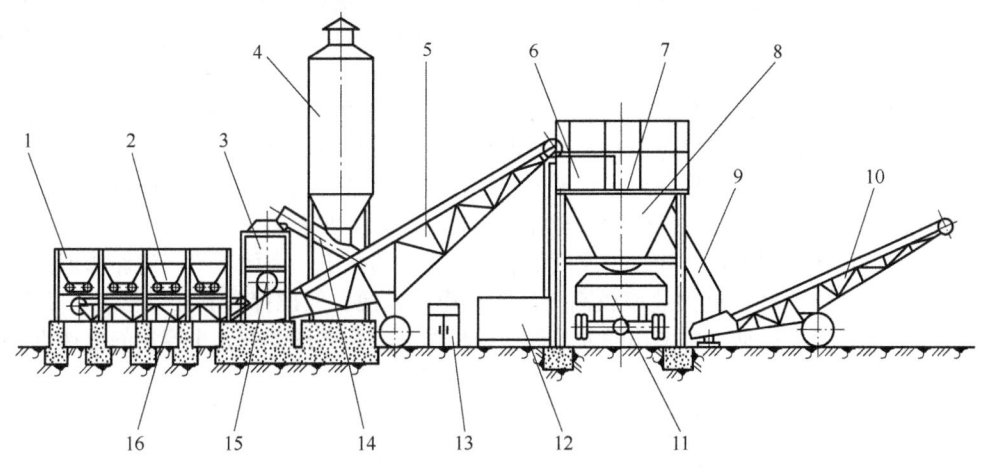

图 10-3　稳定土厂拌设备总体布置示意图

1—配料料斗　2—皮带给料机　3—粉料仓　4—粉料筒仓　5—斜置集料皮带输送机
6—搅拌机　7—平台　8—混合料储仓　9—溢料管　10—堆料皮带输送机　11—自卸汽车
12—供水系统　13—控制柜　14—螺旋输送机　15—叶轮给料机　16—水平集料皮带输送机

稳定土厂拌设备的优点是级配精度高，拌和质量好。在公路路面施工中，为保证工程质量，应尽可能采用厂拌设备施工。稳定土厂拌施工现场如图 10-4 所示。

图 10-4　稳定土厂拌施工现场

2. 水泥混凝土搅拌设备

水泥混凝土搅拌设备一般由搅拌筒、进料装置、卸料装置、传动装置和配水系统等主要部分组成，按搅拌原理可分为自落式搅拌机和强制式搅拌机两类。

（1）自落式搅拌机　自落式搅拌机按搅拌筒的形状和出料方式的不同可分为鼓筒式搅拌机、

锥形反转出料式搅拌机和双锥形倾翻出料式搅拌机。

1) 鼓筒式搅拌机。鼓筒式搅拌机的搅拌筒呈鼓形。由于它只靠物料的自落作用进行拌和，搅拌作用不是很强烈，对于坍落度小于3cm的混凝土不易搅拌均匀，且易产生黏罐和出料困难现象，故一般只适用于搅拌流动性较大的混凝土。鼓筒式搅拌机工作时，物料一般要提到相当的高度（约为筒径的0.7倍处）才落下，所以搅拌筒的筒径不能太大，否则物料下落时，大粒径集料易将叶片、筒壁砸坏。因此，鼓筒式搅拌机不能做成大型的，也不宜用它来搅拌含有大集料（粒径大于80mm）的混凝土。此外，它还存在卸料时间长、搅拌筒利用系数低（一般仅0.22~0.25）等缺点。但由于它结构简单、耐用可靠、制造与维修容易，在我国公路施工现场仍得到广泛应用。

2) 锥形反转出料式搅拌机（图10-5）。锥形反转出料式搅拌机的搅拌筒为双锥形，搅拌叶片按一定的角度交叉布置。搅拌时，物料一方面被叶片提升自由下落，另一方面又被叶片迫使沿轴向左右窜动，故搅拌作用比较强烈。它不但能搅拌流动性较大的混凝土，也能搅拌低流动性混凝土。搅拌筒正转时进行搅拌，反转时靠搅拌筒出料端的螺旋出料叶片将混凝土推出进行卸料。由于搅拌筒正、反转交替进行，叶片正反面都能受到物料的撞击，因而不易产生黏罐现象。这种搅拌机构造简单，质量轻，搅拌效率较高，出料干净、方便。但搅拌筒利用系数低，反转出料时，是在负载的情况下启动，功率消耗大，故这种机型一般只适用于中、小容量的搅拌机。

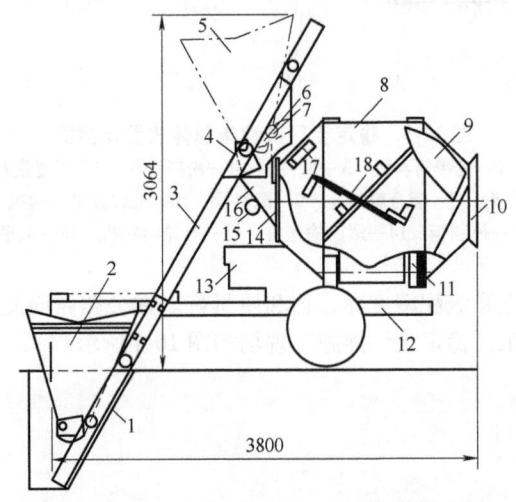

图10-5 锥形反转出料式搅拌机

1—斜轨下伸部分 2—上料斗 3—斜轨 4—上料斗的底门 5—上料斗处于顶部时的情况 6—斜轨的岔道
7—上料斗底部轮子 8—鼓筒 9—螺旋出料叶片 10—出料口 11—驱动轮 12—底盘
13—动力装置及传动机构 14—进料口 15—进料振动器 16—固定进料斗
17—旋转叶挡板 18—旋转叶

3) 双锥形倾翻出料式搅拌机。搅拌筒由两个截头圆锥组成，两圆锥筒内装有向内倾斜的叶片。搅拌筒转动时，由于叶片向内倾斜，故物料被左右两圆锥筒上的叶片提升不高时便沿叶片滑下。从左右叶片上滑下的物料相向运动，在搅拌筒中部形成交叉料流。搅拌筒每转一周，物料的搅拌可循环多次。因此，这种搅拌机搅拌效率高，可以搅拌高流动性和低流动性混凝土。由于物料在搅拌筒内提升的高度不大，所以，叶片不易撞坏，可以制成大容量的搅拌机，搅拌含有大粒径集料的混凝土。卸料时依靠使搅拌筒倾翻的装置，使搅拌筒倾斜，将料卸出。

(2) 强制式搅拌机 强制式搅拌机按其构造特征可分为立轴式强制式搅拌机和卧轴式强制式搅拌机两类。

1)立轴式强制式搅拌机。搅拌筒是一个水平放置的圆盘,搅拌叶片绕立轴旋转,强迫搅拌盘内物料颗粒做多方向运动,形成复杂的交叉料流,将物料搅拌均匀。这类搅拌机按搅拌盘和叶片旋转方式的不同可分为涡桨式和行星式。涡桨式搅拌机的搅拌盘固定,叶片绕盘中心的立轴旋转。行星式搅拌机又分为定盘式和转盘式。定盘式搅拌机是搅拌盘固定,搅拌叶片除绕位于盘中心的主立轴旋转外,还绕它本身的立轴旋转。转盘式搅拌机则是搅拌盘绕中心旋转,而搅拌叶片立轴的位置固定,叶片的旋转方向与搅拌盘的旋转方向或者相反,或者同向。

2)卧轴式强制式搅拌机。卧轴式强制式搅拌机可分为单卧轴式和双卧轴式。单卧轴式搅拌机的水平搅拌轴通过机壳中心,轴上装有螺旋搅拌叶片和铲刮叶片。工作时两种叶片迫使物料做强烈的对流运动,使物料在短时间内便搅拌均匀。

双卧轴式搅拌机有两个相连的圆槽形搅拌筒,两根水平搅拌轴做反向旋转。两轴上的叶片搅拌作用半径相互交叉,叶片与轴中心线成一定的角度。故当叶片转动时,它不仅使物料在两个搅拌筒内轮番地做圆周运动,而且还使它们沿轴向往返窜动,因而有很好的搅拌效果。

强制式搅拌机与自落式相比,搅拌作用强烈、搅拌时间短、生产效率高,适用于搅拌坍落度在3cm以下的普通混凝土与轻集料混凝土。所以,在大面积的路面施工中应用较为广泛。

3. 沥青混凝土拌和设备

沥青混凝土拌和设备按其作业特点可分为循环作业式(间隙式)拌和机(图10-6)、连续作业式(连续式)拌和机(图10-7)和综合作业式拌和机三种类型。

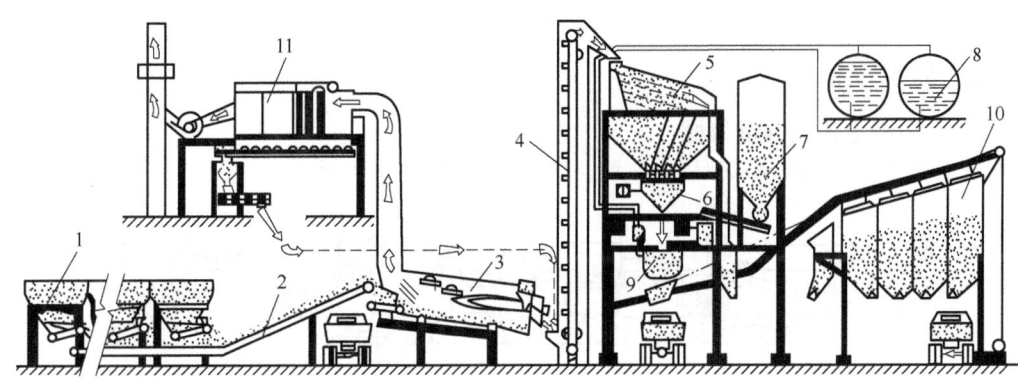

图10-6 循环作业式拌和机

1—冷矿料储存及配料装置 2—冷矿料输送机 3—冷矿料烘干、加热系统 4—热矿料提升机
5—热矿料筛分及储料装置 6—热矿料计量装置 7—矿料供给及计量装置 8—沥青供给系统
9—搅拌器 10—成品料储存仓 11—集尘装置

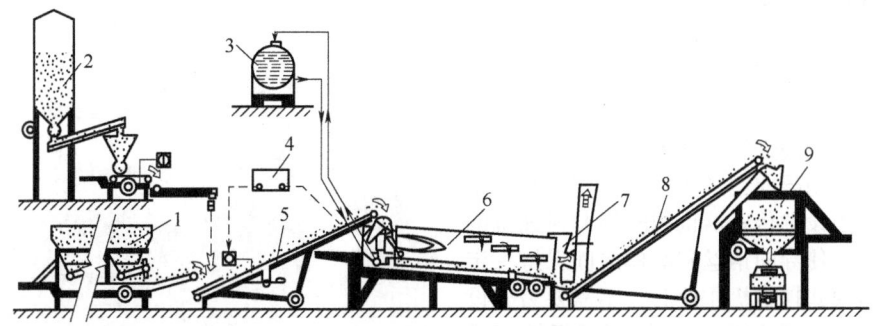

图10-7 连续作业式拌和机

1—储存和配料装置 2—矿料供给系统 3—沥青供给系统 4—操作、控制中心 5—冷矿料称重皮带输送机
6—烘干-拌和滚筒 7—集尘装置 8—成品料输送机 9—成品料储存仓

1）循环作业式拌和机。沥青混合料中各类材料的称量、烘干与加热、拌和等工艺过程都是按一定的间隔周期进行的，也就是按份数拌制的。

2）连续作业式拌和机。混合料中各种配料的定量加料、烘干与加热、拌和与出料等工艺都是连续进行的。

3）综合作业式拌和机。混合料中各砂石料的供给与烘干、加热过程是连续进行的，而砂石料与沥青的称量、拌和以及成品的出料则分周期进行。

沥青混凝土拌和楼如图10-8所示。

图10-8　沥青混凝土拌和楼

10.1.2　摊铺设备

1. 水泥混凝土路面摊铺机械

水泥混凝土路面用滑模式摊铺机摊铺，如图10-9和图10-10所示。

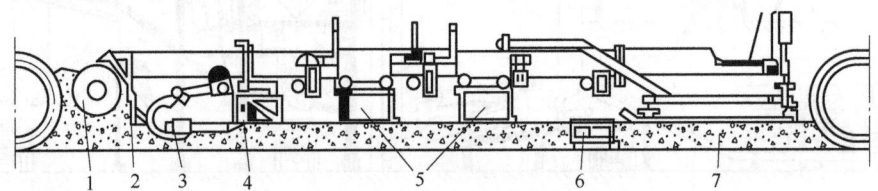

图10-9　滑模式摊铺机摊铺过程示意图
1—螺旋摊铺器　2—刮平器　3—振捣器　4—刮平板　5—搓动式振捣板
6—光面带　7—混凝土面层

滑模式摊铺机安装在履带底盘上，行走装置在模板外侧移动，支撑侧边的滑动模板沿机器长度方向安装。在机器的宽度以内，机器的行走方向和水平位置靠固定在路面两侧桩上拉紧的导向钢丝或高强尼龙绳来控制。机器底盘的水平位置靠与导向钢丝相接触的传感装置来自动控制。附设的传感器也同时控制摊铺机的转向装置，以使导向钢丝和滑模之间保持一定的距离。滑模式摊铺机作业时，不需要另架设轨道和模板，就能按照要求使路面板挤压成型。这种摊铺机可实现多种功能的摊铺任务，如路肩、路缘石等。

图10-10　水泥混凝土现场摊铺机械

2. 沥青路面摊铺机械

沥青混合料摊铺机是用来将拌制好的沥青混合料均匀地摊铺在已整修好的路面基层上的专用设备,按行走方式可分为自行式和拖式两种。高等级公路路面施工中常用前者。自行式摊铺机又可分为轮胎式、履带式及复合式三种。

(1) 轮胎式摊铺机 轮胎式摊铺机的前轮为一对或两对实心小胶轮,可以起到增强承载能力、避免因其受荷载变化而变形的作用,后轮大多为大尺寸的充气轮胎。轮胎式摊铺机的优点是:行驶速度快(可达 20km/h);可自行转移工地;机动性和操纵性能好;对单独的小面积高堆或深坑适应性较好,不致过分影响铺层的平整度;弯道摊铺质量好;结构简单,造价低。其缺点是:对路面平整度的敏感性较强;受料斗内的材料多少影响,后驱动轮胎的变形量会改变,从而影响铺层的质量。为了避免这种现象,自卸汽车应分次卸料,但这又会影响汽车的周转。

(2) 履带式摊铺机 履带式摊铺机(图 10-11)的履带大多加装橡胶垫块,以免对地面造成履刺的压痕,同时也可借此降低对地面的压力。履带式摊铺机的优点是:牵引力与接地面积都较大,可减少对下层的作用力,对下层的平整度不太敏感。其缺点是:行驶速度低,不能很快地自行转移工地;对地面较高的凸起点适应能力差;机械传动式摊铺机在弯道上作业时会使铺层边缘不整齐;此外,其制造成本较高。

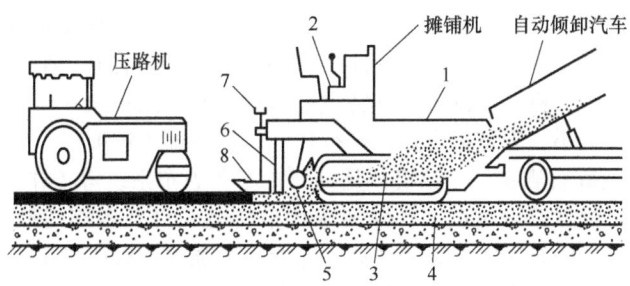

图 10-11 履带式摊铺机
1—料斗 2—驾驶台 3—送料器 4—履带 5—螺旋摊铺器
6—振捣器 7—厚度调节螺杆 8—摊平板

(3) 复合式摊铺机 作业时,利用履带行走装置;运输时,采用充气轮胎装置。复合式摊铺机广泛应用于小规模沥青混合料摊铺施工。

沥青混合料现场摊铺施工如图 10-12 所示。

图 10-12 沥青混合料现场摊铺施工

3. 沥青及碎石洒布机

在采用沥青透层、封层、表面处治、乳化沥青稀浆封层、贯入式施工工艺铺筑沥青路面时，用沥青及碎石洒布机将碎石或沥青洒布到碾压好的碎石基层、沥青层等路面结构上，如图 10-13 和图 10-14 所示。

图 10-13　浇洒黏层或透层沥青

图 10-14　专用碎石洒布机

沥青路面施工时使用的沥青及碎石洒布机大致可分为手动式和自动式两种。

（1）手动式沥青及碎石洒布机　该机器适用于高等级公路岔道、辅道等中、小型贯入式路面和沥青表面处治工程的半机械化施工。其特点是移动方便，洒布效率高，可降低劳动强度，喷洒均匀，可根据工作面大小，配备多台用以平行作业，加快施工进度。

（2）自动式沥青及碎石洒布机　该机器是将沥青箱和洒布系统等工作设备装在汽车底盘上，可以远距离移动；并可根据路面宽度、作业要求调节排管长度及各阀门操作位置，进行自动洒布。它具有机动性能好、洒布速度快、工效高、作业能力强、洒布质量也较易掌握等优点，在高等级公路贯入式路面和沥青表面处治路面施工中应用广泛。

自动式沥青及碎石洒布机主要包括沥青箱、加热系统、传动机构、洒布机构和操纵机构五部分装置。

10.1.3　碾压（捣实）设备

1. 水泥混凝土捣实机械

水泥混凝土捣实机械的类型按其工作方法的不同可分为：插入式振动器、附着式振动器及平板式振动器和台式振捣器。

（1）插入式振动器　插入式振动器又称为内部振动器，由电动机、软轴和振动棒三部分组成（图 10-15）。振动棒是工作部分，是一个棒状空心圆柱体，内部安装着偏心振子，在动力源驱动下，偏心振子的振动使整个棒体产生高频微幅的机械振动。工作时，将它插入混凝土中，通过棒体将振动能量直接传给混凝土，因此，振动密实，效率高。

按振动棒激振原理的不同，插入式振动器可分为偏心轴式和行星滚锥式（简称行星式）两种。由于行星式振动器在不提高软轴转速的情况下，利用振子的行星运动，即可使振动棒获得较高的振动率，与偏心轴式振动器比较，具有振动效果好、机械磨损少等优点，因而得到普遍应用。

（2）附着式振动器及平板式振动器　附着式振动器又称为外部振动器，在电动机两侧伸出的悬臂轴上安装有偏心块，故当电动机回转时，偏心块便产生振动力，并通过轴承基座传给模板，通过模板将振动能量传递给混凝土，达到使混凝土密实的目的。

将附着式振动器固定在一块底板上则成为平板式振动器，它又称为表面振动器，如图10-16所示。它的振动力是通过底板传递给混凝土的。故在使用时，振动器的底部应与混凝土面保持接触。在一个位置振动、捣实到混凝土不再下沉、表面出浆时，即可移至下一位置继续进行振动、捣实。

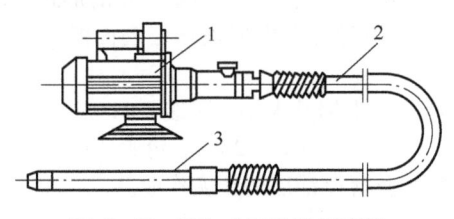

图10-15 插入式振动器示意图
1—电动机 2—软轴 3—振动棒

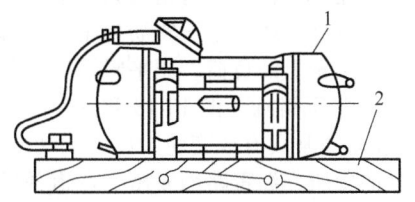

图10-16 平板式振动器示意图
1—电子振子 2—捣实底板

（3）台式振捣器 台式振捣器也是外部振捣器，它的激振原理是由两行频率相等、转向相反的偏心锤装置产生振动，因此只有上下的单向振动而无前后左右的振动。振动台的构造示意图如图10-17所示。它主要由支承架、消振弹簧、工作台、偏心装置以及传动轴等组成，并由电动机驱动，通过配置不同数量的偏心锤，可得到不同大小的振幅，以适应各种不同的振捣需要。它的最大优点是产生的振动与混凝土的重力方向正好一致，振波正好通过颗粒的直接接触由下向上传递，能量损失很少。而插入式的内部振捣器只能产生水平振波，与混凝土重力方向不一致，振波只能通过颗粒间的摩擦传递。

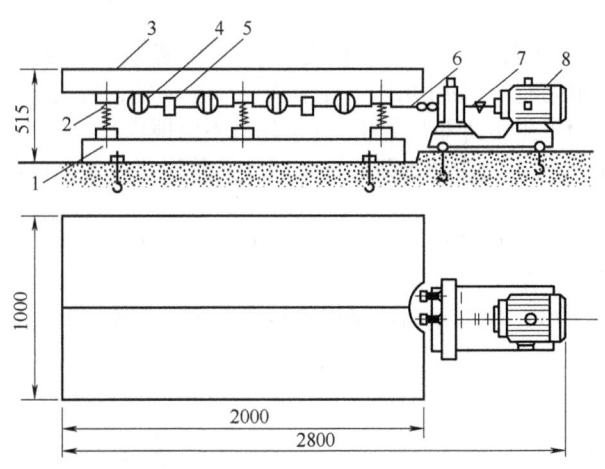

图10-17 振动台的构造示意图
1—支承架 2—消振弹簧 3—工作台 4—偏心锤 5—偏心盘
6—传动轴 7—离合器 8—电动机

2. 水泥混凝土浇筑的配套机械

水泥混凝土浇筑的配套机械有真空混凝土机组（包括真空泵、真空吸垫）、抹光机、振动梁、压纹机、锯缝机。

3. 压实机械

（1）静作用光轮压路机 静作用光轮压路机可分为双轴双轮式、双轴三轮式和三轴三轮式三种；根据整机质量不同，又可分为轻型（5~8t）、中型（8~10t）和重型（10~15t、18~20t）三种。

双轴双轮式压路机前后各一个轮子,双轴三轮式压路机后面有两个较大的驱动轮,前面是一个较小的从动轮。双轴双轮式压路机的结构与双轴三轮式压路机的结构比较,具有更好的压实适应性,能在摊铺层上横向碾压,产生更均匀的密实度。

三轴三轮式压路机有三个等宽的碾压滚轮,分装在刚性机架的前、中、后三根轴上,后轮为驱动轮,直径较大,中、前轮均为从动轮,直径较小,也有制成三个均为驱动轮的形式。该种压路机大多为重型,适用于压实沥青混凝土路面,且在作用时可以根据被压层表面的不平度自动重新分配各滚轮上的负荷,压平料层的凸起部分。

(2) 轮胎压路机(图10-18和图10-19) 轮胎压路机根据其大小,可装5~11个光面橡胶轮(这些橡胶轮通常具有改变轮胎压力的功能,其工作质量一般为12~28t)。轮胎压路机可用来进行接缝处的预压、沥青路面复压、弯道预压、消除裂纹及薄摊铺层的压实作业。

图10-18 轮胎压路机现场压实

图10-19 16t轮胎压路机

(3) 振动压路机 振动压路机主要有自行式单轮振动压路机、串联振动压路机等两类。

1) 自行式单轮振动压路机(图10-20)。前面有一个振动轮,后面是两个橡胶驱动轮。有些机型前轮也是驱动轮。为了压实沥青混合料,振动轮有不同振幅和频率可供选用。这种压路机的工作质量为12~16t。自行式单轮振动压路机常常用于平整度要求不高的辅道、匝道、岔道等路面的压实作业。

2) 串联振动压路机(图10-21)。沥青混合料的压实度要求较高时,常使用这种类型的压路机。它分为单轮振动和双轮振动,并且大型串联振动压路机有较多的频率和振幅。驱动轮是一个或两个,工作质量为14~16t。串联振动压路机的转向系统有:铰接转向、前轮转向及前、后轮偏移铰接转向。

图10-20 自行式单轮振动压路机

图10-21 串联振动压路机

10.1.4 振荡压路机

振荡压实是20世纪80年代出现的一种压实方法和技术。振荡压实的优点主要表现为压实效果好，压实力集中作用在压实层。由于振荡压路机工作时，滚轮不离开地面，自身质量始终作用在压实层上，因此不会使被压材料层产生不稳定结构，防止碾碎筑路材料。此外，由于振荡压路机工作时不会产生过大的振动，故不会压碎填铺材料和使地基中空隙水压上升，也不会使已压实的材料重新产生疏松现象。振荡压实不仅可以减小机器本身的振动，还可以延长机器寿命，对周围环境干扰小，能够改善驾驶员的工作环境，并节省了能量。同时，振荡压实提供的横向"揉搓作用"持续作用于被压材料，从而大大提高了压实工作效率。振动与振荡压实示意图如图10-22所示。振荡压路机现场压实如图10-23所示。

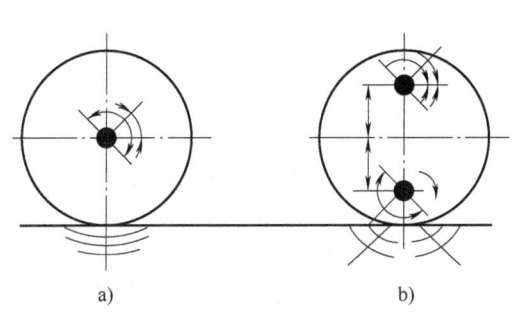

图 10-22 振动与振荡压实示意图
a) 振动压力波 b) 振荡压力波

图 10-23 振荡压路机现场压实

■ 10.2 级配碎石层的施工与质量控制

10.2.1 级配碎石层的施工准备

在优质级配碎石层材料、级配及结构组合确定后，碎石层能否正常发挥其良好的特性，关键在于施工。只有将级配碎石基层铺筑成高密实度、均匀，并具有良好透水性的高质量结构层，才能保证其减缓裂缝、排水和抗疲劳等功能的发挥。为此，对于级配碎石层的施工需要有以下准备与要求：

1）严格控制碎石原材料的质量。严格控制碎石原材料强度、压碎值、集料中小于 0.5mm 细料的塑性指数、集料中针片状颗粒含量等指标在规定范围内，这是级配碎石层获得较高强度和刚度的基本保证，同时集料应洁净。

2）严格控制级配碎石层材料的级配组成。优良的级配是碎石层取得良好嵌锁力，从而获得高密实度、高强度及保证具有良好透水性的关键因素。因而在级配碎石层的施工中必须始终保持其级配处于规定范围内。

3）在摊铺前，应该检查底基层的施工情况，底基层的坡度、高程、横断面应该满足要求。同时，在摊铺前视现场情况，在底基层上洒水，使底基层顶面保持适宜的湿度。在正式摊铺前，应该通过试铺确定松铺系数，试铺时可以按照松铺系数为 1.35 进行。

以上要求是高质量级配碎石的基本保证，是路面结构功能正常发挥的基础，因而在整个级配碎石层的施工工序中必须严格贯彻执行。

10.2.2 级配碎石层的施工

施工过程的具体要求如下：

(1) 配料　严格控制料场碎石质量，使其完全符合要求。配料前，对各档集料进行严格筛分分析，各级料应隔离，分别堆放；细集料应有覆盖，防止雨淋。根据级配碎石最终采用的级配严格确定各级碎石所占比例，并换算为体积比以便用装载机配料，配料拌和后应定期抽检所出混合料级配，以便实时控制和调整各规格配料比例。

(2) 拌和　拌和均匀是优质级配碎石形成强度和具有良好功能的关键，对于优质级配碎石施工，要求采用厂拌。实践证明，混合料集中厂拌比路拌更为均匀而不易离析。此外，拌和中混合料含水率宜高于最佳含水率 1%~2%，以抵消运输和摊铺过程中水分散失及利于碾压。级配碎石可在较大含水率下碾压，含水率稍大会降低集料间摩擦力，利于达到高密度。拌和机应该保持良好的工作状态，应根据级配碎石材料最大粒径情况适当调整叶片，使其具有适当的尺度及净空。同时调整各料仓的开度，使拌和成的混合料满足级配碎石的级配要求。

(3) 摊铺　对优质级配碎石的摊铺应采用摊铺机进行，以便使摊铺出的级配碎石充分均匀和平整，压实以后的基层厚度均匀一致。如不具备用摊铺机摊铺级配碎石这一条件，应采用平地机摊铺，但此时应严格检查并消除混合料的离析。

用摊铺机进行摊铺时，采用一台或两台摊铺机梯队作业，并进行全幅摊铺。梯队作业时要求两台摊铺机一前一后相隔 5~8m 同步向前摊铺。

摊铺时应该注意材料离析情况，应设专人随时消除粗细集料离析现象并查明原因。对于粗集料"窝"和粗集料"带"，应添加细集料，并拌和均匀；对于细集料"窝"，应添加粗集料，并拌和均匀。

(4) 碾压　级配碎石摊铺后，应该立即用压路机碾压。碾压时，根据情况用喷雾式洒水车适当洒水，使级配碎石在最佳含水率下进行碾压，使其达到要求的压实度。如果含水率过大，待其干到接近最佳含水率时，再用压路机进行碾压。

直线和不设超高的平曲线段，由两侧路肩开始向路中心碾压；在设超高的平曲线段，由内侧路肩向外侧路肩进行碾压。

对于作为上基层的优质级配碎石，压实度要求较高（≥99%），此时，建议采用振动压实。对于 12~15cm 厚的优质级配碎石层，建议采用激振力≥30t 的振动压路机碾压 4~6 遍，且第一遍初压和最后一遍终压采用 12t 左右的两轮或三轮钢轮压路机碾压 1~2 遍，整个过程共碾压 6~8 遍。

此外，碾压过程中，后轮应重叠 1/2，后轮压完宽时为一遍。碾压前两遍宜用Ⅰ档（1.5~1.7km/h），以后用Ⅱ档（2.0~2.5km/h）。严禁压路机在已完成的或正在碾压的路段上掉头或紧急制动。碾压不平之处，应把松补充材料，或移除多余部分，然后碾压整平。

施工后的级配碎石层坡度、高程及横断面必须达到设计要求。施工后的级配碎石应马上洒透层沥青或铺封层，在没洒透层沥青或铺封层时，禁止开放交通，以避免表层在车辆的行驶作用下松散，保证级配碎石的强度和整体性。

(5) 接缝处理　第一天完成的级配碎石接缝处的混合料，可以留 5~8m 不碾压，第二天洒水后和新摊铺的混合料一起碾压，必须补充洒水，使其含水率达到规定的要求。

级配碎石层现场施工如图 10-24 所示。

10.2.3 级配碎石层的质量控制

1. 基本要求

1) 严格按照规范要求备料，严格把控进料质量关。

图 10-24 级配碎石层现场施工

2) 按规定要求合理布置建设场地，选择适宜的拌和、摊铺和碾压设备。
3) 各个工序完结后，应检查验收；合格后，方可进行下一个工序。

2. 质量控制

级配碎石层施工时，材料的选取也须符合一定的标准，选择合适的材料后，施工过程中的质量需不断进行检验，在检测合格后方能进行面层施工，因此材料和施工质量的控制尤为关键。材料选取和施工质量检查的内容应符合表 10-1~表 10-4 的规定。

表 10-1 级配碎石的推荐范围

筛孔尺寸/mm	G-A-1	G-A-2	G-A-3	G-A-4	G-A-5
37.5	100	—	—	—	—
31.5	100~90	100	100	—	—
26.5	93~80	100~90	95~90	100	100
19	81~64	86~70	84~72	88~79	100~95
16	75~57	79~62	79~65	82~70	89~82
13.2	69~50	72~54	72~57	76~61	79~70
9.5	60~40	62~42	62~47	64~49	63~53
4.75	45~25	45~25	40~30	40~30	40~30
2.36	31~16	31~16	28~19	28~19	28~19
1.18	22~11	22~11	20~12	20~12	20~12
0.6	15~7	15~7	14~8	14~8	14~8
0.3	—	—	10~5	10~5	10~5
0.15	—	—	7~3	7~3	7~3
0.075	5~2	5~2	5~2	5~2	5~2

注：1. 用于高速公路和一级公路基层时，级配宜符合表中级配 G-A-4 或 C-A-5 的规定。
2. 用于高速公路和一级公路底基层时，级配宜符合表中级配 G-A-3 或 G-A-4 的规定。
3. 用于二级及二级以下公路的基层、底基层时，级配可符合表中级配 G-A-1 或 G-A-2 的规定。

表 10-2 级配碎石材料的 CBR 强度标准

结 构 层	公 路 等 级	极重、特重交通	重交通	中、轻交通
基层	高速公路和一级公路	≥200	≥180	≥160
	二级及二级以下公路	≥160	≥140	≥120
底基层	高速公路和一级公路	≥120	≥100	≥80
	二级及二级以下公路	≥100	≥80	≥60

表 10-3 基层和底基层用碎石、砾石试验项目和要求

项 次	试验项目	目 的	频 度	试验方法
1	含水率	确定原始含水率	每天使用前测 2 个样品	T 0801/T 0803
2	级配	确定级配是否符合要求，确定材料配合比	每档碎石使用前测 2 个样品，使用过程中每 2000m³ 测 2 个样品	T 0303
3	液限、塑限①	求塑性指数，审定是否符合规定	每种材料使用前测 2 个样品，使用过程中每 2000m³ 测 2 个样品	T 0118/T 0119
4	毛体积相对密度、吸水率	评定粒料质量，计算固体体积率		T 0304/T 0308
5	压碎值	评定石料的抗压碎能力是否符合要求	使用前测 2 个样品，使用过程中每 2000m³ 测 2 个样品，碎石种类变化重做 2 个样品	T 0316
6	粉尘含量	评定石料质量		T 0310
7	针片状颗粒含量	评定石料质量		T 0312
8	软石含量	评定石料质量		T 0320

① 级配砾石或级配碎石中 0.6mm 以下的细土进行此项试验。

表 10-4 级配碎石层施工质量检测

试 验 内 容	质 量 要 求	极 限 低 值	检 查 数 量
颗粒组成	符合规定级配范围		2~3 个点
现场压实度	基层 98%	94%	6~10 处
	底基层 96%	92%	
弯沉值	参考《公路路面基层施工技术细则》（JTG/T F20—2015）的规定	—	每车道 40~50 个测点

10.3 无机结合料层的施工与质量控制

10.3.1 无机结合料层的施工准备

1. 施工机械

必须配备齐全的施工机械和配件，做好开工前的保养、试机工作，并保证在施工期间一般不发生有碍施工进度和质量的故障。路面基层施工，一律要求采用集中厂拌、摊铺机摊铺，按层次施工，要求各施工单位配备足够的拌和、运输、摊铺、压实机械，每层最大压实厚度不大于 20cm，以确保基层施工质量。

1) 拌和机的配套设备根据不同公路等级的技术要求和摊铺日进度配备拌和设备。对高速公路，宜配置产量大于 500t/h 的拌和机，要保证其实际出料（生产量的 80%）能力超过实际摊铺能力的 10%~15%。拌和机必须采用定型产品，并已在多个工程中应用，且用户反映良好。为使混合料拌和均匀，拌缸要满足一定长度，至少要有四个进料斗，料口必须安装钢筋网盖，筛除超出粒径规格的集料及杂物。拌和机的用水应配有大容量的储水箱。所有料斗、水箱、罐仓都要求装配高精度电子动态计量器，所有电子动态计量器应经有资质的计量部门进行计量标定后方可使用。

2) 摊铺机的选用应根据路面基层的宽度、厚度，参考摊铺机的参数确定。基层施工应采用一台或两台摊铺机梯队作业，梯队作业时要求两台摊铺机要功能一致，最好为同类机型，而且机型较新，功能较全，以保证路面基层厚度一致，完整无缝，平整度好。

3) 压路机至少应配备 1~2 台 12t 左右轻型压路机、2~3 台 18~20t 的稳压用压路机、2~3 台振动压路机和 2 台轮胎压路机。压路机的吨位和台数必须与拌和机及摊铺机生产能力相匹配，使从加水拌和到碾压终了的时间不超过 2h，保证施工正常进行。

4) 配备一定数量的自卸汽车、装载机、洒水车。

5) 水泥和其他填料钢制罐仓可视摊铺能力决定其容量，可用两个 50t 的，也可用一个 80~100t 的，罐仓内应配有水泥破拱器，以免水泥起拱停流。

2. 质量检测仪器

质量检测仪器包括水泥质量测定设备、水泥剂量测定设备、重型击实仪、水泥稳定碎石抗压试件制备与抗压强度测定设备、标准养护室、基层密度测定设备、标准筛（方孔）和土壤液、塑限联合测定仪、压碎值仪等。

10.3.2 试铺段

高速公路和一级公路在正式开工之前，应铺筑试铺段。试铺段应选择在经验收合格的层位上进行，其长度为 300~600m，每一种方案各试铺 100~200m。

试铺路段的拌和、摊铺、碾压各道工序应符合《公路路面基层施工技术细则》（JTG/T F20—2015）。试铺段要决定的主要内容如下：

（1）验证用于施工的集料配合比

1) 调试拌和机，分别称出拌缸中不同规格的土、无机结合料、水的质量，测量其计量的准确性。

2) 调整拌和时间，保证混合料均匀性。

3) 检查混合料含水率、集料级配、无机结合料剂量、7d 无侧限抗压强度。

（2）确定一次铺筑的合适厚度和松铺系数

（3）确定标准施工方法

1) 混合料配合比的控制。

2) 混合料摊铺方法和适用机具［包括摊铺机的行进速度、摊铺厚度的控制方式、梯队作业时摊铺机的间隔距离（一般 5~8m）］。

3) 含水率的增加和控制方法。

4) 压实机械的选择和组合，压实的顺序、速度和遍数。

5) 拌和、运输、摊铺和碾压机械的协调和配合。

（4）确定每一作业段的合适长度（一般建议 50~80m）

（5）严密组织拌和、运输、碾压等工序，缩短延迟时间

当使用的原材料和混合料、施工机械、施工方法及试铺路面各检验项目的检测结果都符合规定时，即可按以上内容编写试铺总结，作为申报正式路面施工开工的依据。

10.3.3 无机结合料层的施工

1. 一般要求

开始摊铺的前一天要进行测量放样,按摊铺机宽度与传感器间距,并打好导向控制线支架(一般在直线上为10m,在平曲线上为5m),根据松铺系数算出松铺厚度,决定导向控制线高度,挂好导向控制线(测量精度按部颁标准控制)。用于控制摊铺机摊铺厚度的控制线的钢丝拉力应不大于800N。

2. 混合料的拌和

开始拌和前,拌和场的备料应能满足3~5d的摊铺用料。每天开始搅拌前,应检查场内各处集料的含水率,计算当天的配合比,外加水与天然含水率的总和要比最佳含水率略高。每天开始搅拌之后,出料时要取样检查是否符合设计的配合比,进行正式生产之后,每1~2h检查一次拌和情况,抽检其配合比、含水率是否变化。高温作业时,早晚与中午的含水率要有区别,要按温度变化及时调整。

拌和机出料不允许采取自由跌落式的落地成堆、装载机装料运输的办法,一定要配备带活门漏斗的料仓,由漏斗出料直接装车运输,装车时车辆应前后移动,分三次装料,避免混合料离析。

3. 混合料的运输

运输车辆数一定要满足拌和出料与摊铺数量需要,并略有富余。拌成的混合料应尽快运送到铺筑现场。车上的混合料应覆盖,减少水分损失。如运输车辆中途出现故障,必须立即以最短时间排除,当排除故障有困难,车内混合料不能在初凝时间内运到工地,且碾压完成最终时间超过2h时,必须予以转车或废弃。

4. 混合料的摊铺(图10-25)

调整好传感器臂与导向控制线的关系;严格控制基层厚度和高程,保证路拱横坡度满足设计要求。要求摊铺机连续摊铺。如拌和机生产能力较小,在用摊铺机摊铺混合料时,应采用最低速度摊铺,减少摊铺机停机待料的次数。根据经验,摊铺机的摊铺速度一般宜在1m/min左右。基层混合料摊铺要求采用一台或两台摊铺机梯队作业,梯队作业时要求一前一后应保证速度、摊铺厚度、松铺系数、路拱坡度、摊铺平整度、振动频率等一致,两机摊铺接缝平整。

5. 混合料的碾压(图10-26)

每台摊铺机后面,应紧跟三轮或双钢轮压路机、振动压路机和轮胎压路机进行碾压,一次碾压长度一般为50~80m。碾压段落必须层次分明,设置明显的分界标志,有监理旁站。要求稳压要充分,振压不起浪、不推移。压实时,可以先稳压(遍数适中,压实度达到90%),然后开始轻振动碾压,再重振动碾压,最后用轮胎压路机稳压,压至无轮迹为止。可用核子仪初检压实度,不合格时,重复再压(注意检测压实时间)。

图10-25 无机结合料层材料摊铺现场

图10-26 无机结合料层碾压现场

压路机倒车换档要轻且平顺,不要拉动基层,在第一遍初步稳压时,倒车后尽量原路返回,换档位置应在已压好的段落上,在未碾压的一头换档倒车位置错开,要呈齿状,出现个别拥包时,应专配工人进行铲平处理。压路机碾压时的行驶速度,第1~2遍为1.5~1.7km/h,以后各遍应为1.8~2.2km/h。

碾压宜在水泥终凝前及试验确定的延迟时间内完成,并达到要求的压实度,同时没有明显的轮迹。为保证水泥碎石基层边缘强度,应有一定的超宽。

6. 横缝设置

无机结合料混合料摊铺时,必须连续作业不中断,如因故中断时间超过2h,则应设横缝;每天收工之后,第二天开工的接头断面也要设置横缝;每当通过桥涵,特别是明涵、明洞,在其两边需要设置横缝,基层的横缝最好与桥头搭板尾端吻合。

7. 养护及交通管制

每一段碾压完成并经压实度检查合格后,应立即洒水,用草袋或麻布湿润覆盖开始养护。养护结束后,必须将覆盖物清除干净,同时注意养护车辆对路面的影响。

10.3.4 无机结合料层的质量控制

1. 基本要求

1) 严格按照规范要求备料,严格把控进料质量关。
2) 按规定要求合理布置建设场地,选择适宜的拌和、摊铺和碾压设备。
3) 将试铺段确定的施工参数作为施工过程中质量控制的标准。
4) 各个工序完结后,应检查验收;合格后,方可进行下一个工序。

2. 质量控制

无机结合料层的材料选取必须符合相关规定,并且施工过程中必须随时对摊铺质量进行检验,合格后方能进行面层的施工,质量检验须符合表10-5~表10-10的规定。

表10-5 水泥稳定材料的7d龄期无侧限抗压强度标准 R_d (单位:MPa)

结构层	公路等级	极重、特重交通	重交通	中、轻交通
基层	高速公路和一级公路	5.0~7.0	4.0~6.0	3.0~5.0
	二级及二级以下公路	4.0~6.0	3.0~5.0	2.0~4.0
底基层	高速公路和一级公路	3.0~5.0	2.5~4.5	2.0~4.0
	二级及以下公路	2.5~4.5	2.0~4.0	1.0~3.0

表10-6 基层和底基层用粉煤灰试验项目和要求

项次	试验项目	目的	频度	试验方法
1	含水率	确定原始含水率	每天使用前测2个样品	T 0801/T 0803
2	烧失量	确定粉煤灰是否适用	做材料组成设计前测2个样品	T 0817
3	细度	确定粉煤灰质量	做材料组成设计前测2个样品	T 0818
4	二氧化硅等氧化物含量	确定粉煤灰质量	每天使用前测2个样品	T 0816

表10-7 基层和底基层用石灰试验项目和要求

项次	试验项目	目的	频度	试验方法
1	含水率	确定原始含水率	每天使用前测2个样品	T 0801/T 0803
2	有效钙、镁含量	确定石灰质量	做材料组成设计和生产使用时分别测2个样品,以后每月测2个样品	T 0811/T 0812/T 0813

（续）

项 次	试验项目	目 的	频 度	试验方法
3	残渣含量	确定石灰质量	做材料组成设计和生产使用时分别测 2 个样品，以后每月测 2 个样品	T 0815

表 10-8 无机结合料层压实标准　　　　　　　　　　　　　　　　（%）

公 路 等 级	水泥稳定材料	石灰粉煤灰稳定材料	水泥粉煤灰稳定材料	石灰稳定材料
高速公路和一级公路	—	≥98	≥98	—
二级及二级以下公路 稳定中、粗粒材料	≥97	≥97	≥97	≥97
二级及二级以下公路 稳定细粒材料	≥95	≥95	≥95	≥95

表 10-9 外形尺寸检查项目、频度和质量标准

工程类别	项 目		频 度	质 量 标 准	
				高速公路和一级公路	二级及二级以下公路
基层	纵断高程/mm		二级及二级以下公路每 20m 1 点；高速公路和一级公路每 20m 1 个断面，每个断面 3~5 点	−10~5	−15~5
基层	厚度/mm	均值	每 1500~2000m² 6 点	≥−8	≥−10
基层	厚度/mm	单个值	每 1500~2000m² 6 点	≥−10	≥−20
基层	宽度/mm		每 40m 1 处	>0	>0
基层	横坡度（%）		每 100m 3 处	±0.3	±0.5
基层	平整度/mm		每 200m 2 处，每处连续 10 尺（3m 直尺）	≤8	≤12
基层	平整度/mm		连续式平整度仪的标准差（mm）	≤3.0	—
底基层	纵断高程/mm		二级及二级以下公路每 20m 1 点；高速公路和一级公路每 20m 1 个断面，每个断面 3~5 点	−15~5	−20~5
底基层	厚度/mm	均值	每 1500~2000m² 6 点	≥−10	≥−12
底基层	厚度/mm	单个值	每 1500~2000m² 6 点	≥−25	≥−30
底基层	宽度/mm		每 40m 1 处	>0	>0
底基层	横坡度（%）		每 100m 3 处	±0.3	±0.5
底基层	平整度/mm		每 200m 2 处，每处连续 10 尺（3m 直尺）	≤12	≤15

表 10-10 基层质量检验合格标准值

工程类别	检查项目	检查数量[②]	标 准 值	极限低值
无结合料底基层	压实度	6~10 处	96%	92%
无结合料底基层	弯沉值[①]	每车道 40~50 个测点	按《公路路面基层施工技术细则》（JTG/T F20—2015）附录 C 所得的弯沉标准值	—

(续)

工程类别	检查项目	检查数量②	标 准 值	极限低值
级配碎石（或砾石）	压实度	6～10处	基层98%	94%
			底基层96%	92%
	颗粒组成	2～3	规定级配范围	
	弯沉值①	每车道40～50个测点	按《公路路面基层施工技术细则》附录C所得的弯沉标准值	—
填隙碎石	压实度（固体体积率）	6～10处	基层98%	82%
			底基层96%	80%
	弯沉值①	每车道40～50个测点	按《公路路面基层施工技术细则》（JTG F20—2015）附录C所得的弯沉标准值	—
水泥土、石灰土、石灰粉煤灰、石灰粉煤灰土	压实度	6～10处	93%（95%）	89%（91%）
	水泥或石灰剂量	3～6处	设计值	水泥1.0% 石灰2.0%
水泥稳定材料、石灰稳定材料、石灰粉煤灰稳定材料、水泥粉煤灰稳定材料	压实度	6～10处	基层98%（97%）	94%（93%）
			底基层96%（95%）	92%（91%）
	颗粒组成	2～3	规定级配范围	
	水泥或石灰剂量	3～6处	设计值	设计值-1.0%

① 按《公路路面基层施工技术细则》（JTG/T F20—2015）附录A计算得到的弯沉值即是极限高值。
② 以每天完成段落为评定单位时，检查数量可取低值；以1km为评定单位时，检测数量应取高值。

■ 10.4 沥青混凝土路面的施工与质量控制

10.4.1 沥青混凝土路面的施工准备

1. 沥青材料准备

沥青材料应采用导热油加热。温度应调节到能使拌和的沥青混合料出厂温度符合《公路沥青路面施工技术规范》（JTG F40—2004）的要求（表10-11），并保证按均匀温度把沥青材料源源不断地从储料器输送到拌和机内。

表10-11 沥青混合料拌和及压实温度的适宜温度

黏 度	适宜于拌和的沥青结合料黏度	适宜于压实的沥青结合料黏度	测定方法
表观黏度	$(0.17±0.02)$ Pa·s	$(0.28±0.03)$ Pa·s	T 0625
运动黏度	$(170±20)$ mm^2/s	$(280±30)$ mm^2/s	T 0619
赛波特黏度	$(85±10)$ s	$(140±15)$ s	T 0623

2. 集料准备

为了保证集料清洁，集料堆场地面应用水泥混凝土硬化，进入拌和厂和集料堆场的道路也需用水泥混凝土硬化。为了保证集料之间不相互混杂，要求不同规格集料之间应隔离。集料堆场宜搭棚，至少应将细集料用油布覆盖，以避免集料淋湿。集料技术要求应符合《公路沥青路面施工技术规范》的要求，集料在送进拌和设备时的含水率不应超过1%。干燥滚筒拌和机出料时的混合料含水率不应超过1%。

3. 沥青混合料拌和设备

沥青混合料的拌和设备宜采用自动控制的间歇式拌和机，拌和机应满足下列要求：

1) 自动控制。自动控制的拌和设备应能利用计算机等设备便捷调整配合比，并配备装有温度计及具有保温功能的成品储料仓和二次除尘设备。拌和设备应由计算机控制，逐盘打印集料和沥青的加热温度、混合料的拌和温度、材料用量和每盘混合料的产量等。拌和设备的产量应和生产进度相匹配，在安装完成后应按批准的配合比进行试拌调试，直到符合要求。

2) 集尘器。拌和机应配备集尘器，其构造应能把按规定要收集的全部或部分材料消解掉，不让有害粉尘逸散至空气中。为防止粉尘排放到空气中，需要给滤尘网盖上防尘密封罩。

3) 拌和场地布置应远离居民区，其距离不少于1km。

10.4.2 沥青混凝土路面的施工

1. 沥青混合料的拌和

1) 沥青混合料拌和配合比应符合施工配合比要求，变异值需控制在容许偏差范围内。

2) 沥青采用导热油加热，沥青与矿料的加热温度应调节到能使拌和的沥青混合料出厂温度满足要求，集料温度应比沥青温度高10~20℃，严格掌握沥青和集料的加热温度以及沥青混合料的出厂温度。当混合料出厂温度过高，并已影响到沥青与集料的黏结力时，混合料不得使用，已铺筑的沥青路面也应予铲除。

3) 拌和时间由试拌确定，必须让所用集料颗粒均匀裹覆沥青结合料，并以沥青混合料拌和均匀为度。间歇式拌和机每锅拌和时间宜为30~50s（其中干拌时间不得少于5s）。热矿料二次筛分用的振动筛筛孔应根据矿料级配选用，其安装角度应根据材料的可筛分性、振动能力等由试验确定。

4) 拌和的沥青混合料应均匀一致、无花白料、无结团成块或严重的粗细料分离现象，不符合要求时不得使用，并应及时调整。拌和好的热拌沥青混合料不立即铺筑时，可放入成品储料仓储存，其温度下降不应超过5℃，储存时间一般不宜超过24h，最多不得超过48h。

5) 拌和楼控制室要逐盘打印沥青及各种矿料的用量和温度，并定期对拌和楼的计量和测温系统进行校核；没有材料计量和温度自动计量装置的拌和机不得使用。每天应用拌和总量检验矿料的配合比和沥青混合料的油石比的误差。

图10-27~图10-30所示为沥青拌和站常见的一些场景。

图10-27 间歇式拌和机

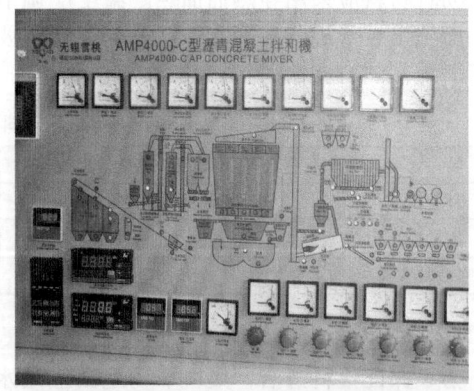

图10-28 拌和机工作原理示意图

图 10-29 粉尘

图 10-30 混合料试拌

6) 沥青混合料应符合批准的工地配合比的要求，并应在目标值的容许偏差范围内，集料级配目标值的容许偏差应满足表 10-12 的要求。

表 10-12 集料级配目标值的容许偏差

项 目		检查频度及单点检验评价方法	质量要求或容许偏差		试 验 方 法
			高速公路、一级公路	其他等级公路	
矿料级配（筛孔）	0.075mm	逐盘在线检测	±2%（2%）	—	计算机采集数据计算
	≤2.36mm		±5%（4%）	—	
	≥4.75mm		±6%（5%）	—	
	0.075mm	逐盘检查，每天汇总1次取平均值评定	±1%	—	《公路沥青路面施工技术规范》（JTG F40—2004）附录 G 总量检验
	≤2.36mm		±2%	—	
	≥4.75mm		±2%	—	
	0.075mm	每台拌和机每天 1~2次，以 2 个试样的平均值评定	±2%（2%）	±2%	T 0725 抽提筛分与标准级配比较的差
	≤2.36mm		±5%（3%）	±6%	
	≥4.75mm		±6%（4%）	±7%	

7) 定期对拌和设备的各种计量和测温系统进行校核，以保证设备正常运行。

2. 沥青混合料的运输

1) 沥青混合料宜采用较大吨位的运料车运输，料车应有紧密、清洁、光滑的金属底板，底板应涂一薄层油水（柴油和水的比例可为 1:3）混合液，以防止混合料粘到底板上，但不得有余液积聚在车厢底部；不允许用石油衍生剂作汽车底板的涂料。装卸前，汽车底板应排干积水。每辆汽车都应有一个帆布篷、棉被等其他材料做的篷，其大小应能保护混合料不受天气的影响，混合料装入车厢后由专人覆盖缚牢，以免在汽车行驶途中吹落。为使混合料按规定温度运到筑路工地，必要时汽车底板应采取保温措施，帆布篷也应扣牢。

图 10-31、图 10-32 所示为沥青混合料运输过程的场景。

2) 施工前应对全体驾驶员进行培训，加强汽车保养，避免运料途中汽车抛锚造成混合料冷却受损；装料时汽车应前后移动，避免混合料离析；摊铺过程中运料车应在摊铺机前 10~30cm 处停住，空档等候，由摊铺机推动前进开始缓缓卸料，避免撞击摊铺机。在有条件时，运料车可将混合料卸入转运车经二次拌和后向摊铺机连续均匀地供料。运料车每次卸料必须倒净，尤其是对改性沥青混合料或 SMA，如有剩余，应及时清除，防止硬结。

图 10-31 轮胎污染

图 10-32 双层篷布覆盖

图 10-33、图 10-34 所示为沥青混合料的运料车。

图 10-33 运料车三次装料

图 10-34 运料车靠摊铺机推动

3) 沥青混合料运输车的运量应较拌和能力或摊铺能力有所富余，施工过程中摊铺机前方应有运料车等候卸料。对于高速公路和一级公路，开始摊铺时在施工现场等候卸料的运料车不宜少于 5 辆。沥青混合料运至摊铺地点后应凭运料单接收，并检查拌和质量。若不符合《公路沥青路面施工技术规范》（JTG F40—2004）中对温度的要求，或已经结成团块、已遭雨淋湿的混合料不得铺筑在道路上。

3. 沥青混合料的摊铺

（1）沥青混合料摊铺机　沥青混合料摊铺机应是自动式的具有一定摊铺宽度的摊铺机，并安装有可调的活动熨平板或整平组件，整平板保持理想的坡度，精度在 ±0.1% 范围内。

（2）沥青混合料的摊铺（图 10-35）　热拌沥青混合料应采用摊铺机摊铺，在喷洒有黏层油的路面上铺筑改性沥青混合料或 SMA 时，宜使用履带式摊铺机。铺筑高速公路、一级公路沥青混合料时，一台摊铺机的摊铺宽度不宜超过 6m，单向双车道或三车道以上高速公路宜采用两台或更多台摊铺机前后错开 10~20m 呈梯队方式同步摊铺。摊铺机必须连续、缓慢、不间断地摊铺，以提高平整度，减少混合料的离析。摊铺速度宜控制在 2~6m/min，对改性沥青混合料及 SMA 宜控制在 1~3m/min。摊铺机应采用自动找平方式。

图 10-35 沥青混合料的摊铺

（3）温度控制 沥青混合料的摊铺温度应符合《公路沥青混合料施工技术规范》的要求（表 10-13），并应根据沥青标号、黏度、气温、摊铺层厚度选用。

表 10-13 热拌沥青混合料的施工温度 （单位：℃）

施工工序		石油沥青的标号			
		50 号	70 号	90 号	110 号
沥青加热温度		160~170	155~165	150~160	145~155
矿料加热温度	间隙式拌和机	集料加热温度比沥青温度高 10~30			
	连续式拌和机	矿料加热温度比沥青温度高 5~10			
沥青混合料出料温度		150~170	145~165	140~160	135~155
混合料储料仓储存温度		储料过程中温度降低不超过 10			
混合料废弃温度，高于		200	195	190	185
运输到现场温度，不低于		150	145	140	135
混合料摊铺温度，不低于	正常施工	140	135	130	125
	低温施工	160	150	140	135
开始碾压的混合料内部温度，不低于	正常施工	135	130	125	120
	低温施工	150	145	135	130
碾压终了的表面温度，不低于	钢轮压路机	80	70	65	60
	轮胎压路机	85	80	75	70
	振动压路机	75	70	60	55
开放交通的路表温度，不高于		50	50	50	45

注：1. 沥青混合料的施工温度采用具有金属探测针的插入式数显温度计测量，表面温度可采用表面接触式温度计测定。当采用红外线温度计测量表面温度时，应进行标定。
2. 表中未列入的 130 号、160 号及 130 号沥青的施工温度由试验确定。

聚合物改性沥青混合料的施工温度根据实践经验并参照表 10-14 选择。通常宜较普通沥青混合料的施工温度提高 10~20℃。对采用冷态胶乳直接喷入法制作的改性沥青混合料，集料烘干温度应进一步提高。

表 10-14　聚合物改性沥青混合料的正常施工温度范围　　　　　（单位：℃）

工　　序	聚合物改性沥青品种		
	SBS 类	SBR 胶乳类	EVA、PE 类
沥青加热温度	160~165		
改性沥青现场制作温度	165~170	—	165~170
成品改性沥青加热温度，不大于	175		175
集料加热温度	190~220	200~210	185~195
改性沥青 SMA 混合料出厂温度	170~185	160~180	165~180
混合料最高温度（废弃温度）	195		
混合料储存温度	拌和出料后降低不超过 10		
摊铺温度，不低于	160		
初压开始温度，不低于	150		
碾压终了的表面温度，不低于	90		
开放交通时的路表温度，不高于	50		

注：1. 同表 10-13。
　　2. 当采用表列以外的聚合物或天然沥青改性沥青时，施工温度由试验确定。

4. 沥青混合料的碾压

沥青混合料的碾压是沥青路面施工过程的关键工序之一。

1) 应选择合理的压路机组合方式及碾压步骤，以达到最佳效果。沥青混合料压实宜采用钢筒式静态压路机与轮胎压路机或振动压路机组合的方法，初压不宜使用轮胎压路机，以确保面层横向平整度，压路机的数量应根据路面宽度等决定。

2) 沥青混凝土的压实层最大厚度不宜大于 100mm，沥青稳定碎石混合料的压实层厚度不宜大于 120mm，但当采用大功率压路机且经试验证明能达到压实密度时允许增大到 150mm。

3) 沥青路面施工应配备足够数量的压路机，选择合理的压路机组合方式及初压（图 10-36）、复压（图 10-37）、终压（包括成型）的碾压步骤，以达到最佳碾压效果。高速公路铺筑双车道沥青路面的压路机数量不宜少于 5 台。施工气温低、风大、碾压层薄时，压路机数量应适当增加。

图 10-36　紧跟摊铺机的初压

图 10-37　胶轮压路机复压

4) 压路机应以慢而均匀的速度碾压，压路机的碾压速度应符合表 10-15 的规定。压路机的碾压路线及碾压方向不应突然改变而导致混合料推移。碾压区的长度应大体稳定，两端的折返位置应随摊铺机前进而推进,横向不得在相同的断面上。

表 10-15 压路机的碾压速度　　　　　　　　　　（单位：km/h）

压路机类型	初 压		复 压		终 压	
	适宜	最大	适宜	最大	适宜	最大
钢筒式压路机	2~3	4	3~5	6	3~6	6
轮胎压路机	2~3	4	3~5	6	4~6	8
振动压路机	2~3（静压或振动）	3（静压或振动）	3~4.5（振动）	5（振动）	3~6（静压）	6（静压）

5. 施工接缝的处理

1）沥青路面的施工必须接缝紧密、连接平顺,不得产生明显的接缝离析。上下层的纵向接缝应错开 150mm（热接缝）或 300~400mm（冷接缝）以上。相邻两幅及上下层的横向接缝均应错位 1m 以上。接缝施工应用 3m 直尺检查,确保平整度符合要求。

2）纵向接缝部位的施工应符合下列要求:

① 摊铺时采用梯队作业的纵向接缝应采用热接缝,将已铺部分留下 100~200mm 宽暂不碾压,作为后续部分的基准面,然后跨缝碾压以消除缝迹。

② 当半幅施工或因特殊原因而产生纵向冷接缝时,宜加设挡板或加设切刀切齐,也可在混合料尚未完全冷却前用镐刨除边缘留下毛茬的方式,但不宜在冷却后采用切割机纵向切缝。加铺另半幅前应涂洒少量沥青,重叠在已铺层上 50~100mm,再铲走铺在前半幅上面的混合料,碾压时由边缘向中间碾压留下 100~150mm,再跨缝挤紧压实。或者先在已压实路面上行走碾压新铺层 150mm 左右,然后压实新铺部分。

3）斜接缝的搭接长度与层厚有关,宜为 0.4~0.8m。搭接处应洒少量沥青,混合料中的粗集料颗粒应予剔除,并补上细料,搭接平整,充分压实。阶梯形接缝的台阶经铣刨而成,并洒黏层沥青,搭接长度不宜小于 3m。

4）平接缝宜趁尚未冷透时用凿岩机或人工垂直刨除端部层厚不足的部分,使工作缝呈直角连接。当采用切割机制作平接缝时,宜在铺设当天混合料冷却但尚未结硬时进行。刨除或切割不得损伤下层路面。切割时留下的泥水必须冲洗干净,待干燥后涂刷黏层油。铺筑新混合料接头应使接茬软化,压路机先进行横向碾压,再纵向碾压成为一体,充分压实,连接平顺。

图 10-38~图 10-40 所示为沥青路面碾压现场图。

图 10-38 骑缝碾压

图 10-39　与路线呈 45°角碾压

图 10-40　平整度检查

10.4.3　沥青混凝土路面的质量控制

1. 基本要求

1）原材料：包括沥青、粗集料、细集料、填料的技术指标。
2）混合料：包括油石比、矿料级配、稳定度、流值、空隙率。
3）混合料温度：包括出场温度、运到现场温度、初压温度、碾压终了温度。
4）上面层终了检查：厚度、平整度、宽度、高程、横坡度、偏位。
5）路表构造特性：路面构造深度、摆式摩擦系数。
6）压实度：一般采用钻孔取样，钻孔频率每千米 1 个，测定密实度，同时通过试样外观分析拌和、摊铺的均匀性。

图 10-41～图 10-44 所示为沥青路面一些常规的试验操作。

图 10-41　钻芯取样

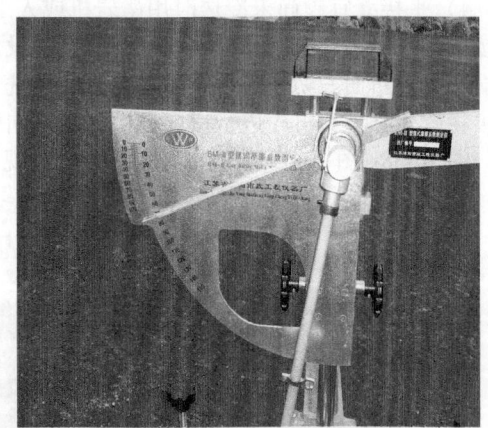

图 10-42　摆式摩擦仪

2. 质量控制

沥青混凝土上面层施工阶段的质量检查标准列于表 10-16。沥青路面铺筑过程中必须随时对铺筑质量进行评定，质量检查的内容、频度、容许偏差应符合表 10-17 的规定。

图 10-43 平整度测试

图 10-44 铣刨

表 10-16 热拌沥青混合料的频度和质量要求

项 目		检查频度及单点检验评价方法	质量要求或容许偏差		试 验 方 法
			高速公路、一级公路	其他等级公路	
混合料外观		随时	观察集料粗细、均匀性、离析、油石比、色泽、冒烟、有无花白料、油团等各种现象		目测
拌和温度	沥青、集料的加热温度	逐盘检测评定	符合《公路沥青路面施工技术规范》(JTG F40—2004)规定		传感器自动检测、显示并打印
	混合料出厂温度	逐车检测评定	符合《公路沥青路面施工技术规范》规定		传感器自动检测、显示并打印,出厂时逐车按 T 0981 人工检测
		逐盘测量记录,每天取平均值评定	符合《公路沥青路面施工技术规范》规定		传感器自动检测、显示并打印
矿料级配（筛孔）	0.075mm	逐盘在线检测	±2%（2%）	—	计算机采集数据计算
	≤2.36mm		±5%（4%）	—	
	≥4.75mm		±6%（5%）	—	
	0.075mm	逐盘检查,每天汇总 1 次取平均值评定	±1%	—	《公路沥青路面施工技术规范》附录 G 总量检验
	≤2.36mm		±2%	—	
	≥4.75mm		±2%	—	
	0.075mm	每台拌和机每天 1~2 次,以 2 个试样的平均值评定	±2%（2%）	±2%	T 0725 抽提筛分与标准级配比较的差
	≤2.36mm		±5%（3%）	±6%	
	≥4.75mm		±6%（4%）	±7%	
沥青用量（油石比）		逐盘在线监测	±0.3%	—	计算机采集数据计算
		逐盘检查,每天汇总 1 次取平均值评定	±0.1%	—	《公路沥青路面施工技术规范》附录 F 总量检验
		每台拌和机每天 1~2 次,以 2 个试样的平均值评定	±0.3%	±0.4%	抽提 T 0722、T 0721

(续)

项 目	检查频度及单点检验评价方法	质量要求或容许偏差		试验方法
		高速公路、一级公路	其他等级公路	
马歇尔试验：空隙率、稳定度、流值	每台拌和机每天1~2次，以4~6个试件的平均值评定	符合《公路沥青路面施工技术规范》(JTG F40—2004)规定		T 0702、T 0709、JTG F40《公路沥青路面施工技术规范》附录B、附录C
浸水马歇尔试验	必要时（试件数同马歇尔试验）	符合《公路沥青路面施工技术规范》规定		T 0702、T 0709
车辙试验	必要时（以3个试件的平均值评定）	符合《公路沥青路面施工技术规范》规定		T 0719

注：1. 单点检验是指试验结果以一组试验结果的报告值为一个测点的评价依据，一组试验（如马歇尔试验、车辙试验）有多个试样时，报告值的取用按《公路工程沥青及沥青混合料试验规程》(JTG E20—2011)的规定执行。
2. 对高速公路和一级公路，矿料级配和油石比必须进行总量检验和抽提筛分的双重检验控制，互相校核，表中括号内的数字是对SMA的要求。油石比抽提试验应事先进行空白试验标定，提高测试数据的准确度。

表10-17 公路热拌沥青混合料路面施工过程中工程质量的控制标准

项 目		检查频度及单点检验评价方法	质量要求或容许偏差		试验方法
			高速公路、一级公路	其他等级公路	
外观		随时	表面平整密实，不得有明显轮迹、裂缝、推挤、油汀、油包等缺陷，且无明显离析		目测
接缝		随时	紧密平整、顺直、无跳车		目测
		逐条缝检测评定	3mm	5mm	T 0931
施工温度	摊铺温度	逐车检测评定	符合《公路沥青路面施工技术规范》规定		T 0981
	碾压温度	随时	符合《公路沥青路面施工技术规范》规定		插入式温度计实测
厚度	每一层次	随时，厚度50mm以下厚度50mm以上	设计值的5% 设计值的8%	设计值的8% 设计值的10%	施工时插入法量测松铺厚度及压实厚度
	每一层次	1个台班区段的平均值 厚度50mm以下 厚度50mm以上	-3mm -5mm	—	《公路沥青路面施工技术规范》附录G总量检验
	总厚度	每2000m² 1点单点评定	设计值的-5%	设计值的-8%	T 0912
	上面层	每2000m² 1点单点评定	设计值的-10%	设计值的-10%	
压实度		每2000m²检查1组逐个试件评定并计算平均值	试验室标准密度的97%（98%） 最大理论密度的93%（94%） 试验段密度的99%（99%）		T 0924、T 0922《公路沥青路面施工技术规范》(JTG F40—2004)附录E
平整度（最大间隙）	上面层	随时，接缝处单杆评定	3mm	5mm	T 0931
	中下面层	随时，接缝处单杆评定	5mm	7mm	T 0931

(续)

项目		检查频度及单点检验评价方法	质量要求或容许偏差		试验方法
			高速公路、一级公路	其他等级公路	
平整度 (标准差)	上面层	连续测定	1.2mm	2.5mm	T 0932
	中面层	连续测定	1.5mm	2.8mm	
	下面层	连续测定	1.8mm	3.0mm	
	基层	连续测定	2.4mm	3.5mm	
宽度	有侧石	检测每个断面	±20mm	±20mm	T 0911
	无侧石	检测每个断面	不小于设计宽度	不小于设计宽度	
纵断面高程		检测每个断面	±10mm	±15mm	T 0911
横坡度		检测每个断面	±0.3%	±0.5%	T 0911
沥青层层面上的渗水系数		每 1km 不少于 5 点，每点 3 处取平均值	300mL/min（普通密级配沥青混合料） 200mL/min（SMA）		T 0971

注：1. 表中厚度检测频度是指高速公路和一级公路的钻坑频度，其他等级公路可酌情减少状况，且通常采用压实度钻孔试件测定。上面层的容许误差不适用于磨耗层。
2. 压实度检测按规范规定执行。括号中的数值是对 SMA 路面的要求，对马歇尔成型试件采用 50 次或者 35 次击实的混合料，压实度应适当提高要求。进行核子仪等无破损检测时，每 13 个测点的平均数作为一个测点进行评定是否符合要求。试验室密度是指与配合比设计相同方法成型的试件密度。以最大理论密度作标准密度时，对普通沥青混合料通过真空法实测确定，对改性沥青和 SMA，由每天的矿料级配和油石比计算得到。
3. 渗水系数适用于公称最大粒径等于或小于 19mm 的沥青混合料，应在铺筑成型后未遭行车污染的情况下测定，且仅适用于要求密水的密级配沥青混合料、SMA。不适用于 OGFC 混合料，表中渗水系数以平均值评定，计算的合格率不得小于 90%。
4. 3m 直尺主要用于接缝检测，对正常生产路段，采用连续式平整度仪测定。

10.5 水泥混凝土路面的施工与质量控制

10.5.1 水泥混凝土路面的施工准备

1. 设备要求

一般施工技术水平下，不同等级的公路水泥混凝土路面施工的设备应满足表 10-18 的要求。

表 10-18 不同等级的公路水泥混凝土路面施工的设备要求

摊铺工艺机械装备	高速公路	一级公路	二级公路	三级公路	四级公路
滑模式摊铺机	√	√	√	⊙	○
三辊轴机组	○	○	√	√	√
小型机具	×	×	⊙	√	√
碾压混凝土	⊙	⊙	√	√	√
计算机自动控制强制拌和楼（站）	√	√	⊙	⊙	⊙
强制拌和楼（站）	×	○	⊙	√	√

注：√表示应使用，○表示不宜使用，×表示不得使用，⊙表示基本不用。

2. 设置模板

模板由钢模或其他材料制成，并符合路面平、纵、横设计的要求，保证模板连接牢固可靠、支立稳固，使在浇筑混凝土时能经受捣实和饰面设备的冲击和振动而不产生位移，模板的高度与混凝土路面厚度相同。施工缝处的模板应根据传力杆或拉杆的设计位置放样钻孔，模板接头处应有牢固拼接装置，拼装简单、拆卸方便。

3. 设置传力杆

在横向缩缝及胀缝处设置的传力杆应与中线及路面表面平行，传力杆长度的一半再加 5cm 涂一层沥青以确保面板自由伸缩。胀缝处的传力杆在涂沥青的一端加一个预制盖套，内留 30mm 空隙，填以纱头或泡沫塑料。

拉杆要求在混凝土摊铺之前就装设好，或者用一台拉杆振动器把它装入接缝边缘内，或者用混凝土摊铺机上的拉杆自动穿杆器装设。

10.5.2 水泥混凝土路面的施工

1. 水泥混凝土拌合物的搅拌

搅拌场配置的混凝土总拌和设备的生产能力要求保证满足实际的摊铺能力，并按总拌和能力确定需要的拌和楼（图 10-45）数量和型号，混凝土路面不同摊铺方式的拌和楼最小配置容量见表 10-19。

图 10-45 混凝土拌和楼

表 10-19 混凝土路面不同摊铺方式的拌和楼最小配置容量　　（单位：m³/h）

摊铺宽度	滑模摊铺	碾压混凝土	三辊轴机组摊铺	小型机具摊铺
单车道 3.75~4.5m	≥150	≥100	≥75	≥50
双车道 7.5~9m	≥300	≥200	≥100	≥75
整幅宽≥12.5m	≥400	≥300	—	—

每台拌和楼在投入生产前，必须进行标定和试拌。在标定有效期满或拌和楼搬迁安装后，均应重新标定。施工中应每 15d 校验一次拌和楼计量精确度。采用计算机自动控制系统的拌和楼时，应使用自动配料生产，并按需要打印每天（周、旬、月）对应路面摊铺桩号的混凝土配料统计数据及偏差。

搅拌过程中，拌合物质量检测与控制应符合表 10-20 的规定。低温或高温天气施工时，拌合物出料温度宜控制在 10~35℃，并应测定原材料温度、拌合物的温度、坍落度损失率和凝结时间等，一座拌和楼每盘之间、各拌和楼之间，拌和楼的坍落度偏差应小于 10mm。

表 10-20 混凝土拌合物的质量检测项目和频率

检测项目	检测频率		试验方法
	高速公路、一级公路	其他等级公路	
水胶比及其稳定性	每 5000m³ 抽检 1 次，有变化随时测	每 5000m³ 抽检 1 次，有变化随时测	JTG E30 T0529
坍落度及其损失率	每工班测 3 次，有变化随时测	每工班测 3 次，有变化随时测	JTG E30 T0522

(续)

检测项目	检测频率		试验方法
	高速公路、一级公路	其他等级公路	
振动黏度系数	试拌、原材料和配合比有变化时测	试拌、原材料和配合比有变化时测	《公路水泥混凝土路面施工技术细则》(JTG F30—2014)附录A
纤维体积率	每工班测2次,有变化随时测	每工班测1次,有变化随时测	《公路水泥混凝土路面施工技术细则》附录D
含气量	每工班测2次,有抗冻要求不少于3次	每工班测1次,有抗冻要求不少于3次	JTG E30 T0526
泌水率	每工班测2次	每工班测2次	JTG E30 T0528
表观密度	每工班测1次	每工班测1次	JTG E30 T0525
温度、凝结时间、水化发热量	冬、夏季施工,气温最高、最低时,每工班至少测1~2次	冬、夏季施工,气温最高、最低时,每工班至少测1次	JTG E30 T0527
改进VC值	每工班测3次,有变化随时测	每工班测3次,有变化随时测	JTG E30 T0524
离析	随时观察	随时观察	—
压实度、松铺系数	每工班测3次,有变化随时测	每工班测3次,有变化随时测	JTG E30 T0525

2. 水泥混凝土拌合物的运输

水泥混凝土拌合物的运输(图10-46)应保证到现场的拌合物具有适宜摊铺的工作性。因此,水泥混凝土拌合物的运输应根据施工进度、运量、运距及路况,选配车型和车辆总数,总运力应比总拌和能力略有富余,确保新拌水泥混凝土拌合物在规定时间内运到摊铺现场,不同摊铺工艺的水泥混凝土拌合物从出料到运抵现场的容许最长时间应符合表10-21的要求。不满足时应通过试验,加大缓凝剂或保塑剂的计量。

图10-46 水泥混凝土拌合物的运输

表 10-21　水泥混凝土拌合物从出料到运抵现场的容许最长时间

施工气温/℃	滑模摊铺/h	三辊轴机组摊铺、小型机具摊铺/h	碾压铺筑/h
5~9	1.5	1.20	1.0
10~19	1.25	1.0	0.8
20~29	1.0	0.75	0.6
30~35	0.75	0.40	0.4

3. 水泥混凝土拌合物的铺筑

水泥混凝土在铺筑时，将倾卸在基层或摊铺机箱内的水泥混凝土按摊铺厚度均匀地充满模板范围之内。主要有以下两种铺筑方式：

（1）滑模式摊铺机（图10-47）铺筑混凝土路面　高速公路、一级公路施工，宜选配能一次摊铺2~3个车道宽度（7.5~12.5m）的滑模式摊铺机；二级及二级以下公路路面的最小摊铺宽度不得小于单车道设计宽度。硬路肩的摊铺宜选配中、小型多功能滑模式摊铺机，并宜整体一次摊铺路缘石。采用滑模式摊铺机直接铺筑混凝土路面，无须在基层上安装模板。在摊铺过程，模板是固定在摊铺机上，随着摊铺机前进，模板逐渐向前滑动，同时完成摊铺、振捣、成型、打传力杆等工序。

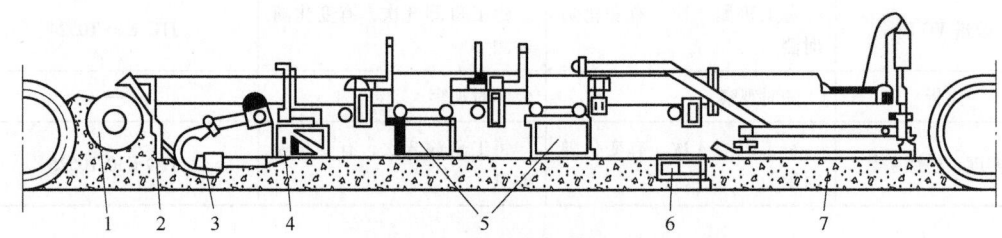

图 10-47　滑模式摊铺机的结构
1—螺旋摊铺器　2—刮平器　3—振捣器　4—刮平板
5—振动振平板　6—光面带　7—混凝土面层

滑模式摊铺机施工（图10-48）中要注意以下几点：

1）准确控制摊铺面板位置与高程。准确布设定位引向导线，要调整好方向传感器位置，以准确确定引向导线与路面板边距离。要调整好高程传感器的位置，确定成型板尾部高度。成型板尾部为摊铺高程的控制平面，直接控制摊铺厚度。

2）混凝土配合比。注意解决适合应用滑模式摊铺机施工的水泥混凝土配合比，它与人工摊铺法施工的配合比不同，一般水胶比较小、砂率较大，且水泥用量不超过 320kg/m³。故应合理地应用减水剂调整施工和易性，保证滑模前进后的混凝土及时成型。

（2）三辊轴机组铺筑混凝土路面　三辊轴整平机的主要技术参数见表10-22。板厚200mm以上宜采用直径168mm的辊轴；桥面铺装或厚度较小的路面可采用直径为219mm的辊轴。轴长宜比路面宽度长出600~1200mm。

表 10-22　三辊轴整平机的主要技术参数

轴直径/mm	轴速/(r/min)	轴长/m	轴质量/(kg/m)	行走速度/(m/min)	整平轴距/mm	振动功率/kW	驱动功率/kW	适宜整平路面厚度/mm
168	300	5~9	65±0.5	13.5	504	7.5	6	200~260
219	380	5~12	77±0.7	13.5	657	17	9	160~240

图 10-48　滑模式摊铺机施工

1）水泥混凝土拌合物的捣实。滑模式摊铺机的振捣棒下缘位置应在挤压板最低点以上，振捣棒宜均匀排列，间距宜为 300~450mm；两侧最边缘振捣棒与摊铺边缘距离不宜大于 200mm，保证整幅范围内的水泥混凝土振捣密实和均匀。挤压底板前倾角宜设置为 3°左右。提浆夯板位置宜在挤压底板前缘以下 5~10mm，两边缘超铺高程根据拌合物稠度确定，宜为 3~8mm。搓平梁前沿宜调整到与挤压板后沿高程相同，搓平梁的后沿比挤压底板后沿低 1~2mm，并与路面高程相同。

三辊轴机组铺筑混凝土面板时，振捣棒组间歇插入振实时，每次移动距离不宜超过振捣棒有效作用半径的 1.5 倍，并不得大于 500mm，振捣时间宜为 15~30s。排式振捣机连续拖行振实时，作业速度宜控制在 4m/min 以内。排式振捣机应匀速缓慢、连续不间断地振捣行进。其作业速度以拌合物表面不露粗集料，液化表面不再冒气泡并不再泛出水泥浆为准。单车道摊铺的混凝土路面，在侧模预留孔中应按设计要求插入拉杆；一次摊铺双车道路面时，除应在侧模孔中插入拉杆外，还应在中间纵缝部位，使用拉杆插入机在 1/2 板厚处插入拉杆，插入机每次移动的距离应与拉杆间距相同。

2）终饰、整修、锯缝及养护。经振捣密实的水泥混凝土表面应保持其路拱准确、平整度符合要求。表面整修（图 10-49）前应做好清边整缝，清除黏浆，修补掉边、缺角。

图 10-49　摊铺成型后人工表面整修

当混凝土硬化到足以承受锯缝设备时，即可开始锯缝作业。锯缝作业完成后，应立即把所有锯屑和杂物彻底清除干净。

混凝土板表面整修完毕后，应及时采用湿润养护和塑料薄膜养护 14~21d。

3）开放交通。当混凝土板达到设计强度时，可允许开放交通。当遇到特殊情况需要提前开放交通时，则应根据规定的试验方法测定与混凝土面板同样条件养护的试块强度，应达到设计强度80%以上，其车辆荷载不得大于设计荷载。在开放交通之前，路面应清扫干净，所有接缝均应封闭好。

10.5.3 水泥混凝土路面的质量控制

1. 基本要求

1）水泥的物理性能和化学成分符合国家有关标准的规定。
2）粗细集料、水及接缝材料符合规范要求。
3）施工配合比应根据现场测定水泥的实际强度等级进行计算，经试验室试验，选用最佳配合比。
4）混凝土的摊铺、捣实、整平与面板混凝土养护符合要求。
5）接缝的位置、规格、尺寸和传力杆的设置以及面板补强钢筋的布设等符合设计和规范要求。
6）路面的平整度和构造深度符合规范要求。

2. 质量控制项目

表10-23为水泥混凝土路面铺筑质量标准及检查项目、频率和方法。表10-24为水泥混凝土面层铺筑几何尺寸质量标准及检查项目、频率和方法。

表10-23 水泥混凝土路面铺筑质量标准及检查项目、频率和方法

项次	检查项目		质量标准		检查频率		检查方法
			高速公路、一级公路	其他公路	高速公路、一级公路	其他公路	
1	弯拉强度	标准小梁弯拉强度/MPa	按《公路水泥混凝土路面施工技术细则》（JTG/T F30—2014）附录H评定		每班留2~4组试件，日进度<500m留2组；≥500m留3组；≥1000m留4组，测算f_{cs}、f_{min}、C_v	每班留1~3组试件，日进度<500m留1组；≥500m留2组；≥1000m留3组，测算f_{cs}、f_{min}、C_v	JTG E30 T0552、T0558
		路面钻芯劈裂强度换算弯拉强度/MPa			每车道每3km钻取1个芯样，单独施工硬路肩为1个车道，测算f_{cs}、f_{min}、C_v	每车道每2km钻取1个芯样，单独施工硬路肩为1个车道，测算f_{cs}、f_{min}、C_v	JTG E30 T0552、T0561
2	板厚度/mm		平均值≥-5；极值≥-15，C_v值符合设计规定		路面摊铺宽度内每100m左右各2处，连接摊铺每100m单边1处	路面摊铺宽度内每100m左右各1处，连接摊铺每100m单边1处	板边与岩芯尺测，岩芯最终判定
3	纵向平整度	σ/mm	≤1.32	≤2.00	所有车道连续检测		车载平整度检测仪
		IRI/(m/km)	≤2.20	≤3.30			
		3m直尺最大间隙Δh/mm（合格率应≥90%）	≤3	≤5	每半幅车道100m 2处，每处10尺	每半幅车道200m 2处，每处10尺	3m直尺

(续)

项次	检查项目		质量标准		检查频率		检查方法
			高速公路、一级公路	其他公路	高速公路、一级公路	其他公路	
4	抗滑构造深度 TD/mm	一般路段	0.70~1.10	0.50~0.90	每车道及硬路肩每200m测2处	每车道及硬路肩每200m测1处	铺砂法
		特殊路段	0.80~1.20	0.60~1.00			
5	摩擦系数 SFC	一般路段	≥50	—	行车道、超车道全长连续检测,每车道每20m连续检测1个测点	一般路段免检,仅检查特殊路段,每车道每20m连续检测1个测点,不足20m测1各测点	JTG E60 T0965
		特殊路段	≥55	≥50			
6	取芯法测定抗冻等级	严寒地区	≥250	≥200	每车道每3km钻取1个芯样	每车道每5km钻取1个芯样	JTG E30 T0552
		寒冷地区	≥200	≥150			

注:1. 路面钻芯劈裂强度换算为实际面板弯拉强度进行质量评定。
2. 特殊路段指高速公路、一级公路的立交、公交、变速车道等处;其他公路指急弯、陡坡、交叉口或集镇附近。

表10-24 水泥混凝土面层铺筑几何尺寸质量标准及检查项目、频率和方法

项次	检查项目		质量标准		检查频率		检查方法
			高速公路、一级公路	其他公路	高速公路、一级公路	其他公路	
1	相邻板高差/mm,≤		2	3	每200m纵横缝2条,每条3处	每200m纵横缝2条,每条2处	尺测
2	连续摊铺纵缝高差/mm,≤	平均值	3	5	每200m纵向工作缝,每条3处,每处间隔2m测3尺,共9尺	每200m纵向工作缝,每条2处,每处间隔2m测3尺,共6尺	尺测
		极值	5	7			
3	接缝顺直度/mm,≤		10		每200m测6条	每200m测4条	20m拉线测
4	中线平面偏位/mm,≤		20		每200m测6点	每200m测4点	经纬仪测
5	路面宽度/mm,≤		±20		每200m测6处	每200m测4处	尺测
6	纵断高程/mm		平均值±5;极值±10	平均值±10;极值±15	每200m测6点	每200m测4点	水准仪测
7	横坡度(%)		±0.15	±0.25	每200m测6个断面	每200m测4个断面	
8	路缘石顺直度和高度/mm,≤		20	20	每200m测4处	每200m测2处	20m拉线测
9	灌缝饱满度/mm,≤		2	3	每200m接缝测6处	每200m接缝测4处	测针加尺测
10	最浅切缝深度/mm,≥	缝中有拉杆、传力杆	80	80	每200m测6处	每200m测4处	尺测
		缝中无拉杆、传力杆	60	60			

10.6 智能压实

压实是沥青路面施工中重要的工序之一，对沥青路面的施工质量耐久性影响重大。近年来随着信息化技术的发展，路基路面智能施工技术逐渐开始应用，而智能压实是智能施工中不可或缺的部分。

传统沥青路面碾压工艺存在压实盲目性，对碾压速度、遍数、压实度、温度、压实区域等关键指标不能实时监控、记录，容易产生漏压、过压区域。碾压结束后，采用钻孔取芯测密度法检测路面压实度，属于事后质量控制。钻孔取芯法效率低、浪费人力和物力、检测滞后、对路面造成破坏，属于"点"的检测，压实度均匀性不能保证，不能真实评价路面的整体压实质量。如果路面检测出现质量问题则需要返工，重新进行沥青路面施工，造成大量材料浪费。因此，对沥青路面压实质量进行过程控制十分迫切。

智能压实是根据连续压实控制技术的"智能压路机"而提出的概念，因此连续压实控制是智能压实（控制）的基础。自从 20 世纪瑞典提出压实计方法以来，北欧其他一些国家也按照这一思路展开了研究。随着研究和应用的深入，连续压实控制技术由开始的单一仿制压实计，到逐渐出现了几种具体方法（控制指标的差异是关键）。1982 年，德国宝马格（BOMAG）公司仿瑞典压实计方法提出了自己的压实计产品（指标是压实计值 CMV 的 10 倍）。将测量系统引入振动压路机后，于 1992 年在 bauma 会议展出了"智能压实机（ICM）"的首个雏形。通过安装的位移传感器，可以根据碾压面压实状态的不同反馈控制压路机的行走速度（实际是改变单位长度上的作用次数），这使得振动压路机第一次有了一些"智能"的含义；1996 年出现了具有自动变幅的双钢轮振动压路机，并在沥青面上进行了碾压尝试；1998 年具有自动变幅的单钢轮振动压路机在岩土填料的碾压中进行了尝试。

随着研究和工程应用的深入，连续压实控制指标是否能真实反映填筑体的压实质量已成为人们关注的焦点，这也是影响智能反馈控制的关键技术之一。BOMAG 公司在 2000 年后提出连续压实控制的振动模量指标，为研究具有自动反馈控制的"智能"压路机提供了基础，随后出现了"宝马智多星"压路机。2004 年，美国联邦公路局公布"FHWA 智能压实战略计划"，推进了智能压实概念的普及。这个计划主要是利用计算机、模型和革新软件将土和沥青的压实设备智能化，以改善工序，使路面性能更均匀，减少试验人员数量，提供一个长期的压实质量记录。这个计划将建立一套系统的方法，鼓励工业和交通部门发展智能压实技术，更新相关建筑标准等。美国提出的智能压实主要是指连续压实控制与 GPS 的结合。下面将简单介绍几类智能压实相关设备。

10.6.1 单钢轮压路机的 Vario Control 自动变幅智能压实系统（VC 系统）

BOMAG 公司开发的 Vario Control（VC）自动变幅智能压实系统（简称 VC 系统）采用了一种激振系统，能产生定向的振动，它能向地面最大限度地传递振动压实力，在压实的不同阶段自动探测所需的振动能量大小，并随时对振动压实力进行调整。VC 系统利用钢轮与被压实地面之间的相互作用力进行工作，压实能量根据从钢轮上监测到的振动加速度信号自动进行调整，这种调整系统使钢轮能在工作中始终向地面传递尽可能大的压实能量且不出现不利于压实工作的钢轮弹跳。

1. 振动轮系统的主要结构

VC 系统的激振单元有 2 根带偏心体的同心轴，第一个偏心体由 2 块较小的偏心质量组成，位于激振单元中心的外侧，第二个较大的偏心体恰好位于激振单元的中间（如图 10-50 所示 VC 系统的激振器结构），中间偏心块相对于外侧偏心块做逆向旋转，它们各自的离心力合力产生定向的振动。通过连同激振单元壳体一同旋转能改变振动的有效作用力方向，因此能够将振动的作用力方向调整到水平与垂直方向间的任何一个角度。激振单元振动方向的调整由一个集成了行程测量系统的液压摆线马达实现，激振系统由液压马达驱动，偏心块由齿轮保证同步转动。

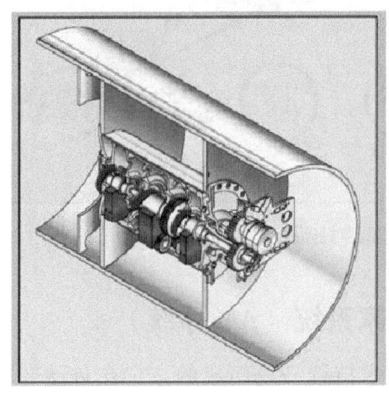
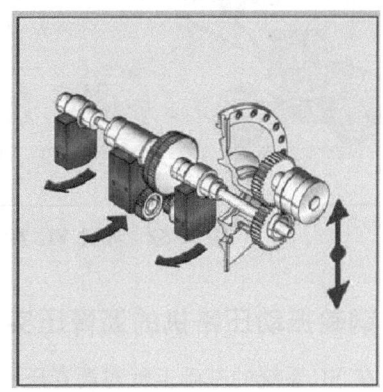

图 10-50　VC 系统的激振器结构

2. 工作原理

配备 VC 系统（图 10-51）的单钢轮振动压路机，在钢轮上安装了加速度传感器，连续监测压路机在动态下的工作状况。反映压路机钢轮和土壤相互作用力的信号被传送给一个可编程逻辑控制器（PLC）。一旦达到某一个极限状态或特定的条件时，该控制器会向控制单元发送一个信号，将压实能量调整到与被压实土壤刚度条件相适应。如果从加速度传感器反映出的土壤刚度低，激振系统会根据需要把振动作用力方向朝垂直方向调整，以输出更大的压实能量；当土壤的刚度增加，并达到某一个极限或特定值时，激振系统将振动作用力方向朝水平方向调整，直至低于特定值。这个控制系统的功能是使 VC 系统能自动地根据实际土壤刚度情况调整到尽可能大的压实能量。配备 VC 自动变幅控制系统的单钢轮振动压路机装备了一套全新的测量系统（图 10-52），用于在压实过程中对被压实土壤的动态密实度进行实时检测和测量。VC 系统能在每一次振动过程中，基于振动压实力和钢轮贯入土壤的相互关系，测出一个与土壤变形模量 EV 直接相关的测量值，这个测量值称为振动模量 Evib（MN/m^2）。被压实土壤与压路机钢轮之间的相互作用力由安装在振动钢轮上的加速度传感器进行测量。

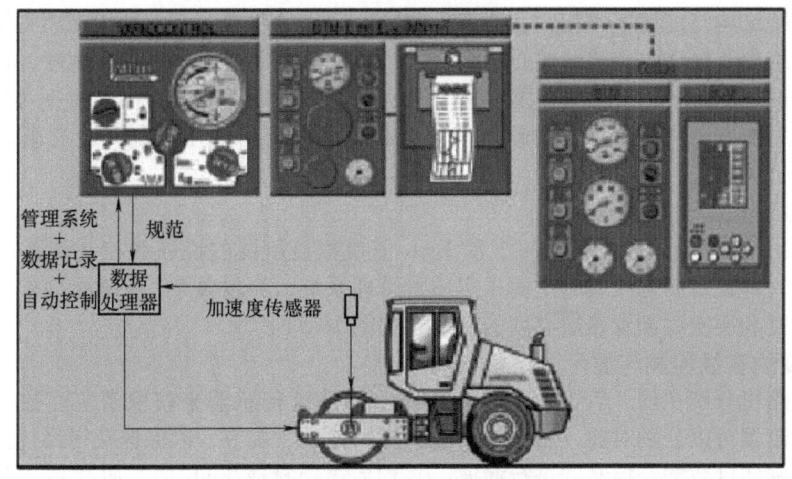

图 10-51　VC 系统原理结构简图

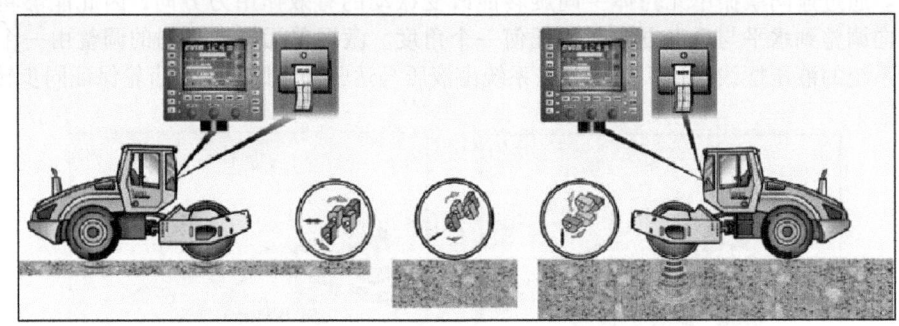

图 10-52　通过 VC 系统实现对路基压实的管理

10.6.2　双钢轮振动压路机的沥青压实专家系统（AM 系统）

该系统是在 VC 系统的基础上针对沥青压实技术持续开发而成的，它在自动变频、变幅控制的基础上增加了对所压实沥青层密实度和沥青层表面温度的在线检测和显示、记录功能，针对不同沥青压实材料在系统内部建立了不同的专家工艺施工数据模型，将在线检测到的实时数据与专家数据进行对比分析后输出优化后的压实控制结果，最终达到提高压实质量、提高施工效率的目的（图 10-53）。

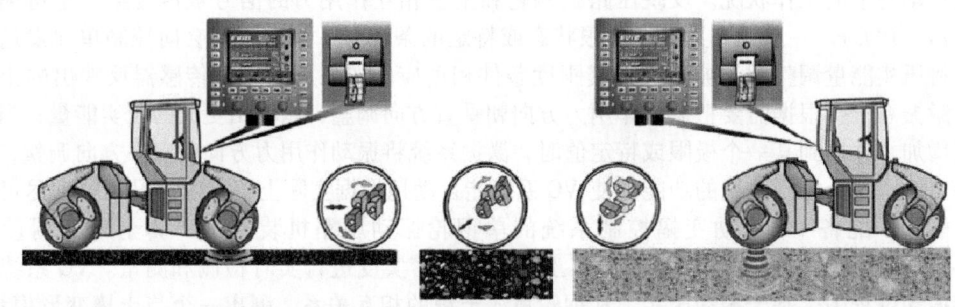

图 10-53　通过 AM 系统实现对不同材料的压实管理

1. 振动轮系统的主要结构

振动轮系统结构与前述基本相同，能满足调频、调幅的要求，是一种用于沥青压实用的定向振动器。该系统由 2 根反向旋转的偏心轴组成，产生定向振动，根据底层的刚度，通过将一轴相对于另一轴做简单的偏转，合力方向能在垂直与水平之间自动地变换。两轴由一对齿轮传动，使之同步运转。力的方向控制由控制油路调节，偏心距的调整由液压控制和装有组合式方向检测系统的调整油缸调节。

2. 工作原理

AM 系统由一个微处理控制器、一个带 Evib 值模拟显示器的操纵和控制装置以及沥青温度表组成。它是一种针对沥青压实的全面压实质量管理系统，除包含 VC 系统原理外，增加了在线检测压实密实度和压实时沥青表层温度的功能，如图 10-54 所示。

3. 密实度的在线检测与显示

双钢轮压路机分别在前、后轮轮上各安装一个加速度传感器来获取密实度数据，根据检测到的数据，控制器可以分别对前、后钢轮实施不同的控制、调节，以保证获得最优的压实控制效果。检测到的密实度数据经控制器进行滤波、平均后被换算成 Evib 值，通过一个专用仪表（或显示器虚拟仪表）实时显示给驾驶员，便于驾驶员及时跟踪沥青表面动态刚度的变化，并对压实软点及时采取补救措施。控制器的 2 个仪表分别显示振幅和 Evib 值，是根据马歇尔密实度法则来确定的，如图 10-55 所示。

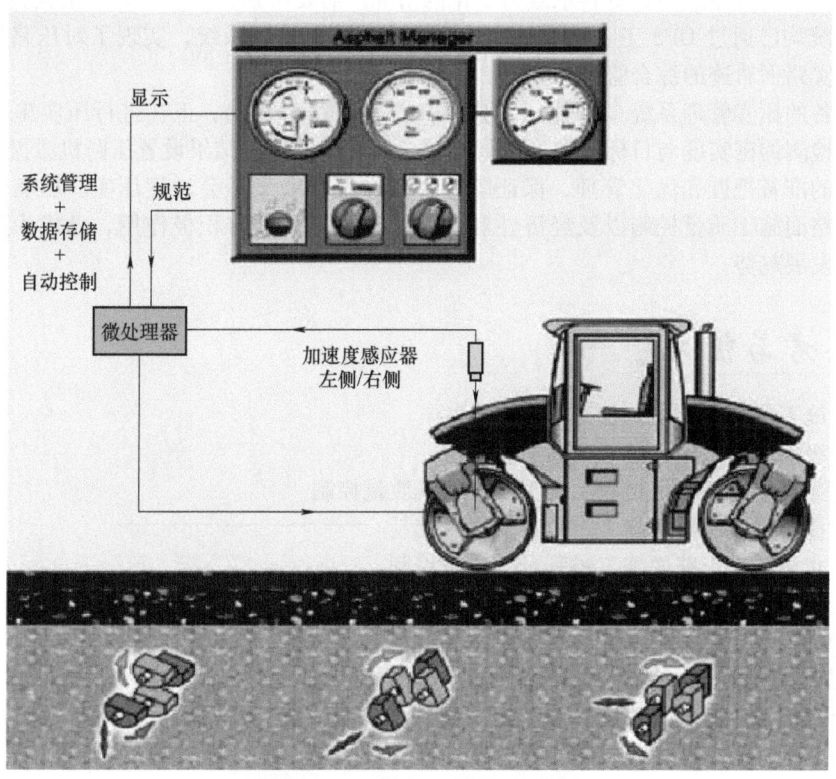

图 10-54　AM 系统原理结构简图

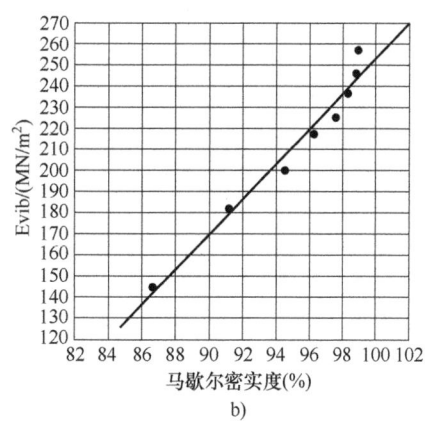

a)　　　　　　　　　　　　　b)

图 10-55　控制器显示仪表及其原理

a) 显示仪表　b) 马歇尔密实度法则

4. 沥青表层温度的检测与显示

采用红外线非接触式检测方式，传感器安装在其中一个钢轮前的车架上。压路机在行走、压实过程中，该传感器不断检测沥青的表面温度，并将检测结果作为一个关键参数实时送入控制器中，控制器根据沥青压实工艺（针对不同沥青温度下换算得出所需要的压实能量大小），对原有的 VC 系统结果值进行综合调整，输出一个更加理想的控制结果。通过温度表对沥青温度进行实时显示，以便驾驶员及时掌握当前的沥青温度情况。AM 系统能在压实过程中根据密实度和温度参数的变化，实时显示沥青材料承载力变化的情况。需要特别关注的是，目前无论是 VC 系统还是 AM 系统均已通过 GPS 卫星定位技术发展成全面压实管理系统，实现了对压路机的远、近程控制和压实路面轨迹的综合管理。

压实设备的压实管理系统（智能压实技术）都是通过对在线、正在进行压实施工的路面进行检测，将检测的密实度与目标密实度进行比较，然后根据比较结果设置压路机激振参数，实现对路面压实的准备把握和优化管理，保证既达到密实度要求又不会过度压实。压实管理系统的应用对沥青路面施工质量控制以及经济性和施工效率等方面具有积极作用，已成为路面机械及施工技术的发展趋势。

思考与练习

1. 路面施工机械有哪些？各有什么作用？
2. 简述级配碎石层施工过程及其质量控制。
3. 简述无机结合料稳定材料层施工过程及其质量控制。
4. 简述沥青混凝土路面施工过程及其质量控制。
5. 简述水泥混凝土路面施工过程及其质量控制。
6. 无机结合料层容易开裂，其原因是什么？施工中如何防控？
7. 沥青混凝土施工中为什么要严格控制温度？如何控制？
8. 水泥混凝土滑模式摊铺与三辊轴摊铺有何差异？
9. 离析是级配碎石、无机结合料稳定材料、沥青混凝土和水泥混凝土施工中均会出现的问题，查阅资料，讨论如何在施工中避免离析的产生。
10. 查阅资料，讨论路面施工智能化发展趋势。

第 11 章　路基路面排水设计

【本章提要】

本章主要介绍自然水对路基和路面结构的危害、路基路面排水设计的目的和主要内容，主要包括路界地表排水（坡面排水、路面表面排水以及中央分隔带排水）、路界地下排水、路面内部排水（路面内部排水、边缘排水以及基层排水系统）的设计要点、原则以及构造。

【学习要求】

了解路基路面排水设计任务和基本原则，了解坡面排水、路面表面排水以及中央分隔带排水等路界地表排水设施设计要求，了解路界地下排水设计要点、原则以及具体构造要求，了解路面内部排水设计、边缘排水以及基层排水系统的设计方法及要求。

11.1　概述

11.1.1　自然水对路基路面结构的危害

路基强度和稳定性与水的关系十分密切。路基路面的病害有多种形式，导致病害的因素也很多，但水的作用是主要因素之一，因此，必须十分重视路基排水设计。根据水源的不同，影响路基路面的水流可分为地面水和地下水两大类，与此相适应的路基排水工程，则分为地面排水和地下排水，如图 11-1 所示。

地面水包括大气降水（雨和雪）以及海、河、湖、水渠及水库水。地面水对路基产生冲刷和渗透，冲刷可能导致路基整体稳定性受损害，形成水毁现象，而渗入路基土体的水分，则会使土体过湿而降低路基强度。

地下水包括上层滞水、潜水及层间水等，它们对路基的危害程度因条件不同而异。轻者能使路基湿软，降低路基强度；重者会引起冻胀、翻浆或边坡滑塌，甚至整个路基沿倾斜基底滑动。

水可以通过路面裂缝、路面表面和路肩渗入路面，或是由高水位地下水、截断的含水层和泉水进入路面结构，被围封在路面结构内的水分产生的有害影响可归纳如下：

1) 浸湿各结构层材料和路基土，易造成无黏结粒状材料和地基土的强度降低。
2) 使水泥混凝土路面产生唧泥，随之出现错台、开裂和整个路肩破坏。
3) 由于移动车辆产生高动水压力，进入空隙的自由水在行车荷载的作用下，会形成高孔隙水压力和高流速的水流，引起路面基层的细颗粒产生唧泥，结果使其失去支撑。

4）冰冻深度大于路面厚度时，高地下水位会造成冻胀，并在冻融期间降低承载能力，且会使冻胀土产生不均匀冻胀。

5）长时间浸泡于水中的沥青混合料将很可能发生剥落，进而产生龟裂等病害，影响沥青混凝土的耐久性。

表 11-1 为每延米双车道路面（7.5m）下不同渗透性路基土排除 $0.1m^3$ 路面结构内自由水所需的渗流时间。当路基土为低透水性时（渗透系数不大于 10^{-5} cm/s），排除 $0.1m^3$ 路面结构内自由水需 1d 以上时间；而当路基土的渗透系数不大于 10^{-7} cm/s 时，排除这些水分所需时间达数个月，实际上是不

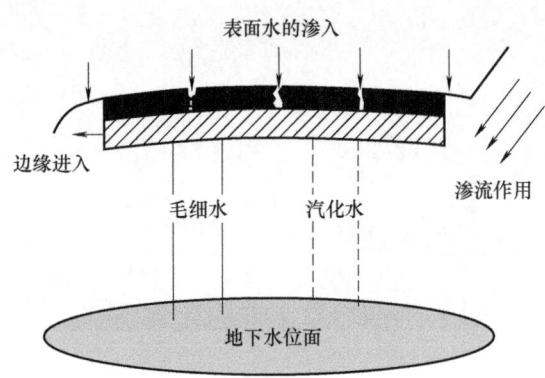

图 11-1 水的来源示意图

透水的。当路基为低透水性（渗透系数不大于 10^{-5} cm/s），而两侧路肩外也由这种土填筑时，路面结构便类似于被安置在封闭的槽式"浴盆"内，进入路面结构内的水分，无法向下或向两侧迅速渗漏，而被长时间积滞在路面结构内部。特别是位于凹形竖曲线底部、低洼河谷、曲线超高断面内侧，或者立体交叉的下穿路段的路面结构，由于地表径流或地下水汇集，进入结构内的自由水不仅数量大，而且停滞时间久。

表 11-1 不同渗透性路基土排除 $0.1m^3$ 路面结构内自由水所需的渗流时间

H/H_0	渗透系数/(cm/s)				
	10^{-3}（min）	10^{-4}（h）	10^{-5}（d）	10^{-6}（7d）	10^{-7}（30d）
0.2	111	18.52	7.72	11.02	25.72
0.4	56	9.62	3.86	5.51	12.86
0.6	37	6.17	2.57	3.67	8.57
0.8	28	4.63	1.93	2.75	6.43
1.0	22	3.71	1.54	2.20	5.14

注：H 为路面结构底面到地下水位的距离，H_0 为到不透水层的距离。

大量的路面使用经验和损坏状况调查发现，进入路面结构内的自由水是造成或加速路面损坏的重要原因。国内外研究和应用结果表明，设有排水基层的路面，其使用寿命要比未设的提高 30%（沥青混凝土路面）和 50%（水泥混凝土路面）左右。因而，采用内部排水设施所增加的资金投入，可以很快从路面使用性能的提高、使用寿命的增加和养护工作的减少中得到补偿。

美国在 20 世纪 60 年代末至 70 年代初就认识到路面内部排水的重要性，在 1973 年便由联邦公路局组织制定路面结构内部排水系统设计指南，以引导和推动公路部门采用路面内部排水措施。经过 10 余年的使用经验和研究成果的积累，1996 年在 AASHO 路面结构设计指南中，把排除渗入路面结构内水分所需的时间和一年内路面结构处于水饱和状态的时间比例作为指标，在路面设计中作为一项设计因素予以考虑。目前，在美国路面内部排水系统已成为一项常用的措施，一些州的路面通用结构断面中也做了相应的规定。

11.1.2 路基路面排水的目的与要求

路基排水目的就是将路基范围内的土基湿度降低到一定的限度以内，保持路基常年处于干燥状态，确保路基、路面具有足够的强度与稳定性。在道路修筑过程中，主要从以下三方面

考虑：

1) 路基设计时，必须考虑将影响路基稳定性的地面水排除或拦截于路基用地范围以外，并防止地面水漫流、积滞或下渗。对于影响路基稳定性的地下水，则应予以隔断、疏干、降低，并引导至路基范围以外的适当地点。

2) 路基施工中，应校核全线路基排水系统的设计是否完备和妥善，必要时应予以补充或修改，应重视排水工程的质量和使用效果。此外，应根据实际情况与需要，设置施工现场的临时性排水措施，以保证路基土石方及附属结构物在正常条件下进行施工作业，消除路基基底和土体内与水有关的隐患，保证路基工程质量，提高施工效率。

3) 路基养护中，对排水设施应定期检查与维修，以保证排水设施正常使用，水流畅通，并根据实际情况不断改善路基排水条件。

11.1.3　路基路面排水设计的主要内容

路基路面排水设计的主要内容包括：路界地表排水，路面内部排水，路界地下排水，公路构造物、下穿道路及沿线设施排水，特殊地区及特殊路段排水等。因此，公路排水设计过程主要有排水系统总体设计、水文调查与计算、排水设施结构形式和材料选择、水利计算等内容。

路界地表排水包括路（桥）面表面、中央分隔带、坡面和由公路毗邻地带或交叉道路流入路界内的表面水的排除；路面内部排水包括路面边缘排水系统、排水基层或排水垫层单独或组合构成；路界地下排水包括暗沟、渗沟、渗井、渗水隧道或仰斜排水管等地下排水设施，拦截、引排含水层的地下水，降低地下水位或疏干坡体内地下水；公路构造物、下穿道路及沿线设施排水包括桥面排水、桥（涵）台和支挡构造物排水、隧道排水、下穿道路排水、沿线设施排水等；特殊地区及特殊路段排水包括多年冻土地区排水、膨胀土地区排水、黄土地区排水、盐渍土地区排水、滑坡路段排水和水环境敏感路段排水等。

11.1.4　路基路面排水设计的一般原则

在排水设计过程中，要注意以下原则：

1) 排水设施要因地制宜、全面规划、合理布局、综合治理、讲究实效、注意经济，并充分利用有利地形和自然水系。一般情况下，地面和地下设置的排水沟渠宜短不宜长，以使水流不过于集中，做到及时疏散、就近分流。

2) 各种路基排水沟渠的设置，应注意与农田水利相配合，必要时可适当地增设涵管或加大涵管孔径，以防农业用水影响路基稳定，并做到路基排水有利于农田排灌。路基边沟一般不应用作农田灌溉渠道，两者必须合并使用时，边沟的断面应加大，并予以加固，以防水流危害路基。

3) 设计前必须进行调查研究，查明水源与地质条件，重点路段要进行排水系统的全面规划，考虑路基排水与桥涵布置相配合、地下排水与地面排水相配合、各种排水沟渠的平面布置与竖向布置相配合，做到路基路面综合设计和分期修建。对于排水困难和地质不良的路段，还应与路基防护加固相配合，并进行特殊设计。

4) 路基排水要注意防止附近山坡的水土流失，尽量不破坏天然水系，不轻易合并自然沟溪和改变水流性质，尽量选择有利地质条件布设人工沟渠，减少排水沟渠的防护与加固工程。对于重点路段的主要排水设施，以及土质松软和纵坡较陡地段的排水沟渠，应注意必要的防护与加固。

5) 路基排水要结合当地水文条件和道路等级等具体情况，注意就地取材，预防为主，既要稳固适用，又必须讲求经济效益。

6) 对于年平均降雨量大于600mm地区的高速公路、控制出入条件好的其他等级公路和城市快速路，可以考虑采用排水沥青路面作为面层，实现快速排除路表积水的功能。

11.2 路界地表排水

路界地表排水的目的是把降落在路界范围内的表面水有效地汇集并迅速排除出路界,同时把路界外可能流入的地表水拦截在路界范围外,以减少地表水对路基和路面的危害以及对行车安全的不利。通常情况下,路界地表排水可以划分为坡面排水、路面表面排水、中央分隔带排水三部分。中央分隔带排水视其宽度和表面横向坡度倾向,可以包括中央分隔带和左侧路缘带,或者仅为中央分隔带。而在设超高路段,它还包括上侧半幅路面的表面水。坡面排水包括路堤坡面、路堑坡面和倾向路界的自然坡面的排水。

11.2.1 坡面排水

工程中常用的地表排水设施包括边沟、排水沟、截水沟、跌水与急流槽等,必要时还有渡水槽、倒虹吸及蒸发池等。这些排水设施,在路基的不同位置具有不同的构造形式与排水功能。计算路基地表排水设施的径流量时,对高速公路、一级公路应采用15年,其他等级公路应采用10年的重现期内任意30min的最大降雨强度。各类地表水沟沟顶应高出设计水位0.2m以上。

1. 边沟

边沟是指设置在挖方路基的路肩外侧或低路堤的坡脚外侧且多与路中线平行的纵向人工沟渠,用以汇集和排除路基范围内和流向路基的少量地面水,并把它们引入顺畅的排水通道中,通过桥涵等将其泄放到道路的下方。平坦地面填方路段的路旁取土坑,常与路基排水设计综合考虑,使之起到边沟的排水作用。

由于排水量不大,边沟不需要进行水文和水力计算,而是依据沿线具体条件,选用标准横断面形式。另外,边沟紧靠路基,通常不允许其他排水沟渠的水流引入,也不能与其他人工沟渠合并使用。同时,边沟不宜过长,尽量使沟内水流就近排至路旁自然水沟或低洼地带,必要时设置涵洞,将边沟水横穿路基从另一侧排出。

边沟的纵坡(出水口附近除外)一般与路线纵坡一致。平坡路段,边沟宜保持不小于0.5%的纵坡。特殊情况容许采用0.3%,但边沟出口间距宜减短。在边沟出口附近以及排水困难路段,如回头曲线和路基超高较大的平曲线等处,边沟应进行特殊设计。

边沟的横断面形式,有梯形、流线形、三角形及矩形等,如图11-2所示。边沟横断面一般采用梯形,其外侧边坡坡度与挖方边坡坡度相同,内侧边坡为1:1.0~1:1.5。石方路段的边沟宜采用矩形横断面,其外侧边坡坡度与挖方边坡坡度相同,内侧边坡直立,坡面应采用浆砌片石防护。少雨浅挖地段的土质边沟可采用三角形横断面,其外侧边坡坡度与挖方边坡坡度相同,内侧边坡宜采用1:2~1:3。三角形边坡的水流条件较差,流量较大时沟深宜适当加大。

梯形边沟的底宽与深度为0.4~0.6m,水流少的地区或路段,取低限或更小,但不宜小于0.3m;降水量集中或地势偏低的路段,取高限或更大一些。流线形边沟是将路堤横断面的边角整修圆滑,以防止路基旁侧积沙或堆雪,适用于沙漠或积雪地区的路基。

边沟可采用浆砌片石、浆砌卵石和水泥混凝土预制块防护。对于砌筑中所选用的砂浆强度,高速公路、一级公路取M7.5,其他等级公路取M5。边沟出水口附近,水流冲刷比较严重,必须慎重布置和采取相应措施。

图11-3所示是路堑与高路堤衔接处的边沟排水布置,由于边沟泄出水流流向路堤坡脚处而产生较大高差,应根据地形与地质等具体条件,将出水口延伸至坡脚以外,以免边沟水冲刷填方坡脚。

边沟水流流向桥涵进水口时,应采取处治措施避免边沟流水产生冲刷,图11-4所示是涵洞进口设置窨井的示例。此外还应根据地形等条件,在桥涵进口前或在其他水流落差较大处,设置急流槽与跌水等结构物,将水流引入桥涵或其他指定地点。

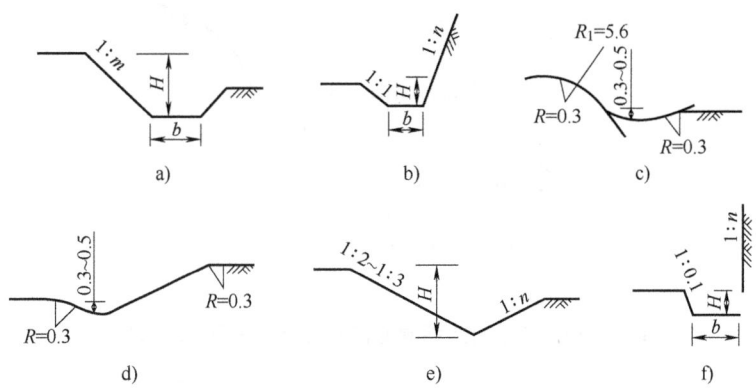

图 11-2 边沟的横断面形式示意图（单位：m）
a)、b) 梯形 c)、d) 流线形 e) 三角形 f) 矩形

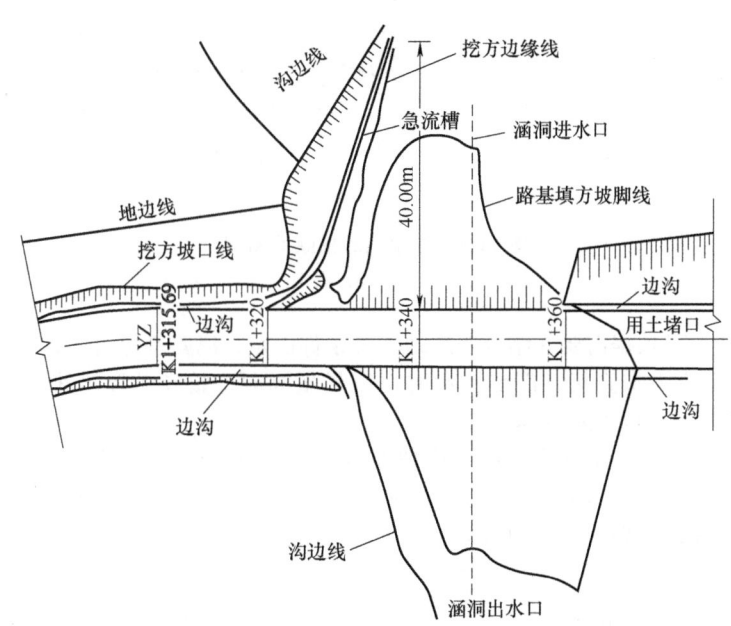

图 11-3 路堑与高路堤衔接处的边沟排水布置

在水流流至回头曲线处时，边沟的水较满且流速大，此时宜顺着边沟方向沿山坡设置引水沟，将水引至路基范围以外的自然沟中或设急流槽、涵洞等结构物，将水引下山坡或路基另一侧，以免对回头曲线路段造成冲刷。

2. 排水沟

其主要用途在于引水，将路基范围内各种水源的水流（如边沟、截水沟、取土坑、边坡和路基附近积水），引至桥涵或路基范围以外的指定地点。当路线受到多段沟渠或水道影响时，为保护路基不受水害，可以设置排水沟或改移渠道，以调节水流，整治水道。

排水沟的横断面一般采用梯形，如图 11-5 所示。排水沟的尺寸大小应经过水力水文计算选定。用于边沟、截水沟及取土坑出水口的排水沟，底宽与深度不宜小于 0.5m，土沟的边坡坡度为 $1:1 \sim 1:1.5$。

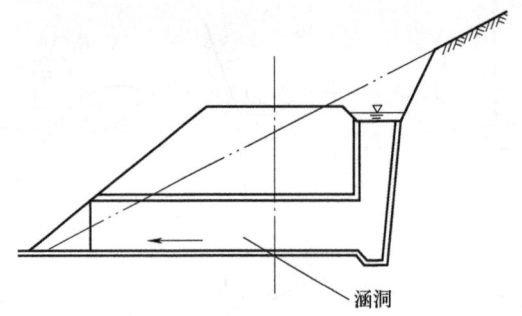

图 11-4　边沟泄水流入涵洞前窨井剖面图（单级跌水）

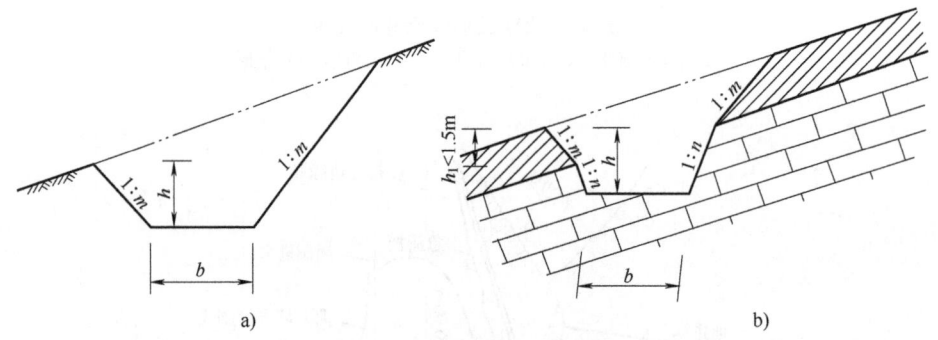

图 11-5　排水沟的横断面图例
a）土沟　b）石沟

排水沟的位置，可根据需要并结合当地地形等条件而定，离路基尽可能远些，距路基坡脚不宜小于 2m，平面上应力求直接，需要转弯时也应尽量圆顺，做成弧形，其半径不宜小于 10～20m，连续长度宜短，一般不超过 500m。

排水沟水流注入其他沟渠或水道时，应使原水道不产生冲刷或淤积。通常应使排水沟与原水道两者呈锐角相交，即交角不大于 45°，有条件时可采用半径 $R = 10b$（b 为沟顶宽）的圆曲线朝下游与其他水道相接，如图 11-6 所示。

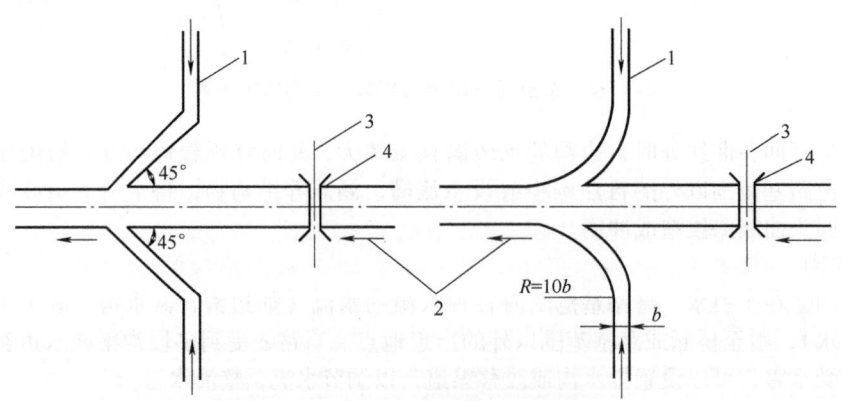

图 11-6　排水沟与水道衔接示意图
1—排水沟　2—其他渠道　3—桥涵中心线　4—桥涵

排水沟应具有合适的纵坡以保证水流畅通,不可流速太小而形成淤积,也不可流速太大而产生冲刷,为此宜通过水力水文计算择优选定。一般情况下,纵坡坡度可取 0.5%~1.0%,不小于 0.3%,也不宜大于 3%。若纵坡坡度大于 3%,应采取相应的加固措施。

路基排水沟渠的加固类型有多种,表 11-2 为土质沟渠各种加固类型,图 11-7 所示为沟渠加固横断面图,设计时可结合当地条件,根据沟渠土质、水流速度、沟底纵坡坡度和使用要求等而定。

表 11-2 土质沟渠各种加固类型

类型	名称	铺砌厚度/cm	类型	名称	铺砌厚度/cm
简易式	平铺草皮	单层	干砌式	干砌片石	15~25
	竖铺草皮	叠铺		干砌片石砂浆勾缝	15~25
	水泥砂浆抹平层	2~3		干砌片石砂浆抹平	20~25
	石灰三合土抹平层	3~5	浆砌式	砂砌片石	20~25
	黏土碎(砾)石加固层	10~15		混凝土预制块	
	石灰三合土碎(砾)石加固层	10~15		砖砌水槽	

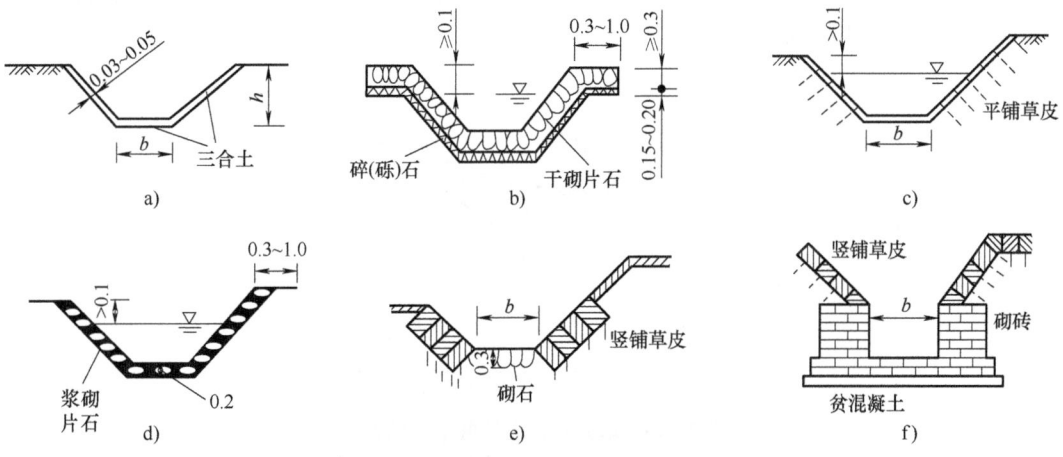

图 11-7 沟渠加固横断面图(单位:m)
a)石灰三合土抹平层 b)干砌片石(碎石垫平) c)平铺草皮 d)浆砌片石(碎石垫平)
e)竖铺草皮,砌石底 f)砖砌水槽

沟渠加固类型与沟底纵坡坡度有关,表 11-3 所列可供设计时参照使用。

表 11-3 加固类型与沟底纵坡坡度的关系

纵坡坡度(%)	<1	1~3	3~5	5~7	>7
加固类型	不加固	土质好,不加固;土质不好,简易式加固	简易加固或干砌式加固	干砌式或浆砌式加固	浆砌式加固或改用跌水

3. 截水沟

截水沟又称为天沟,一般设置在挖方路基边坡坡顶以外或山坡路堤上方的适当地点,用以拦截并排除路基上方流向路基的地面径流,减轻边沟的水流负担,保证挖方边坡和填方坡脚不受水流冲刷。当路段降水量较少或坡面坚硬和边坡较低以致冲刷影响不大时，可不设截水沟；反之，则应设截水沟。若在降水量较多且暴雨频率较高，山坡覆盖层比较松软，坡面较高，水土流失比较严重等情况的地段，可设置两道或多道截水沟。

图 11-8 所示是路堑段挖方边坡上方设置的截水沟图例之一，图中距离 d 一般应不小于 5m，地质不良地段可取 10m 或更大。截水沟下方一侧，可堆置挖沟的土方，要求做成顶部向沟倾斜 2% 的土台。路堑上方设置弃土堆时，截水沟的位置及断面尺寸如图 11-9 所示。

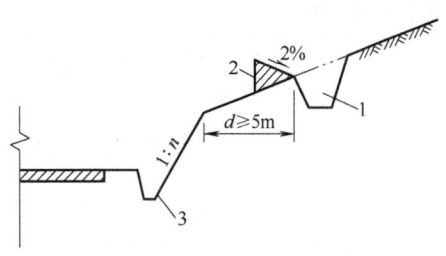
图 11-8 挖方路段截水沟示意图
1—截水沟 2—土台 3—边沟

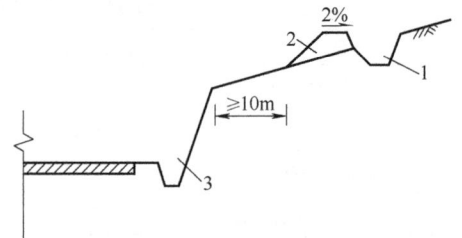
图 11-9 挖方路段弃土堆与截水沟关系图
1—截水沟 2—弃土堆 3—边沟

山坡填方路段可能遭到上方水流的破坏作用，此时必须设截水沟，以拦截山坡水流保护路堤。截水沟与坡脚之间，要有不小于 2m 的间距，并做成 2% 的向截水沟倾斜的横坡，确保路堤不受水害，如图 11-10 所示。

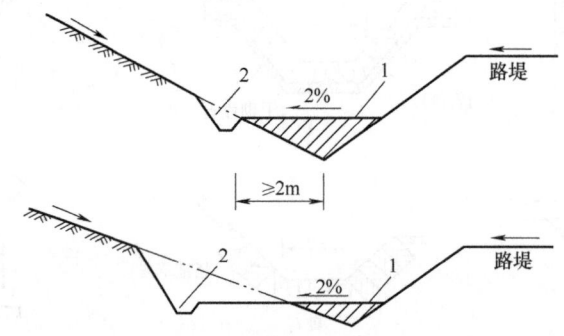
图 11-10 填方路段上的截水沟示意图
1—土台 2—截水沟

截水沟的横断面形式，一般为梯形，沟的边坡坡度因岩土条件而定，一般采用 1∶1.0~1∶1.5，如图 11-8 所示。沟底宽度 b 不小于 0.5m，沟深 h 按设计流量而定，也不应小于 0.5m。

截水沟的位置，应尽量与绝大多数地面水流方向垂直，以提高截水效能和缩短沟的长度。截水沟应保证水流畅通，就近引入自然沟内排出，必要时配以急流槽或涵洞等泄水结构物将水流引入指定地点。截水沟水流不应引入边沟，当必须引入时，应增大边沟横断面，并进行防护。沟底应具有 0.3% 以上的纵坡，沟底和沟壁要求平整密实，不滞流、不渗水，必要时予以加固和铺砌。截水沟的长度以 200~500m 为宜。

4. 跌水与急流槽

跌水与急流槽是路基地面排水沟渠的特殊形式，用于纵坡大于 10%，水头高差大于 1.0m 的陡坡地段。由于纵坡陡、水流速度快、冲刷力大，要求跌水与急流槽的结构必须稳固耐久，通常应采用浆砌块石或水泥混凝土预制块砌筑，并采取相应的防护加固措施。

（1）跌水　跌水的构造按层数分为单级和多级，按沟底宽度分为等宽和变宽。单级跌水适用于排水沟渠连接处，由于水位落差较大，需要消能或改变水流方向，图 11-11 所示为路基边沟水流通过涵洞排泄时，采用单级跌水（相当于雨水井）的示例之一。较长陡坡地段的沟渠，为减缓水流速度，并予以消能，可采用多级跌水，图 11-12 即示例之一。多级跌水底宽和每级长度，可以采用各自相等的对称形，也可根据实地需要，做成变宽或不等的长度与高度。

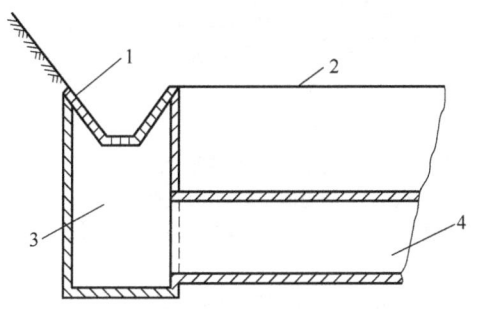

图 11-11　边沟与涵洞单级跌水连接示例
1—边沟　2—路基 3—跌水井　4—涵洞

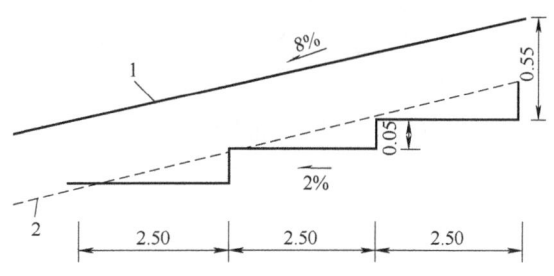

图 11-12　多级跌水纵剖面图（单位：m）
1—沟顶线　2—沟底线

按照水力计算特点，跌水的基本构造可分为进水口、消力池和出水口三个组成部分，如图 11-13 所示。各个组成部分的尺寸，由水力计算而定。一般情况下，如果地质条件良好，地下水位较低，设计流量小于 $1.0\sim2.0\text{m}^3/\text{s}$，跌水台阶（护墙）高度 p 最大不超过 2.0m。常用的简易多级跌水，台高 0.4～0.5m，护墙用砌石或混凝土结构，墙基埋置深度为水深 a 的 1.0～1.2 倍，并不小于 1.0m，且应深入冰冻线以下，砌石墙厚为 0.25～0.30m。消力池可以起消能作用，要求坚固稳定，底部具有 1% 的纵坡，底厚为 0.30～0.35m，壁高应比计算水深至少大 0.20m，壁厚与护墙厚度相仿。消力池末端设有消力槛，槛高 c 依计算而定，要求低于池内水深，为护墙高度的 $1/5\sim1/4$，即 $c=(0.2\sim0.25)p$，一般取 $c=15\sim20\text{cm}$。消力槛顶部厚度为 0.3～0.4m，底部预留孔径为 5～10cm 的泄水孔，以利于水流中断时排泄池内的积水。

跌水两端的土质沟渠应注意加固，保持水流畅通，不致产生水流冲刷或淤积，以充分发挥跌水的排水效能。

（2）急流槽　急流槽是指坡度大于临界坡度的人工沟槽，是山区公路回头曲线沟通上下线路基排水及沟渠出水口的一种常见排水设施。其作用是在距离短、水面落差大的情况下引导水流。急流槽设计应注意进水口处的连接，使水流平顺流入。

急流槽主体部分的纵坡依地形而定，一般可达 67%（1∶1.5），如果地质条件良好，需要时还可更陡，但结构要求更严，造价也相应提高，设计时应通过比较而定。在材料使用方面，急流槽多用砌石（抹面）和水泥混凝土结构，也可利用岩石坡面挖槽。如临时急需，可就近取材，采用竹木结构。

急流槽的构造如图 11-14 所示。按水力计算特点，由进口、主槽（槽身）和出口三部分组成。急流槽的进出口与主槽连接处，由于沟槽横断面不同，为了能平顺衔接，可设过渡段，出口部分设有消力池。各个部分的尺寸，依水力计算而定。对于设计流量不超过 $1.0\text{m}^3/\text{s}$、槽底倾斜为 1∶1～1∶1.5 的小型结构，急流槽的基础必须稳固，端部及槽身每隔 2～5m 在槽底设耳墙并埋入地面以下。槽身较长时，宜分段砌筑，每段长 5～10m，预留伸缩缝，并用防水材料填缝。

5. 倒虹吸与渡水槽

（1）倒虹吸　当水流需要横跨路基，同时受到设计高程的限制时，可以采用管道或沟槽，从路基底部跨越，这种构筑物就是倒虹吸，属于地面排水的特殊结构物，并且大都是配合农田水利所需而设置的。

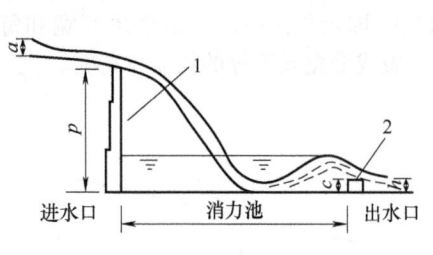

图 11-13　跌水的构造示意图
1—护墙　2—消力槛

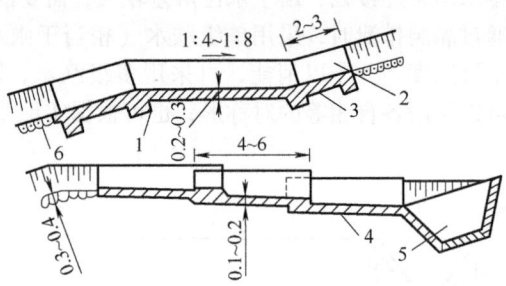

图 11-14　急流槽的构造示意图
1—耳墙　2—消力池　3—混凝土槽底
4—钢筋混凝土槽底　5—横向沟渠　6—砌石护底

倒虹吸的设置往往是因路基横跨原有沟渠,且沟渠水位高于路基设计高程,不能按正常条件下设置涵洞,此时采用倒虹吸是可行的方案之一,图 11-15 是其中的一种。

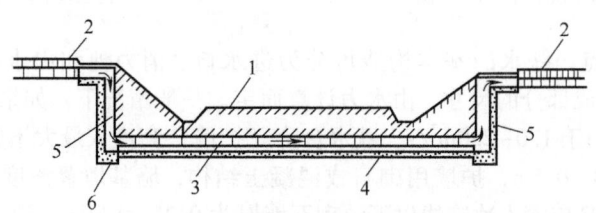

图 11-15　竖井式倒虹吸的布置
1—路基　2—原有沟渠　3—洞身　4—垫层　5—竖井　6—沉淀池

倒虹吸是借助上下游沟渠水位差,利用势能迫使水流降落,经路基下部管道流向路基另一侧,再复升流入下游水渠。由于所设管道为有压管道,竖井式倒虹吸的水流多次垂直改变方向,水流条件较差,结构要求较高,容易漏水和淤塞,且难以清理和修复,应尽量不用或少用,使用时需合理设计,进行水力计算,选择最佳设计方案,并要求保证施工质量,使用时要经常检查维修。

倒虹吸管道有箱形和圆形两种,以水泥混凝土和钢筋混凝土结构为主,临时性简易管道可用砖石结构,永久性或急需时也可改用钢铁管道。管道的孔径为 0.5~1.5m,管道附近的路基上覆填土厚度一般不小于 1.0m,以免行车荷载压力过于集中,严寒地区也可防冻。考虑倒虹吸的泄水能力有限,且为了施工和养护方便,管道不宜埋置过深,以填土高度不超过 3.0m 为宜。

倒虹吸管道两端设竖井,井底高程低于管道,起沉淀泥沙与杂物的作用。也可改用斜管式或缓坡式,以代替竖井式升降管,此时水流条件有所改善,但路基用地宽度增大,管道长度增加。为减少堵塞现象,设计时要求管道内水流的速度不小于 1.5m/s,并在进口处设置沉沙池和拦泥栅,如图 11-16 所示。

倒虹吸管道进口处所设的沉沙池,位于原沟渠与管道之间的过渡段,池底和池壁采用砌石抹面或混凝土,厚度为 0.3~0.4m(砌石)或 0.25~0.30m(混凝土),池的容量以不溢水为度。水流经过沉沙池后,水中仍含有细粒泥沙或轻质漂浮物,可设网状拦泥栅予以清除,确保虹吸管道不致堵塞。但拦泥栅本身容易被堵塞,需经常清理,以保证水流畅通,避免沉沙池和沟渠溢水而危害路基。倒虹吸的出口,也应设过渡段与下游沟渠平顺衔接,并对原有土质沟渠进行适当加固。

(2) 渡水槽　渡水槽的结构和功能与倒虹吸相似,区别在于构筑物位于路面上部架空,相当于渡水桥,如图 11-17 所示。原水道与路基设计高程相差较大,如果路基两侧地形有利,或当地确有必要,可设简易桥梁,架设水槽或管道,从路基上部跨越,以沟通路基两侧的水流。

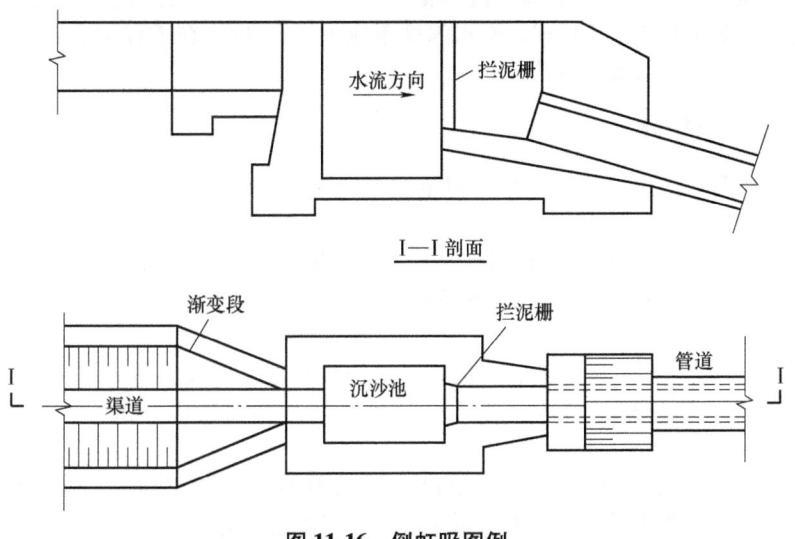

图 11-16　倒虹吸图例

渡水槽的架设应满足道路对净空与美化的要求,其构造与桥梁相似,但主要作用是沟通水流,故除应在结构上具有足够的强度外,在效能上应符合排水的要求,其中包括进出口的衔接,以及防止冲刷和渗漏等。

渡水槽由进水口、出水口、槽身和下部支承组成,其中进(出)口段的布置如图 11-18 所示。

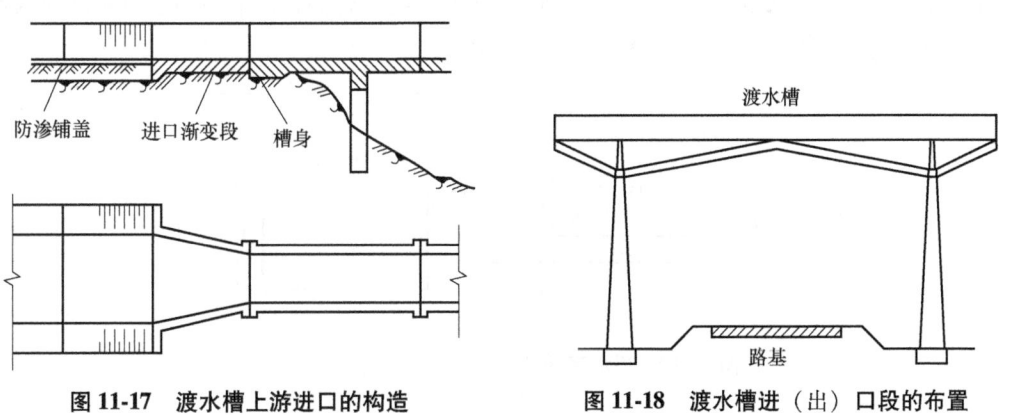

图 11-17　渡水槽上游进口的构造　　　图 11-18　渡水槽进(出)口段的布置

为降低工程造价,槽身过水横断面一般均较两端的沟渠横断面小,槽中水流速度相应有所提高,因此进出口段应注意防止冲刷和渗漏。进出水口处设置过渡段,根据土质情况,分别将槽身两端伸入路基两侧地面 2~5m,而且进出水口过渡段宜长一些,以防淤积。如果主槽较短,可取槽身与沟渠的横断面相同,沟槽直接衔接,可不设过渡段。水流横断面不同时,过渡段的平面收缩角为 10°~15°,据此可确定过渡段的有关尺寸。与槽身连接的土质沟渠,应予以防护加固,其长度至少是沟渠水深的 4 倍。

6. 蒸发池

蒸发池主要用在气候干旱、排水困难地段,可利用沿线的集中取土坑或专门设置蒸发池排出地表水。在设计上，其应在路基边沟（或排水沟）间设排水沟连接，边缘与路基边沟距离不应小于5m。面积较大的蒸发池不得小于20m。池中水位应低于排水沟的沟底。

蒸发池的容量应以一个月内路基汇流入池中的雨水能及时完成渗透与蒸发作为设计依据。每个蒸发池的容水量不宜超过300m³，蓄水深度不应大于2.0m。在工程中需要注意，蒸发池的设置不应使附近地面形成盐渍化或沼泽化。

11.2.2 路面表面排水

路面表面排水旨在迅速把降落在路面和路肩表面的降水排走，以免造成路面积水而影响行车安全，在设计中应遵循下列规定：

1）路堑地段路面表面水应通过横向排流的方式汇集于边沟内。

2）路堤较高且边坡坡面未做防护，或坡面虽有防护措施但仍可能受到冲刷的路段，应采用路面集中排水系统排除路表水。

3）路线纵坡平缓、汇水量不大、路堤较低且边坡坡面不易受到冲刷的路段，以及设置了具有截水、排水功能的骨架护坡的高填方路段，可采用路面横向分散漫流排水方式排除路表水。

4）设置拦水带汇集路表水时，高速公路及一级公路的设计积水宽度不得超过右侧车道外边缘；二级及二级以下公路不得超过右侧车道中心线。当硬路肩宽度较窄、汇水量大或拦水带形成的过水断面不足时，可采用沿土路肩设置U形路肩边沟等措施加大过水断面。路肩边沟宜采用水泥混凝土等预制件铺筑。

5）采用路面横向分散漫流方式排除路表水时，宜对土路肩及坡面进行加固。

由于修筑拦水带和急流槽需增加工程投资，因而，应先进行经济性分析，确定是采用有效的坡面防护措施，还是修筑拦水带和急流槽更满足工程造价要求。拦水带可由沥青混凝土现场铺筑，或者由水泥混凝土预制块铺砌而成。采用水泥混凝土预制块拦水带时，应避免预制块影响路面内部水的排泄。拦水带的横断面尺寸可参考图11-19，拦水带的顶面应略高于过水断面的设计水面高（水深）h，设计水深按式（11-1）计算确定。

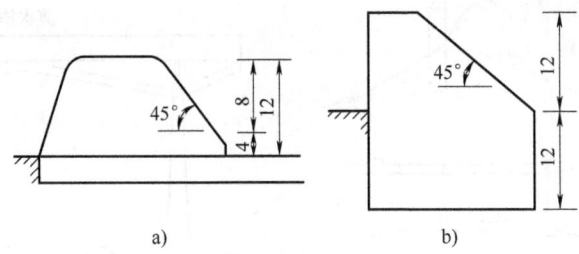

图 11-19 拦水带横断面参考尺寸（单位：cm）

a）沥青混凝土拦水带　b）水泥混凝土预制块拦水带

$$Q_c = 0.377 \frac{1}{i_h n} h^{\frac{8}{3}} I^{\frac{1}{2}} \tag{11-1}$$

式中　Q_c——沟或管的泄水能力（m³/s）；

　　　i_h——沟或过水断面的横向坡度；

　　　n——沟壁或管壁的粗糙系数，按表11-4选用；

　　　h——设计水深（m）；

　　　I——水力坡度，要取用沟或管的坡度。

表 11-4　沟壁或管壁的粗糙系数 n

沟或管类别	n	沟或管类别	n
塑料管（聚氯乙烯）	0.010	岩石质明沟	0.035
石棉水泥管	1.012	植草皮明沟（流速0.6m/s）	0.050~0.090
水泥混凝土管	0.013	植坡明沟（流速1.8m/s）	0.035~0.050
陶土管	0.013	浆砌式明沟	0.025
铸铁管	0.015	干砌式明沟	0.032
波纹管	0.027	水泥混凝土明沟（镘抹面）	0.015
沥青路面（光滑）	0.013	水泥混凝土路面（预制）	0.012
沥青路面（粗糙）	0.016	土质明沟	0.022
水泥混凝土路面（镘抹面）	0.014	带杂草土质明沟	0.027
水泥混凝土路面（拉毛）	0.016	砂砾质明沟	0.025

拦水带的泄水口可设置成开口（喇叭口）式。为提高泄水能力，设在纵坡坡段上的泄水口宜做成不对称的喇叭口，并在硬路肩边缘的外侧设置逐渐变宽的低凹区。其平面布置可参照图 11-20。泄水口的泄水量以及开口长度、低凹区宽度和下凹深度等尺寸应按泄水口水力计算确定。

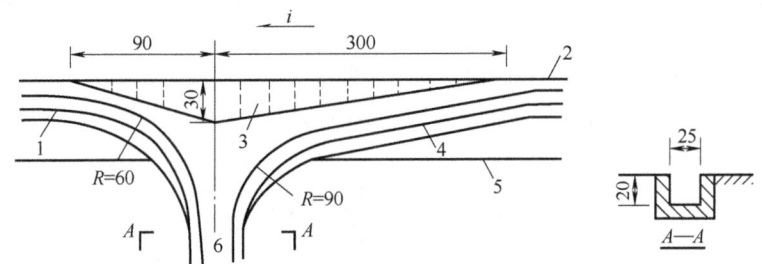

图 11-20　纵坡坡段上拦水带不对称泄水口的平面布置（单位：cm）
1—水流流向　2—硬路肩边缘　3—低凹区　4—拦水带顶　5—路堤边坡坡顶　6—急流槽

在纵坡坡段上的开口式泄水口，其泄水量随开口长度 L_i、低凹区的宽度 B_w 和下凹深度 h_a 以及过水断面的纵向坡度 i_z 和横向坡度 i_h 而变化（图 11-21），可利用图 11-22 查取截流率（Q_0/Q_c），按过水断面泄水能力 Q_c 确定其泄水量 Q_0。

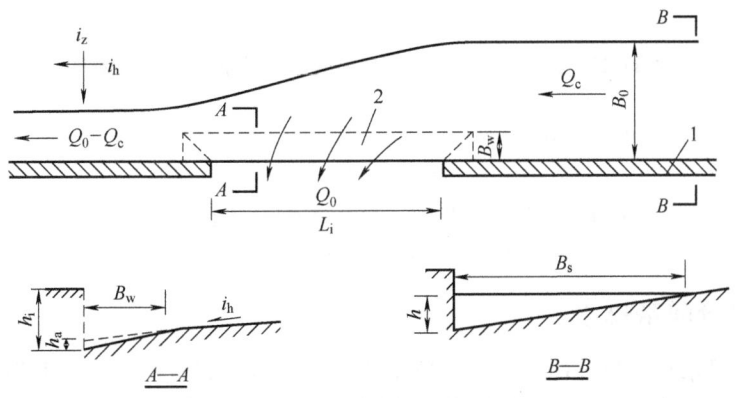

图 11-21　开口式泄水口周围的水流状况
1—拦水带或缘石　2—低凹区

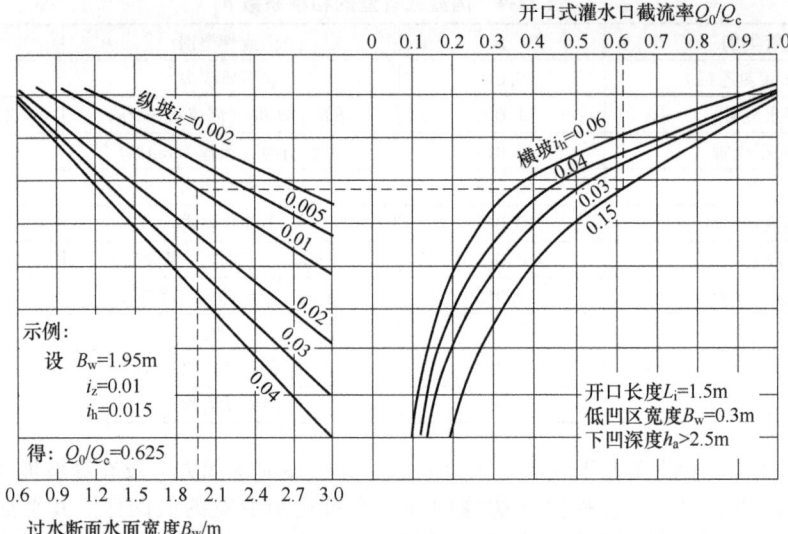

图 11-22 开口式泄水口截流率计算诺谟图

在凹形竖曲线底部的开口式泄水口,按泄水口处的水深和泄水的尺寸确定其泄水量。

1) 如开口处设有低凹区,当开口处的净高 h_0 不小于由图 11-23 确定的满足堰流要求的最小高度 h_m 时,可利用图 11-24 确定开口的泄水量 Q_0 或最大水深 h_i。

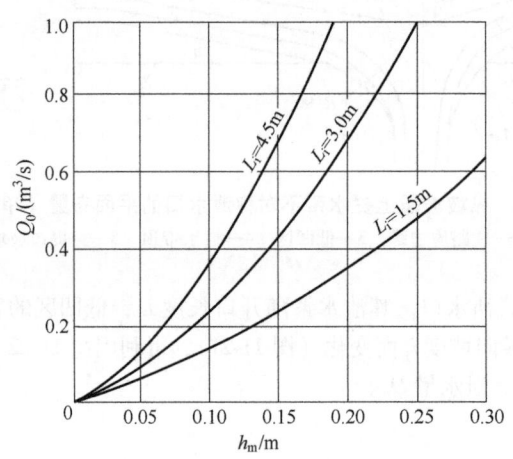

图 11-23 开口式泄水口满足堰流要求的最小高度 h_m 计算图

2) 如不设低凹区,可按下式确定其泄水量:

$$Q_0 = 166 L_i h_i^{1.5} \tag{11-2}$$

3) 当开口处水深 h_i 超过净高的 1.4 倍时,按下式确定其泄水量:

$$Q_0 = 13.14 h_0 L_i (h_i - 0.5 h_0) \tag{11-3}$$

11.2.3 中央分隔带排水

中央分隔带排水是高速公路及一级公路地表排水的重要组成部分,一般根据分隔带宽度、绿化和交通安全设施的形式,对分隔带表面进行不同的排水处理方式。我国对中央分隔带排水要求如下:

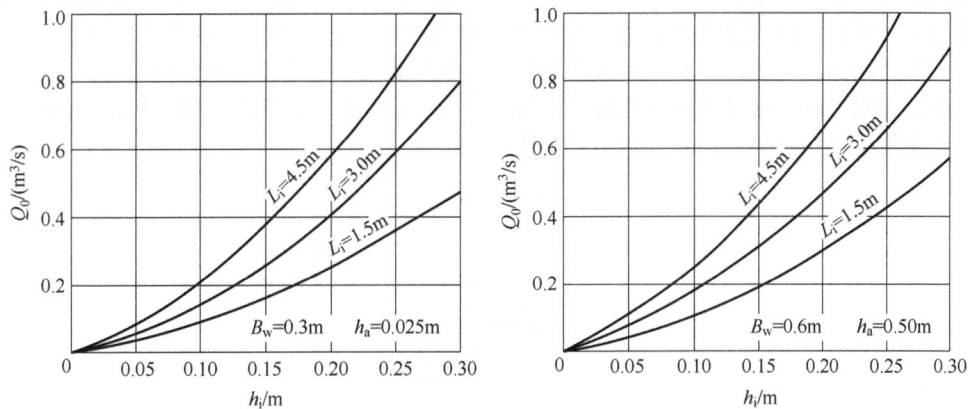

图 11-24　开口处净高 h_0 不小于 h_m 时开口的泄水量 Q_0 或最大水深 h_i 计算图

1）宽度小于 3m 且表面采用铺面封闭的中央分隔带排水，降落在分隔带上的表面水排向两侧行车道，其坡度与路面的横坡度相同；在超高路段上，可在分隔带上侧边缘处设置缘石或泄水口，或者在分隔带内设置缝隙式圆形集水管或碟形混凝土浅沟和泄水口（图 11-25），以拦截和排泄上侧半幅路面的表面水。缘石过水断面的泄水口可采用开口式、格栅式或组合式；碟形混凝土浅沟的泄水口采用格栅式。格栅铁条应平行于水流方向，孔口的净泄水面积应占格栅面积的一半以上，泄水口间距和截流量计算以及断面尺寸等可通过计算选取。

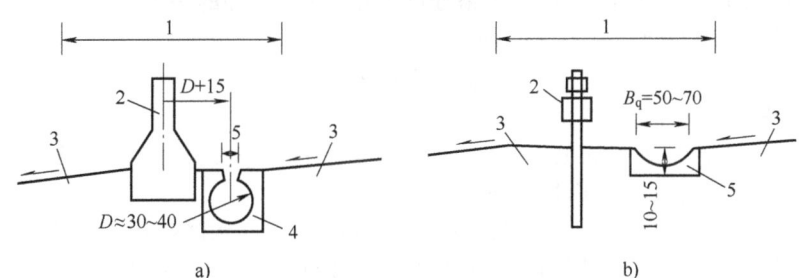

图 11-25　超高路段上设置缝隙式圆形集水管或碟形混凝土浅沟（单位：cm）
a) 缝隙式圆形集水管　b) 碟形混凝土浅沟
1—中央分隔带　2—护栏　3—铺面　4—缝隙式圆形集水管　5—碟形混凝土浅沟

在纵坡坡段上的格栅式泄水口，其泄水量为过水断面中格栅宽度 B_q 所截流的部分（图 11-26），可利用式（11-3）确定。格栅孔口所需的最小净长度按下式确定：

$$L_g = 0.91 V_g (h_i + t_b)^{0.5} \tag{11-4}$$

式中　L_g——格栅孔口的最小净长度（cm）；
　　　V_g——格栅范围内水流的平均流速（m/s）；
　　　t_b——格栅栅条的厚度（m）。

2）宽度大于 3m 且表面未采用铺面封闭的中央分隔带排水，降落在分隔带上的表面水汇集在分隔带中央的低洼处，并通过纵坡排流到泄水口或横穿路界的桥涵水道中。分隔带的横向坡度宜为 1∶4～1∶6；分隔带的纵向排水坡度，在过水断面无铺面时不得缓于 0.25%，有铺面时不得缓于 0.12%。当水流速度超过地面土的最大允许流速时应在过水断面宽度范围内对地面土进行防冲刷处理，做成三角形或 U 形断面的水沟。防冲刷层可采用水泥稳定土或石灰稳定土，或者采用浆砌片石铺砌,厚度为 10～15cm。当中央分隔带内的水流流量过大或流速超过允许范围,或者在分隔带低凹区的流水汇集处时,应设置格栅或泄水口,并通过排水管引排到桥涵或路界处。格栅可以同周围地面齐平,也可适当降低,并在其周围一定宽度范围内做成低凹区,以增加泄水能力。泄水口的泄水量在纵坡坡段上可按式(11-1)计算。在凹形竖曲线底部的格栅式泄水口,其泄水量按式(11-5)和式(11-6)计算。

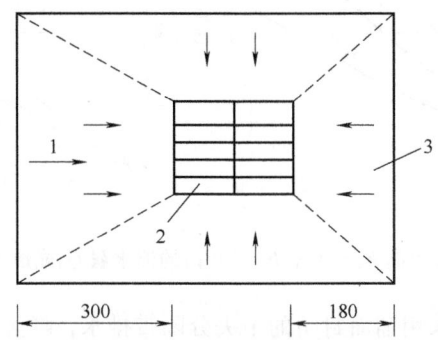

图 11-26　中央分隔带格栅式泄水口布置(单位:cm)
1—上游　2—隔栅　3—低凹区

① 当格栅上面的水深 h_i 小于 0.12m 时:
$$Q_0 = 1.66 p_g h_i^{1.5} \tag{11-5}$$

式中　p_g——格栅的有效周边长(m),为格栅进水周边边长之和的一半。

② 当格栅上面的水深 h_i 大于 0.43m 时:
$$Q_0 = 2.96 A_i h_i^{0.5} \tag{11-6}$$

式中　A_i——格栅孔口净泄水面积的一半(m²)。

③ 当格栅上面的水深处于 0.12～0.43m 时,其泄水量介于按式(11-5)和式(11-6)计算的结果之间,可按水深通过直线内插得到。

3)表面无铺面且未采用表面排水措施的中央分隔带,表面水降落在分隔带上后下渗,由分隔带内的地下排水设施排除。常用的纵向排水渗沟如图 11-27 所示,应隔一定间距通过横向排水管将渗沟内的水排引出路界。渗沟周围包裹反滤织物(土工布),以免渗入水携带的细粒将渗沟堵塞。渗沟上的回填料与路面结构的交界面处铺设涂双层沥青的土工布隔渗层。排水管可采用直径 70～150mm 的塑料管。

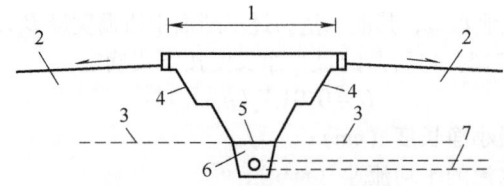

图 11-27　中央分隔带下设排水沟
1—中央分隔带　2—路面　3—路床顶　4—隔渗层　5—反滤织物　6—渗沟　7—横向排水管

我国常采用较窄的中央分隔带,仅在中间设预留车道时才采用宽的中央分隔带。因此,各地在选用排水设施类型时,不应拘泥于以分隔带宽度作为判定指标,而是应结合地区和工程实际需要确定排水结构。因而,上述分类中的宽度标准并不是绝对的。

11.3 路界地下排水

路基及边坡土体中的上层滞水，或埋藏很浅的潜水称为地下水，当地下水影响路基强度或边坡稳定时，应设置暗沟（管）、渗沟和检查井等地下排水设施。

11.3.1 路界地下排水设计要点

1）当地下水影响路基稳定或强度时，应设置暗沟、渗沟、渗井、渗水隧道或仰斜式排水管等地下排水设施，拦截、引排含水层的地下水，降低地下水位或疏干坡体内地下水。

2）应通过工程地质和水文地质调查、勘察，查明地下水的类型、补给来源、活动规律及其他有关水文地质参数，勘察成果应满足路界地下排水设计的需要。对含水地层或地下水富集带宜进行专门的调查和勘测。

3）地下排水设施应具有足够的强度，能承受来自包括排水设施及路基路面施工的施工荷载、路面结构静荷载、行车荷载及路基变形或周围环境影响等产生的作用。

4）地下排水沟管应尽可能采用较大的纵坡，在出水口端应加大纵坡坡度。其最小纵坡坡度一般不宜小于0.50%；条件困难时，主沟的最小纵坡坡度不得小于0.25%，支沟的最小纵坡坡度不得小于0.20%。

5）地下排水沟管的出水口间距不宜大于300m，并应妥善处理出水口的排水通道，防止出现漫流或冲刷山坡坡面。可以允许将地下水排放到路界地表排水系统中，但出水口处的地下水必须处于无压状态。

6）地下排水沟管的上游端头应设置45°倾角与地面清扫、疏通井管；在中间段的管道交汇处、转向处、管径或坡度变换处，应设置竖直的检查井管，其最大间距不得超过150m。

11.3.2 地下排水布置原则

应根据地下水类型、含水层埋藏深度、地层渗透性、地下水对环境的影响，并考虑与地表排水设施协调等，选用适宜的地下排水设施，并应符合以下规定：

1）有地下水出露的挖方路基、斜坡路堤、路基填挖交替地段，当地下水埋藏浅或无固定含水层时，宜采用渗沟。

2）赋存有地下水的坡面，当坡体土质潮湿、无集中的地下水流但危及路基安全时，宜设置边坡渗沟或支撑渗沟。

3）当地下水埋藏深或为固定含水层时，可采用渗水隧洞、渗井。渗井宜用于地下含水层较多，但路基水量不大，且渗沟难以布置的地段。

4）路基基底范围有泉水外涌时，宜设置暗沟（管）将水引排至路堤坡脚外或道路边沟内。

5）当坡面有集中地下水时，可设置仰斜式排水孔。

11.3.3 地下排水设施与构造

常用的路基地下排水设施有暗沟、渗沟、渗水隧洞和渗井等。其特点是排水量不大，主要是以渗流方式汇集水流，并就近排出路基范围以外。对于流量较大的地下水，应设置专用地下管道予以排除。

由于地下排水设施埋置在地面以下，不易维修，在路基建成后又难以查明失效情况，因此要求地下排水设施牢固有效。

（1）暗沟 相对于地面排水的明沟而言，暗沟又称为盲沟，属于隐蔽工程。从盲沟的构造特点出发，由于沟内分层填以大小不同的颗粒材料，利用渗水材料透水性将地下水汇集于沟内，并沿沟排泄至指定地点,此种构造相对于管道流水而言,习惯上称为盲沟,在水力特性上属于紊流。

图 11-28 所示为一侧边沟下面所设的盲沟,用以拦截流向路基的层间水,防止路基边坡滑塌和毛细水上升危及路基的强度和稳定性。

图 11-29 所示是路基两侧边沟下面均设盲沟,用以降低地下水位,防止毛细水上升至路基工作区范围内,形成水分积聚而造成冻胀和翻浆或土基过湿而降低强度等。

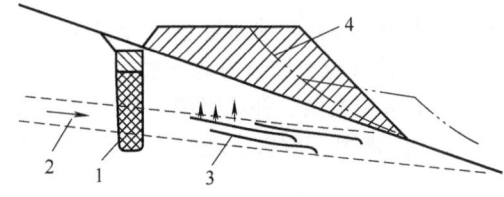

图 11-28 一侧边沟下面所设的盲沟
1—盲沟 2—层间水 3—毛细水 4—可能滑坡线

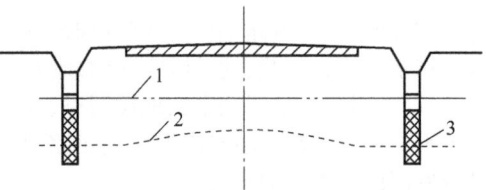

图 11-29 路基两侧边沟下面均设盲沟
1—原地下水位 2—降低后地下水位 3—盲沟

图 11-30 所示是设在路基挖方与填方交界处的横向盲沟,用以拦截和排除路堑下面层间水或小股泉水,保持路堤填土不受水害。

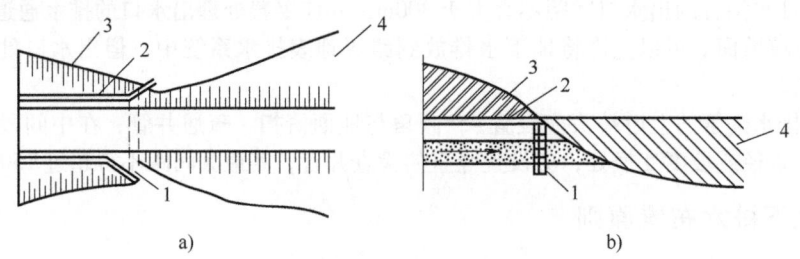

图 11-30 挖填交界处的横向盲沟
a) 平面 b) 纵剖面
1—盲沟 2—边沟 3—路堑 4—路堤

以上所述的盲沟,沟槽内全部填满颗粒材料,可以理解为简易盲沟,其构造比较简单,横断面为矩形,也可做成上宽下窄的梯形,沟壁倾斜度约 1:0.2,底宽 b 与深度 h 大致为 1:3,深 1.0~1.5m,底宽为 0.3~0.5m。盲沟的底部中间填以粒径较大(3~5cm)的碎石,其空隙较大,水可在空隙中流动。粗粒碎石两侧和上部,按一定比例分层(层厚约 10cm)填以较细粒径的粒料,逐层粒径比例大致按 6 倍递减。盲沟顶部和底面,一般设有厚 30cm 以上的不透水层或顶部设有双层反铺草皮。

简易盲沟的排水能力较小,不宜过长,沟底具有 1%~2% 的纵坡,出水口底面高程应高出沟外最高水位 20cm,以防水流倒渗。

寒冷地区的盲沟,应做防冻保温处理或将盲沟设在冻结深度以下。

(2)渗沟 采用渗透方式将地下水汇集于沟内,并通过沟底通道将水排至指定地点,此种地下排水设施统称为渗沟,它的作用是降低地下水位或拦截地下水,其水力特性是紊流,但在构造上与上述简易盲沟有所不同。

渗沟结构形式如图 11-31 所示。

盲沟式渗沟与上述简易盲沟相似,但构造更为完善,当地下水流量较大,要求埋置更深时,可在沟底设洞或管,前者称为渗洞,后者称为渗水隧洞。

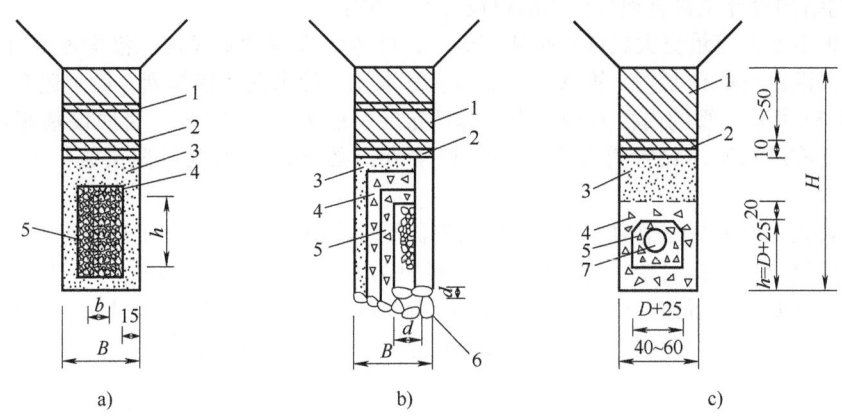

图 11-31 渗沟结构形式（单位：cm）
a）盲沟式　b）渗洞　c）渗水隧洞
1—黏土夯实　2—双层反铺草皮　3—粗砂　4—石屑　5—碎石　6—浆砌片石沟洞　7—预制混凝土管

渗沟的位置与作用，视地下排水的需要而定，大致与图 11-28～图 11-30 所示的简易盲沟相仿，但沟的尺寸更大，埋置更深，而且要进行水力计算确定尺寸。公路路基中，浅埋的渗沟在 2～3m 以内，深埋时可达 6m 以上。

渗沟底部设洞或管，底部结构相当于顶部可以渗水的涵洞。图 11-32 所示是洞式渗沟结构图例之一，其洞宽 b 约为 20cm，高为 20～30cm，盖板用条石或混凝土预制板；板长约为 $2b$，板厚 $p \geqslant 15$cm，并预留渗水孔，以便渗入沟内的水汇集于洞内排出。洞身要求埋入不透水层内，如果地基软弱还应铺设砂石基础；洞身埋在透水层中时，必要时在两侧和底部加设隔水层，以达到排水的目的。洞底设置不小于 0.5% 的纵坡，使集水通畅排出。

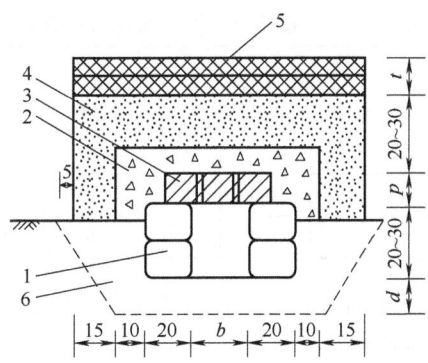

图 11-32 洞式渗沟结构示意图（单位：cm）
1—浆砌块石　2—碎砾石　3—盖板　4—砂　5—双层反铺草皮或土工布　6—基础

渗水隧洞的设计应符合以下规定：
1）滑动面（带）以下不小于 0.5m。
2）对滑动面以上的其他含水层，宜采用在渗水隧洞顶上设置渗井或渗管等方法引入隧洞中。渗水隧洞以下存在承压含水层时，宜在洞底部设置渗水孔。
3）隧洞横断面净高不宜小于 1.8m，净宽不宜小于 1.0m。
4）隧洞平面轴线宜顺直，洞底纵坡应不小于 0.5%，不同纵坡段可采用设台阶跌水或折线坡等形式连接。

5) 隧洞结构设计应符合现行公路隧道设计有关规定。

当排除地下水的流量更大或排水距离较长时，可考虑采用管式渗沟。渗沟底部埋设的管道，一般为陶土或混凝土的预制管，管壁上半部留有渗水孔，渗水孔交错排列，设于边沟下的管或渗沟，如图 11-33 所示。管的内径 D 由水力计算而定，一般为 0.4~0.6m，管底设基座。对于冰冻地区，为防止冻结阻塞，除管道埋在冰冻线以下外，必要时应采取保温措施，管径也宜较大一些。

同时，管式渗沟的排水管还应符合《公路排水设计规范》（JTG/T D33—2012）中的要求，排水管构造应符合：带孔的排水管，槽孔的内径宜为 5~10mm，纵向间距宜为 75mm，按 4 或 6 排对称地排列在圆管断面的下半截，如图 11-34a 所示；带槽的排水管，槽口的宽度宜为 3~5mm，按两排间隔 165°对称地排列在圆管断面的下半截，如图 11-34b 所示。

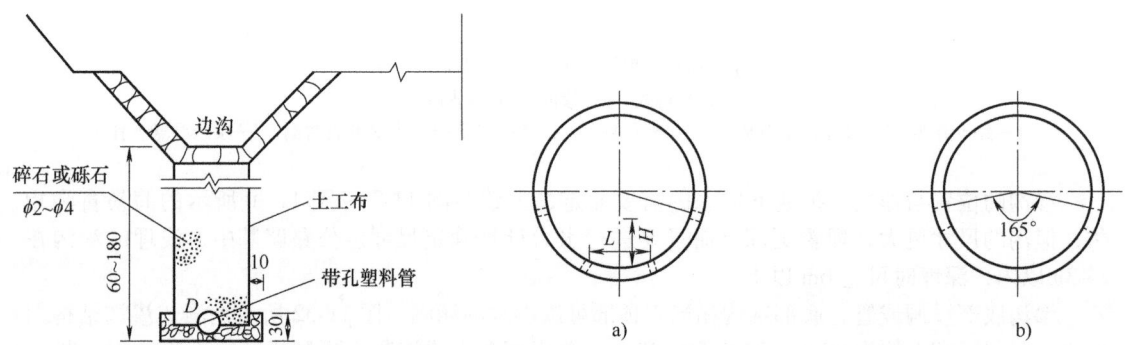

图 11-33　管式渗沟（单位：cm）

图 11-34　带槽孔排水管的圆孔和槽口布置示意图
a）带孔排水管　b）带槽排水管

沿圆周方向的长度和槽口的间距应满足表 11-5。

表 11-5　带槽孔排水管的槽孔布置要求　（单位：mm）

管径	圆孔			槽口		管径	圆孔			槽口	
	排数	H	L	长度	间距		排数	H	L	长度	间距
150	4	70	98	38	75	300	6	140	195	75	150
200	4	94	130	50	100	380	6	175	244	75	150
250	4	116	164	50	100	460	6	210	294	75	150

（3）渗井　渗井属于立式地下排水设施，当地下存在多层含水层，其中影响路基的上部含水层较薄，排水量不大，且平式渗沟难以布置时，可采用立式（竖向）排水，设置渗井，穿过不透水层，将路基范围内的上层地下水引入更深的含水层中，以降低上层的地下水位或全部予以排除。图 11-35 所示为圆形渗井的结构与布置图例。

渗井的平面布置，以及孔径与渗水量，按水力计算而定，一般为直径 1.0~1.5m 的圆柱形，也可是边长为 1.0~1.5m 的方形。井深视地层构造情况而定，井内由中心向四周，按层次分别填入由粗到细的砂石材料，粗料渗水，细料反滤。填充料要求筛分冲洗，施工时需用钢板套筒分隔，填入不同粒径的材料，并要求层次分明，不得粗细材

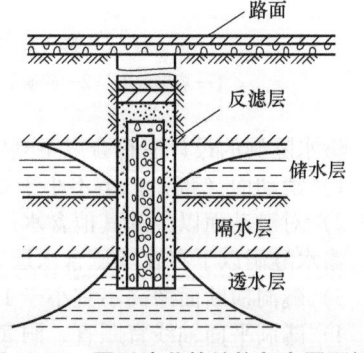

图 11-35　圆形渗井的结构与布置图例

料混杂，以保证渗井达到预期排水效果。

鉴于渗井施工不易，单位渗水面积的造价高于渗沟，一般尽量少用。有时，因土基含水率较大，严重影响路基、路面的强度，其他地下排水设施不易布置，其他技术措施如隔离层的造价较高，此时渗井可作为技术措施之一进行设计比选，合适时有条件地选用。

■ 11.4 路面内部排水设计

降落在路面表面的雨水，会通过路面裂缝、松散等病害处或沥青路面面层孔隙，或是由路肩侧向渗入路面结构内部，使沥青混合料的耐久性能逐渐下降，引发更多的病害。因此，必须重视路面结构内部排水。路面内部排水系统的设计通常需满足三方面的要求：①各项设施应具有足够的泄水能力，能够及时排除渗入路面结构内的自由水；②自由水在路面结构内的渗流路径和渗流时间不能太长；③排水设施具有较好的耐久性。

11.4.1 路面内部排水

我国《公路排水设计规范》（JTG/T D33—2012）建议在下列情况下，应设置路面内部排水系统：

1）年降水量600mm以上的湿润多雨地区，路基由渗透系数不大于10^{-4}mm/s的细粒土填筑的高速公路、一级公路或重要的二级公路。

2）路基两侧有滞水，可能渗入路面结构内。

3）重冰冻地区，路床为粉性土的潮湿路段。

4）现有路面改建或路基改善工程，需排除积滞在路面结构内的水分。

同时还规定，路面内部排水系统的设计应满足下列要求：

1）路面内部排水系统中各种排水设施的设计排泄量均应不小于路面表面水渗水量的2倍，下游排水设施的泄水能力应超过上游排水设施的泄水能力。

2）排水设施应避免被渗流从路面结构、路基或路肩中带来的细料堵塞。

3）系统的排水功能不应随时间很快降低。

表面渗入路面结构的量，按路面类型分别由下列公式计算：

水泥混凝土路面：
$$Q_p = K_c \left(n_z + n_h \frac{B}{L_c} \right) \tag{11-7}$$

沥青路面：
$$Q_p = K_a B \tag{11-8}$$

式中 Q_p——纵向每延米路面结构表面水的渗入量[m^3/(d·m)]；

K_c——每延米水泥混凝土路面接缝或裂缝的表面水设计渗入率[m^3/(d·m)]，可按0.36m^3/(d·m)取用；

n_z——长度范围内纵向接缝和裂缝的条数（包括路面与路肩之间的接缝）；

n_h——L_c长度范围内横向接缝和裂缝的条数；

B——单向坡度路面的宽度（m）；

L_c——水泥混凝土路面的横缝间距（即板长）（m）；

K_a——每平方米沥青路面的表面水设计渗入率[m^3/(d·m)]，可按0.15m^3/(d·m)取用。

进入路面结构内的自由水，可通过向路基下部渗流而逐渐排走。渗流的速度随路基土的渗透性和地下水位的高度而异，可以利用达西渗流定律，以不同渗透性的路基土的排水时间进行计算分析。自由水在排水层内的渗流时间按下列公式计算：

$$t = \frac{L_s}{3600 v_s} \tag{11-9}$$

$$L_s = B\sqrt{1+\frac{i_z^2}{i_h^2}} \quad (11\text{-}10)$$

$$v_s = \frac{1}{n_e}k_b\sqrt{i_z^2+i_h^2} \quad (11\text{-}11)$$

式中　t——渗流时间（h）；

　　　L_s——渗流路径长（m）；

　　　v_s——渗流速度（m/s）；

　　　n_e——透水材料的有效孔隙率；

　　　k_b——透水材料的渗透系数（m/s）。

当道路所处地区降雨量大（年平均降雨量大于 600mm），对于高速公路和控制出入条件好的其他等级公路、城市快速路，可以考虑采用排水沥青面层替代传统的密级配面层，将面层也作为路面内部排水系统的一部分，极大提升雨天路面的排水效率。

排水沥青路面是指压实后空隙率在 18% 以上，能够在混合料内部形成排水通道的沥青路面类型，一般用于上面层或中上面层，其下为常规的密级配沥青路面，两者之间设有防水黏结层（图 11-36）。由于排水沥青路面具有大空隙结构，雨水可快速渗入路面中，经由连通空隙沿路面结构内部横向排出，从而消除严重影响行车安全的路表水膜。

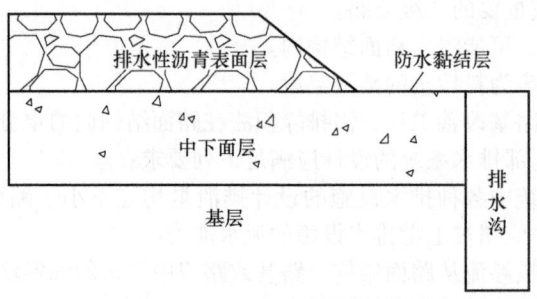

图 11-36　排水沥青路面典型结构

排水沥青路面结构层包括沥青面层、基层、底基层、垫层等层次。面层通常由排水功能层、防水黏结层和下承层组成。下承层应密实防水，并具有较强的抗车辙性能。排水沥青路面采用半刚性基层时，宜采取减少基层横向裂缝的技术措施；排水沥青路面也可采用级配碎石等柔性基层。

单层排水沥青路面宜采用 PAC-13 结构形式，厚度以 40~50mm 为主。双层排水沥青路面结构的排水功能层由小粒径排水沥青混合料上层和大粒径排水沥青混合料下层组成。上层与下层常用组合为 PAC-10+PAC-16，PAC-5+PAC-13 和 PAC-13+PAC-20。对于双层排水沥青路面，上层厚度宜为 20~30mm，下层厚度宜为 35~50mm。

在排水沥青路面表面排水功能层和下承层之间须设置防水黏结层。新建道路防水黏结层可采用改性乳化沥青类材料或改性热沥青类材料，如橡胶沥青、SBS 改性沥青等。重载交通和旧路罩面工程的防水黏结层宜采用改性热沥青类材料。改性乳化沥青类的防水黏结层洒布量宜控制在 0.3~0.6kg/m² （以纯沥青计）。改性热沥青类防水黏结层洒布量宜控制在 1.5~1.8kg/m²，并洒布一定数量的碎石或预裹覆沥青碎石。

排水沥青混合料必须在对同类配合比设计和使用情况调查研究的基础上，充分借鉴成功的经验，进行配合比设计。

11.4.2 边缘排水系统

路面边缘排水系统是沿路面边缘设置的,由透水性填料集水沟、纵向排水沟、横向出水管和过滤织物组成的排水系统。该系统是将渗入路面结构内的自由水,先沿路面结构层间空隙或某一透水层横向流入纵向集水沟和排水管,再由横向出水管排引出路基。这种排水系统常用于基层透水性小的水泥混凝土路面,特别是用于改善排水状况不良的旧水泥混凝土路面。水泥混凝土面层板的边缘和角隅处,由于温度和湿度梯度引起的翘曲变形作用以及地基的沉降变形,常出现板底面同基层顶面脱空的现象。下渗的路表水易积聚在这些脱空内,诱发唧泥和错台等损坏。设置边缘排水系统,便于将面层—基层—路肩界面处积滞的自由水排离路面结构。而对于排水状况不良的旧水泥混凝土路面,采用边缘排水设施方案,可以在不改变原路面结构的情况下改善其排水状况,从而提高原路面的使用性能和使用寿命。然而,自由水在路面结构层内沿层间渗流的速率要比向下渗流的速率慢许多倍,并且部分自由水仍有可能被阻封在路面结构内,因而,边缘排水系统的渗流时间较长,路面结构处于潮湿状态的时间要比下面将要介绍的基层排水系统长许多。边缘排水系统的常用形式如图11-37所示。

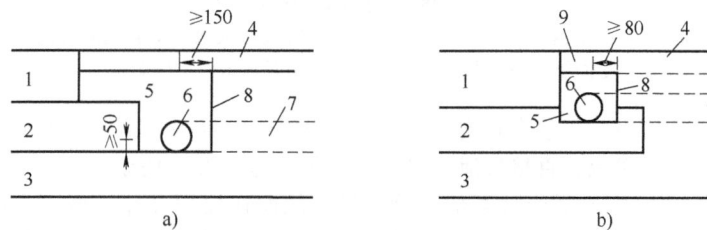

图 11-37 边缘排水系统的常用形式(单位:cm)
a)新建路面边缘排水系统 b)改建路面边缘排水系统
1—面层 2—基层 3—垫层 4—路肩面层 5—集水沟 6—排水管 7—出水管
8—反滤织物 9—回填路肩面层

纵向排水管通常选用聚氯乙烯(PVC)或聚乙烯(PE)塑料管。排水管设3排槽口或孔口,其开口总面积不小于$42cm^2$/延米。管径按设计流量由水力计算确定,通常在70~150mm范围内选用。排水管的埋设深度,应保证不被车辆或施工机械压裂,并应超过当地的冰冻深度。在非冰冻地区,新建路面时,排水管的管底通常与基层底面齐平;改建路面时,管中心应低于基层顶面。排水管的纵向坡度宜与路线纵坡相同,但不得小于0.3%。

横向出水管选用不带槽或孔的聚氯乙烯塑料管,管径与排水管相同。其间距和安全位置由水力计算并考虑邻近地面高程和公路纵横断面情况确定,一般在50~100m范围内选用。出水管的横向坡度不宜小于5%。埋设出水管所开挖的沟,须用低透水材料回填。出水管的外露端头用镀锌钢丝网或格栅罩住。出水口的下方应铺设水泥混凝土防冲刷垫板或者对泄水道的坡面进行浆砌片石防护,以防止水流冲刷路基边坡。出水水流应尽可能排引至排水沟或涵洞内。

透水性填料由水泥处治的开级配粗集料组成,其孔隙率为15%~20%。粗集料最大粒径不大于40mm,粒径4.75mm以下的细粒含量不应超过16%,2.36mm以下的细粒含量不应超过6%。为避免带孔排水管被堵塞,透水性填料在通过率为85%时的粒径应比排水管槽口宽或孔口直径大1.0~1.2倍。水泥处治的集料的配合比,应按透水性要求和施工要求通过试配确定。

集水沟底面的最小宽度,对新建路面,不应小于30cm;对改建路面,应能保证排水管两侧各有至少5cm宽的透水填料。透水填料的底面和外侧围以反滤织物(土工布),以防垫层、基层和路肩内的细粒侵入而堵塞填料空隙或管孔。反滤织物可选用由聚酯类、尼龙或聚丙烯材料制成的无纺织物,能透水,但细粒土不能随水透过。

11.4.3 基层排水系统

基层排水系统一般是指直接在面层下设置的透水性排水基层,其边缘设置纵向集水沟和排水管以及横向出水管等排水系统(图 11-38)。采用透水性材料作为基层,使渗入路面结构内的水分,先通过竖向渗流进入排水层,然后横向渗流进入纵向集水沟和排水管,再由横向出水管排引出路基。由于自由水进入排水层的渗流路径短,在透水性材料中渗流的速率快,基层排水系统的排水效果要比边缘排水系统好得多。一般在新建路面时采用此方案,排水基层设在面层下,作为路面结构的基层或基层的一部分,共同承受车辆荷载的作用。

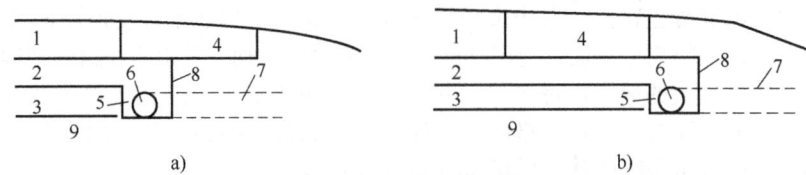

图 11-38 基层排水系统
1—面层 2—排水基层 3—不透水垫层 4—路肩面层或水泥混凝土路肩面层
5—集水沟 6—排水管 7—出水管 8—反滤织物 9—路基

排水基层也可采用横贯路基整个宽度的形式,不设纵向集水沟、排水管和横向出水管。渗入排水层内的自由水,横向渗流,直接排泄到路基坡面外。这种形式便于施工,但其主要缺点是,排水层在坡面出口易生长杂草或被其他杂物堵塞,从而在使用几年后便不再能排泄渗入水,而集中积滞在排水层内的自由水反而使路面结构,特别是路肩部分,更易出现损坏。

在一些特殊地段,如连续长纵坡坡段、曲线超高过渡段和凹形竖曲线段等,排水层内渗流的自由水有可能被堵封或者渗流路径超过 45~60m。在这些地段,应增设横向排水管以拦截水流,缩短渗流长度。

排水基层透水性材料可以采用经水泥或沥青处治,或者未经处治的开级配碎石集料。未处治的碎石集料的透水性一般比水泥或沥青处治的要低,其渗透系数为 60~1000m/d。而水泥或沥青处治的碎石集料的渗透系数为 1000~6000m/d,其中沥青处治的碎石集料的透水性略高于水泥处治的碎石集料。未经水泥或沥青处治的碎石集料,在施工摊铺时易出现离析,在碾压时不易压实稳定,并且易在施工机械行驶下出现推移变形,因而一般情况下不建议采用作为排水基层。用作水泥混凝土面层的排水基层时,宜采用水泥处治的开级配碎石集料,其最大粒径可选取用 25mm。而用作沥青混凝土面层的排水基层时,则宜采用沥青处治的碎石集料,最大粒径宜为 20mm。材料的透水性同集料的颗粒组成情况有关,空隙率大的组成材料,其渗透系数也大,需通过透水试验确定。表 11-6 列了国外一些未处治和水泥或沥青处治的集料排水基层的集料级配情况及相应的渗透系数。

表 11-6 国外一些未处治和水泥或沥青处治的集料排水基层的集料级配情况及相应的渗透系数

材料类型		通过下列方筛孔(mm)百分率(%)										渗透系数 /(m/d)
		37.5	25	19	12.5	9.5	4.75	2.36	1.18	0.3	0.075	
未处治的集料	①	100	95~100	—	25~60	—	0~10	0~5	—	—	0~2	6000
	②	—	100	90~100	—	20~55	0~10	0~5	—	—	—	5400
	③	—	95~100	—	60~80	—	40~55	5~25	—	—	—	600
	④	—	—	—	0~90	—	0~8	—	—	—	—	300

(续)

材料类型		通过下列方筛孔（mm）百分率（%）								渗透系数 /(m/d)
		37.5	25	19	12.5	9.5	4.75	2.36	1.18	0.3	0.075	
水泥处治的集料	①	100	88~100	52~85	—	15~38	0~16	0~6	—	—	—	1200
	②	100	95~100	—	25-60	—	0~10	0~5	—	—	0~2	6000
沥青处治的集料	①	100	90~100	35~65	20-45	0~10	0~5	—	—	0~2	0~2	4500
	②	100	50~100	—	—	15~85	0~5	—	—	—	—	

　　纵向集水沟布置在路面横坡的下方。行车道路面采用双向坡路拱时，在路面两侧都设置纵向集水沟。集水沟的内侧边缘可设在行车道面层边缘处，但有时为了避免排水管被面层施工机械压裂，或者避免路肩铺面受集水沟沉降变形的影响，将集水沟向外侧移出60~90cm。路肩采用水泥混凝土铺面时，集水沟内侧边缘向外移到路肩面层边缘处。

　　排水基层下必须设置不透水垫层或反滤层，以防止表面水下渗入垫层，浸湿垫层和路基，同时防止垫层或路基土中的细粒进入排水基层而造成堵塞。

　　排水垫层按路基全宽设在其顶面。过湿路基中的自由水上移到排水垫层内后，向两侧横向渗流。路基为路堤时，水向路基坡面外排流；路基为路堑或半路堑时，挖方坡脚处须设置纵向集水沟、排水管和横向排水管。

　　排水垫层一方面要能渗水，另一方面要防止渗流带来的细粒堵塞透水材料。为此，在材料级配组成上要满足关于渗透和反滤要求。这些要求的应用示于图11-39。

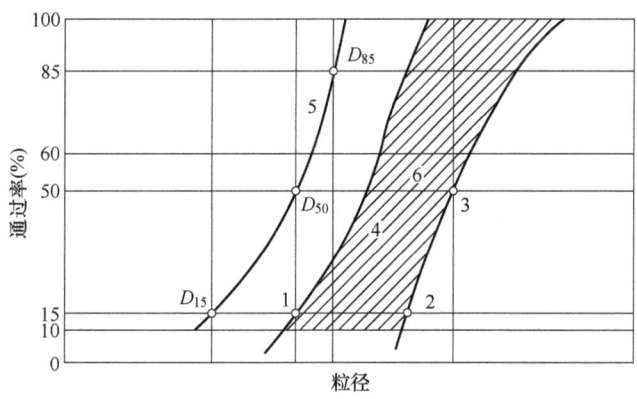

图11-39　符合渗透和反滤要求的材料设计标准
1—不小于$5D_{15}$　2—不大于$5D_{85}$　3—不大于$25D_{50}$　4—$(D_{60}/D_{10}) \leqslant 20$
5—路基土级配曲线　6—符合上述要求的排水垫层级配范围

思考与练习

1. 简述路基排水设施和路面排水设施，以及它们各自的设计要求。

2. 复述路基边沟和排水沟排水设计的基本步骤。

3. 根据中央分隔带宽度、绿化和交通安全设施的形式，如何设计中央分隔带排水方式？

4. 排水沥青路面下方通常是常规密级配沥青路面，之前需设置防水黏结层，这是为什么？

5. 路基路面排水系统是一个密不可分的整体，任何一个部分出问题都会导致其整体排水能力下降。结合本章内容谈谈你对路基路面排水系统的整体认识。

第 12 章　路基路面养护与管理

> **【本章提要】**
> 本章主要介绍路基、沥青路面和水泥混凝土路面的病害类型和常用养护维修技术措施，重点讲述路基、路面技术状况评价调查方法和评价指标，简述路面管理系统的基本概念及内容。
>
> **【学习要求】**
> 了解路基路面病害类型及成因，掌握路基路面技术状况评价指标、评价方法及常用养护维修技术措施，熟悉网级路面管理系统和项目级路面管理系统的结构、组成及功能。

■ 12.1　概述

路基路面是道路的重要组成部分。路基在长期的运营过程中，在行车荷载、降雨等外界因素影响下，工作性能会逐渐劣化，最终导致出现一系列的路基病害，严重时会通过路面病害表现出来，严重影响公路的使用性能与使用寿命。良好的路基应具有足够的稳定性、强度与刚度，以满足路面结构及行车荷载对路基工作性能的要求。大量的研究及工程实践表明，路基性能的下降导致路面结构应力集中，是路面病害产生的根源。因此，为了提高公路使用性能及使用寿命，加强路基养护就显得尤为重要。

此外，路面结构应具有良好的使用性能、耐久性和结构安全性，以满足在设计使用年限内不产生结构性破坏。随着通车年限增加，受气候、地域、交通荷载、路面材料等多种因素的影响，路面结构会出现车辙、裂缝、坑槽、泛油、路基沉陷等损坏，使路面使用性能逐渐衰减。不同的路面结构组成、材料配合比、气候条件和交通荷载，病害的主要特征以及严重程度有所不同，造成路面使用性能的衰减均有较大差异。因此需要根据路面的不同病害成因及养护时机，采取相应的养护、补强和改建措施，以使路面的使用性能得到部分恢复，甚至提高（图 12-1），延长路面使用寿命。

为了掌握路基、路面使用性能的变化情况，以便及时采取各种养护和改建措施，延缓其衰变和恢复其性能，必须定期对现有路基、路面状况进行调查，以评定路基、路面的使用性能及其剩余寿命。

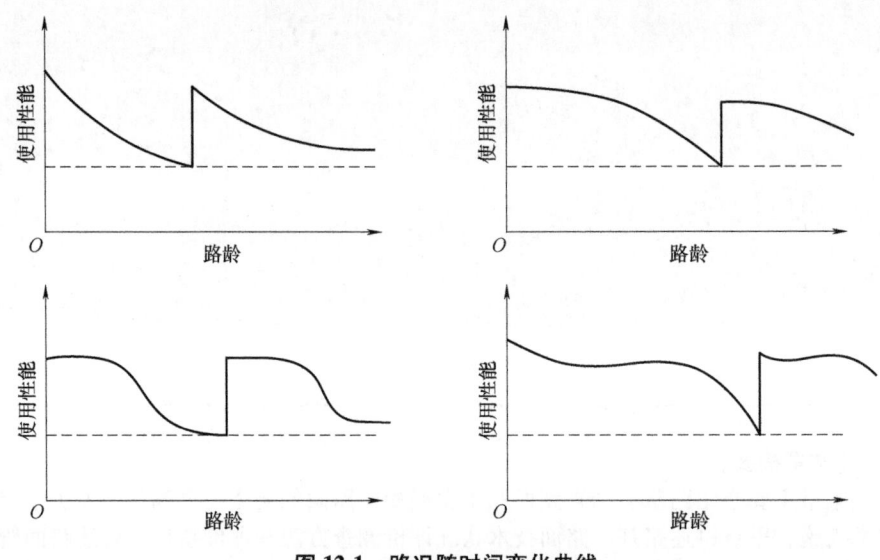

图 12-1　路况随时间变化曲线

■ 12.2　路基病害类型及技术状况评定

12.2.1　路基病害类型

1. 路基沉陷

路基沉陷的特征是路基表面产生过大的竖向位移。路基沉陷将导致路面结构和功能损坏，出现纵横坡变碎、行车颠簸。路基沉陷可分为两种情况：

1）路基本身的变形引起路基表面沉陷。产生这种沉陷的主要原因有路基填筑材料选择不当、路基没有充分压实。这种整体沉降一般较为均匀，如图 12-2a 所示。另外的原因是填筑路基的材料颗粒大小相差悬殊，路基内各部分强度不一，这种沉陷一般不均匀，将导致路面破坏，如图 12-2b 所示。

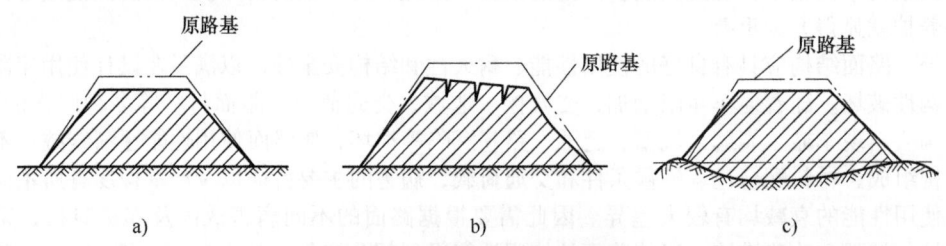

图 12-2　路基的沉陷示意图
a）路基均匀沉陷　b）路基不均匀沉陷　c）软弱地基引起路基沉陷

2）在路基的自重作用下，地基产生过大沉降或向两侧挤出。产生这种沉陷的主要原因是由于路基的天然地面承载能力不足，地基下有较厚的湿软弱层或附近取土坑太靠近，路基修筑前未经处理或处理不当，加上路基填土高度过高使得路基自重加大，导致地面下软弱层产生过大压缩变形，如图 12-2c 所示。

2. 边坡的滑塌

边坡的滑塌是指路基的部分土体沿边坡向下移动，破坏原有路基边坡的形态。它是路基最常见的病害之一。根据边坡土质类别、破坏原因和滑塌规模不同，可分为以下几种：

（1）溜方　溜方是少量路基土体沿边坡向下移动形成的，一般指的是边坡上薄的表层土下溜。它主要是由于路面水冲刷边坡而引起的。

（2）滑坡　滑坡是指路基上较大一部分土体在重力作用下与路基分离，沿某一滑动面滑动。滑坡导致路基整体破坏，这种病害破坏性较大。产生滑坡的主要原因有：路堤边坡过陡、施工填筑不当、路基土体强度不够，或坡脚被冲刷、路堑开挖边坡坡度选择不当、边坡稳定性不足等，如图12-3和图12-4所示。

（3）崩塌　崩塌是指大量的土体脱离坡面沿边坡滚落。在路堑中，由于开挖边坡破坏了原来岩层结构的稳定，如连续降雨，在水的作用下岩层层间丧失稳定，这是对路基破坏程度较大的病害，如图12-5、图12-6c所示。

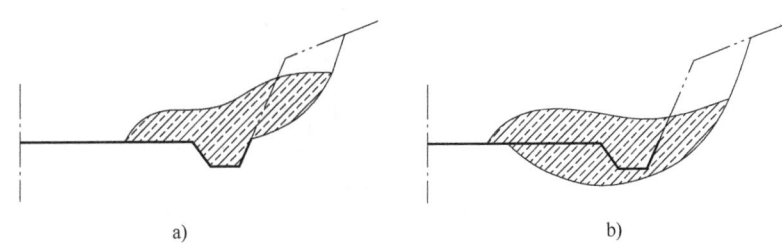

图 12-3　路基边坡滑坡示意图
a）路堑边坡的滑坡　b）路堑边坡的滑坡（沿基底）

图 12-4　路基边坡滑坡现场图

图 12-5　路基边坡崩塌现场图

（4）剥落和碎落　剥落是指在大气干湿热冷的循环作用、振动或水的侵蚀作用下，路堑边坡风化岩层表层部分岩石从坡面上向下滚落，如图12-6a所示。碎落是指少量土体沿路堑边坡滚落，它会引起边沟堵塞，有时也会危及行车安全，如图12-6b所示。

（5）路基沿山坡滑动　在较陡的山坡填筑路基，若路基底部结合处理不当，加上排水不畅，则路基底部被水浸湿，从而丧失整体稳定性，整个路基可能沿倾斜的原地面滑动，如图12-7、图12-8所示。

（6）路基坍散　路基坍散是指路基边坡失去其原有的整体形状，以及边坡下沉，路基的大部分毁坏。路基坍散是较为严重的病害。其主要原因是施工方法不正确，没有做好分层压实，路基整体强度不足，如图12-9、图12-10所示。

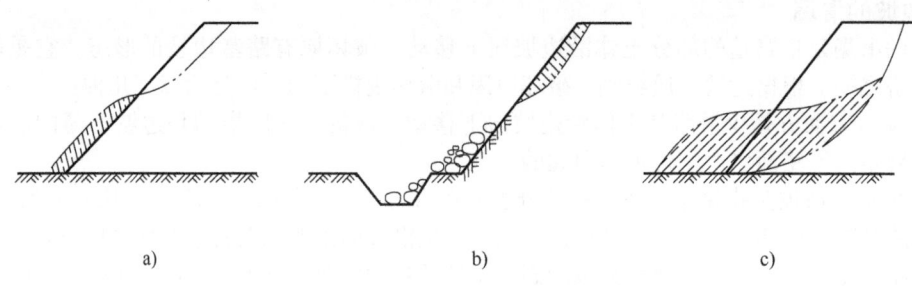

图 12-6 路基边坡病害示意图

a)剥落 b)碎落 c)崩塌

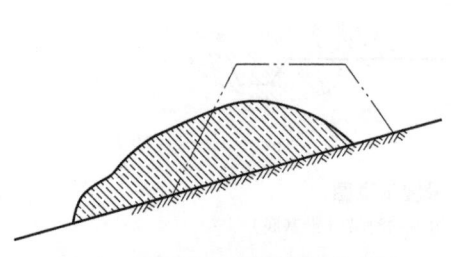

图 12-7 路基沿陡坡地基整体滑动

图 12-8 路基沿山坡滑动现场图

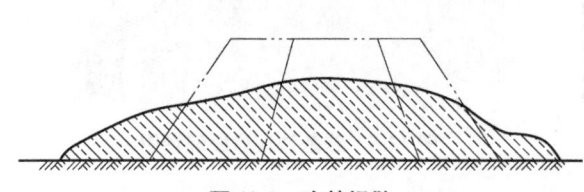

图 12-9 路基坍散

图 12-10 路基坍散现场图

（7）不良地质和水文条件造成的路基破坏　路基的不良地质水文条件，如泥石流、溶洞、大暴雨、地震、自然灾害等，均可能导致路基的大规模破坏，如图 12-11、图 12-12 所示。在道路勘测设计过程中，应力求避开这些地区。若出现这类病害，则首先需要调查产生不良地质灾害的原因，然后采取专门技术措施，保证路基的安全和稳定。

3. 水毁冲沟

水毁冲沟是指边坡出现冲沟、缺口，因水冲蚀而引发的局部沉陷等损坏，严重影响路基的稳定性。

图 12-11 泥石流对道路的破坏

图 12-12 地震对道路的破坏

出现水毁冲沟的原因主要包括路基压实不够、工程地质不良、路基填料土质差、路基排水不畅或缺乏防护等，如图 12-13 所示。

4. 排水不畅

排水不畅是指路基边沟、排水沟、截水沟等排水系统淤塞，导致水无法从路面或路基及时排出，加剧水对公路的损坏。沟内杂草未能及时清除，或有垃圾、碎砾石、土等堆积等均可造成排水不畅。

5. 其他

其他病害有路肩损坏，路缘石缺损，挡土墙等圬工工体出现的表面、局部和结构等路基构造物损坏。通常，路肩损坏是指土路肩、硬路肩或紧急停车带表面出现坑槽、裂缝、松散等病害，出现路肩损坏的主要原因有排水不畅、雨水冲刷、施工或材料不良等。路缘石缺损包括中央分隔带和路肩边侧的缘石和挡水带的缘石损坏或缺少。路基构造物损坏是指路肩边坡挡土墙等圬工砌体出现断裂、沉陷、倾斜、局部坍塌、松动、较大面积勾缝脱落等损坏，出现路基构造物损坏的主要原因为路基本身不稳定或构造物施工不良，如图 12-14 所示。

图 12-13 水毁冲沟

12.2.2 路基技术状况评定

根据《公路技术状况评定标准》（JTG 5210—2018）要求，路基检测与调查的频率通常为 1 年 1 次，可采用人工调查和自动化检测方式，调查以 100m 为单位，按损坏程度，每 100m 计 1 个扣分，每 1 个调查单元计算 1 个合并累计扣分的方式进行。

路基技术状况应采用路基技术状况指数 SCI 进行评定。SCI 应按下式计算：

$$\text{SCI} = \sum_{i=1}^{i_0} w_i (100 - \text{GD}_{i\text{SCI}}) \qquad (12-1)$$

式中 i_0——路基损坏类型总数，取 7；

i——路基损坏类型；

图 12-14 路基构造物损坏

w_i——第 i 类路基损坏的权重，按表 12-1 的规定取值；
GD_{iSCI}——第 i 类路基损坏的累计扣分，最高扣分为 100。按表 12-1 的规定计算。

表 12-1 路基损坏扣分标准

类型 i	损坏名称	损坏程度	计量单位	单位扣分	权重 w_i	备 注
1	路肩损坏	轻	m²	1	0.10	—
		重		2		
2	边坡坍塌	轻	处	20	0.25	边坡坍塌为重度且影响交通安全时，该评定单元的 MQI 值应取 0
		中		50		
		重		100		
3	水毁冲沟	轻	处	20	0.15	—
		中		30		
		重		50		
4	路基构造物损坏	轻	处	20	0.10	路基构造物损坏为重度时，该评定单元的 SCI 值应取 0
		中		50		
		重		100		
5	路缘石缺损	—	m	4	0.05	—
6	路基沉降	轻	处	20	0.25	—
		中		30		
		重		50		
7	排水不畅	轻	处	20	0.10	—
		中		50		
		重		100		

注：MQI 为公路技术状况指数。

12.3 路面病害类型

12.3.1 沥青路面主要病害

沥青路面在使用过程中，由于行车荷载作用和环境因素的影响，路面逐渐产生各种损坏。路面的损坏可以分为两类：一类是结构性损坏，包括路面结构整体或部分结构层的破坏，使路面失去支承行车荷载的能力；另一类是功能性损坏，它可能并不伴随结构性损坏而发生，但由于平整性和抗滑能力等的下降，使其不再具有预定的服务功能，从而影响服务质量。根据《公路技术状况评定标准》（JTG 5210—2018），常见的沥青路面病害类型包括：裂缝、车辙、松散、坑槽、泛油等。

1. 裂缝

裂缝是沥青路面最常见的一种病害类型。按其成因可分为荷载型裂缝和非荷载型裂缝两类，按其形式分为横向裂缝、纵向裂缝、龟裂和块状裂缝等（图 12-15）。横向裂缝是与道路中线近似垂直的裂缝，有时伴有少量支缝。纵向裂缝是与道路中线大致平行的单条裂缝。龟裂则是路面上表现为相互交错的小格状裂缝，因其形状类似乌龟的背壳而得名。块状裂缝表现为纵向和横向裂缝的交错而使路面分裂成近似成直角的多边形大块，块状裂缝的网格在形状和尺寸上都有别于龟裂。

图 12-15 沥青路面裂缝
a) 横向裂缝 b) 纵向裂缝 c) 龟裂 d) 块状裂缝

纵向裂缝产生的主要原因有行车荷载、不均匀沉降等。荷载产生的裂缝由下往上发展，通常先出现在沥青层的底面，在重复荷载作用下，裂缝逐渐扩展和加密。在半填半挖路基的分界处、新旧路结合部或路面加宽处，由于路基压实不够，发生不均匀沉降，也会产生纵向裂缝。此外，由于混合料摊铺时纵向施工搭接质量不好，或者旧路面层纵向裂缝的反射作用，往往会在路面的中线处产生纵向裂缝。

横向裂缝产生的主要原因有温度，温缩、干缩形成的反射裂缝等。当冬季气温下降时，沥青面层产生收缩，由于路面几何形状的关系，收缩的主轴为路线的纵向，因此形成的裂缝一般都是与道路中心线垂直的横缝。此外，我国大量采用半刚性基层路面结构形式，半刚性基层的温缩、干缩形成的反射裂缝，是形成横向裂缝的一大因素。裂缝一旦形成就会因应力的集中从下往上发展，进而贯通整个路基宽度。桥涵结构物的"桥基"结合部大部分存在严重的横向裂缝，这主要是由于台背填土压实不足，在重载作用下形成大面积沉降，在结合部形成贯通整个路基宽度的横向裂缝。

块状裂缝产生的主要原因在于材料自身，这与龟裂有所区别。龟裂主要出现在荷载作用的轮迹处，而块状裂缝则可能出现在整个路面宽度范围内，范围较大。因路面强度和稳定性引起的网裂和龟裂，通常还伴随路面沉陷变形。

2. 车辙

车辙是沥青路面病害特有的一种损坏现象，通常发生在车轮碾压频繁的轮迹带上，轮迹带渐渐产生下洼形变并且形成两条纵向的槽，如图 12-16 所示。在较严重的情况下，辙槽的两侧一般都有鼓起形变。车辙不仅发生在路面表面，也经常危及中下面层。与路面开裂、水损坏相比，车辙的危害性最大，直接威胁交通安全。

车辙形成的外因主要有夏季高温、行车荷载因素等，内因主要与材料、设计、施工有关。路面在车轮荷载的反复作用下，由于路面面层、基层与路基的进一步压密、沉降，特别是夏季高温下沥青面层的压密和侧向流动隆起，路面沿行车轮迹逐渐产生纵向带状凹槽变形。材料方面，沥青结料的黏度低，沥青混合料配合比设计中沥青用量偏多、粗集料偏少，施工工程中沥青混凝土压实度偏低等也可导致车辙的发生。

3. 松散

松散是一种从路面表面向下不断发展的集料颗粒流失和沥青混合料流失造成的路面损坏，如图 12-17 所示。松散多发生在沥青路面使用的初期，其原因是使用的沥青稠度偏低，用量偏少，与矿料的黏附力不足；或因沥青加热温度过高造成沥青老化失去黏性；或所用矿料过湿、铺撒不匀以及嵌缝料不合规格而未能被沥青牢固黏结。

图 12-16 车辙

图 12-17 松散

4. 坑槽

坑槽是由于路面松散、龟裂等破损后在行车荷载作用下不断扩展恶化而形成的一种路面损坏，是局部集料丧失，在行车作用下不断扩展恶化形成的碗状坑洞（图 12-18），通常是路面松散、龟裂等损坏进一步发展的结果，可深及不同的路面结构层次。

5. 泛油

泛油大多是由于沥青面层的沥青用量过大、稠度太低或热稳定性差等引起的，但有时也可能由于低温季节施工，层铺法沥青路面的嵌缝料散失过多，在气温转暖后，在行车荷载作用下多余沥青溢至表面而形成，如图 12-19 所示。泛油使路面在行车时产生轮迹和粘轮现象，并使路面抗滑性能下降，严重影响行车安全和周围环境。

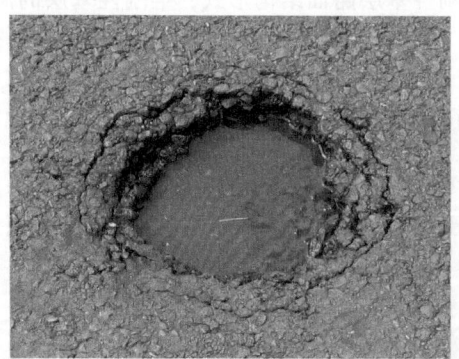

图 12-18 坑槽

图 12-19 泛油

6. 波浪拥包

波浪拥包是由于沥青面层中沥青含量偏高，黏度和软化点偏低，矿料级配不良，细料偏多，空隙率太低，致使面层材料自身的高温抗剪强度不足；或因基层含水率过大，水分难以蒸发而滞留于基层表面或基层浮土清扫不净、黏层沥青洒布不合要求等原因影响面层与基层之间的结合，造成层间抗剪强度的不足，在行车水平力作用下使路面产生推拥、挤压而在路面两侧或行车道范围内所形成的一种局部的不规则隆起变形，如图12-20所示。

7. 沉陷

沉陷是路面在行车荷载作用下，路面出现较大的凹陷变形，有时在凹陷两侧伴随出现隆起现象，如图12-21所示。当沉陷较大时，路面结构的变形能力不能适应这样大的变形量，便在受拉区产生以纵向为主的裂缝，并可能发展为网裂。产生沉陷的主要原因是路基水文地质条件差而过于湿软，路基承载力较低而难以承受通过路面传至路基表面的荷载应力，从而产生较大的竖向变形。

图12-20 波浪拥包

图12-21 沉陷

12.3.2 水泥混凝土路面主要病害

影响水泥混凝土路面损坏的因素包含气候、水、路基土、施工水平、材料性能、行车荷载以及路面结构等，反映出来的损坏现象有明显差异。通常有接缝的水泥混凝土路面的路面病害主要有：

1. 破碎板

破碎板是指混凝土板被多条裂缝分为3个以上板块，如图12-22所示。破碎板是较为严重的一种损坏形式，通常是在重载交通作用下裂缝进一步发展的结果。在荷载的作用下，破碎板会进一步破碎直至完全失去整体性。破碎板是多种病害综合作用的结果，一般存在板底脱空、接缝料损坏等。

2. 裂缝

裂缝是指板块上只有一条横向、纵向或不规则的斜裂缝，如图12-23所示。肉眼能看出来的裂缝一般为中度以上裂缝。根据裂缝缝隙边缘碎裂程度和缝隙宽度可分为轻度裂缝、中度裂缝和重度裂缝。轻度裂缝是指缝隙边缘无碎裂或剥落，缝隙宽度小于3mm，或填封良好，边缘无碎裂或错台的裂缝。中度裂缝是指边缘有碎裂，缝隙宽度在3~10mm的裂缝。重度裂缝是指缝隙边缘严重碎裂，且缝隙宽度大于10mm的裂缝。

3. 板角断裂

板角断裂是指水泥混凝土的板角被与纵横接缝相交且交点距离等于或小于板边长度一半的裂缝断开，如图12-24所示。板角断裂和斜裂缝的区别，主要看裂缝与纵横接缝交点的距离是否小于板边长度的一半。板角是水泥混凝土路面较薄弱的部位，由于施工的原因，板角相对于其他部位来说强度稍低，但却处于不利的受力位置，因此在重载重复作用及温度和湿度翘曲应力作用下，再加上地基软弱、唧泥和传荷能力差等因素，就会出现板角断裂损坏。板角断裂一般是相邻两块板相邻板角出现断裂，而且驶近板比驶离板损坏严重，这主要是由于板底材料的冲蚀，板角挠度过大，传荷能力差，重载作用，导致损坏的产生。

图 12-22　破碎板

图 12-23　裂缝

4. 边角剥落

边角剥落是指沿接缝方向的板边出现裂缝、破碎或脱落现象，裂缝面一般不是垂直贯穿板厚，而是与板面有一定角度，如图 12-25 所示。边角剥落是由于接缝内进入坚硬材料而妨碍了板的膨胀变形，接缝处混凝土强度不足，传荷设施（传力杆）设计或设置不当（未正确定位、锈蚀等），接缝施工质量差以及粗集料受冻融胀力等造成的，该损害属于非结构性损坏，但对行车舒适性和接缝料耐久性有较大影响。

图 12-24　板角断裂

图 12-25　边角剥落

5. 坑洞

坑洞是指板面出现有效直径大于 30mm、深度大于 10mm 的局部坑洞。施工质量差、混凝土碱集料反应、砂石含泥量大以及行驶车辆、机械的金属硬轮对路面产生撞击都可能造成坑洞，如图 12-26 所示。

6. 接缝料损坏

由于接缝的填料老化、剥落等原因，填料不密水或接缝内已无填料，接缝被砂、石、土填塞或长了杂草，如图 12-27 所示。接缝料被挤出、老化、腐蚀及杂草生长是产生接缝料损坏的主要原因。接缝料损坏可使水或坚硬材料进入而导致唧泥（图 12-28）、边角剥落和拱起等其他损坏的产生。

图 12-26　坑洞

图 12-27　接缝料损坏

7. 错台

错台是指横向接缝两侧路面板出现的竖向相对位移，如图 12-29 所示。当胀缝下部嵌缝板与上部缝隙未能对齐，或胀缝两侧混凝土壁面不垂直时，缝旁两板在伸胀挤压过程中会上下错开而形成错台。地面水通过接缝渗入基础使其软化，或者接缝传荷能力不足，或传力效果降低，都会导致错台的产生。当交通量或基础承载力在横向各幅板上分布不均匀，各幅板沉陷不一致时，纵缝也会产生错台现象。错台是水泥混凝土路面最为常见的损坏之一，也是造成水泥混凝土路面行驶舒适性下降的主要原因之一。

图 12-28　唧泥

图 12-29　错台

12.4　路面技术状况评定

路面损坏状况是对路面结构完好程度最直接的表观反映。路面损坏状况的评价不仅可提供路面结构完好程度等信息，还可以为确定所需的养护和改建措施提供依据，并可为设计、施工、养护提供反馈信息。

12.4.1　路面技术状况检测与调查

沥青路面检测与调查应包括路面损坏、路面平整度、路面车辙、路面跳车、路面磨耗、路面抗滑性能和路面结构强度七项内容。水泥混凝土路面检测与调查应包括路面损坏、路面平整度、路面跳车、路面磨耗和路面抗滑性能五项内容。

路面技术状况
检测与调查
内容指标

检测与调查应以1000m路段长度为基本检测（或调查）单元。在路面类型、交通量、路面宽度和养管单位等变化处，检测（或调查）单元的长度可不受此规定限制。检测与调查应按上行（桩号递增方向）和下行（桩号递减方向）两个方向分别实施，二、三、四级公路可不分上下行检测与调查。检测与调查的频率见表12-2。

表12-2 路面技术状况检测与调查频率

检测与调查内容		沥青路面		水泥混凝土路面	
		高速、一级公路	二、三、四级公路	高速、一级公路	二、三、四级公路
路面技术状况指数PQI	路面损坏	1年1次	1年1次	1年1次	1年1次
	路面平整度	1年1次	1年1次	1年1次	1年1次
	路面车辙	1年1次	—	—	—
	路面跳车	1年1次	—	1年1次	—
	路面磨耗	1年1次	—	1年1次	—
	路面抗滑性能	2年1次	—	2年1次	—
	路面结构强度	抽样检测	抽样检测	—	—

注：1. 路面结构强度为抽样检测指标，抽样检测的路线或路段应按路面养护管理需要确定，最低抽样比例不得低于公路网列养里程的20%。
2. 路面磨耗和路面抗滑性能为二选一指标，在检测与调查中可二选一。

路面技术状况宜采用自动化检测，应符合《多功能路况快速检测设备》（GB/T 26764—2011）和《公路路面技术状况自动化检测规程》（JTG/T E61—2014）的规定。不具备自动化检测条件的路线或路段可采用人工调查方式，人工调查宜采用便携设备。

12.4.2 路面破损状况评价

1. 损坏类型

根据《公路技术状况评定标准》（JTG 5210—2018），按照损坏模式和影响程度的不同，路面损坏可分为五大类型，见表12-3。

表12-3 路面损坏分类

分 类	沥青路面	水泥混凝土路面
裂缝类	纵向裂缝、横向裂缝、龟裂、块状裂缝	破碎板、裂缝、板角断裂
变形类	沉陷、车辙、波浪拥包	唧泥、错台、拱起
松散类	坑槽（含啃边）、松散（含脱皮、麻面）	露骨、边角剥落、坑洞
接缝类	—	接缝料破损
其他	泛油、修补损坏	修补损坏

2. 损坏分级

各种路面损坏都有其产生和发展的过程，处于不同阶段的损坏对于路面使用性能有不同程度的影响。为了区别同一种损坏对路面使用性能的不同影响程度，对各种损坏须按影响的严重程度将其划分为2~3个等级，见表12-4、表12-5。

第12章 路基路面养护与管理

表 12-4 沥青路面损坏分级

类型（i）	损坏名称	损坏程度	计量单位（m²）	权重 w_i（人工调查）	换算系数 w_i（自动检测）
1 2 3	龟裂	轻 中 重	面积	0.6 0.8 1.0	1.0
4 5	块状裂缝	轻 重	面积	0.6 0.8	0.8
6 7	纵向裂缝	轻 重	长度×0.2m	0.6 1.0	2.0
8 9	横向裂缝	轻 重	长度×0.2m	0.6 1.0	2.0
10 11	沉陷	轻 重	面积	0.6 1.0	1.0
12 13	车辙	轻 重	长度×0.4m	0.6 1.0	—
14 15	波浪拥包	轻 重	面积	0.6 1.0	1.0
16 17	坑槽	轻 重	面积	0.8 1.0	1.0
18 19	松散	轻 重	面积	0.6 1.0	1.0
20	泛油	—	面积	0.2	0.2
21	修补	—	面积或长度×0.2m	0.1	0.1（0.2）

注：1. 人工调查时，应将条状修补的调查长度（m）乘以影响宽度（0.2m）换算成面积。
2. 自动化检测时，块状修补的换算系数 w_i 为 0.1，条状修补的换算系数 w_i 为 0.2。

表 12-5 水泥路面损坏分级

类型（i）	损坏名称	损坏程度	计量单位（m²）	权重 w_i（人工调查）	换算系数 w_i（自动检测）
1 2	破碎板	轻 重	面积	0.8 1.0	1.0
3 4 5	裂缝	轻 中 重	长度×1.0m	0.6 0.8 1.0	10
6 7 8	板角断裂	轻 中 重	面积	0.6 0.8 1.0	1.0
9 10	错台	轻 重	长度×1.0m	0.6 1.0	10

(续)

类型（i）	损坏名称	损坏程度	计量单位（m^2）	权重w_i（人工调查）	换算系数w_i（自动检测）
11	拱起	—	面积	1.0	1.0
12	边角剥落	轻	长度×1.0m	0.6	10
13		中		0.8	
14		重		1.0	
15	接缝料损坏	轻	长度×1.0m	0.4	6
16		重		0.6	
17	坑洞	—	面积	1.0	1.0
18	唧泥	—	长度×1.0m	1.0	10
19	露骨	—	面积	0.3	0.3
20	修补	—	面积或长度×0.2m	0.1	0.1（0.2）

注：1. 人工调查时，应将条状修补的调查长度（m）乘以影响宽度（0.2m）换算成面积。
2. 自动化检测时，块状修补的换算系数 w_i 为 0.1，条状修补的换算系数 w_i 为 0.2。

3. 路面破损状况评价

路面损坏状况指数（PCI）应按下列公式计算：

$$PCI = 100 - a_0 DR^{a_1} \tag{12-2}$$

$$DR = 100 \times \frac{\sum_{i=1}^{i_0} w_i A_i}{A} \tag{12-3}$$

式中　a_0——沥青路面采用 15.00，水泥混凝土路面采用 10.66；
　　　DR——路面破损率（%）；
　　　a_1——沥青路面采用 0.412，水泥混凝土路面采用 0.461；
　　　i_0——损坏类型总数，沥青路面取 21，水泥混凝土路面取 20；
　　　i——路面损坏类型，包括损坏程度（轻、中、重）；
　　　w_i——第 i 类路面损坏的权重或换算系数，见表12-4、表12-5；
　　　A_i——第 i 类路面损坏的累计面积（m^2）；
　　　A——路面检测或调查面积（m^2）。

自动化检测时，A_i 应按下式计算：

$$A_i = 0.01 GN_i \tag{12-4}$$

式中　GN_i——含有第 i 类路面损坏的网格数；
　　　0.01——面积换算系数，一个网格的标准尺寸为 0.1m×0.1m。

路面破损状况评价分为优、良、中、次、差五个等级，等级划分标准见表12-6的规定，PCI与DR对应关系见表12-7。

表12-6　路面损坏状况评价等级划分标准

评定指标	优	良	中	次	差
PCI	≥90	≥80且<90	≥70且<80	≥60且<70	<60

注：高速公路路面损坏状况指数PCI等级划分标准，"优"应为PCI≥92，"良"为80≤PCI<92，其他保持不变。

表 12-7　PCI 与 DR 对应关系

PCI	90	80	70	60
DR（沥青路面）	0.4	2.0	5.5	11.0
DR（水泥混凝土路面）	0.8	4.0	9.5	18.0

12.4.3　路面行驶质量评价

路面平整度可定义为路面表面诱使行驶车辆出现振动的高程变化。路面平整度（或不平度）反映的是路面表面凹凸的情况，同时也可作为道路路面使用性能以及路面施工质量的评定标准，主要反映道路纵断面的线性是否平滑。中国、美国等一些国家均将路面平整度作为衡量路面使用性能与养护质量的主要指标而加以定期检测，并作为制定公路与城市道路路面养护管理对策的重要依据。

1. 平整度测定方法与检测设备

路面平整度测定方法可划分为两大类型：断面类平整度测定和反应类平整度测定。断面类平整度测定是直接沿行驶车辆的轮迹量测路面表面的高程，通过数据分析后采用综合统计量作为其平整度指标。常用的设备有水准测量仪、3m 直尺、连续式平整度仪等。反应类平整度测定方法是在主车或拖车上安装由传感器和显示器组成的仪器，可以传感和累积车辆以一定速度行驶在不平整路表面时悬挂系统的竖向位移量。常用的设备有颠簸累积仪 BI 等。常用平整度检测设备见表 12-8。

表 12-8　常用平整度检测设备

检测方法	检测设备	检测方式	检测指标	开发国别（组织）
反应类	BPR 平整度仪	动态	位移累积值	美国
	颠簸累积仪 BI	动态		英国
	RRDAS 平整度仪	动态		澳大利亚
断面类	水准仪及水准尺	静态	路表高程	世界银行
	3m 直尺	静态	路表间隙	—
	MERLIN 梁	静态	位移偏差	英国 TRL
	连续式平整度仪	动态	位移标准差	中国/日本
	惯性断面仪 GMR	动态	车体位移、车体与路面距离	美国
	纵断面分析仪 APL	动态		法国 LCPC
	非接触式（激光）断面仪	动态		丹麦/瑞典/英国/中国

断面类平整度测定方法的主要优点是可直接得到轮迹带路表面的实际断面，从而对路面平整度的特性进行分析。缺点是对于水准测量和梁式断面仪来说，测定速度太慢，不宜用于大范围的平整度数据采集；对于惯性断面仪和激光断面平整度测定仪来说，仪器精密度高，测试速度快，但操作和维修技术要求高，随着路面测试技术的发展，这类测试设备将逐步广泛应用于路面的快速检测与评定。

反应类平整度测定方法的优点是价格低廉，操作简便，可用于大范围内的路面平整度快速测定。由于这类测定系统是对路面平整度的间接度量，测定结果同测试车辆的动态反应状况有关，即随测量车辆机械系统的振动特性和车辆行驶的速度而变化，因而存在以下一些缺点：

1) 时间稳定性差，同一台仪器在不同时期测定的结果，会因车辆振动特性随时间的变化而不一致。

2) 转换性差,不同部门测定的结果,由于所用测试车辆振动特性的差异而难以进行对比。

3) 不能给出路表的纵断面。

为克服时间稳定性差的缺点,需经常对测定仪器进行标定。标定路段的平整度采用断面类平整度测定方法测定。测定仪器在标定路段上的测定结果与标准结果建立回归关系,即为标定曲线。利用此曲线,可将不同时期的测定结果进行转换。

2. 国际平整度指数（IRI）

反应类平整度仪测定的结果,通常以车辆行驶一段距离后的累积计数值Σ计数/km表示。若把每一种反应类平整度仪的计数以相应的悬挂系统竖向位移量表示,则测定结果可表示为m/km,它反映了单位行驶距离内悬挂系统的累积竖向行程。

为了使全世界范围内对平整度的测定有一个比较标准比较统一的评价指标,1982年,由世界银行牵头,数十个国家的机构共同参与制定国际平整度试验并确定将国际平整度指数（IRI）作为平整度的评价指标。它同反应类平整度测定方法类似,但是采用数学模型模拟1/4车（即单轮,类似于拖车）以规定速度（80km/h）行驶在路面上,分析悬挂系统在行驶距离内由于动态反应而产生的累积竖向位移量,单位为m/km,如图12-30所示。

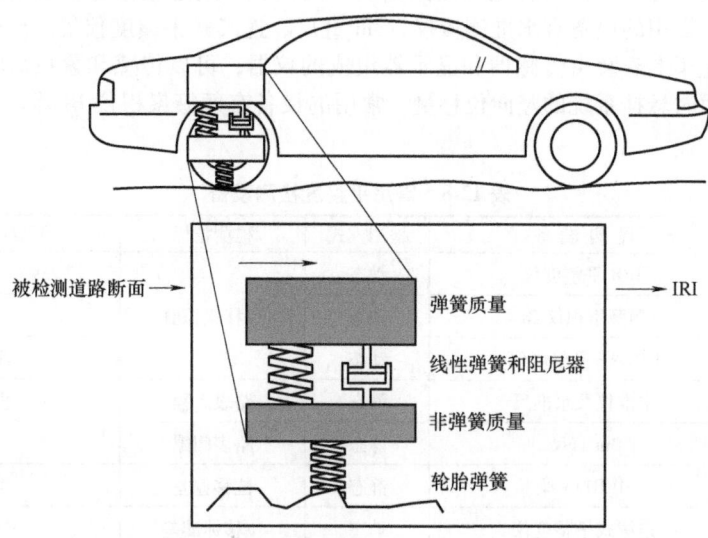

图12-30 国际平整度1/4车辆模型

对标定路段的平整度,由精密水平仪测定路段上每隔0.25m测点的标高后通过计算确定国际平整度指数IRI（m/km）,然后与反应类平整度仪的测定结果建立相关关系,即标定曲线,利用此标定曲线,可以将不同反应类平整度仪的测定结果统一换算为国际平整度指数IRI,从而克服反应类平整度仪转换性差的缺点。此外,不同测定方法的测定结果,采用IRI表示后,具有良好的可比性和相关性。因此,国际平整度指数是表征路面平整度的通用指标。

3. 路面行驶质量评价

路面行驶质量指数（RQI）应按下式计算:

$$RQI = \frac{100}{1 + a_0 e^{a_1 IRI}} \tag{12-5}$$

式中 a_0——高速公路和一级公路采用0.026,其他等级公路采用0.0185;

a_1——高速公路和一级公路采用0.65,其他等级公路采用0.58;

IRI——国际平整度指数（m/km）。

第12章　路基路面养护与管理

路面行驶质量评价分为优、良、中、次、差五个等级，等级划分标准见表12-9的规定，RQI与IRI对应关系见表12-10。

表12-9　路面行驶质量评价等级划分标准

评定指标	优	良	中	次	差
RQI	≥90	≥80且<90	≥70且<80	≥60且<70	<60

注：水泥混凝土路面行驶质量指数RQI等级划分标准，"优"应为RQI>90，"良"为80≤RQI<88，其他保持不变。

表12-10　RQI与IRI对应关系

RQI	90	80	70	60
IRI（高速和一级公路）	2.3	3.5	4.3	5.0
IRI（其他等级公路）	3.0	4.5	5.4	6.2

12.4.4　路面车辙状况评价

《公路技术状况评定标准》（JTG 5210—2018）规定了高速公路和一级公路的路面车辙检测方法，把路面车辙深度（RD）作为单独的检测指标，再根据检测方法计算路面车辙深度指数（RDI）。

1. 路面车辙测定方法与检测设备

根据检测方式的不同，路面车辙测定大致划分为两种类型：自动化检测和人工检测。常用路面车辙检测设备见表12-11。

表12-11　常用路面车辙检测设备

类　型	检测设备	检测内容与指标	检测方式	代表性设备
人工检测	直尺或量线	车辙深度	静态	1.2m/1.8m/2m直尺
	AASHTO车辙量规	车辙深度	静态	—
	水准仪和水准尺	横断面	静态	—
自动化检测	表面高程计	横断面	静态/动态	Face Dipstick
	手推式断面仪	横断面	动态	Walking Profiler
	横向轮廓仪	横断面	静态	TP
	图像摄影检测系统	横断面	动态	Road Recon
	自动车辙仪	车辙深度/横断面	动态	3/5/7传感器
	横断面扫描系统	横断面	动态	PPS和LRMS

2. 路面车辙深度

车辙深度RD值较小时，对行车的舒适性没有明显影响。RD达到某一值后，雨天在槽内会存水，使水有较长时间透入面层。透入面层的水会使沥青混凝土强度下降，导致沥青剥落和沥青混凝土层下部强度大量损失，甚至松散。其结果是表面辙槽加快发展，槽内产生裂缝，槽内沥青混凝土产生剪切变形并向槽两侧鼓起，辙槽处沥青面层发生破坏。RD达到积水的程度，不仅影响行车舒适，还影响行车安全。

一些国家对沥青面层的辙槽提出了较高的标准。例如，英国规定RD达10mm为路面的临界状态，需要采取措施恢复路面的使用性能；RD达20mm为路面的破坏状态，必须采取措施恢复路面应有的使用性能。美国沥青协会的沥青路面设计方法中规定RD的临界值为13mm。AASHO（美国各州公路与运输工作者协会）的路面设计指南中规定路面现有使用（服务）性能指数PSI

的临界值为2.5，与PSI=2.5相应的RD平均值为15mm。国际壳牌石油公司的沥青路面设计手册中规定高速公路RD的临界值为10mm，低速道路RD的临界值为30mm。日本规定在沥青路面需要加铺上覆层恢复应有的使用性能时，RD一般为20mm。

3. 路面车辙状况评价

路面车辙深度指数（RDI）应按下式计算：

$$RDI = \begin{cases} 100 - a_0 RD & (RD \leq RD_a) \\ 60 - a_1(RD - RD_a) & (RD_a < RD \leq RD_b) \\ 0 & (RD > RD_b) \end{cases} \quad (12\text{-}6)$$

式中　a_0——模型参数，采用1.0；
　　　RD——车辙深度（mm）；
　　　RD_a——车辙深度参数，采用10.0；
　　　a_1——模型参数，采用3.0；
　　　RD_b——车辙深度参数，采用40.0。

路面车辙状况评价分为优、良、中、次、差五个等级，等级划分标准见表12-12的规定。

表12-12　路面车辙状况评价等级划分标准

评定指标	优	良	中	次	差
RDI	≥90	≥80且<90	≥70且<80	≥60且<70	<60

12.4.5　路面抗滑性能评价

路面抗滑性能主要反映在轮胎制动时沿路面滑动产生的力，其对道路交通安全有重要影响，要保证车辆在高速行驶过程中能够安全制动或更改行驶方向，就必须使路面具有良好的抗滑性能。

1. 路面抗滑性能检测指标及其检测方法

（1）制动距离SDN　以一定速度在潮湿路面上行驶的4轮小客车，当4个车轮被制动时，车辆减速滑移到停止的距离，可用以表征非稳态的抗滑性能，以制动距离SDN表示，按下式计算：

$$SDN = \frac{v^2}{225 L_s} \quad (12\text{-}7)$$

式中　v——制动开始作用时车辆的速度（km/h）；
　　　L_s——滑移到停车的距离（m）。

测试路段应为材料组成均匀、磨耗均匀和龄期相同的平直路段。测试前和每次测定之间，先洒水润湿路表面到完全饱和。制动速度以64.4km/h为标准速度，也可采用其他速度，但不宜低于32km/h。每个测试路段至少选择2个试验段，而在每个试验段上每个车速的每种规定速度至少测定3次，以算术平均值代表试验段和测试路段的制动距离SDN。

（2）滑移指数SN　装有标准试验轮胎的单轮拖车，由汽车拖拉以要求的测定速度在洒水润湿的路面上行驶。通过测定牵引力量测在载重和速度不变的状态下拖拉测试轮时，作用在轮胎和路面间的摩擦力，将摩擦力除以作用在轮胎上的垂直力，可得到滑移指数。以滑移指数SN表征路面的抗滑性能，按下式计算：

$$SN = \frac{F}{W} \times 100 \quad (12\text{-}8)$$

式中　F——作用在试验轮胎上的摩擦力（N）；
　　　W——作用在轮上的垂直力（N）。

测试路段应选择材料组成均匀、磨耗均匀和龄期相同的平直路段。每个测试路段至少测定5

次，以算术平均值代表该测试路段的抗滑能力。

（3）横向力系数　用标准的摩擦系数测定车辆，其测定轮与行车方向成 7.5°~20°，且以一定速度在潮湿路面上行驶时，试验轮受到的侧向摩擦力与作用在试验轮上的载重的比值称为横向力系数，又称为侧向力系数（量纲为一），简记为 SFC。其优点是在测定时不妨碍交通，可连续并快速进行测定。高等级公路常用此来评价路面的抗滑性能。

$$\text{SFC} = \frac{F_s}{W} \tag{12-9}$$

式中　F_s——作用在试验轮胎上的侧向摩擦力（N）；

　　　W——作用在轮胎上的垂直力（N）。

我国《公路路基路面现场测试规程》（JTG 3450—2019）中规定，路面侧向力系数 SFC 的测定，可采用单轮式横向力系数测试系统和双轮式横向力系数测试系统。单轮式横向力系数测试系统由承载车、距离测试装置、横向力测试装置、供水装置和主控制单元组成，如图 12-31 所示。双轮式横向力系数测试系统主要由牵引车、供水系统、测试单元、主控制单元、标定装置等组成，如图 12-32 所示。

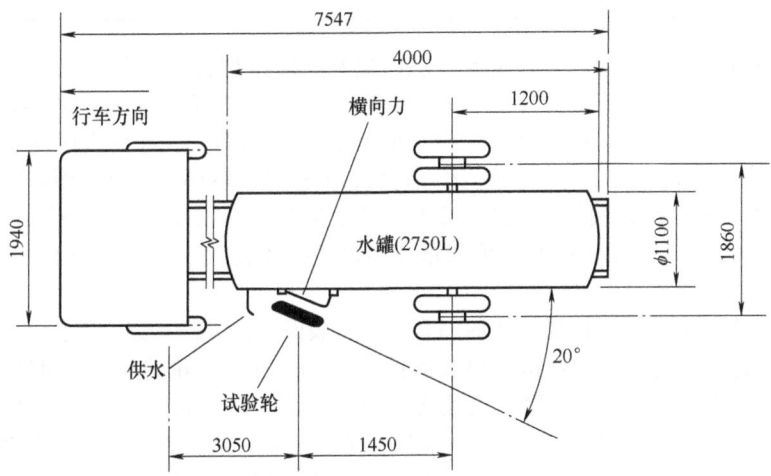

图 12-31　单轮式横向力系数测试系统示意图

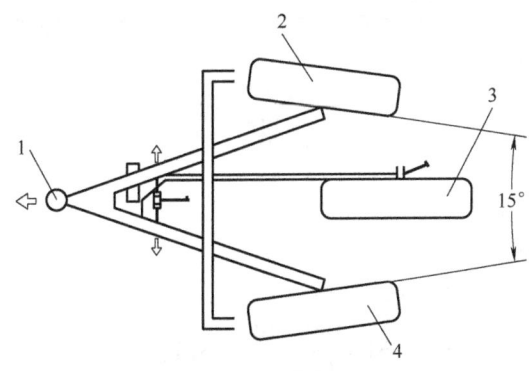

图 12-32　双轮式横向力系数测试系统示意图
1—曳引点　2—旋转试验轮　3—记录器　4—固定试验轮

测试完成后,还需对 SFC 值进行速度修正和温度修正。速度修正时以测试结果使用时所需的速度作为标准测试速度,其他测试速度条件下得到的 SFC 值应通过式(12-10)转换至标准速度下的等效 SFC 值。

$$SFC_{标} = SFC_{测} - 0.22(v_{标} - v_{测}) \tag{12-10}$$

式中 $SFC_{标}$——标准测试速度下的等效 SFC 值;
$\quad\quad SFC_{测}$——现场实际测试速度下的 SFC 测试值;
$\quad\quad v_{标}$——标准测试速度(km/h);
$\quad\quad v_{测}$——现场实际测试速度(km/h)。

温度修正时,测试系统的标准现场测试地面温度为(20±5)℃,其他地面温度条件下测试的 SFC 值转换至标准温度下的等效 SFC 值,见表 12-13。系统测试要求控制在 8~60℃的地面温度范围内。

表 12-13 SFC 值温度修正

温度/℃	10	15	20	25	30	35	40	45	50	55	60
修正	-3	-1	0	1	3	4	6	7	8	9	10

(4) 摆式仪摆值 摆式仪是一种主要在室内量测路面材料表面摩擦特性的仪器,也可用于野外量测局部路面范围的抗滑性能。摆式仪的摆锤底面装一尺寸为 6.35mm×25.4mm×76.2mm 的橡胶片,当摆锤从一定高度自由下摆时,滑动面同试验表面接触。由于两者间的摩擦而损耗部分能量,摆锤只能回摆到一定高度。表面摩擦力越大,回摆高度越小。通过量测回摆高度,可以评定表面的摩擦力。回摆高度直接从仪器上读得,即摆值 BPN。试验前用水浇洒测试路面,每一测试地点需测试 5 次,5 个摆值中最大值与最小值的差值不得大于 3。如差值大于 3,应重复上述各项操作,至符合规定为止。

(5) 构造深度 影响路面抗滑性能的因素有路面表面特性(细构造和粗构造)、路面潮湿状况和行车速度。路表面的细构造是指集料表面的粗糙度,它随车轮的反复磨耗作用而逐渐被磨光。通常采用石料磨光值表征其抗磨光的性能。细构造在低速(30~50km/h 以下)时对路表抗滑性能起决定作用。而高速时起主要作用的是粗构造,它是由路表外露集料间形成的构造,其功能是使车轮下的路表水迅速排除,以避免形成水膜。粗构造由构造深度表征其性能。平均构造深度越大,高速行驶时抗滑性能越好。《公路路基路面现场测试规程》(JTG 3450—2019)中规定,路面构造深度的测定可采用铺砂法进行。

将已知容积(25±0.15)mL 的标准砂摊填在干净、干燥的路表面空隙内,量测其覆盖的面积,按下式计算构造深度 TD:

$$TD = \frac{1000V}{\pi D^2/4} = \frac{31831}{D^2} \tag{12-11}$$

式中 V——砂的体积(25cm³);
$\quad\quad D$——摊平砂的平均直径(mm)。

2. 路面抗滑性能评价

路面抗滑性能指数(SRI)应按下式计算:

$$SRI = \frac{100 - SRI_{min}}{1 + a_0 e^{a_1 SFC}} + SRI_{min} \tag{12-12}$$

式中 SRI_{min}——最小标定参数,采用 35.0;
$\quad\quad a_0$——模型参数,采用 28.6;
$\quad\quad a_1$——模型参数,采用 -0.105;

SFC——横向力系数。

路面抗滑性能评价分为优、良、中、次、差五个等级，等级划分标准见表12-14的规定。

表12-14 路面抗滑性能评价等级划分标准

评定指标	优	良	中	次	差
SRI	≥90	≥80且<90	≥70且<80	≥60且<70	<60

12.4.6 路面结构强度评价

路面结构承载能力评价的目的是确定路面的剩余寿命，即路面在达到预定的损坏状况之前还能承受的标准轴载作用次数或还能使用的时间，并由此判断路面结构的完好程度及损坏的发展速度。路面结构承载力测试可采用破损检测和无损检测两类方法。破损检测是从路面各结构层内钻取试件，在试验室内进行物理-力学性能试验，确定各项计算参数，从而分析路面结构的承载力；无损检测则不破坏路面结构，通过路表弯沉测试分析路面结构的承载力。

1. 路面结构强度检测指标及其检测方法

弯沉是指在规定的标准轴载作用下，路基或路面表面在规定标准车的荷载作用下轮迹位置产生的总垂直变形值（总弯沉）或垂直回弹变形值（回弹弯沉）（0.01mm），是表征路面结构强度的一项重要指标。弯沉检测方法包括：贝克曼梁法（在我国使用最为广泛），自动弯沉仪法，落锤式弯沉仪（FWD）法。

（1）贝克曼梁法 贝克曼梁弯沉仪又称为杠杆弯沉仪或简称贝克曼梁，是测量在汽车荷载作用下路面回弹弯沉值的仪器，可测全土基及基层的回弹弯沉值。该仪器构造简单，由前杠杆、后杠杆、底座、百分表、支架等主要部分组成，如图12-33所示。测量时将前臂侧头伸入具有规定荷重的汽车后轴的一组双轮胎中间，并记下架于后臂端部的百分表读数，待汽车前进离开弯沉影响半径后，再记下百分表读数，前后读数之差乘2即为测点处的回弹弯沉值（1/100mm）。贝克曼梁法为传统检测方法，试验方法成熟，适用于测定各种路面的回弹弯沉以评定路面的承载能力或供路面结构设计使用，也适用于路基路面施工过程中压实程度的弯沉检验。

图12-33 贝克曼梁法测试

（2）自动弯沉仪法 自动弯沉仪基本测试原理模仿贝克曼梁的工作方式，只是采用位移传感器替换百分表进行自动测量，同时改变前后测臂的长度比例，由弯道测量同步控制系统、测量机构移步系统和数据采集系统等构成，如图12-34所示。自动弯沉仪测定车在检测路段以一定速度行驶，将安装在测试车前后轴之前底盘下面的弯沉测定梁放到车辆底盘的前端并支撑地面保持不动，当后轴双轮轮迹通过测头时，弯沉通过位移传感器等装置被自动记录下来。这时，测定梁被拖动，以2倍的汽车速度拖到下一测点，周而复始地向前连续测定。自动弯沉仪测定结果为静态总弯沉。

图 12-34 自动弯沉仪

（3）落锤式弯沉仪（FWD）法　落锤式弯沉仪可用于最大弯沉及弯沉盆检测，具有精度高、重复性好、能较好地模拟实际行车荷载的优点。其结构和工作示意图如图 2-22 和图 2-23 所示。

2. 路面结构强度

根据《公路技术状况评定标准》（JTG 5210—2018）的规定，以路面结构强度指数（PSSI）对路面强度进行评价，按下式计算：

$$PSSI = \frac{100}{1+a_0 e^{a_1 SSR}} \quad (12\text{-}13)$$

$$SSR = \frac{l_R}{l_0} \quad (12\text{-}14)$$

式中　a_0——模型参数，采用 15.71；

　　　a_1——模型参数，采用 -5.19；

　　　SSR ——路面结构强度系数，为路面容许弯沉与路面实测代表弯沉之比；

　　　l_R——路面容许弯沉（mm）；

　　　l_0——路面实测代表弯沉（mm）。

路面结构强度评价分为优、良、中、次、差五个等级，等级划分标准见表 12-15 的规定。

表 12-15　路面结构强度评价等级划分标准

评定指标	优	良	中	次	差
PSSI	≥90	≥80，<90	≥70，<80	≥60，<70	<60

12.4.7　路面跳车指数评价

路面跳车是指由路面异常凸起或沉陷等损坏引起的车辆突然颠簸。路面跳车如图 12-35 所示。

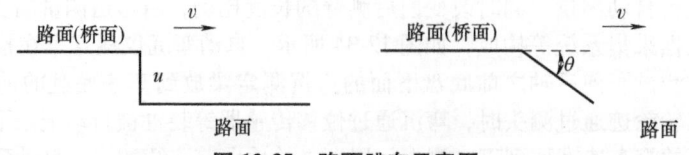

图 12-35　路面跳车示意图

路面跳车应根据路面纵断面高差确定。路面纵断面高差应按下式计算：

$$\Delta h = \max\{h_1, h_2, \cdots, h_i, \cdots, h_{100}\} - \min\{h_1, h_2, \cdots, h_i, \cdots, h_{100}\} \quad (12\text{-}15)$$

式中　Δh——路面纵断面高差（cm），应为 10m 路面纵断面最大高程和最小高程之差；
　　　h_i——第 i 点的路面纵断面高程；
　　　i——第 i 个路面纵断面高程数据，应为自动化设备检测数据，每 0.1m 计 1 个高程，10m 路面纵断面共计 100 个高程数据。

路面跳车应按表 12-16 的规定划分跳车程度。

表 12-16　路面跳车程度划分标准

检测指标	轻度	中度	重度
路面纵断面高差 Δh/cm	≥2，<5	≥5，<8	≥8

路面跳车按处进行计算，若 10m 路面纵断面存在轻度、中度或重度的路面跳车，则该 10m 路面纵断面应记为 1 处路面跳车。

路面跳车指数（PBI）应按下式计算：

$$\mathrm{PBI} = 100 - \sum_{i=1}^{i_0} a_i \mathrm{PB}_i \quad (12\text{-}16)$$

式中　i_0——路面跳车类型总数，取 3；
　　　i——路面跳车类型；
　　　a_i——第 i 类程度的路面跳车单位扣分，按表 12-17 的规定取值；
　　　PB_i——第 i 类程度的路面跳车。

表 12-17　路面跳车单位扣分标准

类别 i	跳车程度	计量单位	单位扣分
1	轻度	处	0
2	中度		25
3	重度		50

12.4.8　路面磨耗指数评价

路面磨耗定义为路面表面构造磨耗状况。《公路水泥混凝土路面设计规范》（JTG D40—2011）、《公路沥青路面设计规范》（JTG D50—2017）对路面面层的表面构造深度提出了设计要求。《公路路基路面现场测试规程》（JTG 3450—2019）、《公路路面技术状况自动化检测规程》（JTG/T E61—2014）规定了构造深度试验检测方法。在路网养护质量评价中，路面磨耗指数和路面抗滑性能指数 SRI 二选一。路面磨耗测试示意图如图 12-36 所示。

路面磨耗指数（PWI）应按下列公式计算：

$$\mathrm{PWI} = 100 - a_0 \mathrm{WR}^{a_1} \quad (12\text{-}17)$$

$$\mathrm{WR} = 100 \times \frac{\mathrm{MPD_C} - \min\{\mathrm{MPD_L}, \mathrm{MPD_R}\}}{\mathrm{MPD_C}} \quad (12\text{-}18)$$

式中　a_0——模型参数，采用 1.696；
　　　a_1——模型参数，采用 0.785；
　　　WR——路面磨耗率（%）；
　　　$\mathrm{MPD_C}$——路面构造深度基准值，采用无磨损的车道中线路面构造深度（mm）；
　　　$\mathrm{MPD_L}$——左轮迹带的路面构造深度（mm）；

MPD_R——右轮迹带的路面构造深度（mm）。

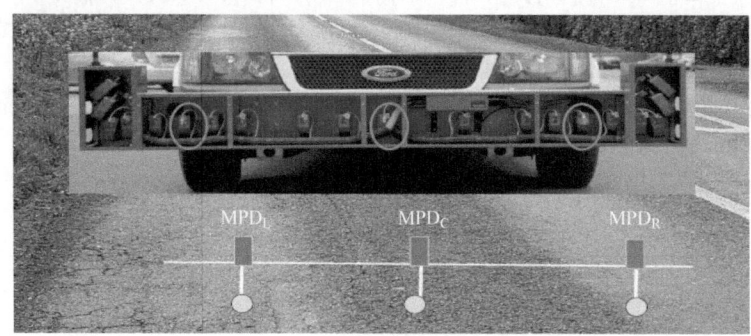

图 12-36　路面磨耗测试示意图

12.4.9　路面状况调查方法、频率及综合评定

《公路技术状况评定标准》（JTG 5210—2018）在路面技术评价中采用了综合指标和单一指标相结合的方法。标准规定：对不同类型的路面，采用不同的分项技术指标。沥青路面采用了路面损坏、平整度、车辙、抗滑性能、路面跳车、路面磨耗、结构强度等技术指标。水泥混凝土路面采用了路面损坏、平整度、抗滑性能、路面跳车、路面磨耗等技术指标。路面技术状况应采用路面技术状况指数（PQI）评定。PQI 应按下式计算：

$$PQI = w_{PCI}PCI + w_{RQI}RQI + w_{RDI}RDI + w_{PBI}PBI + w_{PWI}PWI + w_{SRI}SRI + w_{PSSI}PSSI \quad (12\text{-}19)$$

式中　w_{PCI}——PCI 在 PQI 中的权重，按表 12-18 的规定取值；
　　　w_{RQI}——RQI 在 PQI 中的权重，按表 12-18 的规定取值；
　　　w_{RDI}——RDI 在 PQI 中的权重，按表 12-18 的规定取值；
　　　w_{PBI}——PBI 在 PQI 中的权重，按表 12-18 的规定取值；
　　　w_{PWI}——PWI 在 PQI 中的权重，按表 12-18 的规定取值；
　　　w_{SRI}——SRI 在 PQI 中的权重，按表 12-18 的规定取值；
　　　w_{PSSI}——PSSI 在 PQI 中的权重，按表 12-18 的规定取值。

表 12-18　PQI 各分项指标权重

路面类型	权重	高速公路、一级公路	二、三、四级公路
沥青路面	w_{PCI}	0.35	0.60
	w_{RQI}	0.30	0.40
	w_{RDI}	0.15	—
	w_{PBI}	0.10	—
	$w_{SRI(PWI)}$	0.10	—
	w_{PSSI}	—	—
水泥混凝土路面	w_{PCI}	0.50	0.60
	w_{RQI}	0.30	0.40
	w_{PBI}	0.10	—
	$w_{SRI(PWI)}$	0.10	—

注：采用式（12-19）计算 PQI 时，路面抗滑性能指数 SRI 和路面磨耗指数 PWI 应两者取一。

12.5 路基路面病害处治措施

12.5.1 路基病害处治常见措施

1. 路基翻浆

导致路基翻浆产生的原因有多种，对出现的翻浆现象应通过现场调查分析原因，根据实际因地制宜制定切合实际和技术与经济可行的治理方案。通常治理的方法有：

1）路基排水。做好路基排水使路基保持中湿或干燥状态。路基开始翻浆时，及时修补路面沟槽和路肩坑洼，路表严重积水时可在路肩上开挖宽深 30~40cm，间距 5~10m，沟深至路面基层并高于边沟底横沟，将路表积水及时排向边沟。路面经常性严重积水地段，必要时，也可设置纵向小盲沟或竖向砂桩、渗水井，渗水井需要设置深至路基冰冻层以下，以利于路基上部水分及时竖向排除。

2）换填土。对于由不良土质（如粉性土）填筑路基发生翻浆，可考虑采用挖换土的方法。将路基翻浆的不良土挖除，换填 40~60cm 厚的砂性土或碎（砾）石，分层压实后重铺路面。对于严重翻浆路段，则需要将易翻浆土层全部挖出，就地添加石灰、水泥或其他工业废渣进行稳定改善，或换填水稳定性良好的砂砾料，并分层压实，分层压实后重铺路面。

3）换铺粒料。挖除翻浆路段的稀泥，换填碎石、砖块或炉渣等粒料，整平后通车碾压。或挖除稀泥后填入水稳定性较好的干土，再铺粒料垫平后通车碾压。

4）在交通量较小且轴载不重的公路，如翻浆不严重，可采用在路表临时放置木料、钢板等措施维持通车，待天气转晴，路基含水率降低，路基渐趋稳定后，拆除临时放置木料、钢板，恢复路基原状。对翻浆严重路段，应进行现场必要的交通管控，限制交通量、行车速度和重型车辆通过，以免危及行车安全，引起路基进一步损坏。

2. 路基的滑塌、崩塌的治理

路基滑塌、崩塌主要是边坡的土体或岩层失稳，导致边坡大量土体或岩石滑落，除了可能的路基边坡设计和施工质量问题外，一般多发生在出现极端气候引起突发暴雨、洪水的时候。滑塌、崩塌危害性大，往往极易引起道路中断交通，是严重的路基病害，而且治理起来工程量大，费用高及工期长，直接影响正常道路交通通行。治理原则是因地制宜、技术可靠且经济、施工方便、利于及早开放交通。因此，应通过现场地质水文条件调查、边坡坡度和结构分析，找出主要原因，根据治理原则制定切合实际和技术与经济可行的治理方案。针对病害原因和严重程度，通常治理的措施有：

1）路基排水。地表径流水活跃地段，布置拦截与疏导的排水构造物，阻止路界外地表水流向路基，并及时排出边坡地下水。

2）拦截与遮挡碎落物。在坡脚或半坡上设置落石平台和落石槽以停积崩塌物质，修建挡石墙、明洞、棚洞等构造物，以拦截坠石及崩塌物。

3）锚固。固定边坡。

4）支挡。在岩石凸出或不稳定的大孤石下面修建支柱、支挡墙支撑。

5）护墙、护坡。在易风化剥落的边坡地段，修建护墙，对缓坡进行水泥护坡等。一般边坡均可采用。

6）削坡。在危石、孤石凸出的山嘴以及坡体风化破碎的地段，采用削坡技术放缓边坡。

7）坡面固化。对坡体中岩层表面的破碎、裂隙、空洞，采用灌浆或片石填补水泥砂浆勾缝等，使坡面整体稳定。

8）坡面防护。对坡面裂隙大多采用灌浆或修建护面墙等对坡面进行加固。

9）对于可能或已经出现滑塌或崩塌边坡，应加强对危岩体的监测与预警工作，及时疏散附近人员和重要财产。

3. 路基沉降

（1）水泥浆加固　注浆工艺、注浆孔的布置、注浆压力的选择以及注浆材料可以参照富水路基沉陷病害处治的措施实施。

而在具体的注浆加固处治时，要注意处治的深度要比路基工作区的深度要深一些，以减小处治后路基工作区的深度。还要注意，路基工作区的病害的处治要尽量缩短封闭交通的时间。

（2）路基换填　路基换填首先要挖除发生沉陷病害的土基，直至挖除到发生病害的下面；然后再借用优良路基填料对土基进行重新铺筑，土基的压实度要不小于规范的要求。

对于重载交通条件下的路基处治，应注意在重新铺筑时要提高路基填土的高度，这对减小路基工作区深度具有至关重要的影响。如果在实际施工环境下，在路基填筑高度受到限制时，应用注浆加固或加深换填深度的方法相结合。

对毛细水作用严重区域的路基沉陷病害处治可以参考下列方法：

1）加铺垫层。对于膨胀土和粉土的路基，可以铺设一层厚 20cm 的级配优良的均匀砂垫层，这可以达到阻隔毛细水上升的有效效果。

2）路基挖除软基后换填土。换填土法是一种有效可靠的方法，但使用时需要具体考虑一些因素，如：废土的处理，运土和借土的距离以及成本等因素。

3）路基土注浆处理。注浆工艺、注浆孔的布置、注浆压力的选择以及注浆材料可以参照富水路基沉陷病害处治的措施实施。

4）包边法。从经济成本的因素考虑，根据路基填筑高度的不同可以把包边法分为三种形式：全断面改性、一般包边和三明治结构。

12.5.2　沥青路面病害处治常见措施

1. 裂缝

根据《公路沥青路面养护技术规范》（JTG 5142—2019），裂缝处治应根据裂缝类型特点、严重程度及原因确定，并采取适宜的处治措施，及时进行裂缝封闭。处治措施可采用灌缝、贴缝、带状挖补等方式，或进行组合使用。灌缝材料宜采用密封胶，贴缝材料可采用热粘式贴缝胶和自粘式贴缝胶，技术要求应符合《路面加热型密封胶》（JT/T 740—2015）、《路面裂缝贴缝胶》（JT/T 969—2015）的有关规定。

灌缝处治工艺应根据路面裂缝的具体情况确定开槽的尺寸，采用专用灌缝设备按开槽、清洁、干燥、灌缝与养护工艺流程进行作业，施工环境温度应高于 5℃，在路面表面干燥状态下施工，灌缝材料性能稳定后方可开放交通。进行贴缝处治时，应将路面裂缝及其两侧各 20cm 表面范围内的杂物清理干净，保证贴缝作业面平整。贴缝胶应从裂缝一端粘贴，其长度不小于整条裂缝长度，贴缝胶应处于裂缝中间部位，遇不规则裂缝，可将贴缝胶断开，按裂缝的走向跟踪粘贴。贴缝完成后宜采用贴缝机等进行碾压，达到贴缝无气泡、褶皱，保证贴缝胶与路面充分结合、黏结紧密，检查确认后开放交通。对于裂缝处治后出现明显变形、唧泥等破坏的，应采用带状挖补方法进行彻底处理，对损坏的基层宜采用大粒径透水性沥青混合料进行回填处理，面层应采用与原沥青面层相同的材料进行修补，并做好纵横向排水处理措施。

2. 车辙

根据《公路沥青路面养护技术规范》（JTG 5142—2019），车辙的处治应根据车辙病害类型、范围、严重程度及原因，合理确定采取局部车辙处治或大范围直接填充、就地热再生、铣刨重铺等措施。局部车辙处治可采用微表处填充，或者坑槽等病害综合热修补车进行现场加热、耙松、补料与压实处理，还可采取局部铣刨重铺措施。车辙直接填充材料可采用微表处，或者热拌或温拌沥青混合料、高模量沥青混合料、功能性罩面材料等。车辙就地热再生原材料、沥青混合料及施工技术要求应符合《公路沥青路面再生技术规范》（JTG/T 5521—2019）的有关规定。车辙铣刨重铺材料可采用热拌、温拌或冷拌沥青混合料，高模量沥青混合料，功能性罩面材料等。车辙处治措施参考表12-19选用。

表12-19 车辙处治措施建议

车辙深度 RD	直接填充	就地热再生	铣刨重铺
RD≤15mm	√	△	△
15mm<RD≤30mm	△	√	√
RD>30mm	×	△	√

注：√表示推荐，△表示可选，×表示不推荐。

3. 松散

松散处治也应根据松散病害类型、严重程度及原因合理确定。对于因施工不良造成的路面麻面松散，可将路面上已松动的矿料收集，将残留在麻面松散层上的浮料清扫干净，喷洒封层油，再洒布3~5mm粒径的碎石或粗砂，用轻型压路机压实。或者将路面麻面松散部分进行铣刨重铺，或采用就地热再生进行处治。因沥青老化造成的路面麻面松散，可采取封层养护措施进行处治，也可采用就地热再生进行处治，还可采用铣刨或挖除松散部分后重铺沥青面层。因沥青与酸性石料间的黏附性不良造成的路面麻面松散，可铣刨或挖除松散部分，重铺沥青面层，其矿料不宜使用酸性石料。在缺乏碱性石料的地区，应在沥青中掺入抗剥离剂、增黏剂或使用干燥的消石灰、水泥等表面活性物质作为填料的一部分，或采用石灰浆处理粗集料等抗剥离措施。

4. 坑槽

根据《公路沥青路面养护技术规范》（JTG 5142—2019），坑槽的处治应根据坑槽病害类型、严重程度及原因，采用就地热修补、热料热补、冷料冷补等方式进行修补。按"圆洞方补、斜洞正补"的原则，确定路面坑槽破损的边界。坑槽修补轮廓线与行车方向平行或垂直，并超过坑槽破损边界10~15cm。坑槽处治至损坏的最底部，修补后新填补部分应略高于原沥青路面。雨季和多雨地区，应对路面坑槽修补接缝处进行封缝处理。修补原材料、沥青混合料及施工技术要求应符合《公路沥青路面再生技术规范》（JTG/T 5521—2019）、《公路沥青路面施工技术规范》（JTG F40—2004）等有关规定。

5. 泛油

泛油的处治应根据泛油病害类型、严重程度及原因合理确定。出现轻微泛油时，可洒布3~5mm粒径的碎石或粗砂，并采用压路机或行车碾压。出现重度泛油，未发生沥青的迁移现象时，可洒布5~10mm粒径的碎石，然后采用压路机碾压，待稳定后，再洒布3~5mm粒径的碎石或粗砂，采用压路机或行车碾压。或者洒布10~15mm粒径或更大粒径的碎石，然后采用压路机强力压入路面，待稳定后，再洒布5~10mm或3~5mm粒径的碎石，采用压路机或行车碾压。此外，还可将路面表面1~2cm的富油沥青层铣刨后，铺筑1~2cm的微表处、超薄罩面或薄层罩面。因沥青面层的沥青用量偏高、矿料级配偏细或混合料空隙率偏低引起的路面泛油，可采用碎石封层、就地热再生、铣刨泛油面层后重铺等方式。因沥青混合料水稳定性不良、空隙率偏大引起的沥青向上迁移型泛油，而沥青中、下面层的沥青含量低，混合料处于松散状态，存在结构性破坏时，可采用铣刨沥青面层后重新铺筑处治方式。

6. 波浪拥包

波浪拥包采用局部铣刨、局部铣刨重铺、就地热再生、整体铣刨重铺等方式处治。重铺材料可采用热拌、冷拌或温拌沥青混合料，功能性罩面材料等。因沥青面层引起不同程度的路面波浪拥包,可在波谷部位喷洒沥青,均匀洒布适当粒径的矿料,找平并压实。或者采用机械铣刨方法铣平波浪拥包的鼓起部分,必要时采用冷拌或温拌沥青混合料进行摊铺与压实。此外,还可采用就地热再生进行处治,或者铣刨或挖除沥青面层,重铺沥青面层。因沥青面层与基层之间存在不稳定的夹层引起的波浪拥包,应铣刨或挖除沥青面层,清除不稳定的夹层后,喷洒黏层沥青,重铺沥青面层。因基层局部强度不足、稳定性差、局部松散等原因引起的波浪拥包,铣刨或挖除沥青面层,处治或重做基层后,重铺沥青面层。因基层局部积水使面层与基层间结合不良、水稳定性不好等原因引起的波浪拥包,铣刨或挖除沥青面层,晒干基层表面水分并增设排水盲沟,或清除基层用水稳定性较好的材料更换基层后,重铺沥青面层。

7. 沉陷

沉陷处治技术措施和结构层位应根据沉陷病害类型、发生部位、严重程度及原因合理确定。因基层局部强度不足或松散造成的路面沉陷,应铣刨或挖除沥青面层,处理好基层后,重铺沥青面层。因路基不均匀沉降引起的路面沉陷,若路面略有下沉、无破损或仅有少量轻微裂缝时,可在沉陷部位喷洒黏层沥青,用沥青混合料将沉陷部分填补,并压实、整平。当路面出现较大范围的不均匀下沉时,可对沉陷路段两端衔接部位各 10m 范围内分层、分台阶铣刨沥青面层,纵向台阶搭接宽度不宜小于 30cm,横向台阶搭接宽度不宜小于 20cm,清理干净下承层,喷洒黏层沥青,在侧壁涂覆乳化沥青后,分层重铺沥青面层。桥涵台背因回填材料选择不适、压实不足等原因引起路面不均匀沉降,如为台背回填材料选择不适,宜采用强度高、透水性好且级配合理的材料进行换填处理;若为台背回填压实不足,可采用重新压实处理,台背死角处采用夯实机械进行压实,也可采用台背注浆进行加固处理,或者铣刨或挖除沥青面层,在沉陷部分加铺基层后,重铺沥青面层以及直接按沉陷病害进行处治。

12.5.3 水泥混凝土路面病害处治常见措施

1. 破碎板

考虑到整板更换的不经济性,一般对板端破碎板采取局部换板的维修措施。当水泥混凝土路面病害较严重,且有松动、沉陷、唧泥等病害时,则需对整板进行换板。换板所需水泥、粗集料、砂、外加剂、钢材等原材料应满足现行国家、行业技术标准或规范要求。原旧水泥混凝土板破碎,宜采用配备液压镐的混凝土破碎机。施工时应先沿旧板四周用切割机进行切割,再用风镐开槽,用液压式破板机从中心往四周破除旧板,严禁损坏或扰动相邻板块。破板清渣后,若发现基层软化、开裂等现象,需要对基层进行处理。旧板破除时,若原混凝土面板缺失传力杆、拉杆或在破板过程中传力杆、拉杆损坏,应按原规格重新安设传力杆与拉杆。

2. 裂缝

裂缝维修所需材料宜选用经过改性的强度高、具有较好的冲击韧性和疲劳性能的环氧树脂类材料(如聚硫双氧树脂)或经过乳化反应过的环氧树脂乳液,或者选用固化温度范围大、固化速度快、与路面黏结性能好、强度高、使用寿命长的聚氨酯、硅酮胶等路面专用密封胶。

采用扩缝灌浆法施工时,切缝宽度、深度视裂缝本身的宽度和深度以及灌缝材料而定,一般使用聚氨酯、硅酮胶等路面专用密封胶时灌缝要求切缝宽度控制在 8~15mm,深度控制在 15~20mm。使用环氧树脂类材料或经过乳化反应过的环氧树脂乳液材料灌缝时,切缝宽度视裂缝本身宽度和深度而定,最大深度不得超过 2/3 板厚。施工时要保证缝内绝对干燥、洁净,使用专用灌缝工具对准凹槽,使灌缝料能均匀自下而上充分填满,灌缝表面应略低于路面 1~2mm,灌注过程中应检查灌缝饱满度,如灌缝料沿裂缝下渗或未灌满应复灌 1~2 遍。灌缝结束后,宜沿裂缝处撒一层滑石粉,以防灌缝材料被行车带走。

3. 板角断裂、坑洞和边角剥落

对水泥混凝土路面严重的板角断裂、坑洞和边角剥落可采用水泥混凝土或沥青混凝土补块的方式进行修补。表面坑洞可以先将坑洞凿成矩形的直槽壁，然后把槽内的混凝土碎块及杂物清除干净，待干燥后，用早强混凝土或改性沥青混合料等材料直接修补，使之平整密实。较多表面坑洞连成一片的，应采用薄层修补方法进行修补。修补时，平行于接缝划线，通常呈长方形或正方形，沿划线位置进行全板厚深度切割。破碎、清除坑洞范围内旧混凝土过程中不得伤及基层、相邻面板。在新旧混凝土接缝处垂直面凿成毛面，便于黏结牢固。若基层存在松散或损坏时，可使用低强度等级贫混凝土修补，并严格整平。当坑洞边缘处于接缝位置还应恢复原来的传力杆和拉杆，缺失的则需增设。传力杆和拉杆的规格、间距按原路面设计执行。安设传力杆、拉杆时，应在板厚的1/2处钻孔，孔径比相应的传力杆或拉杆的直径大一些，并用环氧砂浆牢固地固定在规定位置，浇筑混凝土前，传力杆伸出段应涂少许润滑油，准备就绪后再浇筑混凝土。

采用改性沥青混合料快速修补坑洞时，坑洞内破损混凝土一定要凿除干净，并将切割面内的光滑面凿毛，基底应完好无损。若基底有轻微裂缝，应按裂缝维修施工工艺修复后再贴抗裂贴处理。在坑洞四壁涂刷黏层油，摊铺混合料应待黏层油完全破乳后进行，改性沥青混合料摊铺温度应控制在150~170℃。坑洞面积大于$1m^2$的应采用小型压路机（不得小于1t）碾压，坑洞面积小于$1m^2$的应采用小型振动夯压实。

4. 接缝料损坏

接缝维修选用的填缝材料应满足现行国家、行业技术标准或规范要求。常温施工式填缝料主要为聚氨酯类或硅酮胶类，加热施工式填缝料主要为聚氯乙烯胶泥，沥青橡胶类和沥青玛蹄脂类。施工时采用切缝机沿接缝两侧（填缝料与混凝土的黏结面）分别切割，切缝应顺直，不能跑锯，并使用空压机吹扫尘土及其他污染物，保证缝壁及内部清洁、干燥。当采用加热施工式填缝料时，应严格控制填缝料加热温度，沥青橡胶和沥青玛蹄脂类加热温度宜控制在193~204℃，养护期满后方可开放交通。

5. 唧泥

根据路面板病害，需要进行压浆处治的路面板为唧泥脱空板、错台板等。压浆用水泥、粉煤灰、外掺剂、乳化沥青等原材料应满足现行国家、行业技术标准或规范要求。孔位布置必须符合《公路水泥混凝土路面养护技术规范》（JTJ 073.1—2001）规定，不得随意钻孔。

脱空板未唧泥的一般以钻穿板厚为宜，脱空板唧泥以钻入土基部分不超过7cm为宜。灌浆前，应对板四周接缝进行清缝，将缝内杂物清理干净。采用乳化沥青混合材料压浆可采用单液灌浆系统，用挤压泵压进。采用水泥浆、水泥粉煤灰浆和水泥砂浆灌浆，可用压力灌浆机或压力泵灌浆。灌浆作业应先从脱空量大的地方附近的灌浆孔开始，逐步由大到小，一般先边角孔，后中心孔。当相邻孔或接缝中冒浆，可停止压浆，灌完后应用木楔堵孔，压浆完成后应及时进行灌缝清理。

6. 错台

错台的处治方法有磨平法和填补法，可按错台的轻重程度选定。高差小于或等于10mm的错台，可采用磨平机抹平，或人工凿平。处理时应从错台最高点开始向四周扩展，边磨边用3m直尺找平，直至相邻两块板齐平为止。磨平后将接缝内杂物清除干净，并吹净灰尘，及时将嵌缝料填入。

高差较大的严重错台，可采用压浆处治的方法。错台板压浆时孔的深度应控制在120~200cm。灌浆前，应对板四周接缝进行清缝，将缝内杂物清理干净。压浆时首先灌稀浆，使浆体灌入土层内，填充土层空隙使土层密实，然后灌浓浆，灌浆管固定在混凝土板面下一定深度，使浆体填充混凝土板底、基层和土基内空隙，并严格控制板抬升量，使混凝土板面与相邻板面齐平，受力均匀。

12.6 路面养护管理系统（PMS）概述

12.6.1 路面管理与路面管理系统

路面管理是协调和控制与路面有关各项活动的一系列过程，其目的是使路面管理部门通过这一过程能有效地使用资源（资金、劳动力、机械设备、材料、能源等），并以最低的资源消耗，提供并维持在预定使用期内具有足够服务水平的路面。路面管理工作的基本内容包括规划、设计、施工、养护、路况监测和评价及研究等方面，如图 12-37 所示。

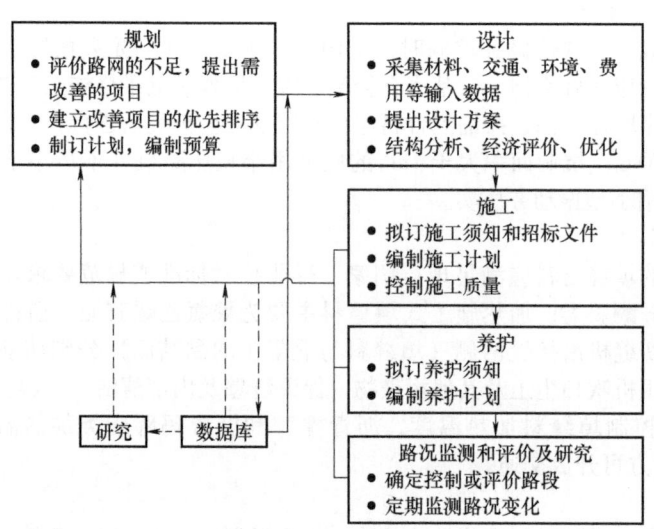

图 12-37 路面管理的组成

路面管理系统是为管理部门的决策人提供分析的工具和方法，帮助他们考虑和分析比较各项可能的对策，定量地预估各项对策的效果，在预定的标准和约束条件下，选用费用—效益最佳的方案。不同国家和地区的机构组织对路面管理系统有不同的定义。我国学者姚祖康认为路面管理系统（Pavement Management System，PMS）是通过系统分析的方法，综合考虑技术、经济、社会和政治等各方面因素，协调各项路面管理活动，促使路面管理过程系统化。美国各州公路与运输工作者协会（AASHO）在路面管理系统指南中对 PMS 的定义为：用于决策者在公路评价养护决策中寻求投资有效分配方案（Cost-Effect）的工具。美国联邦公路总署（FHWA）定义 PMS 为：一种通过对路面信息的收集、分析，选择并实施路面建设和养护维修资金投入方案的系统决策过程。根据 2001 年美国路面管理指南的定义，PMS 是指一系列的工具或方法，用以帮助决策者在进行路面养护时能够找到最优策略，从而使路面在一定时期内保持良好的使用状态。澳大利亚道路研究所（ARRB）对 PMS 的定义为：用于优化利用路面养护可用资源，包括信息采集、信息分析和方案决策的管理方法。

路面管理系统的建立和实施，可以帮助管理部门改善所做出决策的效果，扩大决策的范围，为决策的效果提供反馈信息，以积累管理经验，并保证部门内各级单位决策的协调一致性。

12.6.2 路面管理系统的分级

作为一种辅助决策工具，路面管理系统是专门为相关管理部门的决策提供依据和进行分析的工具。按照不同的管理层次的需要，可分为网级路面管理系统和项目级路面管理系统。

1. 网级路面管理系统

网级路面管理系统通常包括一个地区，如省、市的公路网或一大批工程项目。网级路面管理系统是涉及整个公路网的、用于制定路网养护决策、确定路网养护需求和养护费用优化分配的宏观分析系统，其决策基础是整个路网，目标是追求系统整体效益的最大化，其主要任务是为公路管理部门进行关键性决策提供依据。其主要任务包括：

1）路况分析：路网内路面现有状况的分析及路面状况变化预估。
2）路网规划：确定路网内需要新建、改建和养护的项目。
3）安排计划：确定进行上述项目的合适时间和各项目的优先次序。
4）预算安排：确定各年度的投资额。
5）资源分配：各行政区域或不同等级道路或养护、改建和新建之间的资源分配。

为实施上述任务，网级路面管理系统包含图 12-38 所示各项基本要素。

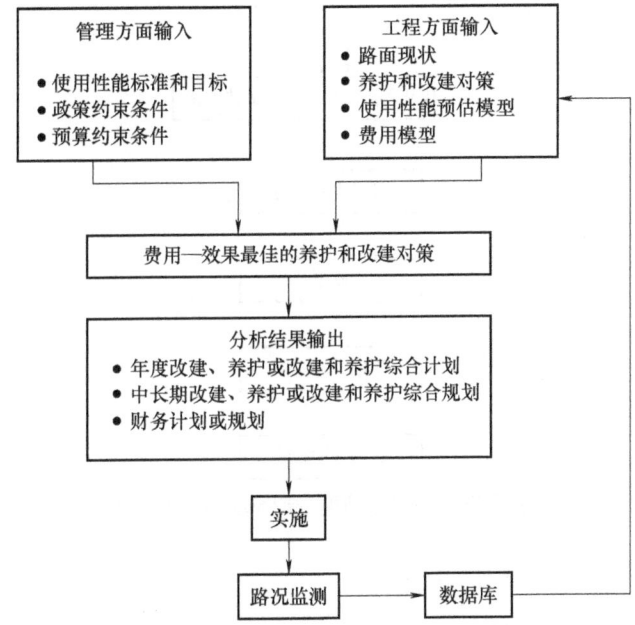

图 12-38 网级路面管理系统的基本要素

其中，管理方面的输入包括：
1）使用性能标准和目标：为路网规定的在使用性能方面应达到的总水平。
2）政策约束条件：事先规定投资的地区分配比例或新建、改建和养护的投资分配比例等。
3）预算约束条件：可以用于路面工程的资金。

工程方面的输入包括：
1）路面现状：调查、评定现有路面在结构和功能方面的使用性能状况。
2）养护和改建对策：对不同类型和不同路况的路面拟定若干典型的养护和改建对策。
3）使用性能预估模型：预测路面在结构和功能方面的使用性能随时间或交通量变化而变化的情况。
4）费用模型：不同养护、改建对策的养护费用、建筑费用和用户费用等。

2. 项目级路面管理系统

项目级路面管理系统则是以具体项目为研究对象，从技术和经济的角度分析养护方案的系统，系统往往受到网级路面管理系统所确定的资金和时间条件约束，其目标是实现项目效益的最优化，主要任务是为公路管理部门对某一工程项目进行技术决策时提供依据，以选择费用—效果最佳方案。

项目级路面管理系统的基本要素及其同网级路面管理系统的关系，如图12-39所示。由网级路面管理系统的输出，可以得到某一工程项目的三方面目标：行动目标（采取哪一种新建、改建或养护行动）；费用目标（可分配到的投资额）和使用性能目标（在预定期限内应具有的使用性能指标）。项目级路面管理系统则是通过进一步采集特定的现场资料，拟定备选路面方案，并结合具体条件进行详细的结构计算和经济分析，以确定采用费用—效果最佳或者更合理的行动方案。

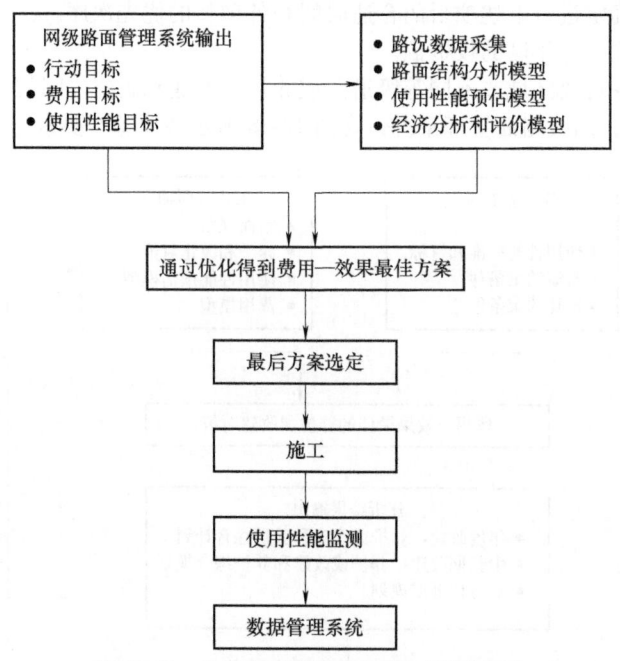

图 12-39　项目级路面管理系统的基本要素

12.6.3　路面管理系统的结构与组成

1. 数据库及数据库管理系统

数据库是路面管理系统的核心，系统开发的所有功能都是以大量路面基础数据、检测数据和养护维修数据为基础的，输入数据的高质量是模型输出可靠性的保证。路面养护规划的合理性，也取决于输入数据的完整、准确与否。不同分级的路面管理系统主要数据类型有所不同，其采集入库的方式也各有差异，见表12-20。

表 12-20　不同层级系统数据的组成

层级	数据类型	数据内容	采集方式
网级	路网基本数据	路网路段的组成，各路段起止桩号、路面类型分段等	人工采集、手工设定
	路段路面性能检测数据	路网内各路段路面平整度、破损、车辙等指标检测数据	设备采集、批量导入
	决策知识数据	年度养护计划辅助决策的决策树模型和养护目标优化配置模型	人工采集、手工设定

（续）

层级	数据类型	数据内容	采集方式
项目级	项目基本数据	路段路面结构分类，各类路面的起止桩号	人工采集、手工设定
	路面性能检测数据	按照规范规定必须按照一定周期进行检测的指标数据，包括路面平整度、弯沉、破损、车辙等	设备采集、批量导入
	养护和改建数据	曾进行过的养护和改建的类型、实施的日期和费用等	人工采集、手工设定
	交通流量数据	各路段道路断面流量观测站获得的交通量数据	设备采集、批量导入
	专家知识数据	包括评价模型、预测模型、养护决策模型、养护对策库、排序模型	人工采集、手工设定
	其他	环境（降水、温度、冰冻）、材料单价等	人工采集、手工设定

2. 网级路面管理系统

网级路面管理系统通常由下述几部分组成：

1）使用性能评价模型：对通过监测系统采集到的路况资料，进行评级或评分。要由多方面的属性表征路面所处的状态，例如损坏、平整度、结构承载能力或抗滑能力等。

2）使用性能预测模型：仅靠路况数据和评价，难以比较各种对策方案，或保证得到最佳对策，因为尚不知道采取某项对策后的效果（路况的变化）。因此，需建立使用性能预测模型，即建立处于某种状态的路面在采取某项养护或改建措施后路况的有关属性（使用性能参数）随时间或交通的变化关系。

3）使用性能标准和养护、改建对策模型：根据使用要求、经济分析和经济条件，为公路网规定路面的使用性能标准。当路面的使用性能达不到这一要求时，须采取养护或改建措施，以恢复路况到可接受的状态。同时，要为不同等级和不同路况的路面，按当地的经验、条件和政策，制定出若干典型的养护和改建对策，供提出各种对策方案时参考。

4）费用模型：包括建筑费用、养护费用和用户费用三部分。建筑费用是指新建或改建时的一次投资。养护费用则是路面在使用期间的日常养护费。用户费用是指使用道路的车辆所担负的运行费、行程时间费和延误费等。它反映了公路部门提供的投资和服务水平所产生的直接社会效益。

5）优先次序或优化：建立管理系统的主要目的是提供最佳的路网养护和改建对策。这些对策能使整个路网在预算受约束的条件下维持最高的路况（服务）水平，或者使整个路网在满足最低使用性能标准的条件下所需的投资最少。为实现这一目标，可以采用不同的优先规划或优化方法。

目前，各国和各地区所建立的网级路面管理系统各具不同的形式。有的包含使用性能预测模型，有的并未包含；有的简单地按路面服务水平的高低规划先后次序；有的则采用线性规划或整数规划法以达到优化的目的。

3. 项目级路面管理系统

项目级路面管理系统的组成基本上与网级系统相同。由于项目级系统的主要任务是为网级系统所确定的工程项目提供在预定分析期内的费用—效果最佳的改建方案，因此必须采集更为详细和结合当地情况的资料，并进行具体的结构和功能分析。

通常，路面管理系统的基本工作流程如图 12-40 所示。

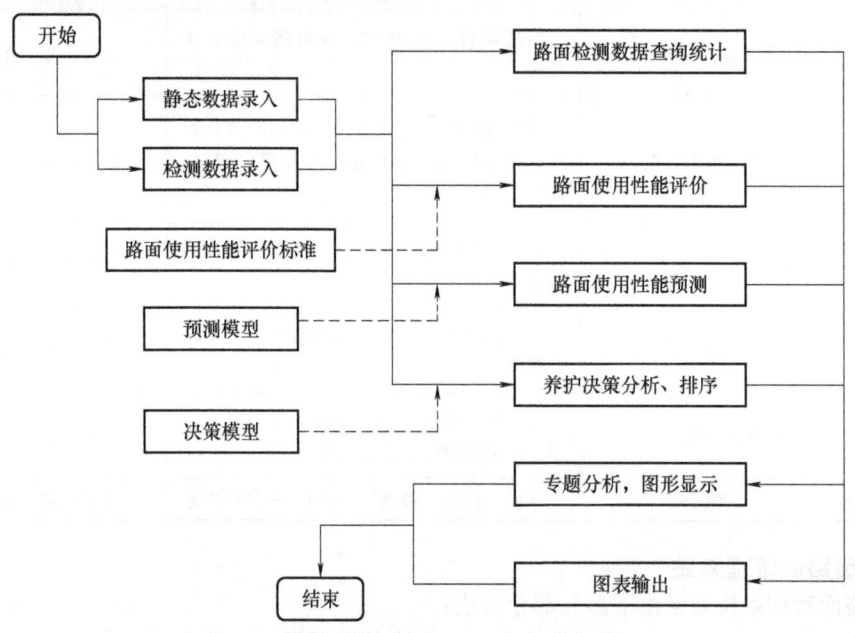

图 12-40　路面管理系统的基本工作流程

12.6.4　路面管理系统的基本功能

1. 网级路面管理系统的基本功能

1）掌握公路的路面状况。以客观的数据作为依据评价道路的现状。

2）掌握路面性能的变化趋势。利用具有一定可靠度的使用性能预估模型，分析路面在不同条件下的路面性能变化规律，为路网路面的中长期性能的分析奠定基础。

3）进行养护决策，制定养护维修目标和审核年度养护计划。合理地评价养护方案，为合理和有效地分配投资和资源提供费用—效果最佳的对策，网级养护决策流程如图 12-41 所示。

4）利用监测系统采集到的数据，考察和评价设计、施工和养护方法，并为修改或制定规范提供依据。

2. 项目级路面管理系统的基本功能

1）路况数据的管理。对公路所有路况实时数据和历史数据进行信息化管理，保证数据的安全性、可靠性和可溯性。

2）按照规范的规定对路况数据进行科学评价，并根据路面性能发展状况，预测项目级路段在规划期内的发展趋势和预测值，并分析不同养护维修措施对路面性能的影响。

3）辅助项目级用户提出养护维修的建议路段和维修措施，并计算不同养护维修方案的效果及进行方案比选，项目级养护决策流程如图 12-42 所示。

4）进行路段年度养护计划的制订与上报。

5）掌握所辖养护路段日常巡查信息。

为了保持和改善现有路网的服务水平和路面状况，如何使用好有限的资金，提供尽可能高服务水平的路面，是各级管理部门需优先解决的问题。因此，建立和完善依赖于管理科学、系统工程和计算机技术的路面管理系统是解决这一问题强有力的工具。

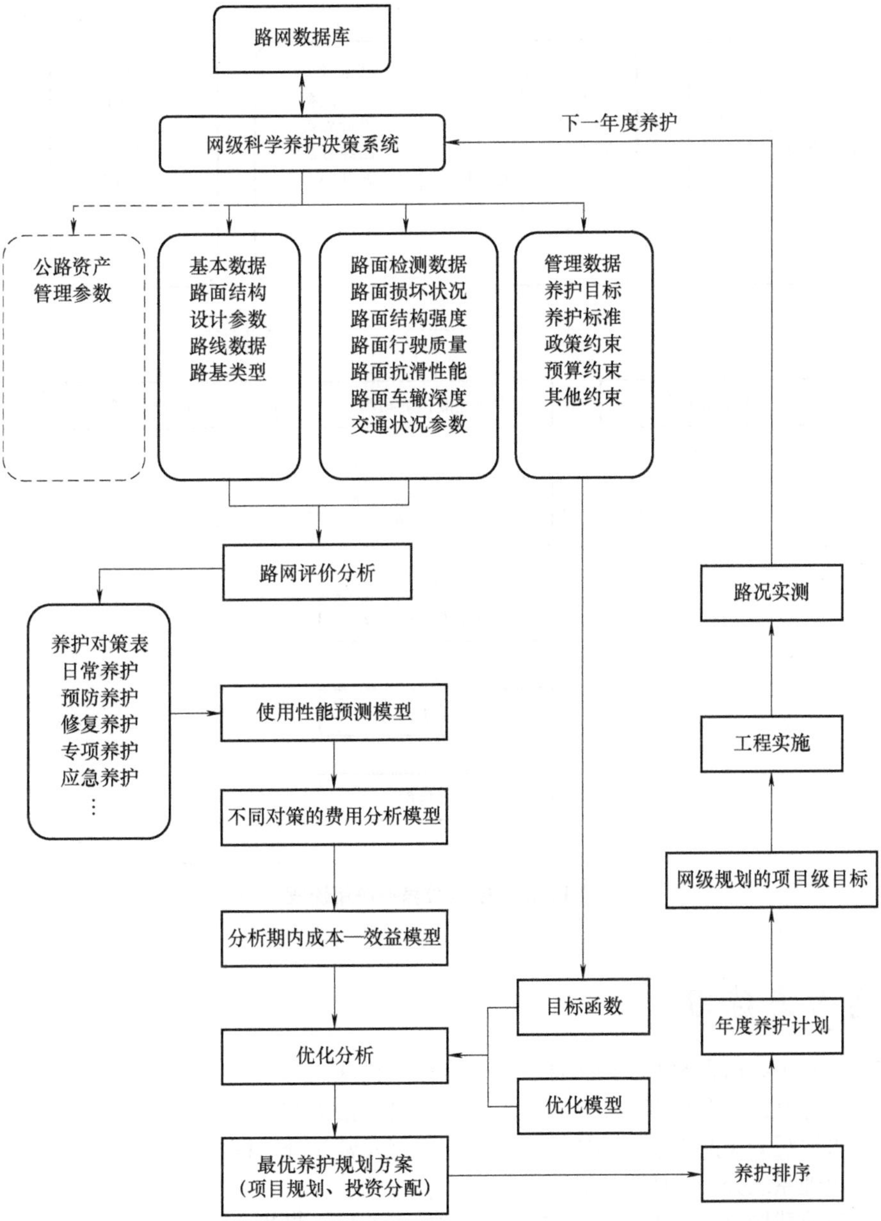

第12章　路基路面养护与管理

图 12-41　网级养护决策流程

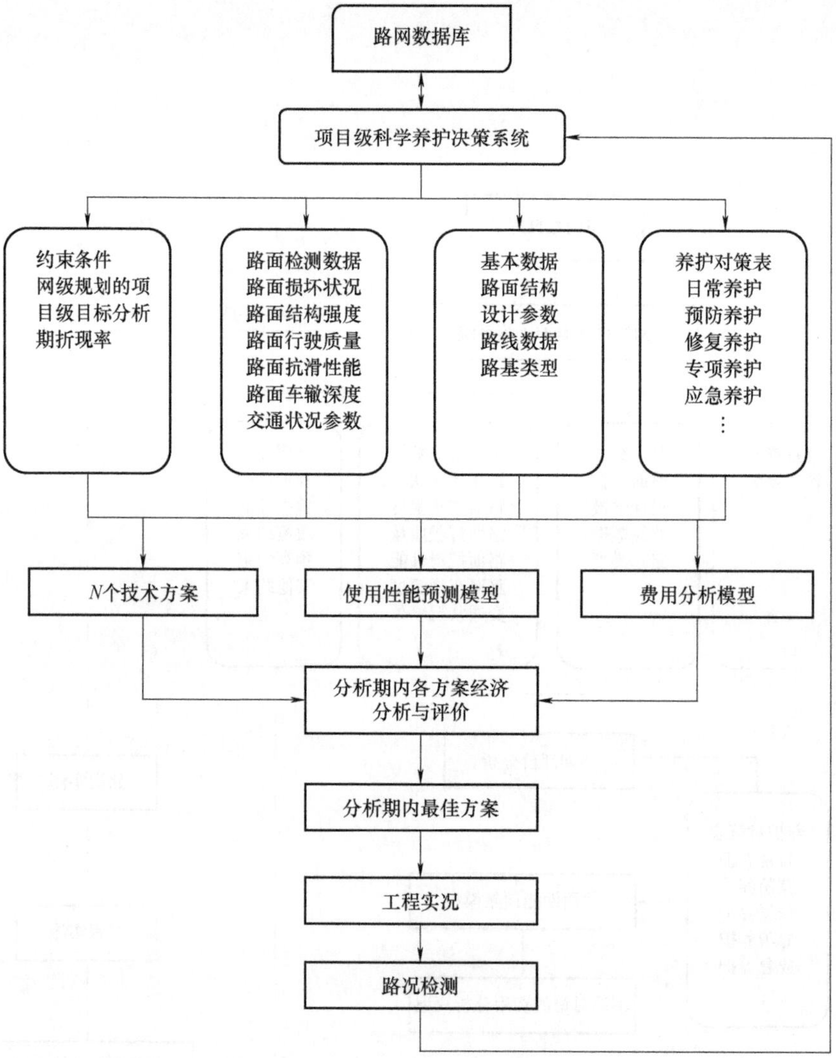

图 12-42 项目级养护决策流程

思考与练习

1. 简述路基主要病害类型、产生原因及常见处治措施。
2. 简述沥青路面主要病害类型、产生原因及常见处治措施。
3. 简述水泥混凝土路面主要病害类型、产生原因及常见处治措施。
4. 路面管理系统分为哪两级？各有何特点？
5. 结合当前我国公路养护现状，试讨论养护技术的发展趋势。
6. 某省计划建立本省的高速公路路面养护管理系统，试讨论设计一份高速公路路面养护管理系统的建设方案。

参 考 文 献

[1] 中华人民共和国交通运输部. 公路路基设计规范：JTG D30—2015［S］. 北京：人民交通出版社股份有限公司，2015.
[2] 中华人民共和国交通运输部. 公路路基施工技术规范：JTG/T 3610—2019［S］. 北京：人民交通出版社股份有限公司，2019.
[3] 中华人民共和国交通运输部. 公路沥青路面设计规范：JTG D50—2017［S］. 北京：人民交通出版社股份有限公司，2017.
[4] 交通部公路科学研究所. 公路沥青路面施工技术规范：JTG F40—2004［S］. 北京：人民交通出版社，2005.
[5] 中华人民共和国交通运输部. 公路水泥混凝土路面设计规范：JTG D40—2011［S］. 北京：人民交通出版社，2011.
[6] 中华人民共和国交通运输部. 公路水泥混凝土路面施工技术细则：JTG F30—2014［S］. 北京：人民交通出版社，2014.
[7] 中华人民共和国交通运输部. 公路路面基层施工技术细则：JTG/T F20—2015［S］. 北京：人民交通出版社股份有限公司，2015.
[8] 中华人民共和国交通运输部. 公路排水设计规范：JTG/T D33—2012［S］. 北京：人民交通出版社，2013.
[9] 交通部公路规划设计院. 公路工程名词术语：JTJ 002—1987［S］. 北京：人民交通出版社，1988.
[10] 交通部公路规划设计院. 公路自然区划标准：JTJ 003—1986［S］. 北京：人民交通出版社，1987.
[11] 浙江省公路管理局. 公路养护技术规范：JTG H10—2009［S］. 北京：人民交通出版社，2010.
[12] 高等学校土木工程学科专业指导委员会. 高等学校土木工程本科指导性专业规范［M］. 北京：中国建筑工业出版社，2011.
[13] 黄晓明. 路基路面工程［M］. 6版. 北京：人民交通出版社股份有限公司，2019.
[14] 黄晓明，李昶，马涛. 路基路面工程［M］. 3版. 南京：东南大学出版社，2016.
[15] 黄晓明. 路基路面工程：道路与桥梁专业方向适用［M］. 北京：中国建筑工业出版社，2014.
[16] 刘黎萍. 新编路基路面工程［M］. 上海：同济大学出版社，2011.
[17] 陆鼎中，程家驹. 路基路面工程［M］. 2版. 上海：同济大学出版社，1999.
[18] 沙爱民. 路基路面工程［M］. 北京：高等教育出版社，2011.
[19] 邓学钧. 路基路面工程［M］. 3版. 北京：人民交通出版社，2008.
[20] 李素梅，沙爱民，严晓生. 路基路面工程［M］. 2版. 北京：人民交通出版社，2009.
[21] 何兆益，杨锡武. 路基路面工程：上册　路基工程［M］. 2版. 重庆：重庆大学出版社，2012.
[22] 何兆益，杨锡武. 路基路面工程：下册　路面工程［M］. 2版. 重庆：重庆大学出版社，2013.
[23] 陆鼎中. 路基路面工程［M］. 上海：同济大学出版社，1992.
[24] 何兆益. 路基路面工程：上册　路基工程［M］. 重庆：重庆大学出版社，2001.
[25] 何兆益. 路基路面工程：下册　路面工程［M］. 重庆：重庆大学出版社，2001.
[26] 金效仪. 路基路面工程［M］. 北京：人民交通出版社，1987.
[27] 方左英. 路基工程［M］. 北京：人民交通出版社，1987.
[28] 佴磊，徐燕，代树林，等. 边坡工程［M］. 北京：科学出版社，2010.
[29] 沈明荣. 边坡工程［M］. 北京：中国建筑工业出版社，2015.
[30] 朱彦鹏，杨校辉. 高填方工程地基变形和边坡稳定分析［M］. 北京：中国建筑工业出版社，2020.
[31] 付宏渊. 公路边坡工程［M］. 北京：人民交通出版社股份有限公司，2017.